WTO《政府采购协议》中发展中国家标准研究

白志远　著

WUHAN UNIVERSITY PRESS
武汉大学出版社

图书在版编目(CIP)数据

WTO《政府采购协议》中发展中国家标准研究/白志远著．—武汉：武汉大学出版社,2015．11
ISBN 978-7-307-17017-9

Ⅰ．W…　Ⅱ．白…　Ⅲ．发展中国家—政府采购制度—财政政策—研究
Ⅳ．F810．2

中国版本图书馆 CIP 数据核字(2015)第 248862 号

责任编辑:陈　帆　　　责任校对:汪欣怡　　　版式设计:马　佳

出版发行：**武汉大学出版社**　(430072　武昌　珞珈山)
(电子邮件：cbs22@ whu. edu. cn　网址：www. wdp. com. cn)
印刷：湖北金海印务有限公司
开本：787×1092　1/16　印张:21．5　字数:507 千字　插页:1
版次:2015 年 11 月第 1 版　2015 年 11 月第 1 次印刷
ISBN 978-7-307-17017-9　定价:65．00 元

前　　言

《政府采购协议》(Government Procurement Agreement, GPA)是世界贸易组织(World Trade Organization, WTO)下的一个多边协议。GPA力图建立一个有效的多边机制来规制国际政府采购市场，消除非贸易壁垒，实现国际贸易的自由化，所以在一定程度上它并不是一个规范政府采购行为的国际准则，而是一个市场准入的贸易协定。GPA追求公开透明、国民待遇及非歧视性原则，将政府采购市场纳入整个世界贸易体制之中以期实现国际贸易更大程度的自由化。

欧美等发达成员国在完善国内法律制度，优化产业结构，基本完成基础设施建设，政府采购规模从占GDP的约30%下降到约13%的背景下，以国家为贸易主体开辟新的市场领域，所以GPA相关条款上设计了发展中国家优惠内容，最大限度地吸引更多的发展中国家开放本国政府采购市场。

我国在加入WTO之际承诺尽快加入GPA，2007年年底正式启动谈判工作。2014年11月又提交了第6份出价，目前加入GPA的谈判已经进入实质性阶段。但是我国是经济发展不平衡的发展中国家，基础设施等公共品的提供占财政支出的比重很大。吸纳中国加入GPA不仅可以打开一个巨大的新市场，而且也对其他发展中国家起到了示范作用。但是在谈判中，GPA主要成员国又不愿我国以发展中国家身份加入GPA来减损它们本国企业更多的利益。

GPA于2012年再次修订。2012年版GPA对发展中国家在政策制定和规范执行等方面作了更进一步的细化。新旧版GPA虽都包含了对发展中国家的优惠条款，但均缺乏明确具体的发展中国家认定标准。

由于GPA没有明确的发展中国家定义和标准，不仅为我国加入GPA谈判，维护本国利益带来相当大的难度，也为其他国家维护本国利益增加了困难。在此背景下，对GPA潜在的发展中国家标准进行了探讨与研究，并在此基础上从不同角度论证我国应该以发展中国家身份加入GPA，争取得到应该的补偿和利益。

本书首先分析阐述发展中国家的内涵，研究了世界普遍接纳的关于发展中国家的界定标准，为探索GPA关于发展中国家标准奠定基础性认识。其次，通过分析GPA相关条款，依据一系列综合指标研究其成员国在加入GPA时的经济社会发展状况，从而对GPA中发展中国家的潜在标准进行归纳。基于GPA和WTO的关联性，探讨WTO下的发展中国家标准，从侧面印证GPA发展中国家的潜在标准，并依据分析所得出的GPA标准论证我国发展中国家的地位。

中南财经政法大学财政税务学院解洪涛副教授、罗志红博士、赵颖博士和胡瑶硕士分别参与初稿部分章节的撰写工作，特别是赵颖博士进行了大量数据的搜集和图表处理工作。在修订过程中，研究生刘方方、胡红平、戚梦迪、于傲迪、李婕和邹炘良进行了大量资料和数据的搜集与更新以及图表的重制工作，同时胡红平负责了书稿中相关引文资料的校对工作。真诚地感谢他们的支持和贡献！

在研究过程中，我们参阅了大量中外文献，在此对文献作者表示感谢！

由于GPA发展中国家标准以及中国发展中国家地位的认定分析难度较大，研究水平有限，希望各界专家学者及实务部门能够多提意见。

此书献给在政府采购研究与求索中给予我极大帮助和支持的导师们、理论界与实务界的朋友们！

白志远

2015年7月

目　录

第一章
发展中国家标准综述

随着经济全球化浪潮的蓬勃兴起，各国际组织和机构所制定的发展中国家划分标准相继出现。国际经济体制也在努力协调不同经济发展水平国家间的利益。这一方面反映了发达国家与发展中国家共同利益和特殊利益之间合作与冲突并存的态势，另一方面也深刻折射出当前国际经济秩序在保护或兼顾发展中国家利益方面远未达到公平合理水平。

第一节　发展中国家内涵

一、发展中国家概念的起源与发展

1952 年，法国学者阿尔弗莱德·索维发表了题为《三个世界，一个星球》的文章，首次提出“第三世界”的概念。在 1973 年第四次不结盟国家和政府首脑会议中，“第三世界”的概念被正式写入会议《政治宣言》中。1974 年，毛主席在会见赞比亚总统翁达时提出“三个世界”划分的战略思想；同年，邓小平在联合国大会特别会议（简称特别联大会议）上作了关于“三个世界”的发言，由此“第三世界”的说法就不断被提起。所谓“第三世界”是指那些在历史上受过殖民统治和剥削，独立后经济落后，在国际经济政治中处于受剥削、受压迫的地位，在地域上多位于南半球的亚非拉国家。这些国家也被称为民族独立国家、南方国家、发展中国家。但是随着冷战结束和两极格局的消失，无论从哪种意义上来讲，作为一个政治概念的“第三世界”已经不复存在。随着发展中国家政治经济改革的推进以及社会的发展，发展中国家之间也产生了较大分化，“第三世界”已不能完全代表发展中国家了。

“发展中国家”的概念最早由“77 国集团”在 1964 年联合国第一届贸易和发展会议（United Nations Conference on Trade and Development，UNCTAD；中文简称贸发会议）上提出。同年，在发展中国家的强烈要求下并迫于联合国贸发会议的强大压力，关税及贸易总协定(General Agreement on Tariffs and Trade，GATT；中文简称关贸总协定)缔约方起草了题为“贸易和发展”的第四部分，并专门设立了“贸易和发展委员会”。在新增条款中，第一次正式使用“发展中国家缔约方”的概念，不过条款未对“发展中国家缔约方”的判断标准作出规定。

与“民族独立国家”、“第三世界”等概念相比，“发展中国家”这个概念的经济色彩浓于政治色彩，因此，人们也更多从经济层面来判断一个国家和地区是否是发展中国家。通常的做法是将人均国民生产总值(GNP)改为人均国民总收入(GNI)或国内生产总值(GDP)作为衡量一国经济发展水平的主要参数(这种评判标准所受到的争议将在后文论述)。但是从目前来看，并没有一个统一的为人们普遍接受的并在法律上予以确定的发展中国家的科学定义。联合国明确认定了48个国家为最不发达国家。发达国家则通过承诺更多的国际义务，或不寻求某些特殊的待遇而确立自己发达国家的地位。在国际上有一种共识，某个国家一旦加入经济合作与发展组织(Organization for Economic Co-operation and Development，OECD；中文简称经合组织)便被认为是经济发达国家，但是随着一些取得良好发展绩效的发展中国家(如墨西哥和韩国)的加入，使这种共识在实际操作中变得难以把握。即便最早提出“发展中国家”概念的贸发会议也没有给发展中国家下过明确的定义。

二、发展中国家的含义

发展中国家本身是一个非常笼统的概念，在苏联解体、东欧剧变、两极格局消失的“后冷战”时代尤是如此。从某种意义上说，发展中国家已成为一个约定俗成的概念。

如果从历史的角度来考察，发展中国家一般是指过去的殖民地、半殖民地和附属国目前已经获得政治独立，拥有国家主权的新兴民族国家。19世纪末20世纪初，资本主义向国家垄断阶段过渡，世界进入帝国主义时代。英、法、美、德、俄、日等帝国主义国家向外扩张、侵略，把世界大部分地区变成自己的殖民地和半殖民地，这些地方成为帝国主义的商品市场、原料产地和资本输出场所。经过长期的反帝反殖斗争，这些国家取得了政治独立，并开始建立独立的国民经济体系。但由于长期遭受侵略和掠夺，经济发展水平较低，这些国家在经济上并没有完全摆脱帝国主义的控制与剥削。旧的经济结构并没有彻底摧毁，一些经济命脉仍然不同程度地控制在国际垄断资本手里。发展中国家虽然从根本上改变了自身的附庸地位，但仍面临帝国主义和霸权主义的威胁。因此，维护国家主权，发展民族经济，反对强权政治，变革国际旧秩序成为发展中国家面临的共同任务。第二次世界大战后，政治上取得独立的发展中国家，大多奉行中立不结盟政策，并实现了不同意识形态和社会制度的直接合作，加强了发展中国家之间的联系与合作。

从最广泛的含义来考察，可以把发达国家与发展中国家作为一对相互对应的概念来理解。也就是说，在当今这个世界上，只要不是发达国家，就都属于发展中国家的范畴。这样来定义发展中国家的现实意义在于，这个定义具有最广泛的包容性，它尤其适应“冷战”结束后世界经济、政治的新格局。我们可以将其视为广义的发展中国家定义。

之所以作出这样的划分，就在于当我们将这个世界根据经济发达与不发达划分为两个部分的时候，所涉及的经济发达与不发达实际上指的是市场经济的发达与不发达。从目前世界上的发展中国家来看，尽管在它们之间存在这样或那样的区别，但有一点却是共同的，就是这些国家的市场体系、市场机制的不发展、不完善、不健全。而所谓经济发达国家，说到底不外乎它们的市场经济发达。实际上，发展中国家并非都是一贫如洗，譬如海湾的石油输出国就富甲天下；发展中国家也并非都是落后不堪，譬如在发展中国家谋求经济发展的过程中，就出现了亚洲“四小龙”的经济腾飞，创造了“巴西奇迹”、“汉江奇迹”。发展中国家更不是不结盟的同义语，中国是一个社会主义国家，而中国向来认为自己是一个发展中国家。实际上，除了经济发达国家以外，世界上的其他国家和民族，都没有经历过市场经济充分发育、成熟健全的发展过程。大多数民族发展中国家，尽管选择了资本主义的发展道路，但传统的封建关系并没有得到根本的破除，市场经济得不到充分的发展，这些成为经济成长的严重束缚。

市场经济的培育和发展对于广大发展中国家之所以具有如此重要的意义，是由发展中国家特殊的经济结构所决定的。从某种意义上来讲，经济发展的过程就是从一个传统的农业结构向现代化的商品经济结构转变的过程。历史的经验表明，尽管世界上所有谋求现代化的国家都不可避免地要经历这一转变，但作为一个发展中国家，却有着它独特的轨迹。无论是过去作为殖民地、半殖民地的亚非拉广大国家和地区，还是目前处于经济转轨过程中的苏联和东欧国家，他们所面临的一个共同问题就是对外开放不够，市场经济发展处于较低的水平。因此，发展中国家的界定又与经济转型、市场开放等问题息息相关。

以苏联、东欧国家为代表的经济转型国家，虽然在历史上与亚非拉的广大发展中国家有着不尽相同的初始条件和发展轨迹，然而由于长期实行高度集中的计划体制所导致的市场机制的残缺，同样造成了经济的欠发达状态。所谓转轨，不外乎要摈弃那种高度集中的计划体制，进行市场化取向的改革。实践表明，这一改革进行得越彻底，经济发展成果就越明显。正是基于此，市场化、国际化成为当今所有谋求经济发展的欠发达国家的共同选择。

中国改革开放的历史进程，从根本上来讲，就是从传统的高度集中的计划经济向社会主义市场经济转变的过程。事实上，这一过程不仅发生在20世纪80年代的中国，更是一场具有广泛国际背景和普遍意义的时代变革。早在20世纪60年代后期，拉丁美洲和亚洲的一些民族发展中国家便率先拉开了经济调整的帷幕，实际上就是开始强调注重建立和健全市场经济的工作。发生在20世纪80年代末90年代初的东欧剧变和苏联解体，则开始了向市场经济过渡的艰难转轨，加上早已在中国开始的经济体制改革，起码在概念上使市场经济成为在整个世界上最为普遍的经济形式。

所以，发展中国家是由这样一些国家和地区构成的：这些国家和地区或者是过去的殖民地和附属国，或者是长期实行高度集中计划体制的国家，或者是虽然某种资源禀赋(例如石油)能够给它们带来高收入，但经济结构单一，现代化程度不高，社会文明演进处于较低层面的国家。正是上述原因，导致在这些国家中经济、社会的二元结构明显，市场经济不够发达，依然处于或者还没有进入工业化的进程，形成了一个与发达国家存在明显差异的国家群体。

三、“发展中国家”与“最不发达国家”的关系

“最不发达国家”一词最早出现在 1967 年“77 国集团”通过的《阿尔及利亚宪章》中。1971 年联合国大会通过了正式把最不发达国家作为国家类别的 2678 号决议，并制定了衡量最不发达国家的三条经济和社会标准：①人均国民生产总值在 100 美元以下；②在国内生产总值中制造业所占比重低于 10%；③人口识字率在 20%以下。① 根据这个标准，当时联合国把 24 个成员国列为最不发达国家，即所谓“最贫穷国家”。

很多国际组织和学者把最不发达国家看做发展中国家的内涵，认为它们是发展中国家中的一个群体，在国际政治和经济生活中，它们享有比普通发展中国家更多的援助和优惠政策。

四、“发展中国家”与“转型国家”的关系

转型国家，又称经济转型国家、转轨国家，它主要是指苏联解体后形成的国家和东欧国家。像中国及俄罗斯、波兰、乌克兰、匈牙利、白俄罗斯等苏联成员国及东欧国家，都是转轨国家。经济转型主要是指经济系统类型、功能及其运行机制合成性的根本变动。因此，经济转型国家转型的主要内容就是经济体制转型、发展战略转型、经济增长方式转型和经济结构转型。于是，转型国家无一例外地进行了经济市场化改革，放弃原来的计划经济，逐渐走向更为高效的市场经济，同时也更加注重产业结构调整和集约的经济增长方式，这也正是发展中国家寻求发展的明智选择。从中国的改革开放和东欧剧变开始，所涉国家的经济活力被大大激发，综合国力也不断增强。中国、俄罗斯等成为受人瞩目的“金砖四国”，其他很多东欧国家也成功跨入“中高收入国家”行列。可以说，所有转型国家都是发展中国家的发展典范。

五、“发展中国家”与“新兴工业化国家”的关系

“新兴工业化国家”是指经济发展程度介于发达国家和发展中国家之间，又称“半发达国家”、“半工业化国家”，这一概念是在 20 世纪 70 年代末的《经济合作发展组织报告书》里提出的。总的说来，新兴工业化国家是指具有一定资本主义基础的发展中国家在较短的历史时期内克服了社会经济的落后性并在工业化进程中一定程度上接近发达国家水平的国家和地区。新兴工业化国家通常具有这样一些特点，包括社会自由和民事权利的增长；从农业到工业经济的转换，特别是向制造业的转换；逐渐增长的开放市场经济，国际间自由贸易；来自外国的大量资本投资；足以影响某些区域的政治领导地位；贫困率减少等。

---

① 《习近平：对最不发达国家 97%输华品免关税》，新华网，http：//news. xinhuanet. com.

1979 年，经合组织首度指出以下 10 个国家和地区为新兴工业化国家(地区)：韩国、中国台湾、中国香港、新加坡、墨西哥、巴西、希腊、葡萄牙、西班牙、南斯拉夫。其中最具代表性的为亚洲四小龙(韩国、中国台湾、中国香港、新加坡)，它们异常快速的工业增长始于 20 世纪 60 年代。随着经济的快速发展，如今这四个地区都已经进入了发达经济体和高收入经济体的行列。这些国家和地区与现在被认为的新兴工业化国家有着显著的不同。开放的政治体制、较高的人均国民收入和旺盛的、出口导向型的经济政策显示出这些国家和地区现在不仅达到而且超过许多发达国家的排名。世界银行把这四个经济体都归为高收入经济体；而国际货币基金组织(International Monetary Fund，IMF)和美国中央情报局(Central Intelligence Agency，CIA)则将它们归类为发达经济体。它们的人类发展指数与西欧国家相当。特别是韩国与日本是亚洲仅有的两个经济合作与发展组织成员和“全面民主”的国家。

上文提到，新型工业化国家的经济发展程度介于发达国家和发展中国家之间，因此单从经济发展情况来看，它和次发达国家的概念较为吻合。比如，西班牙和葡萄牙在 1979 年被认定为新兴经济体，经过数十年的发展，如今已被毫无异议地认定为发达国家，而像新加坡、韩国等发展中国家则有争议。因此，新兴工业化国家已经逐渐脱离发展中国家这个国家群体，迈向发达国家这个“第一世界”了，“新兴工业化国家”和“发展中国家”是两个部分重合的概念。

六、“发展中国家”与“次发达国家”的关系

目前并没有关于“次发达国家”的明确定义，但它和“新兴工业化国家”的概念有些类似，就是经济发展程度介于发达国家和发展中国家之间。但“新兴工业化国家”更注重对经济指标的衡量，比如人均 GDP、工业化程度；而“次发达国家”是一个含义更为全面的概念，它从经济、社会甚至政治等多方面考察一个国家和地区的发展程度，比如市场发育程度、公民医疗教育、政治民主性等。因此，可以说，次发达国家是发展中国家全面发展的结果。

第二节 学术界对“发展中国家”的界定

一、“依附”与“支配”关系标准

新马克思主义和激进学派的经济学家将发展中国家称作“外围地区”，说明它们和“中心地区”(发达国家)之间的“依附”与“支配”关系。

前欧盟(欧盟)商业委员、法国政治学院客座教授 Pascal Lamy 认为，一个发展中国家的特征是由政治和经济标准决定的，其中国内经济高度依赖国际贸易是发展中国家的典型特点。

海牙应用科技大学(简称海牙大学)的 IPM 学生研究认为，发展中国家应定义为民主政治、自由市场经济、工业化、社会项目以及人权等尚未达到西方水平的国家。发展中国家的基本特点是保持着成千上万人处于贫困状态和需要进一步投资的经济

水平。

二、“二元性”经济结构标准

发展经济学家费景汉、拉尼斯和乔根森认为，发展中国家众多，在历史、文化、资源、生态环境和社会制度等方面存在很多差异，但是，从总体上说有一些共同特征，主要表现在三个方面：经济发展具有过渡性；经济发展具有依附性；经济发展具有不平衡性。其中，发展中国家最基本的特征是经济结构的二元性。发展中国家在工业化的过程中形成了二元经济结构，即一方面存在传统的农业部门，另一方面存在现代的工业部门。二元经济结构还表现在劳动就业与原始手工并存；闭塞的农村与日益膨胀的城市并存；发展中国家地区经济发展的不平衡。二元经济结构既包括工业与农业的对立，也包括城市与农村的对立。

三、发展指标衡量标准

采用指标来定义“发展中国家”是相对比较合理的，对“发展中国家”发展指标的研究可以分为两种：一种是按照社会、经济和政治因素之间相互影响的最优形式来度量发展的；另一种是按照生活质量度量发展的。最早对发展指标的研究是按第一种方法进行的。美国经济学家阿尔玛·阿德尔曼和辛西亚·莫里斯选择了40个变量来衡量74个发展中国家的发展水平。联合国社会发展研究所(The United Nations Research Institute for Social Development，UNRISD)在1970年也按照第一种方法建立了一个社会发展指标。这项研究挑选了16个具有高度相关性的指标，其中7个经济指标，9个社会指标。然后，运用各自相关程度作为权数形成一个综合的发展指数。该研究发现，与发展中国家相比，这个发展指数和单个的社会和经济指标的关系与人均GNP的关系在发达国家中高得多。在人均收入达到500美元(1960年价格)以前，社会发展比经济发展更为迅速。

发展经济学家迈克尔·P. 托达罗总结了发展中国家的共同特征：生产率水平低下，人均国民收入水平很低，国民生产总值的增长速度也较发达国家低，大多数的穷人与少数富人生活水平的鸿沟也较发达国家大，贫困范围大，卫生保健状况差，教育落后，人口的高速增长和沉重的赡养负担，高水平的失业和低就业，产业结构不合理，对农业生产的严重依赖以及对外的依附性。

四、IMD与WEF的标准

美国一家农业政策研究机构——国际粮食和农业贸易政策理事会(International Food and Agricultural Trade Policy Council，IPC)提出了一种在WTO中发展中国家分类的方法，提议按人均GDP对发展中国家进行分类，并按此分类在WTO新一轮谈判中在农产品贸易方面分别承担不同水平的减让义务。

IPC具体建议为将发展中国家分为三类：最不发达国家，低、中收入发展中国家和高、中收入发展中国家。①最不发达国家(LDCs)指其GDP人均收入在900美元以下，人力资源匮乏，经济脆弱；②低、中收入发展中国家指其GDP人均收入在901至

3035 美元之间；③高、中收入发展中国家的收入则在 3035 美元至 9385 美元之间。每一组国家应该根据它们各自的能力制定农业市场准入标准，同时制定国内支持和出口政策。①

值得关注的是，国家竞争发展能力的指标全面具体，对国家发展程度也有很大的影响力，如瑞士洛桑国际管理发展学院（International Institute for Management Development，IMD）的国家竞争力指数。从 1990 年开始，IMD 每年对全世界主要国家和地区的竞争力以及该国家和地区内的企业竞争力进行分析和排名。目前 IMD 分析样本包括 58 个国家和地区。IMD 评测的指标主要分为经济绩效、政府效率、企业效率、基础建设四大类指标，其中又细分出 323 个指标，如表 1-1、表 1-2、表 1-3、表 1-4 所示（二级指标全部列出，三级及以下指标部分列出）。②

表 1-1　**经济绩效指标包含的子项目**

二级指标	三级及以下指标
国内经济	经济规模（经济总量、经济结构等）、经济增长率、人均财富（人均 GDP 等）、经济预测
国际贸易	进出口贸易额、对世界出口的贡献、汇率等
国际投资	投资（境外直接投资现金流等）、资产负债投资组合
就　　业	就业率、长期失业率等
价　　格	消费价格指数、生活成本指数、房屋租金

表 1-2　**政府效率指标包含的子项目**

二级指标	三级及以下指标
政府财务	政府预算盈余（赤字）、政府债务、利息支付、外汇储备、政府总支出等
财政政策	税收收入、各项税收贡献、雇员社会保障贡献率、逃税等
制度构架	中央银行（短期利率、资金成本、央行政策、汇率稳定性等）、部门效率（法律制度构架、政府决策、透明度、民主度、廉政度等）
商业立法	开放度（关税壁垒、资本市场、境外投资等）、竞争和管制（补贴、竞争立法等）、人力资本管理（人口流动立法、劳动市场灵活性等）
社会架构	公平度、人身和财产安全、收入分配、妇女地位等

① 资料来源：World Competitiveness Yearbook 2010，IMD。

② 根据 IPC 官方网站整理，http：//www. agritrade. org.

表 1-3 **企业效率指标包含的子项目**

二级指标	三级及以下指标
生产能力	劳动生产率、大型公司、中小企业等
劳动力市场	劳动力成本、劳资关系(工作时间、雇员培训等)、劳动技能(兼职员工比重、成熟劳动力、人才流失等)
财　务	银行效率(信用卡人均持有量、投资风险等)、证券市场效率(证券市场资本占 GDP 比重、股指、股东权益等)、财务管理(信贷、公司债务等)
管理手段	公司适应性、高管可信度、审计和会计制度、社会责任感等
企业态度和价值	对全球化的态度、企业价值观等

表 1-4 **基础建设指标包含的子项目**

二级指标	三级及以下指标
基本条件	陆地面积、水资源可获得性、城市化程度、人口规模、道路交通状况、能源供给等
技术建设	通信投资、互联网手机的使用、信息技术、高科技产品出口等
科技建设	总研发支出、商业研发支出、知识产权、专利投入等
健康和环境	健康支出、期望寿命、城镇人口、CO_2 排放、生态足迹等
教　育	公共教育支出、入学率、高等教育成就、语言技能、知识转换等

2013 年，IMD 对 60 个国家和地区的国家竞争力情况进行了排名。从表 1-5 中可以看出，在 2013 年的国家竞争力排名中，美国、瑞士和中国香港分别占据前 3 名。排名显示，美国因为金融产业回升以及有丰富的科技创新成功企业，而重新站上全球最具竞争力国家的位置。亚洲国家和地区当中，新加坡第 5 名，中国台湾第 11 名，马来西亚第 15 名，中国大陆第 21 名，韩国第 22 名，日本第 24 名。在涉及的 60 个经济体排行榜中，美国高居榜首，瑞士、中国香港、瑞典和新加坡紧随其后，委内瑞拉垫底，阿根廷排名倒数第二，欧洲失去了优势。在 1997 年以来的“输家”中，欧洲国家占一半以上，因为多数国家目前正在实施财政紧缩政策，对经济增长造成了一定影响，也使得欧洲国家的全球竞争力普遍下滑。

表 1-5 **2013 年国家和地区竞争力排名**

分数段(分)	国家和地区
90 及以上	美国、瑞士、中国香港、瑞典
80~90	新加坡、挪威、加拿大、阿联酋、德国、卡塔尔、中国台湾、丹麦、卢森堡、荷兰、马来西亚、澳大利亚
70~80	爱尔兰、英国、以色列、芬兰、中国大陆、韩国、奥地利、日本、新西兰、比利时、泰国、法国

续表

分数段(分)	国家和地区
60~70	冰岛、智利、立陶宛、墨西哥、波兰、哈萨克斯坦、捷克、爱沙尼亚、土耳其、菲律宾、印度尼西亚
50~60	印度、拉脱维亚、俄罗斯、秘鲁、意大利、西班牙、葡萄牙、斯洛伐克、哥伦比亚、乌克兰、匈牙利、巴西、斯洛文尼亚、南非
50 及以下	希腊、罗马尼亚、约旦、保加利亚、克罗地亚、阿根廷、委内瑞拉

又如世界经济论坛(World Economic Forum，WEF)的全球竞争力指数，除 IMD 的国家竞争力指数之外，世界经济论坛也推出过类似的指数——全球竞争力指数，来评价一国竞争力状况。与 IMD 不同，WEF 把 133 个国家和地区作为评价对象，评价指标也多达 12 类共 123 个。

从表 1-6 可知，与 IMD 指标相比，WEF 的指标更侧重于产权保护、市场发育程度、资源禀赋的利用效率，更关注国家的现实发展；而 IMD 则明晰居民、企业、政府主体，是以主体为主导的指标体系，更关注国家的发展潜力。2013—2014 年度主要国家和地区的全球竞争力排名的不完全名单如下(此次共有 148 个国家和地区参评)：

排名前 20 的国家和地区分别为：瑞士、新加坡、芬兰、德国、美国、瑞典、中国香港、荷兰、日本、英国、挪威、中国台湾、卡塔尔、加拿大、丹麦、奥地利、比利时、新西兰、阿联酋、沙特阿拉伯。中国大陆列 29 位，“金砖四国”中的印度列 60 位，巴西列 56 位，俄罗斯列 64 位。其他 20 国集团(G20)成员的排名为：意大利 49、阿根廷 104、墨西哥 55、印度尼西亚 38、沙特阿拉伯 20、南非 53、土耳其 44。而石油输出国组织(Organization of Petroleum Exporting Countries，OPEC)中排名靠前的国家有：卡塔尔 13、阿联酋 19、科威特 36。其他较为重要的国家排名依次为：马来西亚 24、以色列 27、智利 34、西班牙 35、突尼斯 83、约旦 68、埃及 118、希腊 91、越南 70。

表 1-6　**WEF 全球竞争力指标体系**

公共制度	**私有制度**
产权保护、道德与腐败、政府低效率、不当影响(司法公正)、安全(犯罪和暴力的经济成本、警力可靠性)	公司道德、公司可信度(审计和报告制度的强化、对中小股东的保护)
宏观经济稳定性	**基础设施**
政府赤字、储蓄利率、通胀水平、政府债务	道路质量、电力供给
商品市场效率	**国内外市场规模**
竞　争	**创　新**
国内竞争(本地竞争密度、市场控制程度、反垄断措施有效性、税率、农业政策成本)、国外竞争(贸易壁垒、进口占 GDP 的比重)	研发体制、公司研发支出、专利利用率、学研联合研发支出、政府研发投入

续表

市场成熟度	资本市场成熟度
产业支持政策、企业运作策略成熟度	贷款便捷度、资金流动限制、银行健康状况
劳动力市场效率	**禀赋利用效率**
灵活性(劳资关系、工资决定的灵活性、雇佣成本)	专家管理的依赖程度、人才流失
健康	**教育**
婴儿死亡率、期望寿命、艾滋病防治	初等教育入学率、教育支出、在职培训

WEF 的全球竞争力排名和 IMD 的国家竞争力排名有一定出入，突出表现为美国、欧盟、日本等传统强国依然占据了榜单十分靠前的位置，但排名顺序与 IMD 排名有所不同。当然像“亚洲四小龙”等新兴工业化国家和地区，以中国为代表的转型国家以及部分 OPEC 国家的 WEF 全球竞争力排名也比较靠前。这说明，截至目前，这些国家和地区在各方面都取得了长足进步，甚至有些国家和地区的发展程度还达到了世界先进水平。

第三节 国际组织对“发展中国家”的界定

如前所述，虽然可以从政治、经济、社会发展等角度概括出发展中国家的一些特性，但是，目前尚没有一个国际组织清晰、明确地界定过发展中国家的概念，更没有在法律上约定何为发展中国家，因此，“发展中国家”这一概念尚不清晰。究其原因，主要是对其的界定因各国际组织判定的依据不同，而未能在全球形成统一、规范的标准。但我们可以从各国际组织判别“发展中国家”、“新兴工业化国家”或“次发达国家”与“发达国家”的分类中发现其对发展中国家的界定标准。

一、联合国对“发展中国家”的界定

按照一般的习惯，亚洲的日本，北美洲的加拿大和美国，大洋洲的澳大利亚和新西兰，同欧洲大陆国家总体被视为“发达”地区。在国际贸易统计中，南非和以色列也被视为发达国家；从前南斯拉夫独立的国家中，除去斯洛文尼亚外，均被视为发展中国家；以上所指的欧洲大陆国家并不包括东欧国家和独联体诸国。但按照联合国经济社会事务部统计处的官方声明，联合国内部并没有对“发达国家”和“发展中国家”的称谓建立统一的惯例标准。因此，联合国并没有专门针对发展中国家的判别标准，其主要针对发展中国家、最不发达国家制定了相应的经济、社会等标准。并且，联合国经济社会委员会(U. N. Economic and Social Council，UNESC)每隔 3 年按照联合国发展计划委员会的评估会重新对最不发达国家(least-developed country，LDC)的标准进行核算。

委员会在其向联大提交的报告中，列举了识别最不发达国家的三项标准：第一，人均国民生产总值不超过 100 美元；第二，制造业占国民生产总值比重不超过 10%；第三，15 岁以上人口的识字率不超过 20%。但是，委员会承认，这些标准“既非完全可靠，本身也

不足以反映(最不发达国家的)全貌”①。1981 年，负责复审和评估这项工作的联合国经济及社会理事会下属的联合国发展计划委员会把第一条标准改为人均国民生产总值在 250 美元以下，而当时全世界有 39 个最不发达国家。1991 年，联合国发展计划委员会又对最不发达国家的划定作出新的规定。这一规定把最不发达国家定义为那些长期遭受发展障碍的低收入国家，特别是人力资源开发水平低和有严重结构性缺陷的国家，并将其衡量标准调整为：①人均国内生产总值在 600 美元以下；②人口不超过 7500 万；③扩大的实际生活质量指数(包括预期寿命、人均摄取热量、入学率、识字率等)不超过 47 点；④经济多种经营指数(包括制造业、工业就业比重等)不超过 22 点。

新标准引入了物质生活水平增长指数(Augmented Physical Quality of Life Index)和经济多样化指数(Economic Diversification Index)，原有的人均国民生产总值标准则继续保留下来，以反映最不发达国家低收入的主要特征。最后，委员会认为人口超过 7500 万的国家不能列入最不发达国家名单。根据新的标准，委员会建议将柬埔寨等 6 国列入名单，而博茨瓦纳则从最不发达国家中“毕业”。联合国大会采纳了委员会的建议，但为博茨瓦纳保留了 3 年的“过渡期”，以免该国经济发生震荡。新标准的一个重要特征是更加突出发展的社会因素。物质生活水平增长指数是以健康和教育为主要指标；经济多样化指数也包括制造业在国民生产总值中的比重、人均用电量、出口产品结构等更为复杂的指标。这表明联合国对发展概念的内涵正在从主要强调其经济性(或者说以商品为中心)向注重社会和人文因素转变。不过，委员会认为，划分最不发达国家这一特殊类别的主要理由在于这些国家的特殊贸易需要：通常采取的对发展中国家有利的措施可能对某些国家成效不大，因为它们的生产能力和贸易份额都极为有限，不能从主要针对制成品的贸易措施获得明显的利益，除非同时采取鼓励工业生产和多样化的措施。

2009 年，联合国贸易和发展会议对最不发达国家进行了重新的界定：首先，低收入标准，连续 3 年的人均 GNI 如在 905 美元以内则可以认定为收入标准达标，但如超过了 1086 美元(即达到“毕业”标准)则不能被认定为最不发达国家。其次，人力资本标准，这是以合成的人力资本指数(Human Assess Index，HAI)来衡量的，包括：①营养：营养不良人口的比重；②5 岁及以下儿童死亡率；③中学入学率；④成人识字率。最后，经济脆弱度标准，它是以合成的经济脆弱指数(Economic Vulnerable Index，EVI)来衡量的，包括：①人口规模；②偏僻；③商品出口集中度；④农林牧渔业占 GDP 的比重；⑤自然灾害造成的无家可归状况；⑥农业生产不稳定性；⑦商品和服务出口的不稳定性。

一般来说，一个国家只有同时满足上述 3 个标准才能被认定为最不发达国家。需要说明的是，基于最不发达国家的基本定义，该国人口不能超过 7500 万。而何谓达到收入的“毕业”门槛呢？一个国家在达到上述 3 条标准的至多一条后，或者人均 GNI 超过两倍的门槛标准(1810 美元)且有足够证据表明今后该国人均 GNI 会持续走高，则可认为该不发达国家达到了“毕业”标准，可以不再被认定为最不发达国家。

---

① Report of the Committee for Development Planning, 7th session, Official Record of the Economic and Social Cuncil, UN Doc. E/4990, Supp. 7, para. 47(22 March 1971-1April 1971).

根据这4条现行标准，截至2010年，经联合国认定的最不发达国家已增至48个，其中亚洲有14个国家：阿富汗、孟加拉国、不丹、柬埔寨、老挝、缅甸、尼泊尔、萨摩亚、所罗门群岛、东帝汶、图瓦卢、瓦努阿图、也门；非洲有33个国家：安哥拉、贝宁、布基纳法索、布隆迪、中非、乍得、科摩罗、刚果民主共和国、吉布提、赤道几内亚、厄立特里亚、埃塞俄比亚、冈比亚、几内亚、几内亚比绍、莱索托、利比里亚、马达加斯加、马拉维、马里、毛里塔尼亚、莫桑比克、尼日尔、卢旺达、圣多美和普林西比、塞内加尔、塞拉利昂、索马里、苏丹、多哥、乌干达、坦桑尼亚、赞比亚；拉丁美洲有1个国家：海地。

2012年3月，联合国发展政策委员会对最不发达国家制定了新的标准：①人均收入标准。这项标准依据的是人均国民总收入(GNI，3年平均数)，992美元以下的国家可列入最不发达国家名单，1190美元以上的国家从最不发达国家名单中剔除。②人力资产标准。这项标准依据的是一项综合指数(人力资产指数)，其中包括营养、健康、入学率、识字率等多项指标。③经济脆弱性标准。这项标准依据的是一项综合指数(经济脆弱性指数)，其中包括自然冲击程度、经济易受冲击程度、经济规模狭小程度、地理位置偏远程度等多项指标。

符合列出的所有三项标准，而且人口不超过7500万的国家，将列入最不发达国家名单；在对名单进行至少连续两次的三年期审查中，达到三项标准中至少两项标准规定的“毕业”门槛的国家，通常可从最不发达国家名单中剔除。不过，如果一个最不发达国家的人均GNI增至至少两倍于“毕业”门槛的水平，该国家即被认为有资格“毕业”，不论其在另外两项标准之下的表现如何。

根据最新制定的标准，截至2015年，经联合国批准的最不发达国家已经有44个，其中亚洲有9个国家：阿富汗、孟加拉国、不丹、柬埔寨、老挝、东帝汶、缅甸、尼泊尔、也门；非洲有31个国家：贝宁、布基纳法索、布隆迪、中非、乍得、刚果(金)、吉布提、厄立特里亚、埃塞俄比亚、冈比亚、几内亚、几内亚比绍、莱索托、利比里亚、马达加斯加、马拉维、马里、毛里塔尼亚、莫桑比克、尼日尔、卢旺达、圣多美和普林西比、塞拉利昂、索马里、苏丹、多哥、乌干达、坦桑尼亚、科摩罗、塞内加尔、南苏丹；大洋洲有3个国家：图瓦卢、基里巴斯、所罗门群岛；拉丁美洲有1个国家：海地。

联合国有关机构的上述工作，使最不发达国家成为发展中国家内部一个较为明确、争议不大的类别。

另外，联合国倾向于进一步对一些特殊经济体进行分类，如一些国家比一般的发展中国家具有明显的经济实力和发展基础优势，但这些国家尚达不到发达国家的标准。一般称这些国家为“新兴工业化国家”。对东欧和独联体国家的分类，一般依据的是国际货币基金组织(IMF，2004)的规定，中欧一些国家的“东欧集团”和苏联国家以及蒙古共和国但是不包括在以上的“发达国家”或“发展中国家”中所有的国家被视为“转轨国家”。进入21世纪，“亚洲四小龙”(中国香港、新加坡、韩国和中国台湾)被视为“发达”国家和地区，同样的，塞浦路斯、以色列、马耳他和斯洛文尼亚均已被视为“新兴发达国家”。

二、联合国开发计划署对“发展中国家”的界定

联合国开发计划署(The United Nations Development Programme, UNDP)设计了人类发展指数(Human Development Index, HDI)，将所有国家分为三个等级：高发展程度国家、中等发展程度国家和低发展程度国家。HDI 主要关注一国教育、医疗和居民消费购买能力，综合考察一国“人类发展”的各个方面(长寿、学识和物质选择)，避免了经济指标的狭隘，更加注重一国社会发展和居民福利的状况。因此，一些国家按经济指标可划定为发展中国家，但是按社会发展指标却属于高发展程度国家行列，如表 1-7 所示。

表 1-7　**2013 年部分国家和地区人类发展指数**

发展程度	国家和地区代表
极高发展程度	挪威、澳大利亚、瑞士、荷兰、美国、德国、新西兰、加拿大、新加坡、丹麦、爱尔兰、瑞典、冰岛、韩国、日本、以色列、法国、奥地利、比利时、意大利、马耳他等 49 国
高发展程度	乌拉圭、利比亚、古巴、马来西亚、委内瑞拉、俄罗斯、巴西、中国、哥伦比亚、秘鲁、土耳其、黎巴嫩等 53 国
中等发展程度	马尔代夫、印度尼西亚、埃及、越南、印度、赞比亚、柬埔寨、孟加拉国等 42 国
低发展程度	尼泊尔、巴基斯坦、肯尼亚、苏丹、埃塞俄比亚、海地等 43 国

20 世纪 80 年代以来，挪威(2001—2006，2009)、日本(1990—1991，1993)、加拿大(1992，1994—2000)和冰岛(2007—2008)分别为 HDI 排行的最高得分国家。2013 年公布的 HDI 排名中，联合国重新确定了划分标准：低人类发展指数(0～0.549)；中等人类发展指数(0.550～0.699)；高人类发展指数(0.700～0.799)；极高人类发展指数(0.800～1.000)。根据这一新的划分标准，分别有 43 个、42 个、53 个和 49 个国家和地区的 HDI 水平属于低、中等、高和极高阶段。2013 年 HDI 的世界平均水平为 0.702，中国为 0.719，排名 91 位，属于高等发展程度国家。

三、世界银行对“发展中国家”的界定

世界银行(World Bank)也没有对发展中国家进行明确定义，主要依据经济指标区分发展中国家与发达国家。过去通常使用人均 GNP 标准，现改为人均 GNI 或人均 GDP 标准以衡量一个国家经济发展水平，并且随着全球经济情况的变动，不断改变这种经济标准水平。

1995 年前后，人均 GDP 在 8000 美元以上(按名义汇率计算)加上一定程度的社会发展水平就可基本定义为发达国家。

世界银行在 1998—1999 年《世界银行发展报告》中，按 1997 年人均国民生产总值把国家划分为四类：第一类是低收入国家和地区，其人均国民生产总值为 785 美元及以下，共

61个；第二类是中下等收入国家和地区，为786~3125美元，共60个；第三类是中上等收入国家和地区，为3126~9655美元，共36个；第四类是高收入国家和地区，为9656美元以上。

2002年《世界银行发展报告》指出，2000年低收入国家人均国民总收入的平均值为420美元，中下等收入国家为1140美元，中上等国家为4620美元。发展中国家的平均值为1230美元。凡是人均国民总收入在755美元以下的国家都被划入低收入组，756~2995美元被划入中下等收入组，2996~9265美元被划入中上等收入组，9266美元以上被划入高收入组。尽管中国香港、新加坡和以色列等国家和地区已经进入高收入组，但它们依然属于发展中国家和地区。中国这一年的人均国民总收入为840美元，被划入中下等收入组。

2004年，世界银行的"世界发展指标"将中等收入国家界定为人均国民总收入介于826~10065美元的国家。按这个定义，又有8个国家已经加入了发达国家的行列，这8个国家是塞浦路斯、巴哈马、斯洛文尼亚、以色列、韩国、马耳他、匈牙利和捷克。另外，阿联酋、科威特等产油国人均GDP很高，但社会发展程度低，文盲率在30%以上，不能列入发达国家之中；摩纳哥、列支敦士登等微型国家也不列入其中；中国香港、中国台湾、荷属安地列斯等未获国家地位的经济体也不列入其中。

按照2013年的人均国民收入(GNI)，世界银行使用其Atlas Method，折算各国的可比价人均收入将所有国家和地区主要划分为4种群体，表1-8、表1-9、表1-10、表1-11列出了主要分类和包括的国家和地区：低收入国家群体(人均GNI小于1045美元)；中低收入国家群体(人均GNI处于1045~4125美元)；中高收入国家群体(人均GNI处于4125~12476美元)；高收入国家群体(大于12476美元)。以下是各主要收入群体的列表，其中中国处于中低收入经济体中，而南非、土耳其和墨西哥都处于中高收入经济体行列。

表1-8 **34个低收入经济体**

中非共和国	尼泊尔	乌干达
布基纳法索	乍得	布隆迪
冈比亚	朝鲜	几内亚
柬埔寨	几内亚比绍共和国	津巴布韦
刚果(金)	海地	利比里亚
科摩罗	卢旺达	索马里
厄立特里亚	缅甸	坦桑尼亚
肯尼亚	埃塞俄比亚	莫桑比克
塔吉克斯坦	贝宁	塞拉利昂
阿富汗	多哥	马拉维
孟加拉国	马达加斯加	尼日尔
马里		

表 1-9 **50个中低收入经济体**

不丹	巴拉圭	东帝汶
所罗门群岛	乌克兰	摩尔多瓦
乌兹别克斯坦	摩洛哥	也门共和国
斯威士兰	亚美尼亚	斯里兰卡
佛得角	格鲁吉亚	刚果(布)
毛里塔尼亚	加纳	洪都拉斯
南苏丹	玻利维亚	印度
瓦努阿图	印度尼西亚	科特迪瓦
危地马拉	科索沃	吉尔吉斯斯坦
约旦河西案和加沙	吉布提	老挝
喀麦隆	苏丹	圣多美和普林西比
莱索托	圭亚那	菲律宾
基里巴斯	萨尔瓦多	塞内加尔
萨摩亚	密克罗尼西亚联邦	蒙古
尼加拉瓜	赞比亚	尼日利亚
越南	巴基斯坦	阿拉伯叙利亚共和国
巴布亚新几内亚	阿拉伯埃及共和国	

表 1-10 **55个中高收入经济体**

中国大陆	巴西	伊拉克
帕劳	伊朗伊斯兰共和国	斐济
伯利兹	格林纳达	保加利亚
毛里求斯	利比亚	汤加
加蓬	波斯尼亚和黑赛哥维那	匈牙利
泰国	南非	牙买加
博茨瓦纳	白俄罗斯	厄瓜多尔
秘鲁	古巴	突尼斯
哈萨克斯坦	约旦	哥伦比亚
纳米比亚	哥斯达黎加	罗马尼亚
图瓦卢	美属萨摩亚	土库曼斯坦
苏里南	阿塞拜疆	土耳其
圣卢西亚	阿尔及利亚	圣文森特和格林纳丁斯

续表

阿尔巴尼亚	塞尔维亚	阿根廷
塞舍尔	马其顿王国	墨西哥
马尔代夫	多米尼克	马来西亚
多米尼加共和国	马绍尔群岛	委内瑞拉玻利瓦尔共和国
黎巴嫩	安哥拉	黑山
巴拿马		

表 1-11　**74 个高收入经济体**

新加坡	新西兰	丹麦
中国澳门	中国香港	新喀里多尼亚
乌拉圭	日本	以色列
智利	俄罗斯联邦	格陵兰
克罗地亚	比利时	关岛
沙特阿拉伯	冰岛	法国
列支敦士登	法属波利尼西亚	加拿大
法罗群岛	北马里亚纳群岛	波兰
卡塔尔	波多黎各	卢森堡
英属海峡群岛	圣马丁(荷属)	澳大利亚
圣马丁(法属)	爱尔兰	圣马力诺
爱沙尼亚	塞浦路斯	特克斯科斯群岛
韩国	特立尼达和多巴哥	奥地利
瑞典	安提瓜和巴布达	瑞士
安道尔共和国	百慕大	巴哈马
科威特	巴巴多斯	立陶宛
巴林	美国	希腊
美属维京群岛	库拉索	芬兰
开曼群岛	英国	德国
荷兰	意大利	葡萄牙
拉脱维亚	西班牙	挪威
赤道几内亚	捷克共和国	阿拉伯联合酋长国
摩纳哥	阿曼	文莱达鲁萨兰国
阿鲁巴	斯洛伐克	马恩岛
斯洛文尼亚	马耳他	

总体而言，世界银行采取了发达国家和发展中国家的两分法。以上的中等发达、初等发达和欠发达三大类统称为发展中国家。按照世界银行的标准，目前发达国家也就 60 多个，而发展中国家有 100 多个。对发展中国家来说，笼统地讲发展中国家，在有关协议条款和政策适用上的参考意义比较小。

四、经济合作与发展组织对“发展中国家”的界定

经济合作与发展组织(OECD)可能是唯一专门对第三世界国家进行类别划分的国际组织。其主要根据收入水平标准，将发展中国家和地区(包括那些不属于联合国系统的国家和地区)划分为：低收入国家(那些 1993 年人均收入低于 650 美元的国家，其中包括 29 个最不发达国家)、中等收入国家、新兴工业化国家和石油输出国组织成员国。

根据 OECD 的《2010 年世界经济展望》，它所认定的发展中国家有 125 个，其中：东亚和太平洋地区的发展中国家有中国、马来西亚、越南等 11 国；欧洲和中亚的发展中国家有保加利亚、波兰、俄罗斯、乌克兰等 19 国；拉丁美洲和加勒比地区的发展中国家有巴西、阿根廷、墨西哥、海地、乌拉圭等 25 国；中东和北非地区的发展中国家有埃及、约旦、沙特、突尼斯等 5 国；南亚地区的发展中国家有印度、巴基斯坦、斯里兰卡等国；撒哈拉以南非洲的发展中国家有安哥拉、科特迪瓦、尼日利亚、南非、津巴布韦等 42 国。与联合国的《人类发展报告》相比，OECD 的发展中国家名单统计范围略小一些，这是导致两份名单内容不同的重要原因。另外，由于两份名单的评价标准略有不同，导致了两个国际组织对新加坡、韩国等国在内的新兴工业化国家的认定存在争议。事实上，这种争议在其他国际组织中也时常存在。

新兴工业化国家总体上工业发展迅速；经济增长率较高；经济结构尤其是产业结构发生显著变化，工业为主导；出口结构不断优化。根据经济合作与发展组织的划分，典型的新兴工业化国家和地区主要有韩国、新加坡、中国香港、中国台湾、巴西和墨西哥。

五、WTO 对“发展中国家”的界定

世界贸易组织(WTO)的法律文本中同样也找不到发展中国家的明确概念。《WTO 协定》中的发展中国家条款可分为两类：一类是主动型条款，即成员自称为“发展中国家”，在制定国内经济和贸易政策时自主享有《WTO 协定》给予发展中国家的灵活性；另一类则是被动型条款，即一成员认定某些成员为发展中国家，并在其贸易政策的制定和实施中给予这些成员以更为优惠的差别待遇。由此我们看到，即使是最富权威的国际组织，对于发展中国家的认定或划分，也大多出于处理国际事务和便利贸易往来需要的技术性规定，而没有在理论上给出明确的概念界定。但在世界贸易组织的许多协议中都有“发展中国家成员”的提法，并且有的条款是专门为“发展中国家成员”制定的。

所以，WTO 并未对何谓发展中国家进行明确界定，WTO 中发展中国家的地位来自于成员的自我宣示。

六、国际货币基金组织对“发展中国家”的界定

国际货币基金组织(IMF)基于经济以及其他严格的指标，将其成员分为先进经济体

(29个)和其他新兴市场与发展经济体(146个)两个组。这样的分类随着机构提供的相关数据和分析趋于不断发展。其中巴西、印度、中国均被列入新兴市场国家。具体来说，先进经济体有：美国、欧洲地区12个(包括德国、法国、意大利、西班牙)、英国、日本、加拿大以及其他先进经济体国家13个；其他新兴市场与发展经济体按地区分类有：非洲18个，亚洲23个(包括中国和印度)，东欧与中欧15个，中东14个，西半球33个(包括巴西)。

各个新兴工业化国家仍然存在一些不同之处，如表1-12所示。2008年，中国在11个新兴工业化国家中的人均GDP实际增长率最高。2010年，中国GDP增长率为10.3%，仅次于印度；2014年中国的HDI高于印度、菲律宾和南非。

表1-12　**11个新兴工业化国家比较**

国　家	GDP(PPP)(百万美元，2011 IMF)	人均GDP(美元，2011 IMF)	人均GDP(PPP)(美元，2011 IMF)	基尼系数(2008—2009)	人类发展指数(2014)	GDP实际增长率(2010)	人均GDP实际增长率(2008)
巴　西	2309138	12789	11845	54.7	0.744(高)	7.49	4.06
中　国	11316224	5414	8394	45.3	0.719(高)	10.3	10.4
印　度	4469763	1389	3703	32.5	0.586(中)	11.1	8.5
马来西亚	447595	9700	15578	46.2	0.773(高)	7.16	2.86
墨西哥	1659016	10153	15121	48.3	0.756(高)	5.52	0.75
菲律宾	393987	2223	4111	43	0.660(中)	7.6	1.97
南　非	555340	8066	10977	63.1	0.658(中)	2.78	1.29
泰　国	622914	5394	9693	40	0.722(高)	7.8	1.84
土耳其	1054560	10522	14615	39	0.759(高)	9.0	-0.34

资料来源：IMF World Economic Outlook Database，2014。

综上所述，本书认为，上述国际组织对一个国家属性的划分主要依据以下几个标准：

(1)市场经济发展程度标准。一般而言，发达国家的市场经济由于早期的原始积累(如资金、资源方面)为其经济发展奠定了良好的基础，再加上不断完善市场体系和市场机制，使资源的配置较为合理，从而促进该国市场经济飞速发展。具体表现在发达国家的生产效率高，产业结构较合理，居民的工资水平较高，社会保障制度较为完善，教育医疗保障水平较高等。相反，发展中国家的市场经济发展程度由于其尚未经历市场经济充分发育、成熟健全的发展过程，或由于受传统封建关系或计划体制的制约而差强人意。

(2)要素资源限制标准。发展中国家普遍存在资金、技术瓶颈，劳动力相对富足，因此，其经济发展基本上依靠劳动力优势，技术创新缺乏。这从而决定了发展中国家的生产效率不高，每单位劳动力创造的经济价值也远远低于发达国家。

(3)经济标准。第一，主要根据一国人均GDP、GNP或GNI及其增长速度初步判断一国经济实力。发展中国家的这类指标从增长速度上可能会超过发达国家，但是从绝对指标来看，一般远远低于发达国家。第二，根据一国经济结构中消费、投资占比情况，产业结构中制造业、服务业的发展情况，判断一国经济增长的质量。发展中国家的消费率与投资率失衡，产业结构因为第二产业发展质量不高，第三产业发展滞后而不合理。整体来看，发展中国家经济增长质量不高。第三，根据经济发展不同时期的财政收支的合理结构，判断一国财政收入、政府债务和财政支出占 GDP 的比重是否属于发展中国家的经济特征，即从政府合理规模判断一国国家属性。一般而言，发展中国家的经济发展较为落后，因此决定了政府收入规模较小，财政支出也因政府宏观调控能力较弱而表现为不足。第四，依据失业率来判断一国劳动力资源的闲置情况。一般发展中国家劳动力丰富，但是存在大量闲置的劳动力，失业率较高。这也是这类国家的经济表现之一。

(4)社会发展标准。这主要从人力资本的构成要素(教育、医疗卫生、社会保障、居住与生活条件)、城市化程度以及一国贫困人口的规模等方面综合评价一国社会发展程度。如联合国人类发展指数将寿命、知识、生活标准作为衡量一国社会发展程度的指标。通常，发展中国家由于经济条件的制约，使其政府根本无力将更多的财力投入教育、医疗卫生、社会保障和住房等领域，从而导致居民不得不承担此类巨额开支，仅以其微薄的收入维持基本生活。因而，从整体上来看，发展中国家的社会发展是远远滞后的。

国际组织的指标体系或以经济指标，或以人类发展指标等社会指标对一个国家属性进行划分，并不完全科学、全面或合理，并没有建立一个统一、科学、合理的指标体系。

第四节 GPA 缔约方“发展中国家”的界定

一、日本“发展中国家”的标准

日本的标准为：人均 GDP 处于 500~1000 美元时属于高等发展中国家；500 美元以下是初等发展中国家；从 1000 美元到 1 万美元通常被称为“中等发达国家”。

二、以色列“发展中国家”的自我界定

以色列于 1997 年加入 GPA 组织，由于谈判条件的非公开性，我们只能从当时以色列的经济发展水平，推测以色列为自己争取“发展中国家”称谓的主要依据，详见表 1-13。

表 1-13 以色列的自我界定标准

项 目	具 体 情 况
面 积	根据 1947 年联合国关于巴勒斯坦分治决议的规定，以色列国的面积为 1.49 万平方公里。但由于 1948—1973 年爆发了四次阿以战争，以色列占领了约旦河西岸、加沙地带、耶路撒冷和戈兰高地。1999 年 9 月，以巴签署执行怀伊协议的沙姆沙伊赫备忘录，但该备忘录迄今未得到全面执行。现在以色列实际控制面积约为 2.5 万平方公里。

续表

项　目	具 体 情 况
人　口	625.9万(据2000年统计，包括约旦河西岸、加沙地带和东耶路撒冷犹太居民)，其中犹太人占76.7%，阿拉伯人、德鲁兹人及其他人占23.3%。希伯来语和阿拉伯语均为官方语言，通用英语。居民中大部分信奉犹太教，其余信奉伊斯兰教、基督教和其他宗教。
地理位置	位于亚洲西部。东接约旦，东北部与叙利亚为邻，南连亚喀巴湾，西南部与埃及为邻，西濒地中海，北与黎巴嫩接壤，是亚、非、欧三大洲结合处，地理位置十分重要。海岸线长度为198公里。地中海型气候，夏季炎热干燥，最高气温39℃；冬季温和湿润，最低气温4℃左右。
行政区划	全国划分为6个区，30个分区，31个市。115个地方委员会，49个地区委员会。6个区分别为：耶路撒冷区、特拉维夫区、中央区、海法区、南部区和北部区。
经济概况	经济为混合型，比较发达。农业、工业、科技及军工等部门技术水平较高。私人企业比重较大，但政府对主要部门控制严格，许多大的企业由国家控制或监管。合作经济主要以农村中的基布兹(集体社)和莫沙夫(合作社)为主。1985年实行“经济紧缩计划”。1986年起，政府开始通过出售政府控股企业的股票推行私有化政策。1987年开始经济改革，私有化进程迅速发展，政府通过出售股票增加收入85亿新谢克尔。经过几年的经济调整，1991年经济开始出现良好的增长势头。近年来，以色列经济增长乏力。 2000年以色列主要经济数字：(资料来源：《经济季评》) 国内生产总值：4101亿新谢克尔(约为1015亿美元) 人均国内生产总值：17000美元，11000美元(1996年) 国内生产总值增长率：5.6% 货币名称：新谢克尔(NIS) 汇率：1美元=4.04新谢克尔(资料来源：《经济季评》2000年8月) 通货膨胀率：5.2% 失业率：9%
资　源	矿产资源较贫乏，主要有钾盐、石灰石、铜、铁、磷酸盐、镁、锰、硫黄等。森林占总面积的5.7%。
工　业	工业较为发达。1999年，工业出口额为170.5亿美元，比1998年增长6.5%。其中钻石为64.4亿美元，电子、通信等为85.4亿美元，化学、药品、塑料等为41.5亿美元，食品为0.4亿美元，纺织、服装、皮革为11.4亿美元(资料来源：以色列中央统计局统计年鉴)。

续表

<table>
<tr><th>项　目</th><th>具 体 情 况</th></tr>
<tr><td>农　业</td><td>1999 年农业总产值为 123.3 亿新谢克尔，占国内生产总值的 3%。从事农业人口为 7.25 万。农业出口总额为 7.82 亿美元。农业组织结构以莫沙夫和基布兹为主，全国有莫沙夫 458 个，人口 16 万；基布兹 290 个，人口 12.7 万。全国耕地面积 425.1 万杜纳亩(1 杜纳亩 = 1.4 市亩)，其中水浇地面积 193 万杜纳亩。主要出口农作物产量如下：(单位：万吨)

| | 1997 年 | 1998 年 | 1999 年 |
水果　105.9　127.9　98.8
蔬菜　106.18　124.33　115.3
小麦　11.6　15.6　1.5
棉花　15.14　13.02　6.39

(资料来源：以色列中央统计局统计年鉴)
1999 年捕获鲜鱼 1.06 万吨，产牛肉 2.35 万吨，产奶 11.3 亿升，产鸡肉 31.82 万吨，鸡蛋 13.6 亿个，出口鲜花 139.48 万吨。</td></tr>
<tr><td>服务业</td><td>1999 年，全国劳动力人口 234.5 万，其中 86.3%为以色列人，其余为外籍劳工或巴勒斯坦人，在以非法打工的人有 7.5 万～12 万。</td></tr>
<tr><td>交通
运输</td><td>陆、海、空运输业发达。其中陆地运输的货物占一半，船舶和航空运输各占四分之一。国内公路运输发达，公共汽车和载重汽车是主要运输工具。国际运输以海法港和本古里安国际机场为主。1999 年交通运输情况如下：
铁路：总长度为 609 公里。客运量 878.5 万人次，货运量 9936 吨。
公路：总长度为 15965 公里，特拉维夫、海法与耶路撒冷之间均有高速公路相连。各种车辆有 156.7 万辆，其中私人小汽车 127.3 万辆，货车 28.3 万辆。
水运：共有船只 57 艘，总吨位 1591 千吨，离岸船只 6230 艘次，货物装卸总量 4192.5 万吨，客运量 118.6 万人次。主要港口有海法、阿什杜德和埃拉特。
空运：着陆飞机 27987 架次，客运量 873.4 万人。货运量达 29.7 万吨。与美国、加拿大、埃及、希腊、肯尼亚、葡萄牙、罗马尼亚、南非、西班牙、土耳其和中国等国有定期航班。</td></tr>
<tr><td>财政
金融</td><td>1999 年外汇储备达 225.15 亿美元，政府财政赤字为 107.94 亿新谢克尔，占国内生产总值的 2.6%。2000 年财政预算为 2274 亿新谢克尔(约 548 亿美元)。</td></tr>
</table>

续表

项 目	具 体 情 况
对外贸易	由于国内市场相对狭小，主要以通过扩大出口来推动经济增长。以色列一直把大部分创造性资源用于发展出口贸易，国民生产总值中工业生产的半数用来出口。以色列周边国家都是阿拉伯国家，由于长期处于敌对状态，贸易受阻。因此，以集中力量打入远方市场，36%的出口物资运往欧洲联盟各国，32.1%运往美国，16%运往亚洲。外贸在国民经济中占较大的比重。1999年，以出口额236.4亿美元，比1998年增长8.9%，进口额306.3亿美元，比1998年增长13.4%。其中，进口总额的67%为钻石、燃油、船只和飞机，17.6%为汽车、机械和其他投资设备，12.8%为消费商品。出口总额的3.3%为农产品，27%为钻石，36%为电子、通信等。1999年对外贸易情况如下：(单位：百万美元) 主要出口商品　出口额 植株及蔬菜类　795 食品(含烟草类)　338 化学制品　2943 塑胶类　1213 纺织品　1300 稀有金属及矿物　8198 金属制造　908 机电　6326 交通工具及设施　898 科学仪器　1422 (资料来源：以色列中央统计局外贸部统计摘要)
人民生活	政府实行高福利高消费政策，对一些基本商品实行补贴。1999年，全国共有病床36400张，平均每千人6张。人均月工资6323新谢克尔，比1998年提高2.5%。
教 育	政府重视教育事业，5~16岁儿童享受义务教育，免费教育至高中毕业。凡未满18岁且未完成初等教育的青少年还必须参加专门的补习班。著名的高等院校有耶路撒冷希伯来大学、特拉维夫大学、海法大学、以色列工程技术学院、魏茨曼科学研究院、巴伊兰大学、本·古里安大学等。一共有中小学校2994所(包括专门实习班)，综合性大学7所。1998年在校学生共181.54万人，其中，中小学生124.5万人，大学生21.9万人。

通过表1-13，我们大致可以归纳出以色列当时的社会经济状况指标作为以色列自我界

定为“发展中国家”的依据(见图 1-1)。

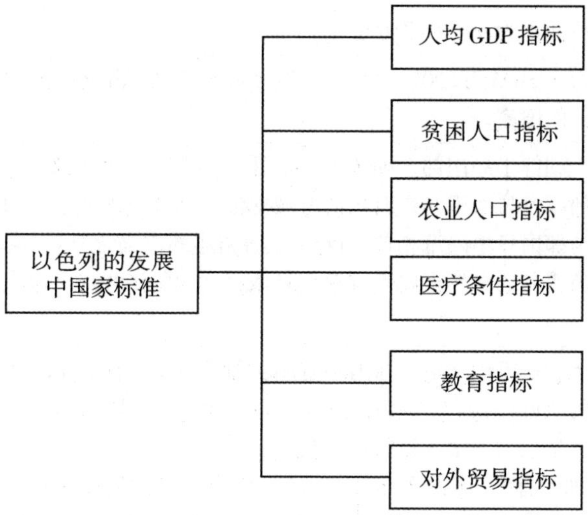

图 1-1 以色列的发展中国家标准

三、韩国“发展中国家”的自我界定

韩国虽然不是 GPA 的初始缔约方，但是从 1979 年开始，韩国就积极努力地开展申请工作，希望尽早加入 GPA。韩国于 1979 年、1980 年和 1982 年连续三次向政府采购委员会提交了不同的出价清单，而且每次都扩大了清单中包含的实体范围。虽然如此，GPA 的缔约方仍然认为韩国提交的出价清单与他们的期望颇有差距，于是韩国首次加入 GPA 的努力以失败告终。

直到 1990 年 1 月，韩国政府在国内经济部长会议上正式作出再次申请加入 GPA 的决定，6 月 25 日，韩国再次提交出价清单。1991 年 4 月，GPA 两个主要的缔约方——美国和欧盟要求韩国在“乌拉圭回合”谈判修订出的 GPA 的框架下参加谈判，扩大出价清单的涵盖领域，这就意味着韩国必须遵守新的 GPA 条款和条件，将谈判范围扩大至服务部门、地方政府和其他公共实体。经过慎重考虑，韩国决定继续申请加入 GPA 的工作。1992 年 5 月，韩国第一次递交了出价清单，后来进行了两次修改。1993 年 10 月递交了第二份出价清单，1993 年 12 月 14 日递交了第三份出价清单。第三份清单成为最后的定稿，清单包含了 43 个中央实体、15 个地方实体和 19 个其他实体。

GPA 各缔约方对这份最后的出价表示满意，韩国在“乌拉圭回合”谈判结束时，于 1994 年 4 月 15 日在马拉喀什签署了 GPA(这是经过第二次修改后的 GPA 文本，即 1994 年版本)。根据规定，1997 年 1 月 1 日，该协议正式对韩国生效。韩国在 1979 年第一次尝试加入 GPA 的 15 年之后，经过 4 年的谈判，最终成为 GPA 的缔约方。但韩国坚持称自己为发展中国家，1997 年协定正式生效后，加入 GPA 对韩国的影响并不大。韩国的自身界定标准见表 1-14。

表 1-14 韩国的自身界定标准

项 目	具 体 情 况
面 积	韩国的总面积为 99600 平方公里。
人 口	韩国总人口 5095 万(2013 年)，主要为朝鲜民族，占全国民族总人口的 99%，是一个民族比较单一的国家。
地理位置	韩国位于朝鲜半岛南部。朝鲜半岛地处亚洲大陆的东北部，自北向南延伸，全长 1100 公里。韩国的领海与太平洋最西部的海域交汇。朝鲜半岛北部与中国和俄罗斯接壤，东部濒临东海，与邻国日本隔海相望。除与大陆相连的半岛之外，韩国还拥有 3200 个大小岛屿，其中最负盛名的自然当属素有东方夏威夷之称的济州岛。以三八线为临时国界，正式边界未确定。
经济概况	从 20 世纪 60 年代开始，韩国政府成功地推行以增长为主的经济政策，70 年代之后走上发展经济的轨道，创造了举世闻名的“汉江奇迹”。到 20 世纪 80 年代，韩国一改贫穷与落后的面貌，呈现出繁荣和富裕的景象。 1996 年加入有“富国俱乐部”之称的经济合作与发展组织(OECD)。1997 年韩国经济受到亚洲金融危机的严重冲击。1998 年金大中执政后，推行企业、金融、公共部门和劳动关系四大改革，在较短时间内克服了金融危机。2001 年 8 月，韩国提前还清国际货币基金组织(IMF)的全部贷款，结束了 IMF 监管体制。
资 源	矿产资源较少，已发现的矿物有 280 多种，其中有经济价值的 50 多种。有开采利用价值的矿物有铁、无烟煤、铅、锌、钨等，但储量不大。由于自然资源匮乏，主要工业原料均依赖进口。
工 业	GPA 缔约方通常在产业方面，对有一定竞争优势，能与国际间跨国公司相抗衡并能抵御外资入侵的行业和部门适度开放；对较重要而又较落后的产业，则对外国供应商采取限制，以为相关产业提供政策上的缓冲期。 韩国经济实力雄厚，钢铁、汽车、造船、电子、纺织等已成为韩国的支柱产业，其中造船和汽车制造等行业更是享誉世界。韩国的电子工业发展迅速，为世界十大电子工业国之一。因此，韩国在具体服务清单开价方面充分考虑了自身的情况，具体列出的服务项目主要涉及商业服务(例如：计算机及相关服务、交通设备出租服务)、通信服务、环境服务和交通服务等。 韩国产业以制造业和服务业为主，造船、汽车、电子、钢铁、纺织等产业的产量均进入世界前 10 名。大企业集团在韩国经济中占十分重要的地位，三星、现代、SK、LG 和 KT(韩国电信)等大企业集团创造的价值在国民经济中所占比重超过 60%。
农 业	1997 年，在韩国经济结构中，农林渔业合在一起才占 5.7%。尽管如此，农业状况如何，对于韩国经济发展和人民生活仍有着十分密切的关系。截至 1997 年年底，韩国从事农业的农户有 144.1 万户，比 1996 年(147.9 万户)减少了 2.5%。在农村人口高龄化、妇女化的情况下，韩国政府鼓励城市人口兼营农业，扩大耕作规模以及向种植蔬菜、水果，饲养农畜等方向转变，以振兴农村经济。截至 1997 年年底，韩国的耕地面积为 192.4 万町步，比 1996 年(194.6 万町步)减少 1.1%，每个农户平均占有耕地 1.3 町步。

续表

项目	具体情况
公共交通设施	首尔的地下铁路系统排名世界第 8 位，每日客运量达 440 万人次，拥有 7 条地下铁路系统线路，全长近 250 公里，担负了全市客运量的 35%以上。 到 1996 年，韩国铁路系统共有 61 条铁路，总运行长度约为 3120 公里。铁路在城市间的客、货运中起着举足轻重的作用。在铁道上运行的有 4159 节客车车厢，13395 节货车车厢。列车中包括在首尔与港口城市之间运行的新农村号超高速列车，该列车由首尔到釜山约运行 4 小时。 高速公路连接着首尔和各道的城镇，使人们在一天之内便可从首尔到全国任何地方来回一趟。首尔—仁川线(24 公里)于 1968 年建成，是韩国第一条现代化高速公路。首尔—釜山线(428 公里)于 1970 年完工，标志韩国在为扩大现代化运输网络所作的努力下大大地向前跨进了一步。 截至 1998 年年底，韩国高速公路已超过 2000 公里，其后 2 年内又增加了 100 公里。 1980—1998 年，韩国登记的汽车已由 52.77 万辆增至 1050 万辆，增长了近 19.8 倍。这一急剧的增长归因于人民的收入和生活水平的不断提高，郊区民居扩大以及本国汽车制造业的发展。 韩国的主要国际航空公司每周有 800 多次航班直达或不停站地往来于首尔和北美、南美、欧洲、北非、中东、亚洲的主要城市之间。韩国已经与 74 个国家签订了航空服务协定。 韩国的集装箱船只行驶在通向南美、北美、欧洲、澳大利亚、中东和非洲的许多港口的航线上。外国的远洋航船、游船以及客货轮船也常停泊在韩国港口。1997 年，韩国港口的年吞吐量为 3.59 亿吨，是 1961 年年吞吐量 900 万吨的 39.9 倍。
财政金融	在财政方面，1997 年财政支出总额为 63.96 万亿韩元，比 1996 年(58.48 万亿韩元)增长 9.4%。其中，经济开发费，即向农业水产开发部门、运输及通信部门和科学技术开发部门的支出额为 16.28 万亿韩元，比 1996 年(13.12 万亿韩元)增长 24.1%。社会开发费，即向社会保障部门、保健及环境保护部门以及住宅与社会开发部门的支出为 5.90 万亿韩元，比 1996 年(5.02 万亿韩元)增长 17.5%。防卫费支出 13.65 万亿韩元，比 1996 年(12.95 万亿韩元)增长 5.4%。教育费支出 12.07 万亿韩元，比 1996 年(11.03 万亿韩元)增长 9.4%。其余金额为向一般行政部门、地方财政部门等的支出。 1997 年，一般会计财政收入总额为 66.36 万亿韩元，比 1996 年(60.28 万亿韩元)增长 10.1%。其中，国税收入 60.91 万亿韩元，比 1976 年(57.06 万亿韩元)增长 6.7%。税外收入 5.50 万亿韩元，比 1996 年(3.22 万亿韩元)增长 70.9%。在经常项目收支方面，1997 年出现了 86.2 亿美元的赤字，但比 1996 年的赤字额(230 亿美元)减少了 143.9 亿美元。在资本项目收支方面，1997 年盈余 54.5 亿美元，比 1996 年(233.3 亿美元)减少了 178.9 亿美元。 在金融方面，1997 年，韩国爆发严重的金融危机，各大银行、综合金融社等纷纷陷于困境，韩元大幅度贬值，外汇储备枯竭，不得不举借巨额外债以渡难关。韩元与美元的汇率在 7 月时是 890 韩元兑换 1 美元，到年底(12 月 24 日)贬值至 1964.8 韩元兑换 1 美元。韩国可用外汇储备在 11 月下降到 233 亿美元，年底下降到 30 亿美元。在这种形势下，韩国政府不得不以十分不利的条件接受国际货币基金组织、世界银行、亚洲开发银行等国际金融机构和美国、日本等国共达 570 亿美元的金融援助。

续表

项 目	具 体 情 况
对外贸易	韩国是出口主导型经济，出口贸易一直是经济发展的火车头；又由于韩国缺乏自然资源，能源和主要原材料依靠进口，因此，进口贸易在经济发展中也处于极为重要的地位。 多年来，韩国出口贸易增长一直很快，但进入20世纪90年代以后，由于韩国的大宗出口产品在国际市场上单价下降，虽然出口数量增加，但收益减少，出口增长率明显下降。在1995年出口贸易额为1250.6亿美元，比1994年(960.1亿美元)增长30.3%。1996年，出口贸易额为1297.2亿美元，仅比1995年增长3.7%。1997年出口额为1361.6亿美元，比1996年增长5%。1997年，韩国的钢铁制品、化工制品等出口形势尚好，但鞋类、轮胎等的出口明显减少。从地区上看，韩国对欧洲出口形势较好，对日本及东南亚地区则裹足不前。 1997年，在金融危机、韩元贬值的影响下，国内对进口需求不振，进口贸易额为1446.2亿美元。比1996年(1503.4亿美元)下降了3.8%，是自1982年(-7.2%)以来第一次负增长。其中，资本货物，诸如机械类、电气电子等类产品进口额为527.8亿美元，比1996年(589亿美元)下降了10.4%。能源原料，诸如原油、石油制品、轻工原料等进口额为762.3亿美元，比1996年(745亿美元)增长2.3%。食品及消费资料进口额为156亿美元，比1996年(169.4亿美元)下降了7.9%。 外资对韩国的投资多来自西方发达国家，发展中国家对韩国的投资不多。1995年，美国商人对韩国的投资额为6.5亿美元，比1994年增长107.4%。1996年投资额为8.8亿美元，比1995年增长35.8%。到1997年猛增到31.9亿美元，比1996年增长364.1%。20世纪90年代以来，欧洲诸国对韩国的投资呈增加趋势。截至1998年1月底，欧洲各国商人对韩国的投资额为63亿美元，占外商投资总额的25%。而荷兰、德国、爱尔兰、法国、英国5国的投资额占欧洲各国投资总额的95%。
人民生活	韩国的生活保障制度根据保护对象的不同而采取不同的保护种类、内容和方法。对于无劳动能力者支援生活费，以保障其最低生活水平；对于有劳动能力者，支持其自食其力，摆脱贫困。1997年，生活保护对象共141.4万人，比1996年(150.6万人)减少6.1%。 韩国老龄人口不断增加，逐渐跨入高龄化社会。1997年，65岁以上人口为290.8万人，占总人口的7.1%。为老年人服务的设施达173处，将享受老年人津贴的年龄从70岁降低到65岁。这样，享受老年人津贴者计有26.5万人。为了向有劳动能力的老年人提供就业机会，老年人就业服务机构从1996年的60家增加到70家，接受高龄老人就业的职业种类从40种增加到70种。 1997年，韩国保育设施为14054个，其中，公共机关有2792个，工厂及民间有12583个。1997年，受保育儿童达63万人以上。 1997年，韩国注册的残疾人48万人，仅占推定的残疾人(105.3万人)的45.6%。1997年，韩国有残疾人福利设施276个，收容能力为19368人，实际收容16232人。福利设施中有疗养设施58个，主要收容精神病人和肢体不全者。为残疾人专门设立的劳动设施9个。 在社会保险方面，韩国的社会保险有医疗保险、国民退休金、产业灾害保险和就业保险等。截至1997年年底，韩国适用医疗保险的人口达4492万人，比1996年增加0.7%。也就是说，韩国的绝大多数民众均可以享受到医疗保险的优惠。 国民退休金制度适用于18岁到60岁的国民，分公务员退休金、军人退休金以及私立学校教职员退休金等。1997年年底，加入国民退休金制度者774.5万人，比1996年(782.9万人)减少了0.9%。

续表

项　目	具　体　情　况
教育	教育费支出为 12.07 万亿韩元，比 1996 年(11.03 万亿韩元)增长 9.4%。韩国是一个十分重视教育的国家。全国各类大专院校数以千计。1953 年起实行小学六年制义务教育，从 1993 年起普及初中三年义务教育。高等教育机构 80%为私立。2008 年教育预算 35.5 万亿韩元，占政府预算的 20.0%。全国各类学校(公立、私立)1.98 万所，学生 1195.0 万人，教师 49.6 万多人。2011 年教育公共支出占 GDP 的比例为 4.86%，2012 年小学师生比例为 17.87%，中学师生比例为 15.94%。

资料来源：《世界统计年鉴》，2013 年。

通过以上资料，我们大致可以归纳出韩国当时的社会经济状况指标(见图 1-2)。

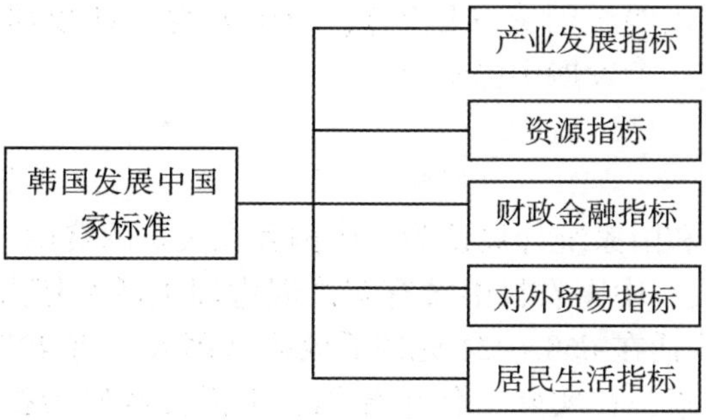

图 1-2　韩国的发展中国家标准

第五节　中国“发展中国家”的自我界定

中国官方机构从多角度界定了本国的“发展中国家”身份。国家统计局认为，“发展中国家”这个概念，是从“落后国家”、“贫穷国家”、“不发达国家”、“欠发达国家”、“第三世界国家”等称谓上逐渐演变过来，其更具有积极含义。但称谓的改变并没有改变“发展中国家”的基本含义，其仍然保留着与发达国家相比明显“贫穷、落后、不发达”和“经济社会尚不成熟，现代化尚未实现”的基本含义。

一、人均 GDP 指标/人均收入指标

国家统计局认为，虽然经过三十多年的经济发展，中国经济总量位居世界第二，居民收入在大幅度增加，中国已经成为一个工业生产大国和经济大国。但是如果按人均收入或人均 GDP 计算，中国最多处于低收入国家和中低收入国家的边界上，即按通常汇率计算，中国属于低收入国家，而按购买力平价计算，中国刚刚够得上中低收入国家水平。

2004 年，中国经济总量只相当于美国的 16.6%，人均国内生产总值只相当于美国的 3.6%，日本的 4.0%，即使是调整后的人均 GDP 也只有全球人均 GDP 的 1/5，在世界上的排名也在 100 名之后。

2006年，中国人均国民收入为2010美元。按照世界银行的划分标准，中国已经由低收入国家步入了中等收入国家的行列。但中等收入国家并不等于中等发达国家，中国依然是一个发展中国家。与世界上绝大多数国家相比，人均收入还处于较低水平。另外，按照世界银行的标准，中等收入国家人均收入在1000~3000美元，中国刚刚超过2000美元，处于中等收入国家的中端。按照联合国的标准，中低收入国家人均收入为799~2990美元。中国同样处于中低收入国家的中端水平。如果认同世界银行的划分，即人均国民总收入达9361美元以上者为高收入国家，761~9360美元者为中等收入国家，760美元以下者为低收入国家，那么，2001年人均GNI就达到840美元的中国，可以说早就进入了中等收入国家行列。但是，人均GNI达到中等收入国家水平，并不意味着中国已进入中等发达国家行列。

即便中国现在的人均GNI已超过1000美元，在761~9360美元这个区间里，但仍然处于偏低水平。而按照另外一种划分(即把世界上的国家和地区分为低收入、中下等收入、中上等收入及高收入四组国家和地区)，中国人均GNI仅居于世界中下等收入国家(地区)组之列，依然是一个发展中国家。

二、贫困指标

国务院新闻办公室和国家统计局认为，中国存在大量的贫困人口使中国仍然属于发展中国家。到2004年年底，中国农村中没有解决温饱即生活在年人均纯收入668元以下的贫困人口有2610万，生活在668~924元的低收入贫困人口有4977万，两项合计7587万人，加上各种突发性因素，在实际工作中建档立卡需要政府帮扶的贫困农民总计近1亿人。另外，城市中需要给予最低生活保障补助的有2000多万居民。城乡合计，中国共有1.2亿人口生活困难，比绝大多数国家的总人口数还多。

三、经济发展质量指标

国家统计局认为，中国经济中规模最大的工业，虽然占了GDP的60%左右，但是同美国只占GDP15%左右的工业规模相比，中国工业规模仍然远远小于美国。中国有占世界1/4的劳动力，而生产的GDP尚远低于10%；即使说中国经济增长“过度依赖出口”，实际上中国出口产品占全球的比重也不到10%。也就是说，中国的生产能力和经济规模远低于人口规模所具有的比例。

四、经济社会发展综合指标

国家统计局认为，在发展进程中还不断出现一些新的问题，如城乡差别和地区发展差距继续扩大，人口老龄化愈加严重，流动人口不断增多带来许多社会问题，社会保障能力不足等。特别是，中国的社会保障体系和基本的民生事业仍然处于十分薄弱的状态。因此，在任何意义上中国都还不是一个发达和成熟的现代化国家，对于一个充满发展动力和活力的国家，承认贫穷、落后和不发达是自信的表现。

《中国青年报》认为，单凭人均GNI一项数据，也根本不足以综合评价一个国家或地区的发展全貌，因此，判断一个国家或地区在世界上处于什么样的发展水平，要看它的“现代化综合指数”，包括人口发展指标、经济发展指标、社会发展指标、生活质量指标、教育水平指标、创新能力指标、信息化程度指标、生态化程度指标等。中国这几年经济和社会发展成就有目共睹，但无疑也面临许多困难。譬如，人口太多且平均文化程度较低；国情非常复杂，东部、中部和西部各方面发展落差很大，极不平衡，尤其是西部偏远地区交通不便，土地贫瘠，信息闭塞，等等。这些情况，极大地制约了中国“现代化综合指数”的提升。

综上所述，自1964年联合国第一届贸易和发展会议最早提出“发展中国家”的概念到国际组织、国内外理论界、GPA协议国及中国官方对其进行界定，这些趋势反映出国际上对发展中国家的定义和标准日趋细化。其理论依据是发展中国家应按不同经济发展水平承担国际义务包括向比较贫困地发展中国家提供援助，同时很多发达国家不愿看到发展中国家迅速、顺畅地发展，也希望减轻发达国家承担的国际义务，或者在WTO中剥夺某些发展较快的发展中国家享受的特殊和差别待遇，最大限度地打开这些国家的市场。

通过上面的多个评价标准我们可以看出，一个完整的指标体系有助于我们客观评价一国的发展状况。在全面评价一个国家发展程度的同时，通常要考虑这些方面：经济总量、经济结构、收入分配、市场化程度、金融体系、国际收支、法律制度建设、基础设施建设、国民健康和教育、研发投入和产出、社会稳定等方面。具体归纳对“发展中国家”的界定主要有以下标准（如表1-15所示）。

表1-15 **国家发展状况评价体系**

收入分配	贫困人口占总人口的比重、基尼系数
政府收支	财政收入占GDP的比重、政府债务占GDP的比重、政府总支出占GDP的比重
市场成熟度	上市公司市值占GDP的比重、海外直接投资净流入占GDP的比重
人口和健康	人口总量、人口增长率、人均预期寿命、婴儿死亡率、公共医疗支出占GDP的比例、每千人拥有的医院床位数
劳动力	农业、工业劳动力占总劳动力的比例，总劳动参与率，长期失业率，受中等、高等教育的劳动力占总劳动力的比例
基础设施	每千人拥有汽车数量、每百人互联网用户数、研究与开发支出占GDP的比重、每百万人口中从事研究与开发的技术人员数
教　育	政府教育投入占GDP的比例、成人文盲率、初等教育儿童辍学率、高等教育毛入学率
城市化程度	农村人口占总人口的比重

注：1）政治发展程度指标，即政治指标。一般根据一国民主情况、政府治理程度等。

2）物质保障标准，即主要经济指标。一般根据一国连续几年内的人均GNI、人均GDP或人均GNP来判断。

3）人力资源发展状况指标，主要从人口死亡率、成人识字率、营养不良人口比重、预期寿命、人均摄取热量等方面判断。

4）经济社会发展脆弱程度指标，主要从对外贸易依存度、出口产品结构、产业结构、基础设施生产生活条件等方面判断。

5）要素资源指标，主要看一国的资金、技术和劳动力情况。

6）企业竞争力或国家竞争力指数，如IMD测评一国的经济绩效、政府效率、企业效率和基础建设，从而判断一国综合实力水平。

第二章

GPA 条款解析发展中国家标准

政府采购是 WTO 长期以来允许的重要例外，是在贸易自由化特别是关税壁垒迅速下降的背景下，保留给各成员实施贸易和产业政策或其他政策目标的重要工具，排除在国民待遇和最惠国待遇等重要原则的适用范围之外。政府采购作为贸易保护措施的实施必然会影响贸易自由化的程度，GPA 的产生正是为降低政府采购对国际贸易的限制性，其目的是将国民待遇原则引入政府采购领域，以扩大自由贸易市场。因此，GPA 在一定程度上并不是一个规范政府采购行为的国际准则，而是一个解决市场准入问题的贸易协定。

由于政府采购是各国保护民族产业、国内经济发展宏观调控的重要工具，包括澳大利亚在内的许多发达国家不愿因加入 GPA 而失去这一政策工具。相对发达国家而言，发展中国家由于社会经济原因，其政府对基础设施和公共产品的提供以及对产业的投资与扶持比重很大，导致了政府采购市场规模很大，同时本国品牌竞争力先天不足，成为发达缔约方开辟国外市场的重点领域。而发展中国家由于自身经济发展程度的劣势，更希望充分利用政府采购政策促进本国经济发展。所以，促成发展中国家加入 GPA，在 GPA 条款中对发展中国家进行特殊规定，其目的在于，在一定适用范围内对发展中缔约方实行国民待遇例外，留出一部分其自主发展的空间以鼓励发展中国家参与其中，以满足美国、欧盟等发达国家拓展国际市场的需要。

94 版 GPA 没有成功地吸引发展中国家成员，目前只有以色列以发展中国家的身份加入了 GPA。GPA 已经对处理成员关系的有关部分中的原因进行了考虑，2012 修改版 GPA 对发展中国家的特殊规定作了进一步具体化，用直接利益优惠来促进更多发展中国家的兴趣。GPA 发展中国家的特殊与差别条款实质是允许缔约双方在规定的框架内讨价还价。但是 GPA 缺乏明确的发展中国家标准，使发展中国家在谈判中处于不利地位。

第一节　立法目标和原则

94版与2012修改版GPA序言中一致认为应考虑发展中国家，尤其是最不发达国家的发展、财政以及贸易需要。为了吸引发展中国家加入协议，对发展中国家实行优惠待遇原则。考虑到发展中国家的经济和社会发展的特殊性，要求有关缔约方应向发展中国家，尤其是最不发达国家提供特殊和差别待遇，以满足其经济发展、财政和贸易的要求。

一、立法基本原则

新旧GPA文本的基本原则存在的差异较大。94版GPA的基本原则——给予发展中国家更多利用政府采购权限作为社会经济政策工具的措施。各缔约方在实施和执行本协议时，要切实考虑发展中国家(尤其是最不发达国家)的收支平衡、国内产业(特别是农村和落后地区的小型产业)的建立和发展以及其他经济部门的发展，扶持完全或主要依赖政府采购的产业机构，鼓励加入发展中国家间的区域性或全球性协议，以促进经济发展。但是，这些目的的罗列是发达国家为了吸引发展中国家加入协议，针对发展中国家的内在需要和弱势而设计的，而发展中国家加入GPA却使本国的政府采购政策对国际收支平衡，促进国内产业的建立或发展，扶持产业发展的作用受到很大的制约或者减损。GPA要求发达缔约方应该针对发展中国家的顾虑和持续发展给予一定的发展空间，引起发展中国家的兴趣，减轻国内的反对压力。GPA第5条第1款提出发达国家与发展中国家缔约和实施协议时应有利于发展中国家发展，而且这些目的贯穿发展中国家具体条款并规定谈判要围绕促进发展中国家实现这些目的，这使GPA为需要加入协议的发展中国家提供了国民待遇例外，还发挥政府采购政策功能的可能性空间。发展中国家可以以要达成这些目的为依据，通过谈判保留协议适用空间，限制对方谈判要价，为本国调控经济和产业结构争取更多的机会。

2012修改版GPA的基本原则——对发展中国家有新的、特别的最惠国待遇原则。第5条第2款规定，当一个发展中国家申请加入本协议时，所有缔约方应立即向其货物、服务和供应商提供最惠国待遇，这对缔约方与发展中国家之间的任何条款谈判都有效，以维护协议项下的机会均等。

GPA第5条第2款是想让加入的发展中国家能够享受特别的最惠国待遇，但这种特殊的最惠国待遇与一般的最惠国义务是不同的。此外，由于这种特别的最惠国待遇不是强制性的，而要由谈判来确定，故而它的重要性受到质疑，这依赖于发展中国家在谈判中的地位。

2012修改版GPA只是比较原则性地指出缔约方要考虑发展中国家在经济发展、财政、贸易需求和环境上的特殊性，希望协议的“差别的、有特殊的待遇一定程度上能满足其发展需要”，“一定程度”没有量化标准或制定参照物，删除了94版GPA列举的加入协议能够给发展中国家带来益处和具体目的。新版本可能认为这些目的对发展中国家来说，加入协议能够带来的益处过于间接且吸引力不大，这反而为发展中国家在谈判时提供了更多讨价还价的依据，给发达缔约方增加达成协议的成本。

二、立法目标和适用对象

在 2012 修改版 GPA 中，各缔约方执行差别对待的立法目的和基本原则的适用对象与 94 版 GPA 有很大不同，把最不发达国家排在前面，潜在地强调了应优先为最不发达国家给予差别对待，同时也强调了只要是发展中国家就应成为缔约国执行特殊的、有差别的对象，而且用“任何”发展中国家表示协议最大的真诚度，即只要能让缔约方认可的发展中国家都可以是差别待遇的对象，但是协议没有强调最不发达国家和一般发展中国家差别待遇的层次。而在 94 版 GPA 中则是发展中国家尤其是最不发达国家为执行差别对待的对象，没有强调包括任何发展中国家，对最不发达国家更加强调了差别待遇的特殊性。

三、最惠国待遇与国民待遇例外

WTO 的宗旨是倡导贸易自由化和自由竞争化，主张政府尽可能少地干预国际贸易以及企业的自主运行。为了实现这一目标，WTO 通过了包括最重要的最惠国待遇和国民待遇原则等一系列原则和规则来约束和规范成员政府的行为，防止因其保护本国产业的目的而扭曲国际贸易。其中，最惠国待遇要求对来自不同成员国的产品和服务一视同仁，国民待遇原则要求平等对待本国产品和进口产品，但是政府采购领域却是例外。政府采购既是公共支出管理的一种手段，同时也是非关税壁垒的贸易保护手段，但是通过政府采购的贸易保护限制他人的同时，也失去了进入其他国家政府采购市场的机会。在美国倡议下达成的《政府采购协议》使国民待遇原则在政府采购中重新得到实施，但是该协议只对自愿加入的缔约方有约束力，对未加入该协议的缔约方来说，政府采购仍然是国民待遇原则的一个例外，这意味着他们使用政府采购措施以促进在国民经济和其他目标中享受到更大的自由。GPA 的目的正是将国民待遇原则推广到政府采购。

在 94 版 GPA 中关于发展中国家例外项目条款规定，发展中国家在加入协议谈判确定适用清单或协议生效后修改其适用范围时，依据发展中国家的特殊性，要求考虑协议第 1 款第(a)至第(c)项的规定，给予国民待遇例外。而适用范围清单的机构、产品或服务是加入 GPA、开放本国政府采购市场的程度和范围，在此范围内可以通过国民待遇例外保护民族产业，扶持落后地区以及实现国内的宏观调控政策，实现非关税壁垒。虽然谈判双方需要相互接受国民待遇例外，但是要发达缔约方接受发展中国家的国民待遇例外比发展中国家接受发达国家的国民待遇例外更为重要，因为发展中国家的经济社会以及产业与结构依赖政府采购政策功能的程度远远高于发达国家。即使发达国家政府采购市场对发展中国家不实行国民待遇例外，以发展中国家产品和服务的比较优势程度和竞争力也难以成为发达国家政府采购的供应商，而且发达国家政府采购功能政策的隐蔽性较高，发达缔约方获得政府采购国民待遇例外对于发达缔约方不具有吸引力，对发展中国家缔约方来说也形同虚设，但是发展中国家缔约方获得国民待遇原则例外则意义较为重大。然而，发展中国家需要谈判获得国民待遇例外，其结果也需要依据自身实力和利益权衡和取舍。

2012 修改版 GPA 中关于发展中国家条款适用最惠国待遇原则，取消了国民待遇原则例外。最惠国待遇原则禁止一国给予外国产业的优惠少于给予另一国的优惠，即一国给予原产于另一国产品的任何特权、优惠或豁免都应立即、无条件、自动地适用于所有其他 WTO 成员的同类产品。与 GATT 第 3 条的国民待遇原则不同，GATT 第 1 条的最惠国待遇原则并没有明确地把政府采购排除在外。关于 GATT 中的最惠国待遇是否适用于政府采购一直有很多争论。因为政府采购属于 GATT 第 3 条第 4 款中国内措施的一种，GATT 第 1 条范围的制定并没有涉及第 3 条第 4 款，所以从原则上来说，最惠国待遇义务应该适用于政府采购。但是，如果是这样的话，那么这就意味着在 WTO 成员的采购中，如果一成员给予某些成员产品进入的机会，无论从实践还是从法律的角度来看，都应该无条件地把这个机会提供给所有其他的 WTO 成员。对于《政府采购协议》的参加方来说，这意味着在《政府采购协议》下就产品的待遇而言，提供给其他 GPA 参加方的进入机会，也必须扩展到其他的 WTO 成员。最惠国待遇原则不适用于政府采购，实际上反映了一个普遍的谅解，而且这一谅解也是 WTO《政府采购协议》建立的基础。如果最惠国待遇原则适用于政府采购的话，对于没有参加《政府采购协议》的成员，既然他们不用承担互惠义务就能获得相应的好处，也就没有激励作用。GPA 一些主要参加方的政策制定是从最惠国待遇原则并不适用于 GPA 这一角度来考虑的。因此，欧盟已经从法律上规定 GPA 下的采购范围不包括非 GPA 参加方。

但是 2012 修改版 GPA 第 5 条第 2 款规定，在发展中国家加入本协议时(包括实施期)，发达缔约方应自动地有义务为发展中国家的货物、服务和供应商提供最惠国待遇，其覆盖的范围为发达缔约方出价附录 1 内适用范围中所有涉及向本协议其他缔约方所提供的最惠国待遇，这在一定程度上使发达国家在有限的政府采购市场范围内对发展中国家的商品实行特权，或豁免，或者实行低于国内同类产品的要求，为这些商品进入发达国家政府采购市场提高概率。这个条款无疑在一定程度上减轻了发展中国家产品和服务进入发达缔约方政府采购市场的难度，但是，最惠国待遇并不意味着对发展中国家所有的货物、服务和供应商都会获得低于国民待遇，而仅是与发展中国家达成协议的附录 1 内范围。适用主要发达缔约方的所有最惠国待遇，而未必就是适用于该发展中国家，或者是这些最惠国待遇对于发展中国家而言仍然是可望而不可即的，其同类货物、服务和供应商难以进入发达国家的政府采购市场。但这些最惠国待遇不适用时，发达缔约方所应承担的修正义务则并没有明确的规定，因此，最惠国待遇是支离破碎的，该原则的实施很大程度上对发展中国家带来不实际的效果。

综上所述，GPA 产生的根源是发达国家为本国供应商开辟国外市场把国民待遇原则引入政府采购领域，扩大经济最大限度的自由化。发展中国家占世界陆地面积和总人口的 70%以上，地域辽阔，人口众多，有广大的市场和丰富的自然资源，无论从经济、贸易上，还是从军事上，都占有举足轻重的战略地位。这些国家经济不发达，本国产品国际竞争力较弱，且政府需要大规模投资和提供基础设施，所以他们的政府采购市场巨大，一旦引入国民待遇原则，其本国高科技产品与发达国家同类商品无法竞争。

目前，GPA 主要缔约国大多是经济发达国家。由于加入 GPA 是自愿的，因此 GPA 关于发展中国家特殊和差别待遇来吸引更多的发展中国家。GPA 关于发展中国家特殊和差别待遇是要求发达缔约方让渡自己一定的利益给发展中国家。GPA 主要缔约国为了尽可能地通过谈判获得利益，GPA 关于发展中国家特殊和差别待遇条款要么宽泛与抽象，使发展中国家无法依靠本国势力通过谈判获得应有的利益。要么有关条款具体直接，而实质内容较少，虽然可能缩小谈判成本，但是发展中国家开放政府采购市场难以实现真正的互惠。同时，GPA 并没有明确具体地对发展中国家进行界定；这一身份需要加入国自己宣称，但同时需要缔约方接受。

正因为对发展中国家没有明确定义的概念，发达缔约方掌握了很大的主动权，协议的特殊和差别待遇适用对象范围的界定缺乏客观的指标，发展中国家要争取适用协议发展中国家有关条款，首先要发达缔约方接受发展中国家身份，为加入协议，争取利益增加了谈判的难度。

旧文本将发展中国家与最不发达国家特殊及差别待遇区分开，有利于一般发展中国家优惠利益的获得。但是新文本只是将二者在适用期长短上略作区别，为发达国家有限地给予一般发展中国家优惠待遇提供了推辞理由。

旧文本给发展中国家的优惠相对比较宽泛，但是获得优惠有一定难度，而一旦获得优惠，在加入协议后可以享有特殊及差别待遇，并不只是在过渡期内。新文本的优惠待遇比较具体，通过谈判获取相对直接和便利，但是内容较少而且仅适用于过渡期。

就新旧文本关于当事方的权责规定而言，旧文本规定，第一，发达缔约方应负的义务反映在第 5 条第 1 款规定发达缔约方要根据发展中国家特殊情况，通过实施和执行本协议帮助他们实现(a)至(d)的目的；第 5 条第 2 款规定发达缔约方的本国法规要有利于增加从发展中国家的进口量；第 3 款要求发达缔约方给予发展中缔约方适用范围要考虑第 1 款的目标，同时本国采购实体应尽量包括有利发展中国家出口货物或服务；第 8、9、10 款应非歧视性地提供技术援助；第 11 款要提供信息获取便利途径；第 12、13 款进一步要求为最不发达国家提供一般优惠待遇的特殊待遇。第二，发展中缔约方享有的权利反映在第 4、5、6 款，享有国民待遇例外；承担的义务由第 7 款接受审核，第 15 款根据发展考虑扩大适用范围的可能性。第三，委员会的权责。第 11 款可以设立信息中心；第 14 款规定了应对发展中国家的特殊及差别待遇，例如某些例外项目或实体，但是每隔 3 年应全面审查和评估发展中国家的发展状况，以此为依据判定例外事项是否被修改或延长。而新文本规定，第一，发达缔约方应负有的义务表现在：第 4 条第 1 款要求发达缔约国与发展中国家加入协议谈判以及实施和执行本协议时，应根据它们特殊情况给予特殊考虑以满足其发展需要。第 4 条第 2 款为发展中国家加入协议及时提供最惠国待遇；第 4 款应同意特定义务的实施期；第 8 款应当考虑与发展中国家的技术合作和能力建设的请求。第二，发展中缔约方享有的权利：第 3 款(a)至(d)一项或多项过渡性具体措施；承担的义务：第 5 款规定应在附录列明实施期及其特定义务和临时义务，第 7 款规定应向委员会汇报过渡期或实施期内的保证步骤。第三，委员会的权责：第 6 款规定可允许延长过渡或实施期限，可批准新过渡措施；第 9 款制定包括第 6 款在内的程序制定，每 5 年进行一次审议。

相比而言，在新文本中发达缔约方应承担的义务减少了很多，也就减少了发展中缔约方的利益，委员会权利加大，但是监督减弱。

新文本中最惠国待遇原则取代国民待遇原则例外，对发展中缔约方来说利益损失较大。虽然新文本中关于过渡期内发展中缔约方可以通过谈判保留一项或多项例外，而且这 4 项条款给出的优惠较为直观具体，谈判成本相对较小，但是对于发展中国家相对更为重要的政府采购政策工具而言，利益价值还是比较小的。发达缔约方在新文本中承担的技术援助义务较为概括抽象，不利于发展中国家利益。

此外，GPA 与发展中国家有关的重要问题，如“捆绑式援助”①不在 GPA 适用范围内，因此，当捐赠者要求其援助要用来采购捐赠国家或其公民的货物或服务，接收国应按照这些条件来购买，即使它明显与最惠国待遇原则不相符。对于多数发展中国家，其采购预算的一大部分来自如世界银行这样的国际捐赠组织的基金。然而，这些捐赠组织要求其经费的开支服从特定的采购规定，而这些规定往往与 GPA 的非歧视程序和 GPA 授予程序相违背。

第二节 适用范围

一、相对政府采购市场

为了更好地配合发展中国家通过加入协议实现第 5 条第 1 款(a)至(c)的目的，94 版 GPA 中第 5 条第 2 款要求各缔约方在制定和实施影响政府采购法律、规章及程序时，要有利于增加从发展中国家的进口量，为其提供更多的人为的市场扩大，而不是通过纯商业化的公平竞争。虽然这一条款可以作为发展中缔约方要价的依据，以扩大发展中缔约方在发达国家的政府采购市场的准入程度，或者是给发展中国家货物、服务或供应商一定扶持，但是这只是一种号召，对各缔约国能否愿意付出行动没有约束力，而且各缔约方制定影响政府采购的法律、规章等属于国内法，而政府采购协议是国际法律范畴，从法律位阶上，国内法律效力要高于国际法。即使国内相关法律考虑增加从发展中国家的进口量，但这也只是原则问题，具体增加的最低或最高幅度是要通过双方谈判决定的。

2012 修改版 GPA 第 5 条第 2 款规定了商品进入发达国家政府采购市场的概率。同时，还要求遵守该发达缔约方与发展中国家双方达成的有关特殊优惠协议。如基于发展中国家竞争力较弱，获得发达缔约国的中标机会相比较少，缔约双方按照互惠原则，发达缔约方为达到双方利益平衡给予发展中国家一定适用范围的特殊优惠。

---

① 捆绑式援助(Tied Aid)：援助国在提供援助时，要求受援国将援助用于购买援助国公司的货物和服务。

二、政策功能

虽然GPA要求纳入其适用范围的采购活动应尽可能地不被用作执行国家的政策目标，但其在适用范围的操作上却有很大的灵活性。如果GPA成员希望利用某些实体的采购来促进社会目标的实现，那么他们可能会从其GPA的适用范围中排除这些特定的采购实体和对象。除此之外，各国可在谈判议定的GPA附件中减少与社会、环境(甚至产业)政策相关的项目，如美国、加拿大、韩国和日本都减少了一些特别项目。

94版GPA中第5条第3款规定，发达缔约方与发展中国家确定适用GPA范围时要能够兼顾保证发展中国家在符合本国发展、财政和贸易需要的同时又能够遵守协议，在关于本协定规定将涵盖的发展中国家采购的谈判过程中，发达缔约方应适当考虑第1款所列目标。也就是说，在谈判适用范围时，根据第5条第1款，可以协商其适用协议的采购实体、货物、服务的范围。如果发达缔约方要求发展中国家将某些采购实体或项目纳入，但是发展中国家认为这样会妨碍本国的国际收支平衡，阻碍促进国内产业的建立或发展以及政府扶持依赖政府采购的产业发展时，这些实体或项目不应该纳入协议适用范围，或者应将它们剔除，或者发展中国家可以将认为有助于提升国家发展的部分采购排除在外，发达缔约方应予以考虑。发达国家在根据本协定的规定制定范围清单时，应努力列入购买对发展中国家有出口利益的产品和服务实体，发达国家提供的开放清单应尽量满足发展中国家希望出口的货物和服务，发展中国家可依此要求发达国家开放某些实体或领域。从GPA关于成员关系的部分可见，许多国家不愿意加入GPA的原因是想利用采购促进本国产业和社会的发展。GPA第5条允许发展中国家在一定程度上这样做。

发达缔约方的这种让步是否有意义取决于保护性政策是否真正有实效。对所有贸易协定发达国而言，这些政策通常是弊大于利。这便提出了一个问题——允许发展中国家使用这些政策是否明智。然而，即使这些存在问题的政策在实践中并非有用，甚至起反作用，但允许这些政策继续存在，可以有效减少相关国家在加入GPA时的国内反对者，以使更多的国家加入。发展中国家中反对去除贸易保护措施的政治呼声要高于发达国家，因为根据市场的特性和本国经济社会发展的程度和需要，保护性政府采购对发展中国家的影响更大。由于发达缔约方的这种让步在发达国家看来是不明智的，但是处于某种需要不得已而为之，发达缔约方必然会寻找隐蔽的补偿途径或者仅使这种让步停留在纸质文件上。

因此，为了达到GPA第5条第1款的要求，既要决定发展中国家的哪些采购可以开放，又要依据第5条第3款通过谈判确立发达国家应该开放哪些实体，发达国家应尽可能地会将采购发展中国家有兴趣出口的货物或服务的实体纳入开发范围。通过谈判努力使发达缔约方的不情愿的让步化为现实，这是一种有效的办法，因为通过向发达国家开放有生产余力的市场可以获取实在的贸易利益。但是，这种义务的实用性再次被难以执行所削弱，第5条第3款实际上无法落实或者付诸现实，使其面临艰难的谈判；它对发达国家没有什么吸引力，发展中国家是否寻求加入GPA取决于发达国家的谈判态度。

由于 GPA 在客观上允许通过谈判，使得发展中国家可以将一些政府采购实体、货物、服务排除在适用范围。依照 GPA 第 24 条第 7 款的规定，在进行未来回合的谈判过程中，发展中国家缔约方应考虑扩大其范围清单的可能性，同时要注意其经济、财政和贸易情况；这意味着发展中国家在加入协议时谈判达成的适用范围应随着其经济、财政和贸易的发展，扩大其使用范围，至于扩大的范围、内容或程度需要通过谈判达成。因此，加入协议时确定的适用范围很重要，可能会将一些对于本国发展十分重要的实体、货物或服务永久排除在开放范围之外。

有关适用范围条款强调了发达缔约方的义务和责任，要求发达缔约方允许发展中国家适用范围一定程度上的排除，而本国的出价范围应尽量能够接受发展中缔约方希望出口的货物和服务的实体。

然而，可以想象这种减少是暂时的，因为 GPA 第 21 条规定的审议目标之一就是消除现有的歧视政策和做法，当中就包括这些适用范围的减少。

但是，上述主要内容在 2012 修改版 GPA 中已被删除。2012 修改版 GPA 只是在过渡期允许特殊机构或部门逐渐增加，对于这些以后可以增加的部门或机构只作了描述性的定义，没有永久性的发展中缔约方的例外适用范围。

三、例外排除

94 版 GPA 规定发展中国家可以主张国民待遇例外，但是并未对发展中国家的最惠国待遇问题进行规定。因为对于特殊和差别待遇的授予，94 版 GPA 第 5 条规定，发展中国家可与协定谈判参加方就双方接受的、该发展中国家范围清单所含部分实体、产品或服务对国民待遇规则的例外进行谈判。同时，作为发展中国家成员方，还可以为其发展、财政和贸易需要而修改范围清单，或可请求政府采购委员会对其范围清单中包含的部分实体、产品或服务给予国民待遇规则的例外。

但是，无论是在加入谈判的过程中还是在加入 GPA 后因发展中国家财政、贸易、发展的需要，主张国民待遇的例外都具有不确定性，因为该条权利的获得同样需要取决于谈判双方的结果或政府采购委员会的考量。谈判过程更多地依赖于申请加入的发展中国家与协定成员方就适用范围谈判时各方力量的对比；在加入 GPA 后，究竟发展中国家的何种特殊需要是政府采购委员会所可能考虑的，并不确定。

同意的例外项目是对列入适用范围的有关事项的国民待遇例外。94 版 GPA 第 5 条第 4 款允许发展中国家根据第 5 条第 1 款规定，主动要求通过谈判，使应纳入 GPA 范围的实体、货物和服务获得国民待遇例外，例如，已列入发展中国家加入协议的适用范围的某些次中央实体，但是考虑到这级实体目前竞争力较弱，谈判时以第 5 条第 1 款规定要求扶持产业以促进产业发展，使发达缔约方接受这些实体暂不实行国民待遇，约定期限再进行开放。对于是否准许 GPA 部分采购采用价格优惠存在争议(事实上，该条款虽未涉及优惠问题，但经过谈判，这些优惠可以通过在 GPA 附件中建立优惠方案的方式实现减少)。对于参加发展中国家间区域性或全球性协议的发展中缔约方，在谈判其国民待遇例外的适用范围时，有义务遵守该区域性或全球性协议中有关政府采购的规定。换而言之，发展中缔约方的适用范围是不能与区域性或全球性协议有关政府采购规定相冲突。例如，如果在发展中国家间的区域性或全球性协议中规定某些服务是享国民待遇例外的，发展中缔约方就有义务要求该服务排除在 GPA 协议的适用范围之外，但是，随着这些区域性或全球性协议的终结，排除在国民待遇之外的适用范围就可能通过未来回合的谈判重新纳入 GPA 的适用范围，特别是属于共同产业发展规划中的货物或服务的有关政府采购的规定更要优先享有 GPA 适用范围国民待遇例外。

在 GPA 协议生效后根据第 5 条第 5 款规定，发展中国家可以依据第 5 条第 1 款的需要，按第 24 条的修订程序来修改各自的附件清单，使其适用清单的有些实体、货物或服务排除在国民待遇之外；也可以根据特殊情况，要求委员会对某些采购实体、产品或服务允许国民待遇例外。发展中缔约方也可以针对特殊情况依第 1 款(d)项规定，按照其参加的区域性或全球性协议要求委员会对其适用清单中的采购实体、产品和服务给予某些例外的特别条款，但是在提出有关修改清单的请求时有提供相关文件和资料的义务。尽管在实际操作过程中修改清单难度很大，但本条款还是赋予发展中缔约方对已列入适用清单的内容再创造国民待遇原则例外的机会。同时，限定的例外项目的适用范围是该协议生效之后加入的发展中国家。但是同意的例外项目也并非永久性的，第 5 条第 14 款规定委员会每隔 3 年将依据缔约双方提供的有关对发展中国家的特殊及差别待遇条款的实施情况报告进行评估，考核的内容是发展中成员的发展、财政和贸易状况，重点审查第 4 款至第 6 款规定的例外事项。从双方举证的资料判定国民待遇例外事项是否需要延长，是否需要根据实际情况的变化增加或变更例外项目。

2012 修改版 GPA 第 4 条第 3、4 款规定了发展中国家的例外。基于其发展需要并得到各成员方的同意，发展中国家可以在过渡期内按照附录 1 中规定的承诺，以在成员方之间非歧视的方式，或新采取或者本国原已经在实施的过渡措施的一项或者多项方式，直接把对发展中国家的好处具体地明确化。如价格优惠项目，规定优惠条件是给予产自并适用本协议优惠的该发展中缔约方货物或服务的投标部分，或者正在适用发展中国家优惠，并且发展中国家有义务根据优惠协议对来源于其他发展中国家的货物或服务提供国民待遇，要求要透明，即要在预先的采购公告中明确表达优惠及其在采购中的适用。实行补偿措施的要求或者考虑在意向采购公告中作清楚的陈述。针对发展中国家的特殊性，采取“蚕食”战略，分阶段增加具体的实体或者部门，以缓解发展中国家一次性开放所有实体的压力，减轻国内的反对呼声。高门槛价措施，即设定一个门槛价可以高于其永久固定门槛价，从而在过渡期内相对缩小发展中缔约方政府采购市场的开放程度，使其发挥政府采购政策功能的范围相对扩大，这也合乎发展中缔约方的内在需要。因此，这些措施有一定的实际针对性，而且具体直接，为发展中缔约方谈判减少了成本，但是这些过渡期措施的获得仍然需要谈判，并非这些措施都能够有使用资格。列举式的过渡期例外措施使发展中缔约方保护民族产业政府采购政策功能的作用更加有限。因此，即使获得使用过渡期措施，一旦过渡期结束，例外措施也结束使用的期限，即对于发展中缔约方没有永久的例外措施。

94 版 GPA 例外措施是在协议生效后，没有规定过渡期、执行期的责任义务以及例外情况，没有明确可以分阶段开放实体或部门。一次性开放所有实体或部门，对于发展中国家来说压力相当大，也是不易被接受的，而且协议对于发展中国家的例外措施的描述性语言比较概括，但是这个例外有很大的可操作空间，作为发展中国家通过谈判来争取国内经济社会产业发展，而且这些例外须协议生效后每隔 3 年经委员会审查以决定是否需要修改或延长。而 2012 修改版 GPA 的例外措施用列举方式指出发展中国家享有的例外，特别是可以分阶段增加开放的实体或部门，以及较高的门槛价有一定的实用性，但是例外的使用范围很窄，只能在过渡期或执行期享有，进入实施期则发展中缔约方失去了其应享有的例外措施，特别是国民待遇例外原则。一般的发展中国家在相对较短的过渡期内很难赶上发达国家，换句话说，发达缔约方是不会等到发展中国家至少成为初级发达国家再开始执行协议的。这个条款与 94 版 GPA 中国民待遇例外相比，更有失公平。

第三节 补偿措施

一、技术援助

94 版 GPA 特殊待遇条款还包括 GPA 第 5 条第 8 款、第 9 款和第 10 款中规定的，发达国家有义务为发展中国家提供技术帮助。

第 8 款规定，发达缔约方应按发展中缔约方的请求，为解决发展中缔约方在政府采购领域中遇到的问题，向其提供适当的技术援助。这里的“政府采购领域”可以是在发达或发展中缔约国内，“适当”是较为抽象的概念，实际操作没有一个客观的评判标准需要协商达成一致。第 9 款在提供技术援助的过程中，发达缔约方按照非差别对待原则向发展中缔约方提供具有针对性的技术援助，这是对第 8 款的进一步限定，但没有从根本上解决“适当”的问题。GPA 希望通过第 8 款、第 9 款达成以下目标：一是解决与具体定标有关的特定技术方法，技术援助内容根据具体招投标确定；二是提出请求的缔约方与另一缔约方同意通过援助处理的其他问题比较宽泛，发展中缔约方提出有关或无关的政府采购，但同时发展中缔约方认为加入本协议将会给本国带来负面影响，为此要求发达缔约方提供技术援助以弥补，但内容需要通过谈判达成一致；三是发达缔约方提供的技术援助，应包括将发展中缔约方供应商的资格文件和投标文件翻译成采购机构指定的世界贸易官方语言。除非有关发达缔约方认为翻译难以负担，在此种情况下，应请求，该发达缔约方应向发展中缔约方进行说明。这样的规定使第 10 款如同虚设，因为成本效益决定了发达缔约方倾向于拒绝为供应商提供文件翻译。由于语言障碍可能成为发达缔约国歧视发展中缔约方供应商提供的合理条件，使它们无法顺利进入发达缔约国的政府采购市场，从而使第 5 条第 2 款的实现大打折扣。

2012 修改版 GPA 在技术援助上很模糊，第 5 条第 8 款只是规定对发展中国家技术合作与加入相关能力建设和协议执行的请求应给予充分考虑，没有强调技术援助。技术援助在一定条件下是单方向的，而技术合作的双方是要有利益共赢的，“充分考虑”只强调发达缔约方顾及发展中缔约国的请求，而没有规定应尽的义务程度。

与 2012 修改版 GPA 在技术援助方面相比较，94 版 GPA 的规定相对较多，权利与义务较为明确。

二、补偿谈判

94 版 GPA 第 16 条第 2 款允许发展中国家在加入协议谈判时使用交易条件。由于发展中国家加入协议，开放政府采购市场，使得从中得到的资金使用效率提高，同时有利反腐倡廉，扩大国外市场，与对本国产业发展造成阻碍，管理升级成本加大相比，“交易”不划算。为了平衡利益，在公开招标中，发达缔约国供应商如果响应招标，需要其提供补偿来弥补因其中标给发展中国家带来的损失。交易内容需要谈判来达成，其中列举补偿条件如增加国产含量等要求，这只是让缔约双方体会应该交易谈判的范围和取向，这也是为吸引发展中国家加入协议而设置的。这些条件应该不带有歧视性，且对谈判双方应是公平的。在现有的 GPA 成员中，只有以色列可以使用补偿，但其被限定在其附件列出的范围内。第 16 条第 2 款规定，补偿可以被用作供应商参与采购的条件。如，投标人被要求雇佣一定比例的当地劳动力。另外，该条款不允许将补偿用作合同授予的标准。例如，不允许将雇佣本地劳动力的比例作为评标的标准。虽然在协议中对使用价格优惠来进行补偿的做法有争议，但它并没有违背第 16 款的规定。这些补偿条件应在附录 1 中列明，并可以包括受本协议约束的采购项目附加的补偿交易的具体要求，这些条件一旦能够达成，有效期较长，影响作用较大。

2012 修改版 GPA 只要在预期采购公告中对该补偿的施行要求和考虑有明确描述（第 5 条第 3 款 b 项），“明确了补偿定义是鼓励本地发展或促进缔约方收支平衡的所有条件或措施，如本地优惠、技术许可、投资、资本贸易以及类似的行为和要求”。与 94 版 GPA 相比，新文本不再要求补偿“仅仅被用来作为加入采购程序的一种资格和不作为授予合同的标准”，也不要求向政府采购委员会通告，潜在地意味着可以作为合同的授予标准，补偿内容明确，范围也相对扩大。但是，由于新文本只限于在过渡期内实施补偿，过渡性措施的规定意味着补偿范围的缩小，比如要逐渐将一些采购实体或者行业引入这个清单或者是覆盖范围，故补偿措施的影响很有限。

三、最不发达国家的特殊待遇

由于最不发达缔约方在财政、金融、贸易和科技等经济社会的方方面面均落后于发达缔约方，如果不对最不发达缔约方给予特殊照顾，而是将其置于与发达缔约方同样的竞争平台，最不发达缔约方将完全没有竞争力，在这种情况下，GPA 也将完全失去对最不发达缔约方的吸引力。因此，为鼓励最不发达国家加入 GPA，并支持最不发达缔约方的财政、金融和贸易发展，94 版 GPA 第 5 条第 12 款阐述了针对最不发达缔约方的特殊照顾，在优惠发展中国家的一般或具体措施的范围内，应对最不发达国家参加方和这些参加方中供应原产于这些参加方的产品或服务的供应商给予特殊待遇，其中“一般或特定优惠措施”应该是发达缔约方在给予发展中国家的所有优惠的基础上再给予特殊待遇。一参加方还可对非本协定参加方的最不发达国家中的供应商在原产于这些国家的产品或服务方面给予本协定的所有优惠。第 13 款规定应请求每一发达国家参加方应向最不发达国家参加方中潜在的投标人在提交投标书和选择可能对其实体有利益的产品或服务时提供其认为适当的援助，以及向最不发达国家中的供应商提供此类援助，并帮助它们遵守与预定采购标的产品或服务有关的技术法规和标准。“适当的援助”是援引第 8、9、10 款，还是需要谈判另外新的内容没有明确，“适当”的含义太模糊太宽泛，缺乏客观标准。

2012 修改版 GPA 在特殊和差别待遇对象列举中把最不发达国家放在首位，第 5 条第 4 款中明确规定了最不发达国家的实施期为加入协议后 5 年。其他条款没有把最不发达国家与其他发展中国家明确区别对待，在一般优惠待遇之上再享优惠待遇。不明晰的区别对待会出现两种状况：一是发达缔约方可能以“任何其他发展中国家”为主要市场开辟对象，而对最不发达国家的政府采购市场不太感兴趣，因为这样的国家财力有限，尽管潜在市场不小，但实际市场较小；同时还要承担一定的义务，“交易”效率达不到期望值。二是发达缔约方可能以“任何其他发展中国家”为主要市场开辟对象，但是把最不发达国家作为参照物以努力减少给予发展中缔约方应有的特殊和差别待遇。

第四节　过渡和实施措施

一、过渡期和过渡措施

2012 修改版 GPA 第 5 条第 3 款规定，基于其发展的需要，并得到缔约方的同意，发展中国家可以在过渡期内按照时间表，采取或保留一项或多项过渡性措施并列于附录 1 中。协议中虽然有过渡期概念，但是过渡期从何时开始却没有明确的界定，即从现在开始到申请加入的发展中国家需要开始实施过渡期措施的时间段没有具体明确，也就是说开始实施过渡期措施的时间距离可以由发展中国家根据本国国情，通过与发达缔约方谈判来争取。由于经济发展劣势和迅速发展受到现实条件的制约，发展中国家应该努力争取最大限度的时间间隔之后进入过渡期。过渡措施包括价格优惠项目、补偿、延长特定实体和部门的过渡期以及一个比固定门槛价更高的门槛价。第 5 条第 6 款规定，经政府采购委员会同意以后，过渡措施可能在加入之后再扩充或引进。

2012 修改版 GPA 加入了本国价格优惠项目，这可以说是一项有争议的突破性的发展，它允许发展中国家为本国货物或服务提供优惠，该优惠及其适用应在预期采购中清楚描述，并且不得对其他成员国造成歧视(第 5 条第 3 款第(a)项)。这个条款已经部分地反映了学者的建议，即把关税化手段看做将特定部门从适用范围中完全排除的替代方法。这个项目的优势是允许发展中国家用透明的手段在一定优惠幅度范围内对本国产业实施一定程度的保护，从而提高产业效率。然而，该优惠项目只限定在过渡期内有效，所以不可能为发展中国家加入 GPA 或者享用最惠国待遇提供充分的激励。

另外一个重要的过渡措施是补偿。新文本第 1 条第(k)项将补偿定义为“鼓励本地发展或促进缔约方收支平衡的所有条件或措施，如本地优惠、技术许可、投资、资本贸易以及类似的行为和要求”。第5条第6款规定，通常情况下不允许补偿，但第4条第3款允许发展中国家在过渡期内采用补偿措施(当满足第5条第6款条件时)。

可以应发展中国家的要求，第5条第6款第(b)项规定，委员会可以经过考证增加与第5条第3款不违背的新的过渡性措施，或者在协议生效后，发展中国家发生了不可预知的特殊情况，可以增加新的过渡性措施，但是“特殊情况”是描述性定义。同时，按照惯例，在协议生效后增加新的过渡优惠的难度较大。

对于过渡期没有具体的期限，也没有可以沿袭的惯例，这意味着过渡期长短可以通过谈判确定。发展中国家在加入GPA时能享受到这些特别待遇的程度取决于谈判结果，而谈判的结果在很大程度上依靠发展中国家所拥有的谈判实力。国际经济地位的差距决定了谈判事项达成的关键在于发达缔约方的接受与否。

在94版GPA中没有明确规定过渡期及其措施。

二、实施期和措施

根据2012修改版GPA条款的规定，实施期与过渡期内涵有着本质的区别。过渡期应为发展中缔约方从某一约定时间开始到加入本协议或本协议生效之前，为本国发展，逐步适应承担协议相关义务的时期，它没有具体时间。而实施期是指在发展中缔约方加入本协议谈判的过程中，发达缔约方可以同意发展中缔约方在协议生效之后推迟执行任何特定义务(国民待遇义务例外)的期限。新文本第4条第4款规定，根据谈判的结果，发展中国家在一定期限内(称为免责执行期)可推迟履行部分GPA义务，一般发展中国家不超过3年，最不发达国家为5年，但经批准可以延长。

94版GPA没有具体的实施期。

此外，2012修改版GPA第6条与第7条要求发展中缔约方应负有在过渡期、实施期或者是在延长的过渡期、实施期内采取必要的步骤以确保在任何这样的期限结束时能够保证顺利执行本协议，并且委员会要求发展中缔约方有义务将步骤内容进行通告。但是，如果发展中缔约方按照步骤实施然而在过渡期、实施期或者延长的期限结束时仍然存在客观上无法执行协议的情况，新文本也没有规定发展中缔约方需要承担的附加义务。

94版GPA要求发达缔约方承担为发展中缔约方提供便捷信息服务的义务。GPA考虑了发展中缔约方的国情，即发展中缔约方普遍存在信息技术落后，相关基础设施不健全，获取信息渠道不畅等现实情况。GPA要求发达缔约方应单独或共同建立信息中心，满足发展中缔约方对信息的合理要求，特别是发达缔约方的有关政府采购的法律、规章、程序和做法、招标公告、适用本协议的采购机构地址、采购或拟采购的货物或服务的性质和数量，包括有关未来招标的现有资料。此外，委员会也可以设立信息中心，以使发展中缔约方更便利地获取相关信息。

2012修改版GPA没有规定对发达缔约方为发展中缔约方提供信息帮助的义务。由于发展中国家获得信息的技术水平普遍较低，至少委员会应设立信息中心以便发展中国家中有一定竞争水平的供应商进入发达国家政府采购市场，但是由于新版本尚未规定有关信息帮助，无疑给发展中国家供应商参与发达国家政府采购投标造成了合理的屏蔽。

94版GPA规定，委员会应每年对本条的运用情况和有效性进行审议，并依据各参加方提供的报告在实施期内每3年进行一次主要审议，以评估其效果。作为3年期审议的一部分并为使本协定的规定得到最大程度的实施，特别包括第3条的规定，同时规定应注意有关发展中国家的发展、财政和贸易情况，委员会应审查是否应修改或延长依照本条第4款至第6款的规定所规定的例外。

2012修改版GPA规定，委员会应每5年对该条款的实施和效力进行审查，这一方面减弱了委员会的监管力度，从另一方面扩大了发达缔约方遵守本条款的自由度。但是又规定了委员会可以为执行本条款制定程序，其中包括延长过渡期或实施期以及是否可以增加新的过渡性措施及投票表决，这说明委员会在监管力度减弱的同时加强了执行规则的制定权。由于执行规则没有在本条款中明确规定，如何能够保障执行规则的合理性和公允性就受到了质疑。

通过分析新旧版GPA条款，可以归纳出GPA没有具体明确的发展中国家标准条款。这无疑对发展中国家充分享有发展中国家优惠或有利条款造成困难，因为是否可以以发展中国家身份加入GPA是需要谈判双方达成一致意向才行。换句话说，如果GPA成员国不承认加入方是发展中国家，那么GPA关于发展中国家的优惠条款就毫无意义，但是，作为GPA也必然有一个潜在的发展中国家标准的底线可依据。

第三章

GPA 发展中国家标准实证分析①

《政府采购协议》(GPA)对发展中国家与发达国家的具体内涵并未给出明确规定。目前世界银行关于发展中国家有一个判断标准，但是 GPA 协议中不完全适用这个标准。

加入 GPA 谈判时，发展中国家的地位是首先需要加入国进行自我宣示，例如 GPA 的成员国以色列，按照世界货币基金组织的分类，其应属于发达经济体国家，但是在加入 GPA 时以色列自我宣示为发展中国家。约旦也宣示以发展中国家身份加入 GPA。

这种概念的模糊不仅增加了加入谈判的难度，同时也带来了缔约国在具体政策执行过程中的问题。如 GPA 文本中都对发展中国家给予例外优惠政策，由于对“发展中国家”没有具体的界定，例外政策能否实行在更大程度上有赖于发达国家是否接受申请国对自身国家地位的宣示。

通常按照一个国家经济发展程度，将世界上的国家和地区分为发达国家和不发达国家即发展中国家，所以需要分析发达国家的共性，且依据 GPA 关于发展中国家特殊条款来研究 GPA 框架下发展中国家潜在标准。

为了充分了解 GPA 主要国家和地区的经济社会发展情况，将选取经济、政治、社会等综合指标，以全面、科学反映 GPA 发达国家和发展中国家的基本特性，并对发达国家和发展中国家的异同点进行归纳和总结。

第一节　发达缔约方经济社会发展的共性

评析经济社会发展程度综合指标主要包括人均 GDP 指标(含消费、投资指标)、

① 没有注明来源的数据，均来自世界银行数据库。

财政状况指标、经济自由度指标、失业率指标、劳动生产率指标、健康指标、基础设施指标、科学技术指标、价格指数指标和 ICRG(International Country Risk Guide)指数指标。

此部分选取的主要发达缔约国家包括美国、加拿大、日本、德国、法国、意大利和英国(下文简称上述7国或上述国家)。上述7个发达国家不仅属于1995年1月1日最早成为WTO的47个成员国中的一部分，也属于1996年1月1日正式加入GPA的最早23个成员国之列。就地域分布而言，上述7国分布于北美洲、亚洲和欧洲，在具有发达国家诸种模式的同时，也在一定程度上体现区域内代表性的发展特征。

一、经济总量

(一)GDP 与人均 GDP

在相当长的时间里，发达国家经济保持平稳较快的发展。1996年，上述7个发达国家的名义人均GDP已经达到26519.73美元。2004年，上述7个发达国家的名义人均GDP已经达到31627.26美元。由于日本的经济总量从20世纪90年代以来位居世界前三位，但其人口仅为美国的1/3左右，因此人均GDP相对较高。除去日本的数据，上述国家的平均数为31283.32美元(如图3-1所示)。

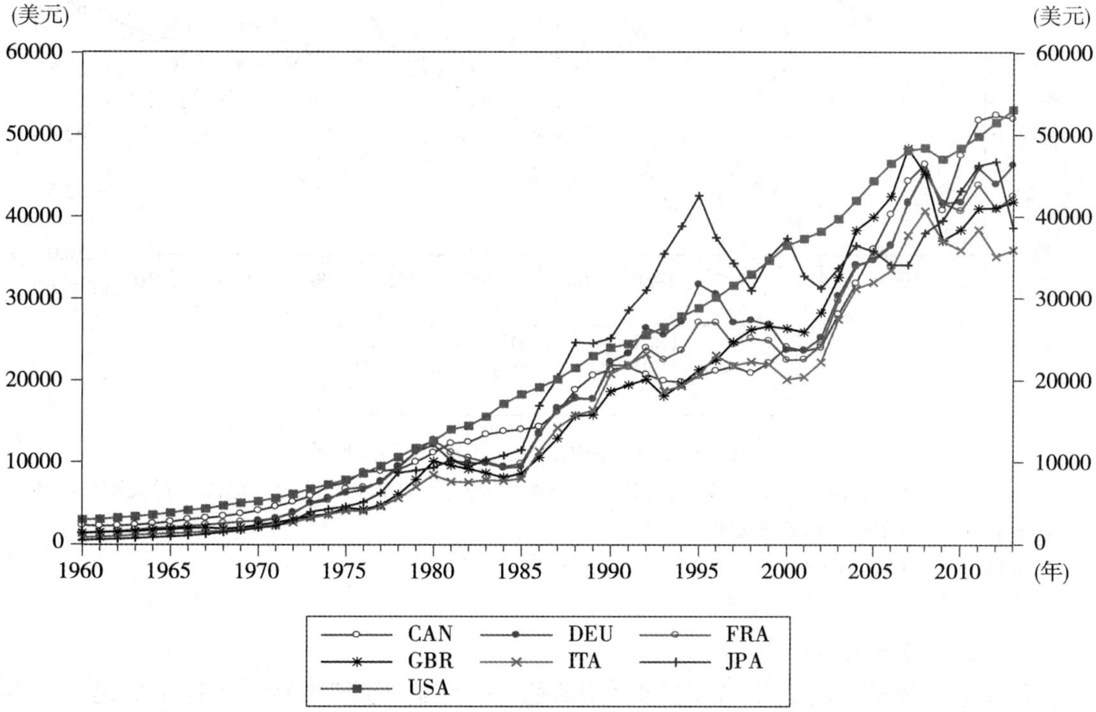

图3-1 主要发达国家实际人均GDP

注：图中数据按照2013年美元价格计算。CAN、FRA、DEU、ITA、JPA、GBR和USA分别代表加拿大、法国、德国、意大利、日本、英国和美国。

数据来源：World Bank。

（二）消费率

消费能直观地反映人们的生活状况，间接反映一国经济发展的情况。因此，一国消费率的高低直接测度了该国经济发展水平和最终的成果分享情况。

上述国家的消费需求位居三大需求之首。表现在随着居民消费的快速扩张，消费取代投资，逐渐成为三大需求中的主力，消费率维持在 50%～70%。20 世纪 60 年代以来开始逐步稳定与 60%左右。20 世纪 70 年代以来，日本的数据居于上述国家中的末位，而美国的同期数据是最高的。2013 年，美国的数据已经超过 67.5%。1970—2013 年，加拿大、法国、德国和意大利的浮动区间相对较为集中，为 55%～60%。值得指出的是，20 世纪 50 年代以来，美国的消费占人均 GDP 比重基本稳定于 62.5%～70%的范围内（如图 3-2 所示）。

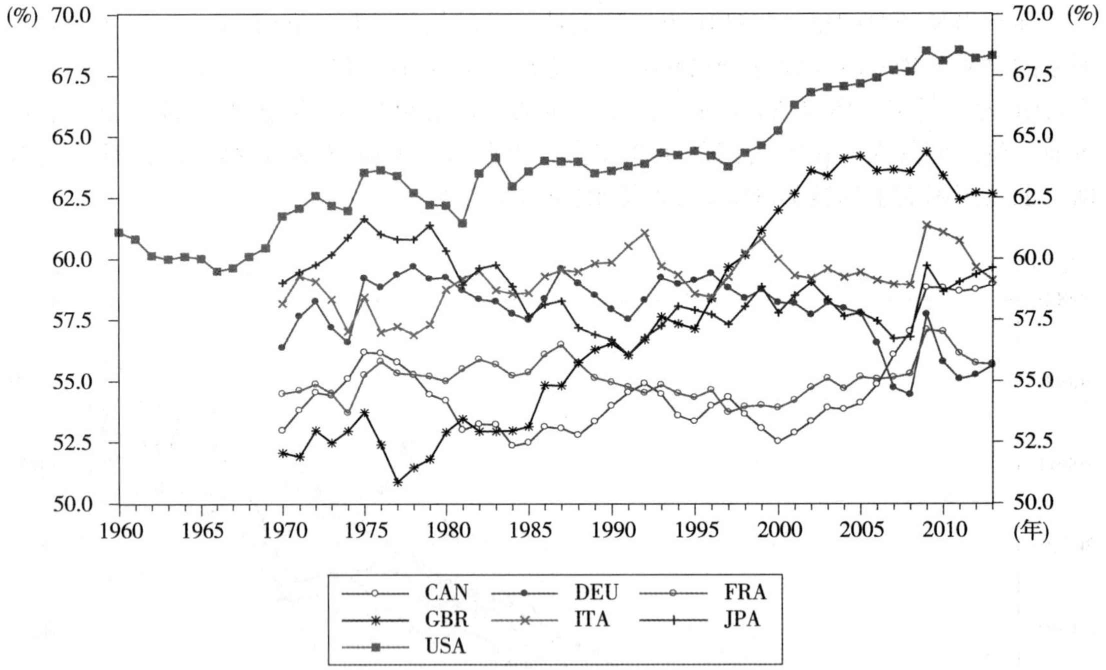

图 3-2 主要发达国家的人均 GDP 中消费比重

注：CAN、FRA、DEU、ITA、JPA、GBR 和 USA 分别代表加拿大、法国、德国、意大利、日本、英国和美国人均 GDP 中消费的比重。

数据来源：World Bank。

（三）政府支出比重

大部分国家的政府支出占比呈现"相对稳定，略有下降"的特点。这主要是由于西方深受"小政府"政策理论的影响，其财政支出仅用于政府职能的履行，以减少对市场经济的干扰。这表现在美国、加拿大、德国等国的政府支出占比的不断减少，这些国家基本上政府支出占比保持在 30%以下。2007 年美国的占比仅为 8%左右，其余 6 国也仅维持在 11%～16%。2013 年美国的占比仅为 14%左右，其余 6 国也仅维持在

18%~25%(见图 3-3)。从总体上来看，发达国家政府支出的比重平稳而略有下降。

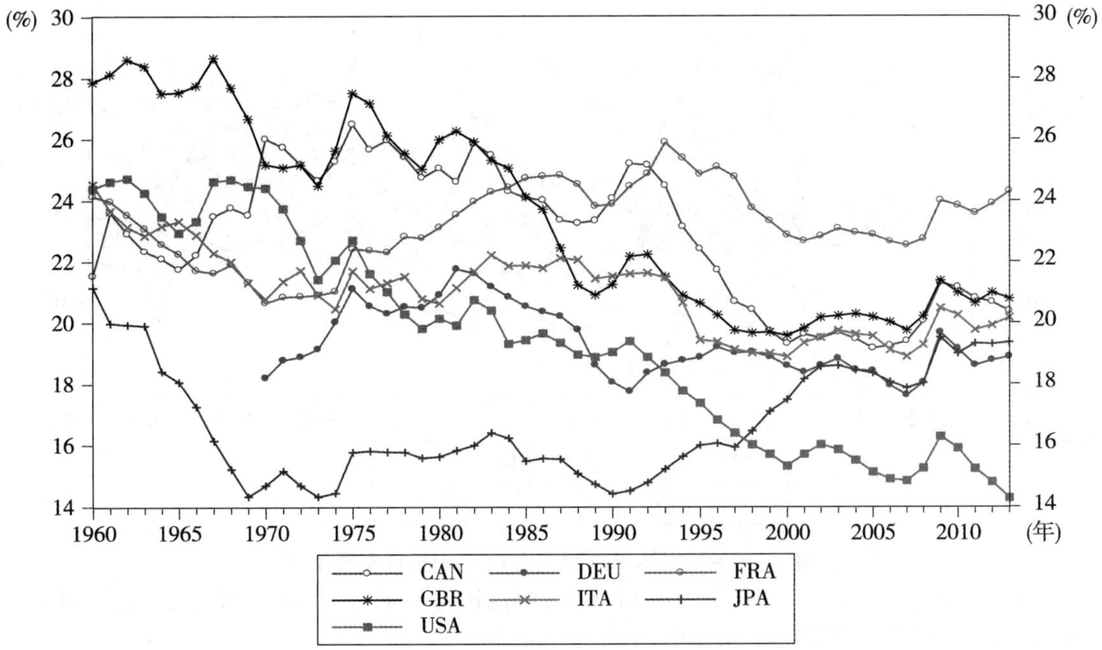

图 3-3 主要发达国家的人均 GDP 中政府支出比重

注：CAN、FRA、DEU、ITA、JPA、GBR 和 USA 分别代表加拿大、法国、德国、意大利、日本、英国和美国人均 GDP 中政府支出的比重。

数据来源：World Bank。

(四)投资比重

近年来，主要发达国家的投资率相对比较稳定。从图 3-4 中可以看出，虽然各国投资率因国情不一而有所不同，但是从发展趋势来看，20 世纪 70 年代中期以后开始趋于一致。其中，除却 1966—1971 年外，英国的投资比重基本上是上述国家中最低的。相比之下，日本的投资比重较大，从 20 世纪 70 年代初的 30%左右到 80 年代初的 25%，然后又在 90 年代初恢复到 30%左右，之后，该比重才逐渐下降。20 世纪 60—70 年代中期，其他国家的投资率发生了较为显著的分化：加拿大和美国的比重下降，而法国、德国和意大利由于战后重建经济结构的惯性因素导致投资率开始上升。

二、财政负担

从总体上看，1995—2006 年上述 7 国的财政负担水平有所下降，财政状况良好。其中，加拿大的财政负担指数显著下降，其财政状况得到了最大的改善。2006 年，该国的财政负担指数仅为 2.4，是 7 个发达国家中比重最低的。其他国家的财政负担指数基本集中于 3~4 之间，如图 3-5 所示。

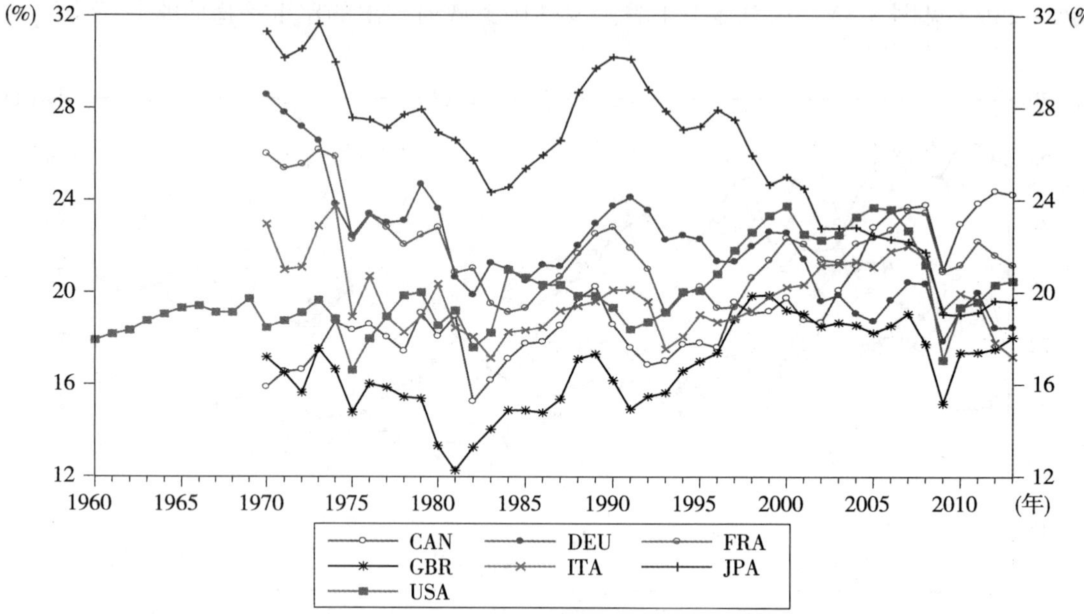

图 3-4 主要发达国家的人均 GDP 中投资支出比重

注：CAN、FRA、DEU、ITA、JPA、GBR 和 USA 分别代表加拿大、法国、德国、意大利、日本、英国和美国人均 GDP 中投资支出的比重。

数据来源：World Bank。

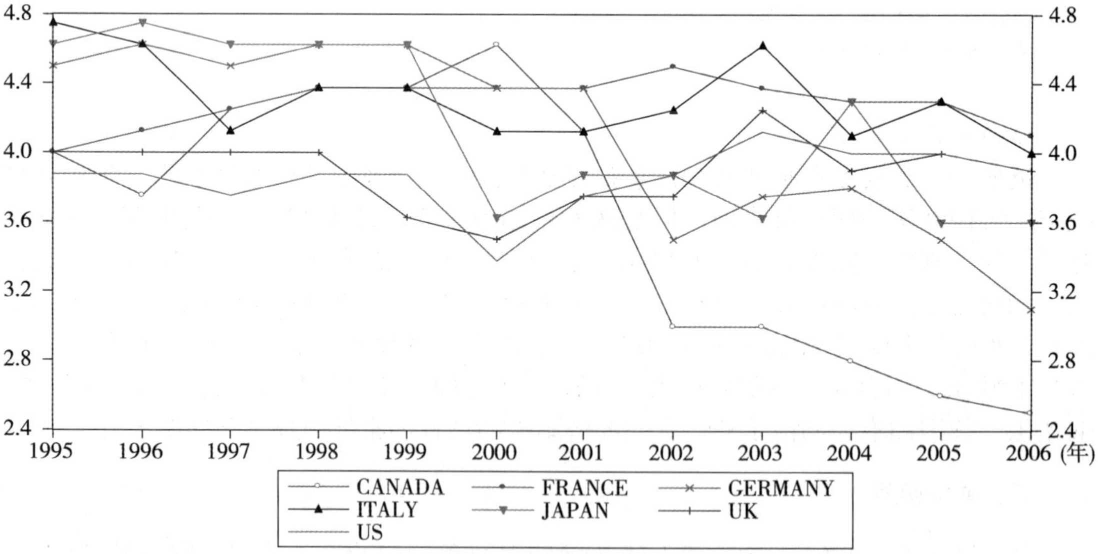

图 3-5 部分发达国家 1995—2006 年财政负担指数

注：CANADA、FRANCE、GERMANY、ITALY、JAPAN、UK、US 分别代表加拿大、法国、德国、意大利、日本、英国和美国。

数据来源：历年 Index of Economic Freedom。

三、经济自由度

这些主要发达国家已经建立了相当完善的市场经济体制，整体的经济自由度在经历了早期小幅度的下降之后，一直维持在6.7～8.8间。但是，各国情况不一，如图3-6所示。

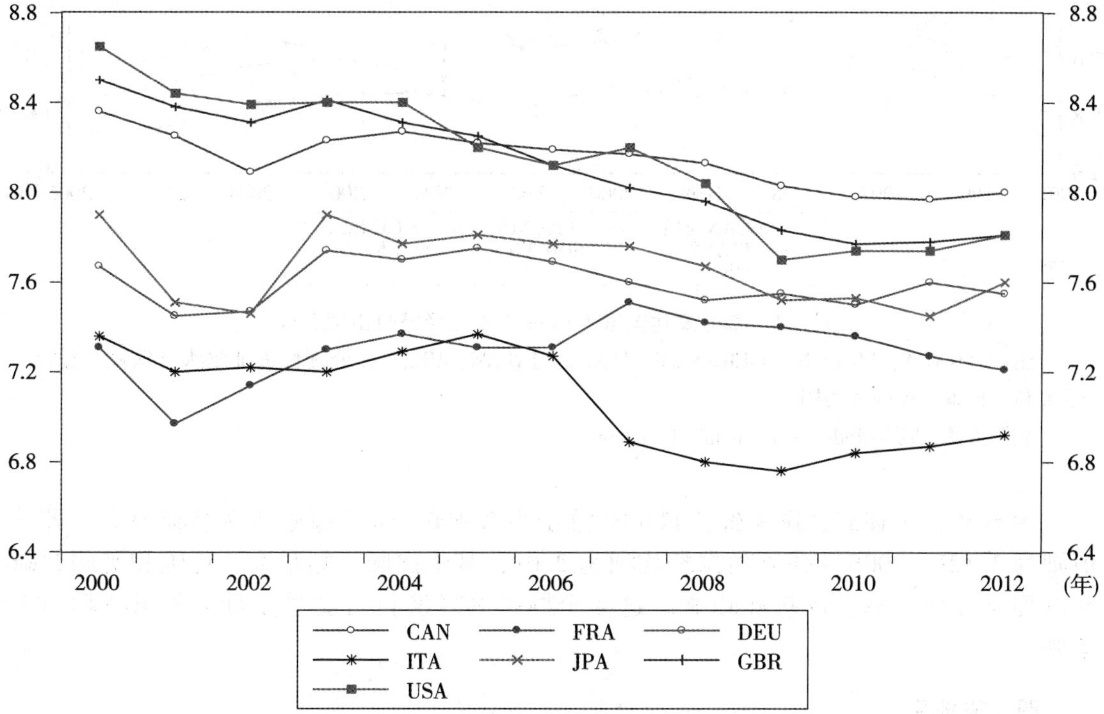

图3-6　主要发达国家经济自由度指数

注：CAN、FRA、DEU、ITA、JPA、GBR和USA分别代表加拿大、法国、德国、意大利、日本、英国和美国的经济自由度指数。

数据来源：历年Index of Economic Freedom。

从2000—2012年主要发达国家经济自由度指数可以看出，法国和意大利的经济自由度指数在过去的40年间显著低于加拿大、德国、日本、英国和美国。其中，2000年以来，上述主要发达国家中的经济自由度均在一定程度上出现了下降。其中英国、法国和意大利在2008年出现了显著的下降。2011年，英国的指数出现了短暂的回升。而2010年，中国的此项数据仅为5.1。

2000年以来，法国和意大利的经济自由度指数为7.00和6.86。而加拿大、德国、日本、英国和美国的指数分别为7.91、7.52、7.23、8.04、8.00。

2001年以后，法国的经济自由度总分跃居上述发达国家之首(见图3-7)。2001—2006年，上述国家的经济自由度总分开始呈现逐渐下降的趋势。2006年，英国的数值仅略高于1.7。

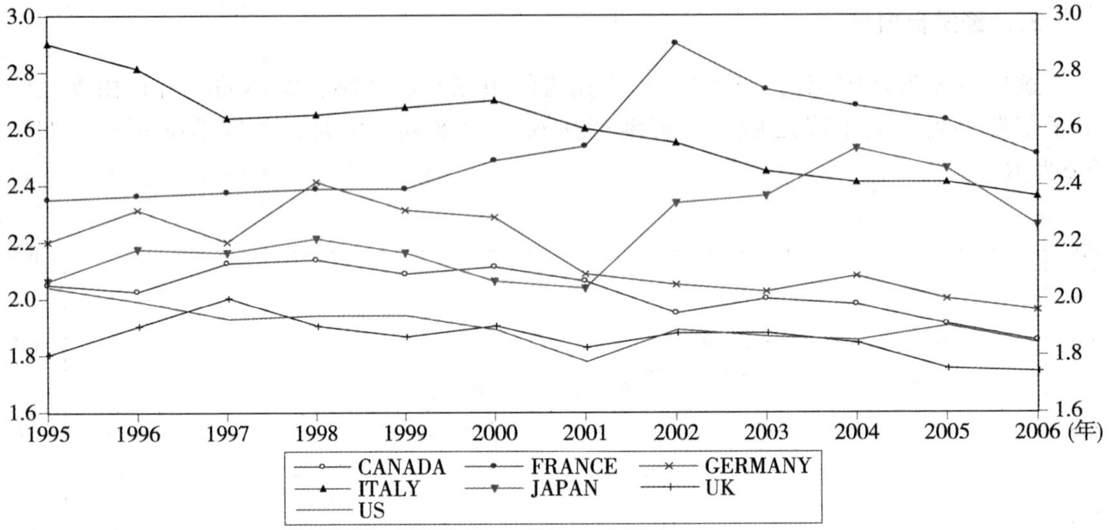

图 3-7 部分发达国家 1995—2006 年经济自由度总分

注：CANADA、FRANCE、GERMANY、ITALY、JAPAN、UK、US 分别代表加拿大、法国、德国、意大利、日本、英国和美国。

数据来源：历年 Index of Economic Freedom。

1996 年，上述发达国家经济自由度总分为 2.196。如果将意大利排除在外，平均值则为 2.127。2006 年该项数据的均值为 2.09，其中德国、加拿大、英国和美国 2006 年的均值仅为 1.85。1998 年以来，这 4 个国家的经济自由度总分处于不断下降的趋势中。

四、失业率

主要发达国家的失业率总体上呈现振荡下降的趋势。从图 3-8 可以看出，1990—2014 年，加拿大、英国和美国的失业率水平基本一致。20 世纪 90 年代初，加拿大和美国的失业率数据基本上超过了 6%的水平。由于韩国和日本的数据缺失，难以判断此阶段的失业率状况。2000 年左右，上述国家的失业率维持在 4%~8%的区间内。2008 年受金融危机的冲击，加拿大、英国和美国的数据再次上升，逼近 10%的水平。2010 年之后，总体水平开始下降。

五、劳动生产率

上述发达国家的劳动生产率呈不断上升的趋势。从图 3-9 可以看出，20 世纪 70 年代，除加拿大外，这些国家的劳动生产率水平仅维持在 40%~58%，经过 40 年的科技创新，各国的劳动生产率取得了飞跃性的提高。其中，日本的劳动生产率提升速度最快。1996 年，这 7 国劳动生产率的平均水平为 91.6%。1985—2005 年，英国的劳动生产率在 7 国中最高。2005—2013 年，各国的劳动生产率保持在 100%~110%水平。

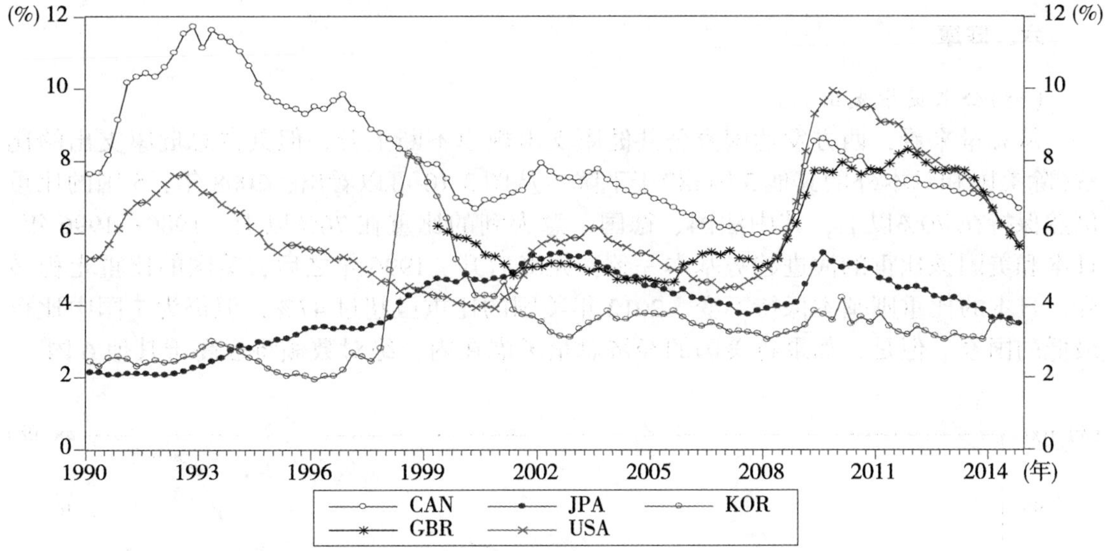

图 3-8　1990 年 1 月—2014 年 1 月主要发达国家失业率

注：CAN、JPA、KOR、GBR 和 USA 分别代表加拿大、日本、韩国、英国和美国的失业率。

数据来源：OECD。

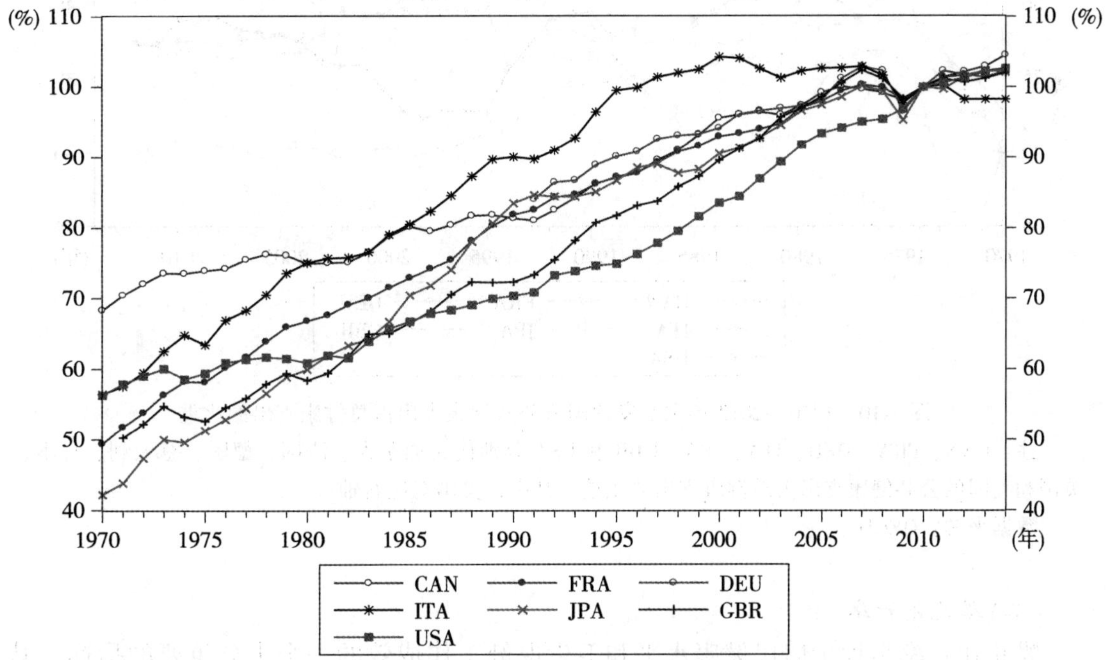

图 3-9　1970—2013 年主要发达国家劳动生产率

注：CAN、FRA、DEU、ITA、JPA、GBR 和 USA 分别代表加拿大、法国、德国、意大利、日本、英国和美国的劳动生产率，其中 2010＝100%。

数据来源：OECD。

六、健康

(一)公共健康支出

从总量来看，西方发达国家公共健康支出规模不断上升，但其占总健康支出的比重(除美国和日本外的其他5国)趋于下降。从图3-10可以看出，2008年，5国的比重仍然保持在70%以上，其中法国、德国、意大利的比重在76%以上。1980—1996年，日本和美国该比重的演进趋势基本一致：先降后升。1996年之后，美国的比重走稳缓升，日本的比重则基本保持不变。2012年美国的比重虽超过47%，但仍为7国中比重最低的国家。但是，如果将美国的经济总量考虑在内，绝对数额将远高于其他6国。

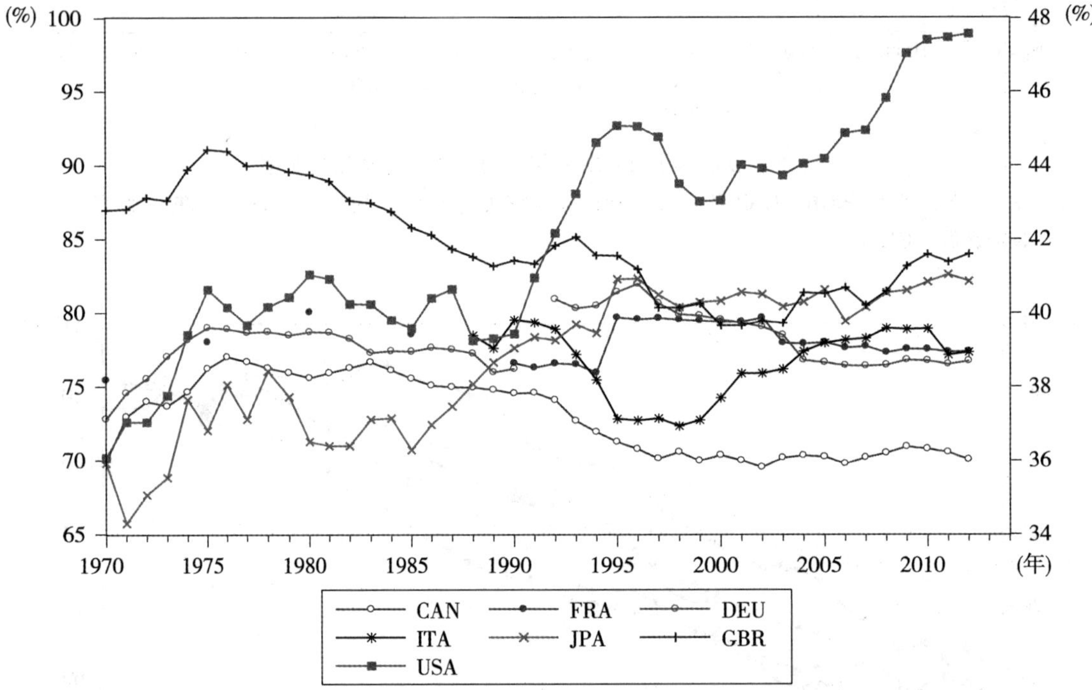

图3-10 1970—2012年主要发达国家公共健康支出占总健康支出的比重

注：CAN、FRA、DEU、ITA、JPA、GBR和USA分别代表加拿大、法国、德国、意大利、日本、英国和美国的公共健康支出占总健康支出的比重。其中，美国对应右轴。

数据来源：OECD。

(二)婴儿死亡率

婴儿死亡率是评价居民健康水平和卫生保健工作成效的一个十分重要的指标，其反映了一个国家、民族或地区的经济文化、卫生状况等方面的综合情况，是衡量一个国家社会经济发展与医疗保健水平的重要依据。

总体上看，这7国的婴儿死亡率处于很低的水平，已经于1989年控制在1%以下，反映了国家居民生活质量很高。1970—2012年，7国的婴儿死亡率显著下降，降幅均在 50%以上。上述国家中的婴儿死亡率水平可以划分为三个层次：一是日本，婴儿死亡率一直是 7 国中最低的，2012 年的水平不足 2.5‰。二是美国，现阶段比重是 7 国中最高的，2012 年的数值超出 5.7‰。三是剩下的 5 国，2012 年的比重在 4‰左右，如图 3-11 所示。

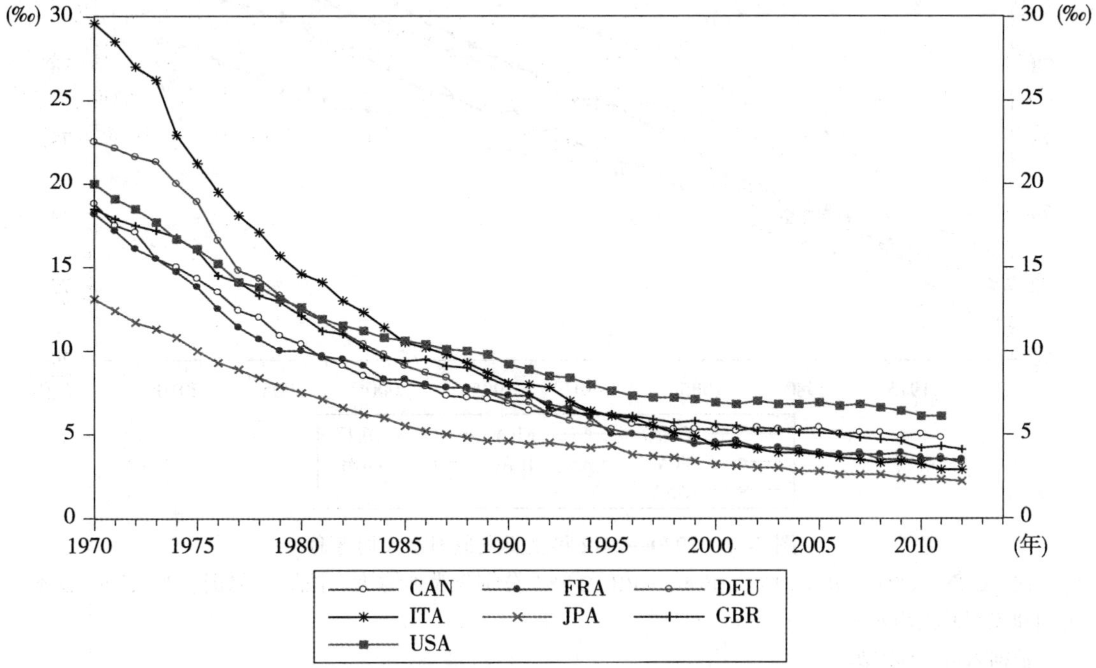

图 3-11　1970—2012 年主要发达国家婴儿死亡率

注：CAN、FRA、DEU、ITA、JPA、GBR 和 USA 分别代表加拿大、法国、德国、意大利、日本、英国和美国的婴儿死亡率。

数据来源：OECD。

2008 年，美国的 5 岁以下儿童死亡率已经降至 8‰，2009 年继续持续在 8‰的数据。2009 年，美洲该项数据的平均值为 18‰，欧洲的平均值为 14‰，世界卫生组织亚太地区成员国的均值则为 21‰(世界卫生统计年鉴，2010)。

(三)人均寿命

人均预期寿命从正面反映出全体人口的生命长短，是一个既能反映社会、经济中人民生活的改善与提高情况，又能从一个侧面反映医疗水平的发展情况的综合指标。

随着医疗卫生条件的进一步提高，7 国的人均寿命不断提高。从图 3-12 中可以看出，1980—2012 年 7 国的人口平均寿命提高了 4 岁以上，其中，日本人口的平均寿命于 2012 年超过了 82.7 岁。除美国外，其他 7 国的人口人均寿命已经达到了 80 岁。2012 年，美国男性和女性的预期寿命分别超过了 76 岁和 81 岁，高于世界平均水平 10 岁和 11 岁。值得指出的是，收入在预期寿命中对于女性的影响大于对男性的影响。最高收入与最低收入之间，男性和女性的预期寿命差为 21 岁和 24 岁。

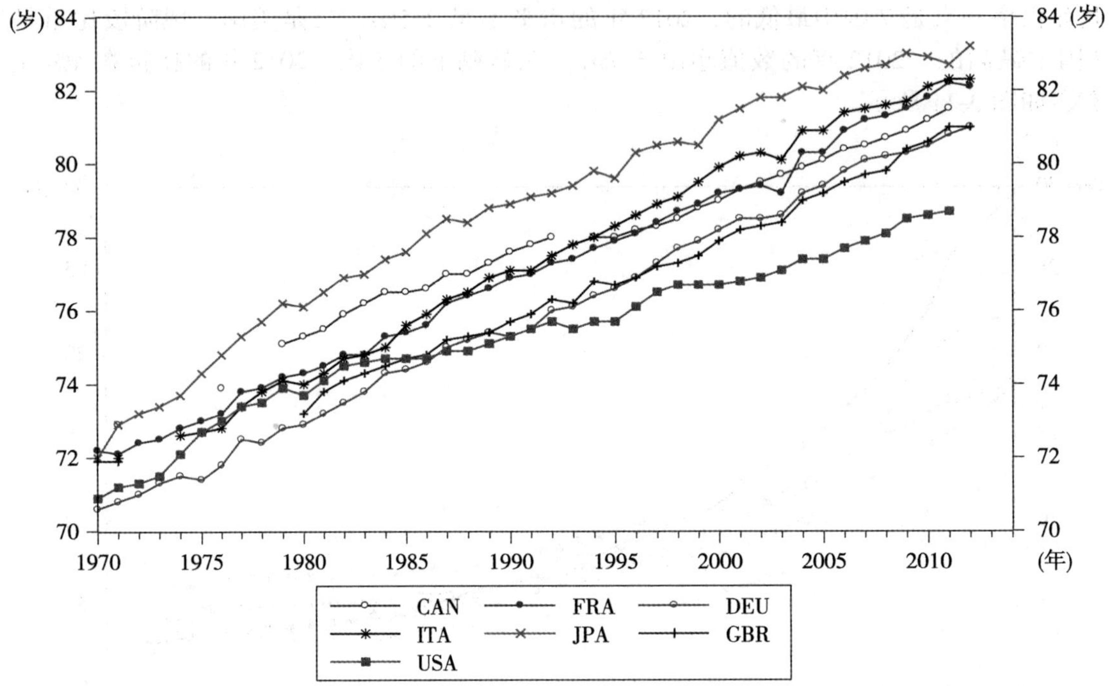

图 3-12 1970—2012 年主要发达国家人均寿命

注：CAN、FRA、DEU、ITA、JPA、GBR 和 USA 分别代表加拿大、法国、德国、意大利、日本、英国和美国的人均寿命。

数据来源：OECD。

七、基础设施

基础设施情况直接影响到居民生活的质量，充足优质的基础设施是提高居民生活的基本保障，直接影响一国经济社会的发展。从总体上看，上述 7 国的交通运输、通信等基础设施状况优良。

2007 年，7 国公路部门的燃料消耗占总消耗量的比例为 18.05%，运输部门汽油燃料的人均消耗量为 0.48 升。值得指出的是，美国在这两项数据上的数值相对较高，分别为 22.99%和 1.22 升。就每千人拥有汽车数量而言，2007 年的平均值为 634.2 台。而同期中国的数据则为 32.24 台。就铁路线总长而言，7 国 2007 年的均值为 57151.29 千米，其中美国为 227600 千米。

八、高科技研发支出与出口

有关研究表明，要素驱动、资源驱动、创新驱动和财富驱动是经济增长从低到高的四个阶段。一般而言，当一国的研究与开发经费(Research and Development，R&D)支出占 GDP 的比重少于 1%时，基本处于技术引进与应用层次，自主创新能力较弱；

处于 1%~2%时，具有较强的引进、消化、吸收能力，但自主创新能力仍不强；超过 2%时，自主创新能力较强，创新成为经济增长主要的驱动力量。

2007 年以来，7 国研究与开发支出占 GDP 比例均值为 2.44%，其中日本的比重高达 3.45%，而中国仅为 1.49%。就居民专利申请数而言，美国和日本 2007 年的均值为 28.74 万个，同期中国仅为 15.31 万个。因此，从总体上看，这 7 国的科学技术实力远远超过中国，前者是典型的科技创新型国家。

九、价格指数

价格指数反映一国物价水平的高低。总体上来看，上述 7 国在经济增长速度加快的同时，相应采取了紧缩货币政策，从而使其物价上涨不太明显。具体来说，可以从下面一系列的 CPI(Consumer Price Index，居民消费价格指数)、短期银行利率和政府公债利率指标加以分析。

(一)CPI

在上述 7 国中，日本的 CPI 自 1980 年始徘徊于低位(见图 3-13)。事实上，通货膨胀和通货紧缩的相对界限如果按照 2%进行界定的话，那么日本 1992—2014 年均处于通货紧缩的区间。总体而言，7 国的 CPI 在 20 世纪 90 年代处于下降区间，2000 年后企稳。2008 年，由于金融危机的冲击，CPI 攀升，但仍在各国可控的范围之内。

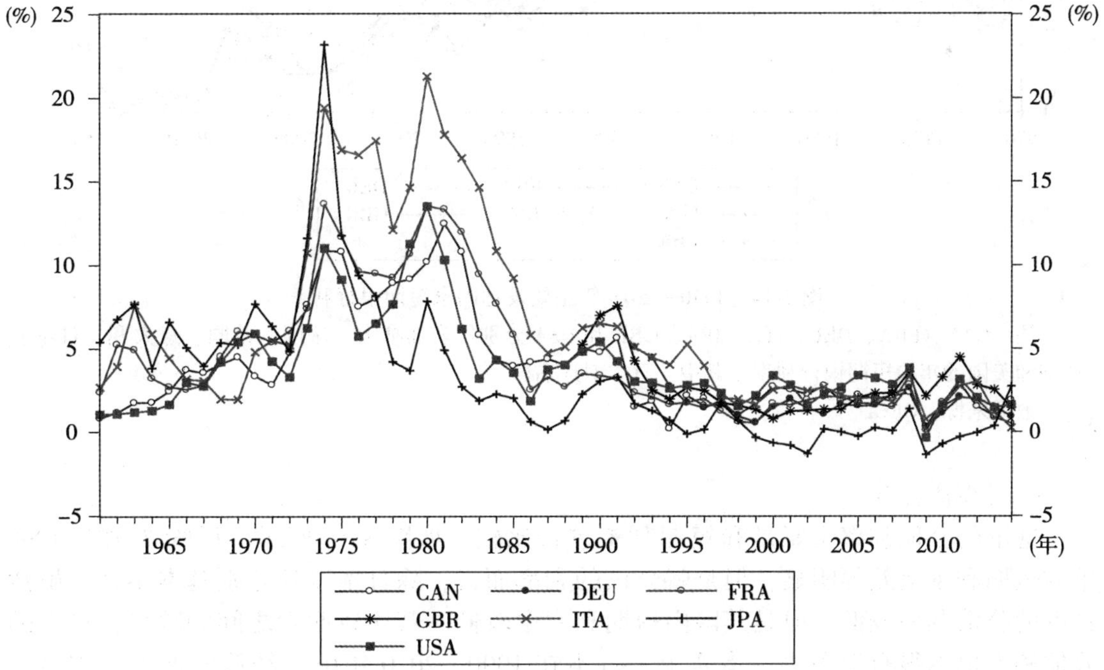

图 3-13 1961—2014 年主要发达国家 CPI

注：CAN、FRA、DEU、JPA、ITA、GBR 和 USA 分别代表加拿大、法国、德国、日本、意大利、英国和美国的消费者价格指数。

数据来源：OECD。

2010 年开始，CPI 走势重新开始走稳。

(二)短期银行利率

图 3-14 给出了 7 国 1970—2014 年的短期银行利率。20 世纪 70 年代的石油危机拉高了利率，并且一直延续至 20 世纪 80 年代中期。意大利的利率在 1982 年最高达到了 19.886%。1981 年美国的利率也达到 14.025% 的峰值。20 世纪 90 年代以来，各国利率总体趋于下降，但是国别之间的差异还是较为明显。日本保持了接近于 0 的利率，其他国家保持了 4%左右的水平，而意大利的利率仍高达 7.05%。

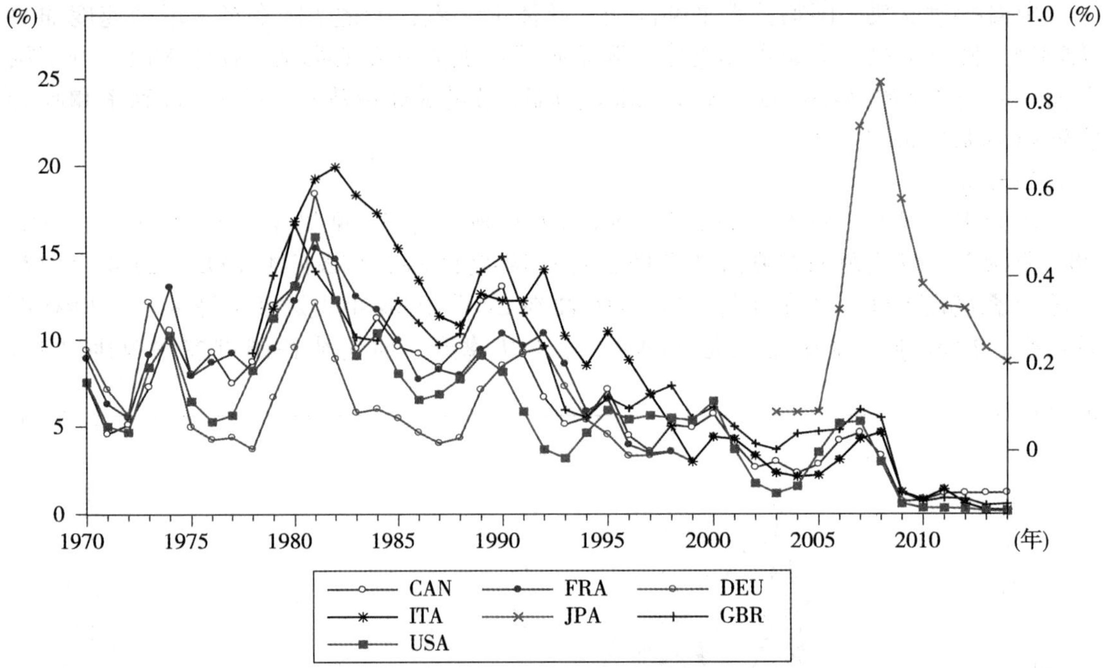

图 3-14 1970—2014 年主要发达国家短期银行利率

注：CAN、FRA、DEU、ITA、JPA、GBR 和 USA 分别代表加拿大、法国、德国、意大利、日本、英国和美国的年均短期银行利率。其中，日本对应右轴。

数据来源：OECD。

(三)公债利率

这里的公债利率主要是和短期利率进行比较。如图 3-15 所示，尽管 7 国在 1998 年的短期利率上差异明显，但是就公债的利率而言，除日本以外差别基本不大。虽然日本的公债利率较低，但是其国内短期利率也较低。若比较两者之间的缺口，日本的公债利率仍然很有竞争力。事实上，日本在 1990—2010 年由于经济的低迷，支出增加，只得依赖这种筹资成本较低的政府融资模式，导致 2010 年日本政府的净债务水平与国内生产总值之比达到 122%，总债务与 GDP 之比更是达 227%(IMF，2010)。

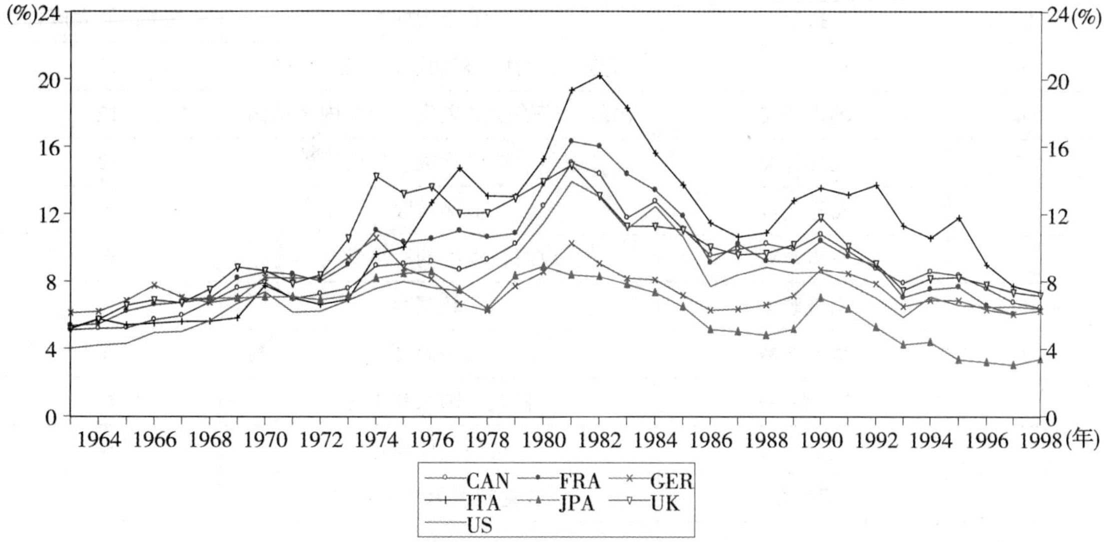

图 3-15　1963—1998 年主要发达国家公债利率

注：CAN、FRA、GER、JPA、ITA、UK 和 US 分别代表加拿大、法国、德国、日本、意大利、英国和美国的公债利率。

数据来源：OECD。

十、ICRG 指数

ICRG(International Country Risk Guide)代表国际间国家风险指南，主要是指不同国家的政治和经济等系统性风险。其中，政治风险主要源于国际和平、国内稳定、法律效率和社会安全；经济风险主要在于经济增长、价格变化、就业变化、消费变化、投资变化与居民生活水平等。比较而言，政治风险影响最大。如果一国参与国际战争，国内政治不稳定则会直接影响该国风险系数。

一般而言，ICRG 指数与经济发展水平成正比。经济发展程度越高，ICRG 也越高，意味着该国国家风险越低。ICRG 指数在 80~100，意味着低风险；指数在 50 以下为高风险。具体指标内容如表 3-1 所示。从总体上看，上述 7 国的 ICRG 指数在 60 以上，这些国家的经济环境总体稳定，贸易环境较好，国内外政治环境相对而言比较宽松。但是，由于这些国家参与了伊拉克或阿富汗战争，再加上国内政府更迭等使其仍存在一定的国家风险。

表 3-1　**ICRG 的主要指标**

序列	指标	细分指标	分数(最大值)
1	政府稳定指数	政府效用、法制力量、公众支持	12
2	社会经济条件	失业、消费者信心、贫困	12

续表

序列	指标	细分指标	分数(最大值)
3	投资指数	合同可行性、利润汇回、延期支付	12
4	国内冲突	内战、恐怖主义风险、社会内部动荡	12
5	国外冲突	战争、边界冲突、外交压力	12
6	腐败指数	金融腐败	6
7	军事政策	政府行动中的军事参与	6
8	宗教政策	宗教宽容	6
9	法治指数	法律制度	6
10	民族关系	种族、国家和语言	6
11	民主责任	选举、任期等	6
12	官僚制	多党制、司法独立等	4
总计			100

注：上述分数也可以被理解为是该项指标的权重(百分制)。

资料来源：http：//www. prsgroup. com/ICRG_Methodology. aspx.

为了更好地显示所研究国家的经济情况，对比分析了 1984—2012 年 ICRG 的各细分指标。

(一)政府稳定指数

图 3-16 显示了 1993 年以来上述国家政府稳定指数处于上升区间。1996 年处于 6~9 的分数段内。2000 年平均水平达到了 9 分左右。美国在 2000 年保持了 10 分的高位。2009 年前后大部分国家政府稳定指数下降，2011 年后又稍有回升。

(二)社会经济条件

如图 3-17 所示，就社会经济条件而言，一个“V”字形趋势显而易见。1993 年，上述国家基本上实现了该项指数的逆转回升过程。其中，英国的改善程度最为显著，1997 年之后开始成为上述国家中该项指数得分最高的国家。2004 年，英国更达到了 11 分的高位。这说明就社会发展涉及民生福利的诸项而言，在上述国家中均得到了较大幅度的改善，上述国家在这方面的评分基本上提升了 1 倍。2012 年，上述国家在这方面的平均得分在 8 分左右。

(三)投资指数

如图 3-18 所示，1993 年是上述国家投资环境指数的转折点。1993 年之后，上述国家的总体趋势是上升。1997—2000 年由于金融危机的影响，日本的投资环境出现了一定的倒退。但 2000 年之后改善效果相当显著，2001 年基本上回到了与其他国家相当的水平上。2004 年，上述国家基本达到了 12 分的满分。但在 2011 年前后，英国、法国、意大利的评分明显下降。

除日本外其他各国发展过程中的总体趋势基本一致，差异程度也较小。

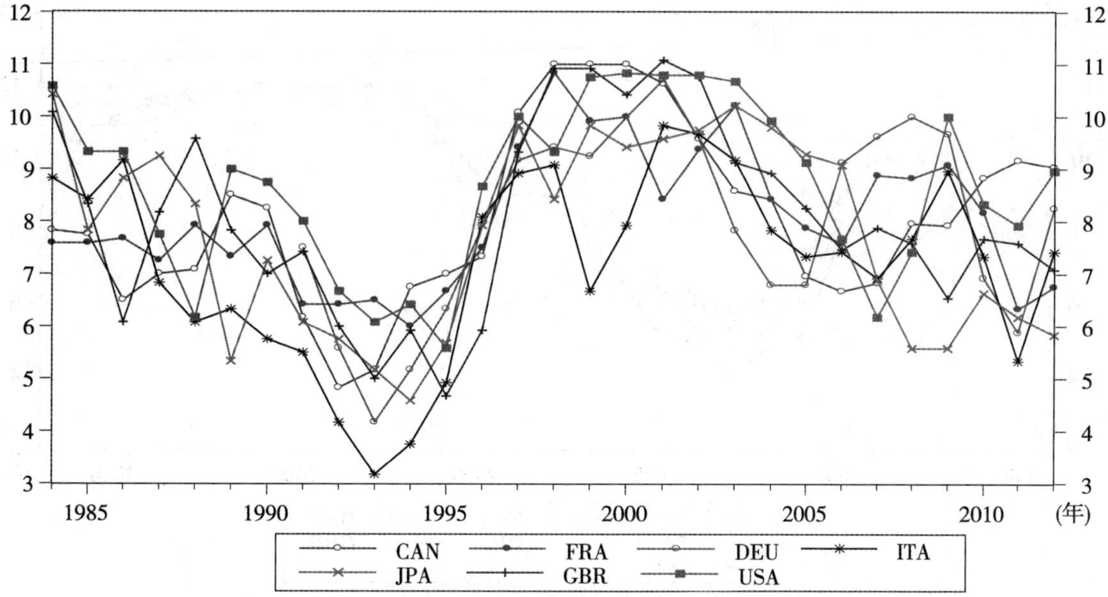

图 3-16　主要国家和地区政府稳定指数

注：CAN、FRA、DEU、ITA、JPA、GBR 和 USA 分别代表加拿大、法国、德国、意大利、日本、英国和美国的政府稳定指数。

数据来源：PRS。

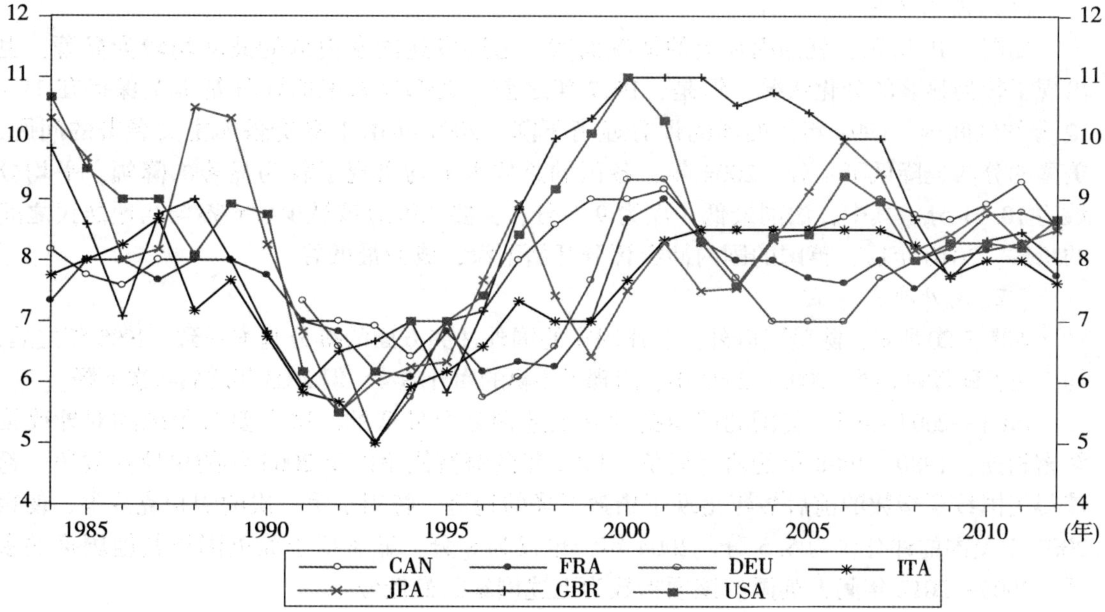

图 3-17　主要国家和地区社会经济条件指数

注：CAN、FRA、DEU、ITA、JPA、GBR 和 USA 分别代表加拿大、法国、德国、意大利、日本、英国和美国的社会经济条件指数。

数据来源：PRS。

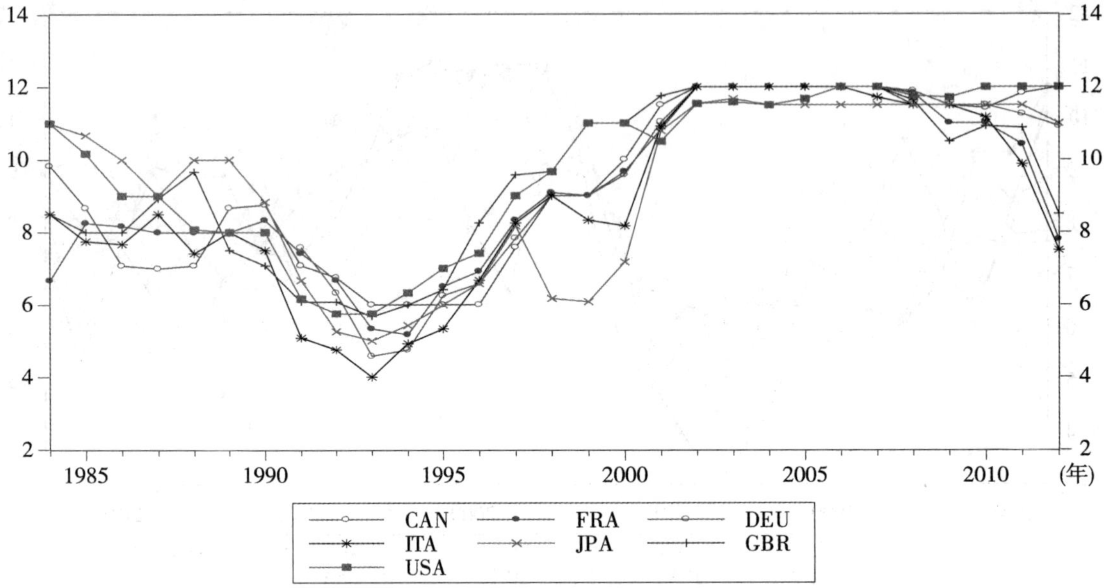

图 3-18　主要国家和地区投资指数

注：CAN、FRA、DEU、ITA、JPA、GBR 和 USA 分别代表加拿大、法国、德国、意大利、日本、英国和美国的投资指数。

数据来源：PRS。

(四) 国内冲突

如图 3-19 所示，就国内冲突的情况而言，上述发达国家内部的波动均较为显著，也出现了较为显著的分化状况。但是，1997 年之前，大部分国家的评分基本上保持在 11～12 分的区间内。1999 年，英国的评分显著下降。2001 年由于遭受恐怖主义袭击的问题，美国的分数也降低了 1 分。2004 年，各国的总体水平均出现了较为显著的降幅，平均分数为 10. 51 分。其中，法国最低，仅为 9. 5 分，主要原因应该是少数族裔与当地居民之间的矛盾。2010 年后，英国的国内冲突评分开始下滑，成为最低谷。

(五) 国外冲突

如图 3-20 所示，除美国以外，上述国家的国外冲突方面的得分基本一致。1998 年之后，均出现了显著的下降。2001—2002 年，出现了小幅的回升趋势，但 2003 年之后再次下降。

1984—2004 年间，美国的该项指数是上述国家中最低的，这主要与美国的对外政策紧密相连。1980—1988 年的两伊战争、1991 年的海湾战争以及 2003 年的伊拉克战争，都使得美国该项指数的前后数年出现了指数下降的趋势。特别是第三次的伊拉克战争，使得 2002 年美国的评分仅为 5. 5 分。2004 年，也仅为 8 分，显著低于除英国外其他国家的水平。2005—2012 年间，英国的该项指数为上述国家的最低分。

(六) 腐败指数

如图 3-21 所示，1984—1995 年间，除意大利以外的上述国家，腐败指数均在 5 分及以上，显示出较好的金融秩序。法国于 1995 年、日本于 1998 年、德国于 2000 年和加拿大于 2002 年，上述指数均出现了恶化的趋势。其中日本的情形最为严重，1998 年和 1999 年

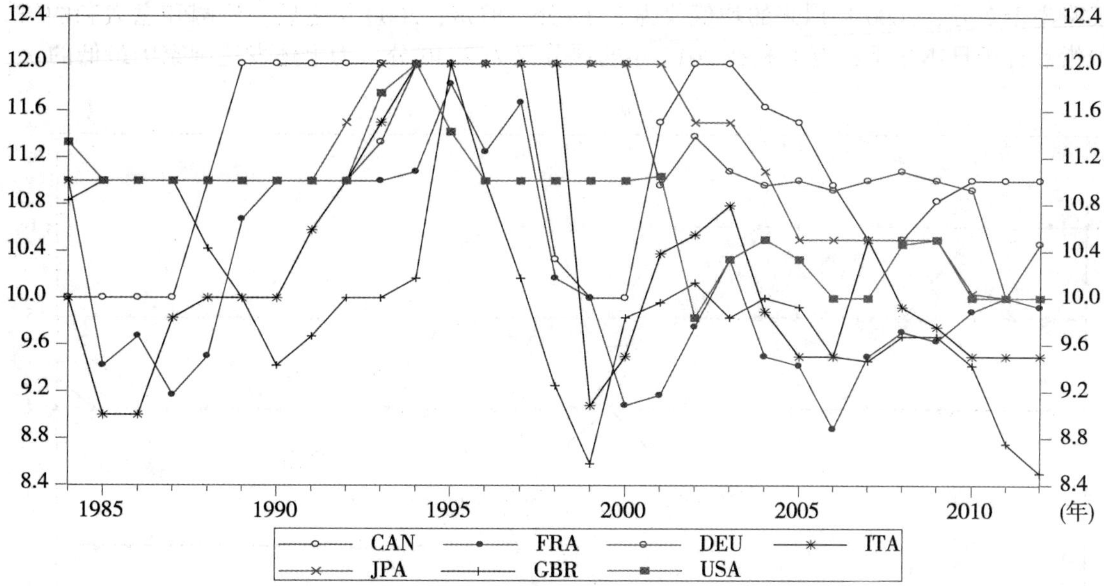

图 3-19　主要国家和地区国内冲突指数

注：CAN、FRA、DEU、ITA、JPA、GBR 和 USA 分别代表加拿大、法国、德国、意大利、日本、英国和美国的国内冲突指数。

数据来源：PRS。

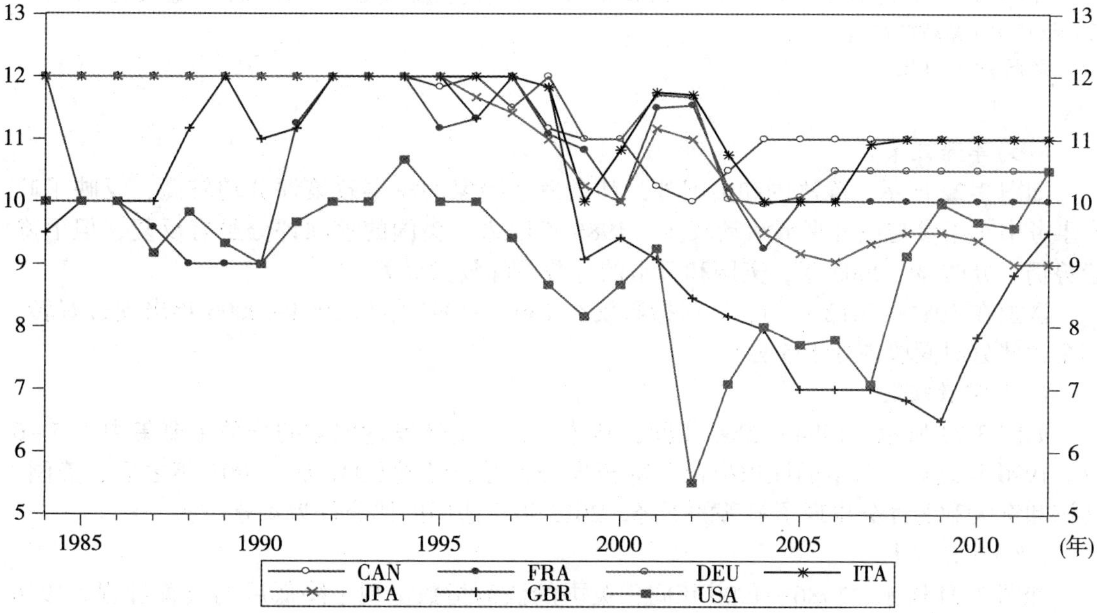

图 3-20　主要国家和地区国外冲突指数

注：CAN、FRA、DEU、ITA、JPA、GBR 和 USA 分别代表加拿大、法国、德国、意大利、日本、英国和美国的国外冲突指数。

数据来源：PRS。

仅略高于 2 分，2000 年以来的均值仅为 3. 32 分。但是，2000 年之后，法国和意大利的该项指数位于日本之下，意大利在 2012 年的评分仅为 2. 46 分，为上述发达国家中最低的。

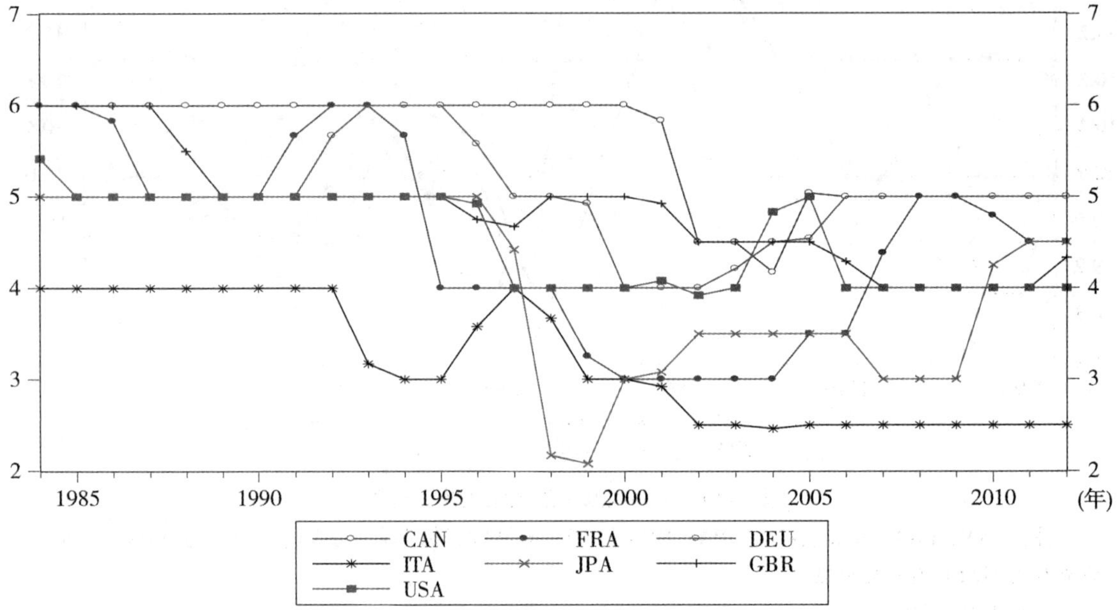

图 3-21　主要国家和地区腐败指数

注：CAN、FRA、DEU、ITA、JPA、GBR 和 USA 分别代表加拿大、法国、德国、意大利、日本、英国和美国的腐败指数。

数据来源：PRS。

(七) 军事政策

如图 3-22 所示，除法国和美国外，其余发达国家的军事政策评分均较高，反映了政府事务中军事参与或者军事活动较少。1986 年以来，美国的该项评分虽有反复，但下降趋势仍十分明显。2003 年，美国和日本的分数下降较为显著。

法国在 1984—2012 年间，该项指数仅在 1991—1996 年和 2004—2006 年出现过好转，其余大部分时间段内处于 5 分。

(八) 宗教政策

如图 3-23 所示，1984—2000 年间，整体而言，上述发达国家的分数主要集中于 5~6 分。1996 年之后，日本的该项指标下降至 5 分，并持续至 2001 年。2001 年之后，美国、法国和意大利的评分出现了显著的下降。2012 年，法国的评分仅为 4 分。

(九) 法治指数

如图 3-24 所示，1986—1990 年间，英国的法治指数呈现了降低后的改善过程。1996 年，法国的该项指数仅为 5 分左右，其他国家的评分均为 6 分。1999 年，上述部分国家在一定程度上出现了下降的趋势，其中意大利的下降程度最为显著。2003 年，意大利的评分为 3 分。而其他国家，仍保持在 5~6 分的区间内。2012 年，该项指标最低分仍为意大利的 4 分。

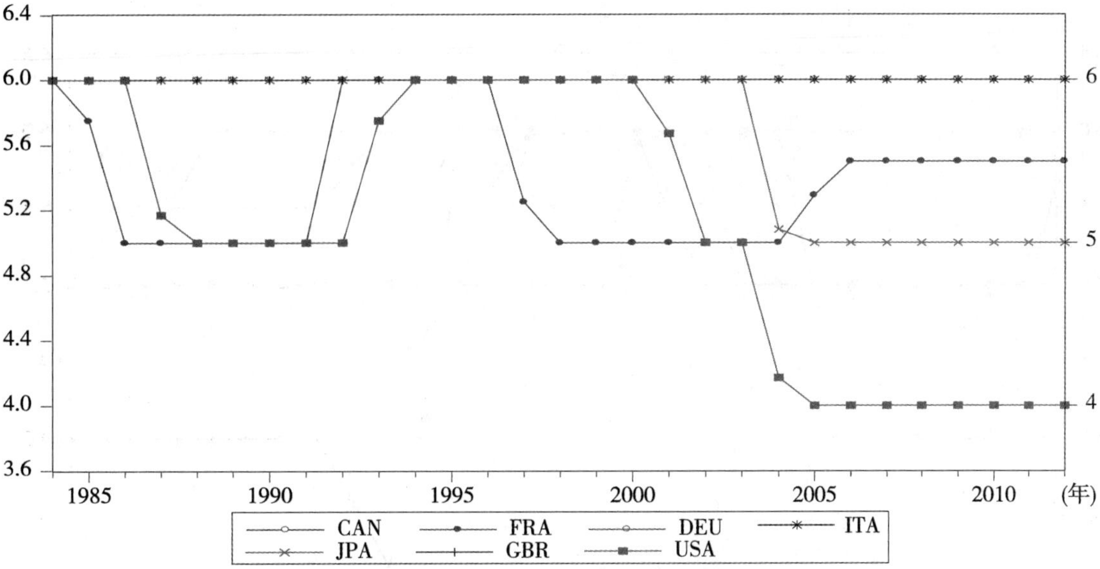

图 3-22　主要国家和地区军事政策指数

注：CAN、FRA、DEU、ITA、JPA、GBR 和 USA 分别代表加拿大、法国、德国、意大利、日本、英国和美国的军事政策指数。

数据来源：PRS。

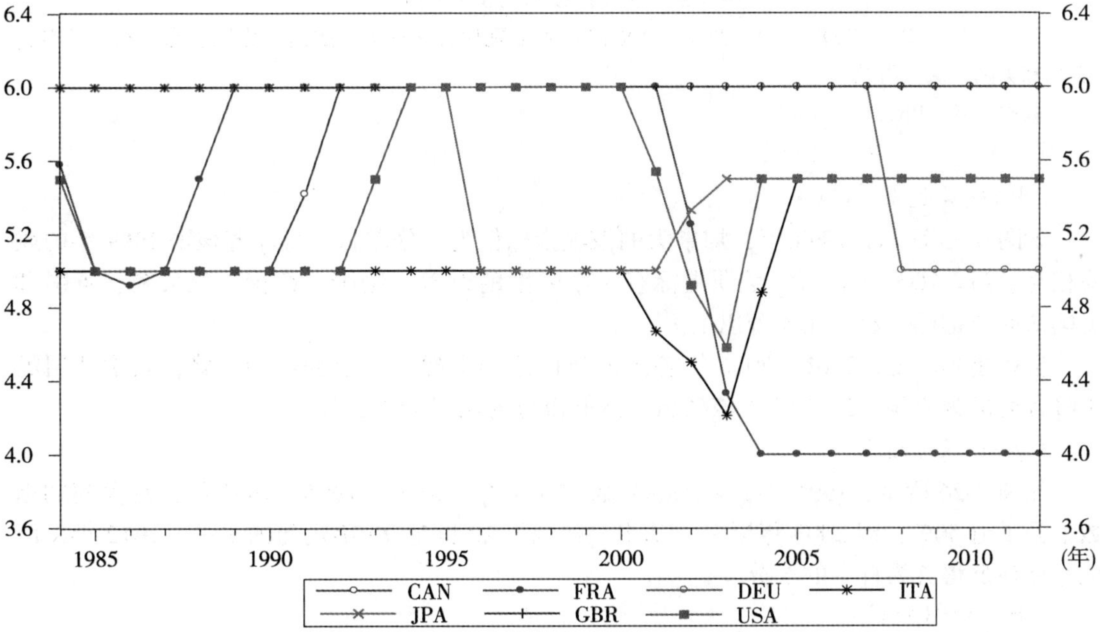

图 3-23　主要国家和地区宗教政策指数

注：CAN、FRA、DEU、ITA、JPA、GBR 和 USA 分别代表加拿大、法国、德国、意大利、日本、英国和美国的宗教政策指数。

数据来源：PRS。

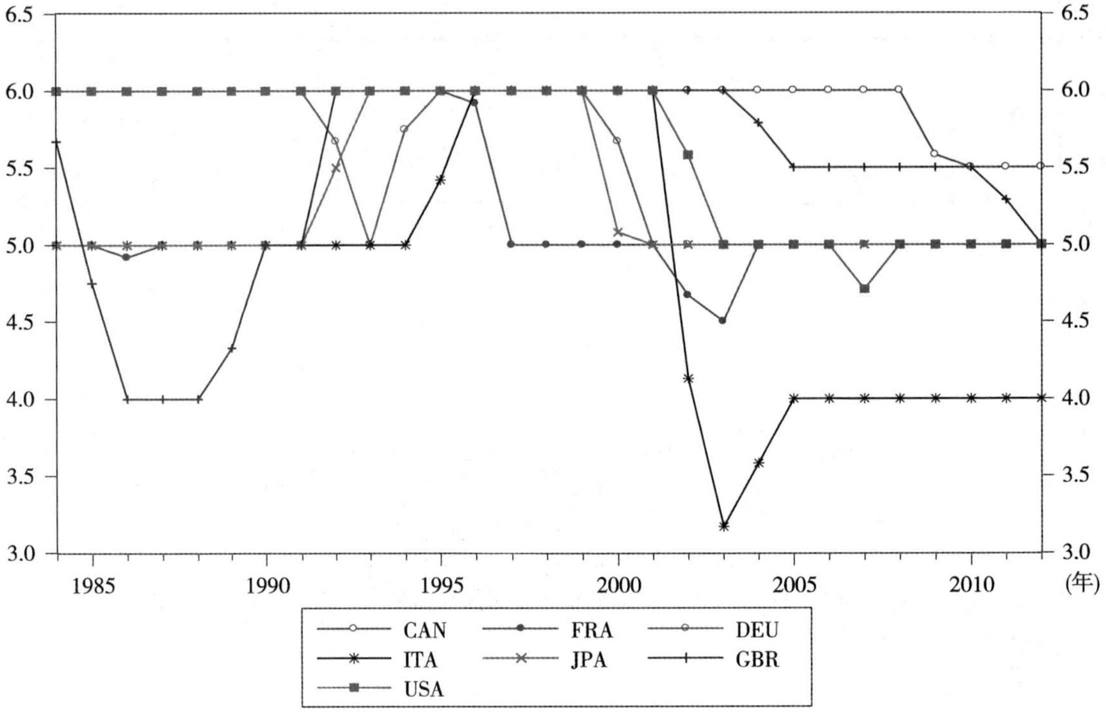

图 3-24　主要国家和地区法治指数

注：CAN、FRA、DEU、ITA、JPA、GBR 和 USA 分别代表加拿大、法国、德国、意大利、日本、英国和美国的法治指数。

数据来源：PRS。

(十)民族关系

如图 3-25 所示，1998 年，加拿大的该项指标仅为 2 分左右，意味着该国 1999 年的风险相对较高。2000 年以来，该项指标有了小幅度的改善。法国、德国、意大利、英国和美国的此项指标分数均在 4 分以上。

值得指出的是，2001—2006 年各国该项指标均出现了一定程度的下降，其中法国的下降程度最为明显。2012 年，该项指标最低得分为法国的 2. 5 分。

(十一)民主责任

如图 3-26 所示，1996 年，各国的分数均在 4. 8 分以上。1995—1997 年，意大利的指数上升了近 50%，但 2003 年以后，基本上回到了 20 世纪 90 年代初的水平。2012 年，该项指标最低得分为日本的 5 分。

(十二)官僚制

就官僚制的评分而言，意大利的评分同样是上述国家中最低的。加拿大、德国、英国和美国基本上保持了 4 分的水平，而法国 2001 年后出现了显著的下降。2012 年，该项指标最低得分为意大利的 2. 5 分，如图 3-27 所示。

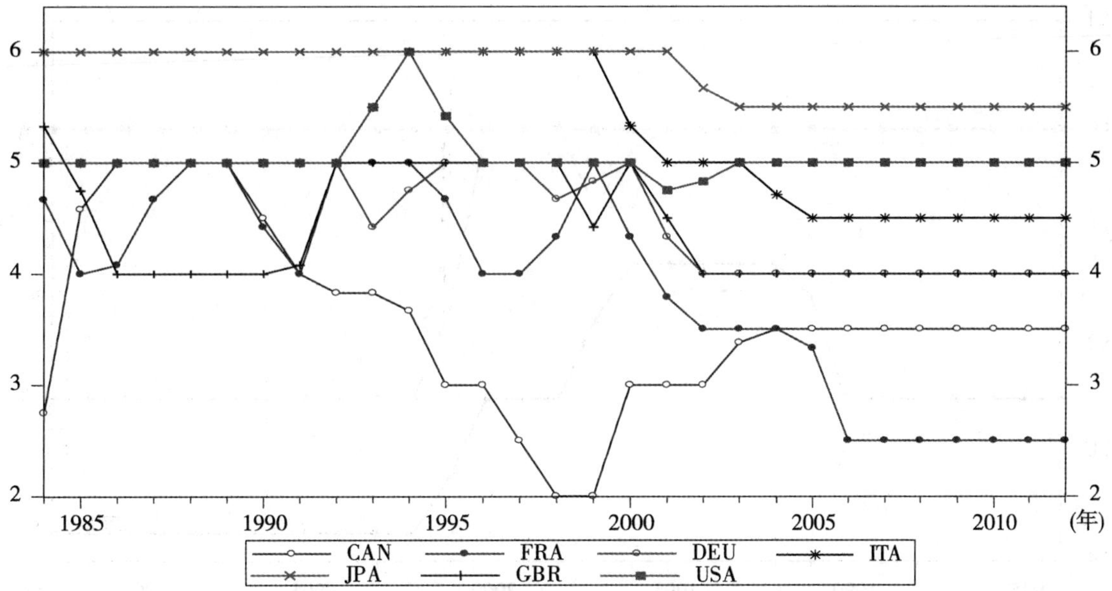

图 3-25　主要国家和地区民族关系指数

注：CAN、FRA、DEU、ITA、JPA、GBR 和 USA 分别代表加拿大、法国、德国、意大利、日本、英国和美国的民族关系指数。

数据来源：PRS。

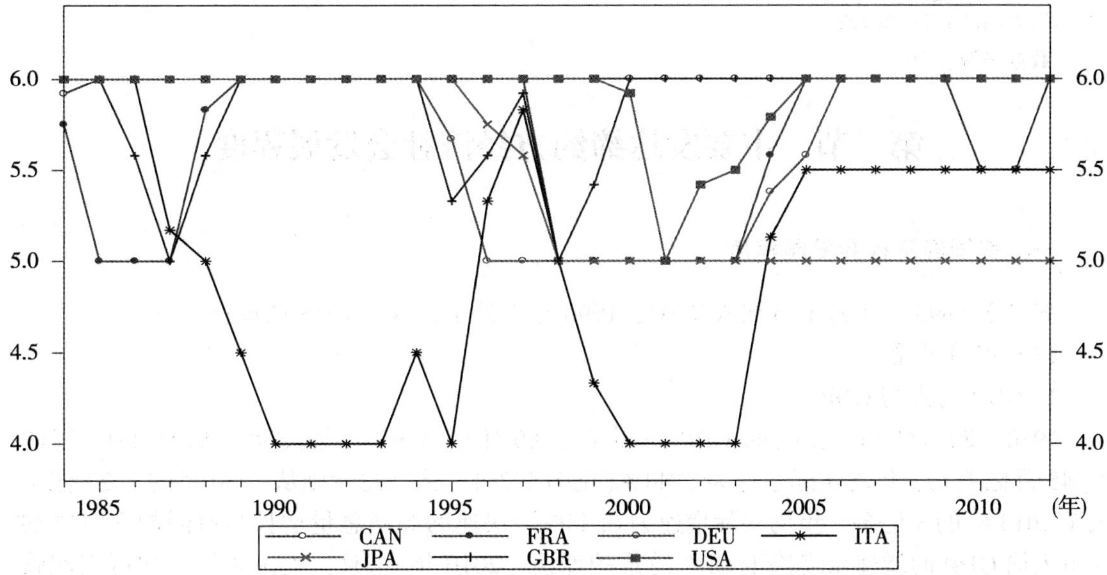

图 3-26　主要国家和地区民主责任指数

注：CAN、FRA、DEU、ITA、JPA、GBR 和 USA 分别代表加拿大、法国、德国、意大利、日本、英国和美国的民主责任指数。

数据来源：PRS。

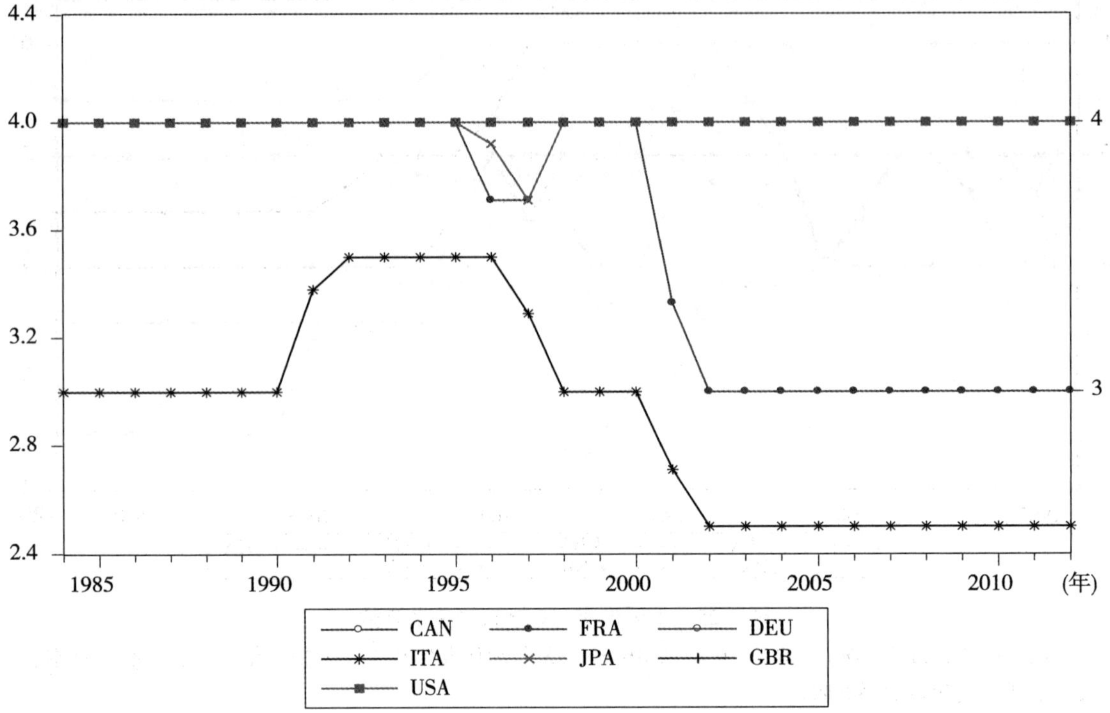

图 3-27 主要国家和地区官僚制指数

注：CAN、FRA、DEU、ITA、JPA、GBR 和 USA 分别代表加拿大、法国、德国、意大利、日本、英国和美国的官僚制指数。

数据来源：PRS。

第二节 主要发达缔约方经济社会发展程度

一、美国经济社会发展程度

美国于 1995 年 1 月 1 日加入 WTO，1996 年 1 月 1 日成为 GPA 的成员。

（一）经济总量

1. GDP 与人均 GDP

1980—2013 年间，美国的 GDP 总量从 1980 年的 5.92 万亿美元增加至 2013 年的 14.45 万亿美元，年均实际增速为 2.44%（见图 3-28）。人口总量则从 1980 年的 2.27 亿增长至 2013 年的 3 亿多，年均实际增速为 0.44%。快速的经济总量增长与有限的人口增加使得人均 GDP 的增速始终快于 GDP 总量的增速。2010 年 11 月，美国居民人均可支配收入为 12700 美元。

从图 3-29 可以看出，20 世纪 80 年代，美国平均经济增速保持在 3.06%的水平上。20 世纪 90 年代的数据为 3.13%；2000—2013 年为 2.26%。就美国经济总量占全球及经济的比重而言，业已从 1978 年的 31.33%下降至 23.44%。

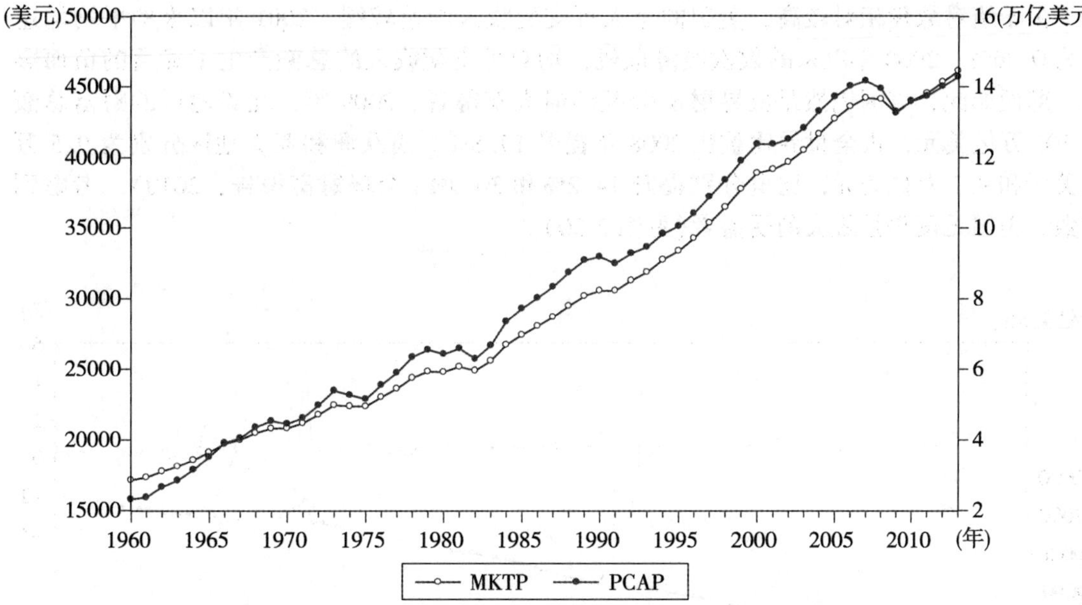

图 3-28 1960—2013 年美国 GDP 总量及人均 GDP 趋势

注：MKTP、PCAP 分别代表美国 GDP 总量和人均 GDP。GDP 总量对应右轴，人均 GDP 对应左轴。GDP 以 2005 年不变价美元计算。

数据来源：World Bank。

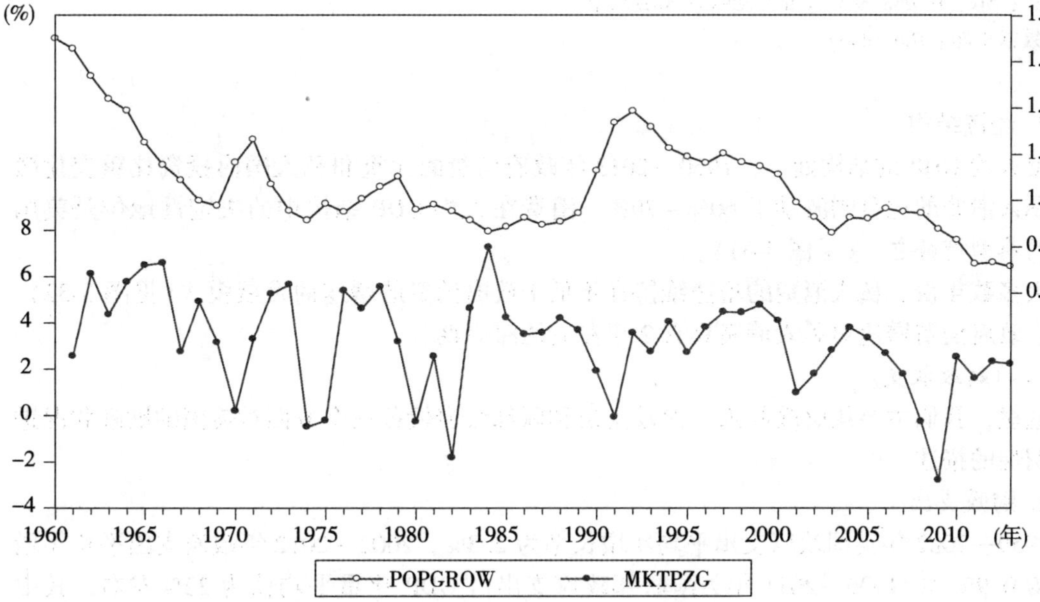

图 3-29 1960—2013 年美国 GDP 总量增速及人口增速

注：POPGROW、MKTPZG 分别代表美国人口年增长率和 GDP 年增长率。人口年增长率对应右轴，GDP 年增长率对应左轴。

数据来源：World Bank。

由于绝对数额相对较高，美国的个人可支配收入增速较缓。2001 年以来的平均增速仅为 0. 36%。2000 年以来的数次经济危机，均对可支配收入的总额产生了显著的负面影响。即便如此，美国仍然是世界财富分配的最大获得者。2009 年，北美地区的财富总额达 107 万亿美元，占全世界比重比 2008 年提升 17. 8%。而欧洲和亚太地区分别为 9. 5 万亿美元和 9. 7 万亿美元，比重分别提升 14. 2% 和 30. 9%（全球财富报告，2010）。考虑到基数，美国无疑仍是最大的受益者（见图 3-30）。

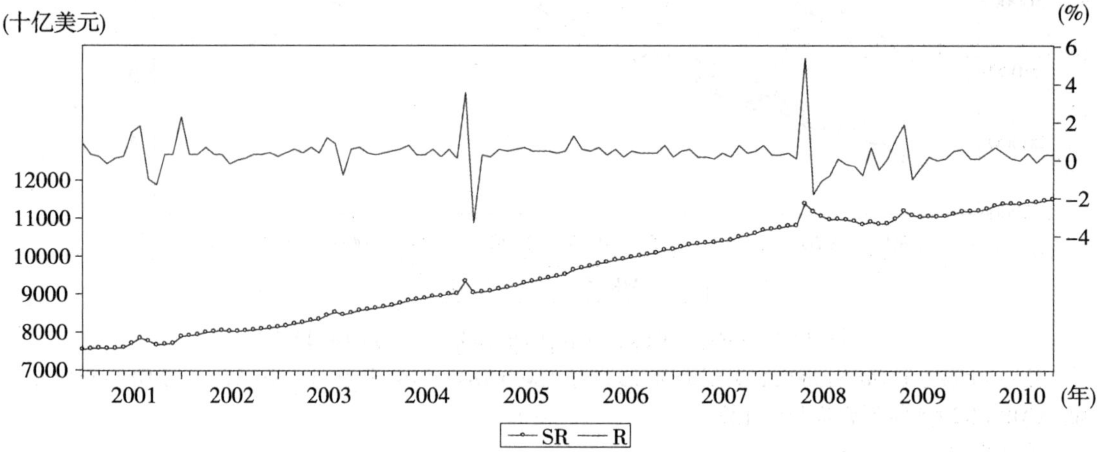

图 3-30　2001 年 1 月—2010 年 11 月个人可支配收入及其增速

注：SR、R 分别为个人可支配收入和增长率。

数据来源：Bloomberg。

2. 经济结构

就人均 GDP 的结构而言，1960—2013 年政府消费的比重和私人国内投资比重变化微小，私人消费的比重则波动于 60%～70%。消费在人均 GDP 结构中的决定性地位是美国经济的典型特征之一（见图 3-31）。

大多数年份，私人消费的增速维持在不低于政府消费的增速的发展模式（见图 3-32）。此外，政府消费增速对私人消费具有 2 年左右的滞后期。

（二）财政收支

这里，我们主要从财政收入、财政支出和联邦政府债务三个方面对美国的财政状况进行说明性的描述。

1. 财政支出

1959—2002 年美国政府支出平均年增长率为 2. 3%，2002—2012 年政府支出平均年增长率为 0. 9%。① 1996—2011 年美国联邦政府支出占 GDP 比重平均值为 22% 左右，其中 2009—2011 年更是高达 25% 以上。国防支出占 GDP 的平均值为 4. 7%，2000 年为最低值

① 数据来源：中国驻美国经商参处，2013 年 12 月 25 日。

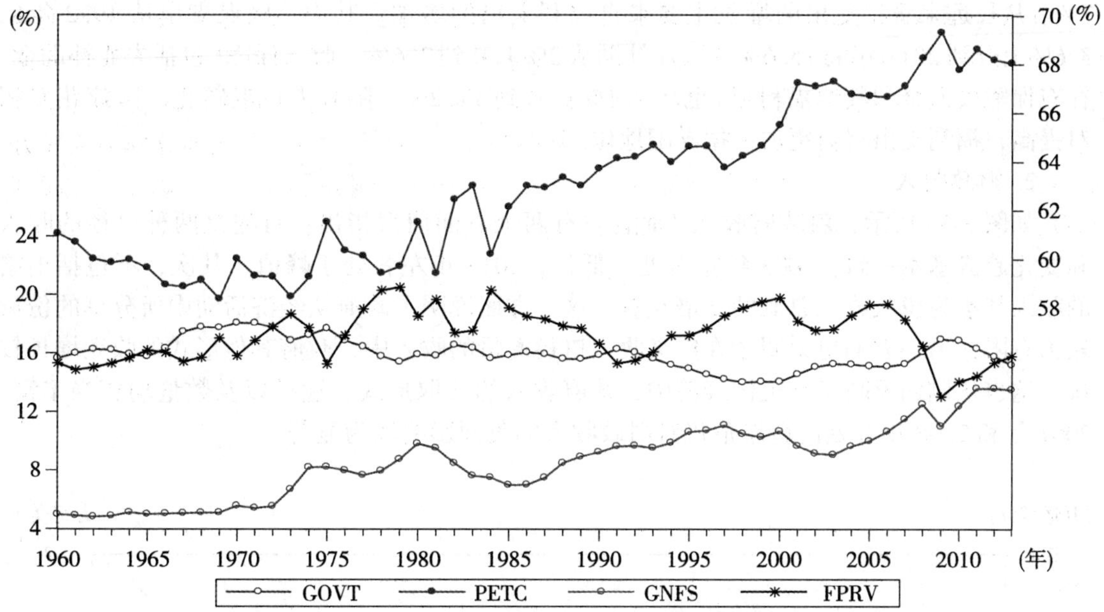

图 3-31　1960—2013 年美国 GDP 结构

注：PETC、FPRV、GNFS 和 GOVT 分别代表按当年价计私人消费比重、私人国内投资比重、货物和服务净出口额比重以及政府消费比重。私人消费比重对应右轴，其余指标对应左轴。

数据来源：World Bank。

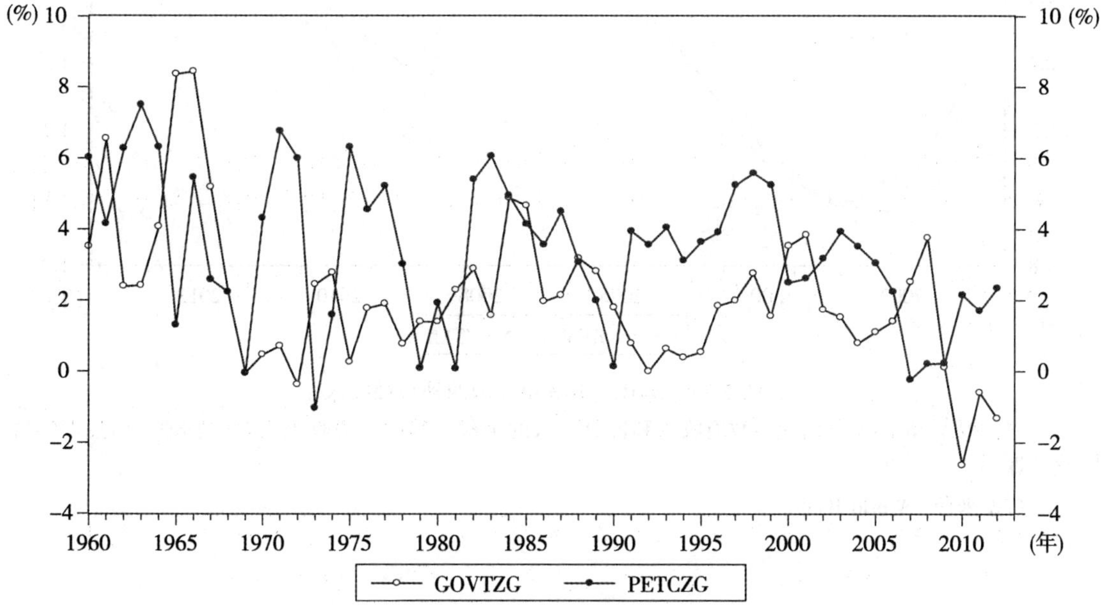

图 3-32　1960—2013 年美国私人消费和政府消费增速趋势

注：PETCZG 和 GOVTZG 分别代表私人消费增速与政府消费增速。

数据来源：World Bank。

3%。从长远来看，支出的增长主要来自福利支出的增加。其中，医保支出从1972年的3.6%上升到2011年的15.6%，医疗补助从2%上升到7.6%，收入保障(包括失业补助金、补充保障收入金和其他福利金)也从7.1%上升到11.2%。随着人口老龄化，医疗花费相对提高，福利支出将会更加占据支配地位。①

2. 财政收入

如图3-33所示，就政府收入②而言，有两个方面值得指出：首先是两种口径的收入和变化趋势基本一致，2003年左右处于低位，2013年左右处于峰值。其次，不包括捐赠的收入基本为税收收入总额的2倍左右。这一方面说明了政府从经济活动中所分享的份额较为有限，另一方面也说明了在广义收入口径衡量的收入中，政府其他形式的收入增长较快。这也从侧面反映了在美国经济中，政府收入的获取形式、途径以及数量均相当丰富。2001年和2008年开始的金融危机对财政收入的负面影响较为显著。

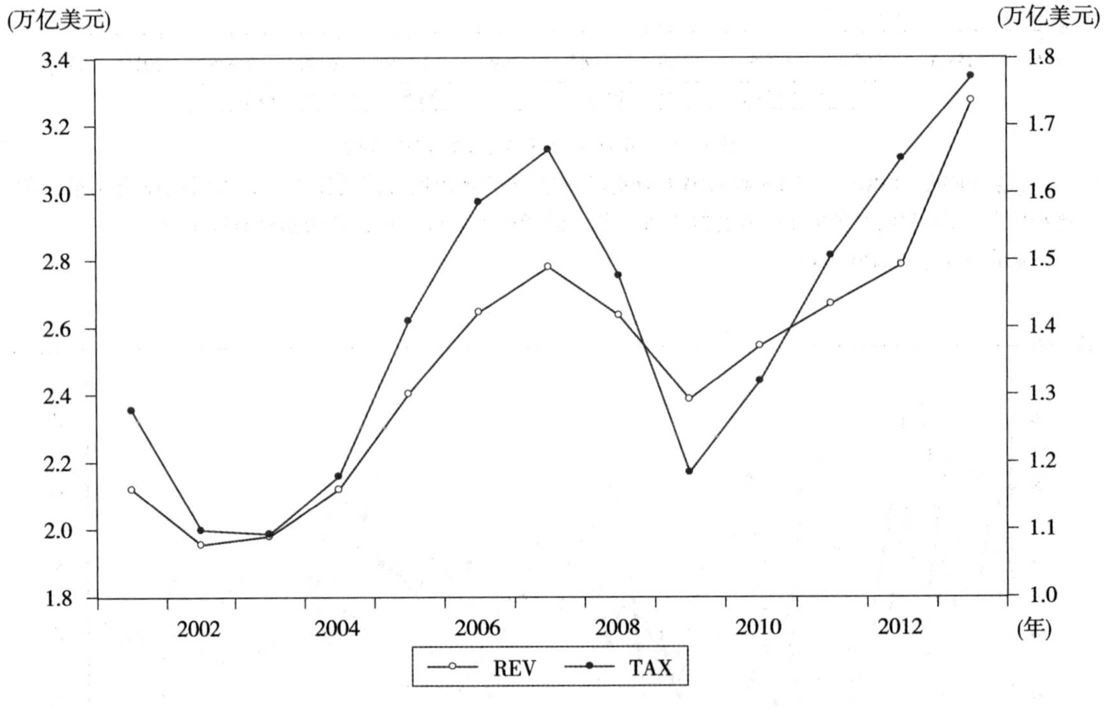

图3-33 2001—2013年美国两种口径收入

注：REV和TAX分别代表政府收入和税收收入的金额。其中，税收收入对应右轴，均按当年价格计算。

数据来源：World Bank。

① 数据来源：CBO。

② 美国政府的收入主要包括税收收入、社会保障收入、转移支付以及官办企业的盈余等。

3. 联邦债务

图 3-34 是美国 2000 年 10 月—2010 年 9 月的联邦政府债务总额及其国内持有比重。截至 2010 年 9 月，债务总额业已突破 13.59 万亿美元。值得指出的是，2008 年金融危机以来，联邦债务的国内持有比重提升了近 10 个百分点，达到了 66.63%。这项指标的提升，在一定程度上反映了美国政府信用等级受到了国际市场上的怀疑，更多的资金已经从美国政府债券上分流了，使得国内机构和个人成为美国债务的承担主体。

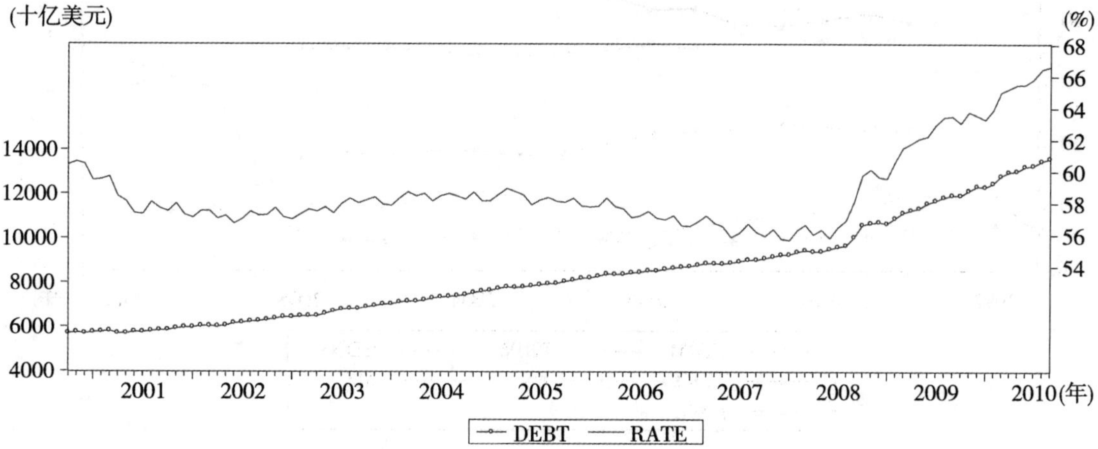

图 3-34　2000 年 10 月—2010 年 9 月联邦政府债务及国内持有比重

注：DEBT 和 RATE 分别代表联邦政府债务绝对值与国内持有比例。

数据来源：Bloomberg。

(三)失业率

如图 3-35 所示，1991—2013 年间，美国的总体失业率、男性和女性失业人数占失业人数比的变动趋势基本一致，浮动区间在 4%~8%。值得指出的是，由于时间跨度的原因，年度数据难以反映短期内(如季度)的失业率变化，而这一点在经济危机时期体现得较为明显。图 3-36 给出了过去 50 年间美国失业率的月度数据。从中可以看出，2008 年 3 月以来，失业率由 7%左右上升至 2010 年的 10%。2011 年，美国劳动部公布的数据显示 2010 年 12 月的失业率为 9.4%，较上月下降 0.4%。

美国失业率和联邦利率在 1948 年 1 月—2009 年 7 月期间，走势基本重合，即联邦利率基本上与失业率保持了同步的水平。

2008 年金融危机以来，美国首次申请失业救济的人数显著攀升。2009 年 1 月，人数达到 58.84 万人，达到峰值。截至 2011 年 1 月 8—15 日，这一周内首次申请失业救济的人数仍达 38.61 万(见图 3-37)。

(四)基础设施

图 3-38 显示了美国公路部门的燃料消耗占总消耗量的比例和运输部门汽油燃料的人均消耗量在时间维度上的演进。前者在 2004 年以后开始下降，而后者仍保持继续上升的趋势。这说明了前者的下降更多的是由于替代能源的广泛使用而引起的。

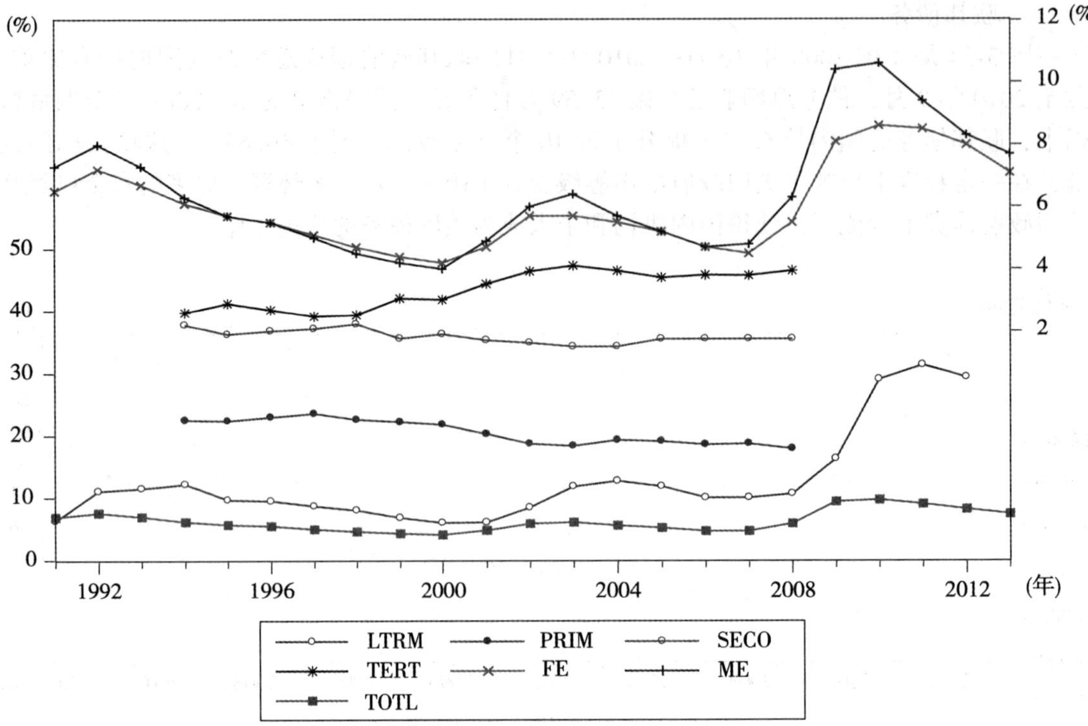

图 3-35　1991—2013 年美国主要失业率指标

注：LTRM 表示长期失业人数占总失业人数比重，PRIM、SECO 和 TERT 表示初等教育失业人数、中等教育失业人数和高等教育失业人数占总失业人数比重，FE 代表女性失业人数占女性劳动人口比重，ME 代表男性失业人数占男性劳动人口比重，TOTL 表示总失业人数占总劳动人口比重。其中 FE 和 ME 对应右轴，其余对应左轴。

数据来源：World Bank。

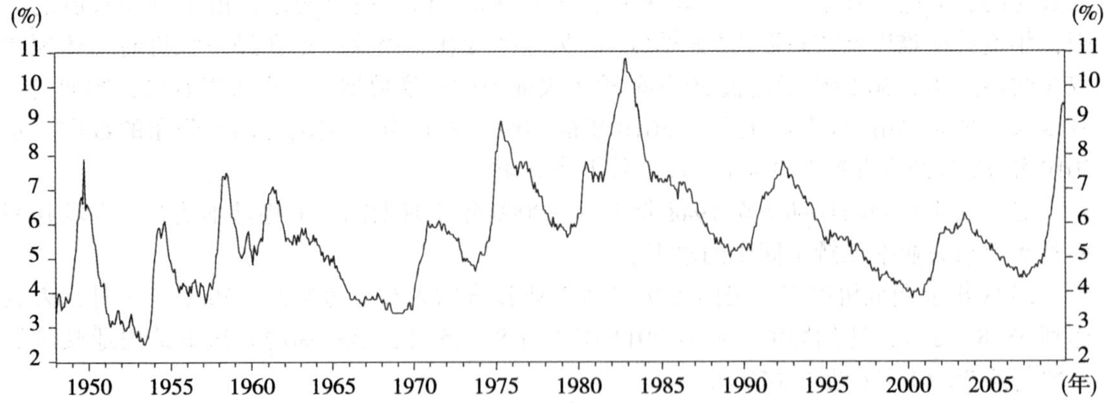

图 3-36　1948 年 1 月—2009 年 7 月美国失业率

注：这里的失业率是 16 岁及以上劳动者的失业率，数据经过了季节调整。

数据来源：BEA。

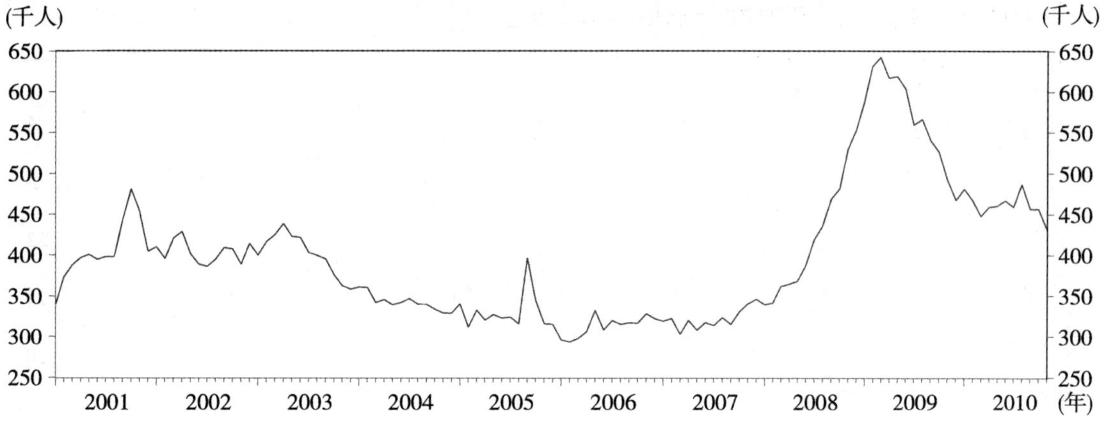

图 3-37 2000 年 1 月—2010 年 11 月首次申请失业救济人数

数据来源：Bloomberg。

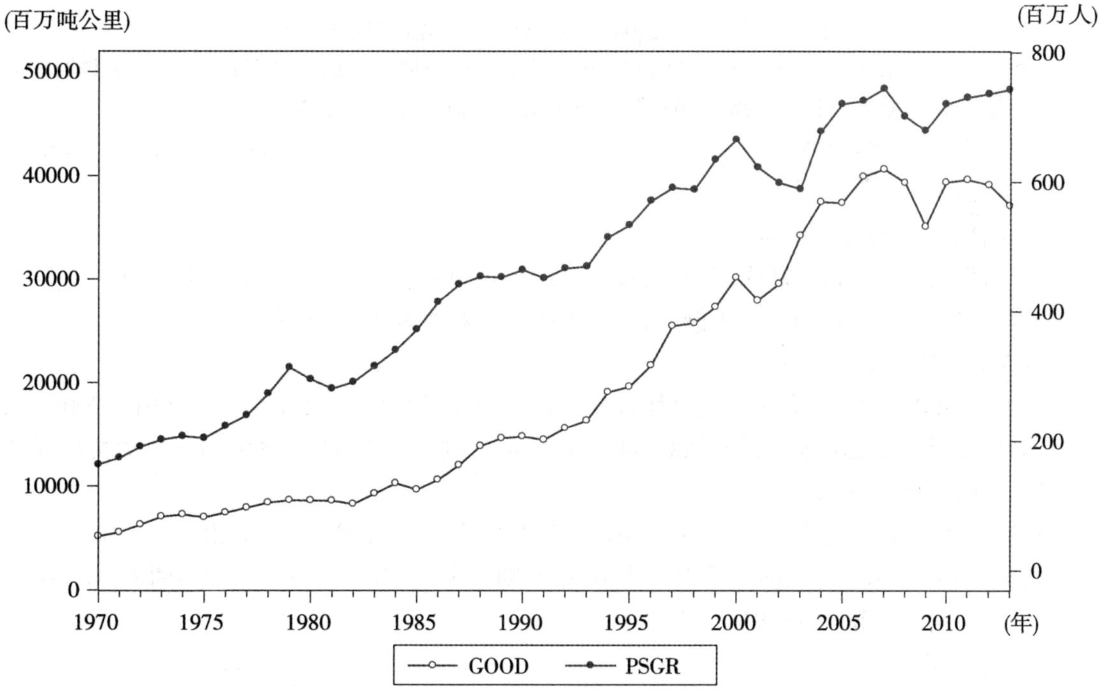

图 3-38 1970—2013 年美国航空客货运量

注：GOOD、PSGR 分别代表美国航空的货物运输量和客运量。货运量指标对应左轴，客运量指标对应右轴。

数据来源：World Bank。

2007 年，美国运输部门汽油燃料的人均消耗量为 22.99 升。就公路部门的燃料消耗占总消耗量而言，美国 2007 年的数据为 1.22%，如图 3-39 所示。

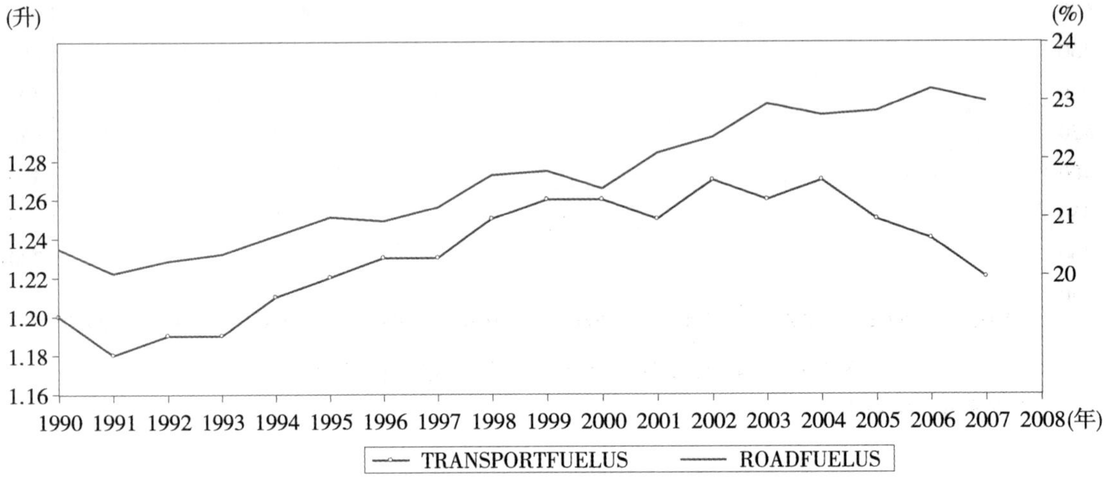

图 3-39　1990—2008 年美国公路和运输部门油耗指标

注：ROADFUELUS、TRANSPORTFUELUS 分别代表美国公路部门的燃料消耗占总消耗量的比例(%)和运输部门汽油燃料的人均消耗量(升)。前者对应右轴，后者对应左轴。

数据来源：World Bank。

(五)高科技研发支出与出口

美国高科技出口占制成品出口的百分比由 1996 年的 30.76%下降到 2013 年的 17.76%。就研发支出占 GDP 比例而言，1996 年以来则为 2.6%左右。

(六)教育投入

1990—2000 年间，美国的政府教育投入占 GDP 的比例为 4.8%左右。2001—2006 年，该比重上升至 5.4%附近，其中 2003 年达到峰值 5.56%。1999—2008 年，小学与中学学生与老师的比率为 15%左右。

就教育的各阶段而言，1999—2012 年美国的学前儿童入学率由 59.20%上升至 74.27%。在中学入学率方面，美国同期的数据则为 88.66%~86.91%，高中生的入学率方面，美国的同期数据为 71.91%~94.28%。

(七)金融

就贷款而言，银行提供的国内信贷占 GDP 的比例与私营部门国内贷款额占 GDP 的比例基本相当，前者历年比后者高约 30%。上市公司的市值占 GDP 的比重在 1999 年和 2006 年达到峰值，分别为 172.2%和 140.2%，2008 年跌至 79.75%，2012 年回升到 115.50%。

股票交易总额占 GDP 的比例从 1990 年的 29.3%上升至 2012 年的 132.2%，其中 2000 年和 2007 年达到峰值，分别为 309.8%和 434.9%。上市公司的市值占 GDP 的比重和股票交易总额占 GDP 的比重在各自峰值后的 1~2 年，均发生了严重的经济危机。除了 2000 年的网络泡沫外，M3 和 M2 占 GDP 的比重演进趋势基本一致，2008 年分别达到 67.79%和

84.28%，2013 年分别达到 71.63%和 88.41%(见图 3-40)。

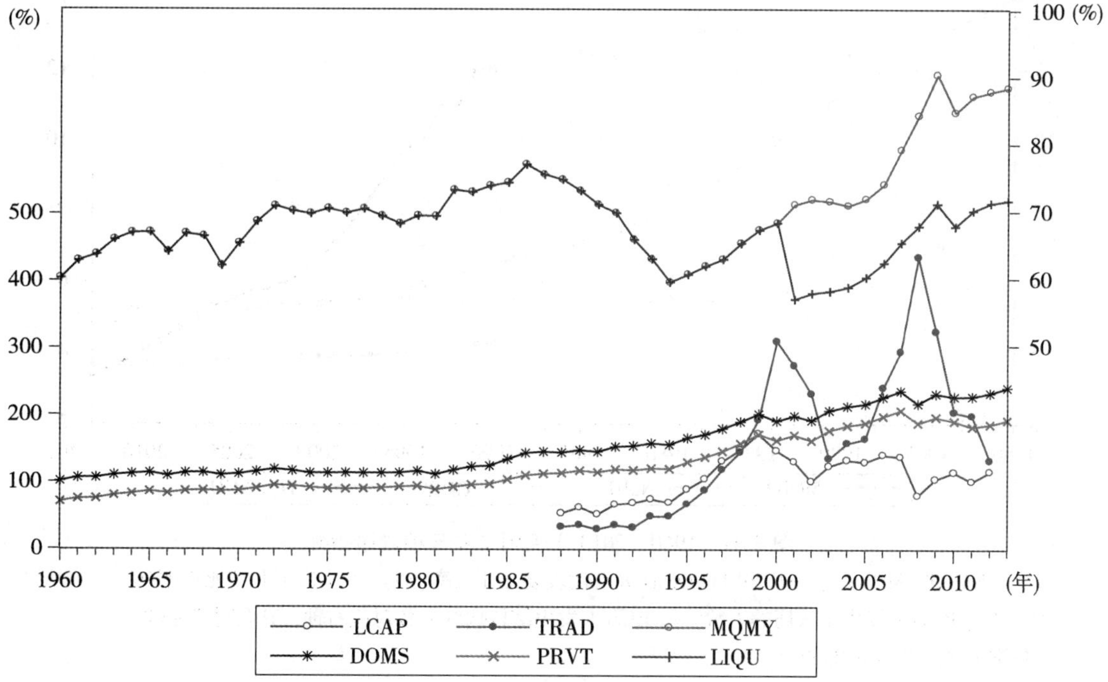

图 3-40　1960—2013 年美国主要各项金融指标

注：DOMS、PRVT、LCAP、TRAD、LIQU 和 MQMY 分别代表由银行提供的国内信贷占 GDP 的比例(%)、私营部门国内贷款额占 GDP 的比例(%)、上市公司市值占 GDP 的比例(%)、股票交易总额占 GDP 的比例(%)、流动负债(M3)占 GDP 的比例(%)、货币和准货币(M2)占 GDP 的比例(%)。LIQU 和 MQMY 对应右轴，其余指标对应左轴。

数据来源：World Bank。

(八)健康

1990—2013 年，美国各项重要的健康指标都存在一定的改善趋势，其中每 10 万人发生结核病的比例下降趋势最为明显。1990 年，美国成年女性的死亡率是 9.08%，而男性的数据为 17.21%。2008 年，两者的数据分别为 7.87%和 13.68%。

图 3-41 显示，2008 年美国 5 岁以下儿童的死亡率已经降至 8‰，2009 年继续持续 8‰ 的数据。2009 年，美洲该项数据的平均值为 18‰，欧洲的平均值为 14‰，世界卫生组织亚太地区成员国的均值为 21‰(《世界卫生统计年鉴》，2010)。

(九)能源

世界核能发电量居前三位的国家依次是美国、法国和日本；美国拥有 104 个运行反应堆，居世界第一。

按照等量的消费吨计算，美国 1965 年核能的消费数量为 87 万吨。2009 年该数额为 1902 万吨，增加了 20.8 倍。1965 年，核能的消费比重为 0.068%，2009 年上升至 8.72%。而石油的消费比重则从 42.75%下降至 38.63%，如图 3-42 所示。

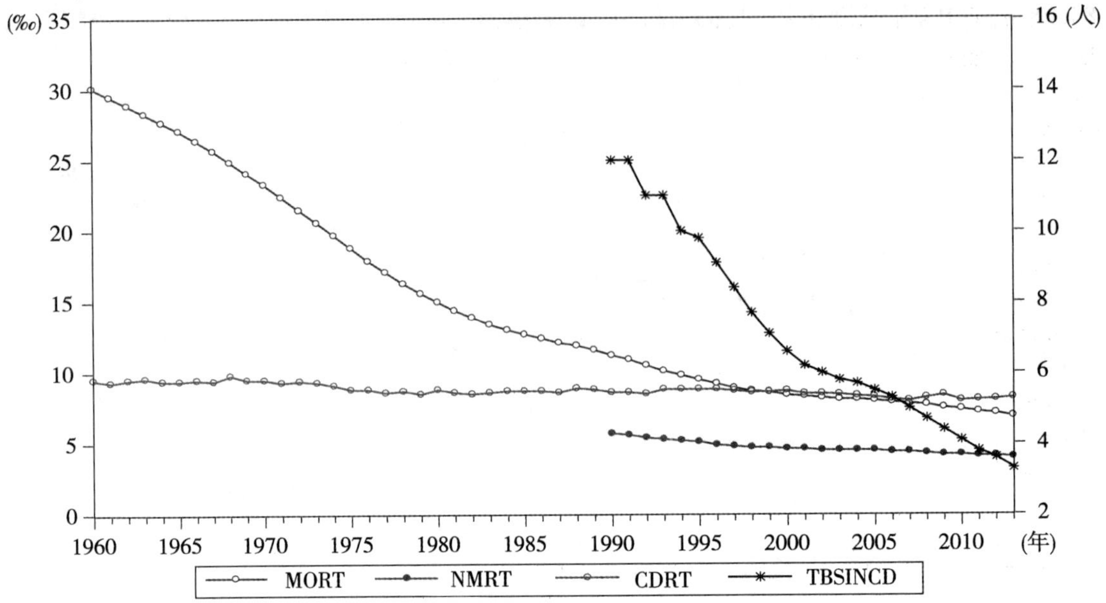

图 3-41 1960—2013 年美国主要各项健康指标

注：NMRT、MORT、CDRT 和 TBSINCD 分别代表婴儿死亡率(‰)、5 岁以下儿童死亡率(‰)、总死亡率(‰)和每 10 万人发生结核病的人数。每 10 万人发生结核病的人数对应右轴，其余对应左轴。

数据来源：World Bank。

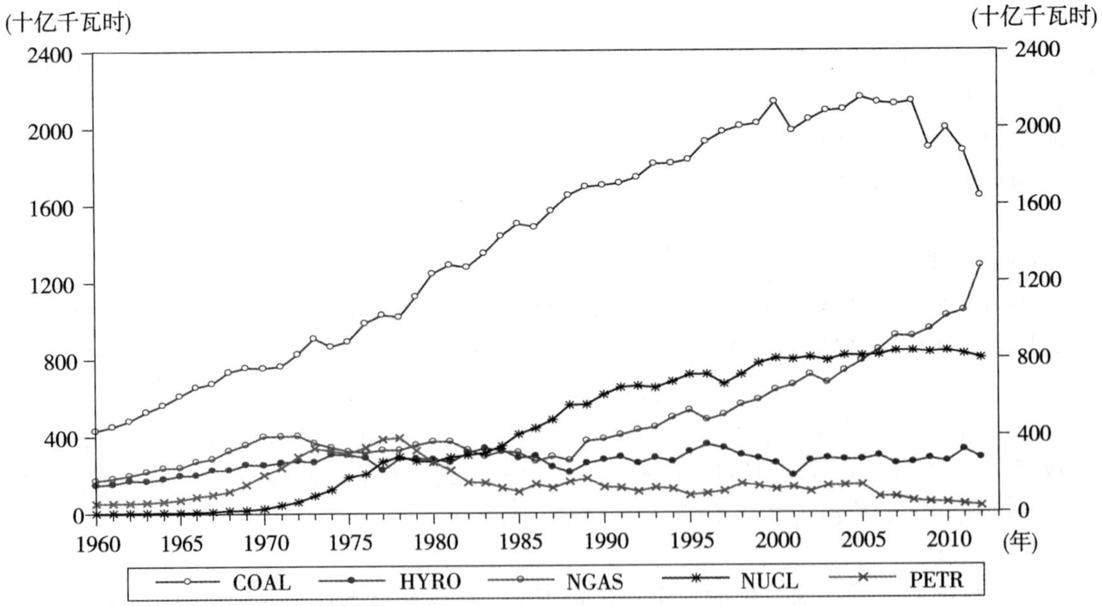

图 3-42 1960—2012 年美国五种主要能源发电量

注：PETR、NGAS、COAL、HYRO、NUCL 分别代表石油消费量、天然气消费量、煤炭消费量、水力发电消费量和核能消费量。

数据来源：World Bank。

随着能源的使用量上升，能源的使用效率在不断改善。换言之，能源的使用强度在逐步提升，如图 3-43 所示。

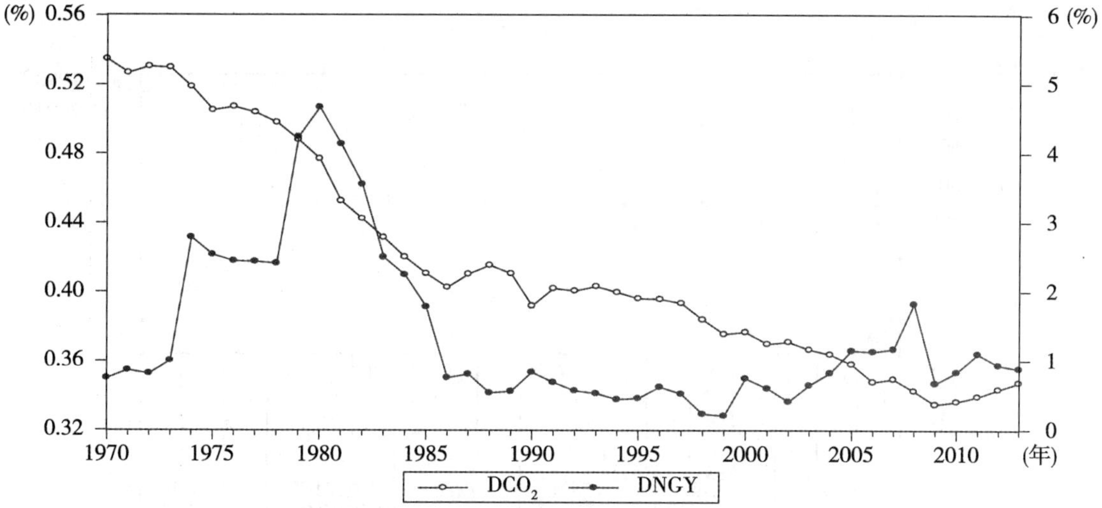

图 3-43 1970—2013 年美国主要能源消耗指标

注：DCO_2 和 DNGY 分别代表二氧化碳排放的治理费用占 GNI 的比例(%)和能源消耗占 GNI 的比例(%)。前者对应左轴，后者对应右轴。

数据来源：World Bank。

1990—2008 年，美国人均工业 CO_2 排放量均在 19 公吨/人以上，这一指标在 2009—2010 年得以改善，如图 3-44 所示。

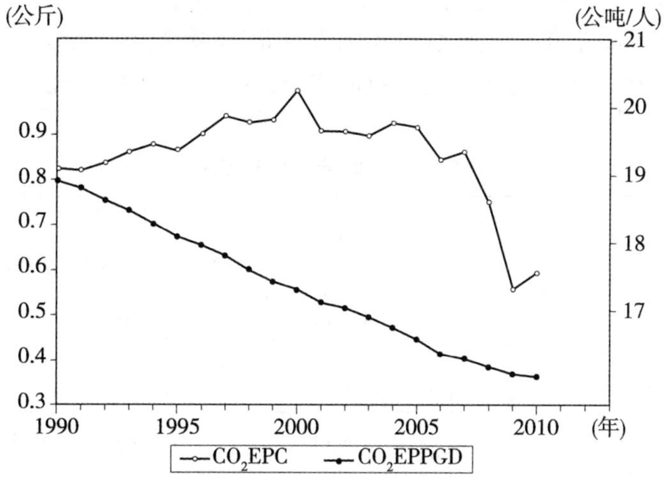

图 3-44 1990—2010 年美国主要能源消耗指标

注：CO_2EPPGD 和 CO_2EPC 分别代表每一美元 GDP 所产生的工业 CO_2 排放量(PPP 方法，公斤)和人均工业 CO_2 排放量(公吨/人)。前者对应左轴，后者对应右轴。

数据来源：World Bank。

就能源使用与来源而言，2007年美国石油的进口量约为1990年的1.8倍，而出口量仅有轻微的增长。除了煤炭行业和其他可再生能源出口，其他能源的出口量也存在小幅的上升，如图3-45所示。

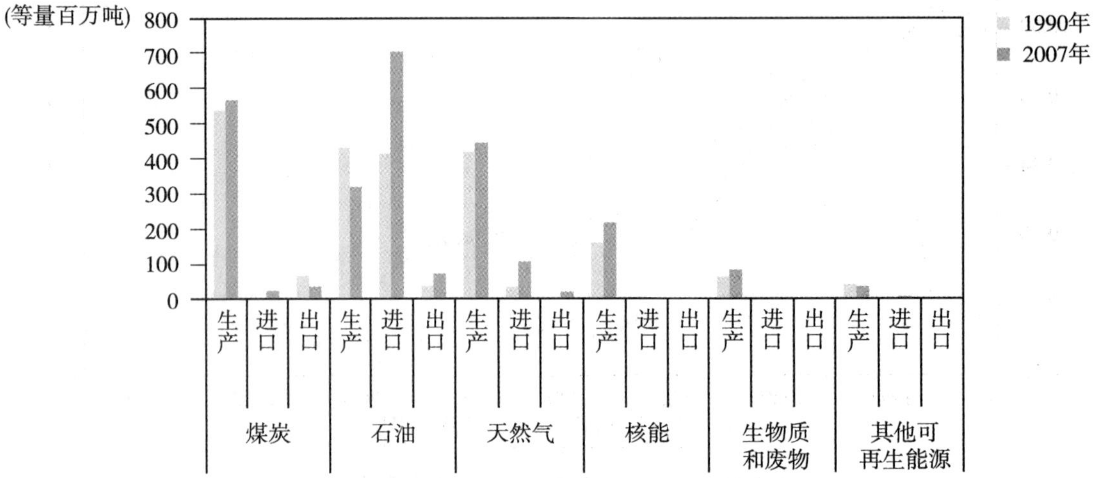

图3-45 美国能源的生产、进口和出口

注：核生产指的是由核反应过程中产生的能量，与核燃料是否进口无关。

资料来源：IEA(2009a)。

就分行业消费而言，交通运输业是石油最大的消费部门，2007年的使用比重继续保持在该行业消费能源量的95%以上。建筑则是电力消耗最大的行业。1990—2007年，工业部门和建筑行业的天然气使用绝对量未发生显著的变化。

从美国政府对于清洁能源的规划和实际发展情形来看，能源效率、电网改造项目、CO_2控制和储存的实施进度相对于其他项目而言稍显缓慢，如表3-2所示。

表3-2 **美国清洁能源分项目支出额**

项　　目	近似值	承诺金额	支出金额
		截至2009年12月	
能源效率	19935	11913	1162
可再生能源	26598	1513	1479
电网改造	10453	2666	72
先进交通工具和能源技术	6142	3149	450
传统运输和高速铁路	18113	8834	1805
CO_2控制和储存	3400	425	4

续表

项　　目	近似值	承诺金额	支出金额
		截至 2009 年 12 月	
绿色能源技术创新和岗位培训	3549	2197	123
清洁能源设备制造	1624	14	14
其他	408	148	12
总计	90222	30859	5121

注：单位为百万美元。
资料来源：US CEA(2010)。

(十)对外贸易

2008 年，金融危机对于美国进出口的负面影响分别约为 8000 亿美元和 4000 亿美元。2009 年 7 月的进出口量分别相当于 2006 年 11 月和 2005 年 1 月的水平(见图 3-46)。

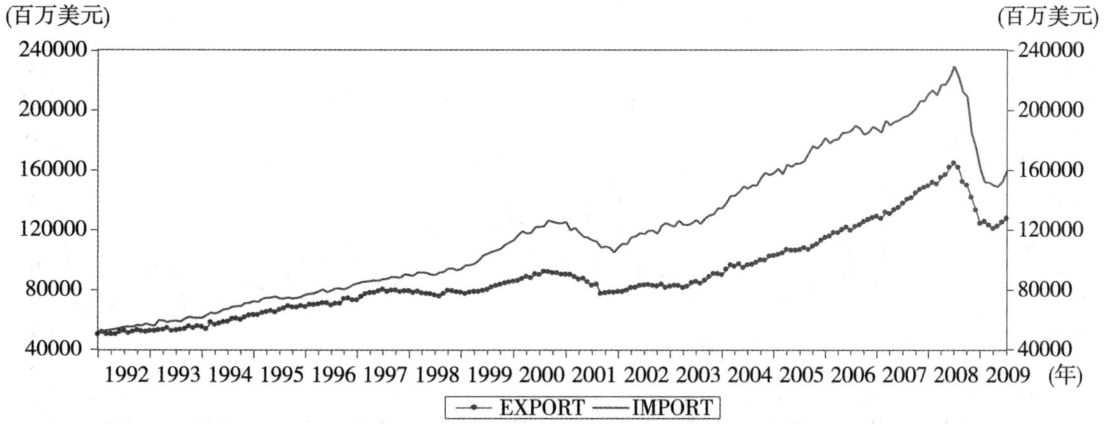

图 3-46　1992 年 1 月—2009 年 7 月美国进出口数据

注：EXPORT 和 IMPORT 分别代表出口金额与进口金额。
数据来源：BEA。

(十一)价格指数

从图 3-47 易看出，20 世纪 60 年代以来，CPI 基本保持平稳，但石油危机导致了 CPI 在 20 世纪 70 年代的均值为 7.1%。这种负面效应一直延续至 20 世纪 80 年代。

联储利率在过去 50 年中发生了多次重大波动，其中 1983 年达到了峰值 10.9%。结合图 3-47 和图 3-48 可以看出，1950 年以来的联邦利率走势与 CPI 走势基本一致，唯一的不同是，2008—2010 年的联储利率上升并非是由 CPI 上涨所导致的。

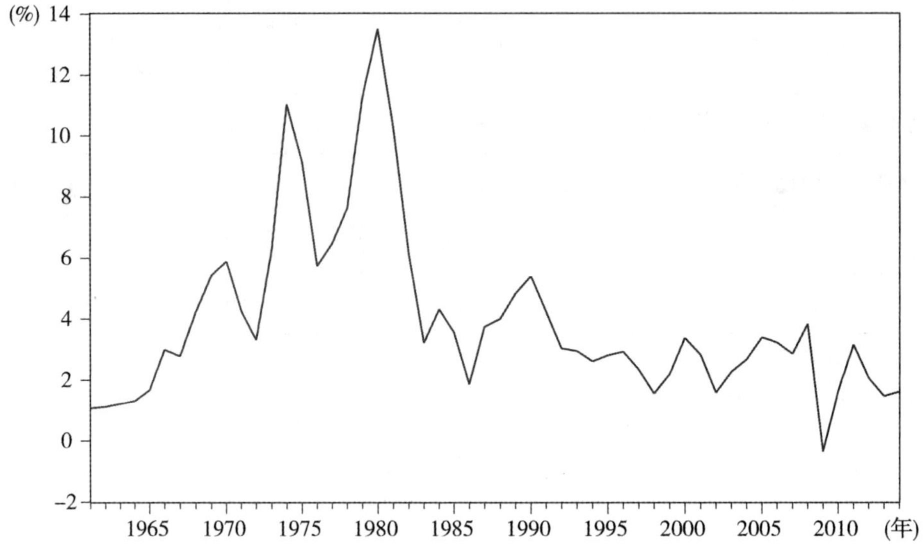

图 3-47 1961—2014 年美国 CPI 数据

数据来源：OECD。

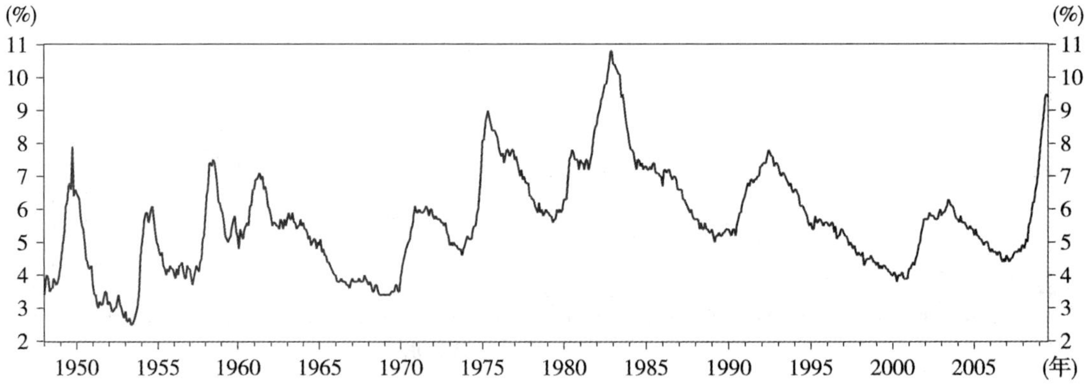

图 3-48 1948 年 1 月—2009 年 7 月联邦利率

数据来源：BEA。

二、加拿大经济社会发展程度

加拿大于 1995 年 1 月 1 日加入 WTO，1996 年 1 月 1 日成为 GPA 的成员。

(一)经济总量

1. GDP 与人均 GDP

1980—2013 年间，加拿大的 GDP 总量从 1980 年的 0.596 万亿美元增加至 2013 年的 1.5 万亿美元，年均实际增速为 2.72%(见图 3-49)。人口总量则从 1980 年的 2459.3 万人增加至 2013 年超过 3500 万人，年均实际增速为 1.09%(见图 3-50)。

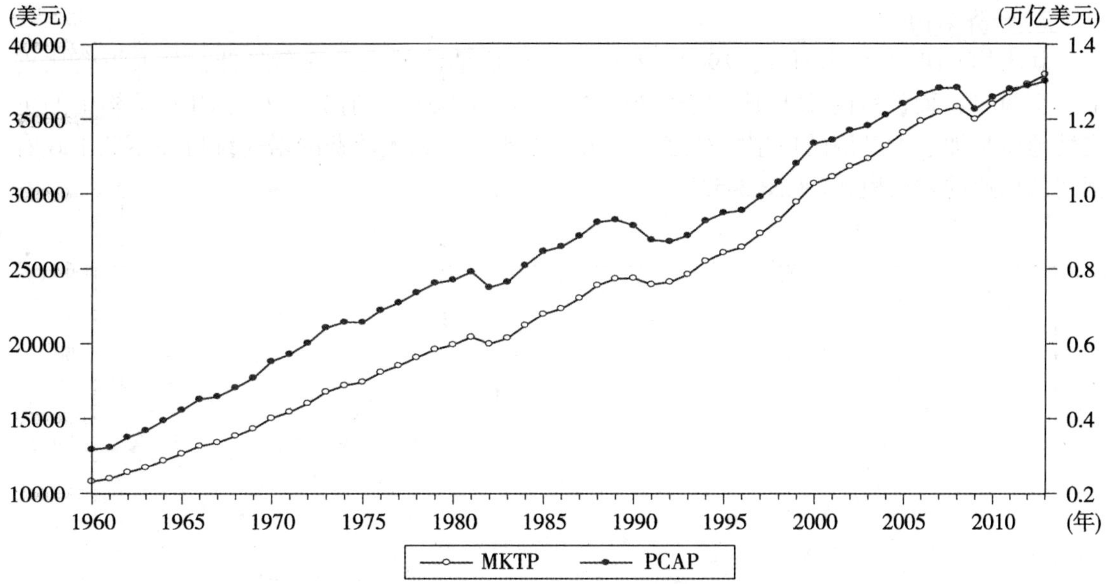

图 3-49　1960—2013 年加拿大 GDP 总量及人均 GDP 趋势

注：MKTP、PCAP 分别代表加拿大 GDP 总量和人均 GDP。GDP 总量对应右轴，人均 GDP 对应左轴。GDP 以 2005 年不变价美元计算。

数据来源：World Bank。

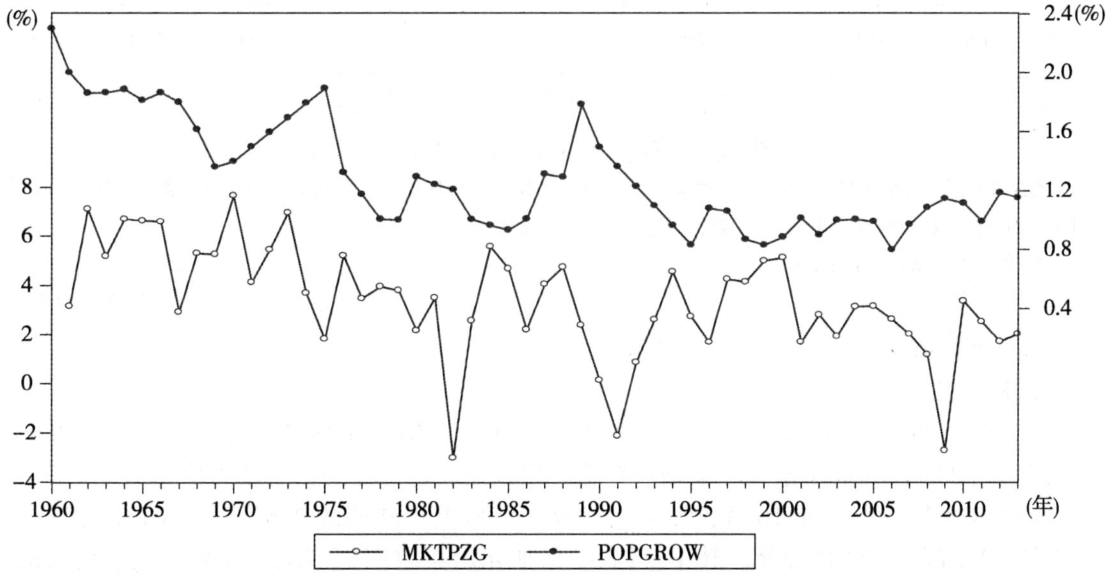

图 3-50　1960—2013 年加拿大 GDP 总量增速及人口增速

注：POPGROW、MKTPZG 分别代表加拿大人口年增长率和 GDP 年增长率。人口年增长率对应右轴，GDP 年增长率对应左轴。

数据来源：World Bank。

2. 经济结构

就人均GDP的结构而言，1960—2013年，政府消费的比重逐渐降低，私人投资比重上升至30%，而消费的比重则稳定于70%左右(见图3-51)。消费在人均GDP结构中的决定性地位是加拿大经济的典型特征之一。大多数年份，私人消费的增速维持在不低于政府消费的增速的发展模式(见图3-52)。

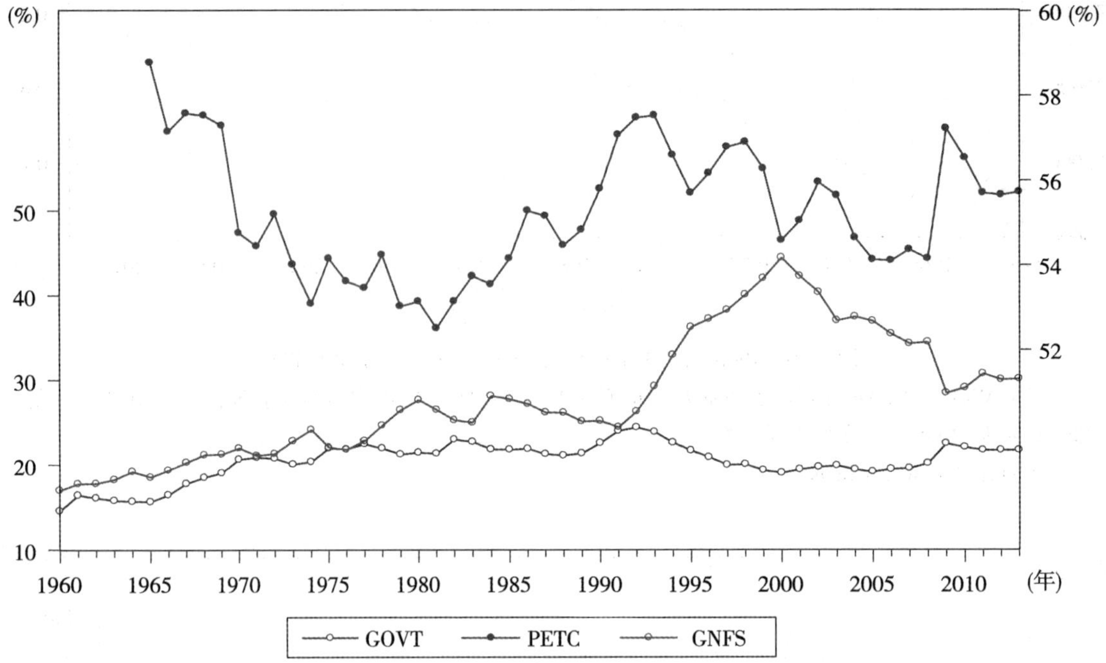

图3-51 1960—2013年加拿大GDP结构

注：PETC、GNFS和GOVT分别代表按当年价计私人消费比重、货物和服务净出口额比重以及政府消费比重。私人消费比重对应右轴，其余指标对应左轴。

数据来源：World Bank。

(二)财政收支

1. 财政支出

由图3-53可以看出，政府支出占GDP的比重在2001—2008年处于上升区间，2008年已经达到24%。而职工报酬、捐赠和转移支出以及利息支出的比重较为稳定。

2010年4月—2011年10月，加拿大财政赤字从上年同期的286亿加元(1美元约合1.02加元)下降至174亿加元。其中，约90亿加元用于政府经济刺激计划，包括税收减免、就业保险相关措施的开支和基础设施建设资金。此外，由于货物和服务税、个人和公司所得税增加，财政收入增加78亿加元，增幅为7.6%。同时，由于2009年同期政府对汽车工业提供的一次性资助本财年不再发生，项目开支下降37亿加元，降幅为3.2%(加拿大财政部，2010)。

2010年12月1日，加拿大统计局公布的数据显示，家庭债务水平已达到6.1万亿加

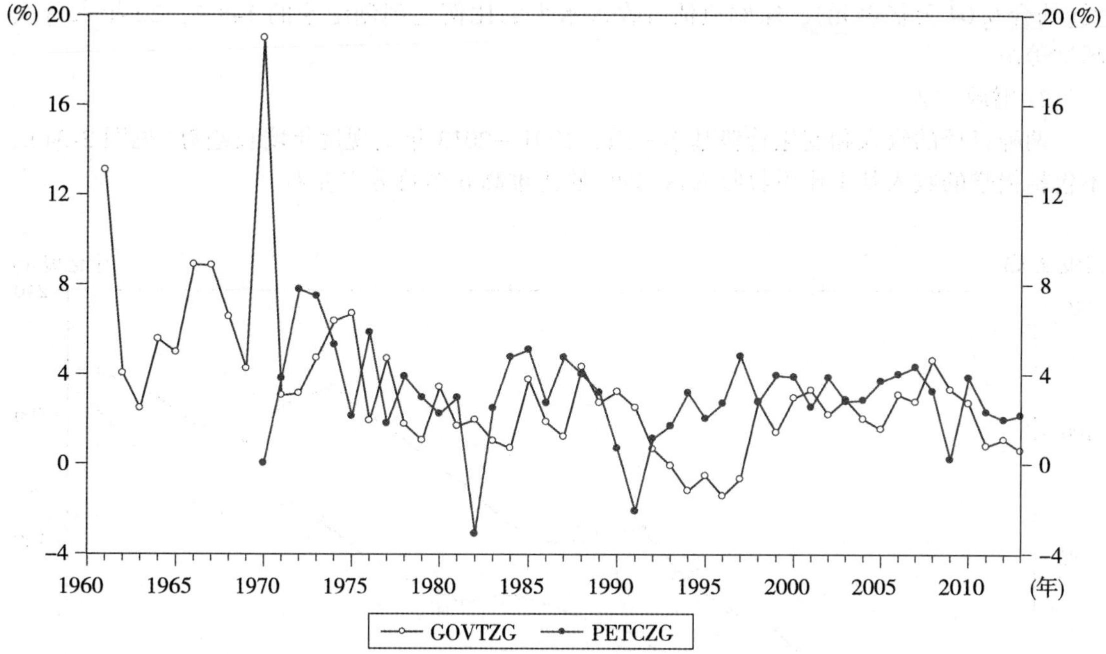

图 3-52　1960—2013 年加拿大私人消费和政府消费增速趋势

注：PETCZG 和 GOVTZG 分别代表私人消费增速与政府消费增速。

数据来源：World Bank。

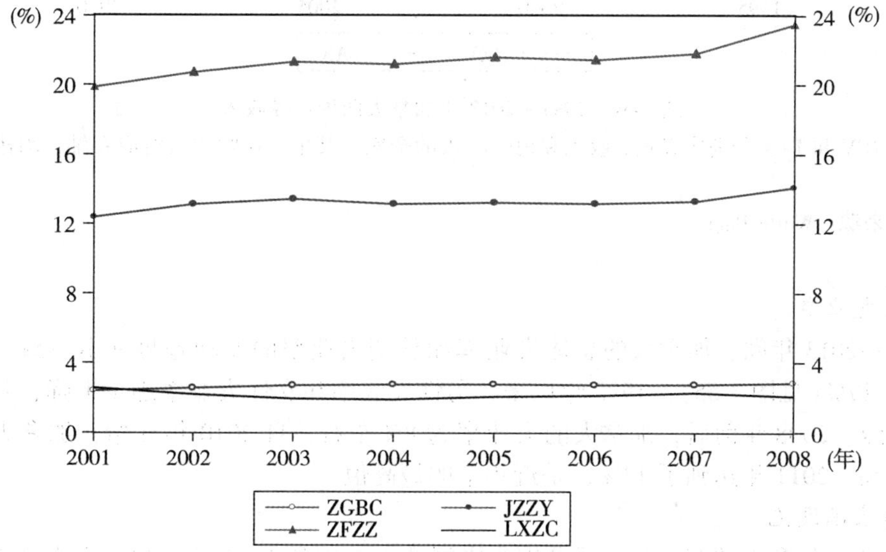

图 3-53　2001—2008 年加拿大总支出及其主要支出项目占 GDP 的比重

注：ZGBC、JZZY、ZFZZ、LXZC 分别代表职工报酬、捐赠和转移支出、政府总支出和利息支出占当年 GDP 的比重。

数据来源：World Bank。

元(约合 6.04 万亿美元)，家庭负债占收入水平的比例达到创纪录的 148%，20 年来首次超过美国。

2. 财政收入

两种口径的收入和变化趋势基本一致，1991—2013 年呈现逐年增长趋势(见图 3-54)。不包括捐赠的收入基本比税收收入占 GDP 的比重高 6 个百分点左右。

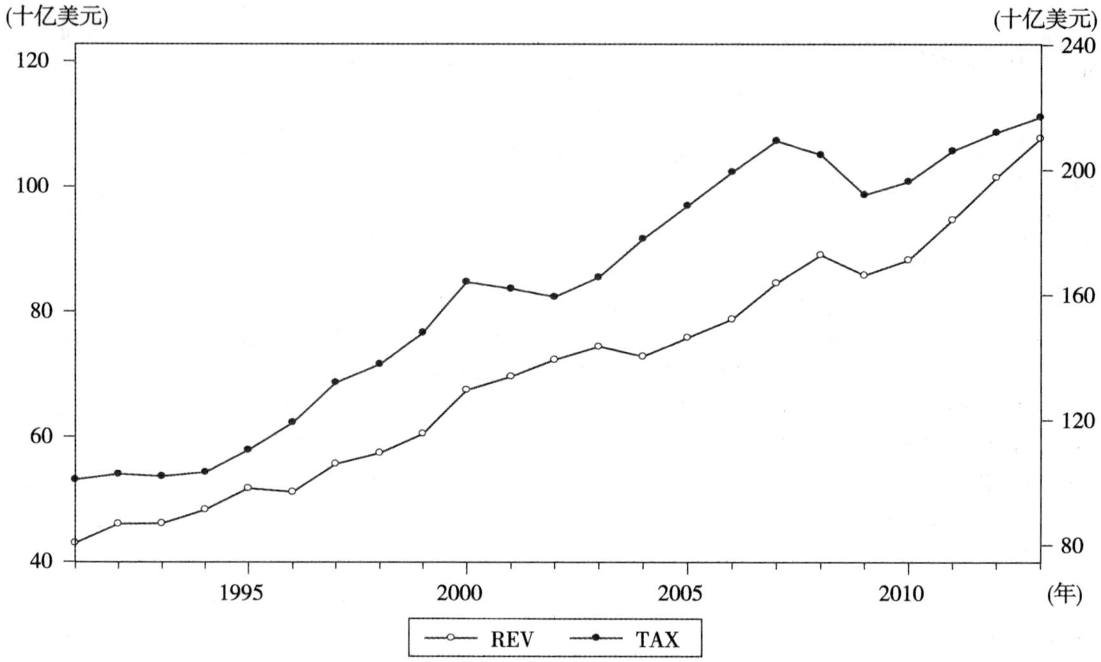

图 3-54 1991—2013 年加拿大两种口径收入

注：REV 和 TAX 分别代表政府收入和税收收入的金额。其中，税收收入对应右轴，均按当年价格计算。

数据来源：World Bank。

(三)失业率

1991—2013 年间，加拿大的总体失业率和长期失业率的变动趋势基本一致，浮动区间在 7%~17%(见图 3-55)。1992 年以来，男性失业率和女性失业率逐年下降，且下降趋势基本一致。2008 年前后，加拿大的失业率为 8%左右，自 2010 年开始，加拿大的失业率略有升高，2011 年达到了 13%，是近年来的最高值。

(四)基础设施

1990 年，加拿大的客、货运量分别为中国的 1.5 倍和 1.25 倍；2008 年的数据为 0.1 倍和 0.33 倍(见图 3-56)。

虽然加拿大在过去 20 年中，运输部门汽油燃料的人均消耗量在部分年份有所改善，但是总体而言，基本未发生显著的变化(见图 3-57)。

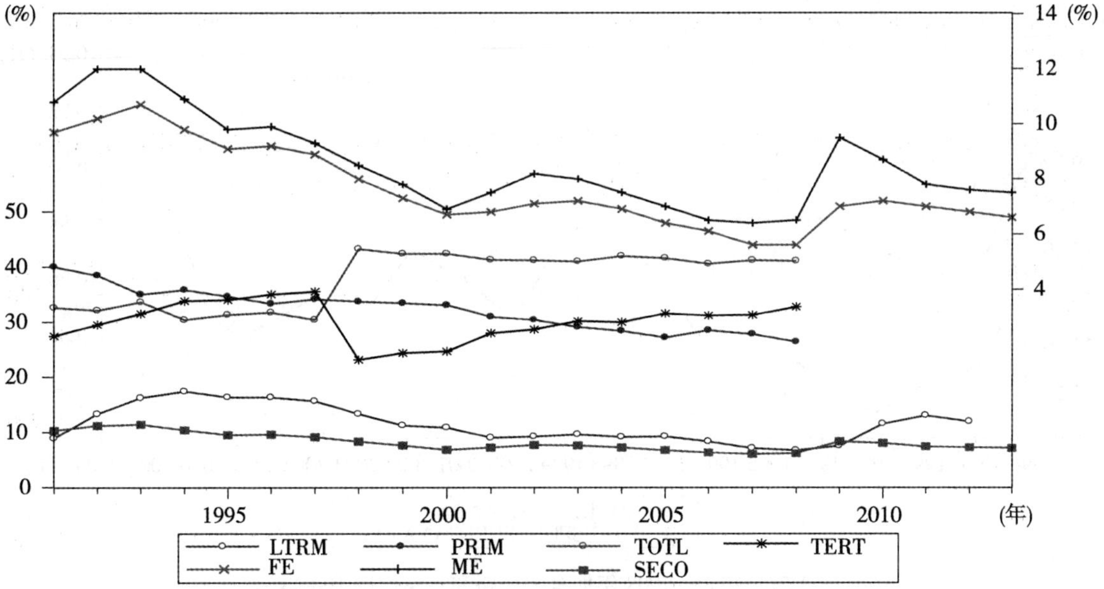

图 3-55　1991—2013 年加拿大主要失业率指标

注：LTRM 表示长期失业人数占总失业人数比重，PRIM、SECO 和 TERT 表示初等教育失业人数、中等教育失业人数和高等教育失业人数占总失业人数比重，FE 代表女性失业人数占女性劳动人口比重，ME 代表男性失业人数占男性劳动人口比重，TOTL 表示总失业人数占总劳动人口比重。其中 FE 和 ME 对应右轴，其余对应左轴。

数据来源：World Bank。

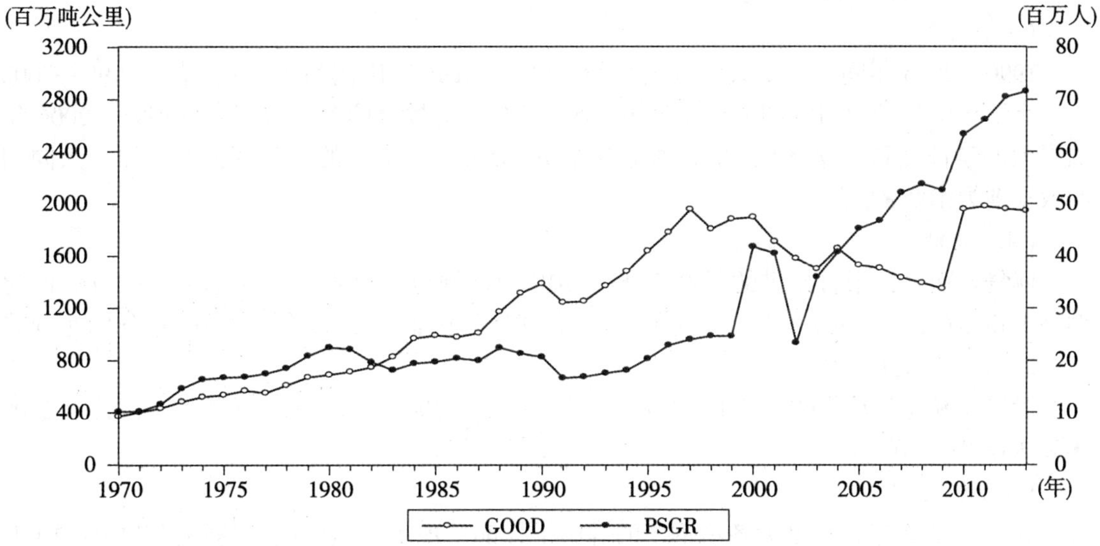

图 3-56　1970—2013 年加拿大航空客货运量

注：GOOD、PSGR 分别代表加拿大航空的货物运输量和客运量。货运量指标对应左轴，客运量指标对应右轴。

数据来源：World Bank。

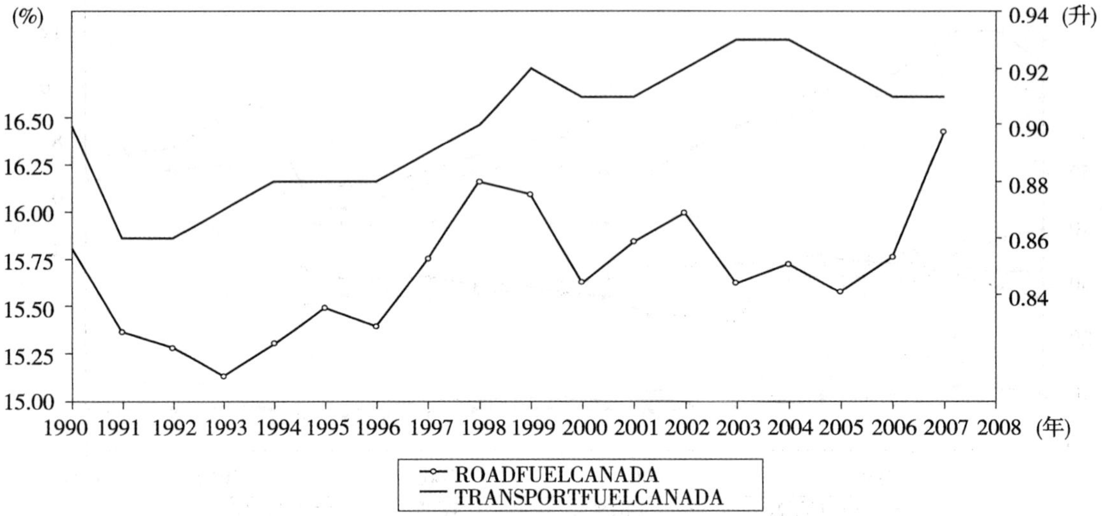

图 3-57　1990—2008 年加拿大公路和运输部门油耗指标

注：ROADFUELCANADA、TRANSPORTFUELCANADA 分别代表加拿大公路部门的燃料消耗占总消耗量的比例(%)和运输部门汽油燃料的人均消耗量(升)。前者对应左轴，后者对应右轴。

数据来源：World Bank。

(五)高科技研发与出口

1996—2013 年，加拿大高科技出口占制成品出口的百分比稳定在 13%左右。就研发支出占 GDP 比例而言，1996 年以来则为 1.9%左右。

(六)教育

1990—2005 年间，加拿大的政府教育投入占 GDP 的比例为 5.6%左右。1999—2008 年，小学与中学学生与老师的比率为 16.65%左右。就教育的各阶段而言，1991—2006 年加拿大的学前儿童入学率由 60.77%上升至 70.45%。在中学的入学率方面，加拿大同期的数据则为 100%左右。

(七)金融

就贷款而言，银行提供的国内信贷占 GDP 的比例与私营部门国内贷款额占 GDP 的比例基本相当(见图 3-58)。上市公司的市值占 GDP 的比重在 1999 年和 2007 年分别达到峰值，2008 年跌至 66.76%。

股票交易总额从 1990 年的 712.78 亿美元上升至 2008 年的 1.76 万亿美元，其中 2000 年和 2007 年达到了峰值。

(八)健康

1990—2013 年，加拿大各项重要的健康指标都呈现了一定的改善趋势，其中每 10 万人发生结核病的比例下降趋势最为明显(见图 3-59)。

在加拿大，成年女性的死亡率 1990 年为 6.7%，而男性的数据为 12.73%。2008 年，两者的数据分别为 5.56%和 9.2%。

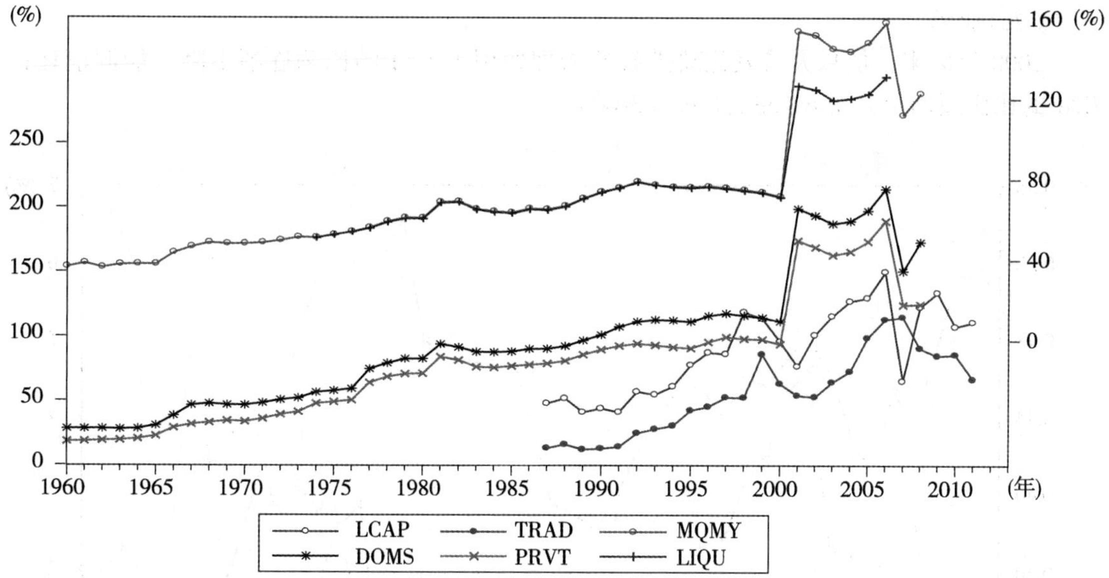

图 3-58　1960—2013 年加拿大各项主要金融指标

注：DOMS、PRVT、LCAP、TRAD、LIQU 和 MQMY 分别代表由银行提供的国内信贷占 GDP 的比例(%)、私营部门国内贷款额占 GDP 的比例(%)、上市公司市值占 GDP 的比例(%)、股票交易总额占 GDP 的比例(%)、流动负债(M3)占 GDP 的比例(%)、货币和准货币(M2)占 GDP 的比例(%)。LIQU 和 MQMY 对应右轴，其余指标对应左轴。

数据来源：World Bank。

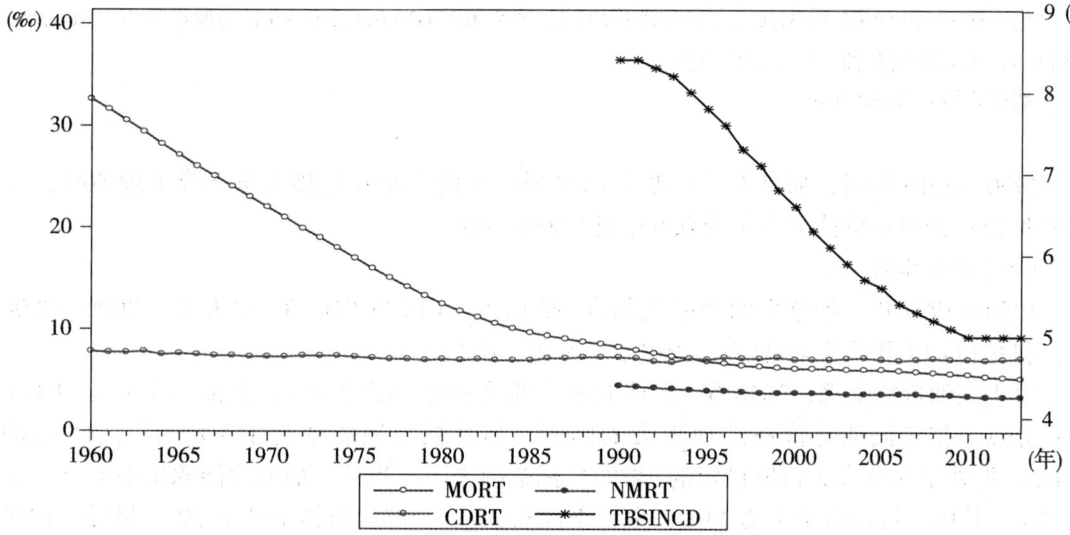

图 3-59　1960—2013 年加拿大各项主要健康指标

注：NMRT、MORT、CDRT 和 TBSINCD 分别代表婴儿死亡率(‰)、5 岁以下儿童死亡率(‰)、总死亡率(‰)和每 10 万人发生结核病的人数。每 10 万人发生结核病的人数对应右轴，其余对应左轴。

数据来源：World Bank。

（九）能源

2000 年以来，加拿大二氧化碳排放的治理费用占 GNI 的比例逐渐下降，能源消耗占 GNI 的比例逐渐上升至 6%左右（见图 3-60）。

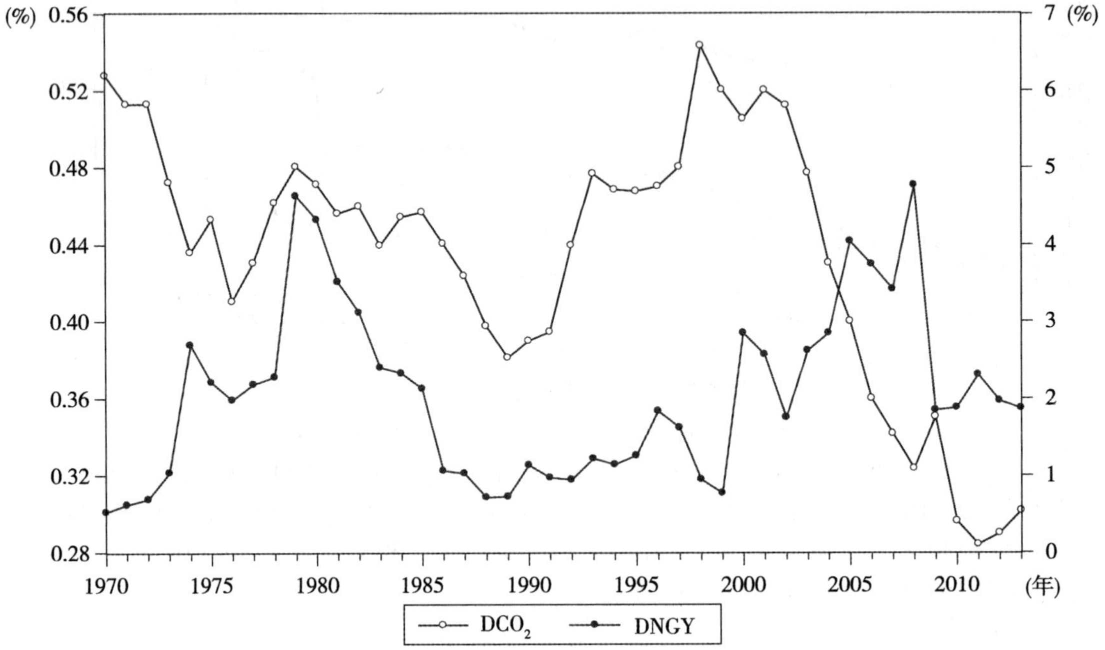

图 3-60 1970—2013 年加拿大主要能源消耗指标

注：DCO_2 和 DNGY 分别代表二氧化碳排放的治理费用占 GNI 的比例（%）和能源消耗占 GNI 的比例（%）。前者对应左轴，后者对应右轴。

数据来源：World Bank。

1990—2010 年间，加拿大每一美元 GDP 所产生的工业 CO_2 排放量下降了近 50%，人均工业 CO_2 排放量震荡上升了约 0.6 公吨（见图 3-61）。

（十）价格指数

1980—1999 年，加拿大的利率均值在 6%以上，CPI 的均值在 2%左右；2000—2008 年，利率和 CPI 开始逐渐稳定在 4%以内（见图 3-62）。

由于汽油价格上涨，2010 年 12 月加拿大通货膨胀率为 2.4%，比前一个月上升 0.4 个百分点。扣除汽油等价格波动较大的因素，当月核心通胀率为 1.5%，高于 11 月的 1.4%，仍处于加拿大央行所设定的 2%的目标范围之内。当月，加拿大能源价格同比上涨 10.5%。其中，汽油价格上涨 13%，电价上涨 6.2%，天然气价格上涨 9.2%。另外，住房价格上涨 2.7%，食品价格上涨 1.7%，而服装和鞋类价格下降 2.0%。2010 年全年，加拿大通胀率平均为 1.8%，远高于 2009 年 0.3%的平均值（加拿大统计局，2011）。

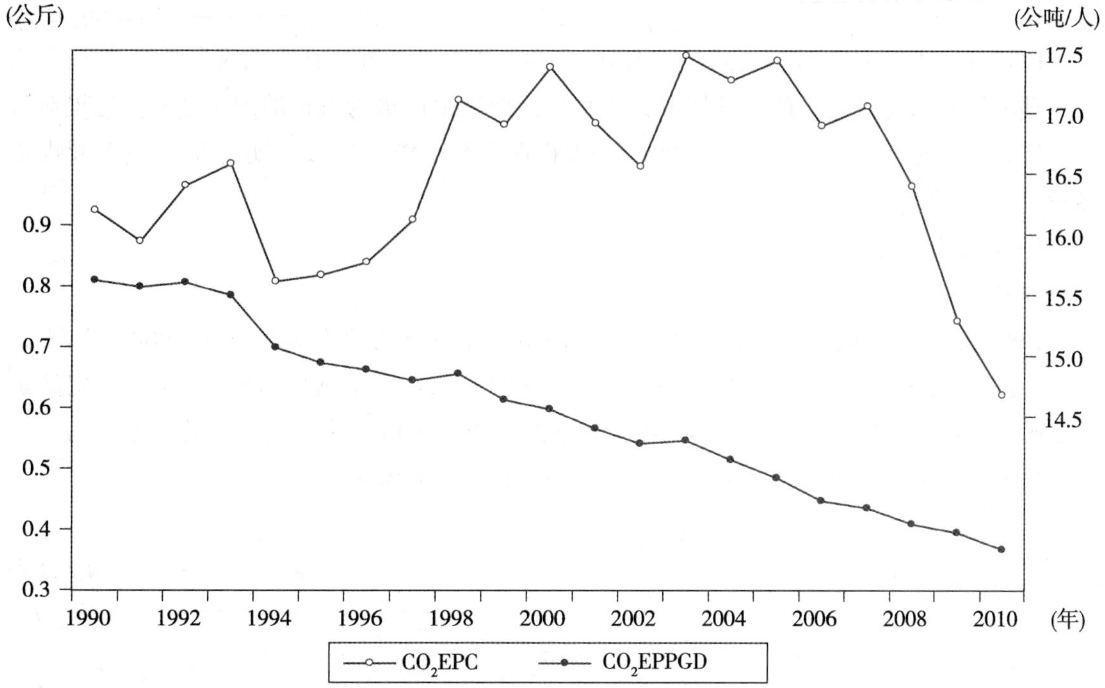

图 3-61　1990—2010 年加拿大主要能源消耗指标

注：CO_2EPPGD 和 CO_2EPC 分别代表每一美元 GDP 所产生的工业 CO_2 排放量(PPP 方法，公斤)和人均工业 CO_2 排放量(公吨/人)。前者对应左轴，后者对应右轴。

数据来源：World Bank。

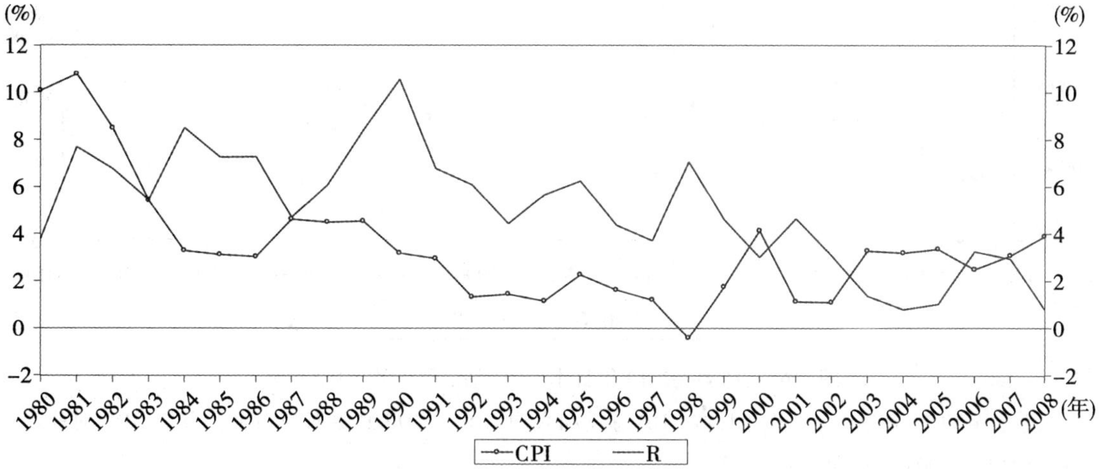

图 3-62　1990—2008 年 CPI 和利率

数据来源：World Bank。

三、日本经济社会发展程度

1995 年 1 月 1 日，日本正式加入 WTO。1996 年 1 月 1 日，日本也成为 GPA 的成员之一。日本是亚洲地区最早的发达国家，也是目前亚洲地区最为发达的国家之一。这里对日本经济的整体进行分析，特别是 2000 年以来的日本经济环境，以期为相关的决策提供参考。

(一) 经济总量

1. GDP 与人均 GDP

1980—2013 年间，日本的 GDP 总量从 1980 年的 3.5 万亿美元增加至 2008 年以来的 6.5 万亿美元，年均实际增速为 2.25%(见图 3-63)。人口总量则从 1980 年的 1.17 亿增加至 2013 年的 1.3 亿多，年均实际增速为 0.33%(见图 3-64)。快速的经济总量增加与有限的人口增加，使得人均 GDP 的增速始终快于 GDP 总量的增速。

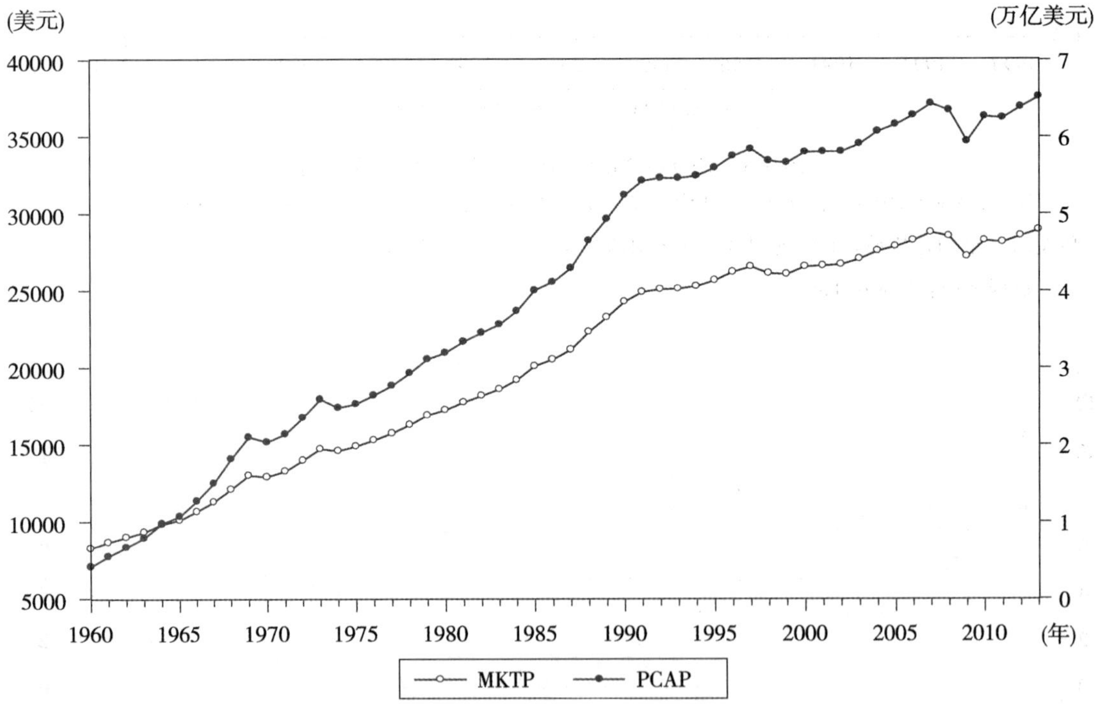

图 3-63 1960—2013 年日本 GDP 总量及人均 GDP 趋势

注：MKTP、PCAP 分别代表日本 GDP 总量和人均 GDP。GDP 总量对应右轴，人均 GDP 对应左轴。GDP 以 2005 年不变价美元计算。

数据来源：World Bank。

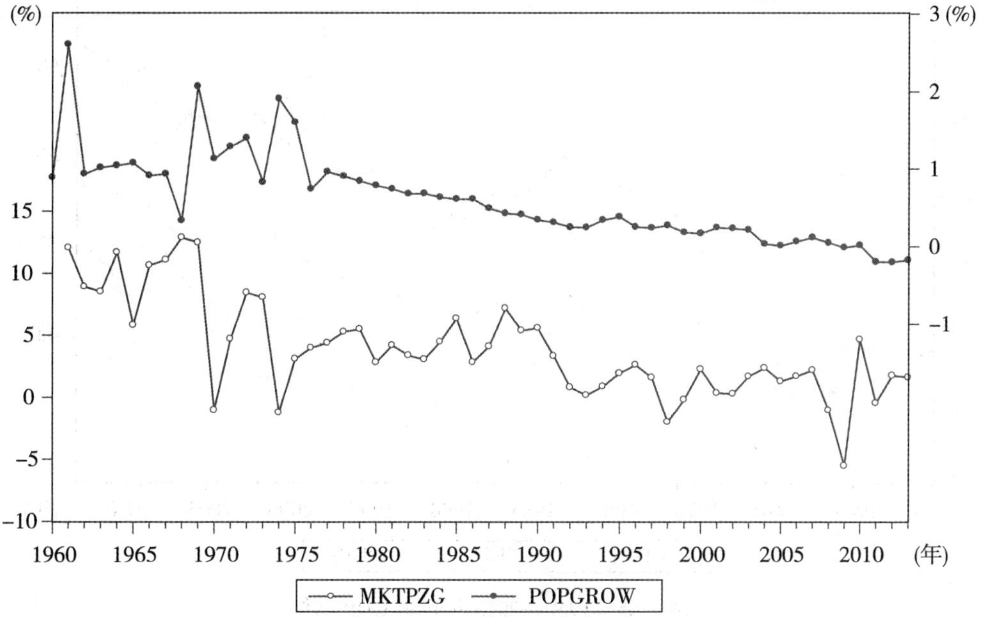

图 3-64　1960—2013 年日本 GDP 总量增速及人口增速

注：POPGROW、MKTPZG 分别代表日本人口年增长率和 GDP 年增长率。人口年增长率对应右轴，GDP 年增长率对应左轴。

数据来源：World Bank。

2. 经济结构

就人均 GDP 的结构而言，1960—2013 年私人消费比重提升迅速，但是，从 1970 年至今，反而出现了一定程度的下降。政府消费的比重逐渐降低，2007 年的数值为 14%，消费的比重也从 60%降低至 50%。大多数年份，私人消费的增速维持在低于政府消费的增速的发展模式。1998 年日本受到亚洲金融危机的影响，私人投资出现了 28 年中的负值。

就经济增长的推动力量之一——消费而言，1992—2013 年日本居民消费增长率在很长时间内都低于政府消费的增长(见图 3-65、图 3-66)。2010 年，日本还首次调低了消费者信心指数，称消费指数由“恢复”转向“趋缓”。此消息对于日本经济重新恢复，无疑增加了巨大的压力。而经济活动指标的“回暖”，在一定程度上对于债务问题的化解是具有较强的正面意义的。

(二)财政收支

2002—2008 年，日本财政收支占 GDP 总量的 1/3 以上(见表 3-3)。2008 年，日本政府债务已经达到 GDP 总量的 173%。2008 年，受金融危机的影响，日本的债务状况更加不容乐观。

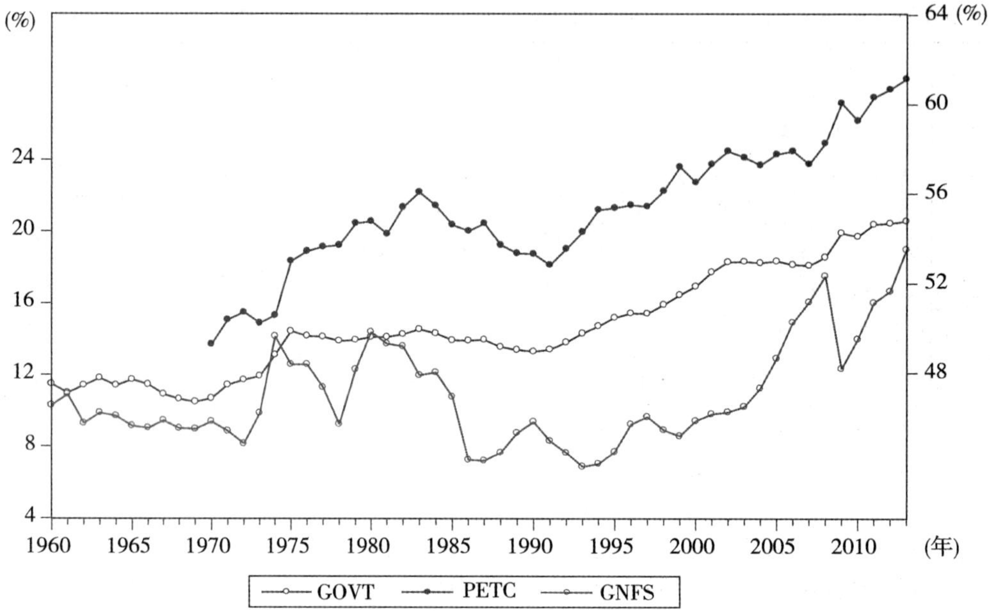

图 3-65 1960—2013 年日本 GDP 结构

注：PETC、GNFS 和 GOVT 分别代表按当年价计私人消费比重、货物和服务净出口额比重以及政府消费比重。私人消费比重对应右轴，其余指标对应左轴。

数据来源：World Bank。

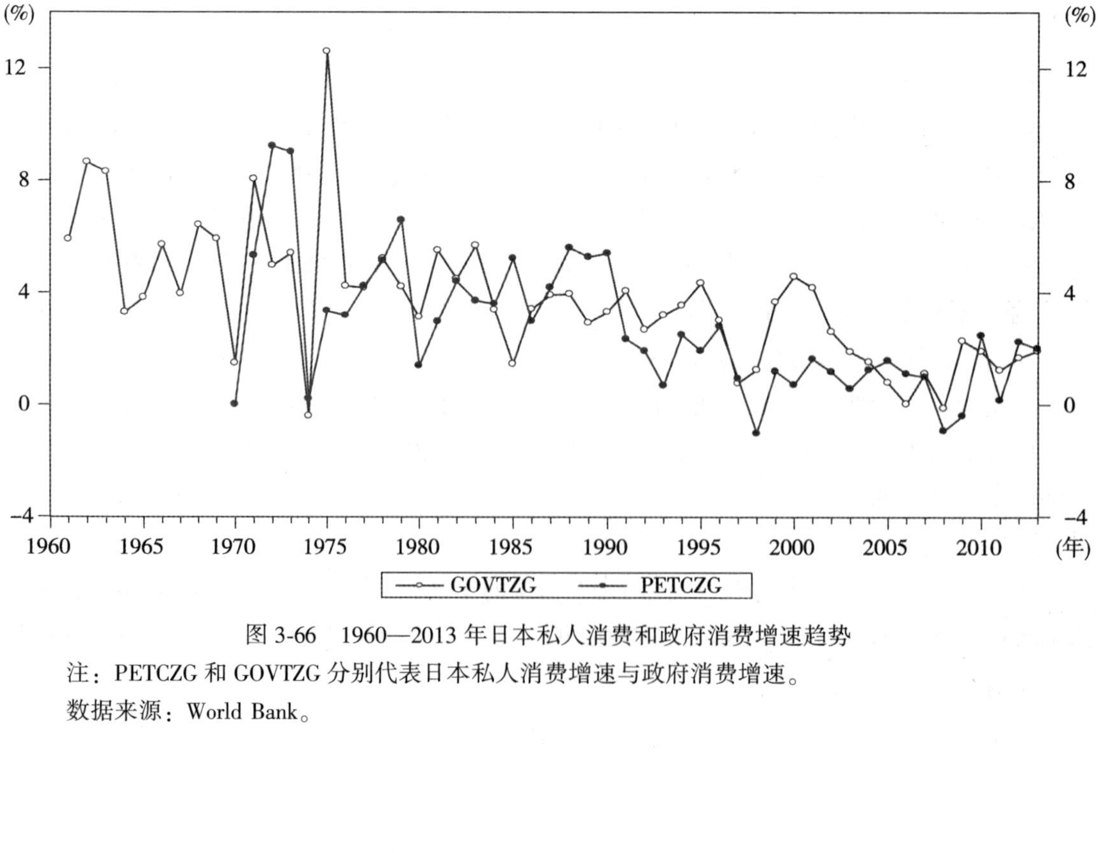

图 3-66 1960—2013 年日本私人消费和政府消费增速趋势

注：PETCZG 和 GOVTZG 分别代表日本私人消费增速与政府消费增速。

数据来源：World Bank。

表 3-3　　2002—2008 年日本的财政账户　　（单位：%）

项目＼年份	2002	2003	2004	2005	2006	2007	2008
收入	30.8	30.5	30.9	31.7	34.6	33.4	35.0
支出	38.8	38.4	37.0	38.4	36.0	35.8	36.4
平衡	-8.0	-7.9	-6.2	-6.7	-1.4	-2.4	-1.4
除社会保障之外的平衡账户	-7.9	-8.0	-6.6	-7.0	-1.4	-2.2	-1.2
政府债务	152.3	158.0	165.5	175.3	171.9	170.6	173.0

注：上述数据为各项目占当年 GDP 的比重。

数据来源：日本政府门户网站。

从全国债务情况来看，截至 2009 年年末，日本 2010 年 2 月该比例达到 229%。从表 3-4 可以看出，2006—2008 年间日本的债务负担率缓慢上升，赤字余额逐年膨胀。

表 3-4　　中央政府与地方政府财政余额与 GDP 之比的国际比较　　（单位：%）

国别＼年份	1990	1995	1996	1997	1998	1999	2000	2001	2002	2003
日本	-1.4	-6.6	-6.8	-5.5	-6.8	-8.2	-7.9	-6.2	-7.2	-7.7
美国	-5.4	-3.9	-3.1	-2.0	-0.9	-0.7	-0.1	-2.1	-5.0	-6.1
英国	-1.6	-5.8	-4.4	-2.2	0.2	-1.1	-3.9	-0.8	-1.3	-1.9
德国	-2.0	-3.3	-3.4	-2.7	-2.2	-1.5	-1.1	-2.8	-3.6	-3.7
法国	-2.1	-5.5	-4.1	-3.0	-2.7	-1.8	-1.4	-1.5	-3.2	-3.6
意大利	-11.8	-7.6	-7.1	-2.7	-3.1	-1.8	-0.7	-2.7	-2.5	-2.4
加拿大	-5.9	-5.3	-2.8	0.2	0.1	1.7	3.1	1.8	1.3	1.1

资料来源：[日]内阁府经济社会综合研究所编：《经济要览》，日本国立印刷局 2004 年版，第 226~227 页。

（三）失业率

1990—2010 年间，日本的长期失业率由 1980 年的 19.1%上升至 2008 年的 33.3%（见图 3-67）。就总失业率而言，也出现了较大幅度的提升，这也是日本经济不景气的反映之一。但是 2002 年后总失业率和长期失业率开始出现了背离式的发展趋势，两者之间的差距日趋扩大。日本女性失业率显著高于男性，且在 1990—2001 年间存在进一步恶化的趋势。2001 年后，初等教育的失业率也迅速上升，其余失业率指标基本停留在低位。

就分行业而言，日本的服务业和制造业的从业者达到总体劳动者的 87.7%（见表 3-5）。建筑业与批发和零售业的劳动者占比在 2003—2006 年间有一定的下降，但是服务业总体的从业比重仍处于上升区间。

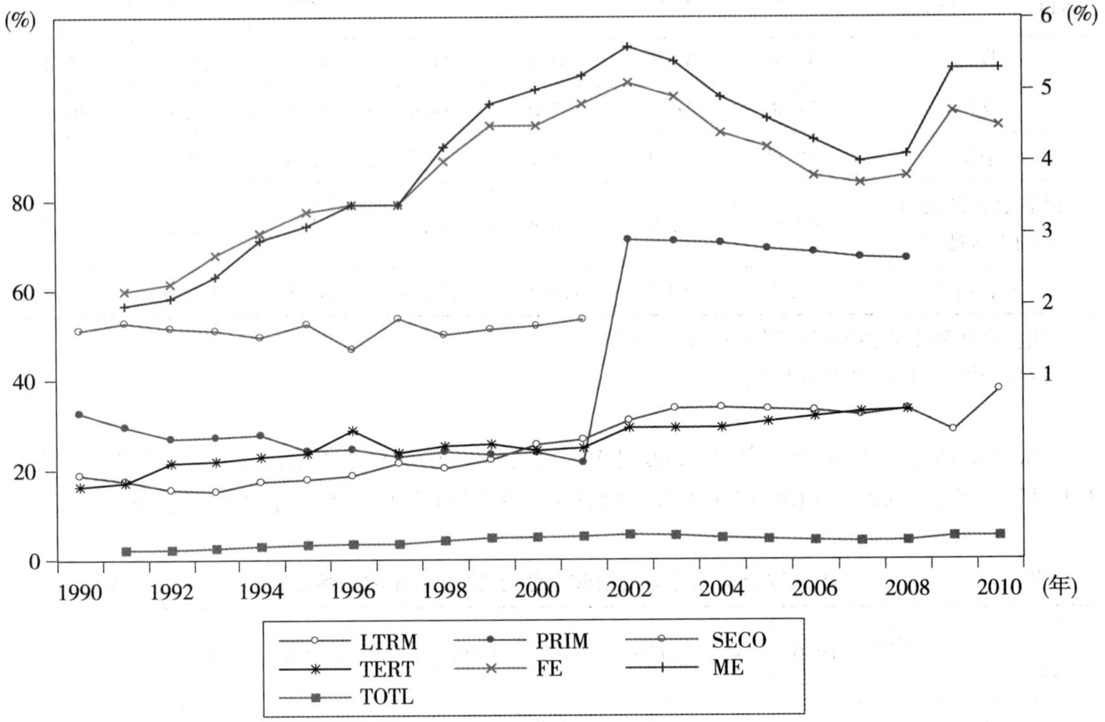

图 3-67 1990—2010 年日本主要失业率指标

注：LTRM 表示长期失业人数占总失业人数比重，PRIM、SECO 和 TERT 表示初等教育失业人数、中等教育失业人数和高等教育失业人数占总失业人数比重，FE 代表女性失业人数占女性劳动人口比重，ME 代表男性失业人数占男性劳动人口比重，TOTL 表示总失业人数占总劳动人口比重。其中 FE 和 ME 对应右轴，其余对应左轴。

数据来源：World Bank。

表 3-5 **2003—2006 年分行业的就业水平** （单位：%）

行业 \ 年份	2003	2004	2005	2006
农业、林业和渔业	5.4	5.3	5.2	5.1
采矿业	0.1	0.1	0.1	0.1
制造业	17.8	17.4	17.2	17.4
服务业	69.2	69.8	70.2	70.3
建筑	9.3	9.0	8.8	8.6
电力、燃气和水	0.7	0.7	0.7	0.7
批发和零售	17.2	17.0	16.9	16.7

续表

行业 \ 年份	2003	2004	2005	2006
金融服务和保险	2. 8	2. 7	2. 7	2. 7
房地产	1. 5	1. 5	1. 5	1. 5
运输和通信	5. 8	5. 8	5. 6	5. 8
其他服务	31. 9	33. 1	34. 0	34. 3
政府部门	5. 6	5. 6	5. 5	5. 4
私人非营利组织	1. 9	1. 9	1. 9	1. 9

数据来源：http：//www. esri. cao. go. jp/en/sna/h18-kaku/20annual-report-e. html.

(四)基础设施

1990 年，日本的客、货运量分别为中国的 6 倍和 4. 75 倍，2013 年的数据为 0. 72 倍和 0. 5 倍(见图 3-68)。日本的同期增速为 0. 77%和 1. 34%。

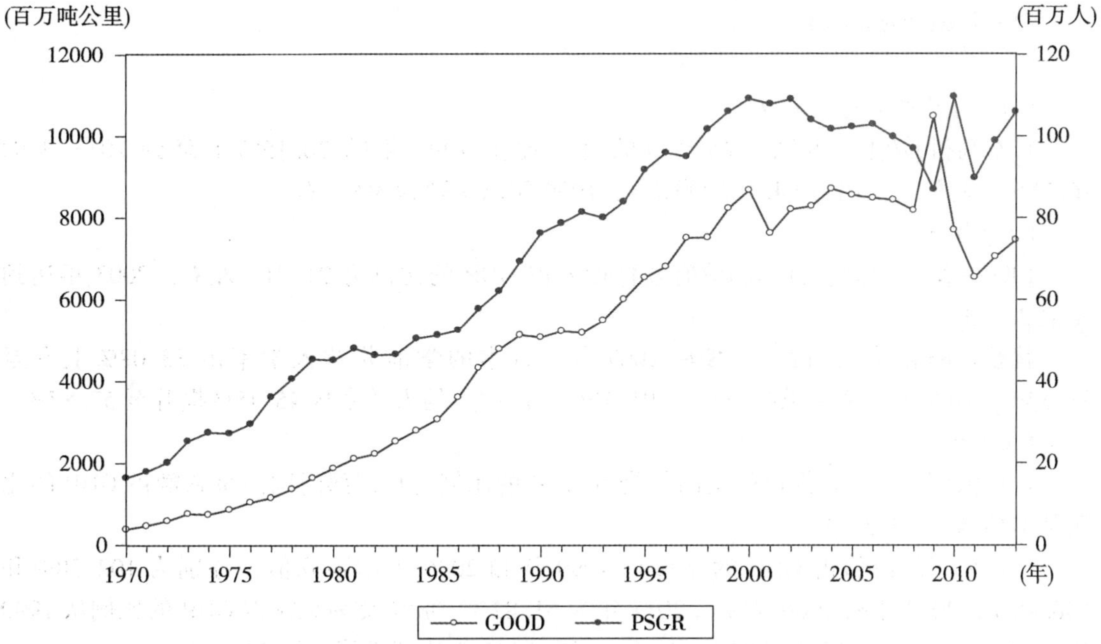

图 3-68 1970—2013 年日本航空客货运量

注：GOOD、PSGR 分别代表日本航空的货物运输量和客运量。货运量指标对应左轴，客运量指标对应右轴。

数据来源：World Bank。

1990—2007 年，特别是 2001 年之后，日本公路部门的燃料消耗占总消耗量的比例显著降低，降幅为 6%(见图 3-69)，而运输部门汽油燃料的人均消耗量却呈现上升的趋势。

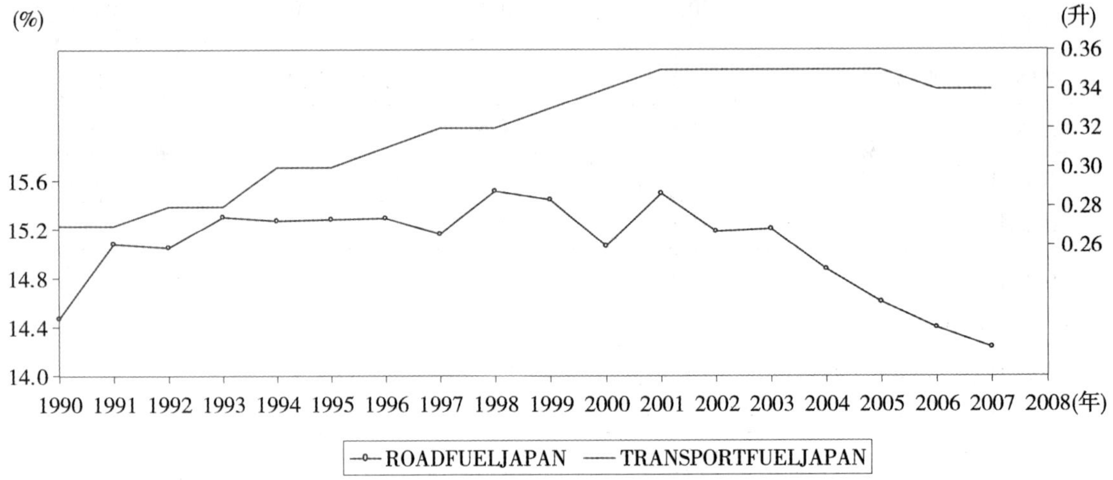

图 3-69 1990—2007 年日本公路和运输部门油耗指标

注：ROADFUELJAPAN、TRANSPORTFUELJAPAN 分别代表日本公路部门的燃料消耗占总消耗量的比例(%)和运输部门汽油燃料的人均消耗量(升)。前者对应左轴，后者对应右轴。

数据来源：World Bank。

(五)高科技研发与出口

日本高科技出口占制成品出口的百分比由 1996 年的 26.15%下降到 2013 年的 16.78%。就研发支出占 GDP 比例而言，1996 年以来则为 3%左右。

(六)教育

1990—2006 年间，日本的政府教育投入占 GDP 的比例为 21.71%左右。2003 年达到峰值 22.59%。

就教育的各阶段而言，1999—2007 年，日本的学前儿童入学率由 83.08%上升至 88.44%。中学入学率为 100.66%~101.12%。高中生的入学率从 45.18%提升至 57.87%。

(七)金融

就贷款而言，银行提供的国内信贷占 GDP 的比例与私营部门国内贷款额占 GDP 的比例基本相当(见图 3-70)。

上市公司的市值占 GDP 的比重在 1999 年和 2006 年达到峰值，分别为 102.58%和 108.48%，2008 年跌至 66.41%，2012 年为 61.82%。股票交易总额占 GDP 的比例从 1990 年的 51.63%上升至 2012 年的 60.55%，其中 2007 年达到峰值，为 149.14%。

(八)健康

1990—2013 年，日本各项重要的健康指标都存在一定的改善趋势，其中每 10 万人发生结核病的比例下降趋势最为明显(见图 3-71)。在 1990 年，日本成年女性的死亡率是 5.35%，而男性的死亡率为 10.88%。2008 年，两者的数据分别为 4.33%和 8.74%。

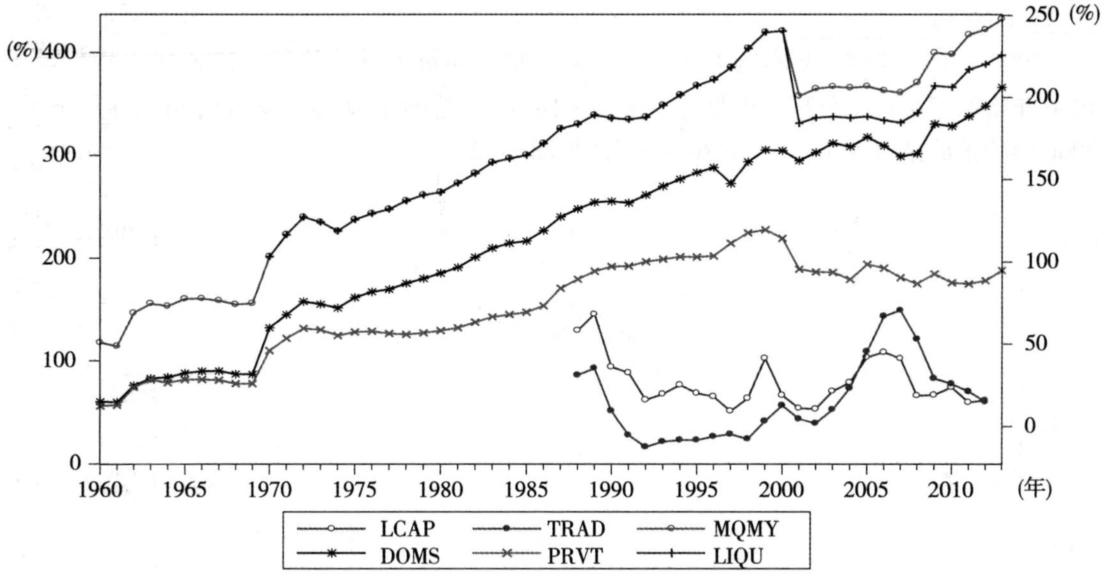

图 3-70　1960—2013 年日本各项主要金融指标

注：DOMS、PRVT、LCAP、TRAD、LIQU 和 MQMY 分别代表由银行提供的国内信贷占 GDP 的比例(%)、私营部门国内贷款额占 GDP 的比例(%)、上市公司市值占 GDP 的比例(%)、股票交易总额占 GDP 的比例(%)、流动负债(M3)占 GDP 的比例(%)、货币和准货币(M2)占 GDP 的比例(%)。LIQU 和 MQMY 对应右轴，其余指标对应左轴。

数据来源：World Bank。

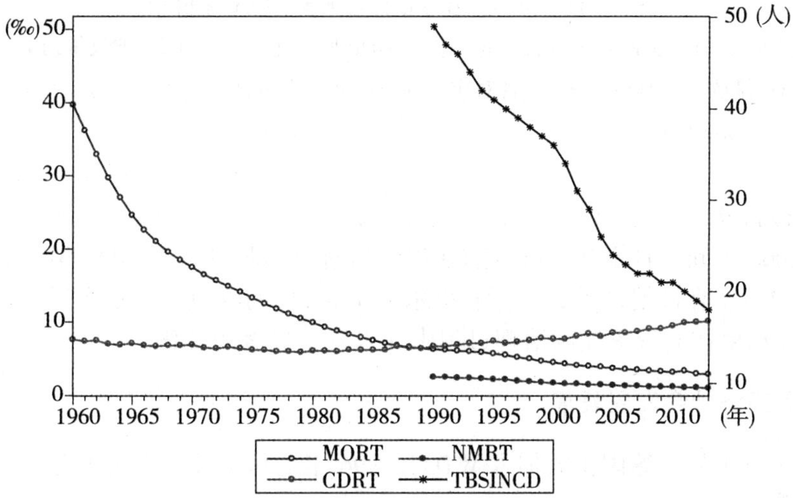

图 3-71　1960—2013 年日本各项主要健康指标

注：NMRT、MORT、CDRT 和 TBSINCD 分别代表婴儿死亡率(‰)、5 岁以下儿童死亡率(‰)、总死亡率(‰)和每 10 万人发生结核病的人数。每 10 万人发生结核病的人数对应右轴，其余对应左轴。

数据来源：World Bank。

(九)能源

1990—2013 年间，日本的人均 CO_2 排放量呈现曲折上升的趋势。2006 年人均数量比 1990 年增加了接近 1 公斤。但是每一美元 GDP 所产生的工业 CO_2 排放量却在逐年下降，2006 年的排放量仅为 1990 年的 60%左右(见图 3-72)。

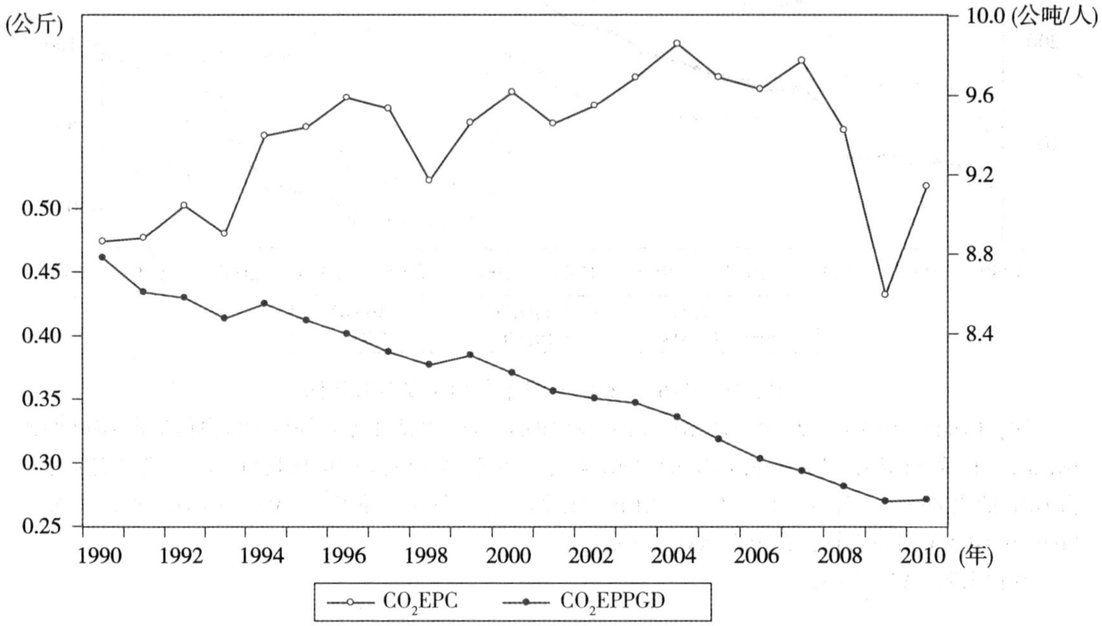

图 3-72 1990—2013 年日本主要能源消耗指标

注：CO_2EPPGD 和 CO_2EPC 分别代表每一美元 GDP 所产生的工业 CO_2 排放量(PPP 方法，公斤)和人均工业 CO_2 排放量(公吨/人)。前者对应左轴，后者对应右轴。

数据来源：World Bank。

(十)价格指数

1980—2008 年间，日本从 20 世纪 80 年代的通货膨胀进入了 2000 年以后的持续通货紧缩(见图 3-73)。在此情形下，实际利率水平位居 3%的高位。日本实行了种种宽松的货币政策，实际利率在通货紧缩的治理过程中并未发生显著的变化。

四、德国经济社会发展程度

1995 年 1 月 1 日，德国正式加入 WTO；1996 年 1 月 1 日，德国成为 GPA 成员。

(一)经济总量

1. GDP 与人均 GDP

1980—2013 年间，德国的 GDP 总量从 1980 年的 1.7 万亿美元增加至 2013 年的 3.2 亿美元，年均实际增速为 2.44%。人口总量则从 1980 年的 0.78 亿增加至 2013 年的 0.8 亿多，出现多次负增长。快速的经济总量增加与人口减少，使得人均 GDP 的增速始终快于 GDP 总量的增速(见图 3-74)。2010 年 GDP 增长率为 4.09%，2011—2013 年 GDP 增长

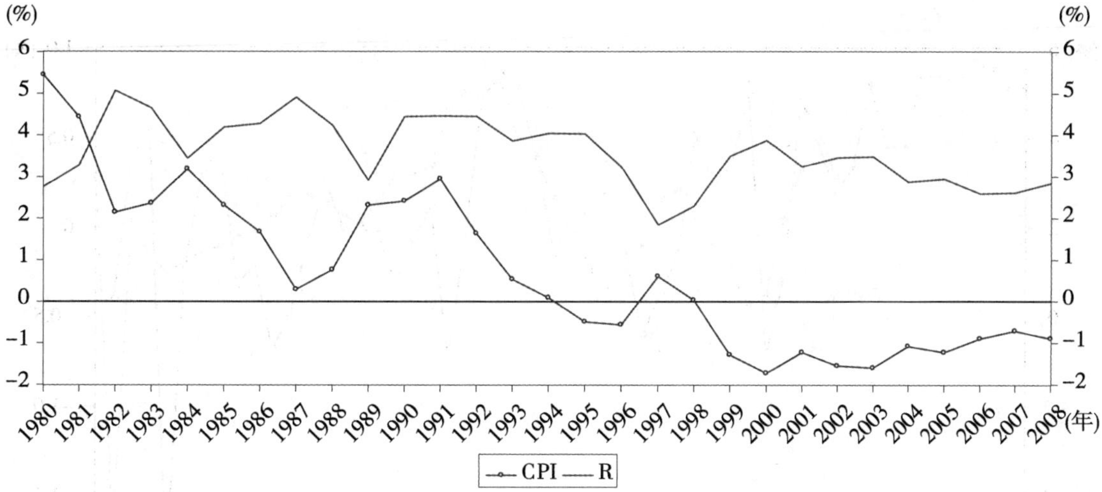

图 3-73　1980—2008 年日本 CPI 和利率

数据来源：World Bank。

率直线下降，2013 年增长率仅为 0.11%，2014 年经济有所回升，实现 1.6%的经济增长（见图 3-75）。

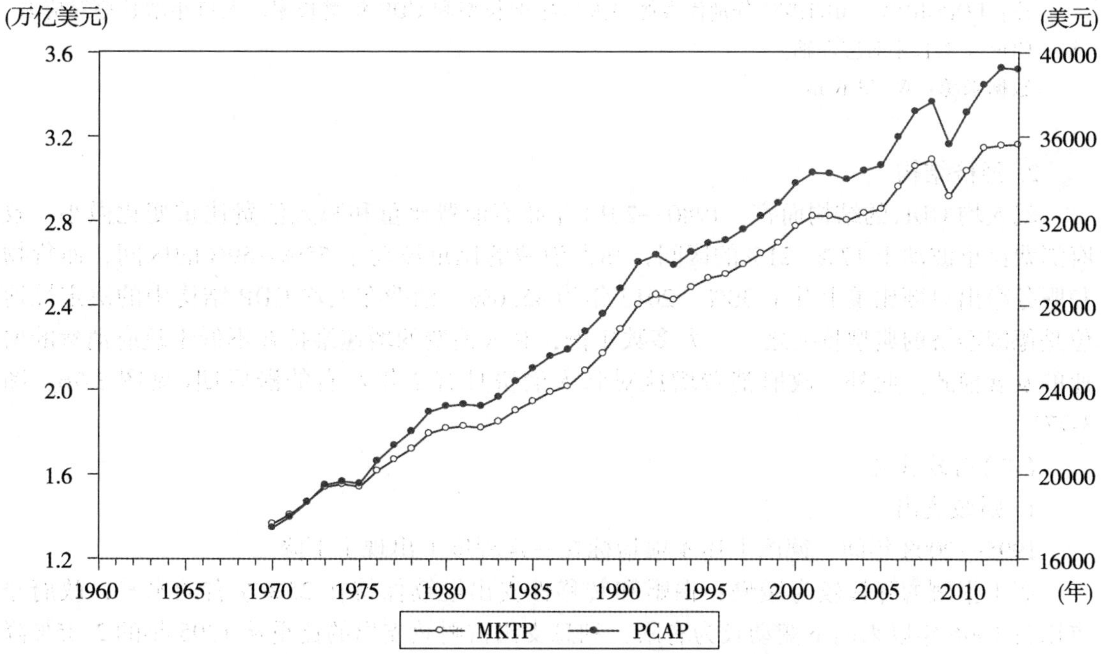

图 3-74　1970—2013 年德国 GDP 及人均 GDP 趋势

注：MKTP、PCAP 分别代表德国 GDP 总量和人均 GDP。GDP 总量对应左轴，人均 GDP 对应右轴。GDP 以 2005 年不变价美元计算。

数据来源：World Bank。

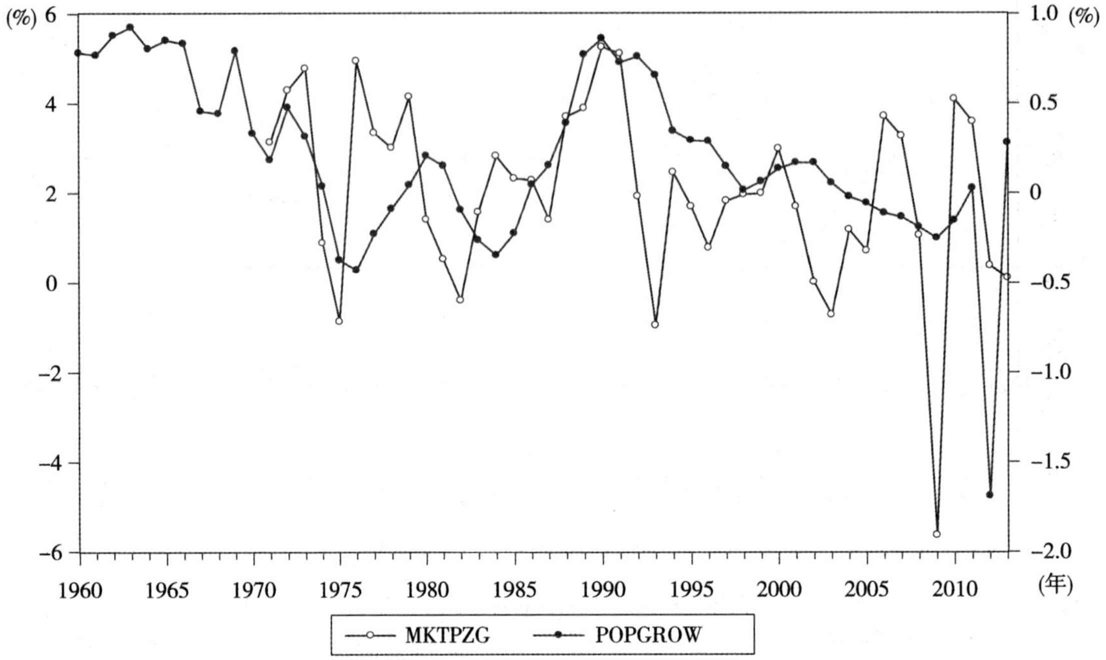

图 3-75 1960—2013 年德国 GDP 总量增速及人口增速

注：POPGROW、MKTPZG 分别代表德国人口年增长率和 GDP 年增长率。人口年增长率对应右轴，GDP 年增长率对应左轴。

数据来源：World Bank。

2. 经济结构

就人均 GDP 的结构而言，1980—2013 年政府消费比重和私人消费比重变化微小，政府消费比重波动于 17%~21%的区间，私人消费的比重波动于 55%~59%的区间，而货物和服务净出口额比重上升了 30%，2013 年为 45. 6%。消费在人均 GDP 结构中的决定性地位是德国经济的典型特征之一。大多数年份，私人消费的增速维持在不低于政府消费的增速的发展模式。此外，政府消费增速对私人消费具有 2 年左右的滞后期(见图 3-76、图 3-77)。

(二)财政收支

1. 财政支出

1995—2008 年间，德国上述 4 项指标在一定程度上出现了下降。

职工报酬的降幅较为缓慢；捐赠和转移性支出继续保持在 25%左右的水平；政府总支出自 1996 年以来向下变动较为有限；利息支出占财政支出的比重从 1995 年的 2. 35%降至 2007 年的 1. 71%(如图 3-78)。

2. 财政收入

两种口径的收入变化趋势基本一致，1995—2012 年逐渐增长，政府收入大约是税收收入的 2. 5 倍(如图 3-79 所示)。

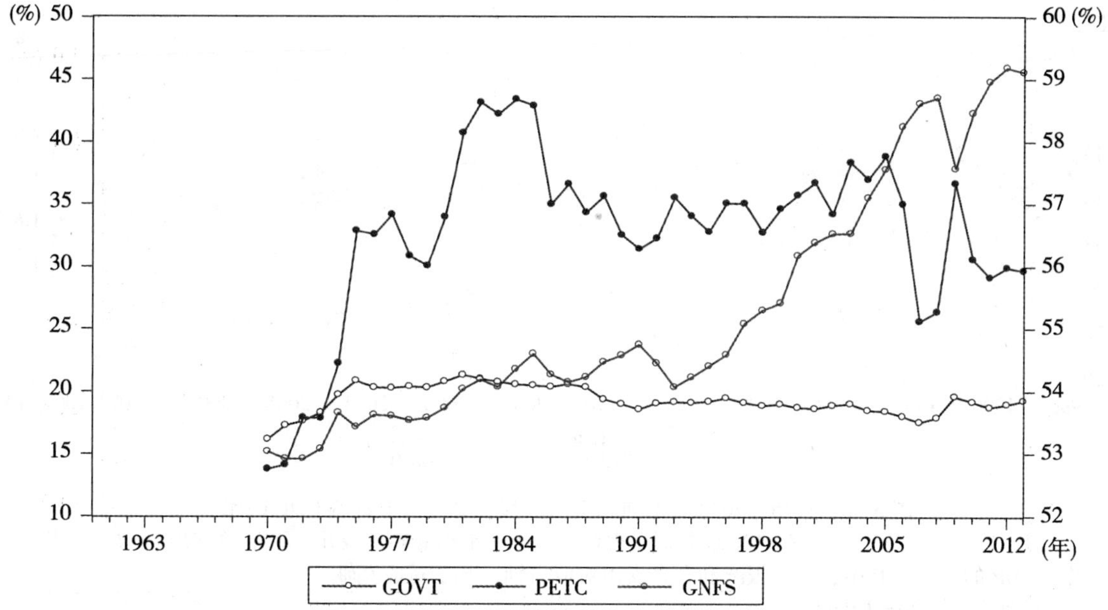

图 3-76 1970—2013 年德国人均 GDP 结构

注：PETC、GNFS 和 GOVT 分别代表按当年价计私人消费比重、货物和服务净出口额比重以及政府消费比重。私人消费比重对应右轴，其余指标对应左轴。

数据来源：World Bank。

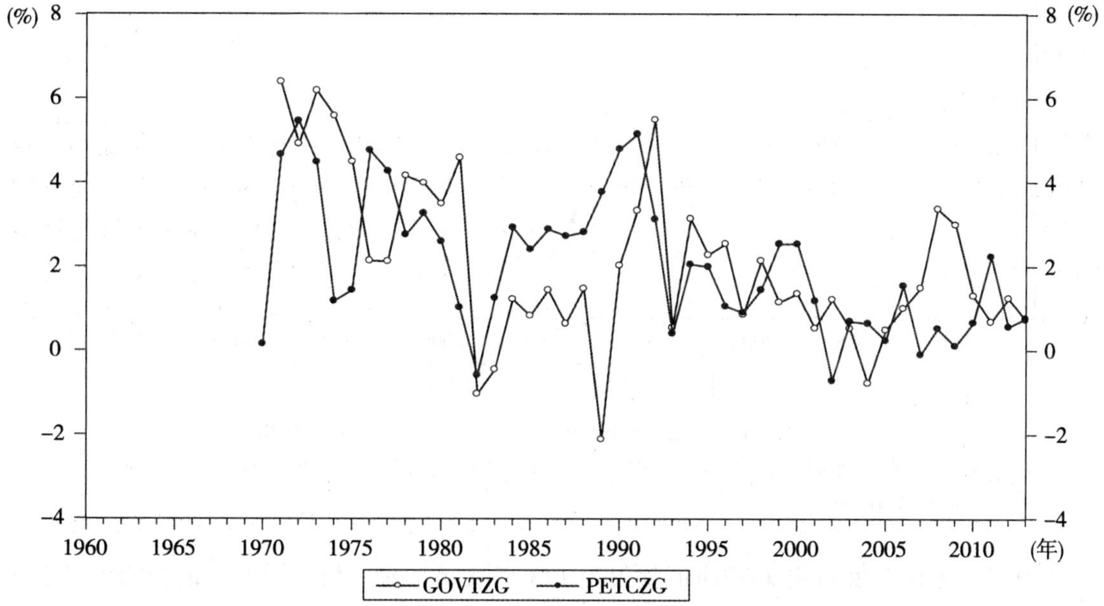

图 3-77 1970—2013 年德国私人消费和政府消费增速趋势

注：PETCZG 和 GOVTZG 分别代表私人消费增速与政府消费增速。

数据来源：World Bank。

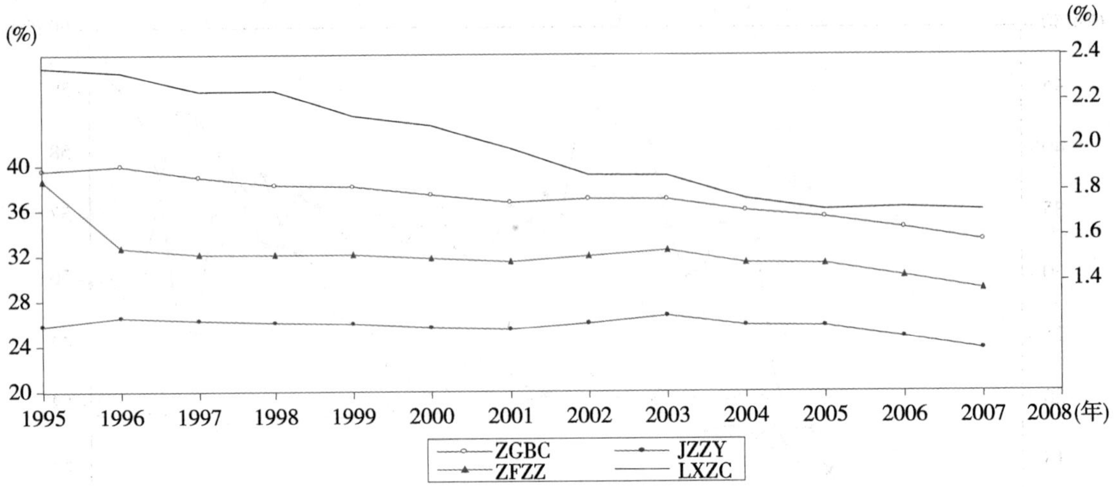

图 3-78 1995—2008 年德国总支出及其主要支出项目占 GDP 的比重

注：ZGBC、JZZY、ZFZZ、LXZC 分别代表职工报酬、捐赠和转移支出、政府总支出和利息支出占当年 GDP 的比重。其中，职工报酬和利息支出对应右轴，其余对应左轴。

数据来源：World Bank。

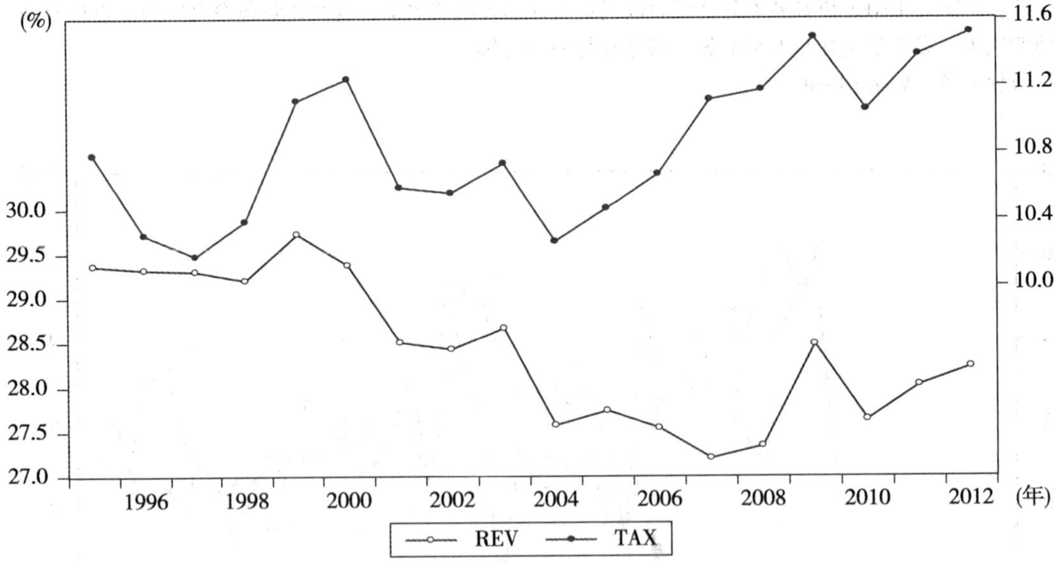

图 3-79 1995—2012 年德国两种口径收入占 GDP 的比重

注：REV 和 TAX 分别代表政府收入和税收收入占 GDP 的比重。其中税收收入对应右轴。

数据来源：World Bank。

德国联邦政府 2011 年新增净债款仅为 173 亿欧元，这一数字远低于最初 484 亿欧元的预计目标。德国联邦政府新增净债务的大幅下降，主要是由于德国国内税收、就业、资本市场利率等经济因素的积极影响。2011 年联邦政府税收高达 2481 亿欧元，高于预期 189 亿欧元；就业率也创历史新高。

(三)失业率

如图 3-80 所示，1991—2010 年间，德国的总体失业率、男性和女性失业人数占失业人数比重的变动趋势基本一致，浮动区间在 4%～8%。由于时间跨度的原因，年度数据难以反映短期内(如季度)的失业率变化，而这一点在经济危机时期体现得较为明显。2008 年 3 月以来，失业率由 7%左右上升至目前的 10%。2010 年 12 月的失业率为 9.4%，较上月下降了 0.4%。到 2010 年 12 月底，德国失业人数为 301.6 万，同比减少 26 万；全年平均失业人数 324.4 万，创下 1992 年以来的最低纪录；失业率 7.7%，同比减少 0.5%(德国联邦劳工局，2011)。

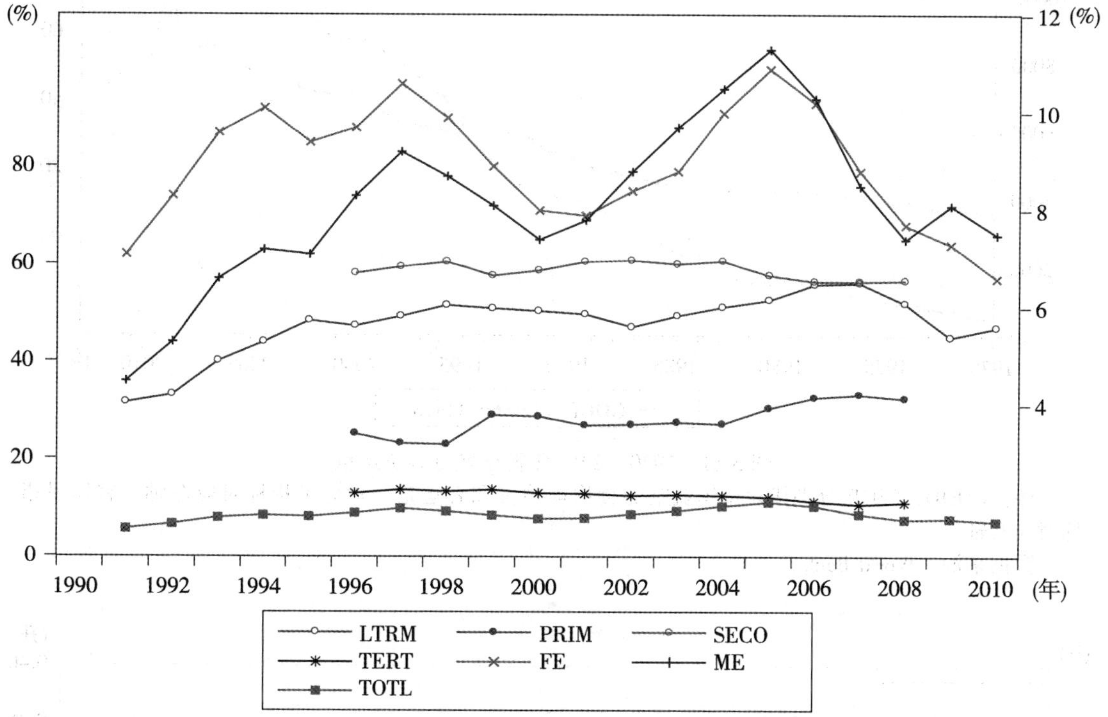

图 3-80 1991—2010 年德国主要失业率指标

注：LTRM 表示长期失业人数占总失业人数比重，PRIM、SECO 和 TERT 表示初等教育失业人数、中等教育失业人数和高等教育失业人数占总失业人数比重，FE 代表女性失业人数占女性劳动人口比重，ME 代表男性失业人数占男性劳动人口比重，TOTL 表示总失业人数占总劳动人口比重。其中 FE 和 ME 对应右轴，其余对应左轴。

数据来源：World Bank。

(四)基础设施

如图 3-81、图 3-82 所示，1990 年德国的客、货运量分别为中国的 1.33 倍和 4.88 倍，2008 年的数据为 0.57 倍和 0.73 倍，2013 年的数据为 0.30 倍和 0.46 倍。2010 年，德国货物运输量(包括公路、航空、铁路、远洋和内河航运、管道运输)同比增长 3.1%，达 41 亿吨，仍未恢复到 2008 年金融危机前的水平(低 8.5%)。具体而言，公路运输量达 31.3 亿吨，占总货运量的 77%，同比增长 1.2%。铁路货运量达 3.55 亿吨，同比增长 13.9%。

内河航运量增长 14%，达 2. 33 亿吨。海运量增长 6. 1%，达 2. 75 亿吨。航空货运量增长 21. 8%，达 410 万吨。管道原油运输量达 8840 万吨，增长 2%(德国联邦统计局，2011)。

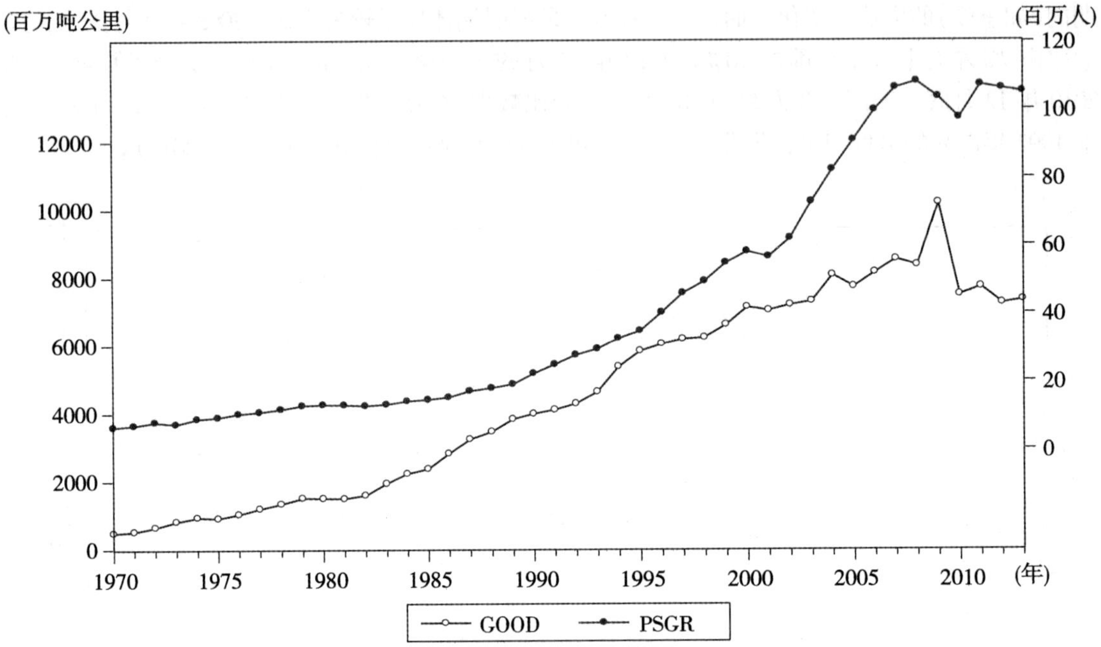

图 3-81 1970—2013 年德国航空客货运量

注：GOOD、PSGR 分别代表德国航空的货物运输量和客运量。货运量指标对应左轴，客运量指标对应右轴。

数据来源：World Bank。

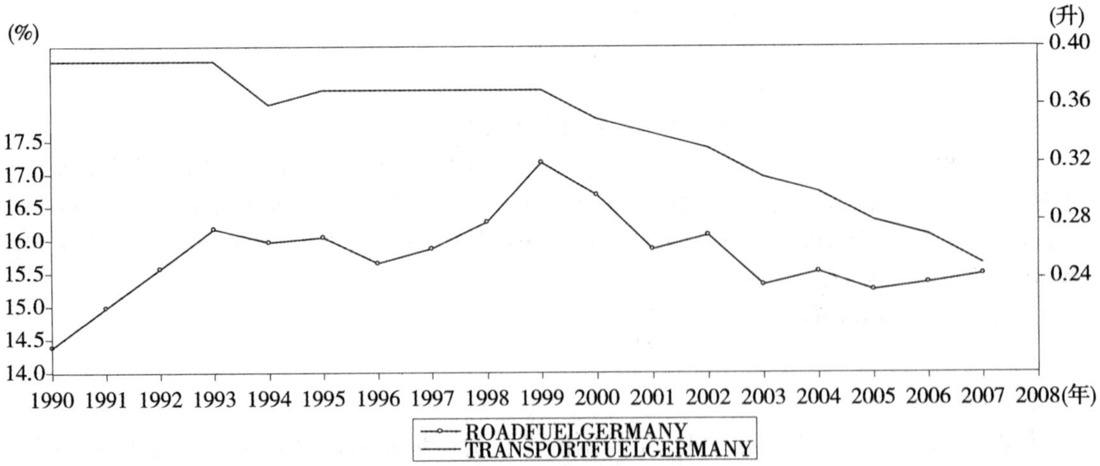

图 3-82 1990—2008 年德国公路和运输部门油耗指标

注：ROADFUELGERMANY、TRANSPORTFUELGERMANY 分别代表德国公路部门的燃料消耗占总消耗量的比例(%)和运输部门汽油燃料的人均消耗量(升)。前者对应左轴，后者对应右轴。

数据来源：World Bank。

(五)高科技研发支出与出口

1996—2013年，德国高科技出口占制成品出口的百分比稳定在16%左右。就研发支出占GDP比例而言，1996年以来则为2.6%左右。

(六)教育

1990—2000年间德国的政府教育投入占GDP的比例为4.4%左右，2001—2006年该比重下降至4.28%。

就教育的各阶段而言，1999—2012年德国的学前儿童入学率由94.00%上升至112.52%；高中生的入学率方面，德国1997年的数据为46.36%，2013年的数据为59.98%。

(七)金融

就贷款而言，银行提供的国内信贷占GDP的比例与私营部门国内贷款额占GDP的比例基本相当，前者在历年比后者高约40%。上市公司的市值占GDP的比重在2000年和2007年达到峰值，分别为65.23%和61.28%，而后于2008年跌至29.57%，2012年回升到42.07%(见图3-83)。

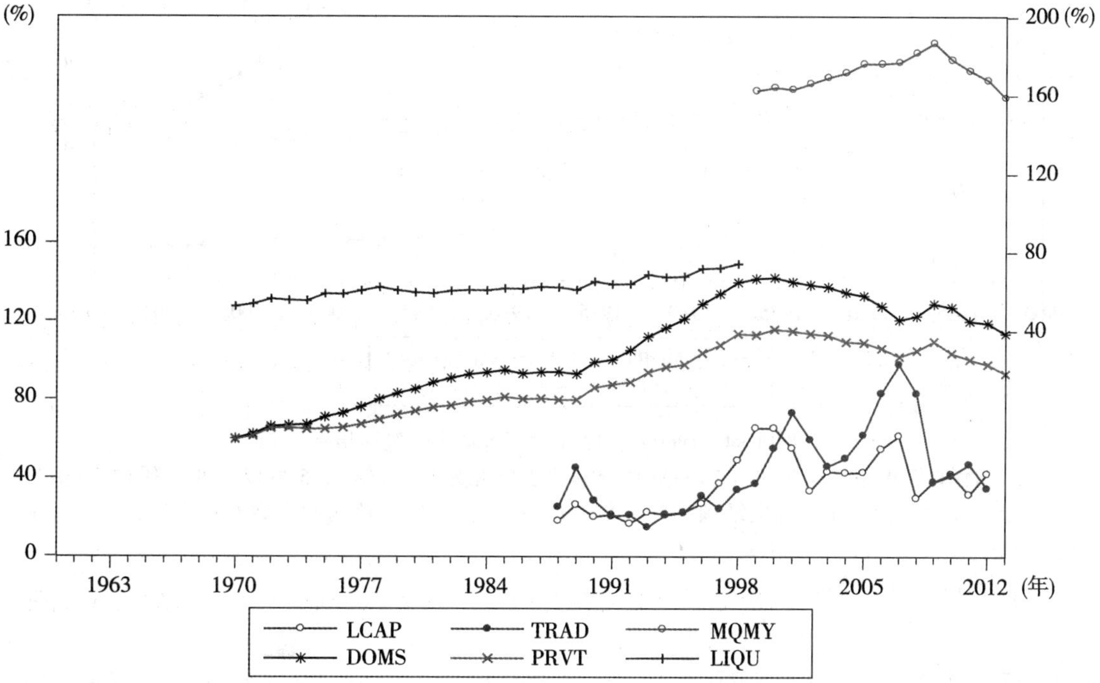

图3-83　1970—2013年德国各项主要金融指标

注：DOMS、PRVT、LCAP、TRAD、LIQU和MQMY分别代表由银行提供的国内信贷占GDP的比例(%)、私营部门国内贷款额占GDP的比例(%)、上市公司市值占GDP的比例(%)、股票交易总额占GDP的比例(%)、流动负债(M3)占GDP的比例(%)、货币和准货币(M2)占GDP的比例(%)。LIQU和MQMY对应右轴，其余指标对应左轴。

数据来源：World Bank。

股票交易总额占GDP的比例从1990年的28.4%上升至2012年的34.7%，其中2001年和2007年达到峰值，分别为72.9%和97.9%。上市公司的市值占GDP的比重和股票交易总额占GDP的比重在各自峰值后的1~2年均发生了严重的经济危机。2008年和2013年，M2占GDP的比重分别为83.95%和89.18%。

(八)健康

1990—2013年，德国各项重要的健康指标都存在一定的改善趋势，其中每10万人发生结核病的比例下降趋势最为明显。1991年，德国成年女性的死亡率是76.25‰，而男性的数据为157.37‰。2006年，两者的数据分别为55.65‰和106.92‰，如图3-84所示。

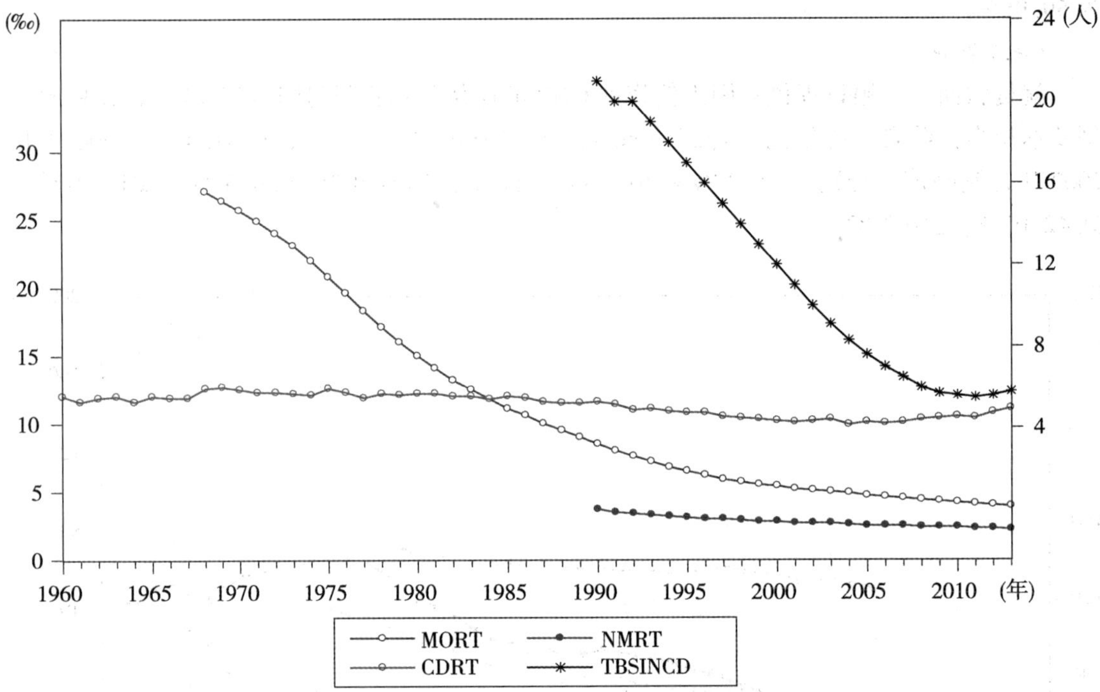

图3-84 1960—2013年德国各项主要健康指标

注：NMRT、MORT、CDRT和TBSINCD分别代表婴儿死亡率(‰)、5岁以下儿童死亡率(‰)、总死亡率(‰)和每10万人发生结核病的人数。每10万人发生结核病的人数对应右轴，其余对应左轴。

数据来源：World Bank。

(九)能源

1991—2013年，德国每一美元GDP所产生的工业CO_2排放量降低了一半(见图3-85、图3-86)。2005—2007年，德国环境保护局每年为1849台设备免费发放49900万吨CO_2排放额度，这个额度完全能满足在柏林城区420米云层下的建筑物排放。2008年经济大萧条以后，全球经济开始缓慢回升，发达国家的碳排放量也呈现出上涨趋势。德国虽然制订了相应计划，转向使用可再生能源以降低碳排放量，可再生能源容量增长了3倍之多，碳排放量也降到了1990年的水平。然而，随着燃烧碳使用量再次增多，2012年和2013年德国碳排放量再次出现小幅上升。

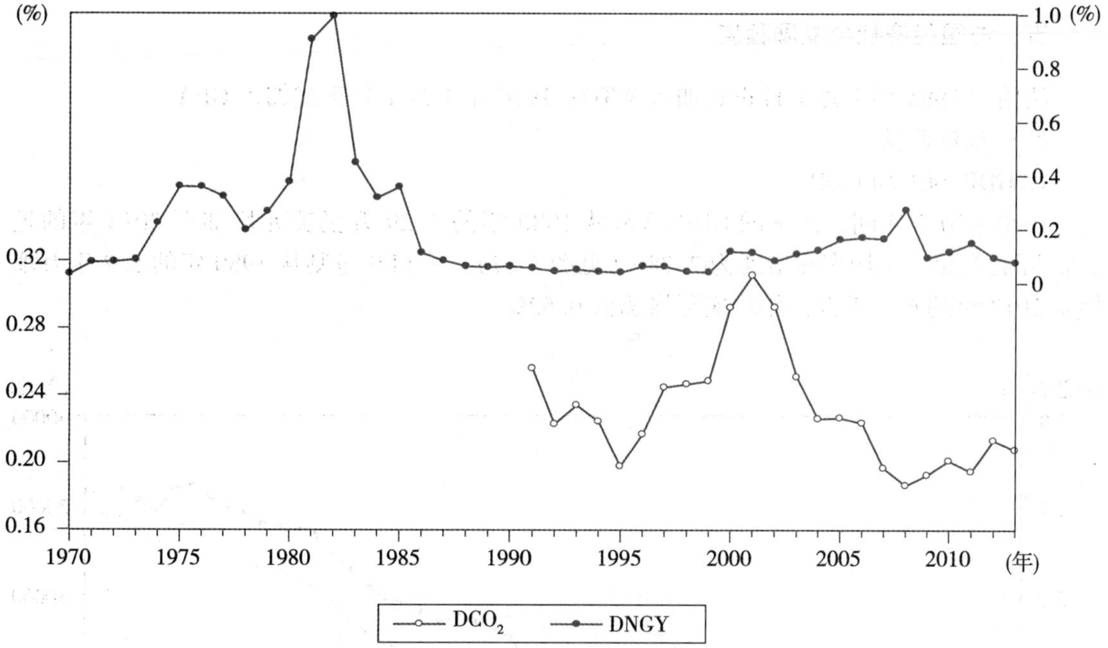

图 3-85 1970—2013 年德国主要能源消耗指标

注：DCO_2 和 DNGY 分别代表二氧化碳排放的治理费用占 GNI 的比例(%)和能源消耗占 GNI 的比例(%)。前者对应左轴，后者对应右轴。

数据来源：World Bank。

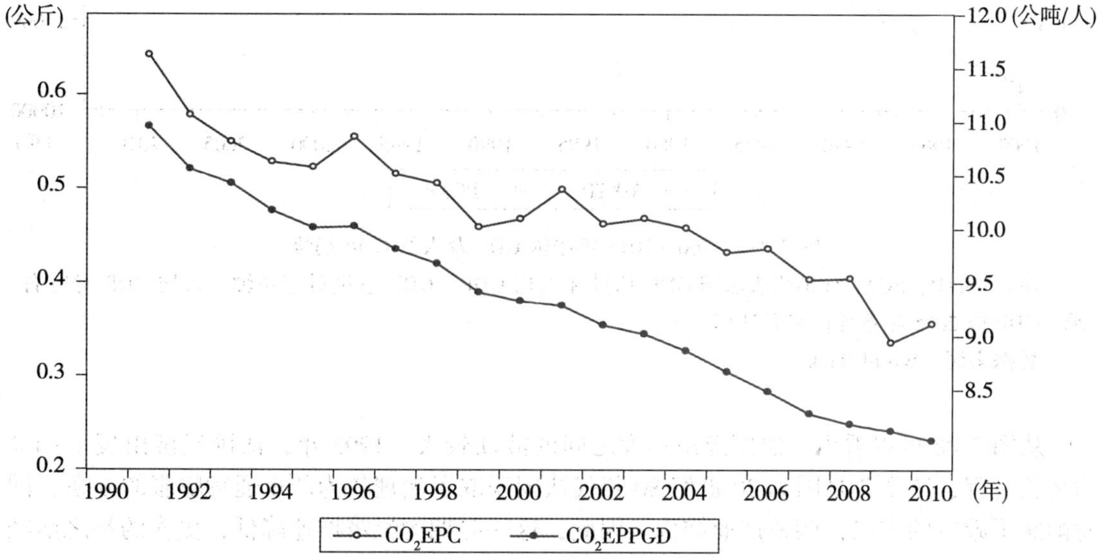

图 3-86 1991—2013 年德国主要能源消耗指标

注：CO_2EPPGD 和 CO_2EPC 分别代表每一美元 GDP 所产生的工业 CO_2 排放量(PPP 方法，公斤)和人均工业 CO_2 排放量(公吨/人)。前者对应左轴，后者对应右轴。

数据来源：World Bank。

五、法国经济社会发展程度

法国于 1995 年 1 月 1 日正式加入 WTO；1996 年 1 月 1 日正式加入 GPA。

(一)经济总量

1. GDP 与人均 GDP

1980—2013 年间，法国的 GDP 总量从 1980 年的 1.29 万亿美元增加至 2013 年的近 2.35 万亿美元，年均实际增速为 2.78%(见图 3-87)。人口总量则从 1980 年的 5.2 千万增加至 2013 年的 6.3 千万，年均实际增速为 0.52%。

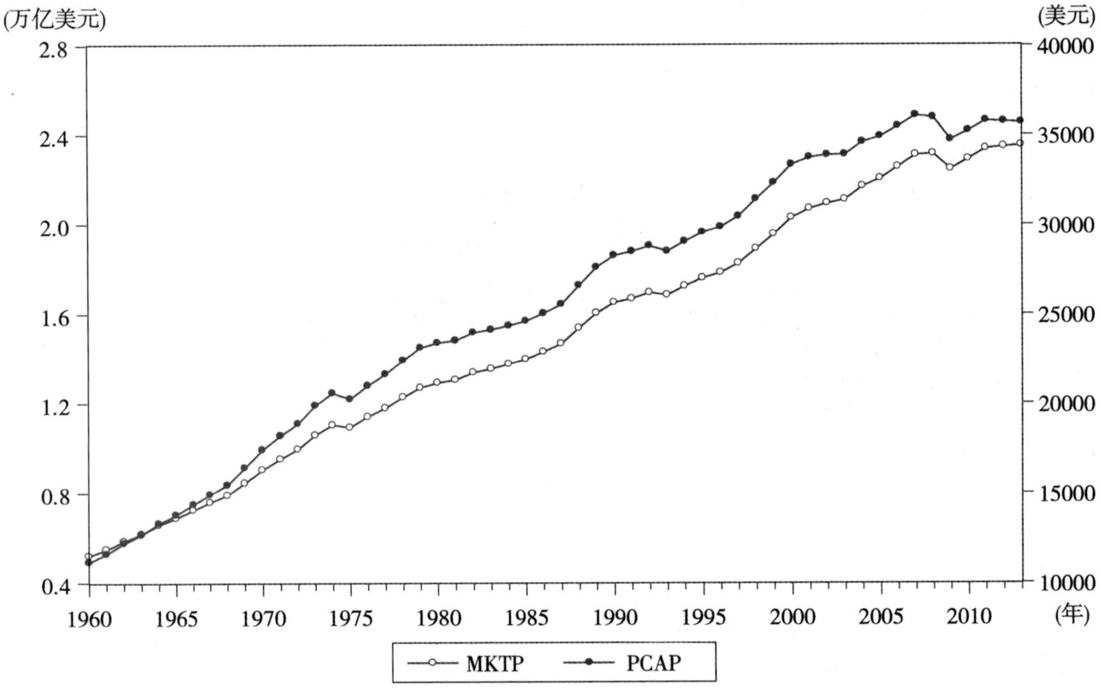

图 3-87 1960—2013 年法国 GDP 及人均 GDP 趋势

注：MKTP、PCAP 分别代表法国 GDP 总量和人均 GDP。GDP 总量对应左轴，人均 GDP 对应右轴。GDP 以 2005 年不变价美元计算。

数据来源：World Bank。

从图 3-88 可以看出，法国经济年度之间的波动较大。1993 年，法国经济出现了-1%的增长过程，这主要是因为 20 世纪 80 年代法国采取了治理较为严重通货膨胀的方案，同时削减了政府的支出，调整产业结构。因此，这一时期的经济增速降低，更多的是之前经济增长的补偿性调整。

2. 经济结构

就人均 GDP 的结构而言，1960—2013 年政府消费的比重有一定程度的上升，私人投资比重上升至 30%，而消费的比重则稳定于 60%左右(见图 3-89)。就法国私人消费增速

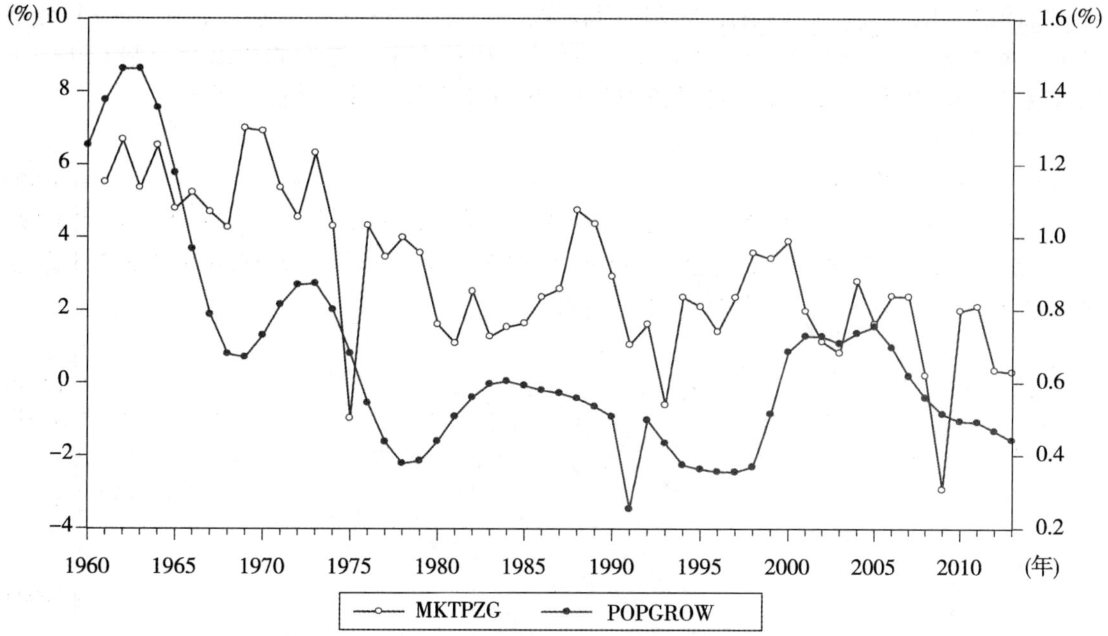

图 3-88　1960—2013 年法国 GDP 总量增速及人口增速

注：POPGROW、MKTPZG 分别代表法国人口年增长率和 GDP 年增长率。人口年增长率对应右轴，GDP 年增长率对应左轴。

数据来源：World Bank。

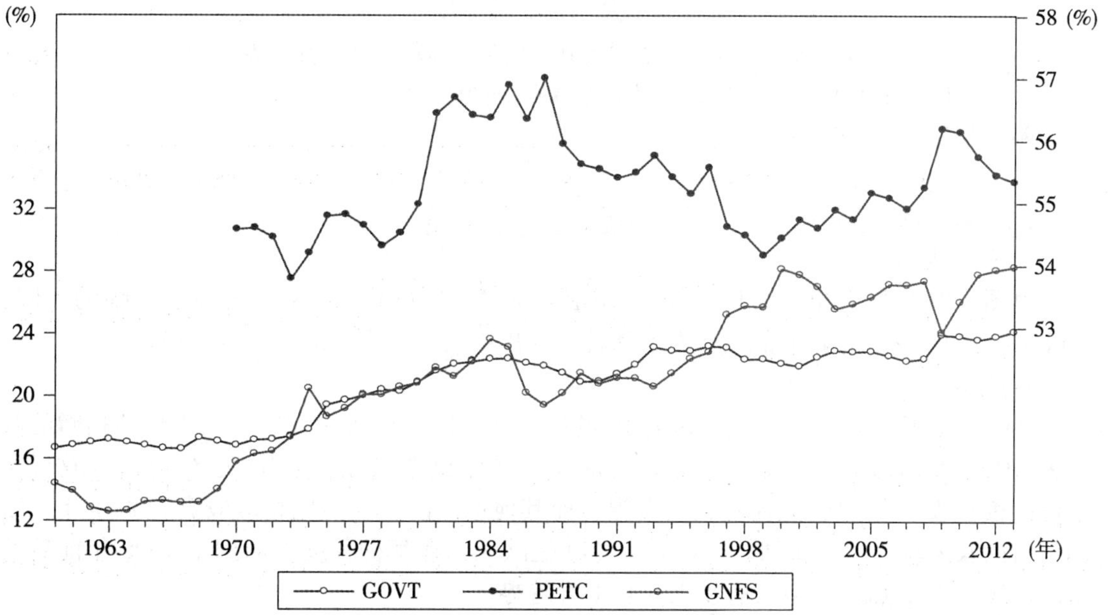

图 3-89　1960—2013 年法国 GDP 结构

注：PETC、GNFS 和 GOVT 分别代表按当年价计私人消费比重、货物和服务净出口额比重以及政府消费比重。私人消费比重对应右轴，其余指标对应左轴。

数据来源：World Bank。

与政府消费的增速而言，两者的波动区间较大，并且前者在 1993 年、后者在 1998 年分别出现了负增长(见图 3-90)。私人消费的负增长主要是由于结构性调整以及控制 CPI 的主要结果。1998 年，政府支出的负增长，其背景是东南亚的金融危机。

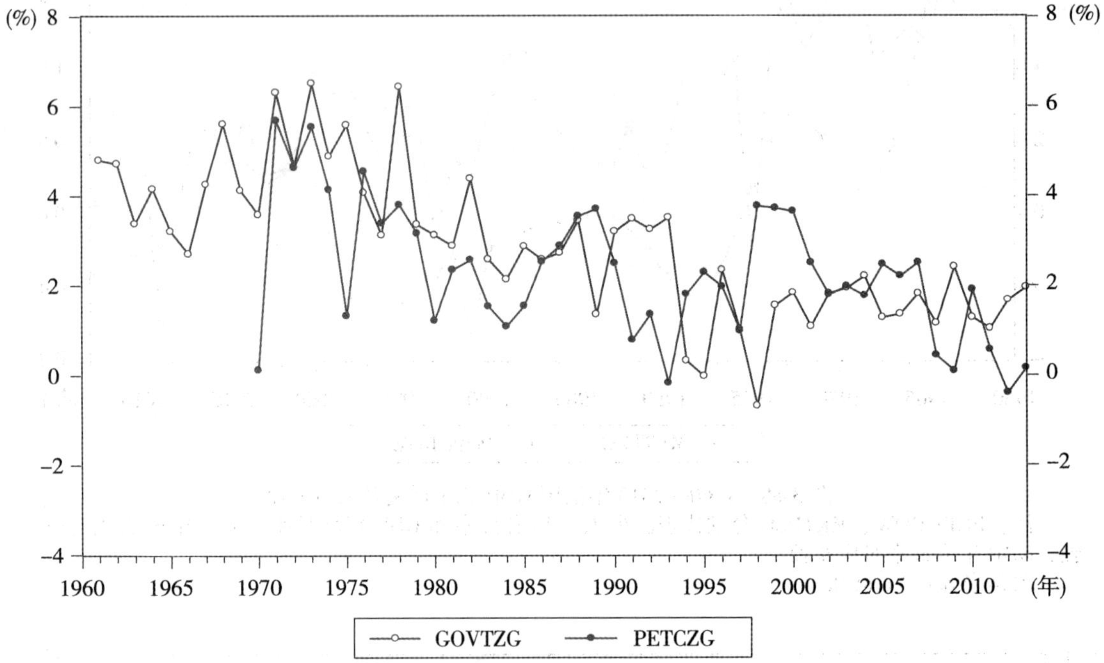

图 3-90 1960—2013 年法国私人消费和政府消费增速趋势

注：PETCZG 和 GOVTZG 分别代表私人消费增速与政府消费增速。

数据来源：World Bank。

(二)财政收支

1. 财政支出

由图 3-91 可以看出，政府支出占 GDP 的比重在 2001—2008 年出现了小幅的下降，2008 年为 44.4%。而职工报酬、捐赠和转移支出以及利息支出的比重较为稳定。

2. 财政收入

1998 年之后，法国税收收入占 GDP 的比重基本稳定在 23%左右，而不包括捐赠的收入占 GDP 的比重出现了小幅的下降，但仍高于前者 20 个百分点左右(见图 3-92)。这说明了法国税收收入占 GDP 的比重较为有限，而其他形式的收入占比相对较高。2009 年，法国政府的收入较 2008 年降低了 360 亿~440 亿欧元，在某种程度上回到了 1998 年前后的水平。2010 年之后，法国政府收入回复上升趋势。

1990—2010 年间，法国的总体失业率和长期失业率的变动趋势基本一致，浮动区间分别在 10%和 40%左右(见图 3-93)。高等教育者的失业率和男性失业率基本保持了一致，特别在 2001 年以后，这种一致性更为明显。初等教育失业率和中等教育失业率在 2002—2007 年间保持在 3%以上。

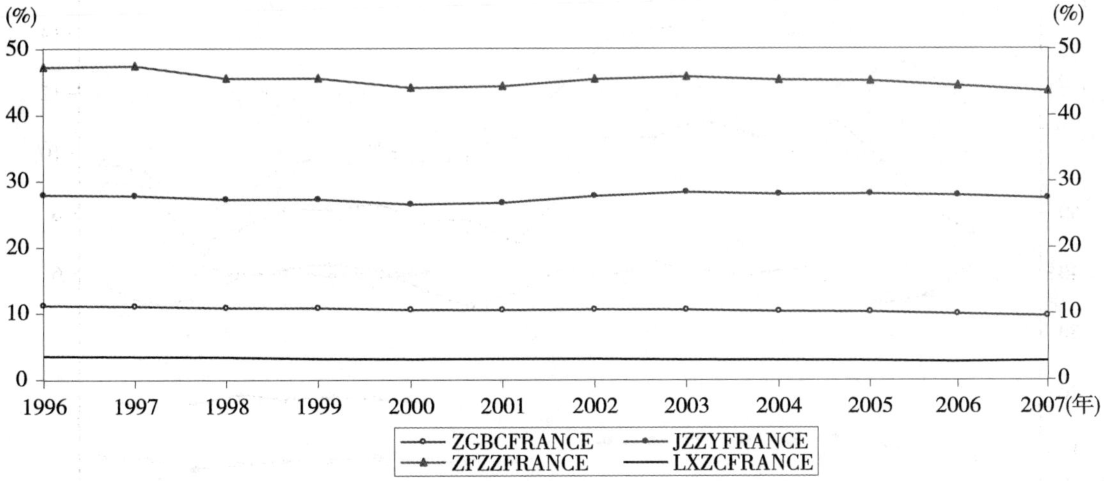

图 3-91 2001—2008 年法国总支出及其主要支出项目占 GDP 的比重

注：ZGBCFRANCE、JZZYFRANCE、ZFZZFRANCE、LXZCFRANCE 分别代表职工报酬、捐赠和转移支出、政府总支出和利息支出占当年 GDP 的比重。

数据来源：World Bank。

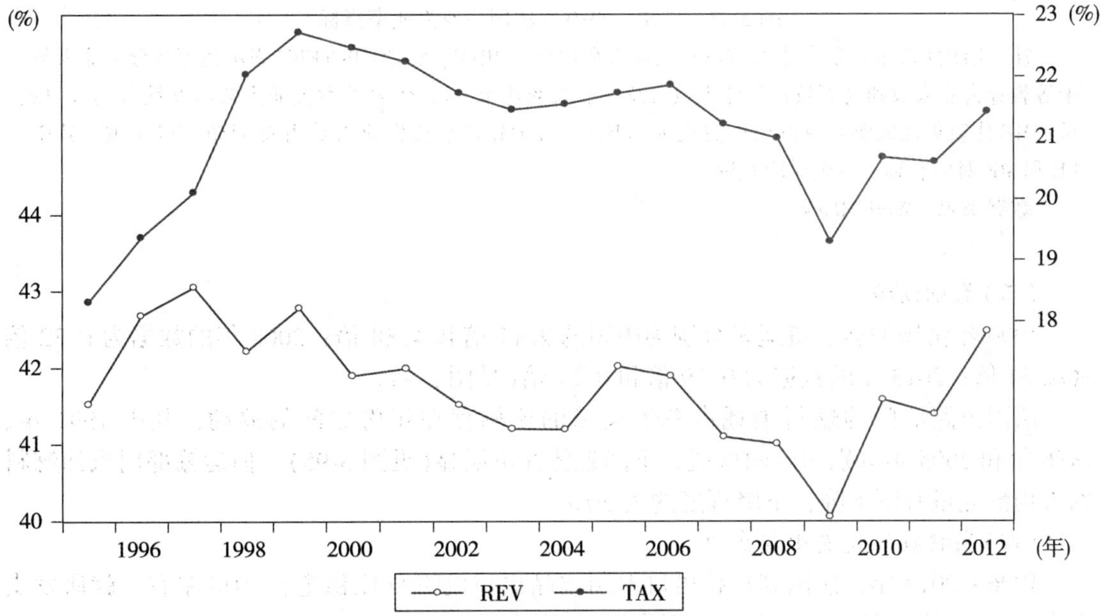

图 3-92 1995—2012 年法国两种口径收入占 GDP 的比重

注：REV 和 TAX 分别代表政府收入和税收收入占 GDP 的比重。其中，税收收入对应右轴。

数据来源：World Bank。

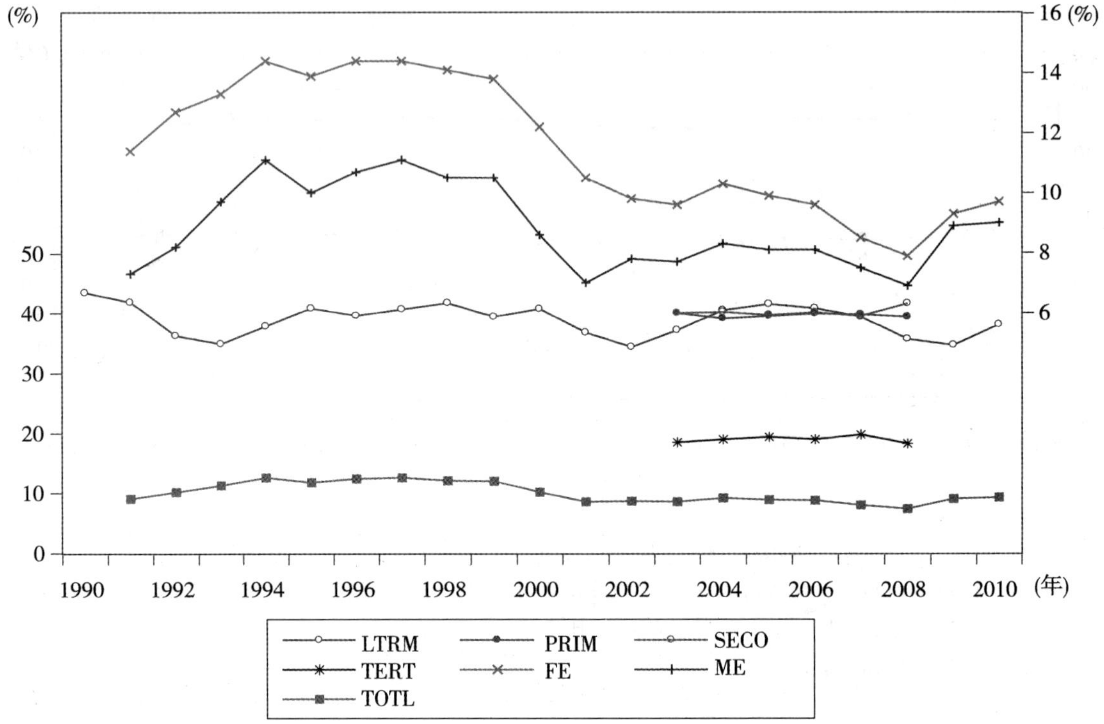

图 3-93 1990—2010 年法国主要失业率指标

注：LTRM 表示长期失业人数占总失业人数比重，PRIM、SECO 和 TERT 表示初等教育失业人数、中等教育失业人数和高等教育失业人数占总失业人数比重，FE 代表女性失业人数占女性劳动人口比重，ME 代表男性失业人数占男性劳动人口比重，TOTL 表示总失业人数占总劳动人口比重。其中，FE 和 ME 对应右轴，其余对应左轴。

数据来源：World Bank。

(三)基础设施

1990 年法国的客、货运量分别为中国的 2. 17 倍和 4. 88 倍；2008 年的数据为 0. 32 倍和 0. 54 倍；2013 年的数据为 0. 19 倍和 0. 27 倍(见图 3-94)。

法国公路部门的燃料消耗占总消耗量的比例存在年份之间的波动，其中 1991 年、1996 年和 2005 年分别为区间低值，下降趋势并不明显(见图 3-95)。但运输部门汽油燃料的人均消耗量有所下降，下降程度约为 50%。

(四)高科技研发支出与出口

1996—2013 年，法国高科技出口占制成品出口的百分比稳定在 21%左右。就研发支出占 GDP 比例而言，1996 年以来则为 2. 1%左右。

(五)教育投入

1997—2006 年间，法国的政府教育投入占 GDP 的比重变化较小，平均值为 11%左右。1991—2007 年，法国的学前儿童入学率由 81. 9%上升至 112. 89%。中学入学率在 1990—2007 年的数据浮动区间为 94. 92% ~ 113. 26%。高中生入学率从 52. 59% 提升至 54. 66%。

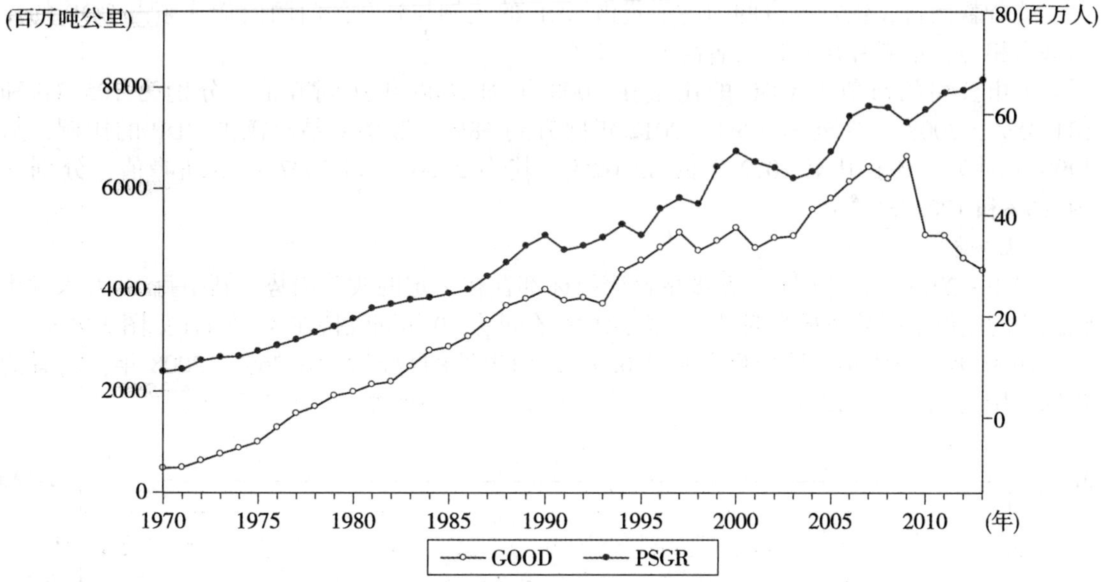

图 3-94 1970—2013 年法国航空客货运量

注：GOOD、PSGR 分别代表法国航空的货物运输量和客运量。货运量指标对应左轴，客运量指标对应右轴。

数据来源：World Bank。

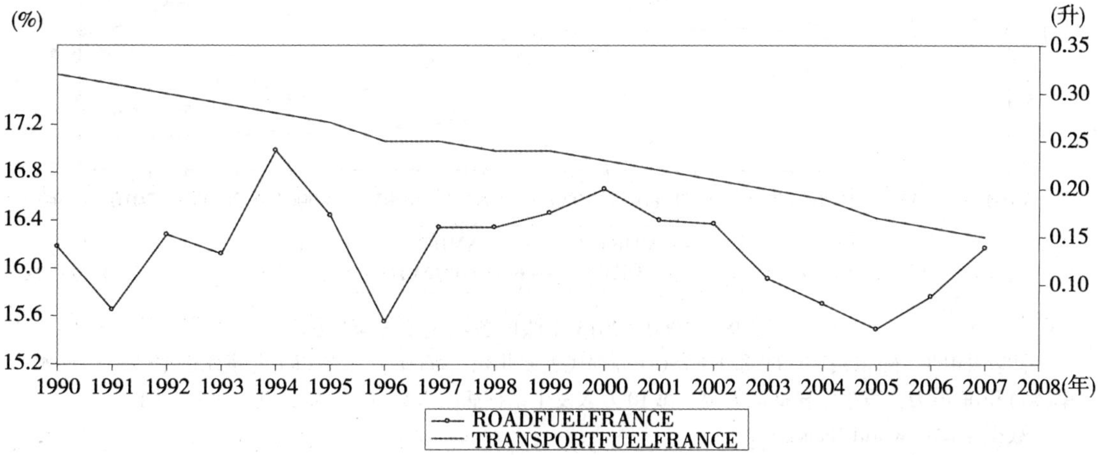

图 3-95 1990—2008 年法国公路和运输部门油耗指标

注：ROADFUELFRANCE、TRANSPORTFUELFRANCE 分别代表法国公路部门的燃料消耗占总消耗量的比例(%)和运输部门汽油燃料的人均消耗量(升)。前者对应左轴，后者对应右轴。

数据来源：World Bank。

(六)金融

就贷款而言，银行提供的国内信贷占GDP的比例与私营部门国内贷款额占GDP的比例基本相当，前者在历年比后者高8%~13%。

上市公司的市值占GDP的比重在2000年和2006年达到峰值，分别为105.7%和104.45%，2008年跌至51.05%，2012年回升到68%。股票交易总额占GDP的比例，从1990年的9.17%上升至2012年的42.02%，其中2000年和2007年达到峰值，分别为79.16%和128.38%。

(七)健康

1990—2013年，法国各项重要的健康指标都存在一定的改善趋势，其中每10万人发生结核病的比例下降趋势最为明显。而总死亡率在过去20年间维持在8%左右(见图3-96)。

1990年法国成年女性的死亡率是6.9%，而男性的数据为16.76%。2008年，两者的数据分别为5.5%和12.1%。

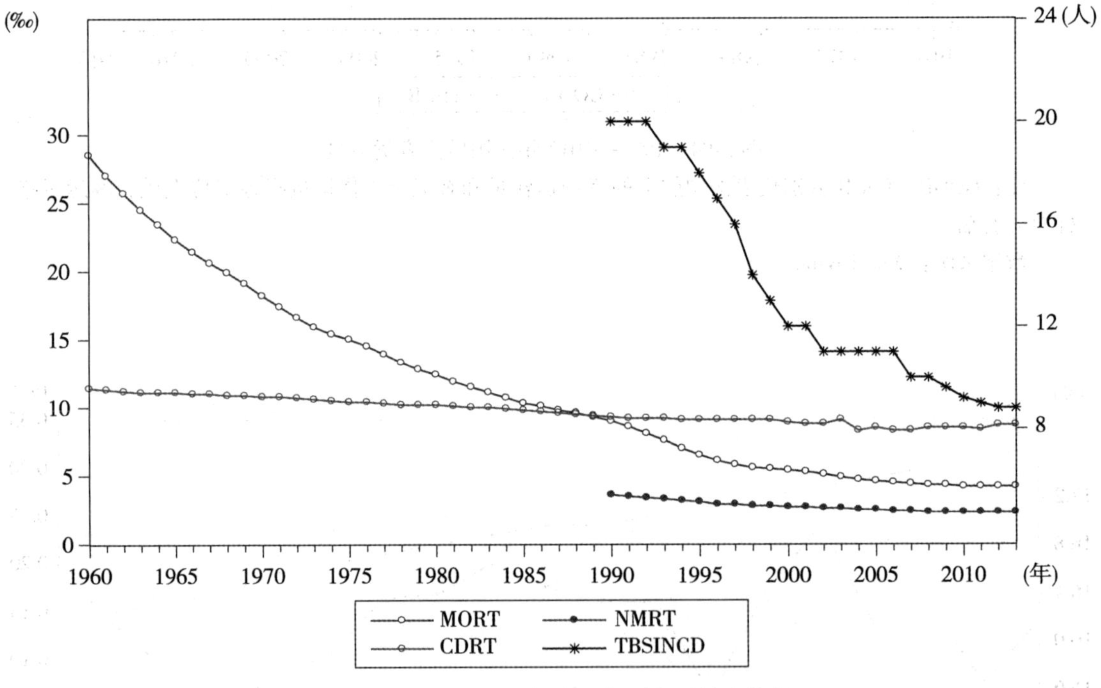

图3-96 1960—2013年法国各项主要健康指标

注：NMRT、MORT、CDRT和TBSINCD分别代表婴儿死亡率(‰)、5岁以下儿童死亡率(‰)、总死亡率(‰)和每10万人发生结核病的人数。每10万人发生结核病的人数对应右轴，其余对应左轴。

数据来源：World Bank。

(八)能源

二氧化碳排放的治理费用占GNI的比例下降的趋势较为明显，下降幅度约为43%(见图3-97)。但能源消耗占GNI的比例并未发生较大的变化。

每一美元GDP所产生的工业CO_2排放量在过去20年间下降了约50%，而人均工业CO_2排放量则下降了11%(见图3-98)。

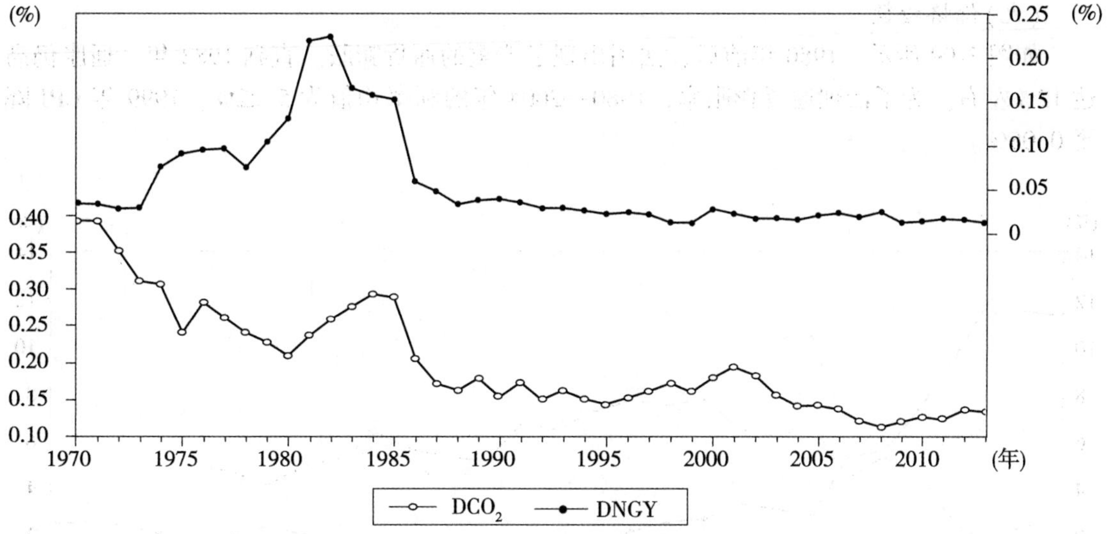

图 3-97　1970—2013 年法国主要能源消耗指标

注：DCO_2 和 DNGY 分别代表二氧化碳排放的治理费用占 GNI 的比例(%)和能源消耗占 GNI 的比例(%)。前者对应左轴，后者对应右轴。

数据来源：World Bank。

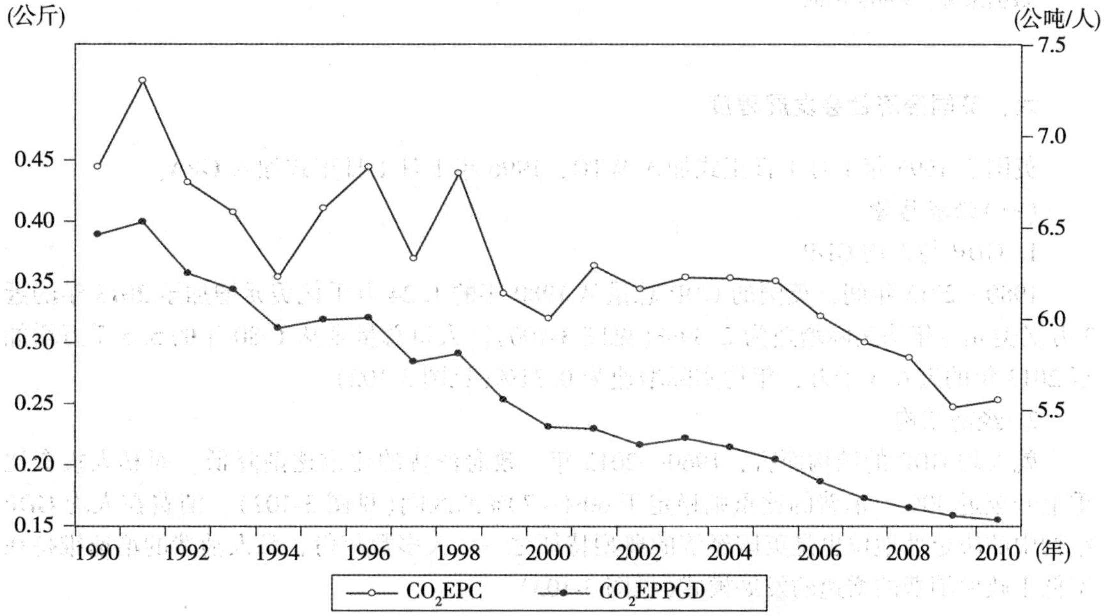

图 3-98　1990—2013 年法国主要能源消耗指标

注：CO_2EPPGD 和 CO_2EPC 分别代表每一美元 GDP 所产生的工业 CO_2 排放量(PPP 方法，公斤)和人均工业 CO_2 排放量(公吨/人)。前者对应左轴，后者对应右轴。

数据来源：World Bank。

(九)价格指数

如图3-99所示，1980年前后，法国出现了严重的通货膨胀。直到1983年，通胀仍高达12%左右。为了治理通货膨胀率，1980—2004年的利率均值为5.22%。1999年CPI降至0.05%。

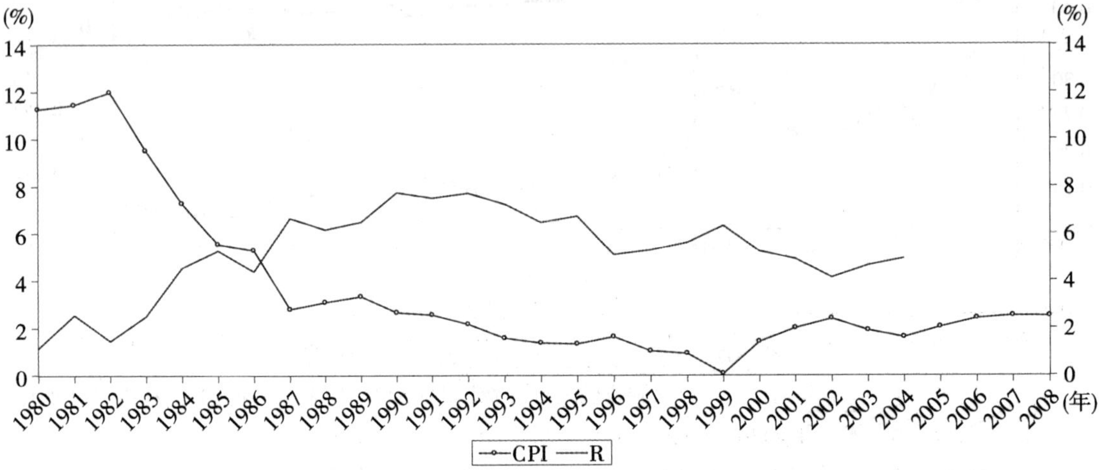

图3-99 1980—2008年法国CPI和利率

数据来源：World Bank。

六、英国经济社会发展程度

英国于1995年1月1日正式加入WTO，1996年1月1日正式加入GPA。

(一)经济总量

1. GDP与人均GDP

1980—2013年间，英国的GDP总量从1980年的1.24万千亿美元增加至2013年的近3万亿美元，年均实际增速为2.39%(见图3-100)。人口总量则从1980年的5.6千万增加至2013年的近6.3千万，年均实际增速为0.31%(见图3-102)。

2. 经济结构

就人均GDP的结构而言，1960—2013年，政府消费的比重逐渐降低，而私人投资比重上升至近30%，消费的比重则稳定于60%~70%的区间(见图3-102)。消费在人均GDP结构中的决定性地位也是英国经济的典型特征之一。大多数年份，私人消费的增速维持在不低于政府消费的增速的发展模式(见图3-103)。

(二)财政收支

1. 财政支出

政府支出占GDP的比重在2001—2008年处于上升区间，2008年已经达到42.83%(见图3-104)。而职工报酬和捐赠的比重较为稳定，转移支出以及利息支出还出现了小幅的下降。

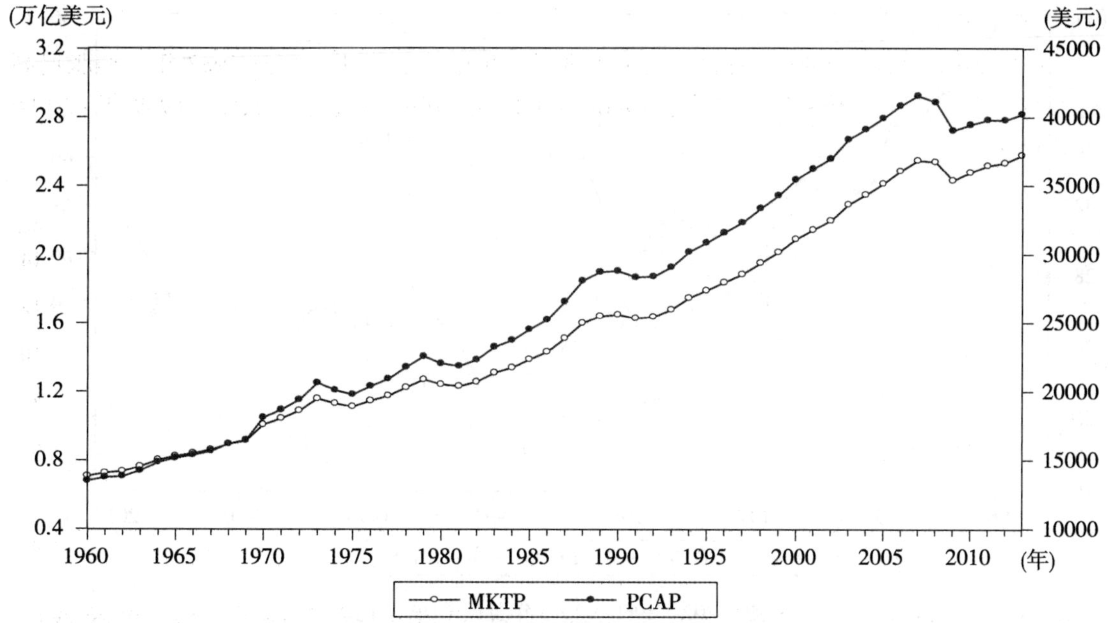

图 3-100 1960—2013 年英国 GDP 及人均 GDP 趋势

注：MKTP、PCAP 分别代表英国 GDP 总量和人均 GDP。GDP 总量对应左轴，人均 GDP 对应右轴。GDP 以 2005 年不变价美元计算。

数据来源：World Bank。

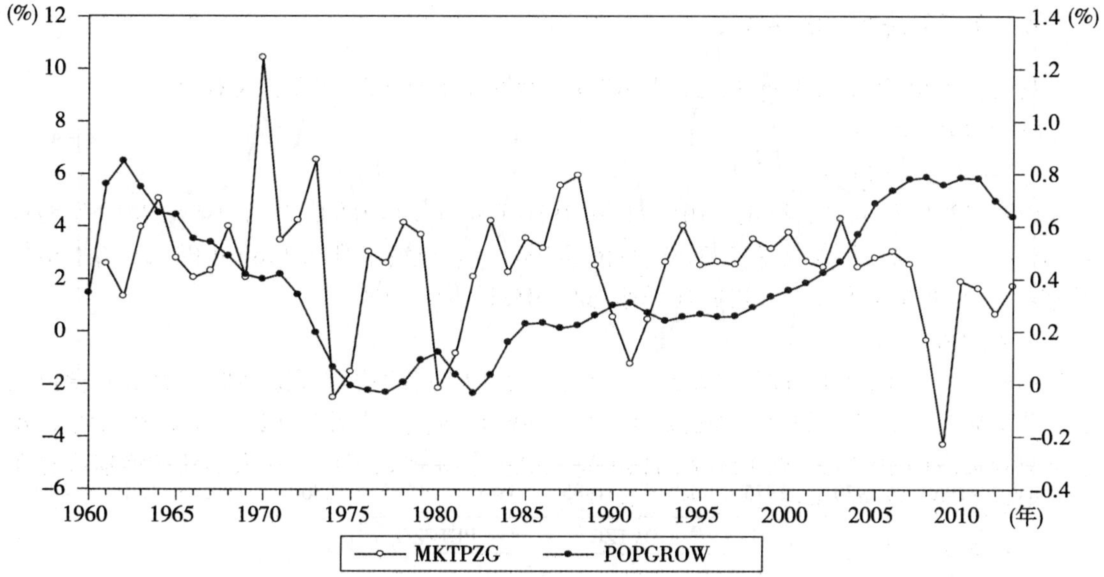

图 3-101 1960—2013 年英国 GDP 总量增速及人口增速

注：POPGROW、MKTPZG 分别代表英国人口年增长率和 GDP 年增长率。人口年增长率对应右轴，GDP 年增长率对应左轴。

数据来源：World Bank。

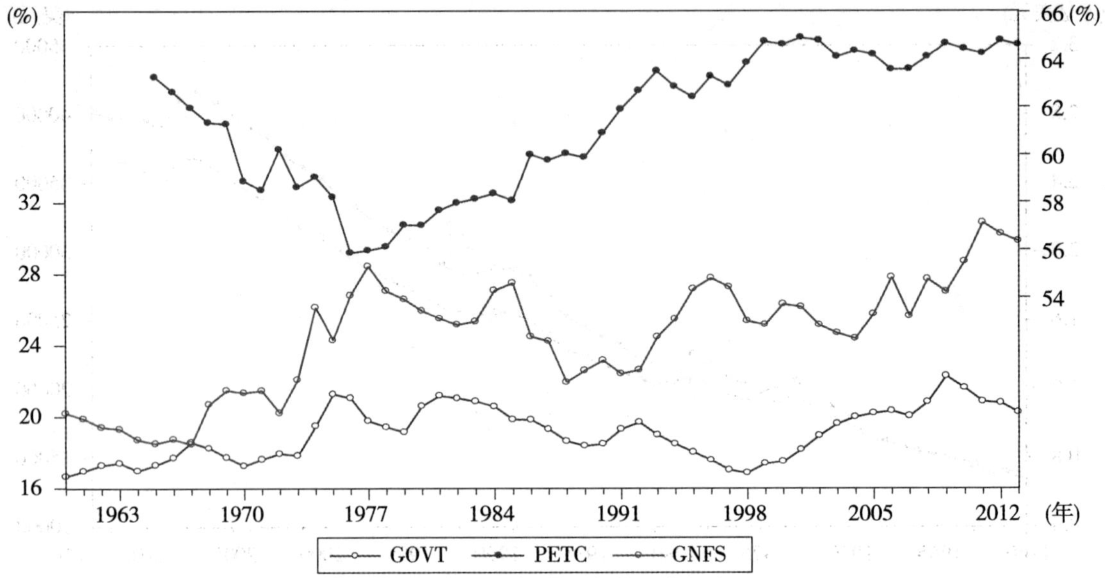

图 3-102 1960—2013 年英国 GDP 结构

注：PETC、GNFS 和 GOVT 分别代表按当年价计私人消费比重、货物和服务净出口额比重以及政府消费比重。私人消费比重对应右轴，其余指标对应左轴。

数据来源：World Bank。

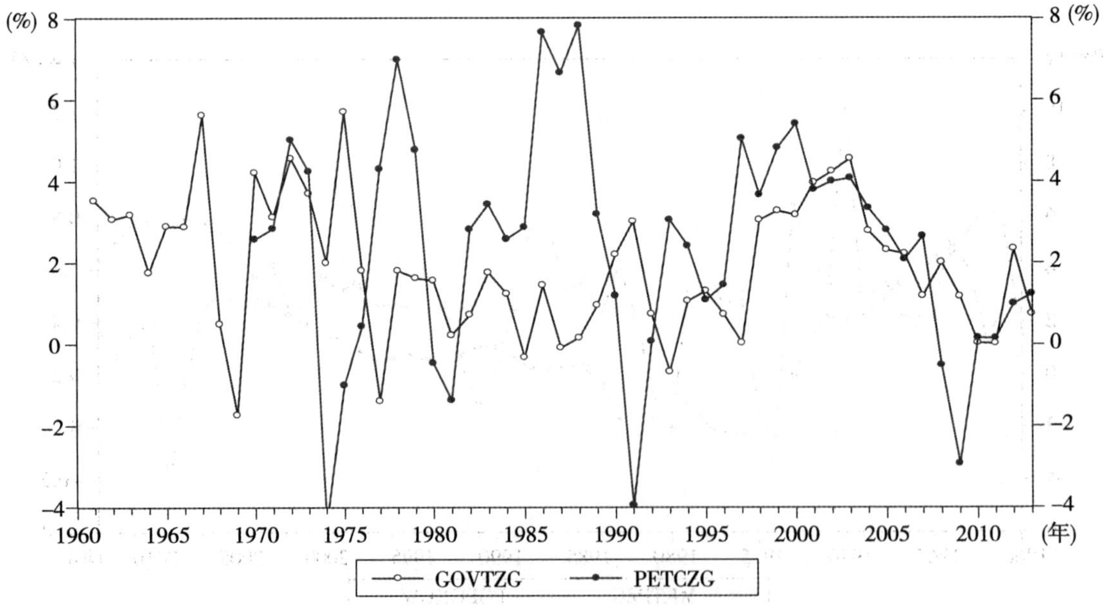

图 3-103 1960—2013 年英国私人消费和政府消费增速趋势

注：PETCZG 和 GOVTZG 分别代表私人消费增速与政府消费增速。

数据来源：World Bank。

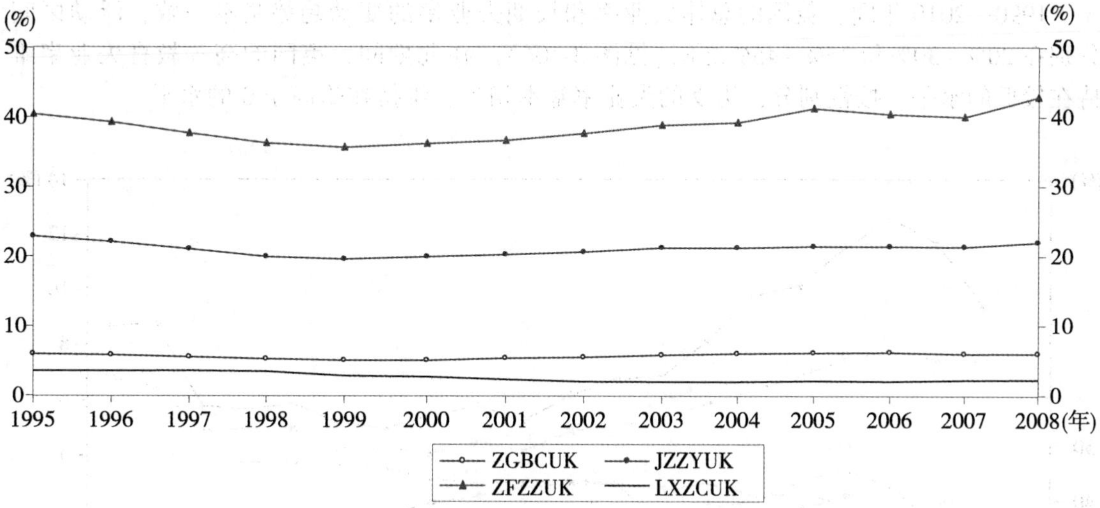

图 3-104　1995—2008 年英国总支出及其主要支出项目占 GDP 的比重

注：ZGBCUK、JZZYUK、ZFZZUK、LXZCUK 分别代表职工报酬、捐赠和转移支出、政府总支出和利息支出占当年 GDP 的比重。

数据来源：World Bank。

2. 财政收入

图 3-105 显示出以下信息：一是两种口径的收入和变化趋势基本一致，2003 年前后处于低谷，2007 年前后处于峰值；二是不包括捐赠的收入比税收收入总额高出 10%左右。

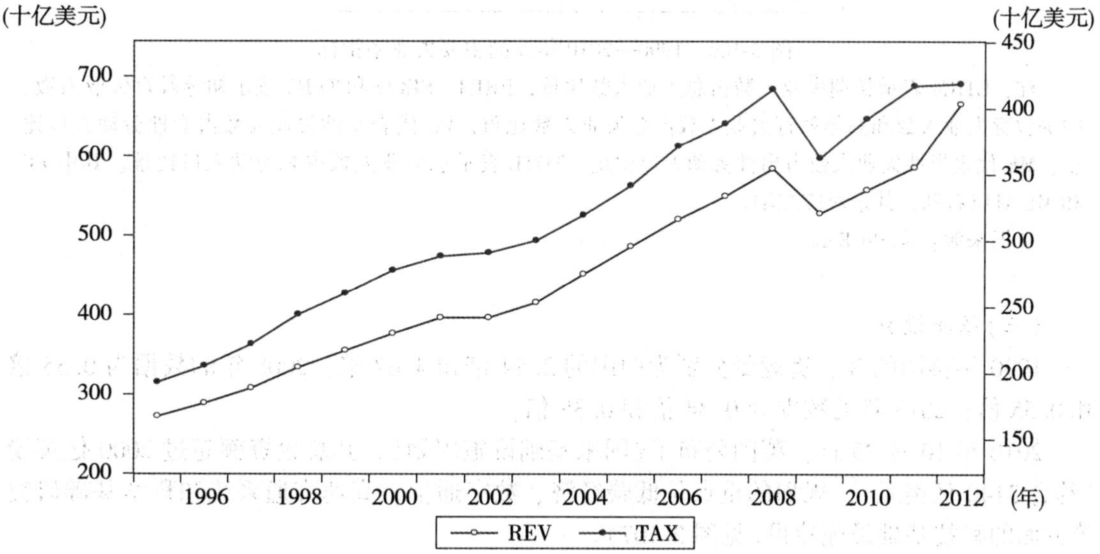

图 3-105　1996—2008 年英国两种口径收入占 GDP 的比重

注：REV 和 TAX 分别代表政府收入和税收收入的金额。其中，税收收入对应右轴，均按当年价格计算。

数据来源：World Bank。

1990—2010 年间，英国的总体失业率和长期失业率的变动趋势基本一致，浮动区间分别在 20%~30%和 25%~45%之间(见图 3-106)。在此期间，英国的高等教育失业率维持在较低的水平。按性别分，男女的失业率基本相当，维持在略高于 0 的水平。

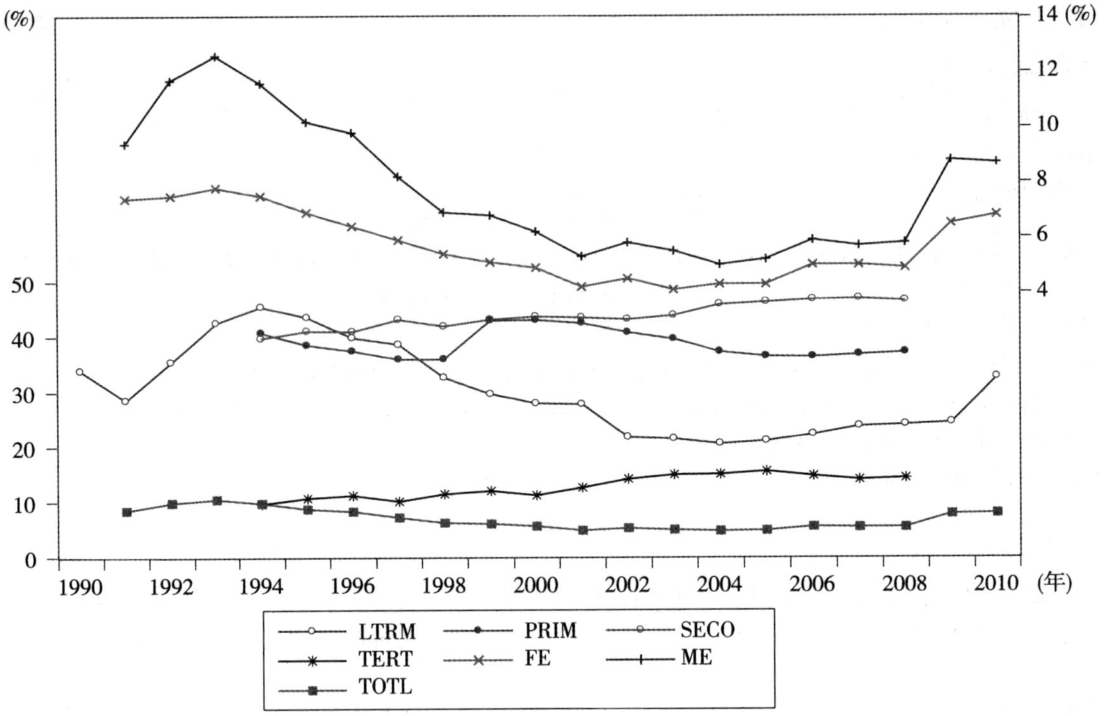

图 3-106 1990—2010 年英国主要失业率指标

注：LTRM 表示长期失业人数占总失业人数比重，PRIM、SECO 和 TERT 表示初等教育失业人数、中等教育失业人数和高等教育失业人数占总失业人数比重，FE 代表女性失业人数占女性劳动人口比重，ME 代表男性失业人数占男性劳动人口比重，TOTL 表示总失业人数占总劳动人口比重。其中 FE 和 ME 对应右轴，其余对应左轴。

数据来源：World Bank。

(三)基础设施

1990 年英国的客、货运量分别为中国的 2.84 倍和 4.67 倍；2008 年的数据为 0.55 倍和 0.55 倍；2013 年的数据为 0.34 倍和 0.38 倍。

2010 年 10 月 25 日，英国公布了《国家基础设施规划》，其总投资额超过 2000 亿英镑(约合 3140 亿美元)，规划的重点是低碳经济、数字通信、高速交通系统和科学基础研究等方面的科技基础设施建设(见图 3-107)。

(四)高科技研发支出与出口

英国高科技出口占制成品出口的百分比由 1996 年的 26.69%下降到 2013 年的 7.65%。就研发支出占 GDP 比例而言，1996 年以来则为 1.7%左右。

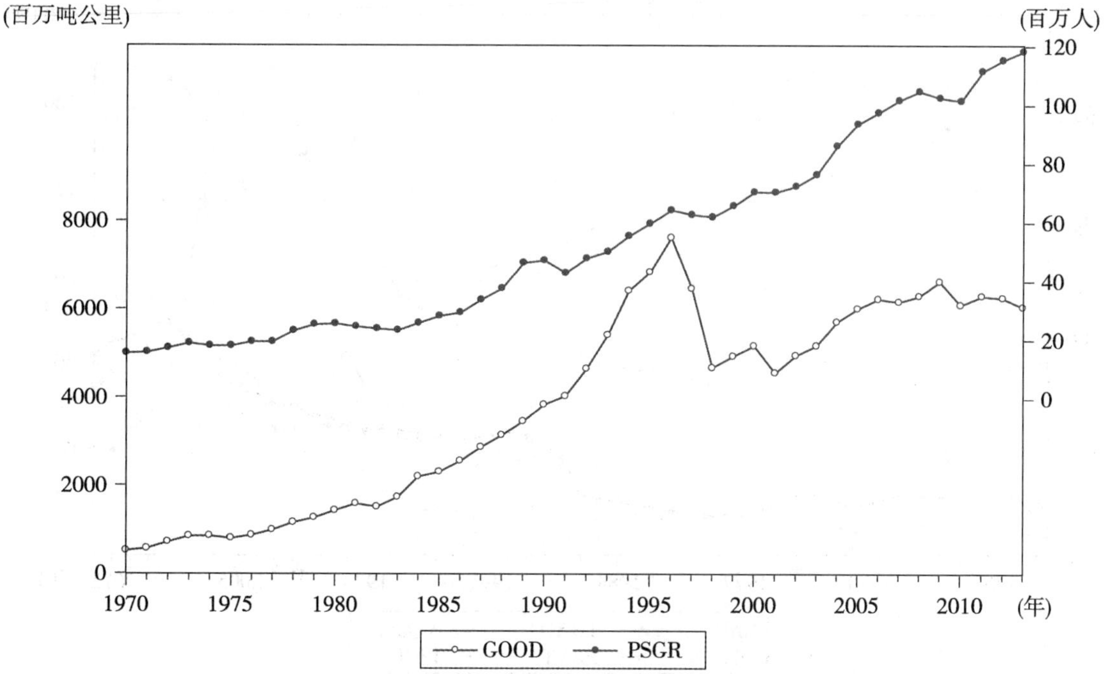

图 3-107 1970—2013 年英国航空客货运量

注：GOOD、PSGR 分别代表英国航空的货物运输量和客运量。货运量指标对应左轴，客运量指标对应右轴。

数据来源：World Bank。

(五)教育投入

1990—2000 年间，英国的政府教育投入占 GDP 的比例为 4.5%左右，2001—2006 年该比重上升至 5.2%附近，其中 2006 年达到峰值，为 5.24%。

就教育的各阶段而言，1999—2012 年，英国的学前儿童入学率由 77.25%上升为 84.25%；在中学入学率方面，英国同期的数据则为 94.27%~94.63%；高中生的入学率方面，英国的同期数据为 59.70%~61.88%。

(六)金融

就贷款而言，银行提供的国内信贷占 GDP 的比例与私营部门国内贷款额占 GDP 的比例基本相当，1987—2008 年两者几乎相等(见图 3-108)。上市公司的市值占 GDP 的比重在 1999 年和 2006 年达到峰值，分别为 188.24%和 146.91%，2008 年跌至 83.29%，2012 年回升到 115.47%。

股票交易总额占 GDP 的比例从 1990 年的 25.5%上升至 2012 年的 95.2%，其中 2001 年和 2007 年达到峰值，分别为 121.7%和 348.4%。上市公司的市值占 GDP 的比重和股票交易总额占 GDP 的比重在各自峰值后的 1~2 年，均发生了严重的经济危机。M2 占 GDP 的比重在 2008 年和 2013 年分别为 166.59%和 150.93%。

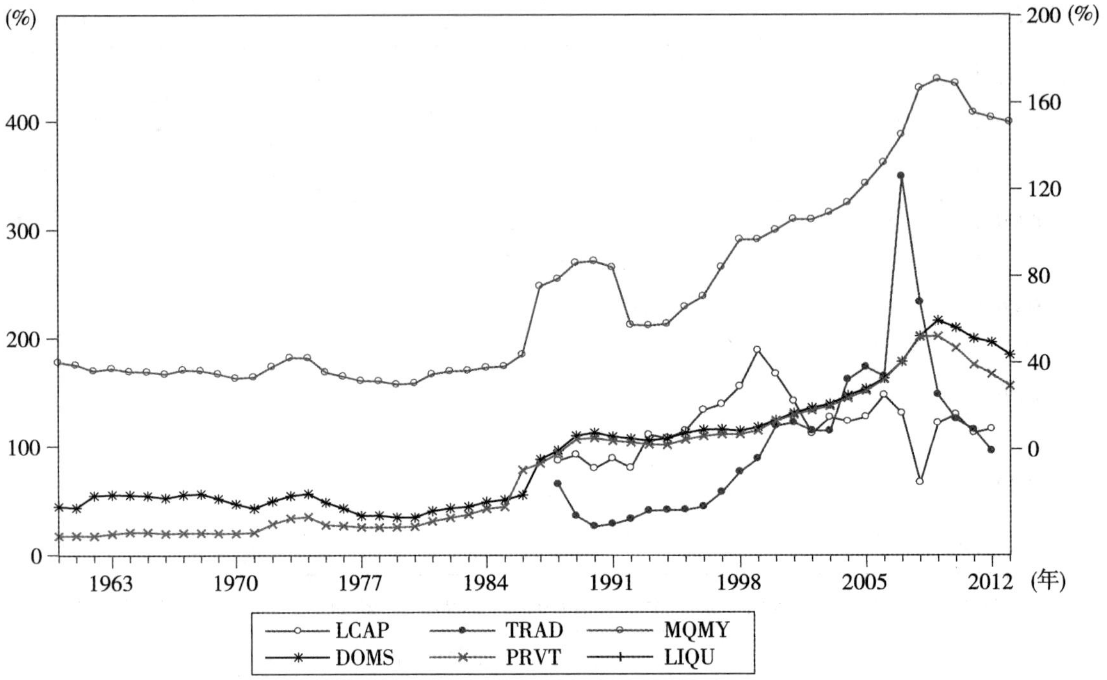

图 3-108 1960—2013 年英国各项主要金融指标

注：DOMS、PRVT、LCAP、TRAD、LIQU 和 MQMY 分别代表由银行提供的国内信贷占 GDP 的比例(%)、私营部门国内贷款额占 GDP 的比例(%)、上市公司市值占 GDP 的比例(%)、股票交易总额占 GDP 的比例(%)、流动负债(M3)占 GDP 的比例(%)、货币和准货币(M2)占 GDP 的比例(%)。LIQU 和 MQMY 对应右轴，其余指标对应左轴(世界银行数据库中英国 LIQU 数据残缺)。

数据来源：World Bank。

(七)健康

1990—2013 年，英国各项重要的健康指标都存在一定的改善趋势，其中每 10 万人发生结核病的比例下降趋势最为明显。

1990 年英国成年女性的死亡率是 7.81%，而男性的数据为 12.93%。2008 年，两者的数据分别为 6.01%和 9.68%(见图 3-109)。

(八)能源

随着能源使用量的上升，能源的使用效率在不断改善。换言之，能源的使用强度在逐步提升(见图 3-110、图 3-111)。

(九)价格指数

1980—1990 年，英国经历了较为严重的通货膨胀，其中 1980 年的通货膨胀率达到了 19.4%。1992 年之后，CPI 和利率开始逐渐趋稳(见图 3-112)。20 世纪 80 年代，英国为了克服较高的通货膨胀率，采取了削减政府支出、减征所得税和高汇率政策三种主要方式。

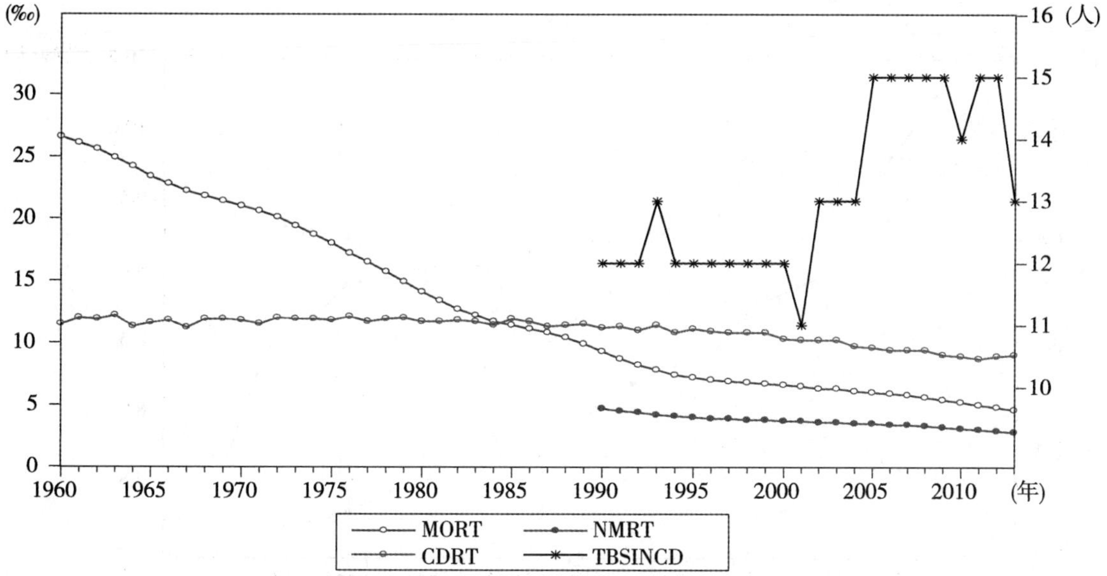

图 3-109　1960—2013 年英国各项主要健康指标

注：NMRT、MORT、CDRT 和 TBSINCD 分别代表婴儿死亡率(‰)、5 岁以下儿童死亡率(‰)、总死亡率(‰)和每 10 万人发生结核病的人数。每 10 万人发生结核病的人数对应右轴，其余对应左轴。

数据来源：World Bank。

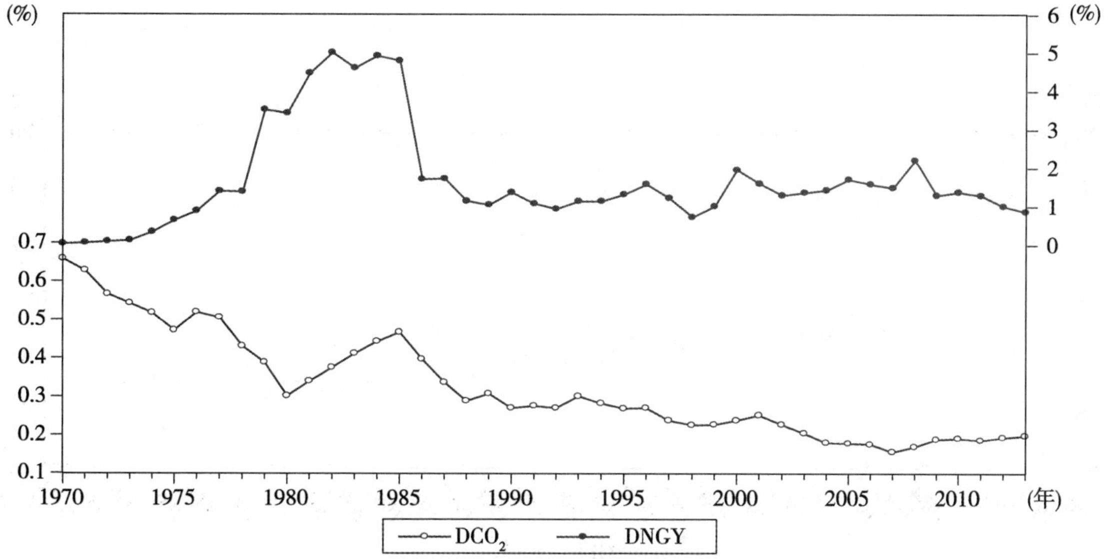

图 3-110　1970—2013 年英国主要能源消耗指标

注：DCO_2 和 DNGY 分别代表二氧化碳排放的治理费用占 GNI 的比例(%)和能源消耗占 GNI 的比例(%)。前者对应左轴，后者对应右轴。

数据来源：World Bank。

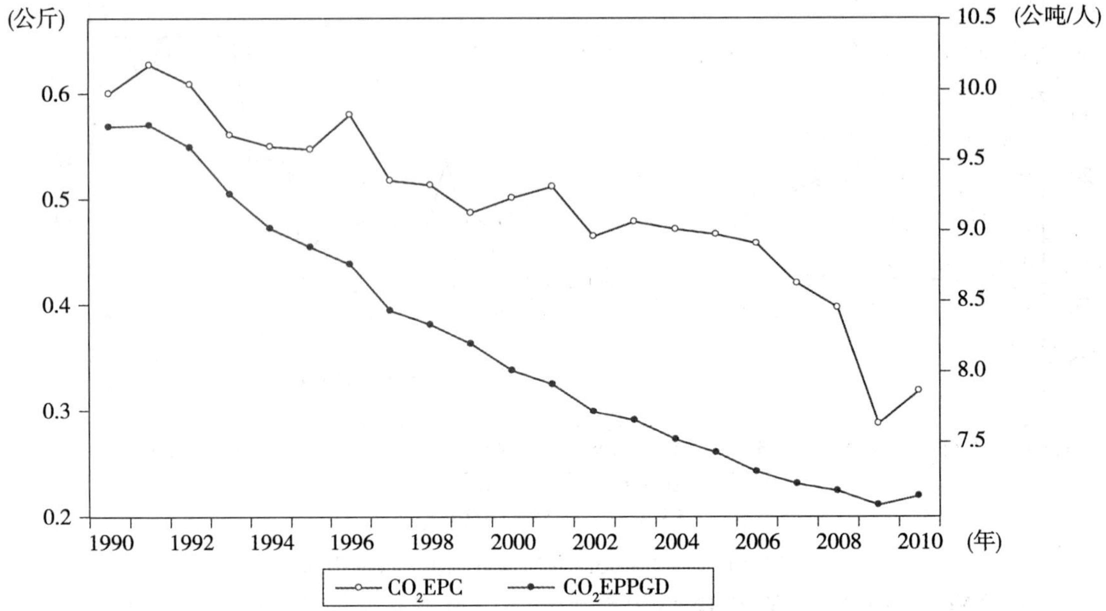

图 3-111　1990—2010 年英国主要能源消耗指标

注：CO_2EPPGD 和 CO_2EPC 分别代表每一美元 GDP 所产生的工业 CO_2 排放量(PPP 方法，公斤)和人均工业 CO_2 排放量(公吨/人)。前者对应左轴，后者对应右轴。

数据来源：World Bank。

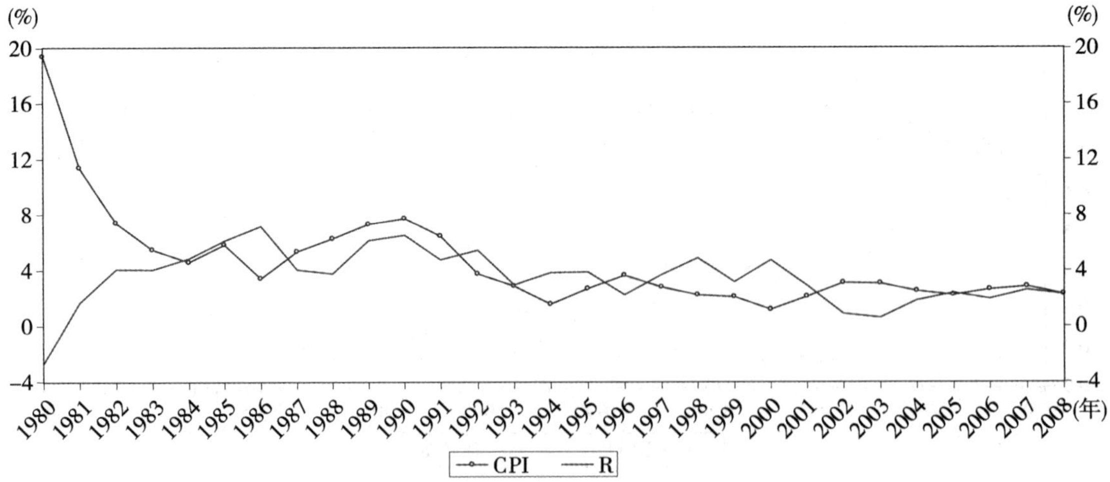

图 3-112　1980—2008 年英国 CPI 和利率

数据来源：World Bank。

七、意大利经济社会发展程度

意大利于1995年1月1日与1996年1月1日分别加入了WTO和GPA。

(一)经济总量

1. GDP与人均GDP

意大利的GDP总量从1960年的403.85亿美元增加至2013年的21494.8亿美元，年均实际增速为2.64%(见图3-113)。人口总量则从1960年的5019万增加至2013年的6023.4万，年均实际增速为0.374%(见图3-114)。2002—2004年，该国人口出现了较大幅度的增长。快速的经济总量增加与有限的人口增加使得人均GDP的增速始终快于GDP总量的增速。

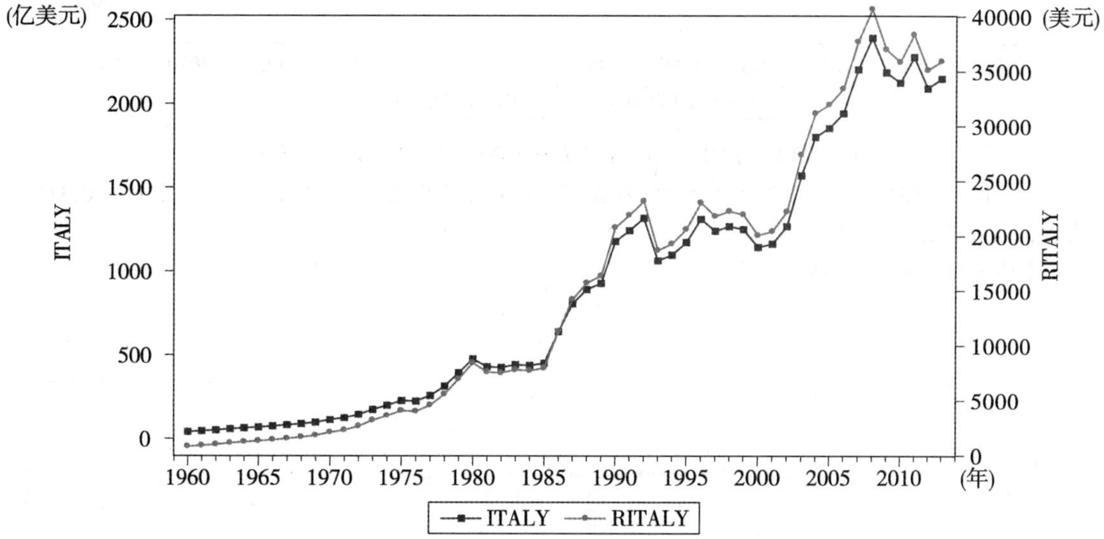

图3-113 1960—2013年意大利GDP及人均GDP趋势

注：ITALY、RITALY分别代表意大利GDP总量和人均GDP。GDP总量对应左轴，人均GDP对应右轴。

数据来源：World Bank。

2. 经济结构

就人均GDP的结构而言，1970—2013年政府消费以及投资的比重基本稳定，而消费的比重则稳定于70%~80%(见图3-115)。大多数年份，私人消费的增速维持在不低于政府消费的增速的发展模式。此外，政府消费增速对私人消费具有2年左右的滞后期(见图3-116)。

(二)财政收支

1995—2012年政府支出占GDP的比重处于降低的区间，2008年达到40%，2009年有所升高，之后稍有下降，2013年稳定在40.39%。而职工报酬、利息支出以及其他支出的比重则较为稳定(见图3-117)。

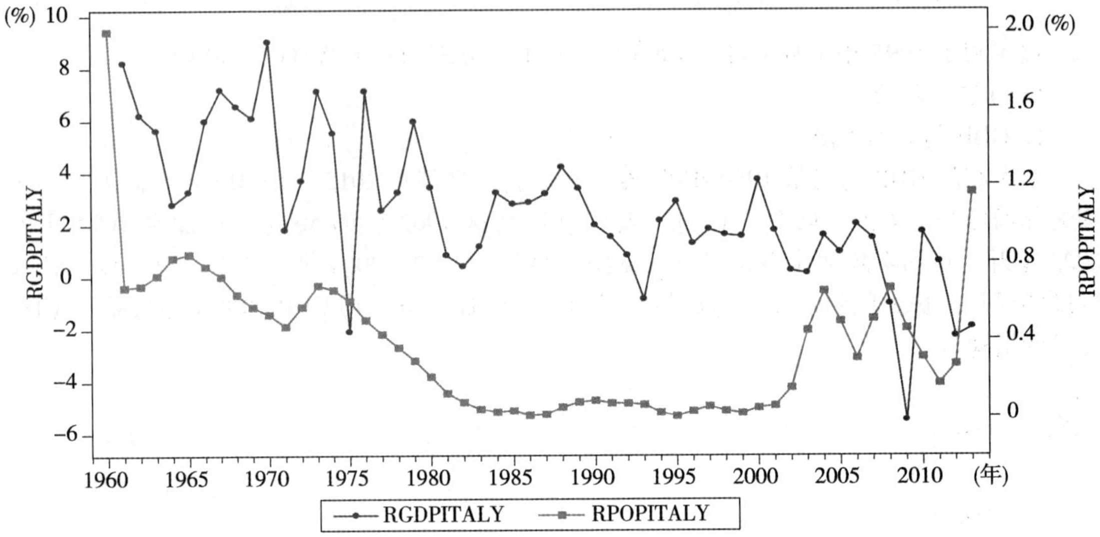

图 3-114　1960—2013 年意大利 GDP 总量增速及人口增速

注：RGDPITALY、RPOPITALY 分别代表意大利 GDP 总量增速和人口增速。GDP 总量增速对应左轴，人口增速对应右轴。

数据来源：World Bank。

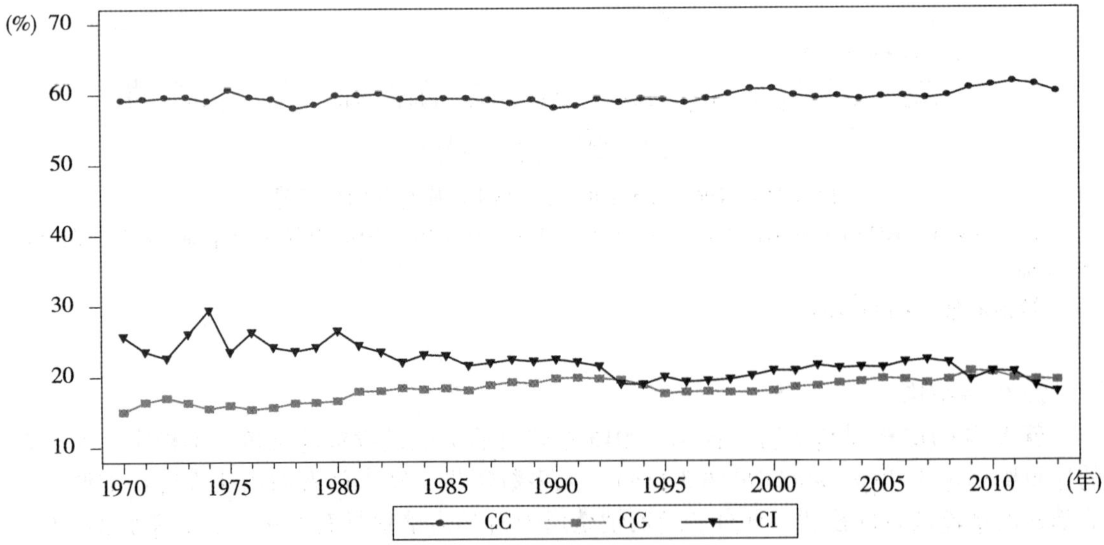

图 3-115　意大利人均 GDP 结构

注：CC、CG 和 CI 分别代表按当年价计实际人均 GDP 的消费比重、政府支出比重和投资比重。

数据来源：World Bank。

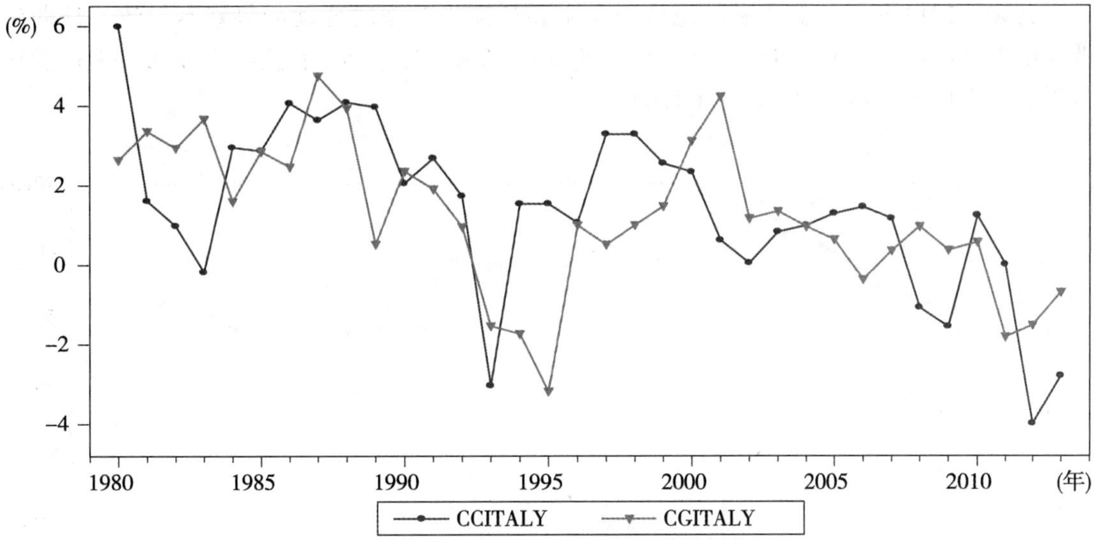

图 3-116　1980—2013 年意大利私人消费和政府消费增速趋势

注：CCITALY 和 CGITALY 分别代表私人消费增速与政府消费增速。

数据来源：World Bank。

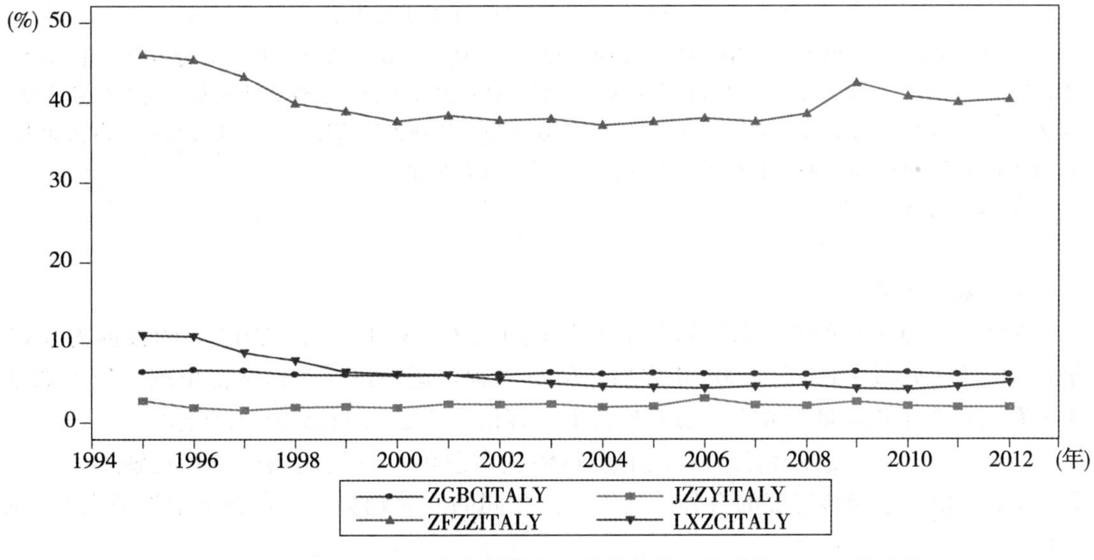

图 3-117　1995—2012 年意大利总支出及其主要支出项目占 GDP 的比重

注：ZGBCITALY、JZZYITALY、ZFZZITALY、LXZCITALY 分别代表职工报酬、其他支出、政府总支出和利息支出占当年 GDP 的比重。

数据来源：World Bank。

(三)失业率

1990—2013 年间，意大利的总体失业率和长期失业率的变动趋势基本一致，长期失业率的浮动区间为 45%~70%，而总体失业率在 10%左右浮动。在所有失业人口中接受初等教育的人所占比例最高(见图 3-118)。

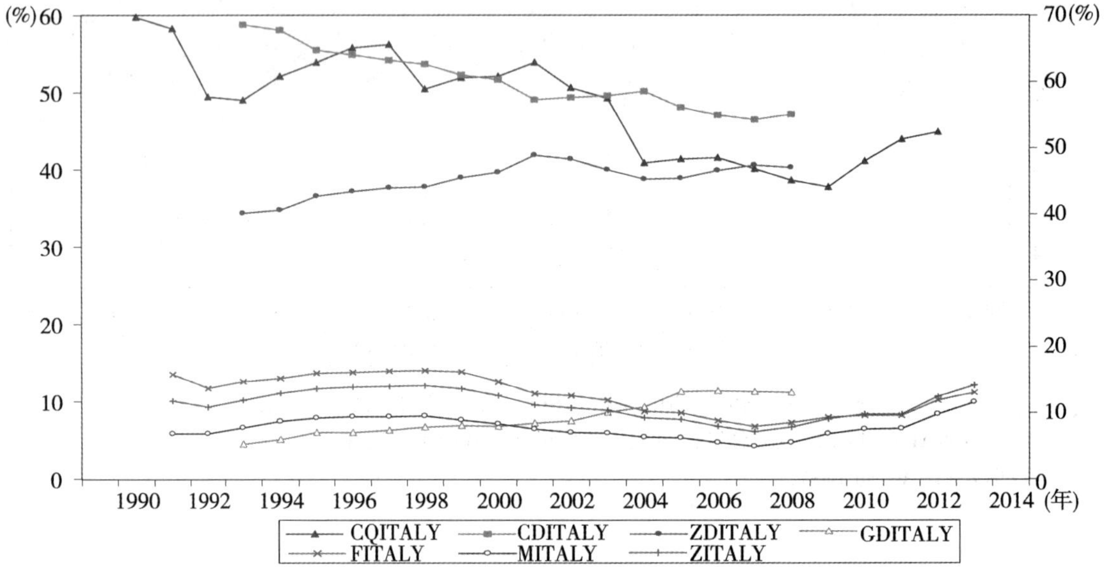

图 3-118 1990—2013 年意大利主要失业率指标

注：CQITALY、CDITALY、ZDITALY、GDITALY、FITALY、MITALY 和 ZITALY 分别代表长期失业人数、初等教育失业人数、中等教育失业人数、高等教育失业人数、女性失业人数、男性失业人数各项占失业人数的比重以及失业率。其中，女性失业人数占失业人数的比重、男性失业人数占失业人数的比重以及长期失业人数的指标对应右轴，其余指标对应左轴。

数据来源：World Bank。

(四)基础设施

1990 年，意大利的客、货运量分别为中国的 1.5 倍和 1.2 倍，2013 年的数据为 0.07 倍和 0.04 倍(见图 3-119)。2008 年之后，航空的货物运输量与客运量都出现了较大幅度的下降，2013 年货运量为 877.4 百万吨公里，客运量为 25228495.71 人/公里。

1960—2013 年，意大利公路部门的燃料消耗占总消耗量的比例(%)和运输部门的二氧化碳排放量占总燃料燃烧的百分比基本保持相同的变动趋势，并在波动中逐渐上升(见图 3-120)。

(五)高科技研发支出与出口

1996—2013 年意大利高科技出口占制成品出口的百分比稳定在 7%左右。就研发支出占 GDP 比例而言，1996 年以来则为 1.1%左右。

(六)教育投入

1998—2007 年间，意大利的政府教育投入占 GDP 的比例为 4.64%左右。

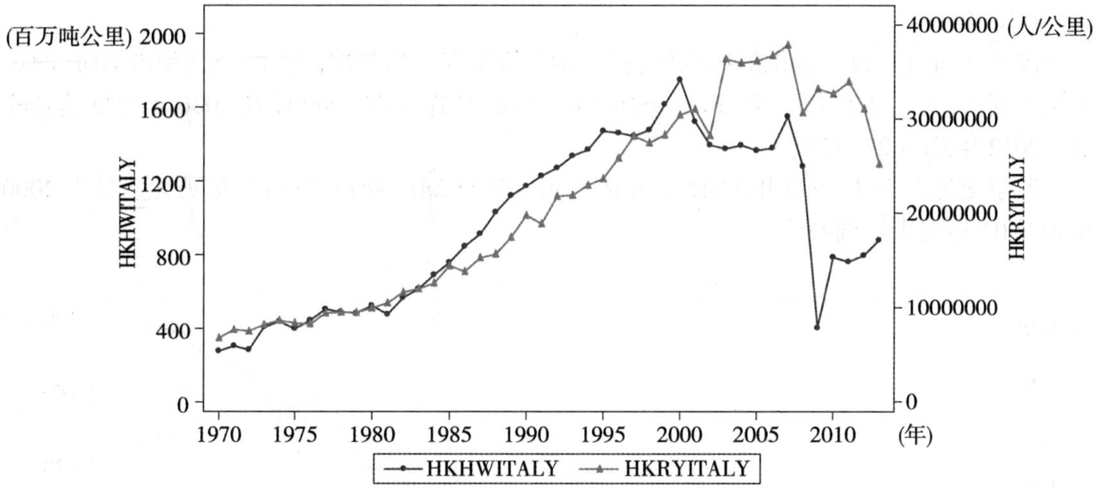

图 3-119　1970—2013 年意大利航空客货运量

注：HKHWITALY、HKRYITALY 分别代表意大利航空的货物运输量和客运量。货运量指标对应左轴，客运量指标对应右轴。

数据来源：World Bank。

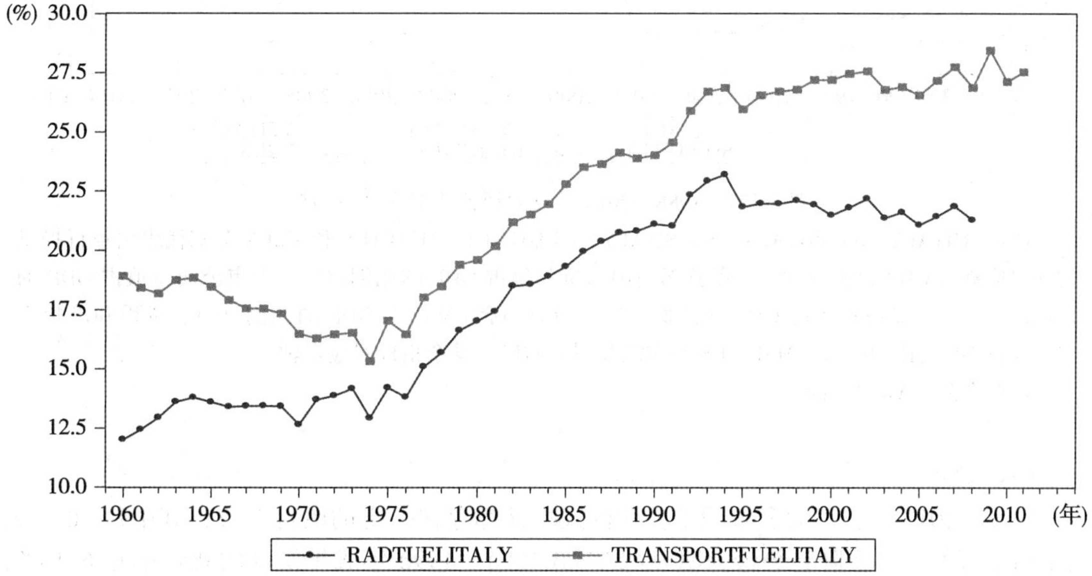

图 3-120　1960—2012 年意大利公路和运输部门油耗指标

注：RADTUELITALY、TRANSPORTFUELITALY 分别代表意大利公路部门的燃料消耗占总消耗量的比例(%)和运输部门的二氧化碳排放量(占总燃料燃烧的百分比)。

数据来源：World Bank。

就教育的各阶段而言，1999—2012 年，学前儿童入学率由 96.73%上升至 99%。中学入学率同期的数据则为 92.38%~99.88%。高中入学率从 47.2%提升至 62%。

（七）金融

就贷款而言，银行提供的国内信贷占GDP的比例与私营部门国内贷款额占GDP的比例基本相当（见图3-121）。上市公司的市值占GDP的比重在2000年和2006年分别达到峰值，2012年跌至22.97%。

股票交易总额从1990年的425.66亿美元上升至2012年的7596.7亿美元，其中2000年和2007年分别达到峰值。

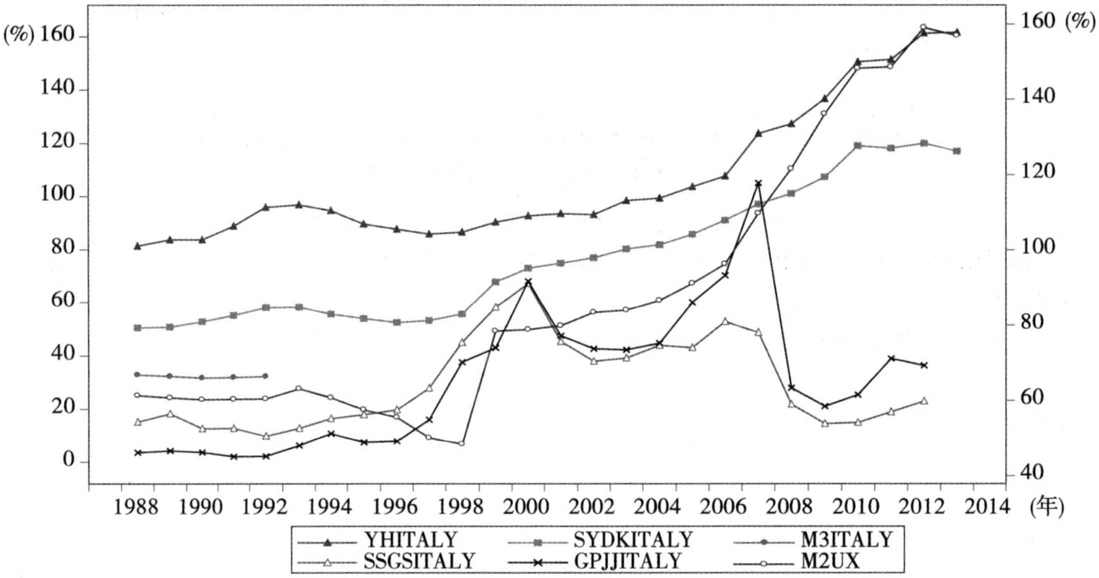

图3-121 1988—2013年意大利各项主要金融指标

注：YHITALY、SYDKITALY、SSGSITALY、GPJJITALY、M3ITALY和M2UX分别代表由银行提供的国内信贷占GDP的比例（%）、私营部门国内贷款额占GDP的比例（%）、上市公司市值占GDP的比例（%）、股票交易总额占GDP的比例（%）、流动负债（M3）占GDP的比例（%）、货币和准货币（M2）占GDP的比例（%）。M3ITALY和M2UX对应右轴，其余指标对应左轴。

数据来源：World Bank。

（八）健康

1990—2013年，意大利各项重要的健康指标都存在一定的改善趋势，其中每10万人发生结核病的比例下降趋势最为明显（见图3-122）。1990年成年女性的死亡率是6.13%，而男性的数据为13.08%。2009年，两者的数据分别为4.2%和7.5%。

（九）能源

1992—2002年间，意大利二氧化碳排放的治理费用占GNI的比例较1990年有了一定程度的提升，但是2002年之后该项比例开始持续下降，2009年达到最低谷，其数据为0.169%。2009—2013年此比例又稍有回升，而1990—2008年间能源消耗占GNI的比例持续波动提升，2008年的数据为0.22%，2009年显著降低。此后，该项指数有所上升，2013年的数据为0.12%（见图3-123）。

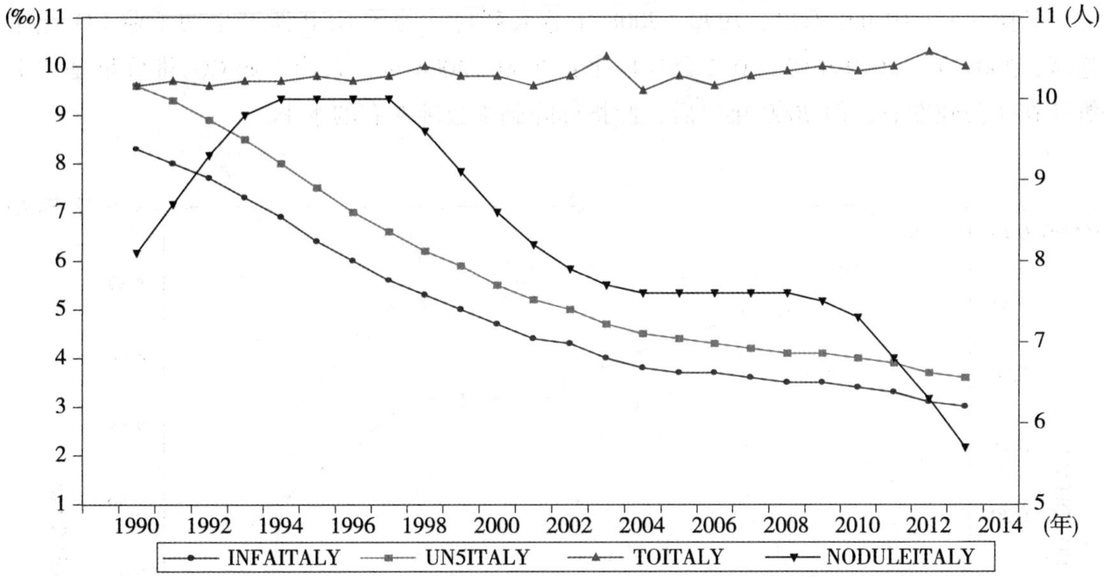

图 3-122 1990—2013 年意大利各项主要健康指标

注：INFAITALY、UN5ITALY、TOITALY 和 NODULEITALY 分别代表婴儿死亡率(‰)、5 岁以下儿童死亡率(‰)、总死亡率(‰)和每 10 万人发生结核病的人数(人)。

数据来源：World Bank。

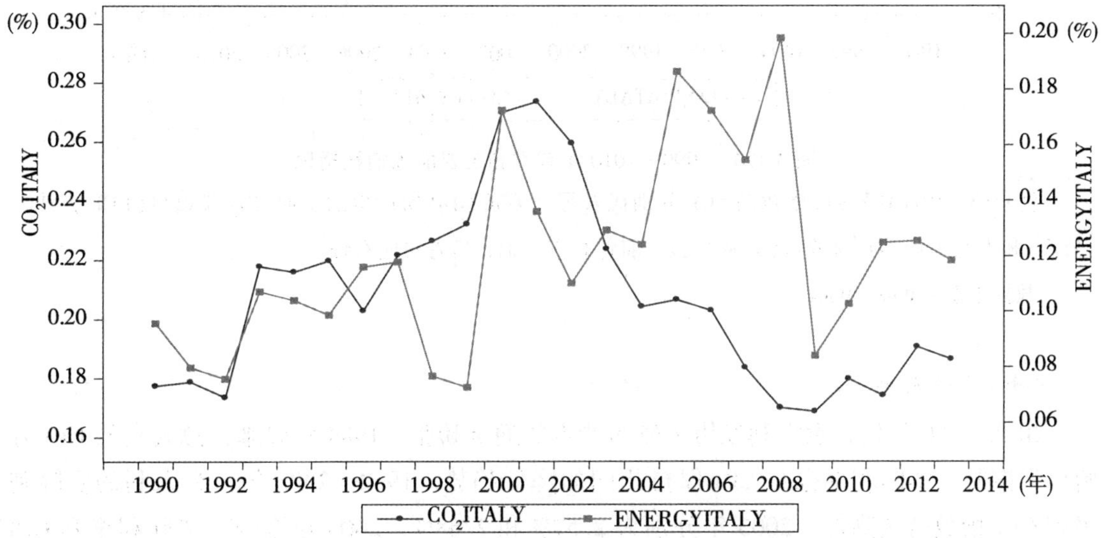

图 3-123 1990—2013 年意大利主要能源消耗指标

注：CO_2ITALY 和 ENERGYITALY 分别代表二氧化碳排放的治理费用占 GNI 的比例(%)和能源消耗占 GNI 的比例(%)。前者对应左轴，后者对应右轴。

数据来源：World Bank。

从图3-124中可以看出，1990—2008年意大利每一美元GDP所产生的工业CO_2逐年递减，2009年、2010年降至0.2公斤以下；2000—2008年，人均工业CO_2排放量基本上维持在8公吨左右，但2009年以后，此指标降到7公吨左右的水平。

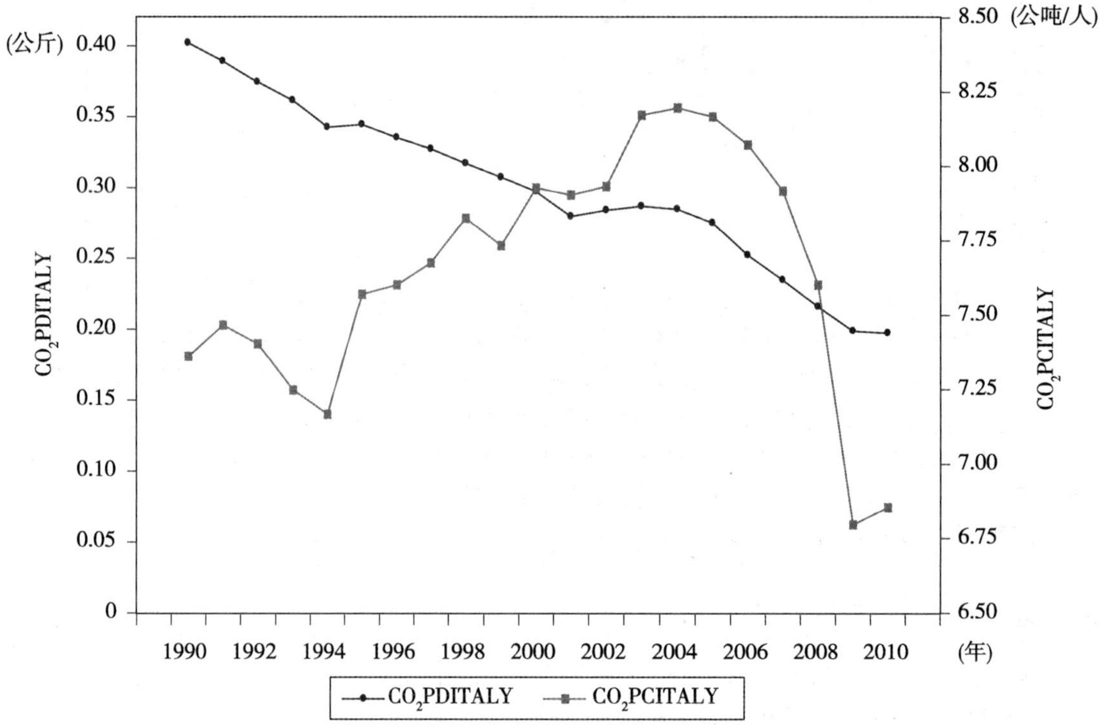

图3-124 1990—2010年意大利主要能源消耗指标

注：CO_2PDITALY和CO_2PCITALY分别代表每一美元GDP所产生的工业CO_2排放量(PPP方法，公斤)和人均工业CO_2排放量(公吨/人)。前者对应左轴，后者对应右轴。

数据来源：World Bank。

(十)价格水平

20世纪80年代，意大利经历了较为严重的通货膨胀。1984年以来，意大利的CPI开始得到控制，实际利率也与CPI保持相同的降低趋势。1992—2003年，意大利的实际利率和CPI指数持续降低，2003年分别为2.57%和2.68%。2003年至今，实际利率和CPI指数都基本稳定，在1%~4%的范围内波动(见图3-125)。

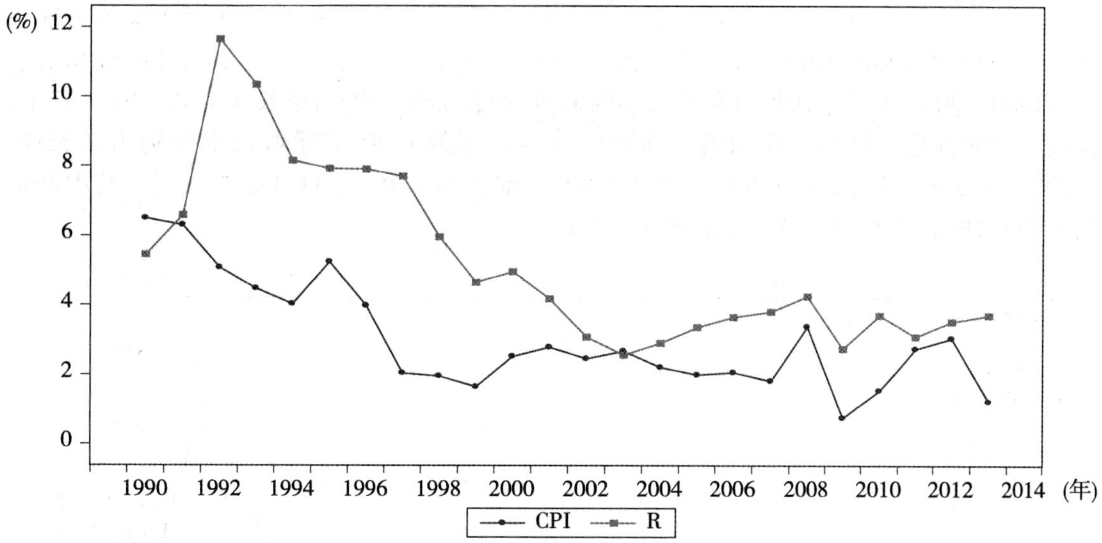

图 3-125 1990—2013 年 CPI 和利率

数据来源：World Bank。

第三节 发展中缔约方经济社会发展的共性

本节将冰岛、中国香港、新加坡、挪威、韩国、以色列以及约旦加入 GPA 之前的数年至目前的经济情况进行了一定的梳理，分析了发展中国家和地区经济社会的共性。这些国家和地区加入 GPA 的时间见表 3-6。

表 3-6 **发展中国家和地区加入 GPA 的时间**

国家和地区	加入时间
挪威	1996 年 1 月 1 日
以色列	1996 年 1 月 1 日
中国香港	1997 年 6 月 19 日
韩国	1997 年 1 月 1 日
新加坡	1997 年 10 月 20 日
冰岛	2001 年 4 月 28 日
约旦	2000 年 3 月 8 日成为 GPA 观察员国

资料来源：WTO。

一、经济总量

（一）GDP 与人均 GDP

1980—2013 年间，这些国家和地区的 GDP 增长加快，年均增长率为 4.39%。其中，挪威、中国香港、冰岛、新加坡、韩国以及以色列的 GDP 实际增长率分别为 2.55%、4.97%、4.83%、7.5%和 5.69%。加入 GPA 之前人均 GDP 为 34234.42 美元，其中新加坡人均 GDP 也有 21838.44 美元（见图 3-126）。

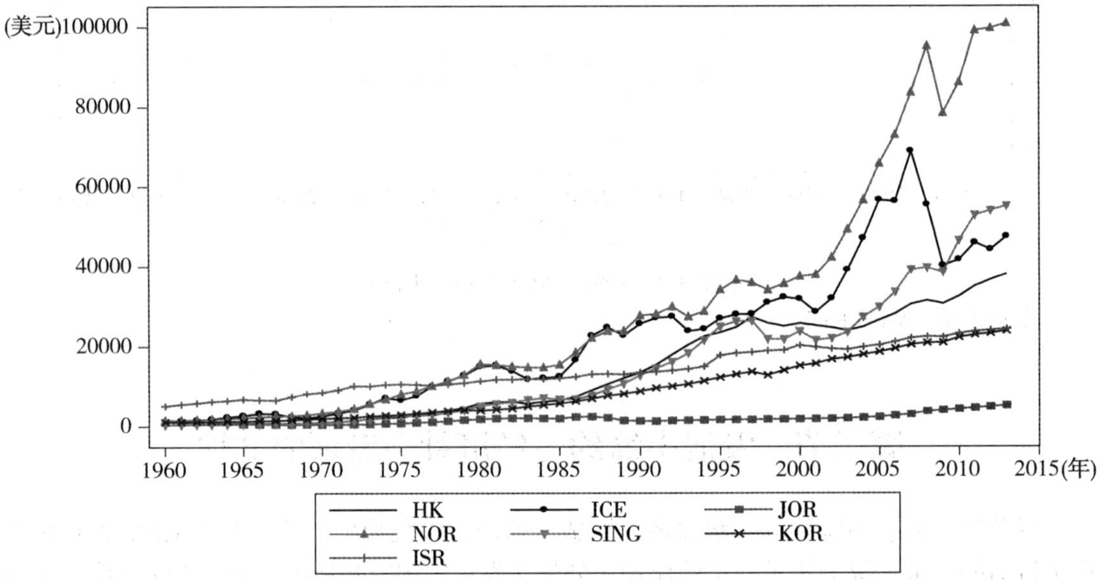

图 3-126　发展中国家和地区人均 GDP

注：图中数据按照所属国家和地区的当年价格计算。HK、ICE、JOR、NOR、SING、KOR、ISR 分别代表中国香港、冰岛、约旦、挪威、新加坡、韩国和以色列。

数据来源：World Bank。

（二）经济结构

上述国家和地区在加入 GPA 前一年的平均投资率为 27.94%，其中中国香港、新加坡、冰岛和挪威的投资率分别为 30.78%、38.33%、22.87%和 19.79%。1994—2013 年间，这 4 个国家和地区的平均投资率分别为 25.56%、28.63%、21.79%和 22.48%（世界银行，2014）。因此，从总体上看，加入 GPA 前这些国家和地区的投资率相对较平稳。总体而言，政府投资的比重基本呈现出先增长后下降的趋势。

二、财政负担

在图 3-127 中，用财政自由度表示财政负担的强弱，财政自由度越大，财政负担越小，反之，财政负担越大。这些国家和地区的财政自由度水平存在一定的差距，其中，挪威的财政自由度较低，即负担一直处于高位。1996—2015 年，冰岛、中国香港和新加坡的财政自由度基本保持稳定，部分国家和地区呈现出略微增长的趋势，即负担水平稍有下降。

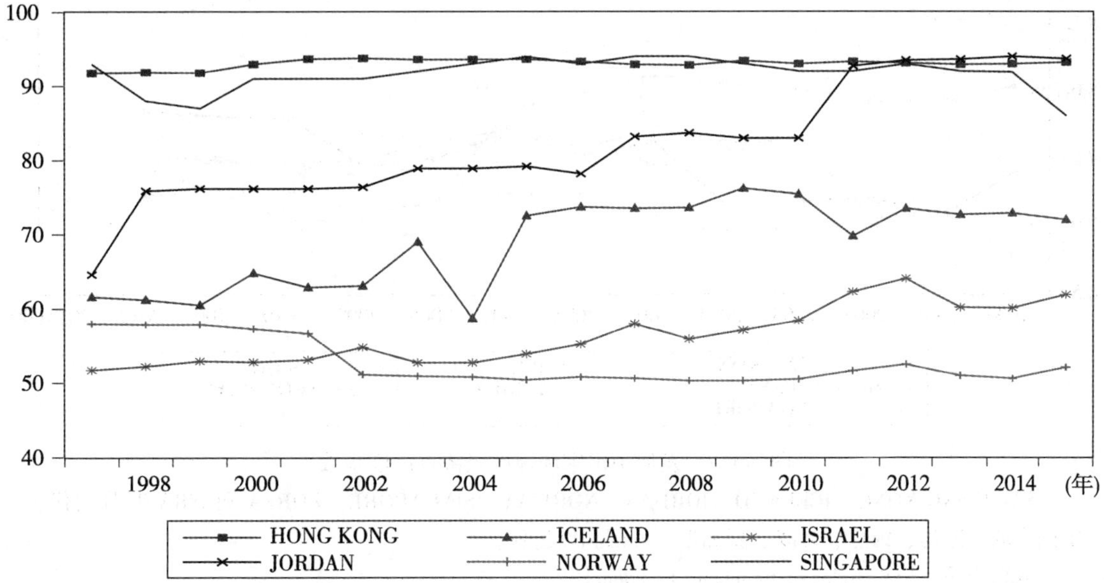

图 3-127 发展中国家和地区财政负担指数

注：HONG KONG、ICELAND、ISRAEL、JORDAN、NORWAY、SINGAPORE 分别代表中国香港、冰岛、以色列、约旦、挪威和新加坡。

数据来源：历年 Index of Economic Freedom。

三、经济自由度

这些国家和地区由于市场经济主体地位确立，相对建立了比较完善的市场经济制度，市场资源的配置较为优化，因此这些国家和地区的经济自由度较高，经济自由度指数基本上维持在 7~9 分水平。其中，中国香港和新加坡的经济自由度在 9 分左右；而冰岛、挪威的经济自由度在 8 分左右。其中，冰岛的经济自由度在 2000—2008 年间稳中有升，但自 2008 年之后，有所下降，仍逐渐表现出回升的趋势；挪威自 1995 年以来，经济自由度保持了均值为 7.8 左右的水平，近年来稍有下降；约旦的经济自由度维持在 7~8 分，并稍有上升。以色列和韩国的经济自由度从 2000 年起有所上升，由 6.7 左右上升至 7.5 左右(如图 3-128 所示)。

四、失业率

加入 GPA 前的发展中国家和地区的失业率维持在 2%~6%之间。其中，中国香港、新加坡、冰岛和挪威 4 个国家和地区的失业率分别为 3.2%、3%、2.3%和 4.9%，平均为 3.35%。加入 GPA 后，这些国家和地区的失业率在 2.2%~7.9%之间。其中，2003 年中国香港和新加坡的失业率指标达到峰值，分别高达 7.9%和 5.9%。但是，2006 年以来，

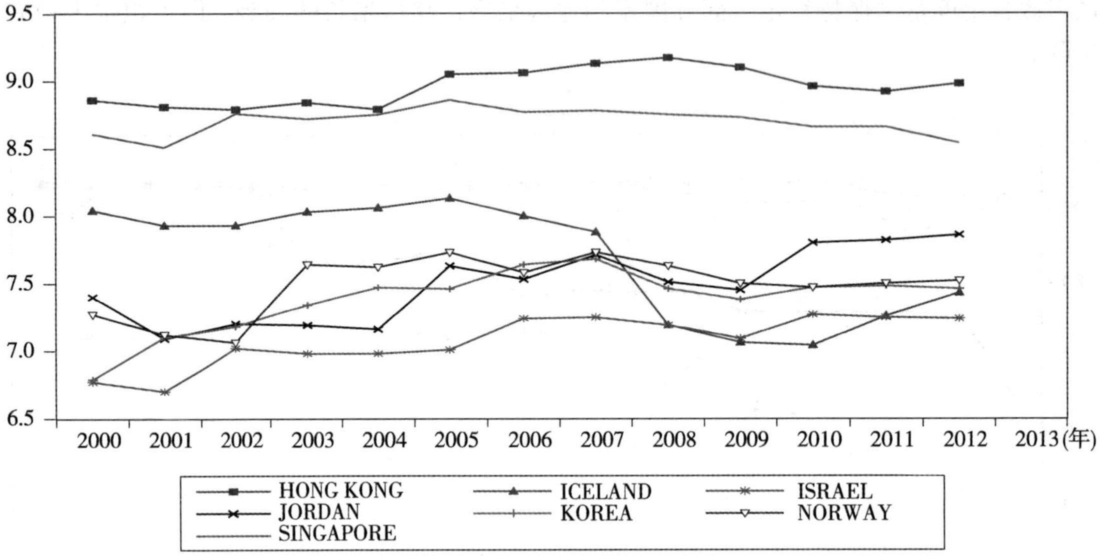

图 3-128 发展中国家和地区经济自由度指数

注：HONG KONG、ICELAND、JORDAN、NORWAY、SINGAPORE、KOREA 和 ISRAEL 分别代表中国香港、冰岛、约旦、挪威、新加坡、韩国和以色列。

数据来源：历年 Index of Economic Freedom。

除冰岛以外的各国和地区失业率基本上保持在 4%左右。2009 年以来，冰岛金融危机导致其失业率较高，基本达到 6%~7%，但近年来有下降趋势。同时，韩国除去 1998 年发生经济危机引发的失业率暴增外，其他年份的失业率基本维持在 3.5%左右。而以色列的失业率一直较高，1992 年为峰值 11.2%(见表 3-7)。

表 3-7 **发展中国家和地区总失业率** (单位:%)

国家和地区 / 年份	中国香港	新加坡	冰岛	挪威	韩国	以色列
1990	1.3	—	—	5.3	—	6.8
1991	1.8	1.9	2.5	5.4	2.4	10.6
1992	2	2.7	4.3	5.9	2.5	11.2
1993	2	2.7	5.3	6	2.9	10
1994	1.9	2.6	5.3	5.3	2.5	7.8
1995	3.2	2.7	4.9	4.9	2.1	6.9
1996	2.8	3	3.7	4.8	2	6.7
1997	2.2	2.5	3.9	3.9	2.6	7.7
1998	4.6	3.4	2.7	3.2	7	8.5

续表

国家和地区／年份	中国香港	新加坡	冰岛	挪威	韩国	以色列
1999	6.2	4.9	2	3.2	6.3	8.9
2000	4.9	6	2.3	3.4	4.4	8.8
2001	5.1	3.8	2.3	3.4	4	9.3
2002	7.3	5.6	3.3	3.9	3.3	10.3
2003	7.9	5.9	3.4	4.4	3.6	10.7
2004	6.7	5.8	3.1	4.4	3.7	10.4
2005	5.6	—	2.6	4.6	3.7	9.0
2006	4.8	4.5	3	3.3	3.4	8.4
2007	4	4	2.3	2.5	3.2	7.3
2008	3.5	3.2	3	2.6	3.2	6.1
2009	5.2	4.3	7.2	3.2	3.6	7.5
2010	4.3	3.1	7.6	3.6	3.7	6.6
2011	3.4	2.9	7.1	3.3	3.4	5.6
2012	3.3	2.8	6	3.2	3.2	6.9
2013	3.3	2.8	5.6	3.5	3.1	6.3

数据来源：World Bank。

五、金融

金融业发达是这些国家和地区的显著特征之一，表现在各国商业银行的信贷发放情况、上市公司情况和股票交易情况几个方面。就贷款而言，银行提供的国内信贷占 GDP 的比例与私营部门国内贷款额占 GDP 的比例基本相当。

六、劳动

由于数据的局限性，无法获得所研究国家和地区的劳动生产率水平，这里用每劳动者创造的 GDP 来近似测度各国和地区劳动生产率的水平。

这些国家和地区的每位就业者在 1994—1997 年间平均创造的 GDP 为 34639.00 美元。其中，中国香港、新加坡、冰岛、挪威和约旦的这一数据分别为 44066.25 美元、36576.75 美元、34240 美元、45086 美元和 13226 美元。

为了更好地进行比较研究，我们还将主要国家和地区加入 GPA 前后几年的该项数据予以罗列并进行对比。表 3-8 清晰地显示出部分国家和地区 1994—1997 年每就业者 GDP。除却约旦和韩国外，其余国家和地区的每就业者 GDP 均在 30000 美元以上。

表 3-8 1994—1997 年发展中国家和地区每就业者 GDP （单位：美元）

国家和地区 \ 年份	1994	1995	1996	1997	均值
中国香港	43823.00	44212.00	43664.00	44566.00	44066.25
韩国	25083.00	26624.00	27887.00	28688.00	27070.50
新加坡	34016.00	38890.00	36133.00	37268.00	36576.75
冰岛	33776.00	32792.00	34352.00	36040.00	34240.00
挪威	43467.00	44368.00	45704.00	46805.00	45086.00
约旦	13390.00	13374.00	13099.00	13041.00	13226.00

注：上述数值是按照 1990 年不变价计算的。

数据来源：World Bank。

图 3-129 描绘了 1980—2012 年每就业者所创造的 GDP。由图 3-129 可以看出，挪威和中国香港的整体水平基本略高于新加坡、冰岛和韩国。相对而言，以色列每就业者 GDP 增长速度略缓。

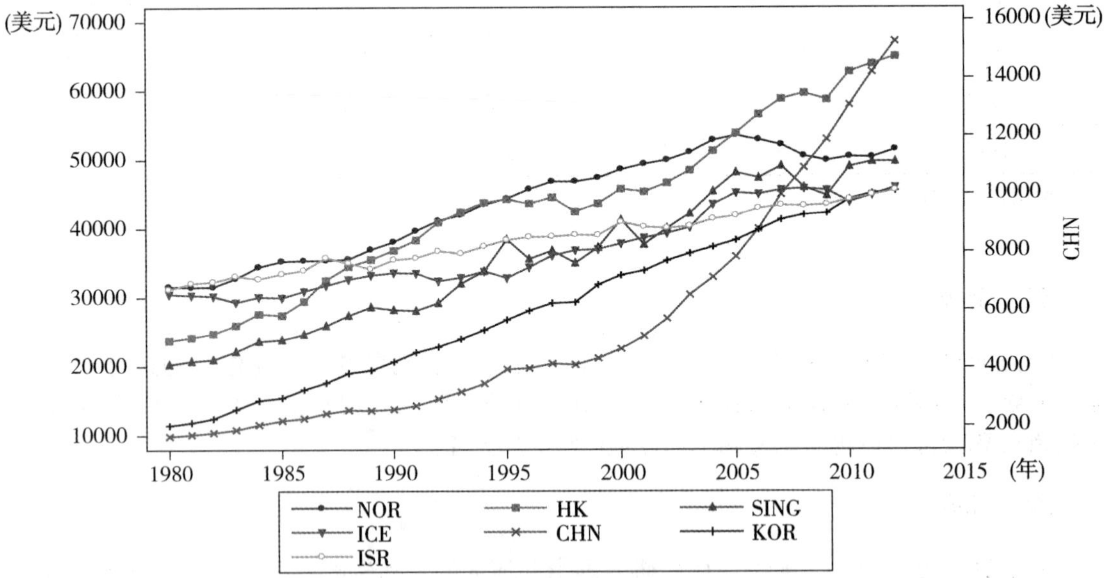

图 3-129 1980—2012 年每就业者 GDP

注：NOR、HK、SING、ICE、CHN、KOR、ISR 分别代表挪威、中国香港、新加坡、冰岛、中国大陆、韩国、以色列。上述数值是按照 1980 年不变价计算的。其中，中国大陆对应右轴。

数据来源：World Bank。

七、健康

从总体上看，这些国家和地区的医疗水平较发达，健康状态良好。这可以从各国和地区的传染病发病率、人口死亡率等指标中得出结论。

从传染病发病率指标来看，1990—2013 年，新加坡、冰岛、挪威各项重要的健康指标都存在一定的改善趋势，其中每 10 万人发生结核病比例的下降趋势最为明显。

从人口死亡率指标来看，新加坡成年女性和男性的死亡率分别从 1990 年的 8%、13%，下降到 2013 年的 4.1% 和 7.3%。同期，冰岛成年女性和男性的死亡率分别从 7.8%、11.66%下降到 3.6%、7.1%，并且在此期间，该国 5 岁以下儿童死亡率从 6.6‰ 降低至 2‰。挪威成年女性和男性的死亡率分别从 1990 年的 6.84%、13.23%下降到 2009 年 5%、8.2%(世界银行，2014)。

八、价格指数

如表 3-9 所示，这些国家和地区在加入 GPA 前的年通货膨胀率维持在 1.73%~7.36% 的范围内，其中中国香港、新加坡、冰岛和挪威的年通货膨胀率分别为 7.36%、3.07%、3.29%和 1.73%。同期，这些国家和地区的实际利率维持在 0.80%~9.43%，其中中国香港、新加坡、冰岛和挪威的实际利率分别为 0.80%、3.24%、9.32%和 9.43%(世界银行，2014)。

表 3-9　　通货膨胀年率和实际利率

年份 \ 国家和地区	通货膨胀年率(%)				实际利率(%)			
	中国香港	新加坡	冰岛	挪威	中国香港	新加坡	冰岛	挪威
2000	-3.64	3.72	3.64	15.65	13.63	2.04	12.7	-5.81
2001	-1.89	-1.63	8.63	1.73	7.15	7.41	8.58	6.84
2002	-3.46	-1.05	5.63	-1.77	8.77	6.49	9.22	10.67
2003	-6.15	-0.79	0.62	2.97	11.88	6.14	11.26	1.71
2004	-3.54	4.17	2.51	5.29	8.85	1.08	9.27	-1.19
2005	-0.06	1.21	2.89	8.65	7.81	4.04	11.56	-4.24
2006	-0.29	1.38	8.91	8.52	8.06	3.88	8.26	-3.79
2007	2.93	5.58	5.58	2.24	3.71	-0.23	12.99	4.31
2008	1.41	-1.15	12.18	9.57	3.54	4.19	7.86	-2.09
2009	-0.38	3.52	8.00	-5.39	5.4	1.8	10.18	10.22
2010	0.27	-0.05	5.33	6.29	4.72	5.43	4.68	—
2011	3.93	0.83	2.71	6.69	1.03	4.52	4.85	—
2012	3.70	1.47	3.14	2.77	1.25	3.85	5.03	—
2013	1.36	0.12	2.05	2.86	3.59	5.25	5.98	—

数据来源：World Bank。

注：列数据中加横线部分为该列数据最大值。

九、ICRG 指数

与发达国家相比，这些国家和地区的 ICRG 指数较低，反映了它们存在经济、政治等方面的差距，最为明显的差距表现在腐败指数、民主责任、官僚制等方面，而在政府稳定、国内外冲突、投资指数、宗教政策、法治指数和民族关系方面相对较为平衡。

(一)政府稳定指数

除了 20 世纪 90 年代初期外，这些国家和地区的政府治理较为稳定，发展趋势趋同，具体表现在该类稳定指数维持在 10 分左右(见图 3-130)。

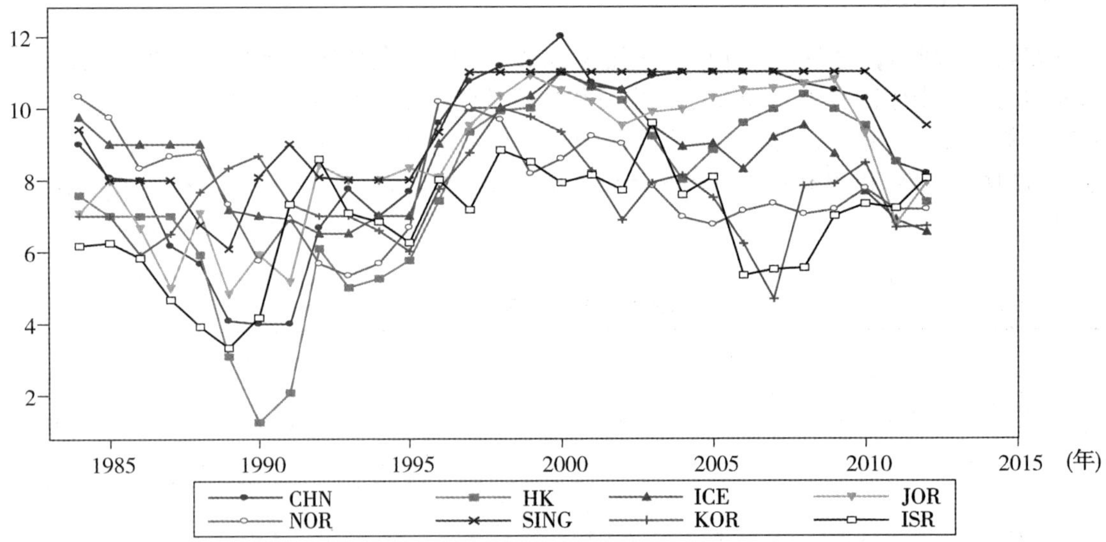

图 3-130　发展中国家和地区政府稳定指数

注：CHN、HK、ICE、JOR、NOR、SING、KOR 和 ISR 分别代表中国大陆、中国香港、冰岛、约旦、挪威、新加坡、韩国和以色列。

数据来源：PRS。

(二)社会经济条件

如图 3-131 所示，这些国家和地区最显著的差异在于得分分化较为显著。1996 年和 1997 年，它们的得分集中于 6～10 分的区间内。1997 年之前，分化区间逐渐缩小，1994 年基本上达到了差异最小。但是 1997 年之后显著的分化趋势再次出现。2000 年以后，各个国家和地区的经济条件基本保持稳定，但约旦的该项指数在总体水平上较低，远低于其他国家和地区。目前，这些国家和地区的该项指数总体均值在 10 分左右，为满分的 82%。2012 年，除约旦外这些国家和地区的平均得分为 9. 27 分。

(三)投资指数

如图 3-132 所示，1994 年以来这些国家和地区的投资环境有了较大程度的提升。2012 年，中国香港、挪威和新加坡的分数已经在 11 分以上，中国香港和新加坡更是达到了 12 分的满分，代表了当地优越的投资环境。这个评分也接近发达国家的得分情况。

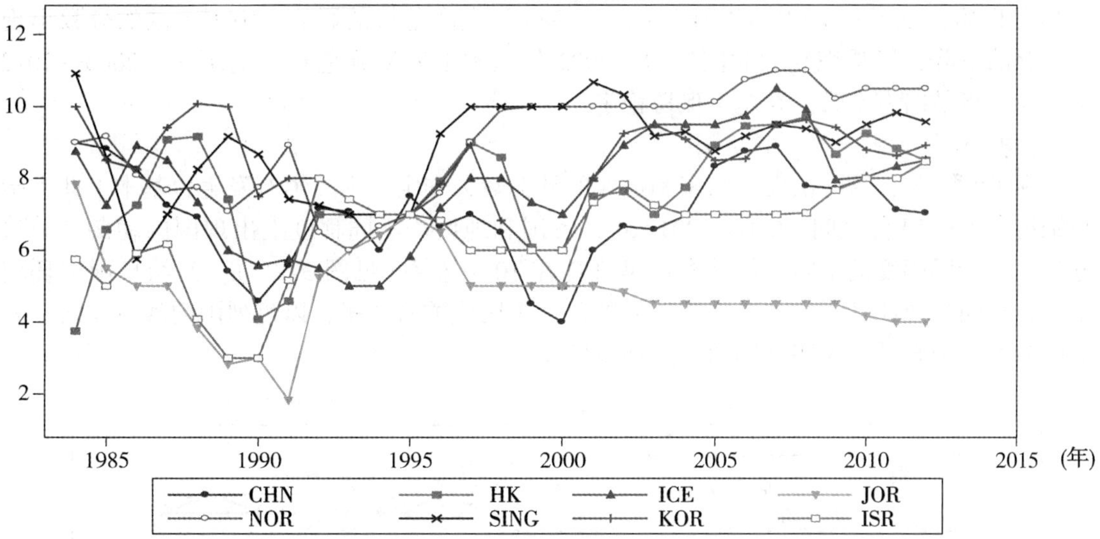

图 3-131 发展中国家和地区社会经济条件

注：CHN、HK、ICE、JOR、NOR、SING、KOR 和 ISR 分别代表中国大陆、中国香港、冰岛、约旦、挪威、新加坡、韩国和以色列。

数据来源：PRS。

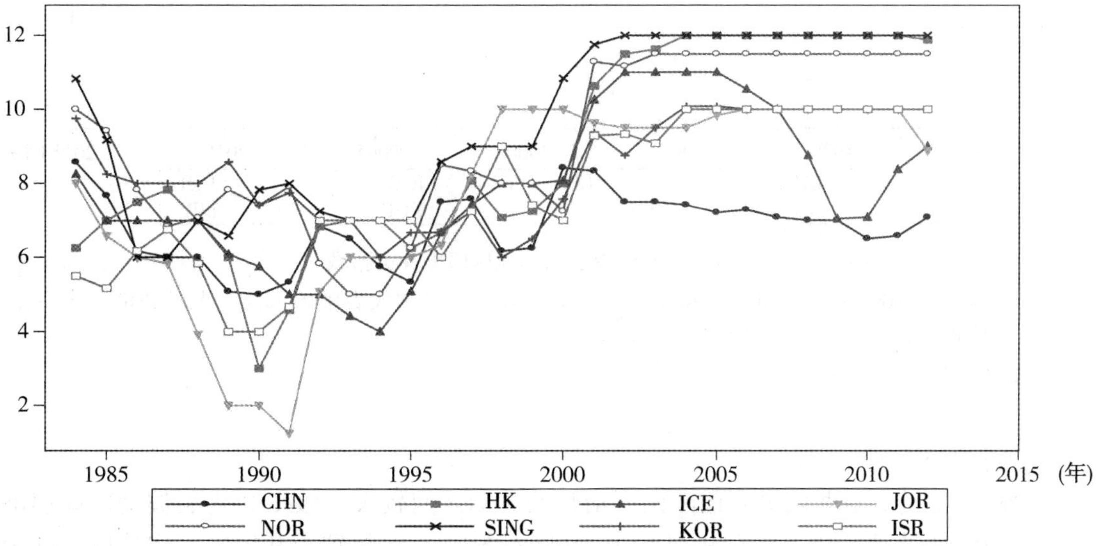

图 3-132 发展中国家和地区投资指数

注：CHN、HK、ICE、JOR、NOR、SING、KOR 和 ISR 分别代表中国大陆、中国香港、冰岛、约旦、挪威、新加坡、韩国和以色列。

数据来源：PRS。

总体而言，除约旦外的国家和地区发展趋势基本一致：1984—2000 年基本稳定，2000 年以后出现了一定程度的下降。由于 1998 年金融危机的影响，中国香港的分数出现了显著的下降，但是恢复的时间较短；2002 年基本上恢复到危机前的水平；2003—2012 年，投资指数略有上升，并基本保持稳定。

（四）国内冲突

除了约旦外，这些次发达国家和地区的社会较为安定，内战鲜有发生，基本上此类指数维持在 10～12 分之间。2004—2012 年，各国和地区均不同程度上出现国内动荡，导致分数均有不同幅度的下降，但基本还是维持在 10 分左右（见图 3-133）。而约旦国内环境复杂，从而导致此类指数波动剧烈。另外，由于民族关系紧张，以色列国内战事频发，其国内冲突指数较低，说明其国内安全环境较差。

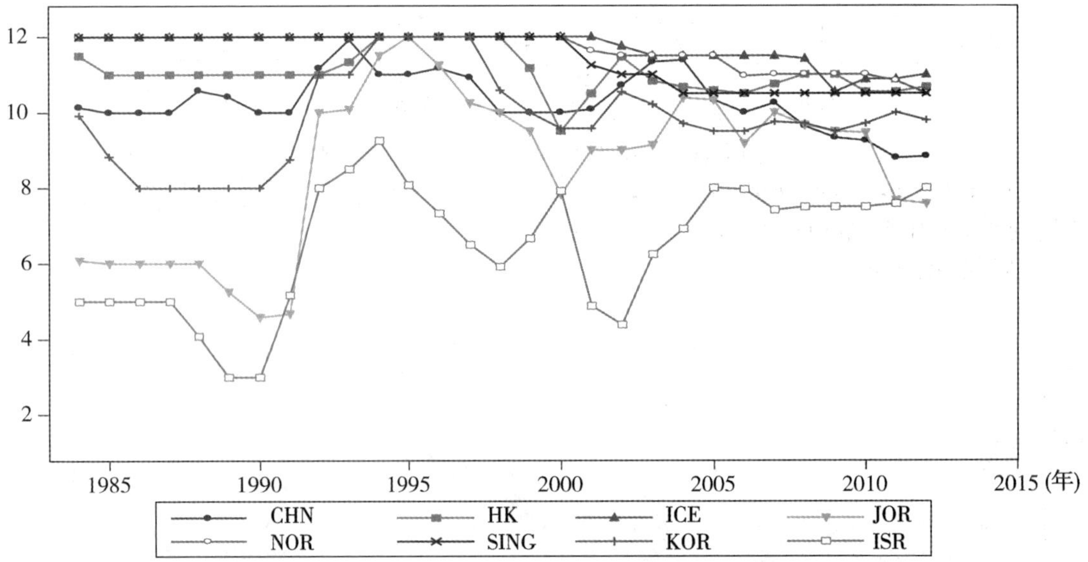

图 3-133 发展中国家和地区国内冲突指数

注：CHN、HK、ICE、JOR、NOR、SING、KOR 和 ISR 分别代表中国大陆、中国香港、冰岛、约旦、挪威、新加坡、韩国和以色列。

数据来源：PRS。

（五）国外冲突

1996 年之前，这些国家和地区该项指数的波动区间较大。1996 年之后波动区间逐渐变窄，2012 年波动区间主要在 9～12 内。1984—2012 年间相较于其他国家和地区，韩国与以色列的国外冲突较为明显，与周边国家时常发生武装冲突，因此它们的此项指数较低（见图 3-134）。

（六）腐败指数

在这些次发达国家和地区中，经济发展水平越高，腐败程度越低。这表现在人均 GDP 水平较高的挪威、冰岛、中国香港、新加坡的腐败指数基本上维持在 4 分以上，而

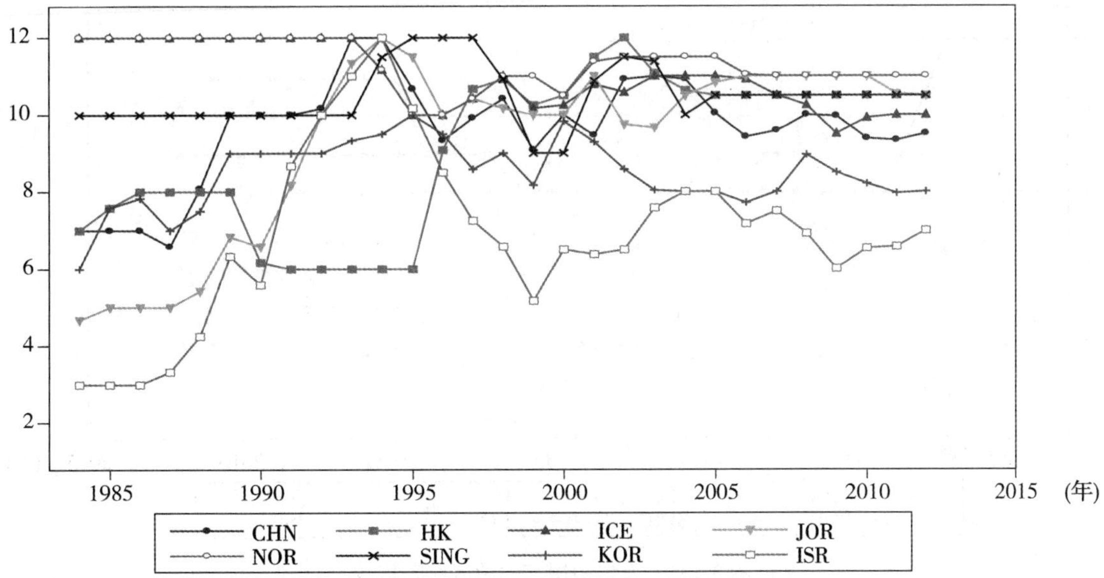

图 3-134 发展中国家和地区国外冲突指数

注：CHN、HK、ICE、JOR、NOR、SING、KOR 和 ISR 分别代表中国大陆、中国香港、冰岛、约旦、挪威、新加坡、韩国和以色列。

数据来源：PRS。

挪威和冰岛两国甚至经常保持在 5 分。相比较而言，人均 GDP 水平相对较低的约旦腐败现象较为严重，并且随着反腐力度的变化，腐败指数时高时低。1995 年以后，约旦和中国香港的此项指数发生大幅下降，说明腐败现象日趋明显(见图 3-135)。

(七)军事政策

这些次发达国家和地区的军事政策指数集中于 4.55~6 分。

如图 3-136 所示，1984—2012 年，冰岛、挪威的打分基本上保持了 6 分的状态，新加坡也长期处于 5 分以上。1996 年，中国香港出现了显著的下降过程。约旦的评分则在 1991—1996 年间显著改善，1996 年之后基本保持在 5 分的状态。1990 年左右，韩国与以色列的打分有了显著的提高，而 2003 年前后，两个国家的此项打分出现了一定程度的降低。

(八)宗教政策

除约旦和以色列外，这些次发达国家和地区的宗教政策很宽松，这类指标基本上维持在 4.5~6 分水平。

从图 3-137 可以看出，1997 年之后，挪威、新加坡、中国香港和冰岛依次出现了下降的趋势。2012 年除约旦外，这些国家和地区分数集中于 4.5~5.5 分之间。

(九)法治指数

这些国家和地区已经建立了相对较为完善的法律制度，社会治理进一步规范。这反映在该类最低法治指数从早期的 2 分提高到 4 分左右的水平。

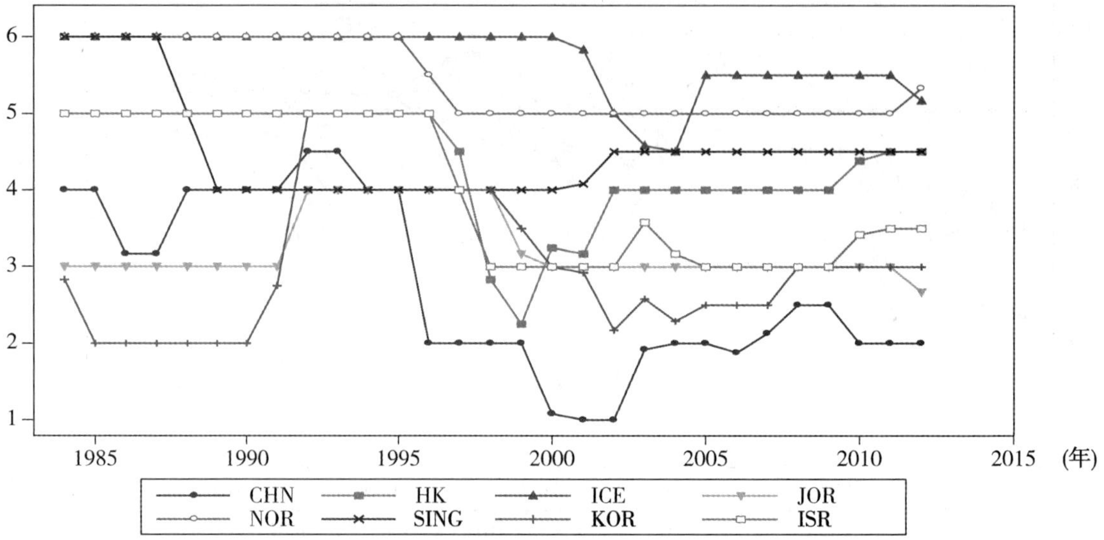

图 3-135　发展中国家和地区腐败指数

注：CHN、HK、ICE、JOR、NOR、SING、KOR 和 ISR 分别代表中国大陆、中国香港、冰岛、约旦、挪威、新加坡、韩国和以色列。

数据来源：PRS。

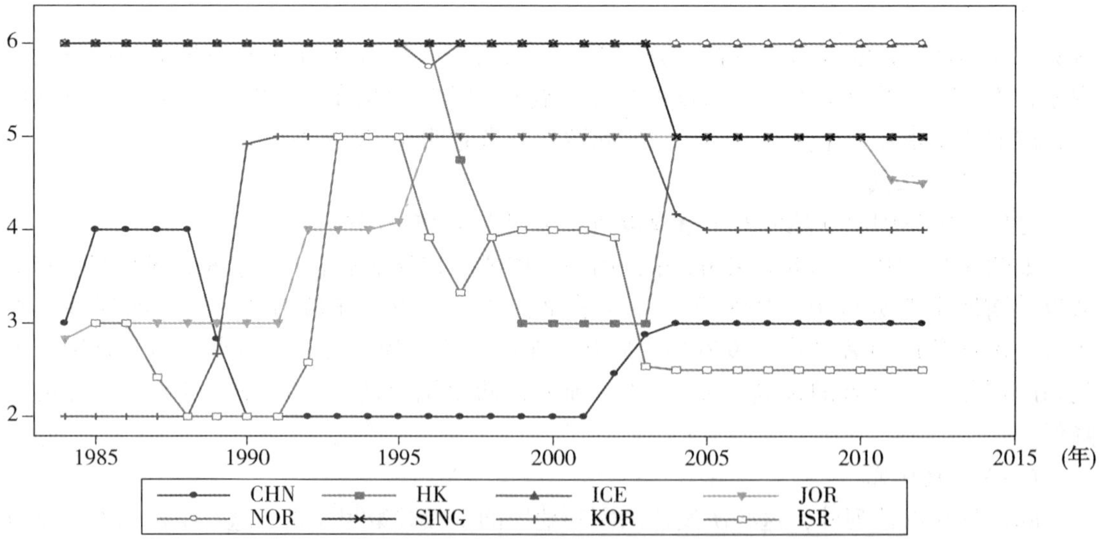

图 3-136　发展中国家和地区军事政策指数

注：CHN、HK、ICE、JOR、NOR、SING、KOR 和 ISR 分别代表中国大陆、中国香港、冰岛、约旦、挪威、新加坡、韩国和以色列。

数据来源：PRS。

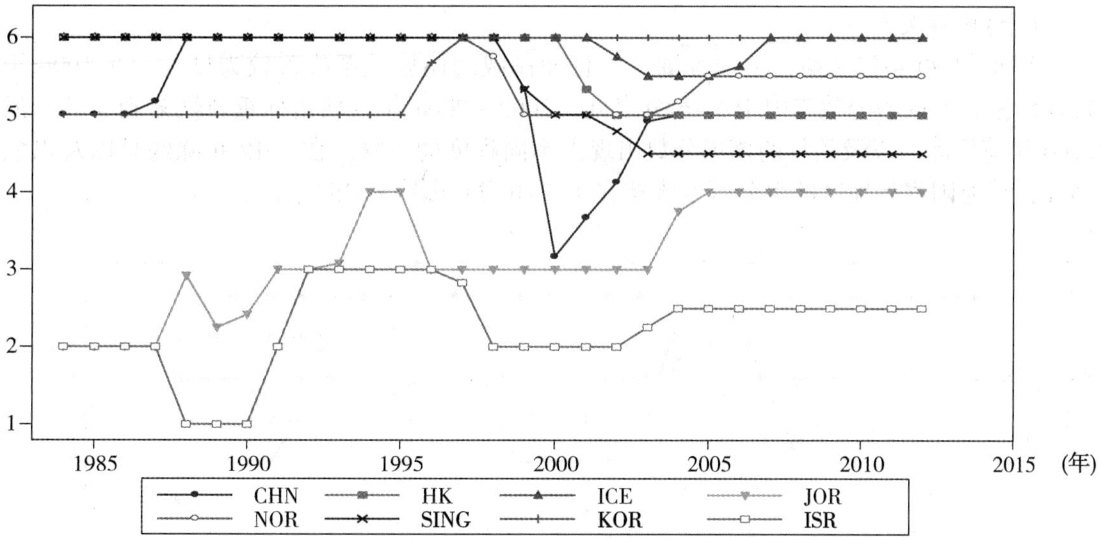

图 3-137　发展中国家和地区宗教政策指数

注：CHN、HK、ICE、JOR、NOR、SING、KOR 和 ISR 分别代表中国大陆、中国香港、冰岛、约旦、挪威、新加坡、韩国和以色列。

数据来源：PRS。

图 3-138 描绘了部分国家和地区的法治指数。1995 年和 1996 年，中国香港、冰岛、挪威和新加坡的得分均为满分 6 分，反映了较为有序和高效的法律体制。

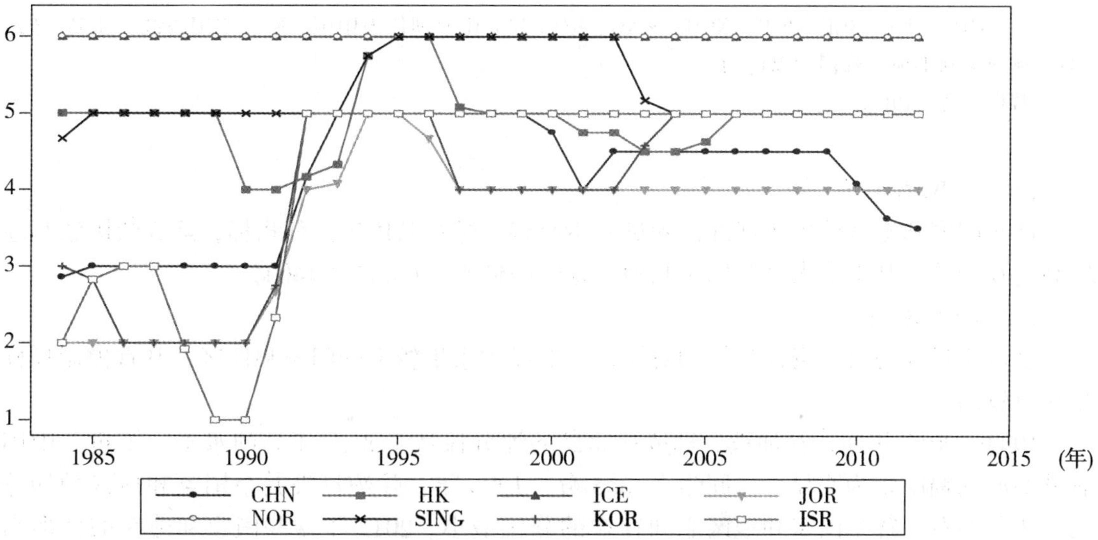

图 3-138　发展中国家和地区法治指数

注：CHN、HK、ICE、JOR、NOR、SING、KOR 和 ISR 分别代表中国大陆、中国香港、冰岛、约旦、挪威、新加坡、韩国和以色列。

数据来源：PRS。

(十)民族关系

20 世纪 90 年代初期，中国香港、约旦和挪威的民族关系改善较为显著。在 1996 年这些国家和地区的分数集中于 5~6 分之间，2002—2004 年该项指标重新恢复到 5 分。但 2006 年前后冰岛以及约旦的该项分数出现了不同程度的下降。在 2012 年除约旦以及以色列外，其他国家和地区的得分基本维持在 4.5~6 分(见图 3-139)。

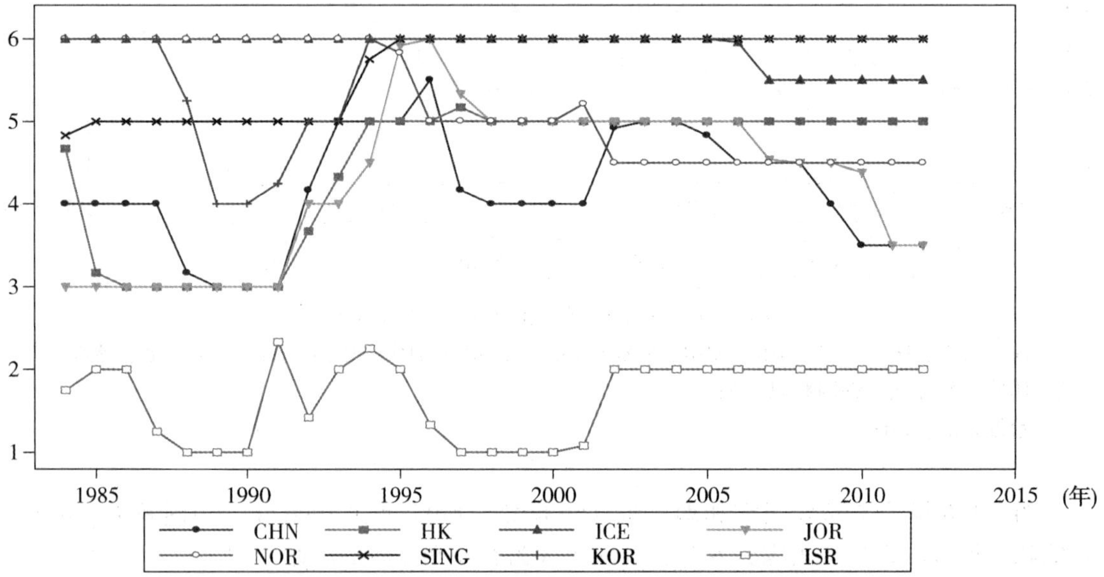

图 3-139 发展中国家和地区民族关系

注：CHN、HK、ICE、JOR、NOR、SING、KOR 和 ISR 分别代表中国大陆、中国香港、冰岛、约旦、挪威、新加坡、韩国和以色列。

数据来源：PRS。

(十一)民主责任

这些国家和地区的民主状况尚须进一步改善。综观其民主责任指标，除少数国家和地区高达 6 分外，基本上大多数国家和地区处于中低水平(如图 3-140)。

(十二)官僚制

官僚制指标与民主责任指标相对应，一般民主水平较高的国家和地区，其官僚制指标也相应较高。

1984—2012 年间，新加坡、挪威和冰岛的评分保持了 3.5~4 分的水平。不过，中国香港的波动幅度较为明显，区间为 2~3.5 分。1996 年，除约旦外其余国家和地区的均分为 3.8 分左右，各个国家和地区之间存在的分化最小。2012 年这些国家和地区的情形出现了较大的分化，新加坡、挪威、以色列和冰岛保持 4 分的高分，而中国香港和韩国再次下降至 3 分，约旦的分数仅为 2 分(见图 3-141)。

这些以发展中国家(地区)身份加入 GPA 的成员都不具备总量上的绝对优势，主要是在人均值和相对比值上取得了较为显著的成绩。有些国家和地区经济社会发展程度介于发

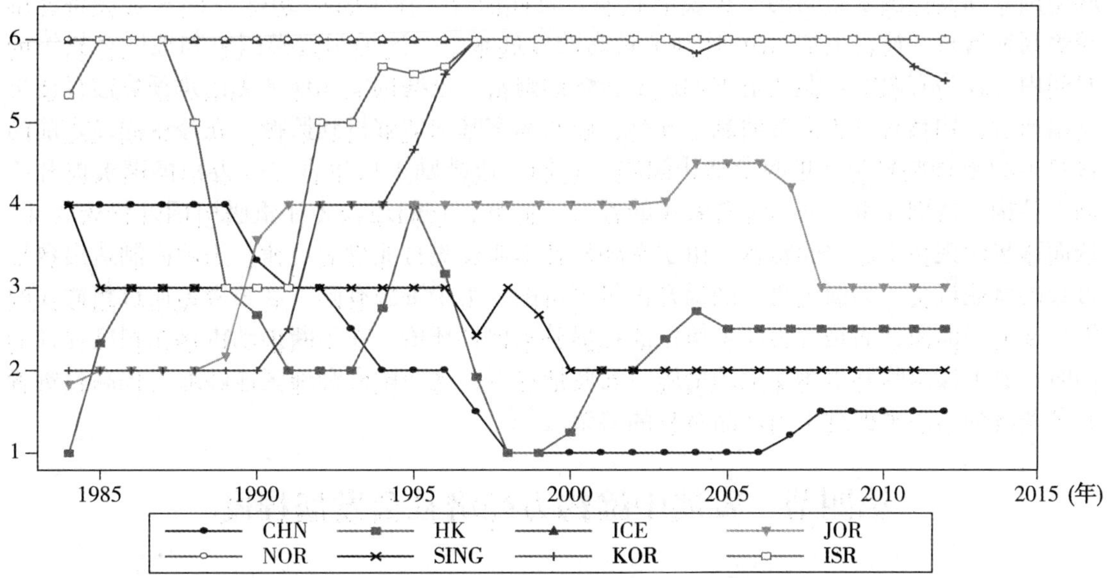

图 3-140　发展中国家和地区民主责任

注：CHN、HK、ICE、JOR、NOR、SING、KOR 和 ISR 分别代表中国大陆、中国香港、冰岛、约旦、挪威、新加坡、韩国和以色列。

数据来源：PRS。

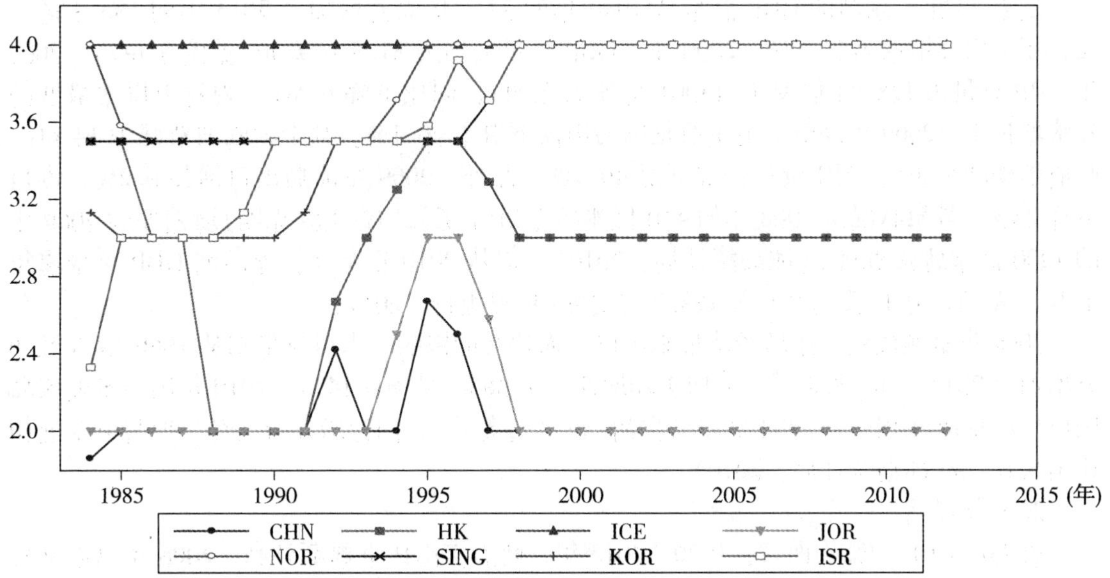

图 3-141　发展中国家和地区官僚制

注：CHN、HK、ICE、JOR、NOR、SING、KOR 和 ISR 分别代表中国大陆、中国香港、冰岛、约旦、挪威、新加坡、韩国和以色列。

数据来源：PRS。

展中国家和发达国家之间的一种发展状态。就此而言，在 1980—2013 年间大多保持经济较为高速增长，使得人均 GDP 达到了较高的发展水平。这说明这类国家和地区在较短的时间内、较为有限的资源约束下创造了较多的财富。这些国家和地区无论是预算监督还是支出执行，均具有较为完善的制度安排，财政赤字基本能够得到监控。在经济起飞之前的 1972 年已经面临较为严重的老龄化问题。它们一边鼓励人口生育，一边积极谋求提升劳动力结构，特别注重劳动力综合素质的提升。此外，它们还较为注重吸引国外优秀人才，从而逐步实现技术层次的跨越。由于金融和技术研发等行业发展迅速，为国内制造出数量可观的就业机会，为国民收入的提升提供了可能。由于资源有限，必须避免通过粗放式的发展来使用能源，而是较为注重单位能耗提升来保护环境。在不断推动市场化程度提升的同时，着力谋求弥补市场缺陷的措施。在此情况下，这些国家和地区能够通过提高投资者和消费者的信心来促进国内产品贸易的繁荣。

第四节 发展中缔约方经济社会发展程度

一、冰岛经济社会发展程度

1995 年 1 月 1 日冰岛正式加入 WTO 组织，2001 年 4 月 28 日正式成为 GPA 成员。

(一)经济总量

1. GDP 和人均 GDP

过去 33 年，冰岛的 GDP 总量从 1980 年的 34.2 亿美元增加至 2013 年的 153.3 亿美元，年均实际增速为 2.79%。2000 年，GDP 总量大约为 81.5 亿美元(见图 3-142)。2009 年 GDP 总量为 128.24 亿美元(15001 亿冰岛克朗)，同比下降 6.5%，为有史以来最低的经济增长率。2009 年经济下滑主要是因为内需下滑了 20.1%，其中家庭消费减少 14.6%，政府消费减少 3%，固定资产投资下降 49.9%。此外，2009 年冰岛出口增长 6.2%，进口下降 24%，外贸状况从 2008 年的 420 亿冰岛克朗(1 美元约合 125 克朗)逆差变为 2009 年的 1200 亿冰岛克朗顺差(冰岛统计局，2010)。但从 2010 年至今，冰岛的 GDP 总量逐年上升，从 132.61 亿美元上升至 153.3 亿美元(世界银行，2014)。

2008 年金融危机给冰岛经济带来了巨大而持久的影响。人口总量则从 1980 年的 22.8 万增加至 2013 年的 32.3 万，年均实际增速为 1.06%(见图 3-143)。2010 年第一季度冰岛国民生产总值(GDP)为 3782 亿冰岛克朗(29.7 亿美元)，同比增长-6.9%，但与上季度相比增长 0.6%(冰岛统计局，2010)。

2. 经济结构

就人均 GDP 的结构而言，1970—2013 年，政府支出比重逐渐升高，2006 年以后又有降低的趋势，而政府投资比重逐年上升至 35%，人均 GDP 消费的比重则稳定于 60%～70%的区间(见图 3-144)。在 2010 年第一季度 GDP 构成中，家庭最终消费同比下降 0.2%，政府最终消费同比下降 3.8%，固定资本形成同比增长 1.1%，国民支出同比下降 2%，出口同比下降 9.4%，进口同比增长 1.5%(冰岛统计局，2010)。大多数年份，私人消费的增速维持与政府消费增速的差别较大(见图 3-145)。受国内总消费大幅增长的驱

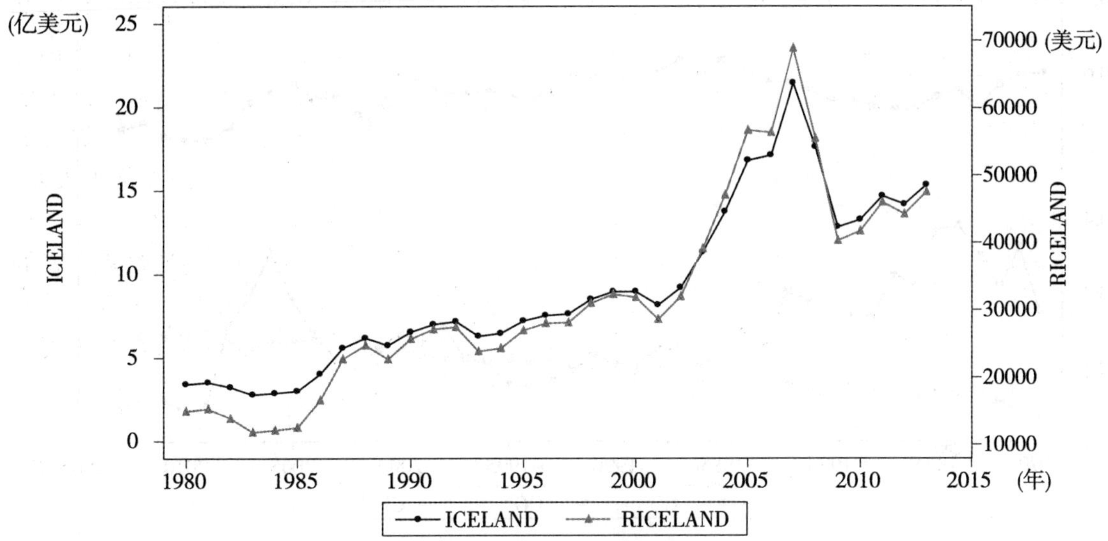

图 3-142 1980—2013 年冰岛 GDP 及人均 GDP 趋势

注：ICELAND、RICELAND 分别代表冰岛 GDP 总量和人均 GDP。GDP 总量对应左轴，人均 GDP 对应右轴。

数据来源：World Bank。

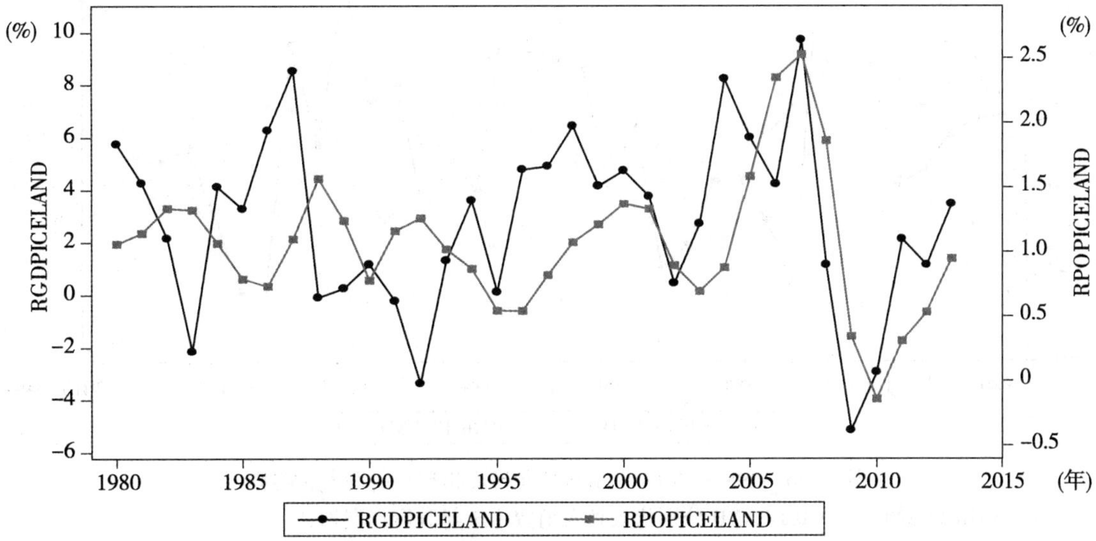

图 3-143 1980—2013 年冰岛 GDP 总量增速及人口增速

注：RGDPICELAND、RPOPICELAND 分别代表冰岛 GDP 总量增速和人口增速。GDP 总量增速对应左轴，人口增速对应右轴。

数据来源：World Bank。

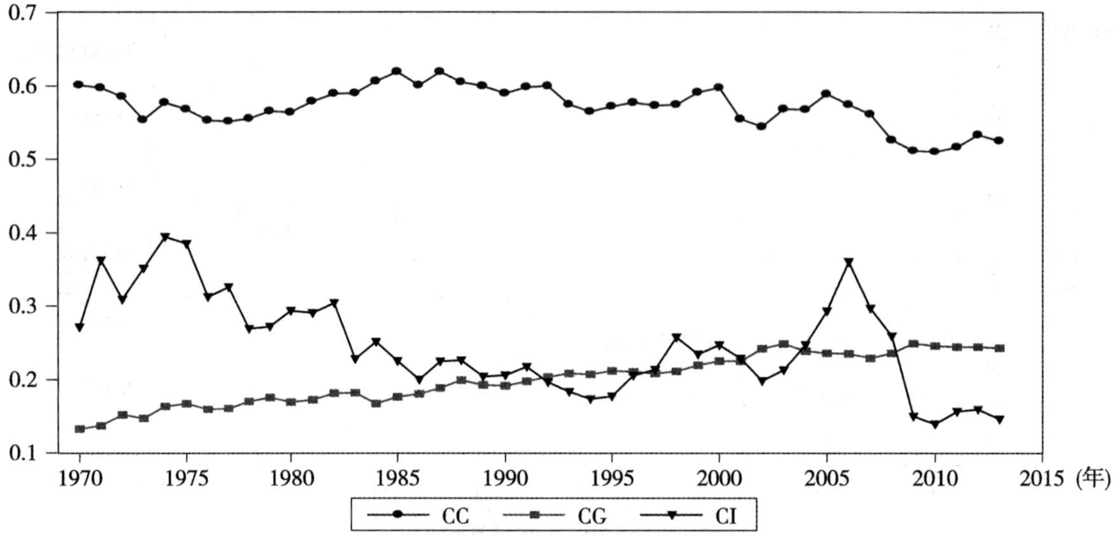

图 3-144 冰岛人均 GDP 结构

注：CC、CG 和 CI 分别代表按当年价计实际人均 GDP 的消费比重、政府支出比重和投资比重。

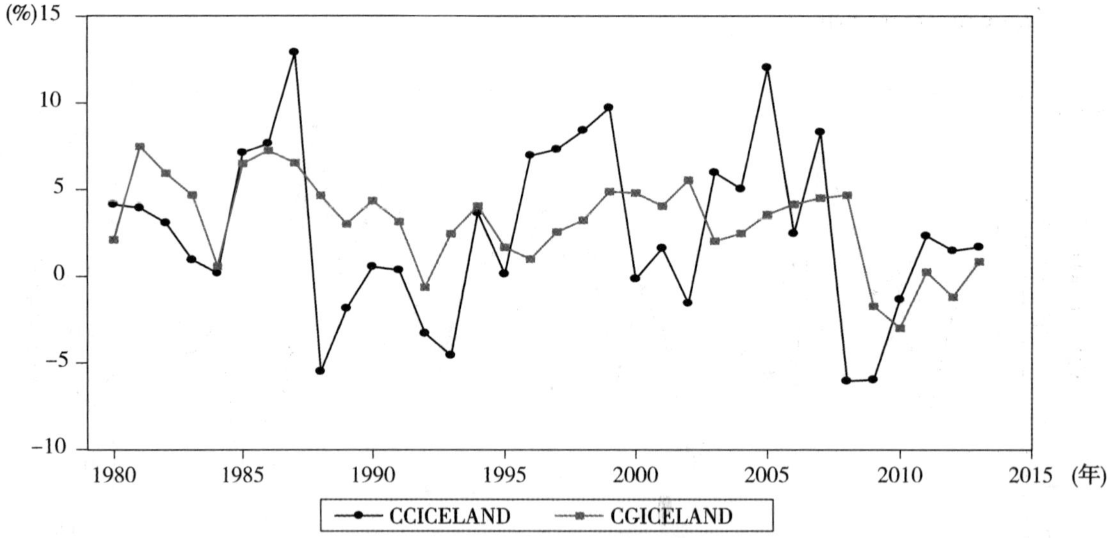

图 3-145 1980—2013 年冰岛私人消费和政府消费增速趋势

注：CCICELAND 和 CGICELAND 分别代表私人消费增速与政府消费增速。

数据来源：World Bank。

动，冰岛 2014 年 GDP 增长 1.9%，国内总消费全年增长 5.3%，为 2006 年以来最大增幅。此外，居民最终消费增长 3.7%，政府最终开支增长 1.8%，固定资产形成总额增长 13.7%。全年外贸出口和进口分别增长 3.1%和 9.9%，贸易顺差为 1280 亿冰岛克朗(约 9500 万美元)(冰岛统计局，2014)。

(二)财政收支

1. 财政支出

1998—2008年政府支出占GDP的比重处于上升区间，2008年则迅速上升为42.4%，之后稍有下降(见图3-146)。这一时期，适逢美国金融危机，冰岛中央政府负债占GDP的比重2007年为43.19%，2008年为83.78%，到2012年，中央政府负债占GDP的比重高达112.6%。就冰岛国内形成的债务净额而言，2007年和2008年的数据分别为4.13%和32.01%，金融危机后，此项指标快速下降，2013年已经降为1.3%(世界银行，2014)。而职工报酬、其他支出以及利息支出的比重较为稳定。2010年，冰岛一般政府财政(即含中央财政、社保基金和地方财政)赤字760亿克朗(6.1亿美元)，占同期一般财政收入15.7%，占同期GDP6.7%，占GDP同比值较上年同期下降2.9个百分点(冰岛统计局，2010)。2014年冰岛财政收入9027亿克朗(约合77.3亿美元)，同比增长13.2%；财政支出9057亿克朗，同比增长9.3%；财政赤字30亿克朗，占GDP比重为0.2%，较上年财政赤字占GDP的2.1%减少1.9个百分点(冰岛统计局，2014)。

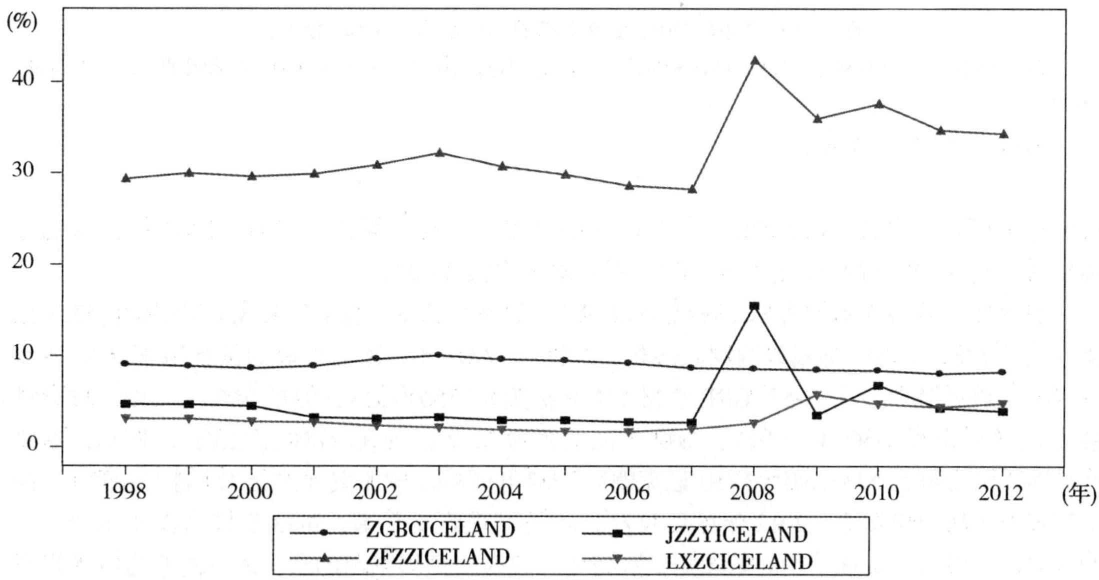

图3-146 1998—2012年冰岛总支出及其主要支出项目占GDP的比重

注：ZGBCICELAND、JZZYICELAND、ZFZZICELAND、LXZCICELAND分别代表职工报酬、其他支出、政府总支出和利息支出占当年GDP的比重。

数据来源：World Bank。

两种口径的收入和变化趋势基本一致，2002年以及2009年左右处于低谷，2006年左右处于峰值(见图3-147)。此外，不包括捐赠的收入基本比税收收入总额比重高出10%左右，这基本说明了政府从经济活动中所分享的份额较为有限。

2. 财政收入

表3-10显示了2001—2008年冰岛政府的账户。2008年的总收入是2001年的2倍，

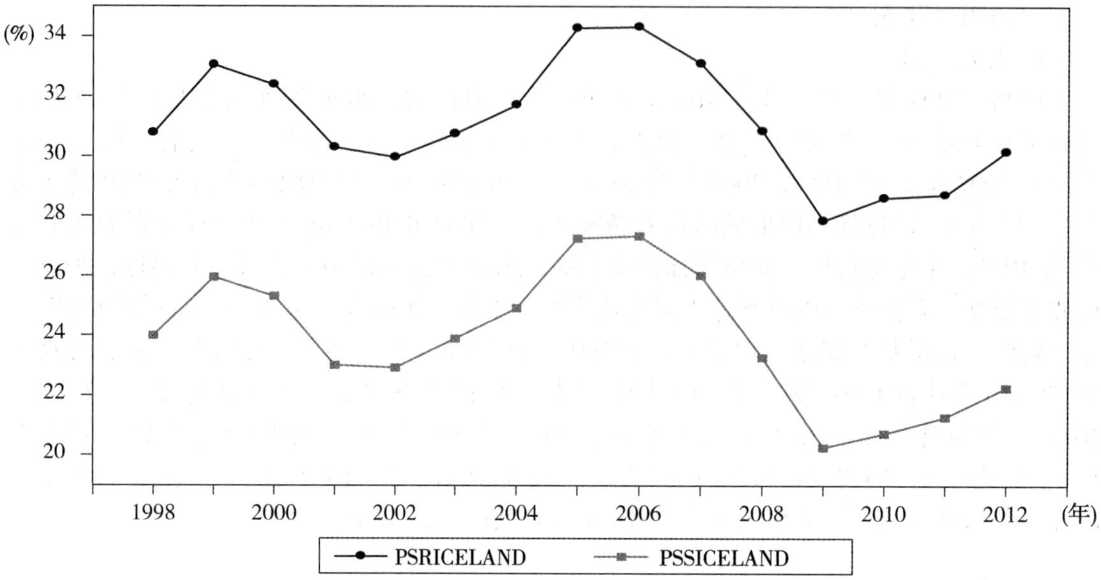

图 3-147 1998—2012 年冰岛两种口径收入占 GDP 的比重

注：PSRICELAND 和 PSSICELAND 分别代表收入(不包括捐赠)占 GDP 的比例和税收收入占 GDP 的比例。

数据来源：World Bank。

其中企业所得税增长了近 500%，利息收入也基本上实现了翻番。2001—2008 年，冰岛总体实现了有保障的财政收支平衡，但是财政盈余也逐年增加。

2008 年，冰岛国家债务从 2880 亿冰岛克朗(22.8 亿美元)增至 7252 亿冰岛克朗(57.4 亿美元)，增长了 152%(冰岛政府财政报告，2008)。2009 年，冰岛政府的债务为 94.8 亿美元(11760 亿冰岛克朗)，占全年 GDP 总量 121.0 亿美元(15000 亿克朗)的 78%。其中，政府外债为 28.7 亿美元(3560 亿克朗)，当前外汇储备为 22.7 亿美元(2810 亿克朗)，因此，冰岛政府净外债金额为 6.0 亿美元(750 亿克朗)(2009 年平均汇率 1 美元约合 124 冰岛克朗)。根据当时的中期财政规划，2012 年冰岛政府财政将实现收支平衡，2013 年将达收支盈余。目前来看，冰岛基本完成了当时的规划，经济正在复苏。值得指出的是，冰岛的家庭债务相当于可支配收入的比重从 2000 年的 160%上升到 2006 年的 240%(见表 3-10)。①

表 3-10 **2001—2008 年政府账户** (单位：百万冰岛克朗)

项目＼年份	2001	2002	2003	2004	2005	2006	2007	2008
总收入	237356	259210	273876	300926	421166	421963	472177	473440
税收收入	211729	220510	238859	275186	335322	377386	412814	430425

① Iceland: The Country that Became a Hedge Fund.

续表

项目 \ 年份	2001	2002	2003	2004	2005	2006	2007	2008
个人收入税	58676	61290	65222	76467	88227	103935	120500	128500
企业所得税	9551	8807	12212	11589	23413	32427	41000	45500
社会保险税	21909	23397	26315	28522	32607	37813	38823	41279
净财富税	10596	11001	8666	11552	13340	8754	11165	11723
增值税	72147	76271	80940	96433	114183	132122	134000	138000
商品和货物的其他税	37467	37469	42147	47072	54560	58325	60352	58228
其他税	1383	2275	3357	3551	8992	4010	6975	7195
其他经常收入	23274	25782	20741	23470	25800	28705	35153	36369
红利收入	1917	3095	3382	4021	8230	1236	1282	1557
利息收入	14727	15629	10352	11311	9315	18358	25045	25382
其他	6630	7058	7007	8138	8255	9111	8826	9430
总支出	228713	267332	280015	300434	308393	340170	389374	434232
平衡	8643	-8122	-6139	492	112773	81792	82803	39208

注：2007 年为估计值，2008 年为预算值。

数据来源：Ministry of Finance of Iceland。

按类别分，2009 年中央银行外债 2429 亿冰克朗①(19.1 亿美元，其中短期 10.4 亿美元，长期 8.7 亿美元)；各级政府外债 5733 亿冰克朗(45.1 亿美元，其中短期 2.8 亿美元，长期 42.3 亿美元)；商业储蓄银行外债 113353 亿冰克朗(892.5 亿美元，其中短期 416 亿美元，长期 476.5 亿美元)；其他部门 10906 亿冰克朗(85.9 亿美元，其中短期 2.2 亿美元，长期 83.7 亿美元)，直接投资负债 14978 亿冰克朗(117.9 亿美元，其中关联企业负债 39.9 亿美元，外国直接投资者负债 78 亿美元)(冰岛中央银行，2009)。

(三)失业率

1990—2013 年间，冰岛的总体失业率和长期失业率的变动趋势基本一致，浮动区间分别在 2%~5%和 4%~20%之间(见图 3-148)。2008 年 9 月(冰岛金融危机爆发时)，20%失业人员为长期失业；2009 年 5 月该比例上升至 30%；2010 年 2 月，该比例攀升至 47%。2010 年 2 月，冰岛失业率上升至 9.3%(冰岛《晨报》)。金融危机过后，2011 年起，冰岛的总体失业率开始下降，至 2013 年，总体失业率为 5.5%左右。

(四)基础设施

1990 年，冰岛的客、货运量绝对额分别为 35.5 百万吨公里和 75.95 万人/公里，分别为中国的 1/26 倍和 1/2 倍。2013 年，冰岛的客、货运量绝对额分别为 103.82 百万吨公里和 260.4 万人/公里(见图 3-149)。总体而言，冰岛的客、货运量有了明显的提高，但

① 按 2009 年 6 月 30 日汇率折算，1 美元=127.1728 冰岛克朗。

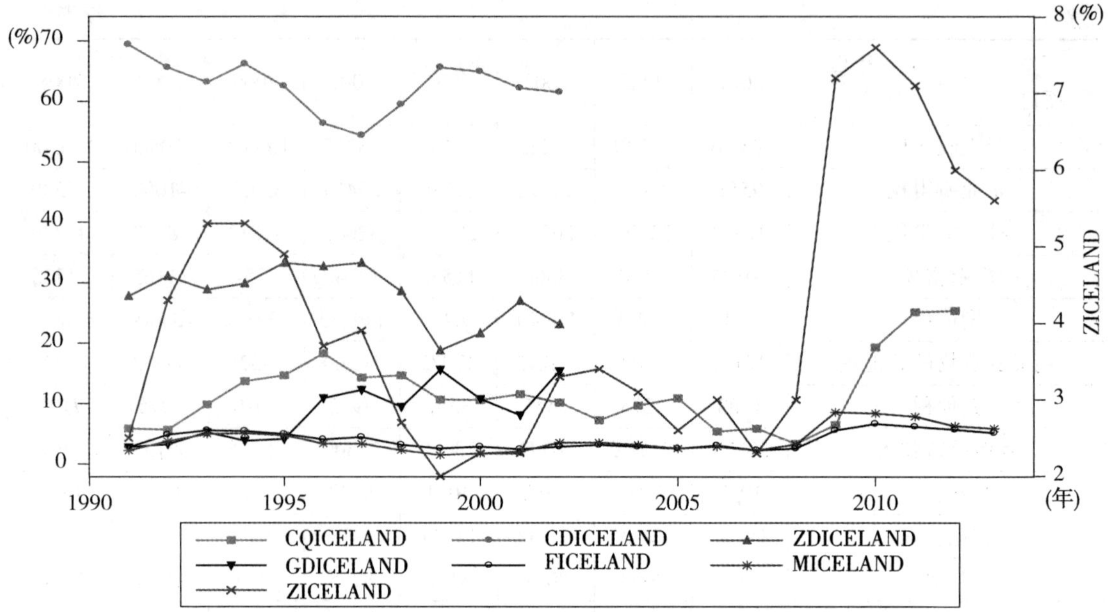

图 3-148 1990—2013 年冰岛主要失业率指标

注：CQICELAND、CDICELAND、ZDICELAND、GDICELAND、FICELAND、MICELAND 和 ZICELAND 分别代表长期失业人数、初等教育失业人数、中等教育失业人数、高等教育失业人数、女性失业人数、男性失业人数、各项占失业人数的比重以及失业率。其中失业率的指标对应右轴，其余指标对应左轴。

数据来源：World Bank。

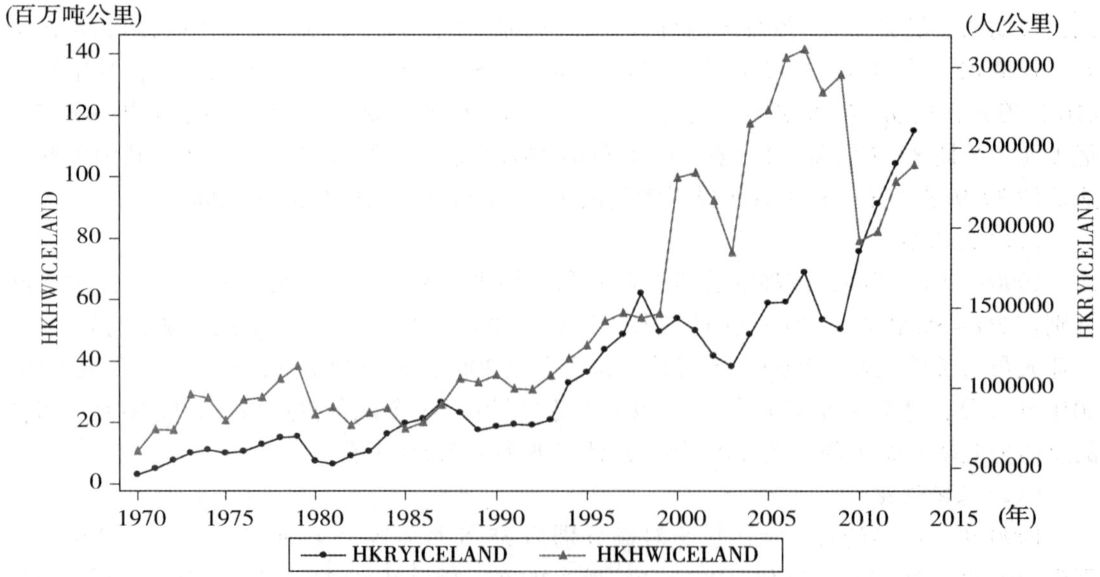

图 3-149 1970—2013 年冰岛航空客货运量

注：HKHWICELAND、HKRYICELAND 分别代表冰岛航空的货物运输量和客运量。货运量指标对应左轴，客运量指标对应右轴。

数据来源：World Bank。

2008 年以后，货物运输量大幅下降，后又表现出回升的趋势。

（五）高科技研发与出口

就高科技产品出口占冰岛当年的 GDP 而言，1990—2008 年均为 17. 16%，而 1996—2007 年研究与开发支出占 GDP 比例平均则为 2. 62%左右。就每百万人口中研究与开发项目中的研究人员指标而言，冰岛与中国之间的发展差距已经从 1997 年的 10 倍缩小至 2012 年的 7 倍（世界银行，2013）。

（六）教育投入

1990 年，冰岛的政府教育投入占 GDP 的比例为 5. 32%左右。1998 年进一步上升至 6. 96%。2002—2011 年，该比重上升至 7. 4%附近，其中 2009 年达到峰值 7. 8%。

1999—2011 年，小学与中学学生与老师的比率为 10%左右。就教育的各阶段而言，1999—2012 年，冰岛的学前儿童入学率由 87. 74%上升至 97%，在中学的入学率方面为 9. 31%～112%。在高等院校的入学率方面，则从 45. 46%提升至 81%（世界银行，2013）。

（七）金融

就贷款而言，银行提供的国内信贷占 GDP 的比例与私营部门国内贷款额占 GDP 的比例基本相当。上市公司的市值占 GDP 的比重在 1999 年和 2007 年分别达到峰值，2012 年跌至 19. 91%，较之 2006 年的 211. 1%，表现出了严重的缩水。股票交易总额从 1994 年的 0. 19 亿美元上升至 2007 年的 486. 9 亿美元，之后由于冰岛爆发了严重的经济危机，导致此项指标大幅下降，直至 2013 年下降至 6. 86 亿美元。

2000 年，在冰岛银行业的融资中，2/3 来自国内，1/3 来自海外；而在 2006 年前后，2/3 的融资来自海外，1/3 来自国内。① 截至 2007 年年底，冰岛全国金融业的资产占国内生产总值的比重已超过了 1000%。冰岛的外债总额相当于国内生产总值的比重从 2003 年的 140%上升到 2008 年的 550%。② 因此，虽然冰岛银行没有大量购买美国次级债券，但它们对外债的严重依赖则极大地损害了整个银行业的稳健度。2008 年，三大银行的“信用违约互换”（Credit Default Swap，CDS）点差已高达 1000 点。这使得冰岛货币克朗快速贬值（2007 年 12 月—2008 年 3 月期间贬值幅度达 30%）。③

（八）健康指数

1990—2013 年，冰岛各项重要的健康指标都存在一定的改善趋势，其中每 10 万人发生结核病的比例下降趋势最为明显。

在冰岛，1990 年成年女性的死亡率是 7. 8%，而男性的数据为 11. 66%。2010 年，两者的数据分别为 3. 6%和 7. 1%。

1990—2013 年间，5 岁以下儿童死亡率从 6. 6‰降低至 2‰。

（九）能源消耗

每一美元 GDP 所产生的工业 CO_2 排放量和人均工业 CO_2 排放量均在过去 20 年间有了

① http：//www. businessweek. com/the _ thread/economicsunbound/archives/2008/10/iceland _ goes _ ba. html.

② IMF. Country Report. No. 08/367，December 2008.

③ IMF. Country Report. No. 08/367，December 2008.

一定的下降(见图3-150)，其中前者的降幅较为明显，而后者的波动程度较大，降幅相对较缓。这既有地理方面的因素，又和其国内的产业结构有着密切的联系。

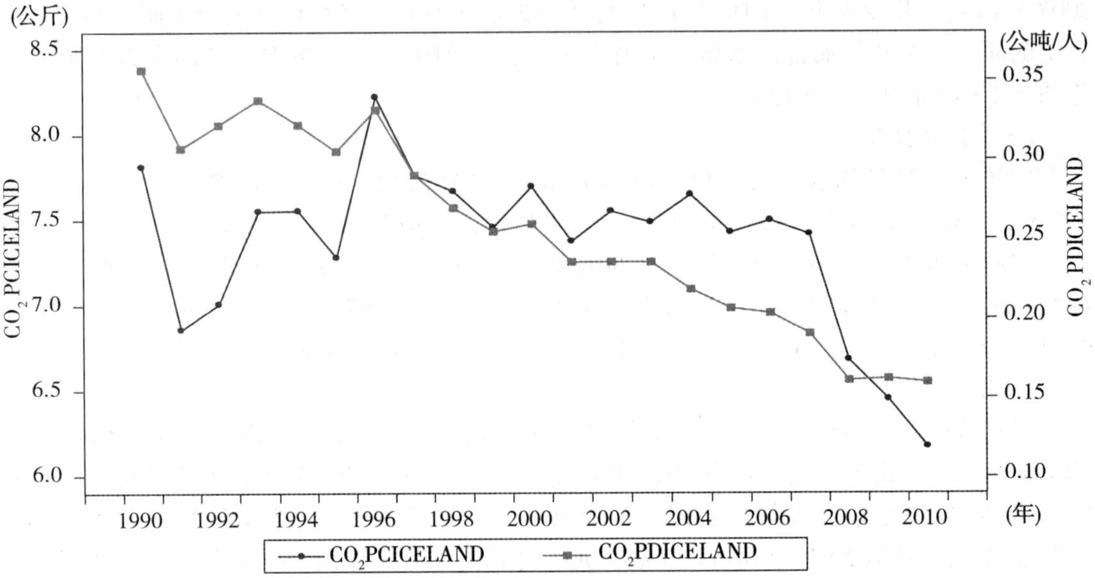

图3-150 1990—2010年冰岛主要能源消耗指标

注：CO_2PCICELAND和CO_2PDICELAND分别代表每一美元GDP所产生的工业CO_2排放量(PPP方法，公斤)和人均工业CO_2排放量(公吨/人)。前者对应左轴，后者对应右轴。

数据来源：World Bank。

冰岛公路部门的燃料消耗占总消耗量的比例增幅较为明显，2011年占比接近45%(见图3-151)，而运输部门的二氧化碳排放量占总燃料燃烧的百分比则有所升高。

(十)价格指数

1980—1990年间，冰岛经历了严重的通货膨胀，其中1983年通胀率达到77.31%。1990年以后，通货膨胀率得以控制，但是2006年、2008年和2009年分别再次超过8%。自1991年以来，实际利率水平基本保持8%的高位。1991—2013年的通胀率和实际利率平均水平分别超过了4.69%和8.95%(见图3-152)。

(十一)民主责任

1984—2012年，冰岛的民主责任指标均为满分(见前文图3-140)。

二、中国香港地区经济社会发展程度

中国香港是亚洲繁华的大都市，地区及国际金融中心之一，面积约1104平方公里，人口超过700万，主要产业包括零售业、旅游业、地产业、银行及金融服务业、工贸服务业、社会和个人服务业。香港以独立的身份“中国香港”参加世界贸易组织和很多其他国际组织。中国香港运行自己成熟的财政和金融体系，也有自己的出入境政策。香港实施行政主导的管治模式，并制定由行政长官和行政会议领导的管治体制和代议政制架构。1995

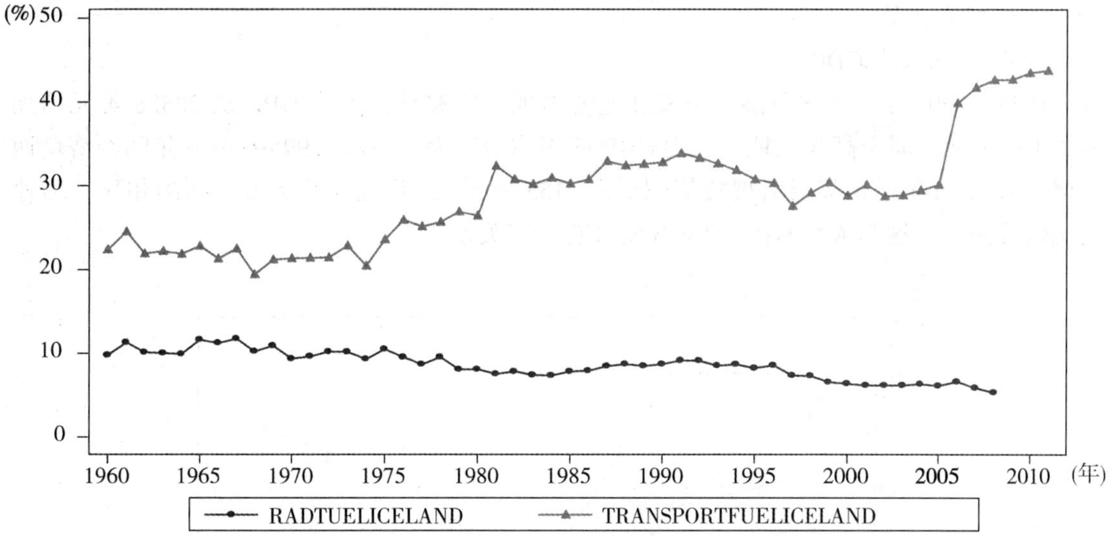

图 3-151　1960—2012 年冰岛公路和运输部门油耗指标

注：RADTUELICELAND、TRANSPORTFUELICELAND 分别代表冰岛公路部门的燃料消耗占总消耗量的比例(%)和运输部门的二氧化碳排放量(占总燃料燃烧的百分比)。

数据来源：World Bank。

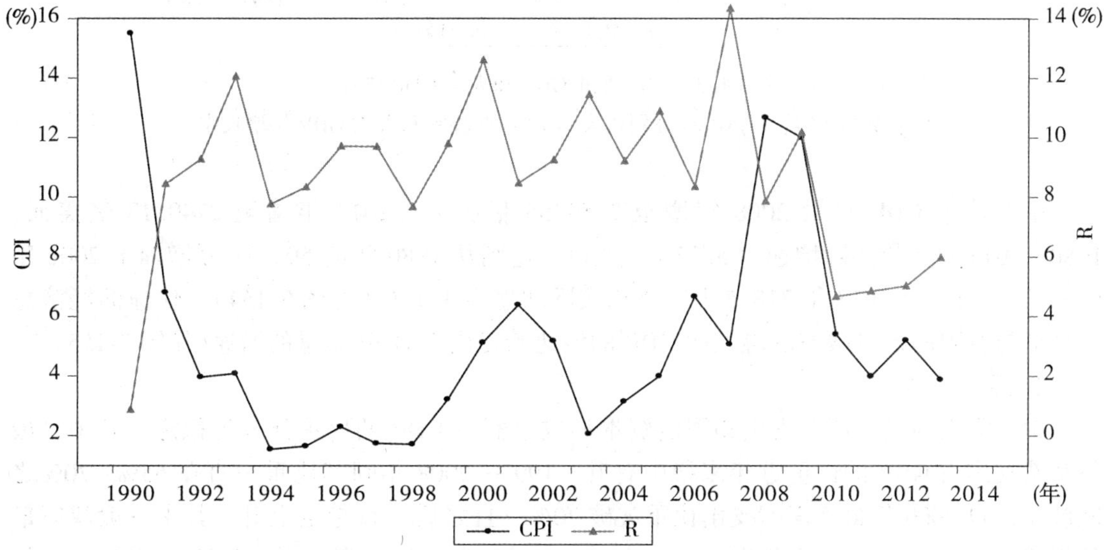

图 3-152　1990—2013 年冰岛 CPI 和实际利率

注：CPI 和 R 分别代表通货膨胀率和实际利率。

数据来源：World Bank。

年 1 月 1 日香港成为 WTO 的成员，1997 年 6 月 19 日香港正式成为 GPA 成员。

(一) 经济总量

1. GDP 和人均 GDP

1993—1997 年，中国香港经济发展速度出现一定波动，人均 GDP 从 20328 美元增加到 27169 美元，属于高收入地区，而 GDP 的年均增速为 4.8%。1995—1996 年间经济增速放缓，人均 GDP 增长甚至出现负值(如图 3-153 所示)，并且与新加坡、韩国相比，增速是比较缓慢的，这与人均 GDP 的基数较大有一定关系。

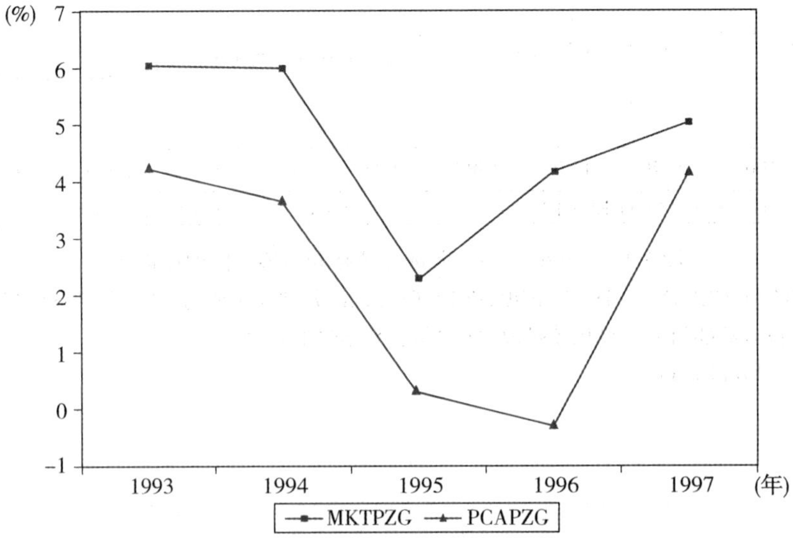

图 3-153 中国香港 GDP 和人均 GDP 增速

注：MKTPZG、PCAPZG 分别代表 GDP 年增长率和人均 GDP 年增长率。

中国香港 GDP 总量 2008 年增至 2153.55 亿美元，2013 年增至 2740.13 亿美元，1980—2013 年年均实际增速为 5.77%。人口总量则从 1980 年的 506.31 万增加至 2008 年的 697.77 万，至 2013 年 718.5 万，年均实际增速为 1.11%(见图 3-154)。快速的经济总量增加与有限的人口增加使得人均 GDP 的增速始终快于 GDP 总量的增速(见图 3-155)。

2. 经济结构

中国香港的最终消费支出和固定资本形成总额占 GDP 的比重都较为稳定。其中，最终消费支出占 GDP 的比重近年来稳中有升，1993—2008 年间其比重一直在 65%～70%之间波动，自 2009 年最终消费支出比重突破 70%，且之后一直稳定上升，其中一般政府最终消费支出占 GDP 的比重稳定在 10%左右；与此同时，固定资本形成总额占 GDP 比重稳中下降，2000 年之前固定资本形成总额比重稳定在 30%左右，之后其比重逐渐下降，保持在 22%左右的水平(如图 3-156 所示)。从中可以看出，香港的经济主要依靠消费拉动，并且中国香港一直信奉“大市场，小政府”的理念，因此，政府的活动范围较小，开支也不多。

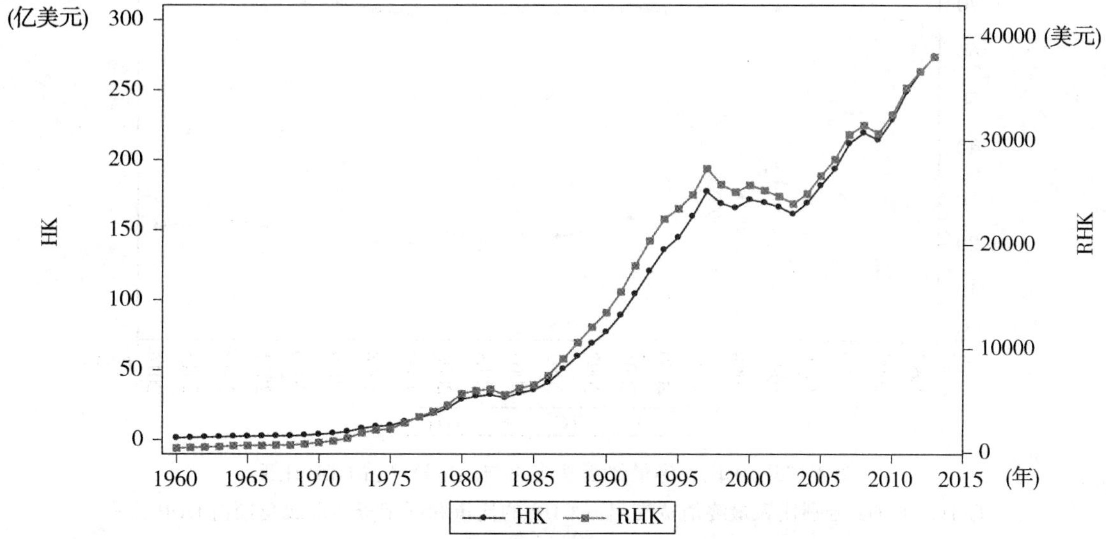

图 3-154　1960—2013 年中国香港 GDP 及人均 GDP 趋势

注：HK、RHK 分别代表中国香港 GDP 总量和人均 GDP。GDP 总量对应左轴，人均 GDP 对应右轴。

数据来源：World Bank。

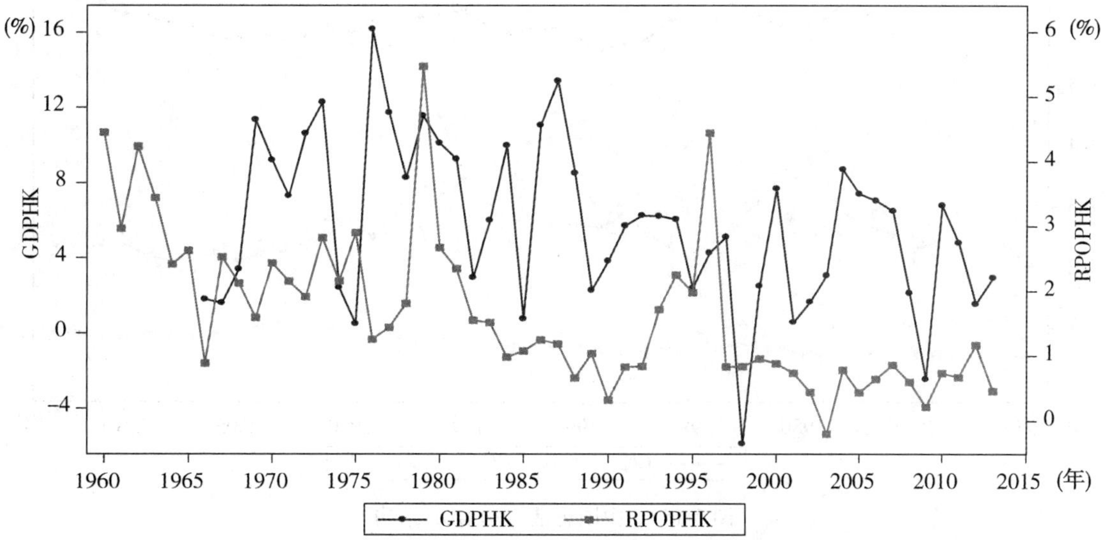

图 3-155　1960—2013 年中国香港 GDP 总量增速及人口增速

注：GDPHK、RPOPHK 分别代表中国香港 GDP 总量增速和人口增速。GDP 总量增速对应左轴，人口增速对应右轴。

数据来源：World Bank。

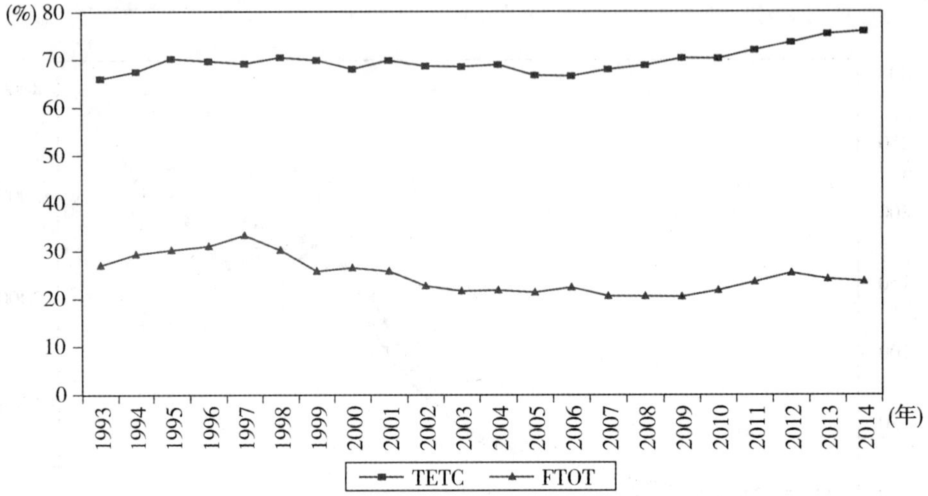

图 3-156 中国香港最终消费支出与固定资产占 GDP 比重

注：TETC、FTOT 分别代表最终消费支出占 GDP 的比重和固定资本形成总额占 GDP 比重。

就人均 GDP 的结构而言，1970—2013 年政府消费的比重基本稳定，而私人投资比重在 20%~30%的区域内波动，消费的比重则稳定于 60%~70%之间(见图 3-157)。

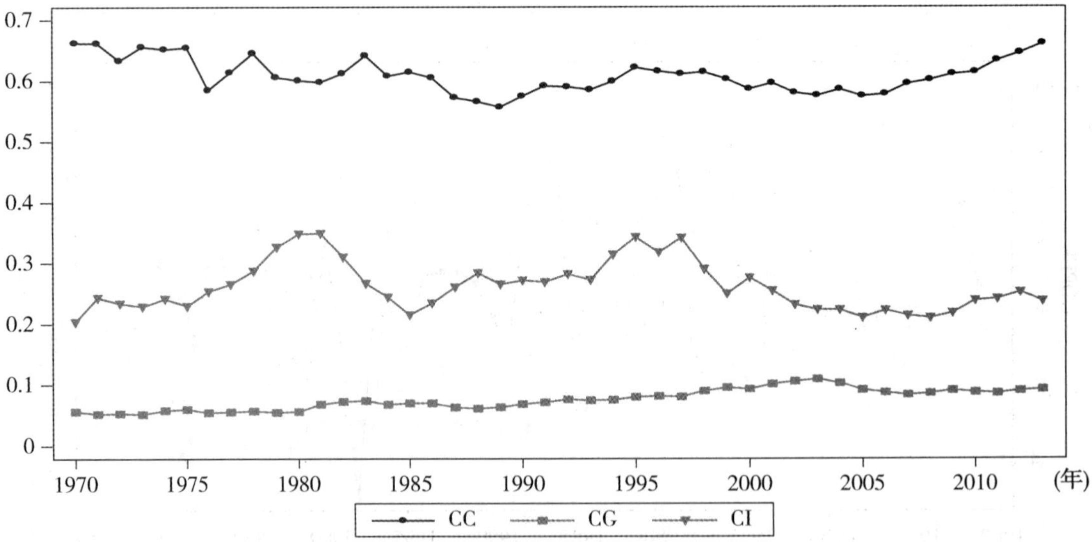

图 3-157 中国香港人均 GDP 结构

注：CC、CG 和 CI 分别代表按当年价计实际人均 GDP 的消费比重、政府支出比重和投资比重。

消费在人均 GDP 结构中的决定性地位是中国香港经济的典型特征之一。大多数年份，私人消费的增速维持在不低于政府消费的增速的发展模式(见图 3-158)。

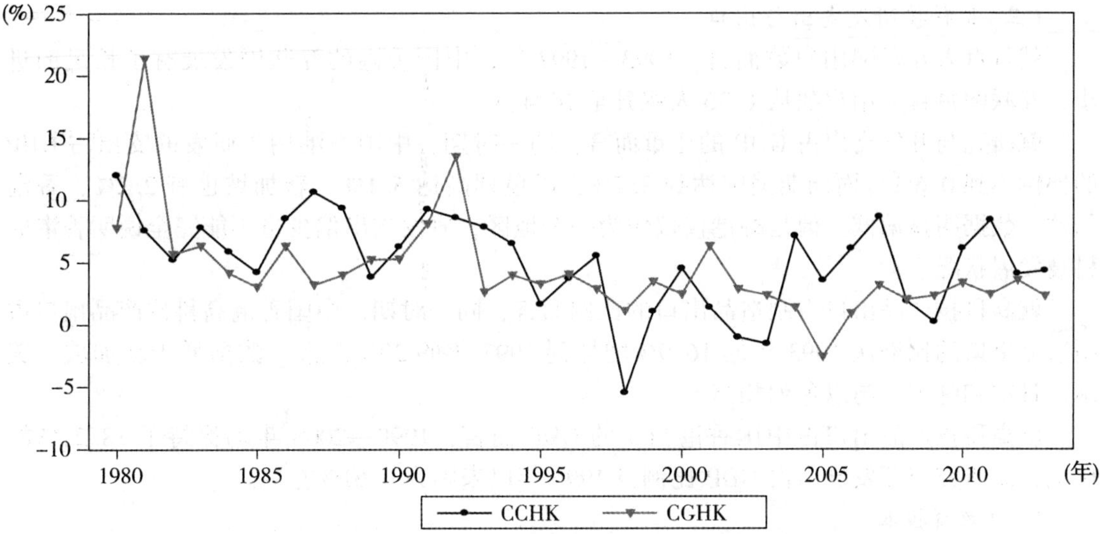

图 3-158　1980—2013 年中国香港私人消费和政府消费增速趋势

注：CCHK 和 CGHK 分别代表私人消费增速与政府消费增速。

数据来源：World Bank。

(二)能源消耗

就公路部门的燃料消耗占总消耗量的比例和运输部门的二氧化碳排放量两项指标而言，中国香港和中国大陆的发展差距已经从 1990 年的 8 倍和 2 倍缩小至 2 倍和 1 倍(见图 3-159)。

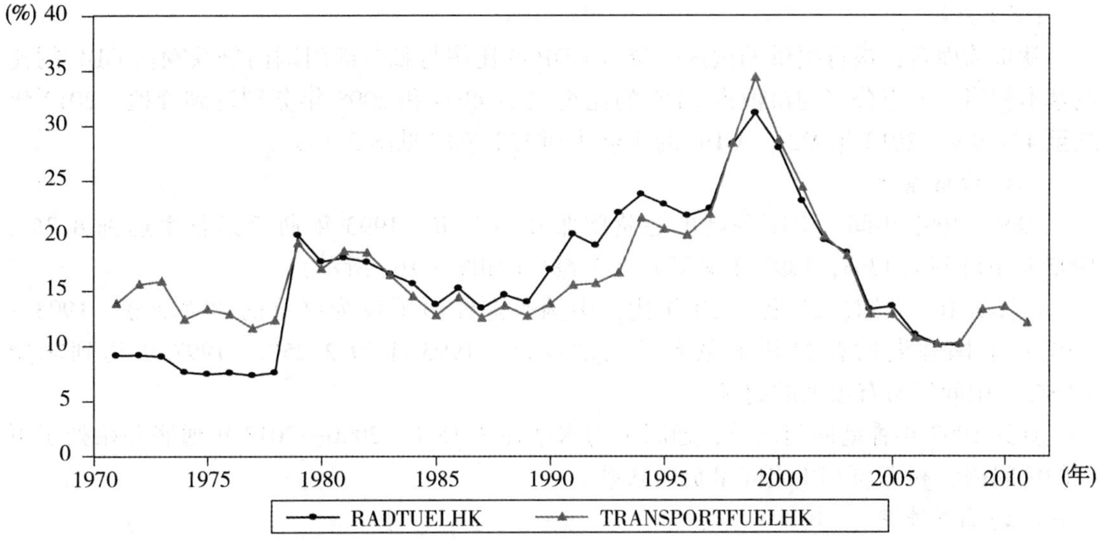

图 3-159　1970—2011 年中国香港公路和运输部门油耗指标

注：RADTUELHK、TRANSPORTFUELHK 分别代表中国香港公路部门的燃料消耗占总消耗量的比例(%)和运输部门的二氧化碳排放量(占总燃料燃烧的百分比)。

数据来源：World Bank。

（三）高科技研发支出与出口

就每百人互联网用户数而言，1993—1997 年，中国香港的互联网发展有了长足的进步，互联网每百人用户数从 1.36 人飙升至 10.4 人。

就研究与开发支出占 GDP 的比重而言，同一时期，中国香港用于研发的支出占 GDP 的比例不到 0.6%，而同期美国达到 2.7%，以色列高达 5.1%，新加坡也有 2.2%，香港的这一数据明显偏低。但是香港仅仅作为一个地区，研发支出偏少也不能完全说明香港的科技发展状况。

就高科技产品出口占制造品出口的比例而言，同一时期，中国香港高科技产品出口占制造品出口的比例从 1993 年的 16.9%增加到 1997 年的 20%，这一数据低于新加坡、美国、日本和韩国，与以色列相当。

就高科技产品出口占中国香港当年的 GDP 而言，1990—2008 年均保持了 18.21%的比例，而研究与开发支出占 GDP 比例自 1996 年以来则为 0.61%左右。

（四）教育投入

1993—1997 年间，中国香港成人文盲率不足 2%，达到世界先进水平，而高等教育毛入学率却仅有 34.3%左右，远不及韩国、以色列的水平。这说明香港的人力资本水平有待加强。

2001 年以来，中国香港的政府教育投入占 GDP 的比例为 4%左右。1990—2008 年，小学与中学学生与老师的比率为 21%左右，而同期中国大陆的数据为 20%左右。

就教育的各阶段而言，1999—2009 年中国香港的学前儿童入学率由 76.56%上升至 101%，中学入学率为 81.26%~99%，高等院校的入学率从 2003 年的 30.7%提升至 60%（世界银行，2010）。

（五）金融

就贷款而言，银行提供的国内信贷占 GDP 的比例与私营部门国内贷款额占 GDP 的比例基本相当。上市公司的市值占 GDP 的比重在 1999 年和 2008 年分别达到峰值，2012 年跌至 421.9%。2013 年 M2 占 GDP 的比重达到 352.7%（见图 3-160）。

（六）价格指数

1991—1997 年间，中国香港的通货膨胀较为严重，1993 年通货膨胀率达到 8.7%，1995 年下降到 4.13%，1997 年又攀升至 5.68%（如图 3-161 所示）。

从图 3-162 可知，20 世纪 80 年代，中国香港经历了较为严重的通货膨胀。1993—1997 年中国香港的存款利率也有较大的波动，1993 年为 2.25%，1997 年达到峰值 5.98%，中间年份有很大的起伏。

直到 1997 年香港回归之前，通胀平均水平在 8.15%。2006—2013 年通胀开始处于可控的区间内，利率与 CPI 之间呈负向联系。

（七）国外冲突

1997 年之前，中国香港的此项指标存在反复的过程，但是基本上处于低位。1995—1997 年出现了较为显著的改善过程，评分达到了 10 分以上。

（八）民主责任

1995 年之后，中国香港的该项指标出现了一定的下降，直到 1999 年才开始出现小幅

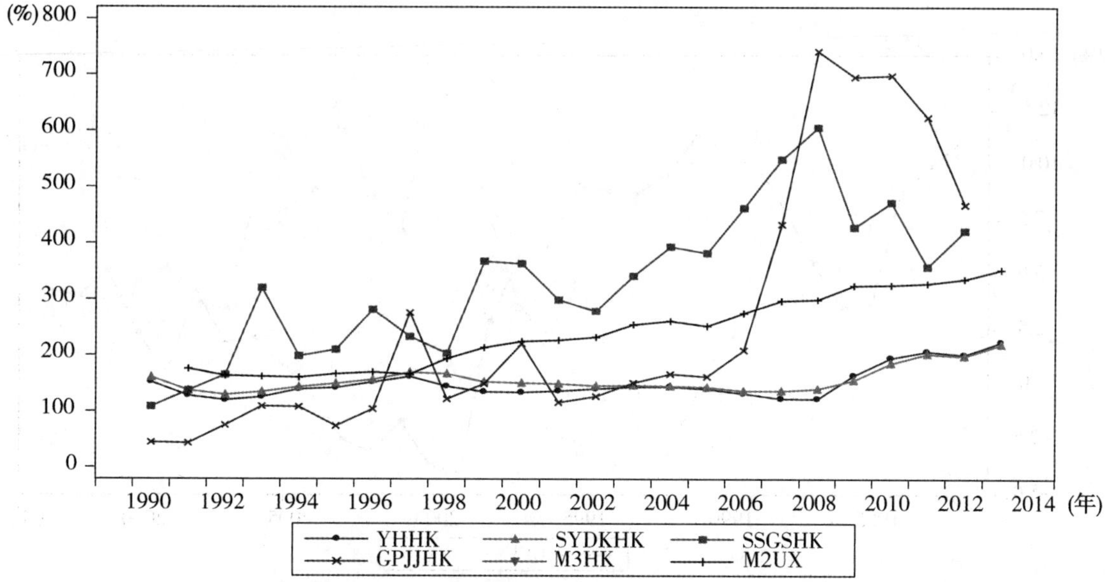

图 3-160　1990—2013 年中国香港各项主要金融指标

注：YHHK、SYDKHK、SSGSHK、GPJJHK、M3HK 和 M2UX 分别代表由银行提供的国内信贷占 GDP 的比例(%)、私营部门国内贷款额占 GDP 的比例(%)、上市公司市值占 GDP 的比例(%)、股票交易总额占 GDP 的比例(%)、流动负债(M3)占 GDP 的比例(%)、货币和准货币(M2)占 GDP 的比例(%)。M3HK 对应右轴，其余指标对应左轴。

数据来源：World Bank。

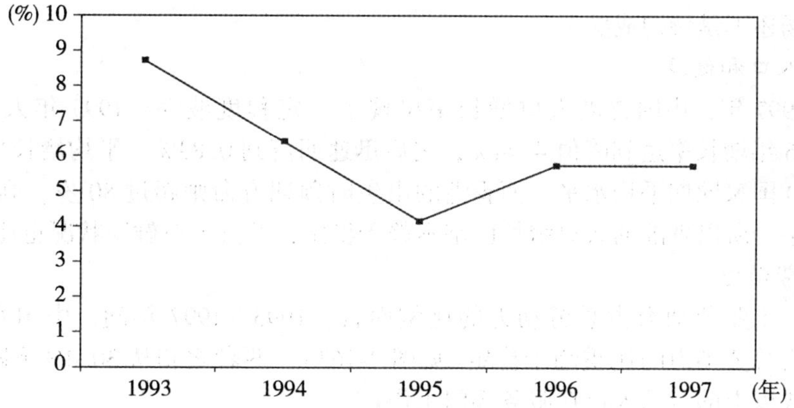

图 3-161　中国香港的通货膨胀率

度的上升，2012 年的评分接近 3 分。

(九) 对外贸易

就贸易占 GDP 的比重而言，1991—1997 年间，对外贸易占中国香港 GDP 的比重一直变化不大，维持在 260%~300%，但是这种过度依赖对外贸易的经济具有一定的脆弱性。就官方汇率而言，同一时期，香港汇率保持稳定，港币对美元汇率稳定在 7.73~7.74。

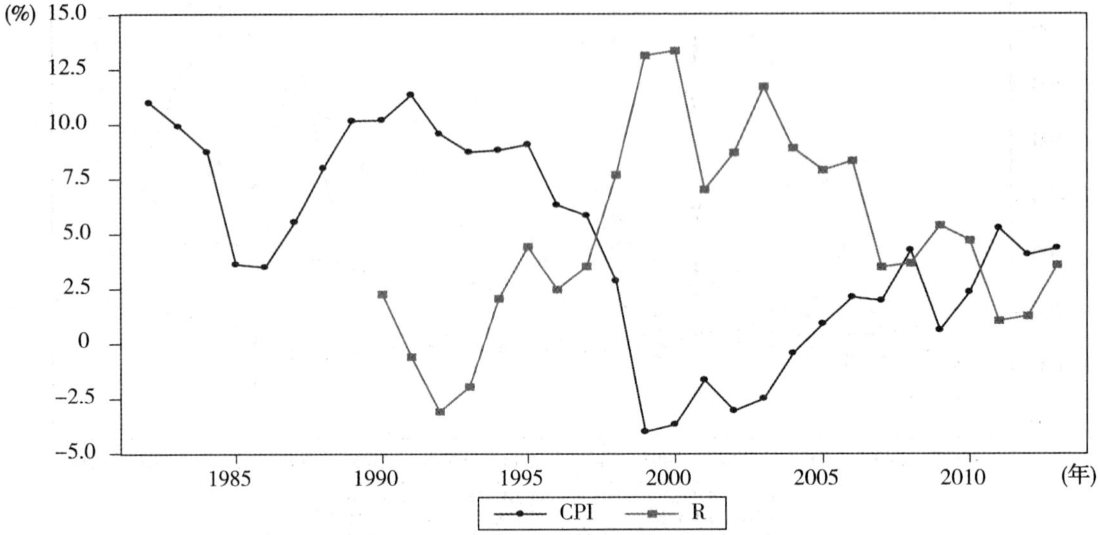

图 3-162 1980—2013 年中国香港 CPI 和利率

数据来源：World Bank。

（十）市场成熟度

1993—1997 年间，中国香港上市公司市值占 GDP 的比值出现了较大波动。1993 年，上市公司市值占 GDP 的比重为 321%，1994 年迅速回落至不到 200%，1995 年比重小幅攀升，1996 年比重增至 283%，到 1997 年比重又减少了 1/7 左右。这说明在这一时期，香港的资本市场还不是特别成熟。

（十一）人口和健康

1993—1997 年，中国香港人口增长率出现了一定程度波动。1993 年人口增长率为 1.72%，1996 年增长率达到峰值 4.44%，之后迅速回落到 0.83%，平均增长率为 2.24%，略高于 OECD 国家同期平均水平，而香港的出生时预期寿命则超过 80 岁，高于 OECD 国家的平均水平。所以香港的人口增长已基本趋于稳定，并且人口健康状况也比较理想。

（十二）劳动力

就农业、工业劳动力占总劳动力的比例而言，1993—1997 年间，中国香港的农业、工业劳动力占总劳动力的比重趋于稳定（见图 3-163），两者之和从 30.4%下降到 24.7%，可以看出 7 成以上的劳动人口在服务部门工作。

同一时期中国香港的总劳动参与率保持稳定，从 61.9%下降到 61%。

（十三）城市化程度

中国香港地少人多，长期以来就是城市化的发展导向，因此几乎没有农业人口。1993—1997 年，香港的农村人口占总人口的比重从 0.2%下降为 0。

（十四）全球竞争力指数（GCI）和人类发展指数（HDI）排名

2009—2010 年，中国香港的 GCI 排名为 11/133，2013 年度排名为 7/152，其全球竞争力逐步提升。2005 年度 HDI 排名为 22/177，2010 年度 HDI 排名为 21/169，两次排名

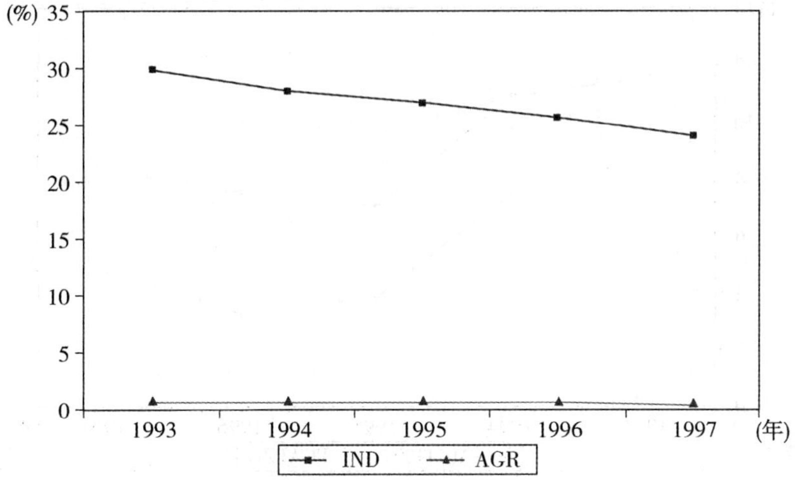

图 3-163 中国香港工、农业劳动力比重

注：AGR、IND 分别代表农业占总劳动力的比重和工业占总劳动力的比重。

均为极高人类发展水平。中国香港的 GCI 排名和 HDI 排名都较为靠前。

与新加坡、韩国相比，中国香港经济缺乏稳定性，这是因为香港作为一个地少人多的地区，农业和制造业的发展受到限制。香港发达的金融业使得它面对金融危机不堪一击。而外向型经济也使得香港经济发展受到很多干扰。香港社会稳定，基础设施、公共服务较有保障，居民安居乐业，人力资本水平较高，但与发达国家仍有差距，并且资源稀缺限制了香港的进一步发展。

三、新加坡经济社会发展程度

新加坡是东南亚的一个岛国，也是一个城市国家。该国位于马来半岛南端，其南面有新加坡海峡与印度尼西亚相隔，北面有柔佛海峡与马来西亚相隔。新加坡成立于 1965 年，人口不足 50 万，曾是英国和日本的殖民地，后因经济发展引人注目而被称为“亚洲四小龙”之一，政治制度是议会共和制。新加坡是亚洲最重要的金融、服务和航运中心之一。新加坡于 1995 年 1 月 1 日成为 WTO 成员，1997 年 10 月 20 日加入 GPA。

(一)经济总量

1. GDP 和人均 GDP

1993—1997 年，新加坡 GDP① 平均增速达到 9.5%，人均 GDP 增速达到 6%以上，从人均 GDP 17551 美元增加到 25254 美元，属于高收入国家。这一期间增速却有一个明显放缓的过程。1993 年和 1994 年 GDP 增速都在 11.6%左右，但是从 1995 年开始却迅速下降到 8%左右。这似乎在暗示新加坡，金融危机的影响已经提前到来(如图 3-164 所示)。

新加坡的 GDP 总量从 1980 年的 117.3 亿美元增加至 2013 年的 2979.4 亿美元，年均

① 人均 GDP 以现价美元计算，后同。

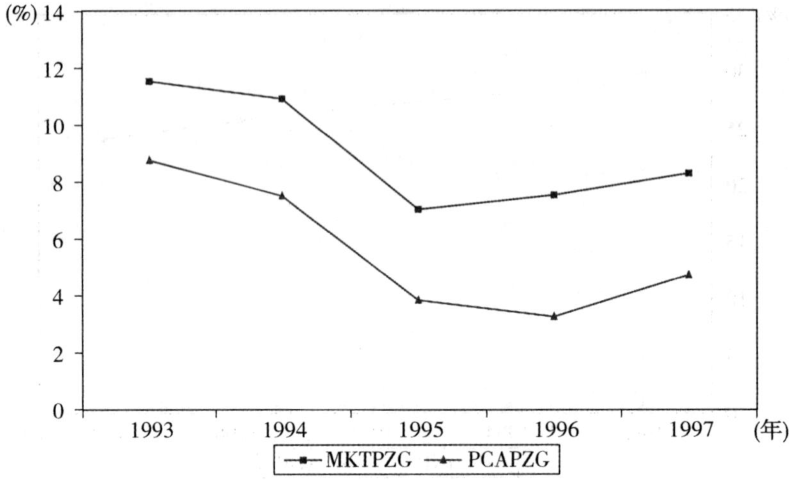

图 3-164 新加坡 GDP 和人均 GDP 增长率

注：MKTPZG、PCAPZG 分别代表 GDP 年增长率和人均 GDP 年增长率。

实际增速为 7.66%(见图 3-165)。人口总量则从 1980 年的 241.4 万增加至 2013 年的 539.9 万，年均实际增速为 2.24%。快速的经济总量增加与有限的人口增加，使得人均 GDP 的增速始终快于 GDP 总量的增速(见图 3-166)。

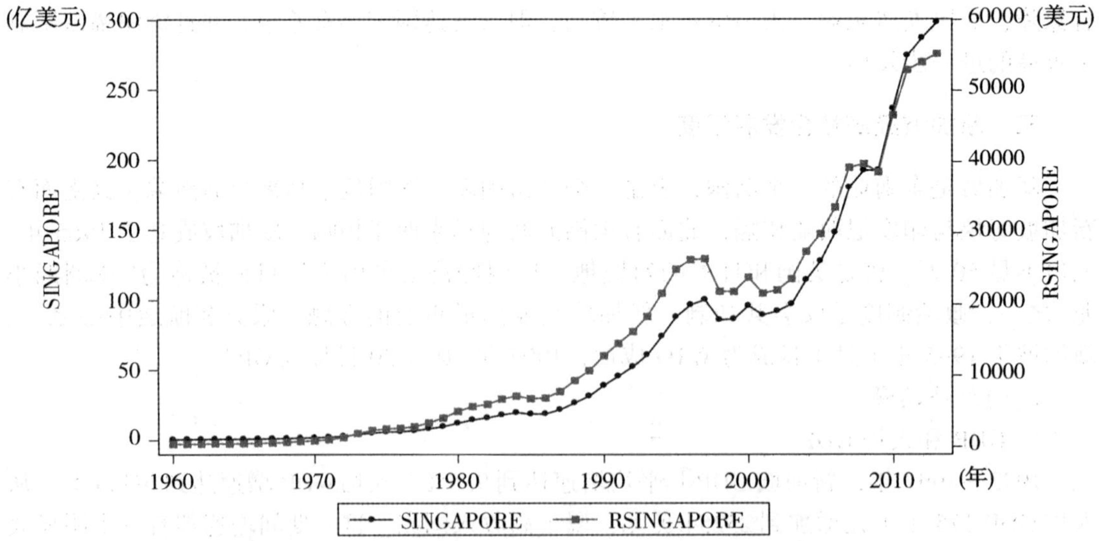

图 3-165 1960—2013 年新加坡 GDP 及人均 GDP 趋势

注：SINGAPORE、RSINGAPORE 分别代表新加坡 GDP 总量和人均 GDP。GDP 总量对应左轴，人均 GDP 对应右轴。

数据来源：World Bank。

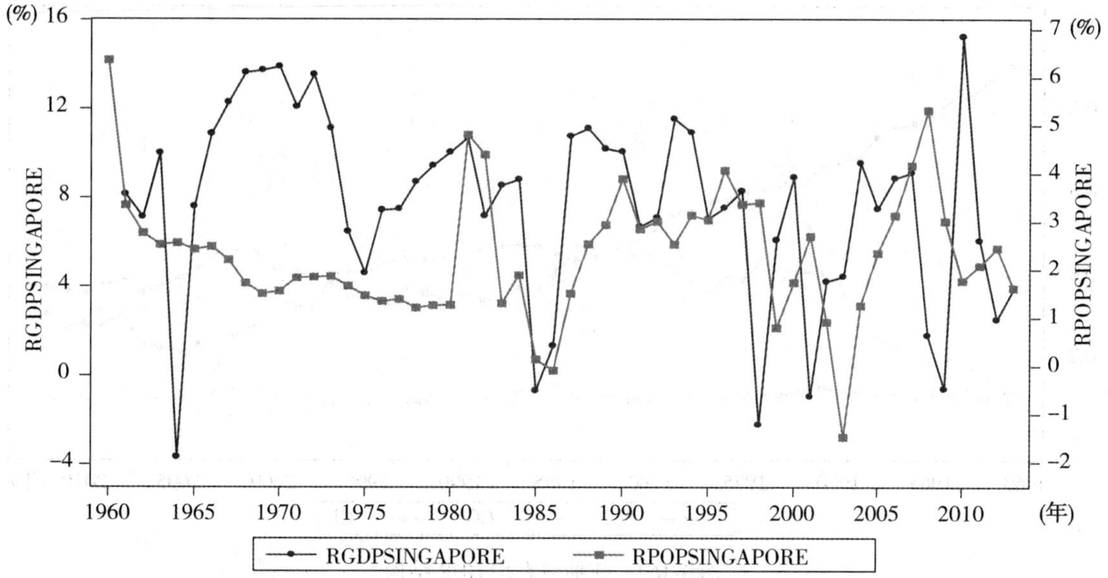

图 3-166　1960—2013 年新加坡 GDP 总量增速及人口增速

注：RGDPSINGAPORE、RPOPSINGAPORE 分别代表新加坡 GDP 总量增速和人口增速。GDP 总量增速对应左轴，人口增速对应右轴。

数据来源：World Bank。

2. 经济结构

1993—2013 年，新加坡的经济结构较为稳定。就人均 GDP 的结构而言，1960—2013 年私人消费比重逐渐降低，而政府投资的比重上升至 30%，政府消费基本稳定在 10%左右。新加坡的投资率最高，这是因为其地理因素的影响。但是政府投资的比重自 1997 年以来开始出现下降的趋势。2001 年，新加坡投资比重已经降至 30%以下(见图 3-167)。

1993—1997 年，新加坡最终消费支出占 GDP 的比重始终保持在 50%左右，其中政府的消费支出都在 10%以下，而固定资本形成总额的比重则在 1993—2001 年间一直在 30%~40%小幅波动，2002 年首次低于 30%，至 2013 年一直在 20%~30%波动(如图3-168 所示)。新加坡的经济更依靠投资拉动，并且这个数据与国际经验相比偏高。

消费在人均 GDP 结构中处于决定性地位是新加坡经济的典型特征之一。大多数年份，私人消费的增速维持不低于政府消费的增速的发展模式(见图 3-169)。

(二)财政收支

1. 财政支出

1993—1997 年，新加坡政府总支出占 GDP 的比重在 11.38%~16.82%波动，均值为 14%，1996 年达到峰值，这一比例与 OECD 国家的同期平均水平相比偏低。

就政府收入占 GDP 的比重而言，同期，新加坡政府收入(不含捐赠)占 GDP 的比重在 26.68%~29.9%浮动，总体来说比较稳定。

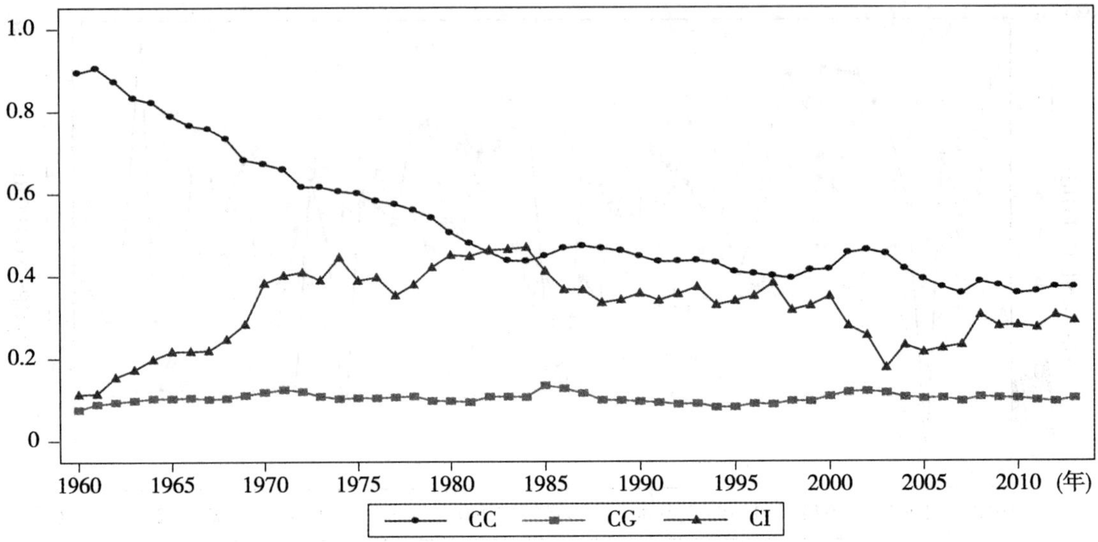

图 3-167 新加坡人均 GDP 结构

注：CC、CG 和 CI 分别代表按当年价计实际人均 GDP 的消费比重、政府支出比重和投资比重。

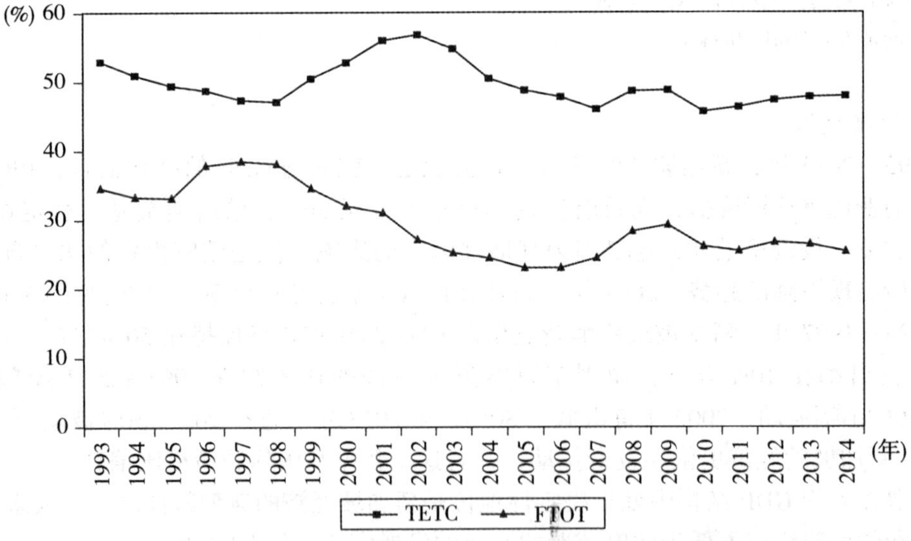

图 3-168 新加坡最终消费支出和固定资本形成总额比例变动

注：TETC、FTOT 分别代表最终消费支出占 GDP 的比重和固定资本形成总额占 GDP 比重。

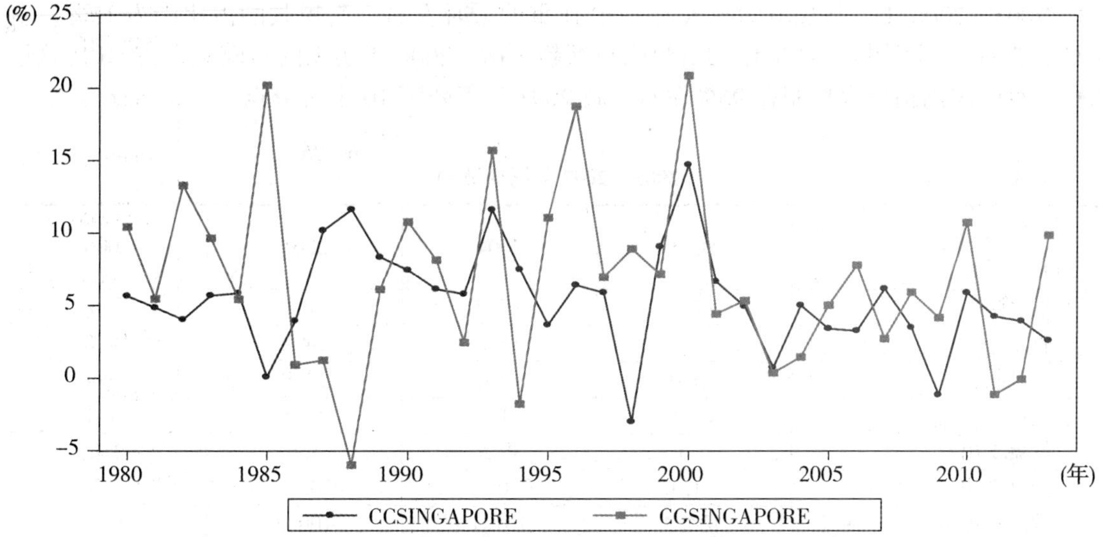

图 3-169 1980—2013 年新加坡私人消费和政府消费增速趋势

注：CCSINGAPORE 和 CGSINGAPORE 分别代表私人消费增速与政府消费增速。

数据来源：World Bank。

就政府债务占 GDP 的比重而言，在此期间，国内形成债务净额占 GDP 的比重波动较大，1993 年为 7.6%，1994 年迅速下降到不足 3%，1995 年又飙升至 10.3%的峰值，然后回落至 1997 年的 7.43%。1993—1997 年，新加坡政府总支出占 GDP 的比重、政府收入占 GDP 的比重和政府债务占 GDP 的比重如图 3-170 所示。

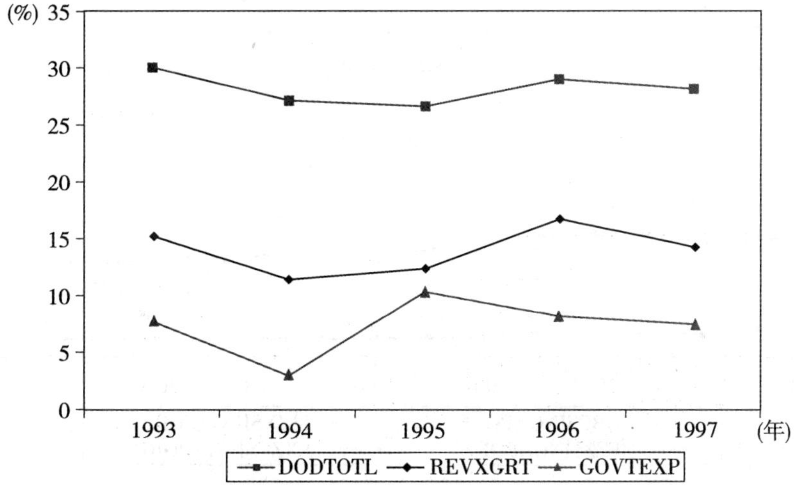

图 3-170 新加坡政府收支变动

注：DODTOTL、REVXGRT、GOVTEXP 分别代表收入(不包括捐赠)占 GDP 的比重、总支出占 GDP 的比重、国内形成债务净额占 GDP 的比例。

2. 财政收入

2003—2006 年，新加坡的收入占 GDP 比重的 15%左右，而税收的占比则为 13%左右(见表 3-11)。此阶段，新加坡的财政账户渐趋平衡，2006 年实现的财政盈余占 GDP 总量的 0.6%。国内债务也控制在 95%左右，较 2003 年下降了 10 个百分点。

表 3-11　　**2003—2007 年财政账户**

项目＼年份	2003	2004	2005	2006
平衡账户	-1.9	-0.8	-0.2	0.6
收入	15.3	15.0	14.2	14.6
税收	13.0	13.0	12.9	13.4
支出	12.1	11.1	10.8	11.1
发展支出	5.1	4.7	3.6	2.8
预算平衡	-1.1	-0.1	0.7	0.0
政府总债务	104.3	101.1	100.3	95.1
国内债务	104.3	101.1	100.3	95.1

数据来源：Ministry of Trade and Industry。

政府支出占 GDP 的比重在 1998—2013 年存在反复的波动，2008 年政府支出占 GDP 的比重为 16%，2012 年政府支出占 GDP 的比重为 13%(见图 3-171)。捐赠和转移支出自 2004 年以来先出现了一定幅度的下降，后又有所回升，而其他指数则相对稳定。

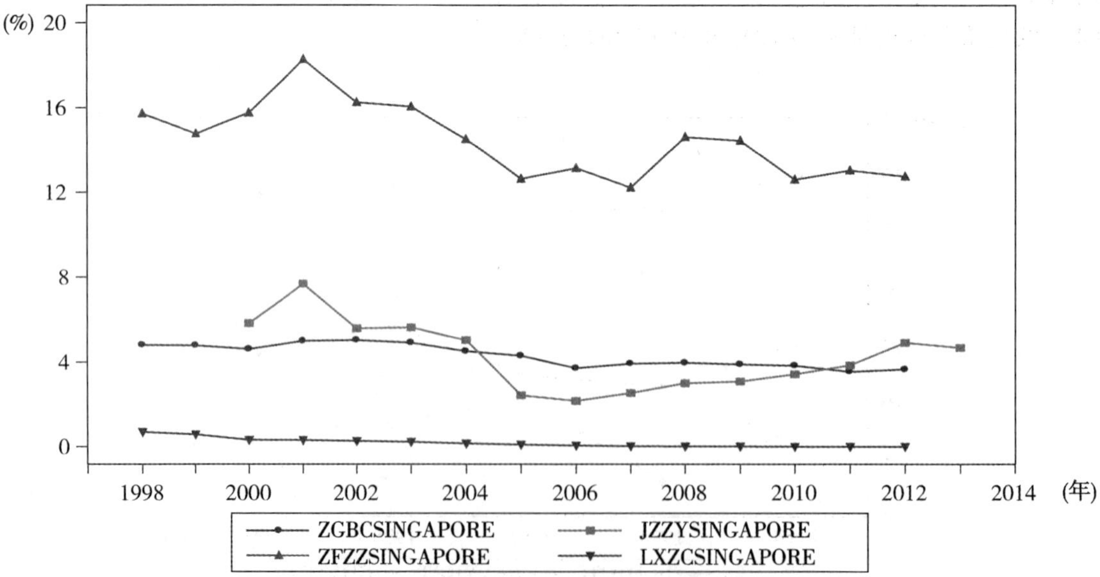

图 3-171　1998—2013 年新加坡政府总支出及其主要支出项目占 GDP 的比重

注：ZGBCSINGAPORE、JZZYSINGAPORE、ZFZZSINGAPORE、LXZCSINGAPORE 分别代表职工报酬、捐赠和转移支出、政府总支出和利息支出占当年 GDP 的比重。

数据来源：World Bank。

2004—2007 年，新加坡的政府采购金额存在较大的波动(见表 3-12)。2004—2006 年间呈下降趋势，而 2007 年迅速增加 100%以上。就采购的项目而言，工程和服务是主要的采购物。

表 3-12 **2004—2007 年政府采购**

项目＼年份		2004	2005	2006	2007
总额(十亿美元)		8.1	7.7	7.9	16.1
其中(%)	工程	62	42	44	64
	服务	20	43	36	23
	货物	18	15	20	13

数据来源：新加坡 MoF。

两种口径的收入和变化趋势基本一致，2004 年左右处于低谷，2008 年左右处于峰值(见图 3-172)，不包括捐赠的收入基本与税收收入比重间的差异逐年缩小。在新加坡，个人所得税总额占税收总额的一半左右。新加坡政府为了保持其高度外向型的经济，对企业所得税进行了较大幅度的下调。

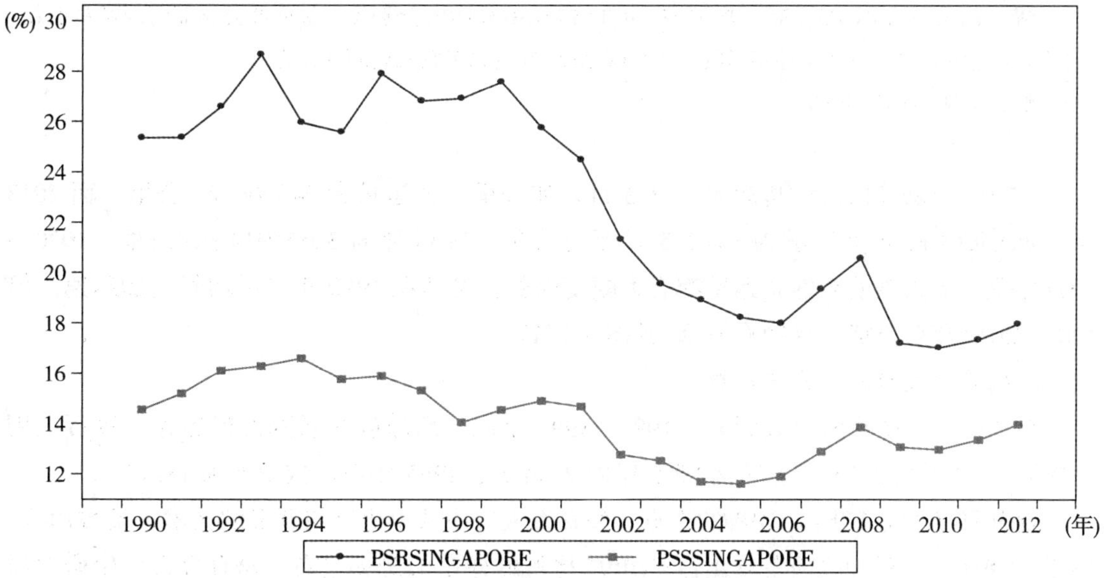

图 3-172 1990—2012 年新加坡两种口径收入占 GDP 的比重

注：PSRSINGAPORE 和 PSSSINGAPORE 分别代表收入(不包括捐赠)占 GDP 比例和税收收入占 GDP 的比例。

数据来源：World Bank。

(三)基础设施

新加坡公路部门的燃料消耗占总消耗量的比例下降了约 25%，运输部门的二氧化碳排放量占总燃料燃烧的百分比也有所下降(见图 3-173)。

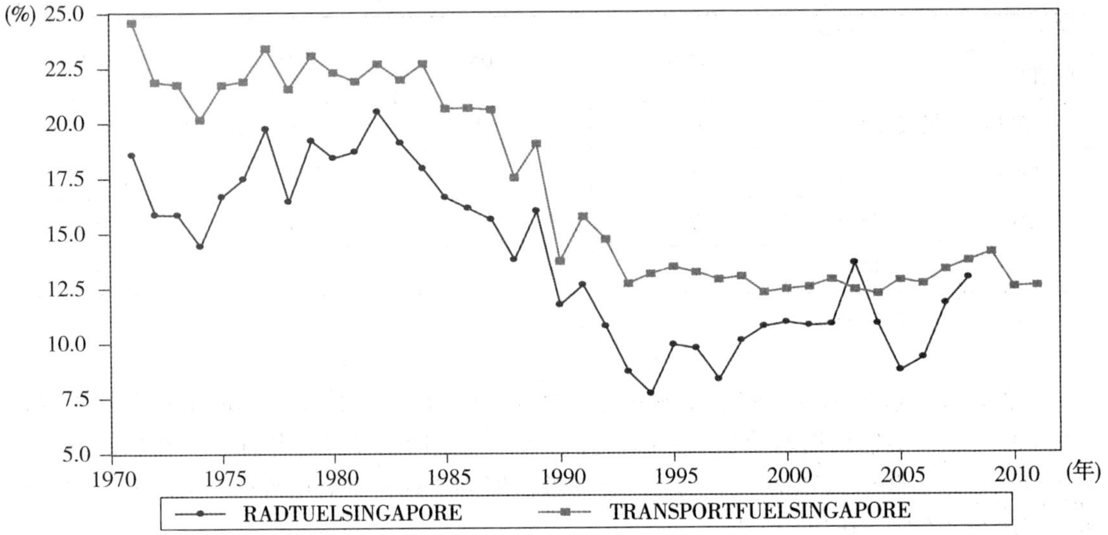

图 3-173 1970—2011 年新加坡公路和运输部门油耗指标

注：RADTUELSINGAPORE、TRANSPORTFUELSINGAPORE 分别代表新加坡公路部门的燃料消耗占总消耗量的比例(%)和运输部门的二氧化碳排放量(占总燃料燃烧的百分比)。

数据来源：World Bank。

1970 年新加坡的航空货运量为 9.3 百万吨公里，客运量为 748900 人/公里。而 2013 年，新加坡的航空货运量为 6512.5 百万吨公里，客运量为 30554914 人/公里。1970—2007 年间，新加坡航空客货运量都有大幅度增长，尤其在 1990 年之后增长更加迅速。但 2007—2013 年航空货运量稍有下降(见图 3-174)。

(四)高科技研发支出与出口

就每百人互联网用户数而言，1993—1997 年间，新加坡互联网发展迅速，每百人用户数从 1993 年的 0.75 人上升到 1995 年的 2.84 人，1995 年用户数增加到 13.17 人。

就研究与开发支出占 GDP 的比重、每百万人口中从事研究与开发的技术人员数而言，1993—1997 年，新加坡研发支出占 GDP 的比重维持在 1.35%左右，每百万人口中研发项目中的研究人员超过 2000 人。这两个数据与世界平均水平相当。

就高科技产品出口占制造品出口的比例、高科技产品出口占新加坡当年的 GDP 而言，1990—2008 年均保持了 53.47%的比例，而研究与开发支出占 GDP 的比例自 1996 年以来则为 2.02%左右。同一时期，新加坡高科技产品出口占制造品出口的比例从 1993 年的

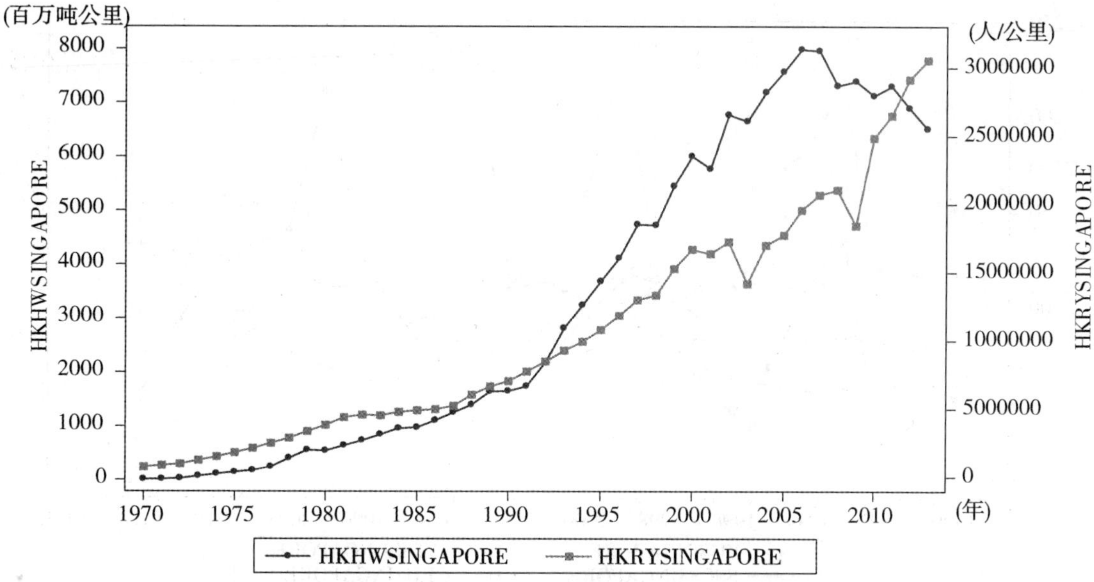

图 3-174 1990—2013 年新加坡航空客货运量

注：HKHWSINGAPORE、HKRYSINGAPORE 分别代表新加坡航空的货物运输量和客运量。货运量指标对应左轴，客运量指标对应右轴。

数据来源：World Bank。

47%增加到 1997 年的 56%，这一数据甚至比以科技发达著称的美国还高约 20 个百分点。就每百万人口中研究与开发项目中的研究人员指标而言，1996 年新加坡的该项指标是美国的 0.9 倍，而 2012 年新加坡的每万人中研究人数成为美国的 1.8 倍，说明新加坡的高科技发展极为迅速。

(五)金融

1993—1997 年，新加坡存款利率存在一定程度的波动，从 1993 年的 2.3%逐步上升至 1997 年的 3.47%，这显示了新加坡当局愈发严格的货币政策(世界银行，1998)。

就贷款而言，银行提供的国内信贷占 GDP 的比例与私营部门国内贷款额占 GDP 的比例基本相当(见图 3-175)。上市公司的市值占 GDP 的比重在 1999 年和 2007 年分别达到峰值，2013 年跌至 144.34%。股票交易总额从 1990 年的 202.93 亿美元上升至 2013 年的 1564.45 亿美元，其中 2000 年和 2007 年达到峰值。

在新加坡，外资银行占绝大多数(见表 3-13)，其中针对大型企业的金融机构不断增加，而离岸金融银行逐渐减少。不良贷款占贷款比重以及非银行不良贷款占非银行贷款比重都在 2003—2007 年间中得到了较好的控制。

就 FDI 的来源地而言，欧盟是新加坡 FDI 的主要来源国，其次是日本(见表 3-14)。

(六)健康

就人口增长率、婴儿死亡率、出生时期望寿命而言，1993—1997 年，新加坡人口年

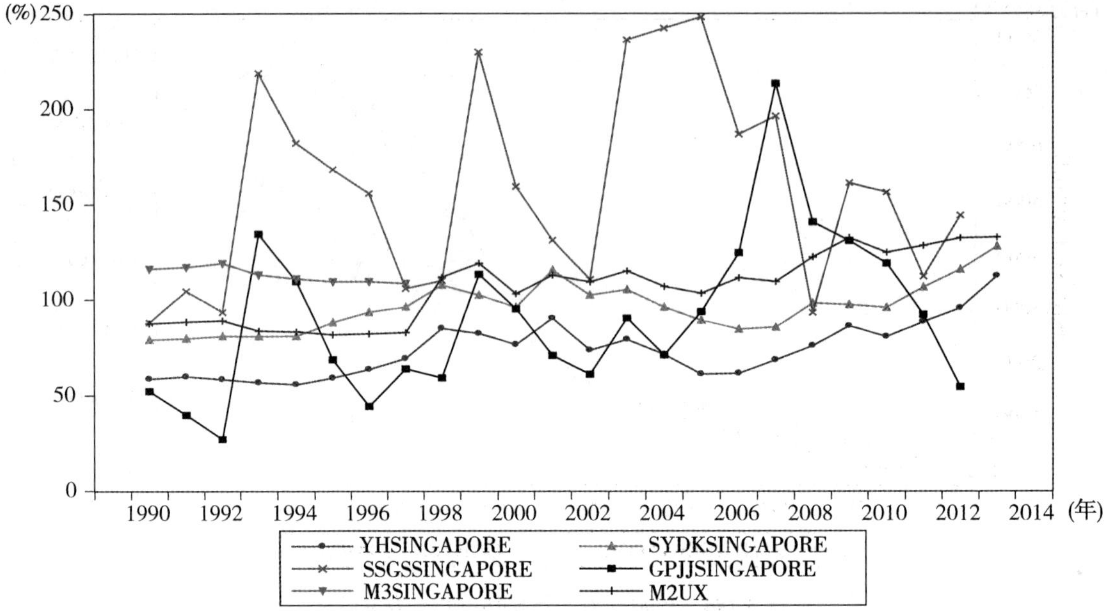

图 3-175 1990—2013 年新加坡各项主要金融指标

注：YHSINGAPORE、SYDKSINGAPORE、SSGSSINGAPORE、GPJJSINGAPORE、M3SINGAPORE 和 M2UX 分别代表由银行提供的国内信贷占 GDP 的比例(%)、私营部门国内贷款额占 GDP 的比例(%)、上市公司市值占 GDP 的比例(%)、股票交易总额占 GDP 的比例(%)、流动负债(M3)占 GDP 的比例(%)、货币和准货币(M2)占 GDP 的比例(%)。

数据来源：World Bank。

表 3-13 **2003—2010 年银行部门指标**

项目 \ 年份	2003	2004	2005	2006	2007	2008	2009	2010
银行	117	115	111	108	108	113	114	120
本国	5	5	5	5	5	6	6	7
外国	112	110	106	103	103	107	108	113
综合业务银行	22	23	24	24	24	24	27	25
批发银行	31	37	35	34	36	42	41	46
离岸银行	59	50	47	45	43	41	40	42
金融公司	5	3	3	3	3	3	3	3
商业银行	53	51	48	48	49	47	49	45
代表机构	51	49	45	42	43	45	36	30
银行	51	49	45	42	43	45	36	30

续表

项目 \ 年份	2003	2004	2005	2006	2007	2008	2009	2010
商业机构	—	—	—	—	—	—	—	—
本土银行指标	—	—	—	—	—	—	—	—
不良贷款占贷款比重(NPLs)	5.4	4.1	3.0	2.2	1.5	—	—	—
非银行不良贷款占非银行贷款比重	6.7	5.0	3.8	2.8	1.8	—	—	—
资本充足率	17.9	16.2	15.8	15.4	14.6	—	—	—

数据来源：MAS Annual Report，2009/2010.

表 3-14 **2003—2007 年国家和地区的 FDI 流入**

项目 \ 年份	2003	2004	2005	2006	2007
总额(百万美元)	20321.1	33514.3	23185.5	39315.1	38155.3
东南亚	1218.3	926.5	1944.5	1900.4	1551.6
印度尼西亚	417.0	459.8	356.7	1109.9	440.9
马来西亚	794.8	346.2	1614.9	523.7	913.0
澳大利亚	212.3	550.5	193.0	-2.1	666.8
中国大陆	260.3	353.5	78.6	935.9	624.7
中国台北	1697.2	35.4	-565.4	244.2	-285.0
欧盟	4137.9	9911.7	10836.7	12615.0	14042.2
中国香港	-818.9	362.6	-397.0	264.0	396.8
印度	181.4	204.9	547.1	1042.2	1320.8
日本	2119.4	2536.6	2495.5	5192.7	3608.2
韩国	699.3	339.5	287.4	435.8	1206.9
新西兰	0.0	-6.2	786.1	-466.6	63.7
美国	1608.9	7491.4	-4038.6	1765.6	786.4
其他	9005.0	10807.9	11017.6	15388.0	14172.2

数据来源：新加坡政府网站。

均增长率为 3.22%，而全球的平均水平为 1.7%左右，新加坡的人口增长速度明显快于世界平均水平。同期，新加坡婴儿死亡率呈下降趋势，从 1993 年的 0.47%下降至 1997 年的 0.36%，婴儿死亡率明显低于世界平均水平，甚至低于 OECD 国家。而出生时期望寿命的 5 年均值也达到 77 岁，和 OECD 国家平均水平相当。

就公共医疗支出占 GDP 的比例而言，1993—1997 年，新加坡公共医疗支出占 GDP 的比重维持在 1.3%左右，远低于美国的 6.6%和土耳其的 4.3%。但是我们发现，亚洲国家在此方面的开支与欧美和拉丁美洲相比普遍偏低。

1990—2013 年，新加坡各项重要的健康指标都存在一定的改善趋势，其中每 10 万人发生结核病的比例下降趋势最为明显(见图 3-176)。在新加坡，成年女性的死亡率 1990 年是 8%，而男性的数据为 13%，在 2013 年，两者的数据分别为 4.1%和 7.3%。

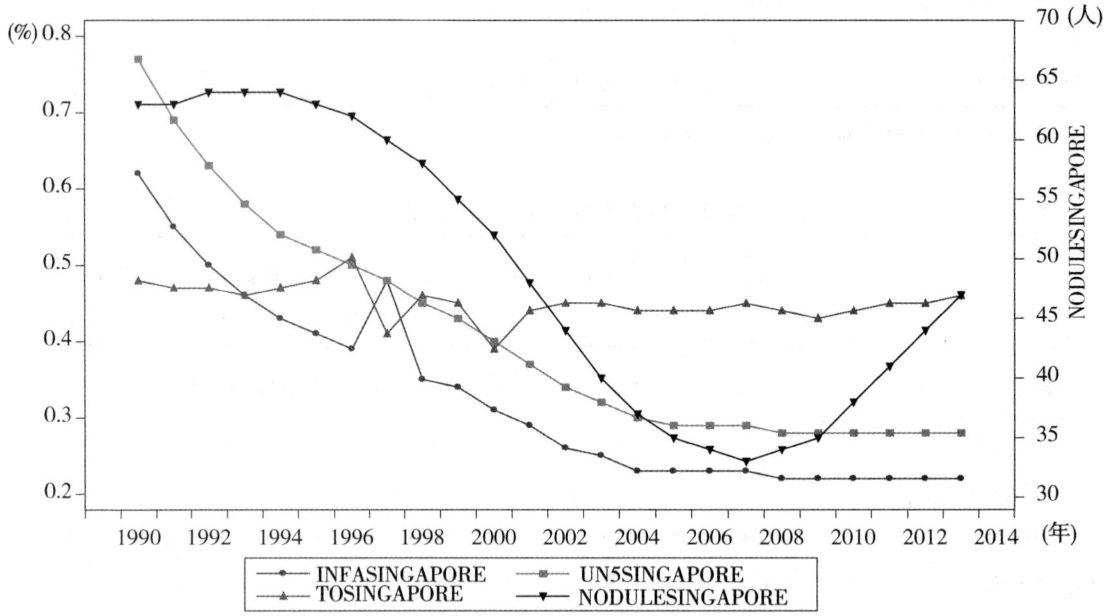

图 3-176 1990—2013 年新加坡各项主要健康指标

注：INFASINGAPORE、UN5SINGAPORE、TOSINGAPORE 和 NODULESINGAPORE 分别代表婴儿死亡率(%)、5 岁以下儿童死亡率(%)、总死亡率(%)和每 10 万人发生结核病的人数(人)，其中 NODULESINGAPORE 对应右轴，其他对应左轴。

数据来源：World Bank。

(七)劳动力

就农业、工业劳动力占总劳动力的比例而言，因为新加坡是一个城市国家，因此鲜有农业人口，农业劳动力占总劳动力的比重基本维持在 0.2%~0.3%，1997 年达到 1%，而工业劳动力占总劳动力的比重则在 31%左右波动。总体来说，农业、工业劳动力结构十分稳定。1993—1997 年，新加坡总劳动参与率稳定在 65%附近，但依然不是很高(世界银行，1998)。

(八)能源

1990—2010 年，每一美元 GDP 所产生的工业 CO_2 排放量降低了约 80%，人均工业 CO_2 排放量下降了约 33%(见图 3-177)。

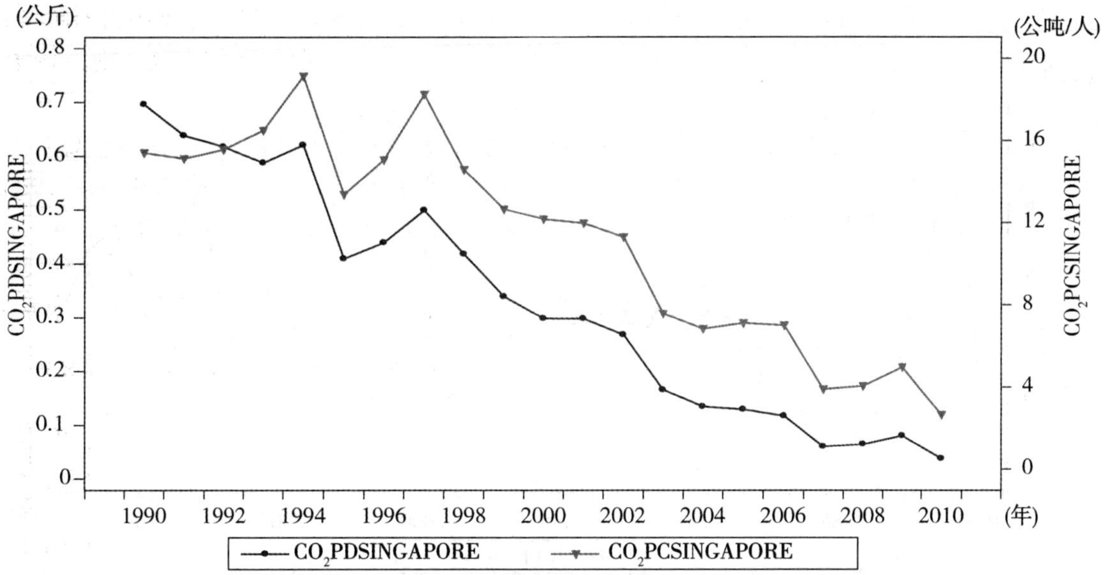

图 3-177 1990—2010 年新加坡主要能源消耗指标

注：CO_2PDSINGAPORE 和 CO_2PCSINGAPORE 分别代表每一美元 GDP 所产生的工业 CO_2 排放量（PPP 方法，公斤）和人均工业 CO_2 排放量（公吨/人）。前者对应左轴，后者对应右轴。

数据来源：World Bank。

（九）价格指数

1993—1997 年间，新加坡的通货膨胀率呈不断下降趋势，从 1993 年的 3.85%下降到 1997 年的 0.68%，可以说当局的物价控制政策较为有效（如图 3-178 所示）。

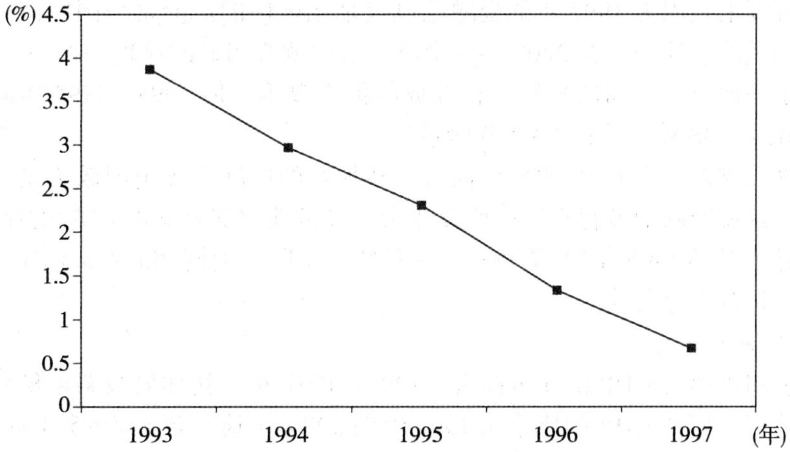

图 3-178 新加坡通货膨胀变动

1980—2013 年间，新加坡的 CPI 和实际利率变动程度较为剧烈，特别是 1998 年间（见图 3-179）。总体上，CPI 和实际利率总是存在强烈的张力。2003 年以后，CPI 仍存在 4%左右的反复波动。

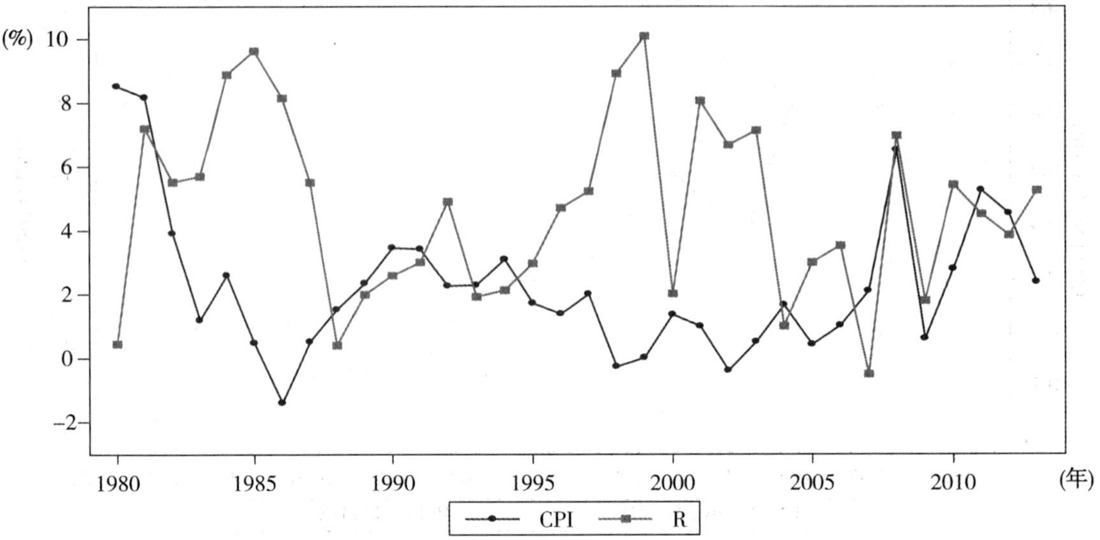

图 3-179 1980—2013 年新加坡 CPI 和利率

数据来源：World Bank。

（十）对外贸易

就贸易占 GDP 的比重①而言，新加坡是一个出口导向型国家，因此对外贸易在经济中占有相当大的比重。1991—1997 年贸易占 GDP 比重都在 330%以上，只是在 1998 年略有下降，但仍接近 300%，这一点和中国香港十分类似。而与此同时，日本和韩国的贸易比重分别只占 GDP 的 16%~20%和 53%~65%。金融危机并未对新加坡的贸易造成很大的波动，一定程度上是因为 1997 年的金融危机只是地区性的。但是一国经济过度依赖出口会存在很大的风险，这一点在 2008 年的金融危机中就有明显的体现。

就官方汇率而言，新加坡虽然奉行开放的汇率政策，但 1993—1997 年间，汇率较为稳定，在 1.62~1.48 浮动（如图 3-180 所示）。

就经常性收支差额占 GDP 的比重而言，新加坡的国际收支情况较为良好，经常性收支差额为正，这说明新加坡存在国际收支盈余，经常性收支差额占 GDP 的比重从 1993 年的 7.24%迅速上升到 1995 年的 17.06%，之后略有下降。而同期的亚洲国家，如韩国、马来西亚这一指标基本是负值。

（十一）市场成熟度

就上市公司市值占 GDP 的比重而言，1993—1997 年，新加坡股票市值有较大程度的缩水，上市公司市值占 GDP 的比重从 1993 年的 228%迅速下降到 1995 年的 176%，再下降到 1997 年的 111%，5 年时间市值蒸发近一半，这说明金融危机对新加坡的资本市场造成了很大的冲击。

就海外直接投资净流入占 GDP 的比重而言，1993—1997 年，新加坡国外直接投资净

① 注：文中该指标的数据除蒙古、斯里兰卡、喀麦隆外，均来自中经网。

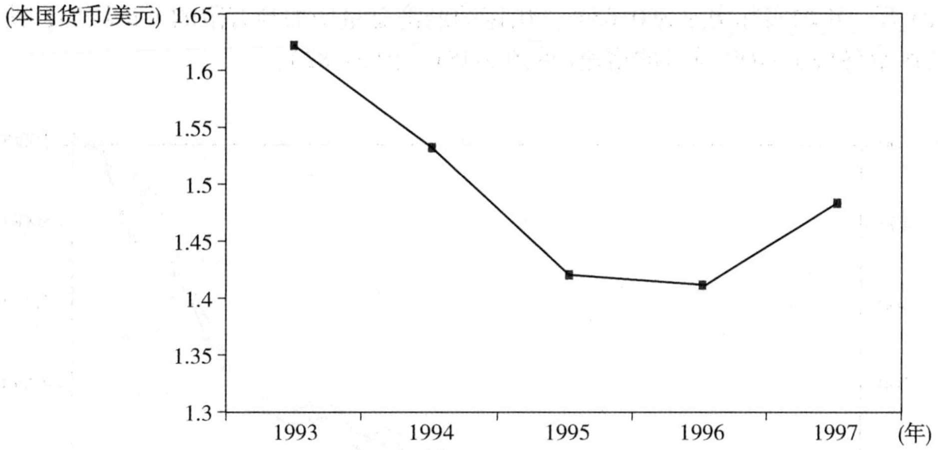

图 3-180 新加坡汇率变动

流入占 GDP 的比重总体呈上升趋势，从 1993 年的 8%上升至 1997 年的 14.4%，这说明新加坡对外资有较大的吸引力(世界银行，1998)。

(十二)教育投入

就政府教育投入占 GDP 的比例而言，1993—1997 年，新加坡政府的教育投入占 GDP 的比重稳定在 3.5%左右，低于以色列、美国和韩国水平相当。

就成人文盲率而言，1993—1997 年间，新加坡成人文盲率在 2%左右，和 OECD 国家相当，处于国际领先水平。

(十三)城市化程度

新加坡是城市国家，因此城市化程度十分高，几乎全部人口都是城市人口。

(十四)全球竞争力指数(GCI)和人类发展指数(HDI)排名

2009—2010 年度，新加坡的 GCI 排名为 3/133，2012 年和 2013 年一直稳定在 2/148。2005 年度，新加坡 HDI 排名为 25/177，2010 年度 HDI 排名为 27/169，至 2013 年 HDI 排名已升至 9/187，上升速度快，且属于极高人类发展水平。新加坡的 GCI 和 HDI 排名都十分靠前。

总体说来，新加坡经济总量高，结构较为合理，经济效益高，经济较为稳定；经济社会和谐发展，人类发展水平较高，发展环境较为理想；但是，新加坡资源匮乏，经济过度依赖出口和储蓄率较高的问题可能会制约其进一步发展。

四、挪威经济社会发展程度

挪威 1995 年 1 月 1 日加入 WTO，1996 年 1 月 1 日加入 GPA。

(一)经济总量

1. GDP 和人均 GDP

挪威的 GDP 总量从 1980 年的 637.14 亿美元增加至 2008 年的 4518.3 亿美元，1980—2008 年，GDP 总量年均实际增速为 2.95%，2013 年增长到 5125.8 亿美元，即自 1980—2013 年，GDP 总量年均实际增速为 2.56%。人口总量则从 1980 年的 408 万增加至 2013

年的 508 万，年均实际增速为 0. 65%。快速的经济总量增加与有限的人口增加，使得人均 GDP 增速始终快于 GDP 总量的增速(见图 3-181、图 3-182)。

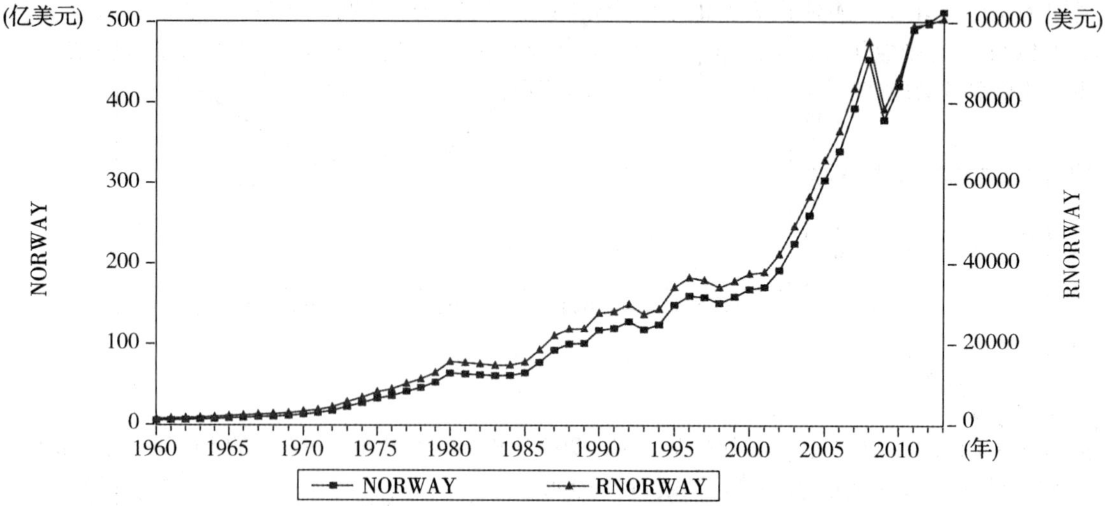

图 3-181　1960—2013 年挪威 GDP 及人均 GDP 趋势

注：NORWAY、RNORWAY 分别代表挪威 GDP 总量和人均 GDP。GDP 总量对应左轴，人均 GDP 对应右轴。

数据来源：World Bank。

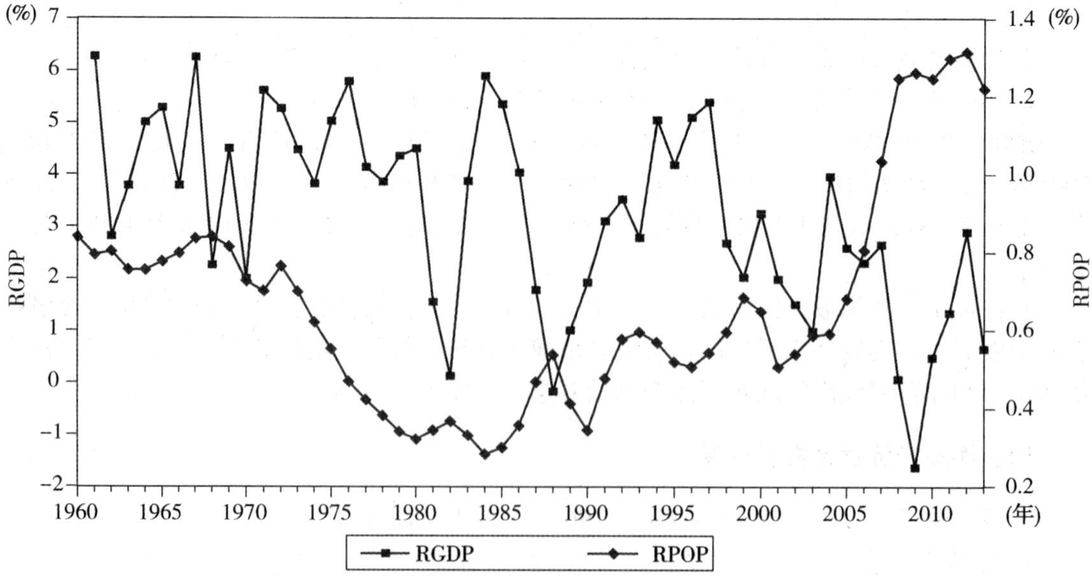

图 3-182　1960—2013 年挪威 GDP 总量增速及人口增速

注：RGDP、RPOP 分别代表挪威 GDP 总量增速和人口增速。GDP 总量增速对应左轴，人口增速对应右轴。

数据来源：World Bank。

2. 经济结构

就人均 GDP 的结构而言，1970—2013 年，私人消费的比重稍有降低，但基本稳定在 50%左右，而政府消费稳中有升，基本上升到 25%左右，而私人投资比重波动较多，波动区间为 10%~40%。消费在人均 GDP 结构中的决定性地位是挪威经济的典型特征之一(见图 3-183)。大多数年份，私人消费的增速维持在不低于政府消费的增速的发展模式。此外，政府消费增速对私人消费具有约 2 年的滞后期(见图 3-184)。

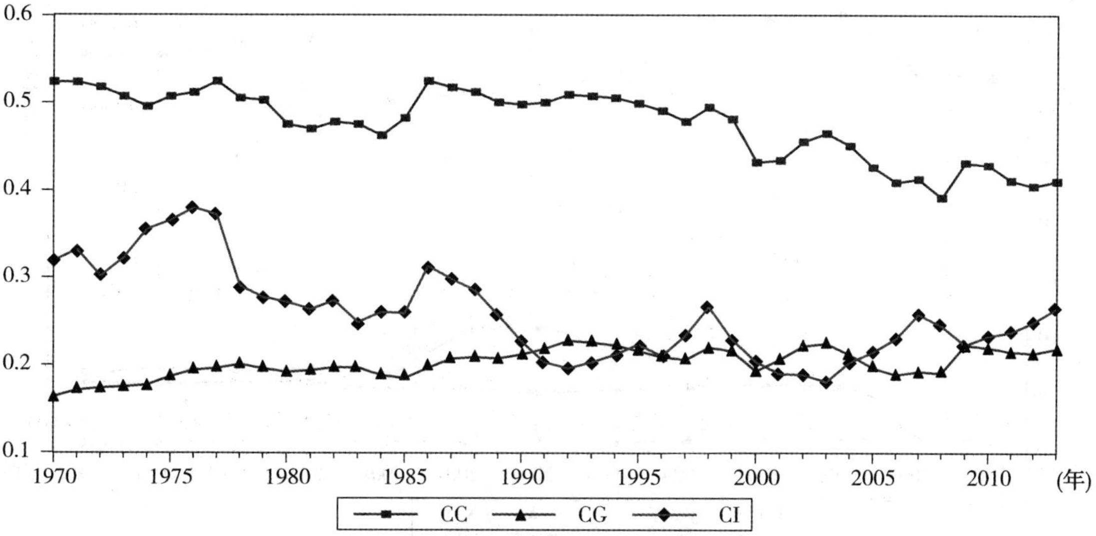

图 3-183 挪威人均 GDP 结构

注：CC、CG 和 CI 分别代表按当年价计实际人均 GDP 的消费比重、政府支出比重和投资比重。

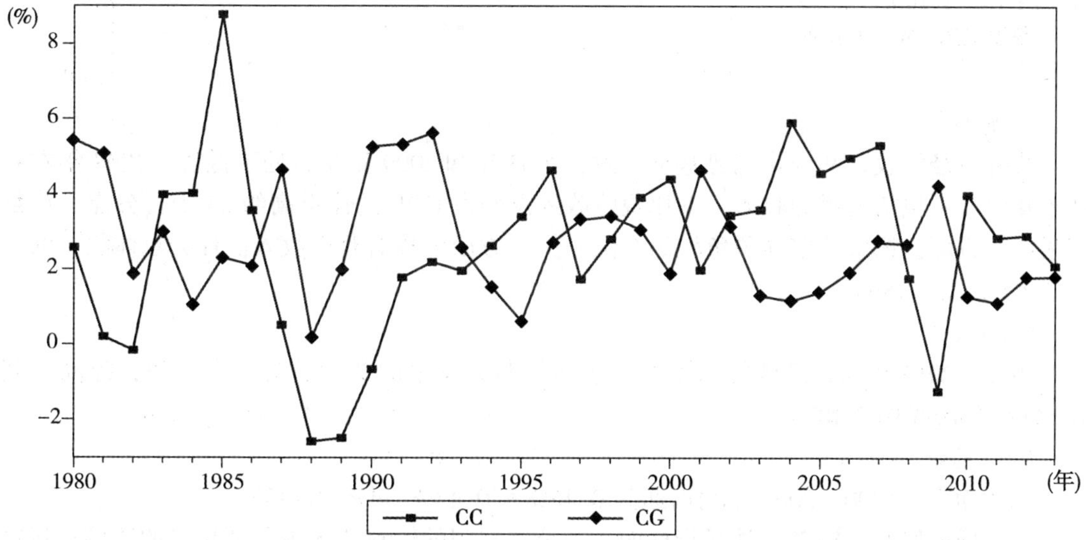

图 3-184 1980—2013 年挪威私人消费和政府消费增速趋势

注：CC 和 CG 分别代表私人消费增速与政府消费增速。

数据来源：World Bank。

（二）财政收支

1. 财政支出

由图 3-185 可以看出，政府支出占 GDP 的比重在 2000—2008 年处于缓慢下降区间，2009 年有所上升，达到 35.99%，之后缓慢下降，2012 年此项指标为 34.31%。而职工报酬、捐赠和转移支出以及利息支出的比重较为稳定。

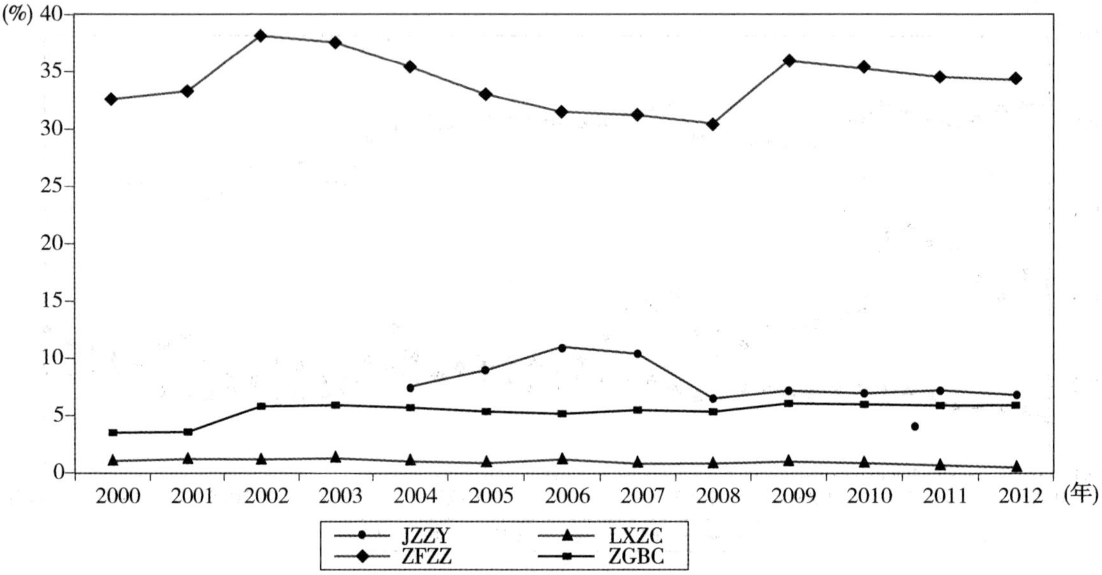

图 3-185 2000—2012 年挪威总支出及其主要支出项目占 GDP 的比重

注：ZGBC、JZZY、ZFZZ、LXZC 分别代表职工报酬、捐赠和转移支出、政府总支出和利息支出占当年 GDP 的比重。

数据来源：World Bank。

2. 财政收入

两种口径的收入和变化趋势基本一致，2003 年和 2009 年左右处于低谷，2008 年左右处于峰值。不包括捐赠的收入基本比税收收入总额占 GDP 的比重高约 23 个百分点。这是因为：一方面，挪威的整体税负较为有限；另一方面，政府获得收入占社会总体收入的一半以上（见图 3-186）。

（三）失业率

1990—2013 年间，挪威的总体失业率和长期失业率的变动趋势基本一致，浮动区间在 5%～30%（见图 3-187）。

（四）基础设施

总体而言，1990—2008 年间增速为 0.46%和 0.47%（见图 3-188）。

就挪威公路和运输部门油耗指标而言，公路部门的燃料消耗占总消耗量的比例和运输部门的二氧化碳排放量逐年缓慢上升（见图 3-189）。

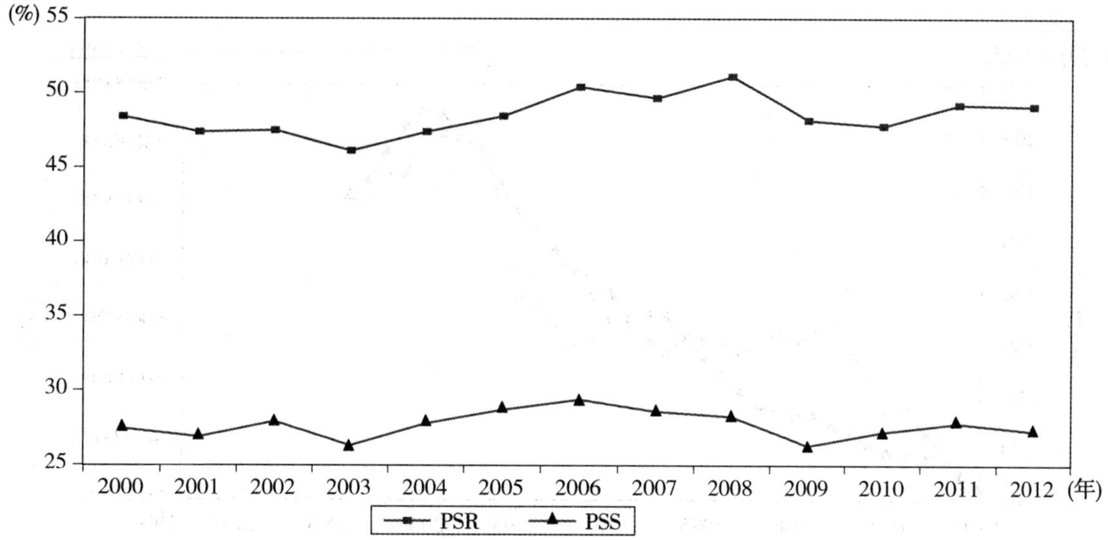

图 3-186　2001—2012 年挪威两种口径收入占 GDP 的比重

注：PSR 和 PSS 分别代表收入(不包括捐赠)占 GDP 比例和税收收入占 GDP 的比例。

数据来源：World Bank。

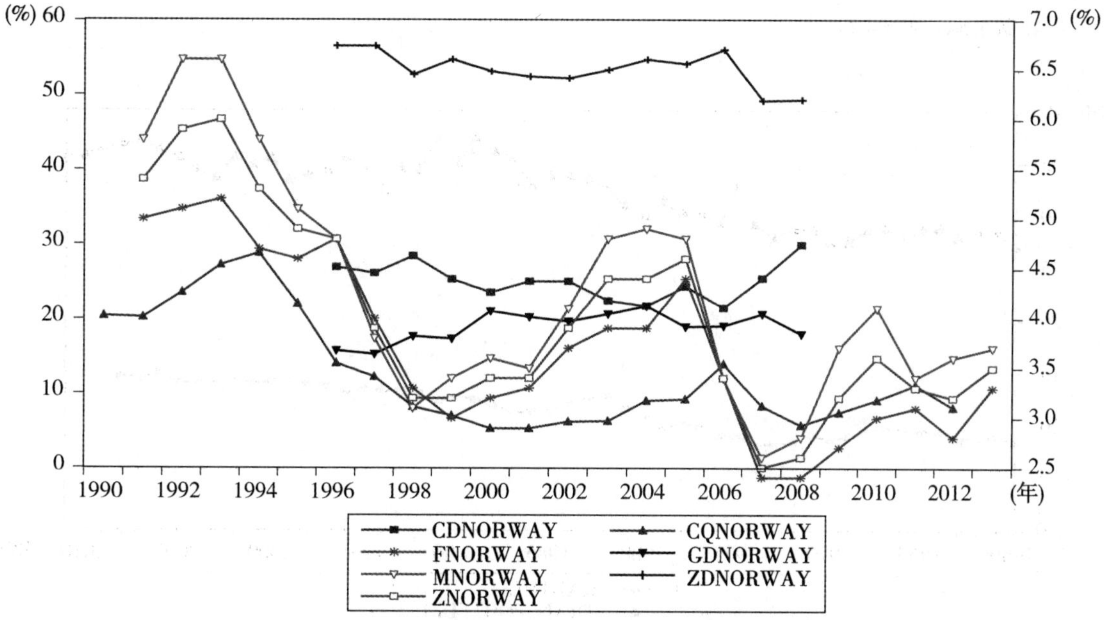

图 3-187　1990—2013 年挪威主要失业率指标

注：CQNORWAY、CDNORWAY、ZDNORWAY、GDNORWAY、FNORWAY、MNORWAY 和 ZNORWAY 分别代表长期失业人数、初等教育失业人数、中等教育失业人数、高等教育失业人数、女性失业人数、男性失业人数各项占失业人数的比重以及失业率。其中女性失业人数占失业人数的比重、男性失业人数占失业人数的比重以及失业率的指标对应右轴，其余指标对应左轴。

数据来源：World Bank。

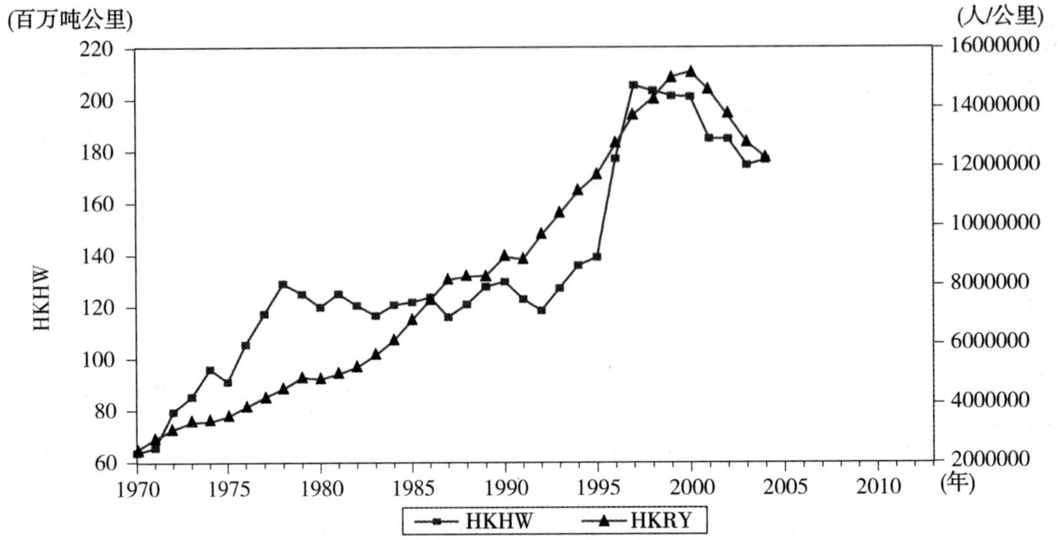

图 3-188　1970—2012 年挪威航空客货运量

注：HKHW、HKRY 分别代表挪威航空的货物运输量和客运量。货运量指标对应左轴，客运量指标对应右轴。

数据来源：World Bank。

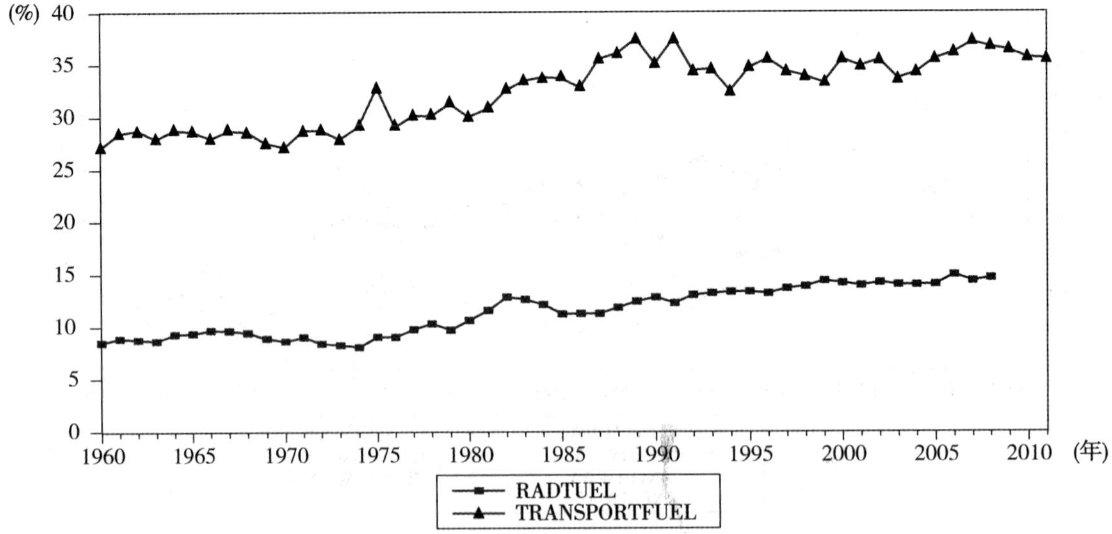

图 3-189　1960—2011 年挪威公路和运输部门油耗指标

注：RADTUEL、TRANSPORTFUEL 分别代表挪威公路部门的燃料消耗占总消耗量的比例(%)和运输部门的二氧化碳排放量(占总燃料燃烧的百分比)。

数据来源：World Bank。

(五)高科技研发与出口

就高科技产品出口占挪威当年 GDP 的比重而言，1990—2008 年均保持了 16.53%的比例，而 1996—2011 年研究与开发支出占 GDP 的比例为 1.62%左右(世界银行，2012)。

(六)教育投入

1990—2006 年，挪威的政府教育投入占 GDP 的比例为 7.2%左右。2002 年，该比重上升至 7.58%，为区间内峰值。

1999—2012 年，挪威的学前儿童入学率由 74.78%上升至 99%，1999—2007 年挪威中学入学率为 119.7%~111%。挪威高等院校入学率则从 66.14%提升至 91%。

(七)健康指数

1990—2013 年，挪威各项重要的健康指标都存在一定的改善趋势，其中每 10 万人发生结核病的比例下降趋势最为明显。

1990 年挪威成年女性的死亡率是 6.84%，而男性的数据为 13.23%。2009 年两者的数据分别为 5%和 8.2%(见图 3-190)。

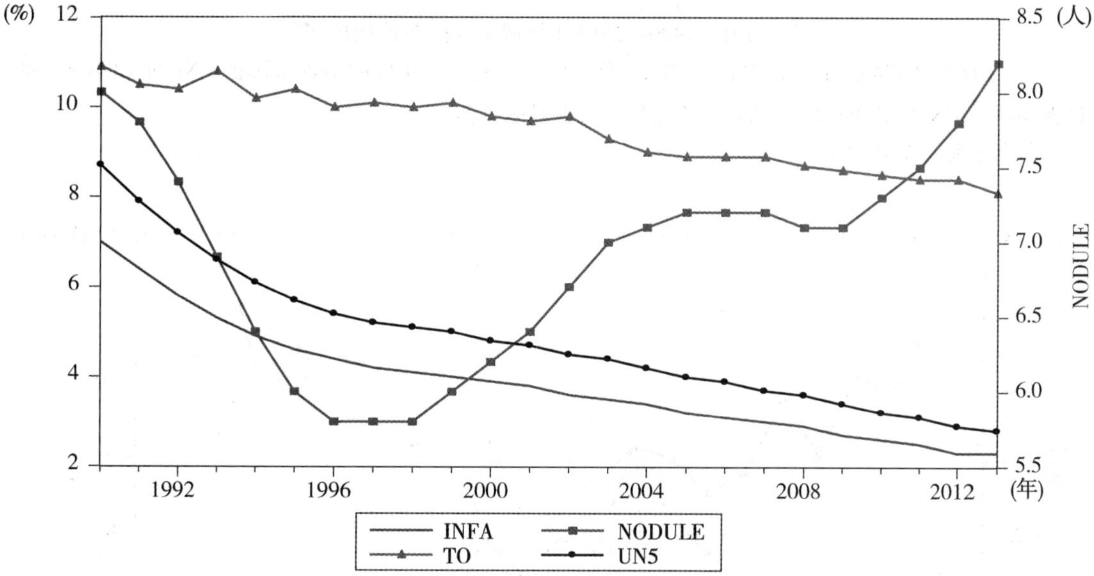

图 3-190 1990—2013 年挪威各项主要健康指标

注：INFA、UN5、TO 和 NODULE 分别代表婴儿死亡率(%)、5 岁以下儿童死亡率(%)、总死亡率(%)和每 10 万人发生结核病的人数(人)，其中 NODULE 对应右轴，其他对应左轴。

数据来源：World Bank。

(八)能源

如图 3-191、图 3-192 所示，1990—2013 年挪威二氧化碳排放的治理费用占 GNI 的比例从 0.13%左右下降至 0.12%，同时期能源占 GNI 的比例从 7.6%上升至 18%左右，后又下降至 9%。

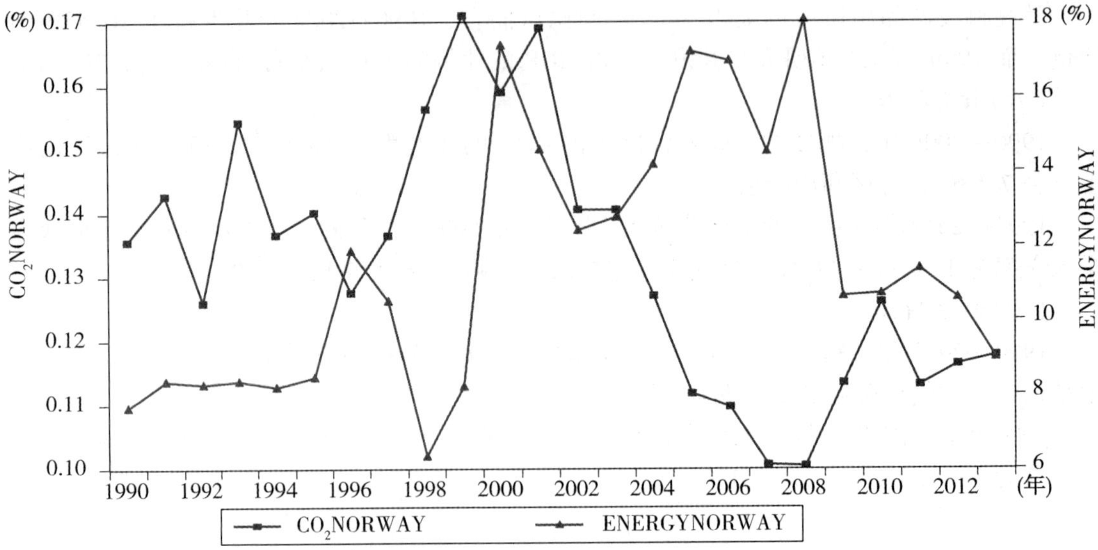

图 3-191　1990—2013 年挪威主要能源消耗指标

注：CO_2NORWAY 和 ENERGYNORWAY 分别代表二氧化碳排放的治理费用占 GNI 的比例(%)和能源消耗占 GNI 的比例(%)。前者对应左轴，后者对应右轴。

数据来源：World Bank。

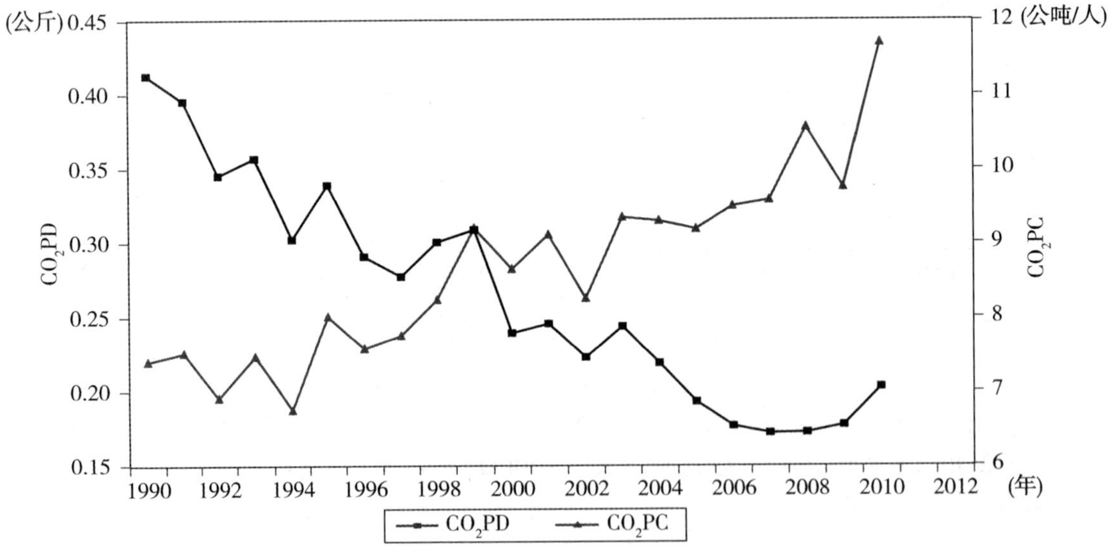

图 3-192　1990—2013 年挪威主要能源消耗指标

注：CO_2PD 和 CO_2PC 分别代表每一美元 GDP 所产生的工业 CO_2 排放量(PPP 方法，公斤)和人均工业 CO_2 排放量(公吨/人)。前者对应左轴，后者对应右轴。

数据来源：World Bank。

(九)价格指数

1990—2013年间，挪威的CPI和利率变动频繁且剧烈。与多数经历过20世纪80年代通货膨胀的国家一样，挪威在20世纪80年代初也经历了较为严重的通胀。1985—1993年间，其实际利率水平保持在8%以上，2000年、2004年、2005年、2006年以及2008年实际利率又为负值(见图3-193)。

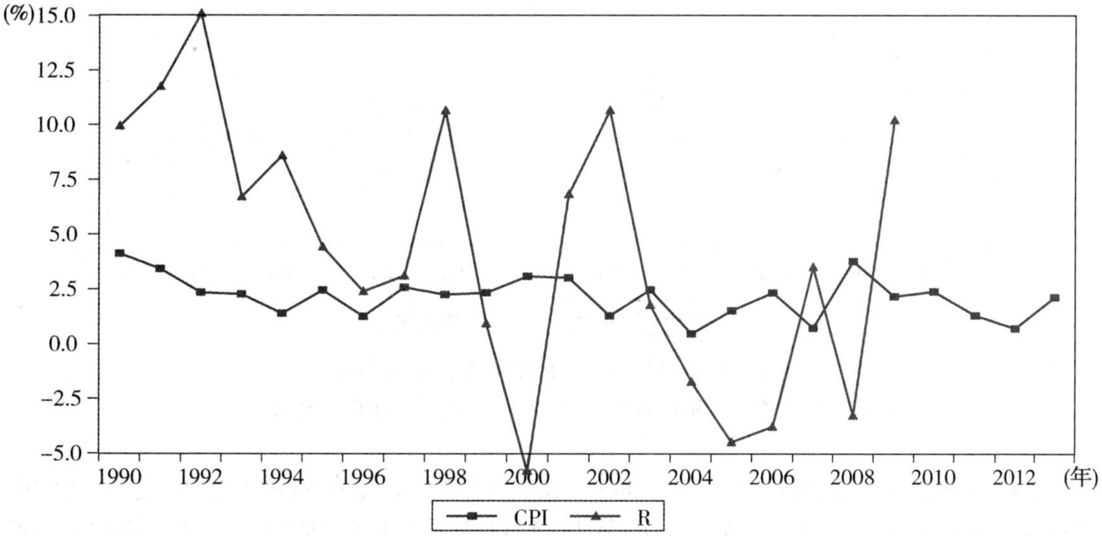

图3-193 1990—2013年挪威CPI和利率

数据来源：World Bank。

五、以色列经济社会发展程度

以色列位于西亚黎凡特地区，东濒叙利亚和约旦，西南边则是埃及。以色列地处沙漠地带边缘，水资源匮乏。以色列在1948年宣布独立建国，目前人口已超过700万，主要来自犹太人族群，也是世界上唯一以犹太人为主体的国家。50多年来，土地贫瘠、资源短缺的以色列坚持走科技强国之路，重视教育和人才的培养，使经济得以较快地发展。以色列高新技术产业发展举世瞩目，特别是在电子、通信、计算机软件、医疗器械、生物技术工程、农业以及航空等方面拥有先进的技术和优势。以色列被视为是中东地区经济发展、商业自由、新闻自由和整体人类发展度最高的国家之一。以色列是议会制国家，议会是最高权力机构。以色列还是经合组织成员。1995年4月21日正式成为WTO成员，并于1996年1月1日成为GPA的成员。

(一)经济总量

1. GDP与人均GDP

1993—1997年间，以色列人均GDP从12531美元增加到18573美元，年均增幅2.8%左右，属于高收入国家，而GDP年均增幅在5.5%，1997年增幅放缓，仅有2.8%；进入21世纪，以色列人均GDP增长率和GDP增长率两者变化幅度基本保持一致，且变化幅度逐步稳定下来，GDP年均增幅围绕4.3%上下波动，人均GDP年均增幅在2.6%左右波动

（如图 3-194 所示）。

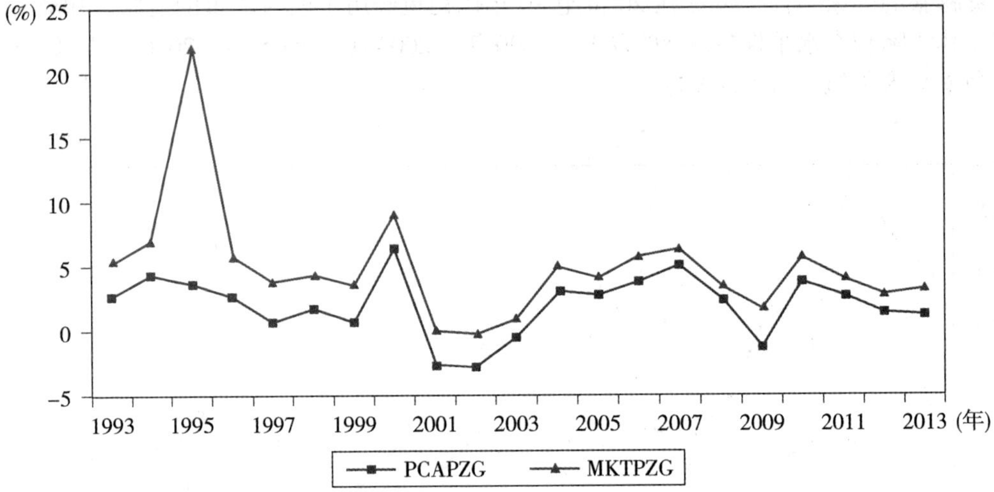

图 3-194　以色列 GDP 和人均 GDP 增长率

注：MKTPZG、PCAPZG 分别代表 GDP 年增长率和人均 GDP 年增长率。

1960—2013 年，以色列的 GDP 总量从 28.87 亿美元上升至 2905.5 亿美元，年均实际增速为 5.69%（见图 3-195），人均 GDP 从 1412.47 美元上升至 36051.1 美元，年均实际增速为 2.78%。换言之，1960—2013 年间，以色列的经济总量平均每 10 年翻一番，而人均 GDP 每 15 年左右翻一番。

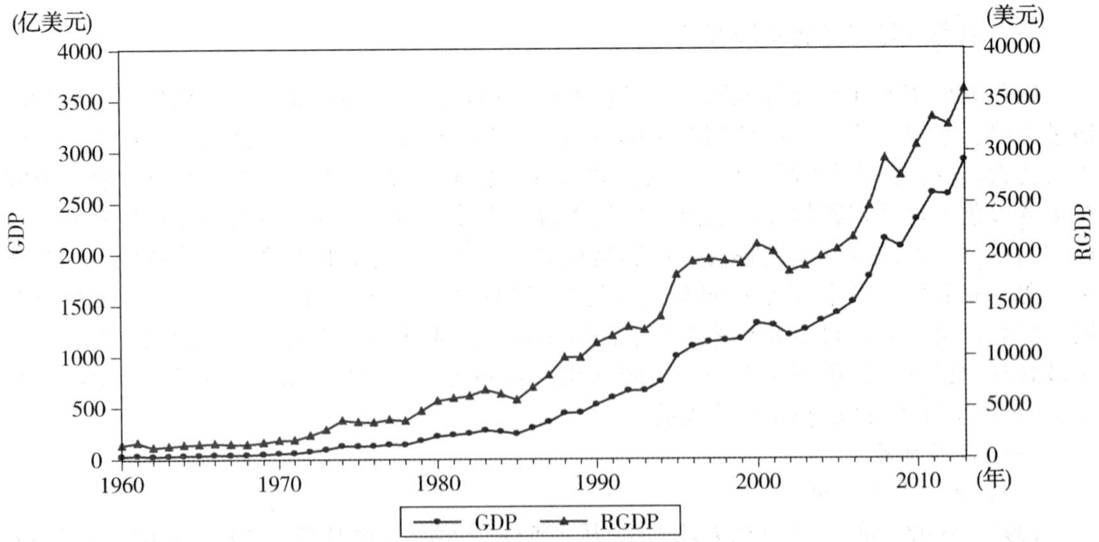

图 3-195　1960—2013 年经济总量及增速

注：GDP、RGDP 分别代表 GDP 总量和 GDP 增速。

数据来源：World Bank。

2. 经济结构

1993—2013年间，最终消费在国民经济中占绝对重要的地位，1993年、1994年两年，最终消费占GDP的比重都超过90%，之后最终消费的比重稳定在80%左右，而固定资本形成总额占GDP的比重则在20%上下波动。与此同时，政府消费占GDP的比重则在30%以下，这说明以色列经济主要依靠居民消费带动(如图3-196所示)。

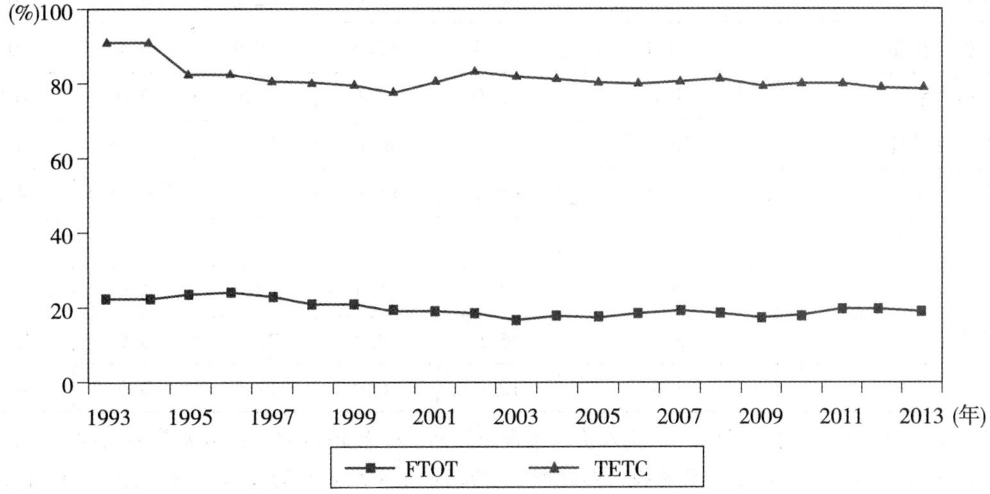

图3-196 以色列最终消费支出与固定资本占GDP的比例

注：TETC、FTOT分别代表最终消费支出占GDP的比重和固定资本形成总额占GDP比重。

就消费而言，1996—2008年，政府的消费增长率一直慢于私人消费增长率。此阶段政府消费平均增长率为2.19%，而私人部门的则为4.15%。2008年，政府和私人消费的增长率分别为2.12%和3.58%(世界银行，2009)。

对以色列1990—1998年的农业和工业生产指标进行分析，以揭示以色列加入世贸和GPA后以色列的GDP结构。

1997年前后，以色列的农业生产指标发生了较大的变化，竞争力较前一年有了较大的下降(见表3-15)。1999年，农业生产总值在以色列的GDP中占2%，有3%的人口从事该行业。1994—1997年，以色列农业的年均产值增加了13%。

表3-15 **1990—1998年以色列农业生产指标变动率**

项目 \ 年份	1990—1993年平均	1994	1995	1996	1997	1998
总产出[a]	3.0	2.9	9.8	5.0	-1.0	1.4
投入[b]	0.9	3.5	5.7	0.5	-1.4	-0.4
总产品	5.4	2.2	14.4	10.3	-0.4	3.8

续表

项目＼年份	1990—1993 年平均	1994	1995	1996	1997	1998
农业全部收入[c]	-2.6	12.2	-4.5	-4.8	-4.3	11.8
要素投入						
劳动(人/小时)	-6.9	4.8	5.5	-2.6	0.1	-0.4
总资本存量[d]	-3.1	-1.4	-2.6	-0.1	0.1	-0.3
资本劳动比	4.1	-5.9	-7.6	2.5	0.0	0.2
产品劳动比	13.3	-2.5	8.4	13.3	-0.5	4.3
总生产率[e]	11.4	-0.1	11.9	12.1	-0.5	4.2
出口[f]						
柑橘	-5.4	-1.4	36.4	-5.5	3.5	-13.6
其他	6.3	16.8	20.3	22.7	9.8	12.3
总计	3.4	12.0	16.9	17.6	8.5	6.8

注：a. 产出价，包含中间品；b. 投入价，包含中间品；c. 经消费物价指数调整后的收入；d. 前一年度资本存量的固定价格；e. 每要素投入劳动产出(劳动比重平均水平为 59%)；f. 按照 1993 年不变价美元计算。

资料来源：Bank of Israel(1999a), Annual Report 1998, Jerusalem, March.

1996 年之后，电力和电子设备的增长率开始趋缓，出口额也开始下降(见表 3-16)。

表 3-16 **1992—1998 年电力和电子设备变化率**

工业生产(年均实际变动)	1992 年	1993 年	1994 年	1995 年	1996 年	1997 年	1998 年
电子通信设备	18.3	13.8	9.2	9.3	18.8	12.5	10.5
电器	4.0	6.1	7.8	9.2	7.1	5.9	3.9
电力发动机	7.3	8.6	-1.0	8.1	-2.3	-1.0	10.4
出口(总额年均变化率)							
电力和电子设备工业(ISIC 383)	16.6	22.0	22.5	32.2	12.8	16.2	14.4

数据来源：以色列官方网站、UNSD 和 Comtrade Database。

1992—1996 年，农业和电力、电子设备的增长主要是由于人口的迁移和生活水平提升这两方面因素所导致的。不过，这可能并非全部的原因。

就这两类产品的出口状况而言，1980 年以来，制造业产品出口占以色列出口总额 80%以上，1993 年起更超过了 90%(见表 3-17)，其中机械设备和钻石占比较高，两项合计超过 60%。此外，办公和通信设备以及化学品出口分别占 16.6%和 13.6%，显著高于钢和铁的出口比重。1998 年，以色列的出口量为 1990 年的两倍。

1997 年，服务业(包括金融服务、通信、旅游和交通运输)生产总值占以色列 GDP 的 61%，从业人员占劳动者数量的 43%。通信行业是以色列增长最为迅速的部门，1997 年的增长率为 11%。

表 3-17 **1980—1997 年分类产品出口额**

商品 \ 年份	1980	1990	1991	1992	1993	1994	1995	1996	1997
总额(十亿美元)	5.5	12.0	11.9	13.1	14.8	16.9	19.0	20.5	22.5
(总额的百分比)									
全部初级产品	17.9	13.3	12.4	10.6	9.3	8.8	8.5	8.7	7.7
农业	15.7	11.0	10.2	8.6	7.5	7.0	7.1	6.9	6.0
粮食	11.7	8.5	7.6	6.5	5.7	5.1	5.3	5.1	4.2
矿业	2.2	2.3	2.1	2.0	1.8	1.8	1.4	1.8	1.7
矿石和金属	1.0	0.9	1.0	0.8	0.8	0.8	0.7	0.7	0.7
非铁金属	1.2	0.7	0.6	0.5	0.4	0.5	0.7	0.6	0.6
燃料	0.0	0.7	0.6	0.6	0.6	0.5	0.0	0.5	0.5
制造业	81.9	86.6	87.5	89.3	90.6	91.1	89.1	91.1	92.1
钢、铁	0.7	0.3	0.3	0.2	0.2	0.2	0.2	0.3	0.3
化学品	15.3	13.7	14.0	13.4	14.0	13.7	13.8	12.9	13.6
其他半成品	39.8	33.2	32.4	32.3	31.2	33.0	34.1	34.5	34.0
钻石、非工业品	29.2	29.1	28.0	27.9	27.3	28.9	29.7	30.2	29.9
机器和运输设备	13.0	24.5	24.0	27.6	31.3	30.9	27.2	29.5	30.5
发电机	0.4	0.7	0.7	0.5	0.4	0.4	0.6	0.6	0.7
非发电设备	3.4	6.8	6.1	9.6	12.1	11.7	6.9	6.5	5.4
办公和通信设备	2.8	10.2	10.3	11.2	12.7	12.6	12.4	14.9	16.6
其他电子产品	2.0	3.5	3.4	3.5	3.4	3.6	4.3	4.8	5.0
自动化设备	0.6	0.3	0.3	0.3	0.2	0.3	0.2	0.2	0.2
其他运输设备	3.8	3.0	3.2	2.5	2.5	2.3	2.7	2.4	2.6
纺织品	3.4	2.2	2.6	2.5	2.2	2.0	2.1	1.9	2.0
服装	4.7	4.0	4.3	4.5	3.9	3.7	3.5	3.2	2.7
其他消费品	5.1	8.6	9.9	8.6	7.9	7.6	8.3	8.8	9.0
珠宝、金银	1.4	2.1	2.7	3.0	2.8	2.4	2.4	2.3	1.8
测量和控制设备	0.1	2.6	3.0	1.0	0.8	0.8	0.9	1.3	1.6
医疗设备	0.3	0.5	0.7	0.8	0.6	0.6	0.7	0.9	1.1
其他	0.2	0.1	0.2	0.2	0.2	0.1	2.4	0.2	0.2

资料来源：UNSD，Comtrade database (SITC Rev. 1).

(二)财政负担

1996年，以色列颁布了《1996年赤字削减法》，要求国内赤字按照一定的比率进行控制。该法律要求1999年和2000年财政赤字需要分别控制在GDP的2%和1.5%以内。2000年左右，以色列的财政自由度上升，即财政负担下降，而后由于全球互联网泡沫的冲击，自由度下降，财政负担反弹上升(见图3-197)。但2005—2012年财政自由度的总体趋势逐渐增大，也就表明财政负担逐渐下降。2013年回降，财政负担再次增加。

1997年，政府也强化了预算监督。当年的财政年度预算开始按照公历年进行编制，以反映当年度的财政状况。

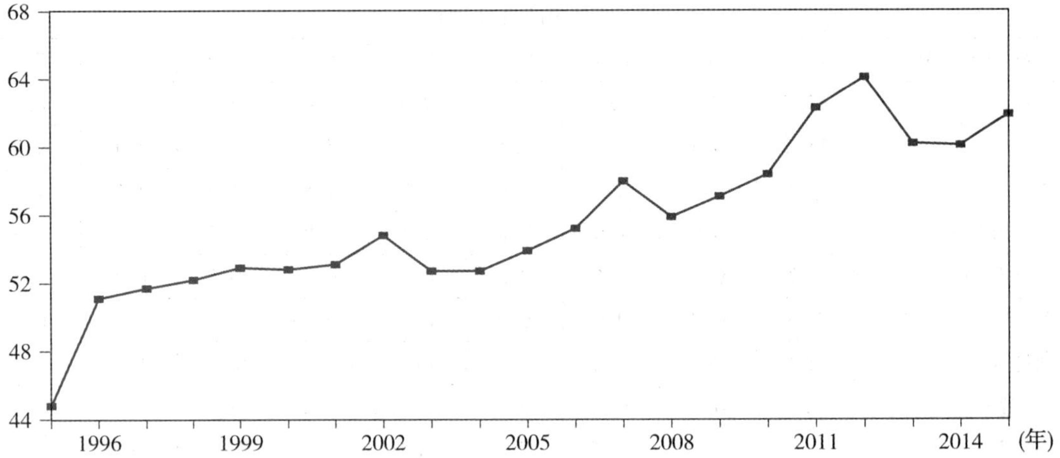

图3-197 以色列财政负担

数据来源：历年Index of Economic Freedom。

(三)价格指数

1993—1997年，以色列存在严重乃至恶化的通货膨胀，1995年通胀率达到20.61%的惊人数字，有3年超过10%，5年全部超过8%(如图3-198所示)。如此恶性的通货膨胀也许会成为以色列不承认自己是发达国家的依据。

同一时期，以色列存款利率统统超过10%，最高曾达14.48%，5年利率均值为12.9%，这个数据为世界少有，国内通胀压力可见一斑。

(四)教育投入

就政府教育投入占GDP的比例而言，1994年以色列政府教育投入占GDP的比例高达7.44%，这比美国、韩国2002年的水平都高出很多。

就成人文盲率而言，1994年以色列成人文盲率仅为3.5%左右，与OECD国家平均水平大体一致。

就教育而言，1985年政府教育投入在GDP中占比为9.13%，后呈现逐年下降的趋势，2006年的数值为6.17%。1998—2006年间，平均值为6.67%。同时，政府教育投入占政府支出的比重由1998年的14.07%下降到2003年的13.69%。2011年的数值为

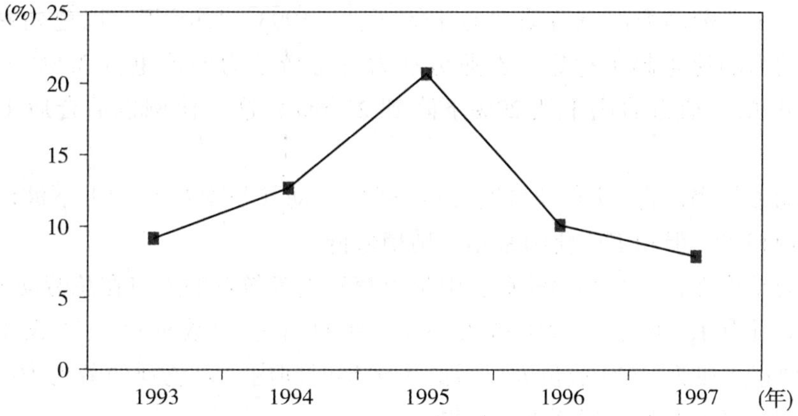

图 3-198　以色列通货膨胀情况

5.6%。1998—2011 年间，平均值为 6.23%。同时，政府教育投入占政府支出的比重由 1998 年的 14.07%下降到 2011 年的 13.5%。

财政支出经费上出现了一定程度的下降，导致学生与老师的比重也出现了下降。就小学生与老师的比率而言，从 1999 年的 13.39%上升到 2007 年的 13.41%。其间，2003 年曾达到 14.68%。对于中学而言，从 2001 年的 8.21%上升到 11.88%。

就入学率而言，学前儿童的入学率、小学生入学率和初中生入学率均保持在 90%以上，高等教育的入学率在 1999—2011 年间有了较大的提升。1999 年的高等教育入学率是 48.38%，仅为同期中学生入学率的一半。2007 年，该数值上升至 60.41%，2011 年该数值上升至 68%。

（五）人口结构

以色列的人口结构相当稳定。1968—2013 年间，0~14 岁人口占总人口的比例仅从 33.63%下降至 28%，65 岁及以上人口占总人口的比例则从 6.3%上升至 11%。此外，15~64 岁人口占总人口的比例提升了 1%。若按照老龄人口占总人口的 7%作为社会老龄化的标准，那么以色列在 1972 年就已经进入了老龄化社会，与日本基本同时进入老龄化社会。2008 年，日本的老年人口比重为 21.41%，而以色列仅为 10.4%；2013 年，日本的老年人口比重为 25%，而以色列仅为 11%。

1990 年苏联解体后，许多国外的犹太人移居以色列，根据《回归法》①（Law of Returns），这些人直接获得以色列的国籍。这导致了 1990—1995 年间，给以色列带来超过 70 万②的移民人口，使得人口增长了 13%。这些人口在带来高级劳动者的同时，也使得经济活力提升，失业率迅速下降。

① 该法（希伯来文是：חוק השבות, *ḥok ha-shvūt*）生效于 1950 年，它授予了生为犹太人、犹太后裔以及信仰犹太教的人群移民至以色列并自动获得该国国籍的权利。关于该法，在以色列国内受到了广泛的争议。由于可能导致过多的犹太人移民，甚至有人主张废除此法。

② 2/3 的移民来自苏联，他们之前都是科学家、工程师和技术人员。

(六)劳动力

就农业、工业劳动力占总劳动力的比例而言，1993—1995 年，以色列农业、工业劳动力占总劳动力的比重趋于稳定，农业劳动力占总劳动力的比重从 3.5%下降到 2.4%，工业劳动力占总劳动力的比重从 29%下降到 27.6%，这一比例也适合后工业化时代的发展。

就总劳动参与率而言，同一时期，以色列总劳动参与率在 54%上下波动，这个比例和沙特阿拉伯相当，但和工业化国家相比稍稍偏低。

就劳动力结构而言，受小学教育、中学教育和高等教育的人口在总劳动人口中的比重在 1996 年分别为 18.9%、36.2%和 43.8%，2009 年该项数据已经变成 13%、32%和 45%。以色列正式成为 WTO 成员方以后的十多年时间内，以色列的劳动力结构发生了显著的变化，劳动者的受教育程度进一步提高。

1997 年，以色列 34%的 15 岁以上劳动者(约 590 万人)经过大学教育或者其他类型的高等教育，其中 1/4 以上的劳动者从事技术和研究工作，5%左右是管理层人员。

就失业率而言，1996—2013 年，女性失业率从 7.8%下降至 6.3%。其间，2005 年女性失业率曾经达到 11.4%。总失业率的变动趋势和女性失业率的变化基本一致。1996—2013 年，从 6.7%下降至 6.3%。

(七)金融

就上市公司市值占 GDP 的比重而言，1993—1997 年以色列上市公司市值存在较大程度的缩水，1993 年上市公司市值占 GDP 的比重为 77%，之后缩减到 1996 年的 34.1%，1997 年恢复到 41.7%的水平。不仅纵向比较，上市公司市值有萎缩趋势，甚至横向比较，以色列上市公司市值占 GDP 的比重都不占优，不仅比不上中国香港、新加坡等金融中心，甚至与韩国的水平都相去甚远。可以说，以色列的资本市场还不够发达。

就海外直接投资净流入占 GDP 的比重而言，同一时期，以色列海外直接投资净流入占 GDP 的比重从 0.92%上升到 1.51%，中间年份略有波动，虽然比重的绝对值较低，但是以色列吸引外资的能力却逐步增强，这也说明国外资本看好以色列的发展前景。

就金融业的发展而言，1984 年，由银行提供的国内信贷占 GDP 的比例与私营部门国内贷款额占 GDP 比例的差距达到峰值。2001 年前者开始低于后者(见图 3-199)。

然而，以色列股票交易总额占 GDP 的比例并不高。1988 年的比重仅为 5.57%，2013 年为 26.2%，该比例远低于主要发达国家的该项指标的平均水平。

2011 年，以色列的货币和准货币(M2)占 GDP 的比例为 86.6%。就分机构而言，以色列的资本市场垄断色彩比较明显，且对外资的发展较为抑制。公积金、信托基金和保险公司等机构的资产在 1997 年占以色列国内金融资产的 2/3 以上(见表 3-18)。1997 年年底的资本市场市值为 1.24 亿美元。三大银行包揽了该国 80%以上的银行资产，外资银行能够得到准入但规模往往很小。政府在 1999 年之前试图减少三大银行对于国内资本市场的绝对控制，但收效甚微。

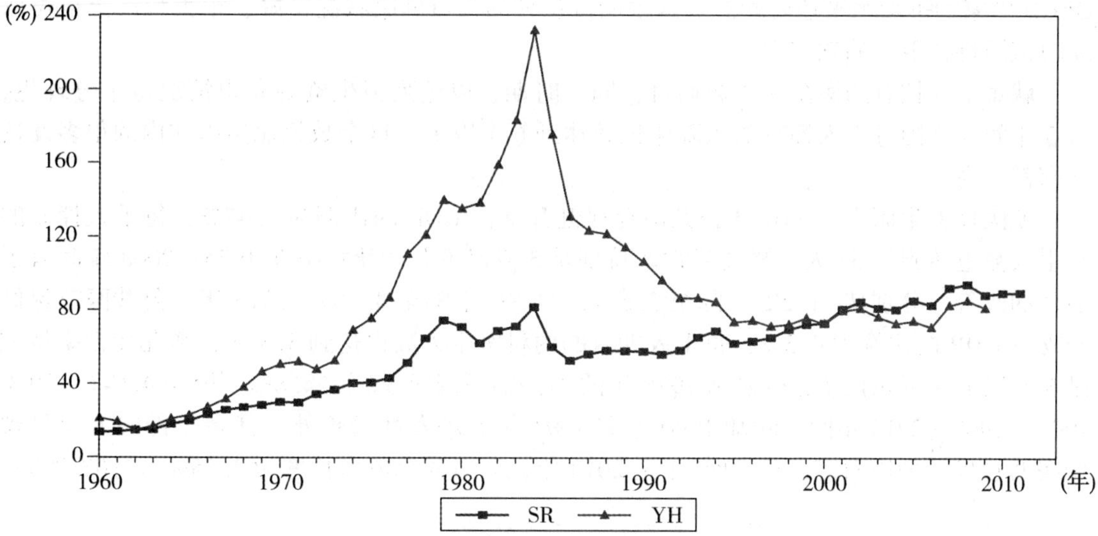

图 3-199 以色列银行和私人贷款占 GDP 的比重

注：YH、SR 分别代表银行和私人贷款占 GDP 的比重。

数据来源：World Bank。

表 3-18 **1997 年年底以色列的资本市场**

	机构数目	总资产（百万 NIS）	比重[a]	溢价债券[b c]	指数化债券	国债[b]	机构的其他资产
机构							
公积金	229	128. 2	14. 9	59. 5	7. 9	3. 3	42. 6
存量基金	17	85. 7			81. 4		4. 3
新设基金	17	1. 9		0. 4	1. 3		0. 2
人寿保险	23	48. 4	1. 3	6. 9	28. 3		11. 9
信托基金	329	20. 4	7. 5	8. 3		2. 6	2. 0
居民和企业		79. 2	38. 7	32. 1		8. 4	
非居民		30. 1	29. 2	0. 8		0. 1	
银行	23	42. 8		35. 7		7. 1	
总计		436. 7	91. 6	143. 7	118. 9	21. 5	61. 0

注：a. 排除了交叉持股的情形；b. 未统计以色列银行所持的证券；c. 政府和企业债券。

数据来源：Bank of Israel。

（八）人口与健康

就人口增长率、婴儿死亡率而言，1993—1997 年间，以色列人口增长率在 2.6%左右，略高于当时世界的平均水平。1995 年，以色列婴儿死亡率为 0.72%，这一数值比 OECD 国家的平均水平还要理想。这说明以色列的人口健康状况良好，很大程度上也可以反映该国科技卫生的软实力。

就每千人拥有的医院床位数而言，同一时期，以色列卫生资源获得情况也十分理想，这 5 年间，该国每千人拥有的医院床位数达到 6 个以上，这个数值比美国在内的很多发达国家都要高。

就医疗卫生而言，2007 年公共医疗保健开支占 GDP 的比例为 4.47%，每千人拥有的医生人数也达到 3.63 人。婴儿死亡率特别是 5 岁以下儿童死亡率在 1975—2008 年间有了显著的改善，分别从 21.2‰下降至 3.6‰，24.8‰下降至 4.7‰。2013 年，公共医疗保健开支占 GDP 的比例为 4.3%，每千人拥有的内科医生人数也达到 3.3 人，婴儿死亡率特别是 5 岁以下儿童死亡率也分别从 1975 年的 21.2‰下降至 3‰，24.8‰下降至 4.‰(见图 3-190)。1968—2013 年间，除却 1990 年和 1991 年的爆发性增长外，其余年份的人口呈现变缓的趋势。平均而言，从 1960 年至 2013 年，人口的总体增长率为 2.55%(见图3-200)。

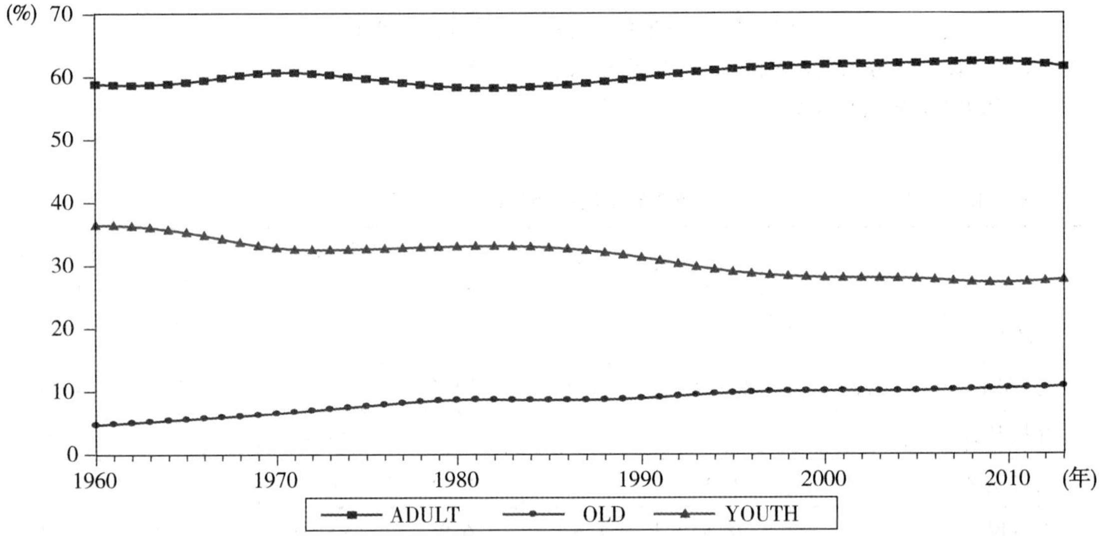

图 3-200　1960—2013 年人口结构

注：YOUTH、ADULT 和 OLD 分别代表 0~14 岁人口占总人口的比例、15~64 岁人口占总人口的比例以及 65 岁及以上人口占总人口的比例。

数据来源：World Bank。

(九)高科技研发支出与出口

就每百人互联网用户数而言，1993—1997 年间，以色列的互联网有一定的发展，互联网每百人用户数从 1993 年的不足 0.4 个增加至 1997 年的 4.28 个。

就研究与开发支出占 GDP 的比重而言，1996 年、1997 年，以色列研发支出占 GDP 比重分别为 2.78%和 3.03%，这一水平显著高于美国、韩国等国，能取得如此成就，与以色列科技兴国的战略密不可分。

就高科技产品出口占制造品出口的比例而言，同一时期，以色列高科技产品出口占制造品出口的比例从 1993 年的 11.9%增加到 1997 年的 16.8%，这一数据低于新加坡、美国、日本和韩国，与中国香港相当。

1996 年，研究与开发支出占 GDP 的比重为 2.78%，2007 年上升到 4.74%，2012 年为 3.93%。但是，信息和通信技术占 GDP 的比重从 2003 年到 2008 年却出现了下降，即从 6.02%下降至 5.39%。

（十）市场化程度

按照全球竞争力指数的排名，以色列 2008—2010 年的分数分别为 4.97、4.8 和 4.91，分别位列第 23、27 和 24 名；2010—2013 年的分数分别为 4.91、5.07、4.95 和 4.94，分别位列第 24、22、26 和 27 名（见图 3-201）。

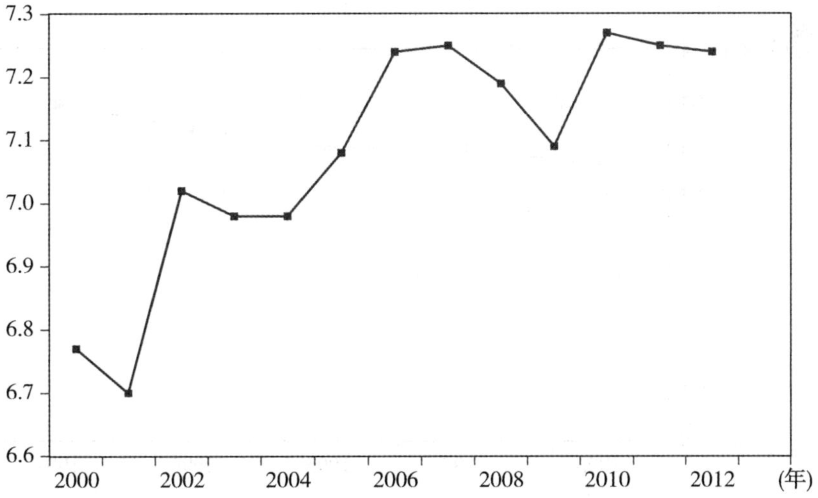

图 3-201　以色列经济自由度指数

数据来源：历年 Index of Economic Freedom。

可以看出，2000 年以来，以色列的经济自由度指数稳定于 6.5~7.5 的区间内。

就 2009 年全球 100 个国家贸易投资风险指数的打分和排序①而言，以色列的综合风险、政治风险、经济风险、政策风险和支付风险的分数分别为 0.8513、0.7644、0.8917、0.875 和 0.8739，排名分别为第 22、89、14、30 和 27 位。可以看出，以色列的政治格局是影响其综合得分的重要因素，而经济上的保障为其综合得分的提升贡献许多。

（十一）宗教政策

以色列由于其强烈的宗教特色，导致此项指标一直维持在 2 分左右的较低水平（见图

① 其中，所有指数指标分值在 0~1，得分越高，风险越小。其中，政治风险包括国际和平、国内稳定和法律效率指标；经济风险包括经济增长、价格变化、经济环境指标；政策风险包括贸易壁垒、投资壁垒和加入 WTO 指标；支付风险包括贸易差额占 GDP 比重、国家信用等级指标。数据来源：IMF《2009 年世界经济展望》，世界经济论坛《2009—2010 年世界竞争力报告》（英文版）。

3-137)。

(十二)民族关系

以色列民族问题凸显，此项指数长期在 1~2 的较低水平(见图 3-139)。

(十三)民主责任

以色列的此项指数在 1997—2012 年间也基本保持在满分的水平(见图 3-140)。

(十四)城市化程度

以色列地处沙漠，能供人类使用的土地有限，因而一直以来，以色列大力推行城市化建设。2003 年以来，以色列农村人口占总人口的比重仅在 9%左右。

(十五)对外贸易

就官方汇率而言，1993—1997 年间，以色列汇率基本维持稳定，从 1993 年的 1∶2.83 略微贬值至 1997 年的 1∶3.45(如图 3-202 所示)。

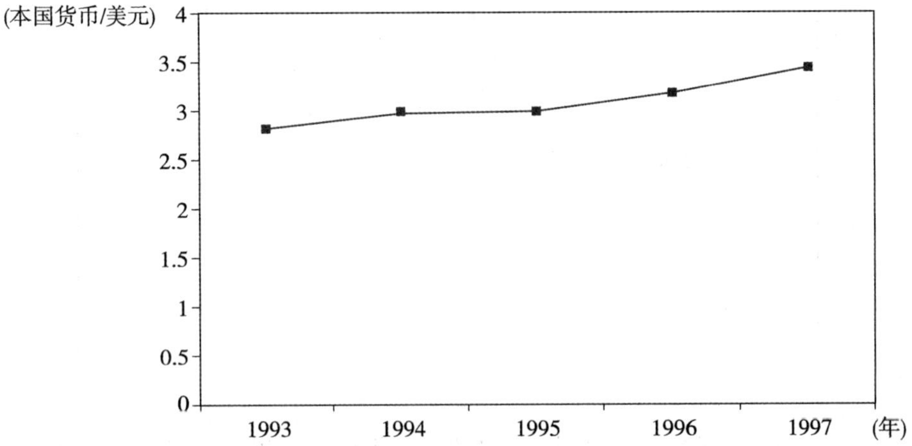

图 3-202　以色列汇率变动

就经常性收支差额占 GDP 的比重而言，1993—1997 年间，以色列经常性收支差额占 GDP 的比重为负值，且都在-3%以上，曾一度达到-5%。这一数据与美国、韩国、印度、巴西等国相比偏大，说明以色列存在较多的贸易赤字，国际收支状况需要改善。

(十六)全球竞争力指数(GCI)和人类发展指数(HDI)排名

2009—2010 年度，以色列的 GCI 排名为 27/133，2013 年的排名为 27/152，排名稳定，且一直较为靠前。2005 年度 HDI 排名为 23/177，2010 年度 HDI 排名为 15/169，2013 年 HDI 排名为 19/187，HDI 排名变化也比较稳定，属于极高人类发展水平。

以色列经济较为发达，经济结构较为合理，人民生活水平也较有保障，公共健康状况良好，人力资本素质也较高，基础设施建设也比较到位。但制约经济发展的突出因素是物价上涨过快，资源短缺以及资本市场的不完善。

六、韩国经济社会发展程度

韩国位于朝鲜半岛南部，人口 5000 万，主要为朝鲜民族。韩国经济实力较为雄厚，人均国民收入达到世界银行的高收入组，也有许多世界知名的大企业，也是“亚洲四小龙”之一，目前还是经合组织成员，经济是出口导向型，政治制度自由民主。1995 年 1 月 1 日朝国正式成为 WTO 的成员国，1997 年 1 月 1 日正式加入 GPA。

(一)经济总量

1. GDP 与人均 GDP

1993—1997 年，韩国人均 GDP 从 8220 元增加到 11235 元，属于高收入国家，年均增幅达 4.65%，而 GDP 的年均增幅更达 7%，两者增长基本同步且高于世界平均水平(如图 3-203 所示)。

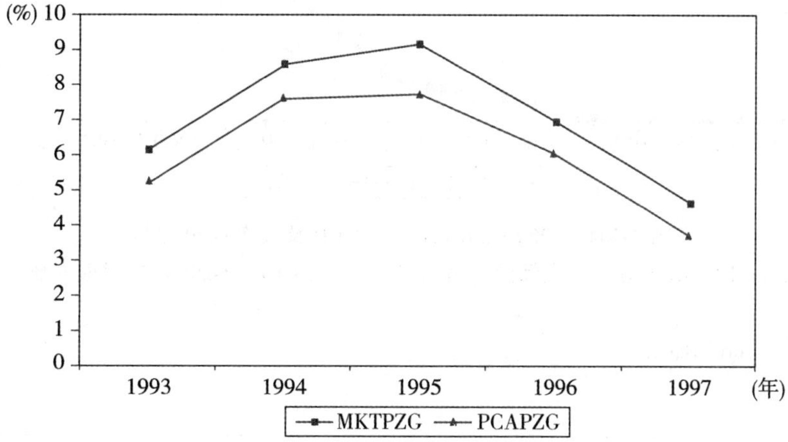

图 3-203 韩国 GDP 和人均 GDP 增长率

注：MKTPZG、PCAPZG 分别代表 GDP 年增长率和人均 GDP 年增长率。

韩国的 GDP 总量从 1960 年的 38.9 亿美元增加至 2013 年的 13045.5 亿美元，年均实际增速为 7.5%(见图 3-204)。

人口总量则从 1980 年的 3812.4 万人增加至 2013 年的 5022 万人，年均实际增速为 1.23%(见图 3-205)。

2. 经济结构

1993—2013 年，韩国的经济结构较为稳定并且较为合理，最终消费支出占 GDP 比重稳定在 64%左右，其中政府消费支出比重约为 11.5%，而固定资本形成总额 1993—1997 年间维持在 35%~37%，进入 21 世纪，固定资本形成总额占比逐步稳定在 30%左右(如图 3-206 所示)。

1990—1995 年，服务业在韩国 GDP 中的比重高于 60%，并存在逐年增加的趋势。其中，建筑和贸易占比合计 22.1%，交通和通信占比 7.9%。银行和其他金融机构以及交通和通信的比重在这一时期内也开始逐渐上升。值得指出的是，教育行业占 GDP 的比重在此阶段内处于下行区间，而娱乐业开始有了一定的上升(见表 3-19)。

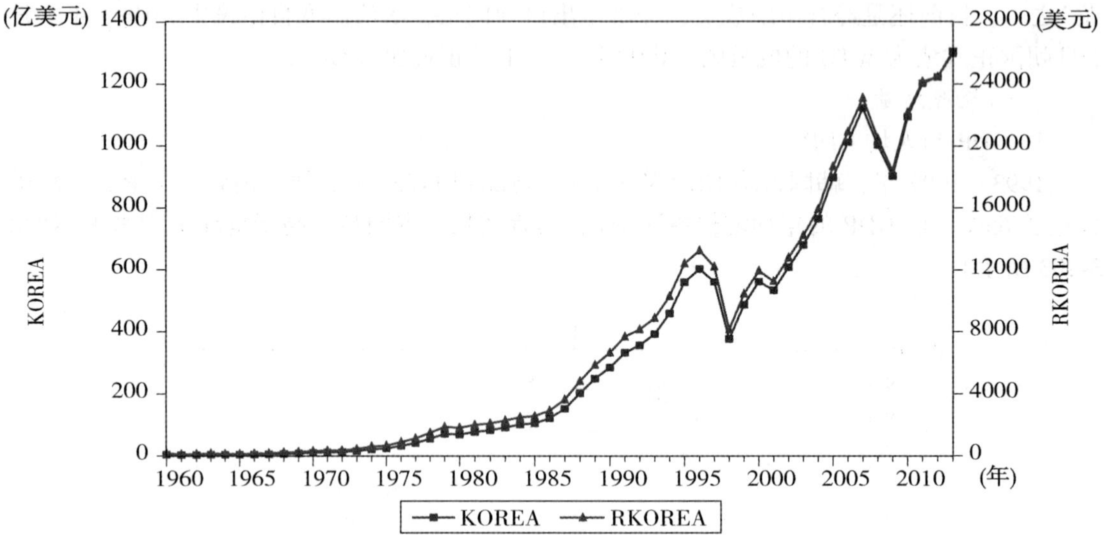

图 3-204 1960—2013 年韩国 GDP 及人均 GDP 趋势

注：KOREA、RKOREA 分别代表韩国 GDP 总量和人均 GDP。GDP 总量对应左轴，人均 GDP 对应右轴。

数据来源：World Bank。

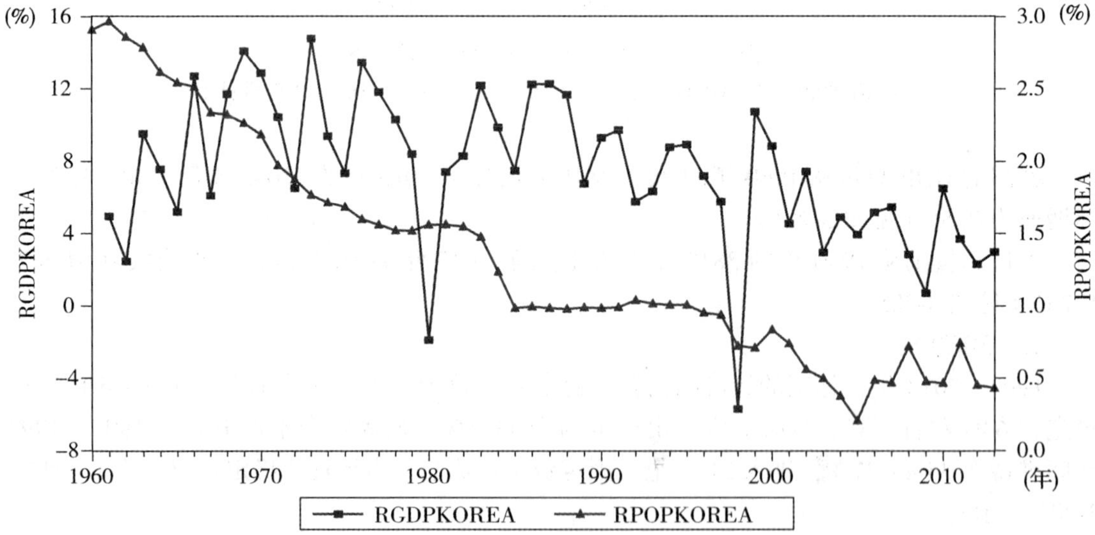

图 3-205 1960—2013 年韩国 GDP 总量增速及人口增速

注：RGDPKOREA、RPOPKOREA 分别代表韩国 GDP 总量增速和人口增速。GDP 总量增速对应左轴，人口增速对应右轴。

数据来源：World Bank。

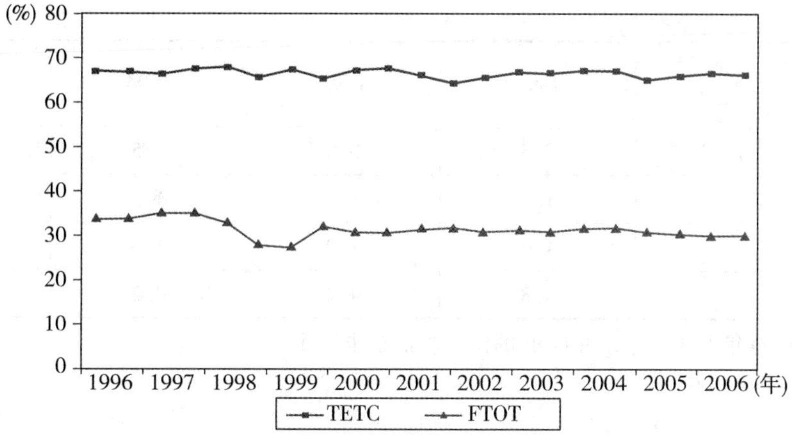

图 3-206 韩国最终消费支出和固定资本形成总额占 GDP 的比重

注：TETC、FTOT 分别代表最终消费支出占 GDP 的比重和固定资本形成总额占 GDP 比重。

表 3-19 **1990—1995 年韩国服务业结构**

项目 \ 年份	1990	1992	1994	1995[a]
服务业(包括建筑业)	61.6	62.3	63.2	63.2
电力、水和燃气供应	2.2	2.2	2.4	2.4
电力	2.0	2.0	2.0	2.0
水	0.2	0.2	0.2	0.3
燃气设施和运输	0.1	0.2	0.2	0.2
交通和通信	6.7	7.1	7.5	7.9
交通	4.6	4.7	4.6	4.6
通信	2.0	2.4	2.9	3.3
建筑	11.5	11.5	11.4	11.4
贸易	10.9	10.8	10.7	10.7
银行和其他金融机构	4.5	5.4	6.6	6.0
保险和房地产	4.2	3.9	3.8	4.2
房屋所有权	3.5	3.7	3.8	3.7
公共管理	4.1	3.9	3.5	3.3
其他服务	14.0	13.8	13.5	13.5
教育	4.2	4.0	3.9	3.7
医疗和健康	1.5	1.5	1.5	1.5
娱乐业	0.8	0.9	1.0	1.0

续表

项目 \ 年份	1990	1992	1994	1995[a]
酒店	0.5	0.5	0.5	0.5
旅馆	1.2	1.3	1.3	1.3
个人服务	1.0	1.0	1.0	0.9
其他	4.8	4.8	4.2	4.6

注：按照 1990 年不变价计算占 GDP 的比重。a. 初步估计。

数据来源：韩国政府。

就人均 GDP 的结构而言，1970—2013 年私人消费的比重稍有降低，但目前基本稳定在 60%左右。投资的比重波动上升至 30%左右，而政府消费的比重稍有上升，基本稳定于 15%左右。消费在人均 GDP 结构中具有决定性的地位(见图 3-207)。

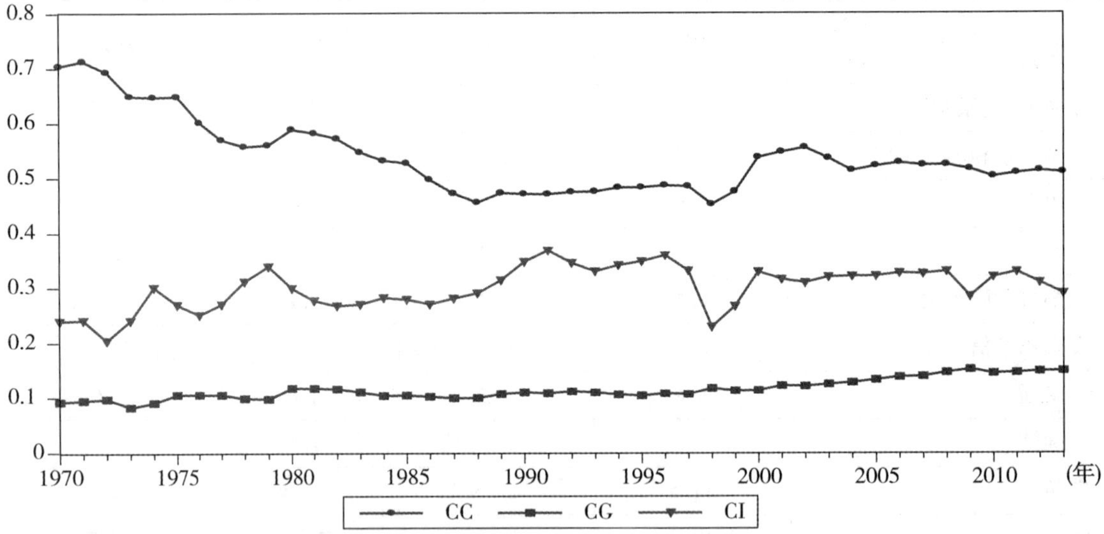

图 3-207 韩国人均 GDP 结构

注：CC、CG 和 CI 分别代表按当年价计实际人均 GDP 的消费比重、政府支出比重和投资比重。

1980—2013 年，私人消费增速和政府消费增速的均值分别为 5.18%和 5.21%。其中，受金融危机的影响，1998 年韩国的私人消费增速急剧下降至-13.43%。但是 1999 年私人消费的增速上升至过去 20 年间的 11.5%高位值。这种快速的增加也与 1998 年的较低基数有关(见图 3-208)。

(二)财政收支

就政府总支出占 GDP 的比重而言，1993—1997 年间，政府总支出占 GDP 的比重稳定在 14.4%附近，这一数据与发达国家相比偏低。就财政收入占 GDP 的比重(不含捐赠)而

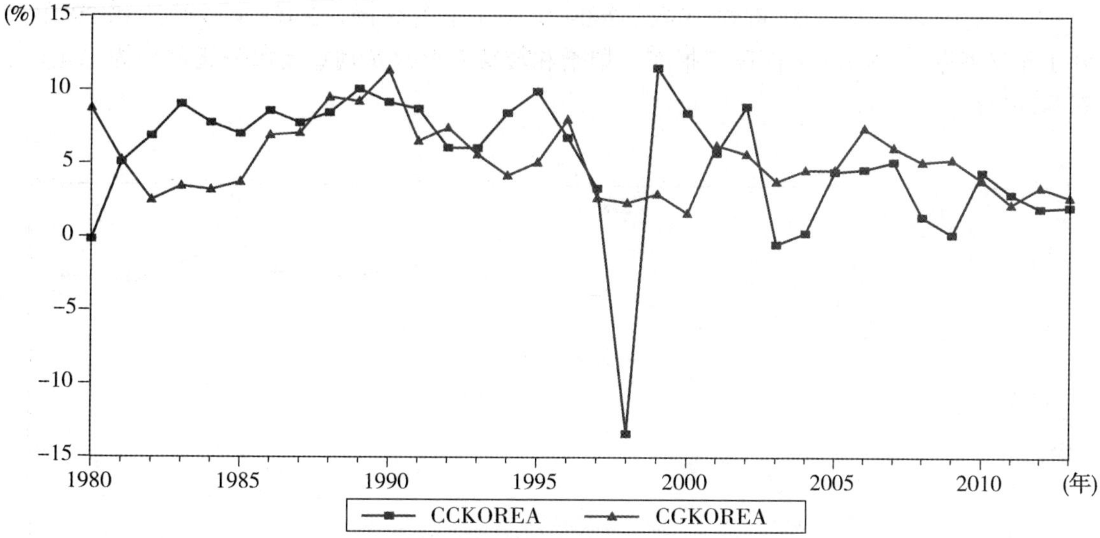

图 3-208 1980—2013 年韩国私人消费和政府消费增速趋势

注：CCKOREA 和 CGKOREA 分别代表私人消费增速与政府消费增速。

数据来源：World Bank。

言，同一时期政府财政收入占 GDP 的比重也从 17.1%上升到 18.5%，但总体维持稳定。就政府债务占 GDP 的比重而言，1993—1997 年间除了 1994 年外，国内形成债务净额占 GDP 的比重都为负值，这说明韩国持有外债数额多于韩国政府发行债券的数额。

1993—1997 年韩国政府总支出、政府收入、国内形成债务净额占 GDP 的比重如图 3-209 所示。

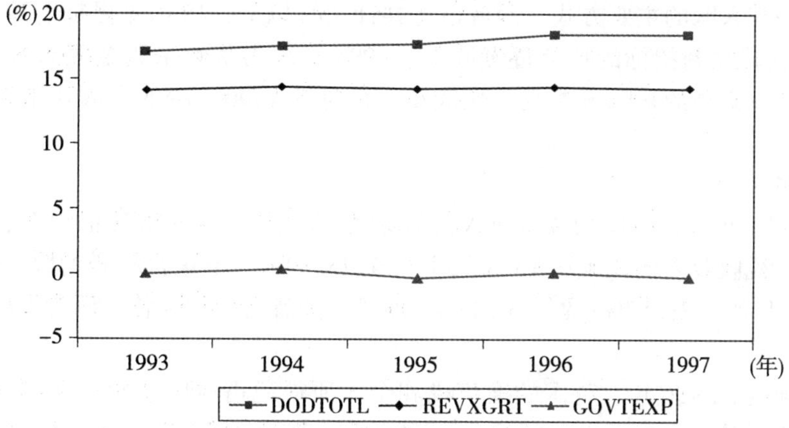

图 3-209 韩国政府收支情况

注：DODTOTL、REVXGRT、GOVTEXP 分别代表政府国内形成债务净额占 GDP 的比重、总支出占 GDP 的比重、收入(不包括捐赠)占 GDP 的比重。

1. 财政支出

政府支出占 GDP 的比重在 1998—2009 年处于上升区间，2009 年已经达到 20. 2%，2011 年又回落至 18. 9%。而职工报酬、捐赠和转移支出以及利息支出的比重较为稳定(见图 3-210)。

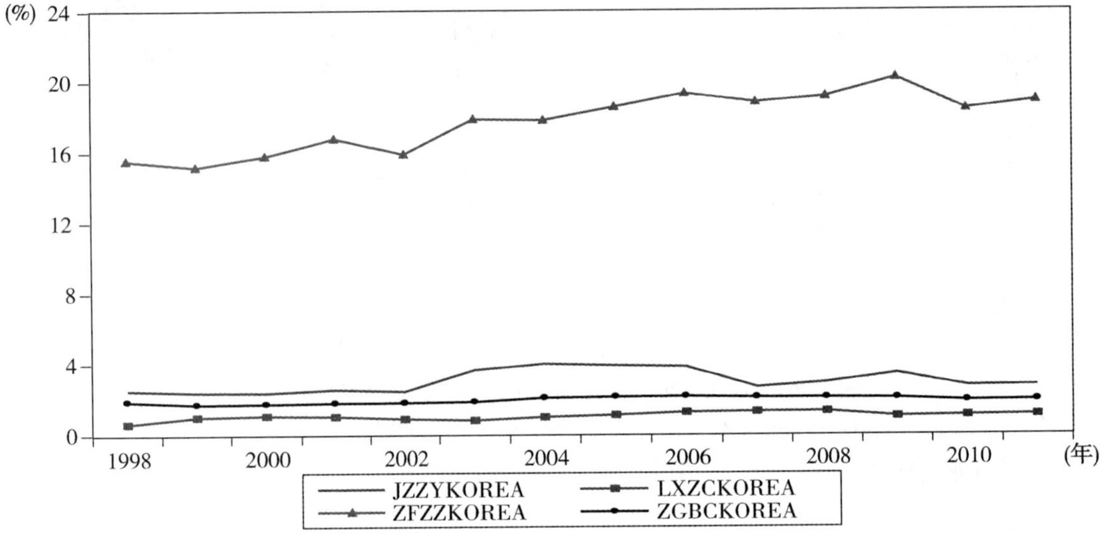

图 3-210 1998—2011 年韩国总支出及其主要支出项目占 GDP 的比重

注：ZGBCKOREA、JZZYKOREA、ZFZZKOREA、LXZCKOREA 分别代表职工报酬、捐赠和转移支出、政府总支出和利息支出占当年 GDP 的比重。

数据来源：World Bank。

就 1990—1995 年韩国的政府采购而言，货物采购主要来源于国内，且公开招标和单一来源采购是其采购的主要方式，两者占比共计 75%以上，1995 年更是达到 93. 9%(见表 3-20)。这一阶段密封招标的比重逐渐降低，1995 年仅占货物采购金额的 6. 1%。就工程采购而言，单一来源的采购方式则占比较小，而且在 1990—1995 年间比重还有逐渐下降的趋势。

2. 财政收入

1990—2011 年间，韩国的政府收入占 GDP 的比重有了较大幅度的提升，但总体水平仍较为有限。税收收入的比重从 13. 35%上升至 14. 44%，不包含捐赠的收入占 GDP 的比重从 15. 54%上升至 21. 57%(见图 3-211)。而且，随着时间的推移，两者之间的差距呈现扩大的趋势。

就税种而言，1996 年，韩国的增值税和个人所得税占税收总额的 47. 4%，个人所得税比重略低于增值税，显示出从间接税为主向直接税为主的转变过程(见表 3-21)。企业所得税占比 14. 4%，这一数值并非很高。上述三个税种在韩国 1996 年税收总额中的比重达到 61. 8%。

表 3-20 **1990—1995 年政府采购**

	1990 年	1991 年	1992 年	1993 年	1994 年	1995 年
	百万美元（%）	百万美元（%）	百万美元（%）	百万美元（%）	百万美元（%）	百万美元（%）
货物	3917（100）	4200（100）	5320（100）	5493（100）	5590（100）	5603（100）
源自						
国内	3367（85.9）	3761（89.5）	4773（89.7）	5045（91.8）	4939（88.4）	5116（91.3）
国外[a]	551（14.1）	439（10.5）	547（10.3）	448（8.2）	651（11.6）	487（8.7）
招标程序						
单一来源	1783（45.5）	1865（44.4）	2438（45.8）	2461（44.8）	2557（45.7）	2746（49.0）
密封	1000（25.5）	699（16.6）	377（7.1）	193（3.5）	305（5.5）	342（6.1）
公开招标	1134（29.0）	1636（39.0）	2505（47.1）	2839（51.7）	2728（48.8）	2515（44.9）
工程	3816（100.0）	3683（100）	4836（100）	6664（100）	7332（100）	5674（100）
单一来源	523（13.7）	408（11.1）	453（9.4）	596（8.9）	887（12.1）	357（6.3）

注：汇率按照 1 美元 = 70 韩元计算。a. 主要是医疗设备、实验器材和农业产品。

数据来源：韩国物资供应办公室。

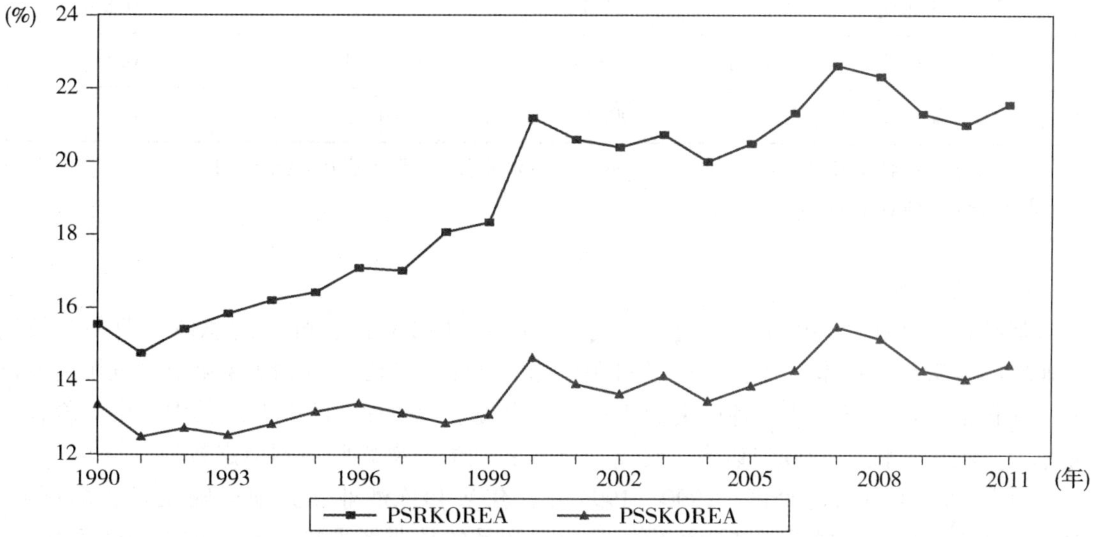

图 3-211 1990—2011 年韩国两种口径收入占 GDP 的比重

注：PSRKOREA 和 PSSKOREA 分别代表收入（不包括捐赠）占 GDP 比例和税收收入占 GDP 的比例。

数据来源：World Bank。

表 3-21 **1996 年韩国分类税收估算额**

分类	收入(十亿韩元)	收入(十亿元人民币)	比重(%)
国内税	48637.50	502.43	75.4
增值税	16020.50	165.49	24.9
个人所得税	14503.40	149.82	22.5
企业所得税	9254.10	95.6	14.4
关税	5049.50	52.16	7.8
交通税	4770.40	49.28	7.4
教育税	4387.60	45.32	6.8
特殊销售税	3093.20	31.95	4.8
酒税	2291.90	23.68	3.6
支持农村发展的农业特别税	1590.00	16.42	2.5
遗产税	1274.80	13.17	2
证券交易税	661	6.83	1
通信税	588.8	6.08	0.9
印花税	357.7	3.7	0.6
国防税	33	0.34	0.1
调节税	90.2	0.93	0.1

注：汇率按照韩国及中国官方公布的 1996 年年度汇率值，1 元人民币=96.8051 韩元。

数据来源：Government of Korea。

(三)失业率

就教育程度和性别的失业率指标而言，1990—2013 年间，韩国的总体失业率和长期失业率的变动趋势基本一致，浮动区间在 0~8%(见图 3-212)。在 1998 年金融危机的冲击下，除长期失业率指标外，各项失业率指标均出现了不同程度的上升，其中，中等教育失业率上升程度最快。2000 年以来，经济复苏，各项失业率均回降到稳定数值。

就劳动者平均工资而言，1990—1994 年，焦炭和炼油业、其他运输设备、烟草业、机动车和拖车行业、模具制造业和化学及化学产品的从业者平均工资超过 17000 美元(见表 3-22)，而服装皮草业的平均工资水平为焦炭和炼油业的 40%左右。值得指出的是，人均收入较高行业和较低行业的平均工资水平存在非对称的增速。人均工资水平最低行业的工资水平从 1990 年到 1994 年上升的幅度超过 50%，而最高行业人均工资水平上升幅度在 50%附近。

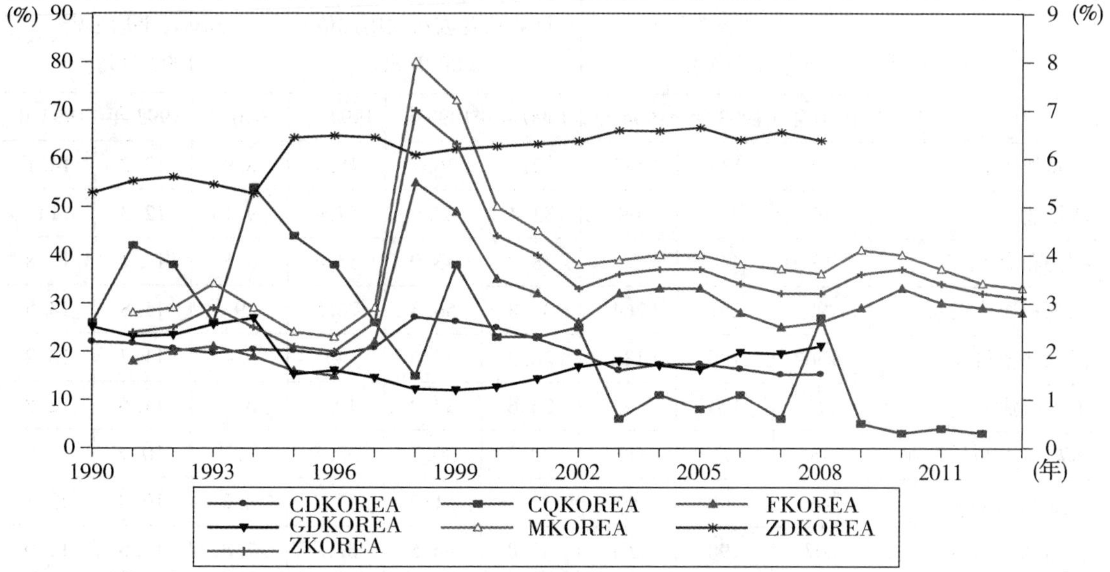

图 3-212 1990—2013 年韩国主要失业率指标

注：CQKOREA、CDKOREA、ZDKOREA、GDKOREA、FKOREA、MKOREA 和 ZKOREA 分别代表长期失业人数、初等教育失业人数、中等教育失业人数、高等教育失业人数、女性失业人数、男性失业人数各项占失业人数的比重以及失业率。其中女性失业人数占失业人数的比重、男性失业人数占失业人数的比重以及长期失业率的指标对应右轴，其余指标对应左轴。

数据来源：World Bank。

表 3-22　　**1990—1994 年制造业劳动者相关指标**

	劳动者数量（千人）			每劳动者创造的增加值（1000 美元）			劳动者平均工资（1000 美元）		
	1990 年	1993 年	1994 年	1990 年	1993 年	1994 年	1990 年	1993 年	1994 年
焦炭和炼油业	9	10	11	326. 1	405. 5	482. 1	18. 5	20. 4	24. 6
其他运输设备	63	74	84	35. 1	53	71. 9	15. 8	20. 8	22. 9
烟草业	7	6	5	382. 6	462. 6	516. 4	14. 6	20. 8	22
机动车和拖车行业	186	193	210	43. 8	54	60. 8	12. 5	16. 3	19. 5
模具制造业	124	117	117	59	78. 7	95. 3	12. 2	15. 7	18. 3
化学及化学产品	129	150	154	70. 4	88. 6	104	11. 8	15. 5	17. 8
印刷和出版业	75	90	92	35. 2	42. 8	48. 2	10. 8	14	15. 7
非金属矿物产品	131	139	136	38. 7	53. 6	60. 3	9. 7	13. 1	14. 9
机械	258	279	294	32. 3	38. 3	44. 7	9. 9	13	14. 6
制造业	3013	2885	2930	32. 8	46. 5	56. 1	9	12. 4	14. 2

续表

	劳动者数量（千人）			每劳动者创造的增加值（1000 美元）			劳动者平均工资（1000 美元）		
	1990 年	1993 年	1994 年	1990 年	1993 年	1994 年	1990 年	1993 年	1994 年
金属加工业	146	173	187	27	36. 8	45. 4	8. 9	12. 2	14. 1
造纸业	66	65	69	33. 4	47. 9	57. 4	9. 1	12. 3	14
办公和会计	19	28	30	38. 2	43. 9	53. 4	8. 5	12. 1	13. 8
电视和通信设备	299	251	264	34. 8	56. 3	76. 5	9	11. 8	13. 5
橡胶和塑料业	136	136	138	28. 2	38. 6	45	8. 4	11. 7	13. 2
电力行业	111	124	125	26. 6	34. 2	40. 5	8. 8	11. 6	12. 8
木材及木制品行业	43	43	42	20. 2	30. 7	35. 5	8	10. 9	12. 6
医疗和光学业	46	47	49	22. 8	31. 3	37. 2	8. 2	10. 8	12. 1
食品和饮料业	207	198	201	37. 8	54. 5	62. 9	7. 8	10. 6	11. 9
家具制造业	147	123	117	19. 5	29	35. 8	7. 5	10. 6	11. 8
纺织业	355	317	305	18. 9	30. 2	34. 2	7. 6	10. 2	11. 6
回收业	1	2	2	26. 5	31. 1	44. 1	7. 8	10. 4	11. 6
皮革业	217	112	96	16. 2	25. 4	30. 9	7	9. 7	10. 8
服装皮草业	240	210	203	14. 2	22. 8	26. 8	6. 2	8. 7	10. 1

数据来源：Report on the Mining and Manufacturing Survey-1990，1993，1994.

(四)基础设施

1970—2013 年，韩国航空的货物运输量从 5. 59 百万吨/公里上升至 11785 百万吨/公里左右，同期该国航空客运量从 1208100 人/公里左右上升至 41082567. 98 人/公里左右(见图 3-213)。1980 年，韩国的货、客运量分别为中国的 3 倍和 0. 9 倍，2013 年的数据为 0. 734 倍和 0. 12 倍。总体而言，过去 33 年中，韩国货、客运量的增长速度则为 3. 9% 和 3. 2%。

就公路和运输部门油耗这两项指标而言，韩、中的发展差距已经从 1990 年的 5 倍和 3 倍变成至 3 倍和 4 倍。就 1990 年和 2007 年运输部门汽油燃料的人均消耗量而言，韩国和中国运输部门汽油燃料的人均消耗量增速分别为 100%和 250%。

(五)高科技研发支出与出口

就每百人互联网用户数而言，1993—1997 年间，韩国的互联网发展水平有一定的提升，互联网的每百人用户数从 0. 25 人提升至 3. 56 人。

就研究与开发支出占 GDP 的比重、每百万人口中从事研究与开发的技术人员数而言，同一时期韩国研究与开发支出占 GDP 的比重维持在 2. 5%附近，而每百万人口中从事研究与开发的技术人员数则超过 2000 人，这两个指标与新加坡大致相当。

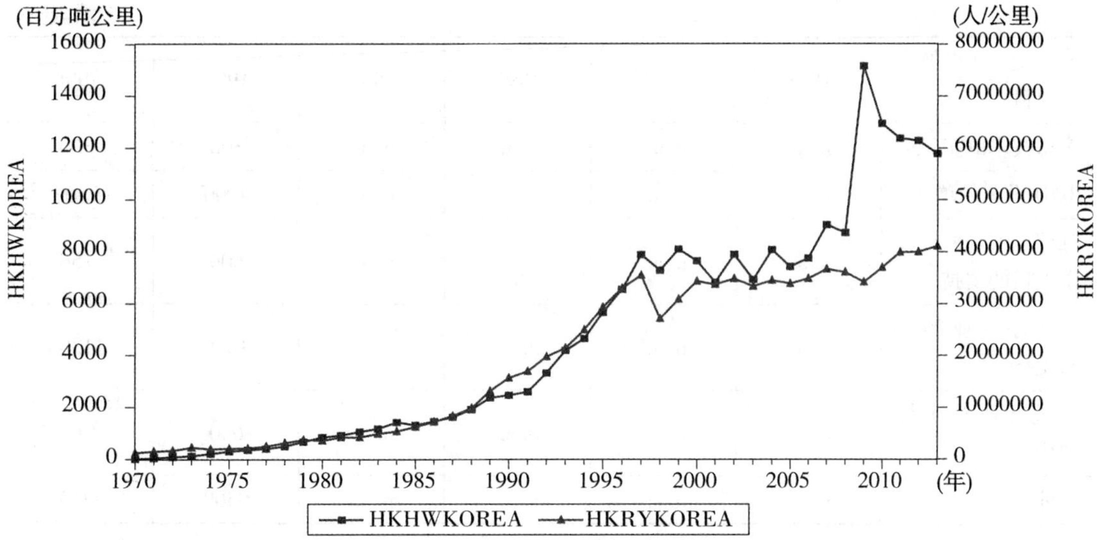

图 3-213　1970—2013 年韩国航空客货运量

注：HKHWKOREA、HKRYKOREA 分别代表韩国航空的货物运输量和客运量。货运量指标对应左轴，客运量指标对应右轴。

数据来源：World Bank。

就高科技产品出口占制造品出口的比重而言，同一时期，韩国高科技产品出口占制造品出口的比重从 20.1%上升至 23.9%，这一比例与日本相当，低于美国的 30%。

就高科技产品出口占韩国当年的 GDP 而言，1990—2013 年均保持了 27.36%的比例，而研究与开发支出占 GDP 比例自 1996 年以来则为 2.86%左右。就每百万人口中研究与开发项目中的研究人员指标而言，韩、中之间的发展差距已经从 1996 年的 5 倍缩小至 2008 年的 4 倍(见表 3-23)。

表 3-23　**1991—1996 年财政对于工业研发的投入**

年份 项目	1991	1992	1993	1994	1995	1996
企业发展资金						
技术创新	32480	39000	60000	106500	130000	200000
工业高科技发展	52020	52000	40000	52000	54500	54500
总计	84500	91000	100000	158500	184500	254500
一般工业技术发展						
总计	71200	72700	88700	141000	188800	232310
工业基础设施改善项目						
人力资源发展	n. a.	n. a.	n. a.	n. a.	3000	14700

续表

年份/项目	1991	1992	1993	1994	1995	1996
信息技术的扩散	n. a.	n. a.	n. a.	n. a.	300	300
R&D 设施的增加	n. a.	n. a.	n. a.	n. a.	4000	9500
对于国际技术合作项目的支持	n. a.	n. a.	n. a.	n. a.	600	150
对中小企业的技术支持	n. a.	n. a.	n. a.	n. a.	1000	11300
促进行业技术标准化	n. a.	n. a.	n. a.	n. a.	600	1400
总计	n. a.	n. a.	n. a.	n. a.	9500	37350

注：单位为百万韩元。工业基础设施改善项目自 1995 年才开始。

数据来源：韩国政府。

就申请注册的项目数而言，1991—1994 年间韩国国内居民或个体申请专利的总数增速显著高于国外人员申请的增速。而就注册项目数而言，1994 年批准注册的国外人员项目数有所下降，而国内的申请项目数反而有所增加。分申请和注册的具体项目而言，情形基本类似（见表 3-24）。

表 3-24 **1985—1994 年工业知识产权的申请和注册**

项目/年份	总计	专利	实用模型	工业设计	商标
	申请				
1985	74153 (16760)	10587 (7884)	18548 (933)	18949 (836)	26069 (7107)
1990	114069 (32296)	25820 (16738)	22654 (993)	18759 (1363)	46826 (13262)
1991	120736 (30077)	28132 (14879)	25895 (770)	20097 (1284)	46612 (13144)
1992	127810 (29012)	31073 (15121)	28665 (742)	22948 (1188)	45124 (11961)
1993	155870 (30147)	36491 (15032)	32218 (713)	27568 (1368)	59593 (13034)
1994	187132 (35353)	45712 (18148)	39806 (574)	29033 (1369)	72581 (16262)

续表

年份＼项目	总计	专利	实用模型	工业设计	商标
	注 册				
1985	27298 (8176)	2268 (1919)	2327 (454)	8250 (653)	14453 (5149)
1990	54325 (16038)	7762 (5208)	8846 (950)	13927 (1559)	23790 (8321)
1991	54659 (16446)	8690 (6137)	8370 (911)	13723 (1404)	23876 (7994)
1992	62305 (17893)	10502 (6932)	7870 (778)	13635 (1159)	30298 (9024)
1993	62563 (18016)	11446 (6901)	7592 (778)	13133 (1054)	30392 (9283)
1994	58604 (14261)	11683 (5909)	7817 (538)	13695 (887)	25409 (6927)

注：括号内的数字表示涉及国外人员申请和注册的件数。
数据来源：韩国政府。

（六）教育投入

就政府教育投入占 GDP 的比例而言，1990—2000 年间，韩国的政府教育投入占 GDP 的比例为 15.85%左右，其中 2006 年为 16.48%。这在亚洲属于领先水平，但与美国、挪威等发达国家相比有一定差距。就成人文盲率而言，同一时期，韩国的成人文盲率约为 2.8%，略高于中国香港的 1.5%和新加坡的 1.8%。

1999—2008 年，小学与中学学生与老师的比率为 30.98%左右。就教育的各阶段而言，1991—2011 年，韩国的学前儿童入学率由 56.03%上升至 118%，1999—2012 年为 91.22%~97.49%。高等院校的入学率从 1999 年的 38.23%提升至 2011 年的 98%。

（七）金融

就贷款而言，银行提供的国内信贷占 GDP 的比例与私营部门国内贷款额占 GDP 的比例在 2000 年以后增长速度逐渐缩小（见图 3-214）。1993—1995 年，韩国上市公司市值较为稳定，但由于受亚洲金融危机的影响，1996 年市值有一定程度的下滑，1997 年更是大幅度缩水。上市公司市值占 GDP 的比重从 1994 年的 45.3%下降到 1997 年的不足 9%，资本市场所受的打击巨大。上市公司的市值占 GDP 的比重在 1999 年和 2007 年分别达到峰值，其中 2007 年的数据为 107.9%，而 2012 年跌至 96.54%。

股票交易总额从 1990 年的 759.49 亿美元上升至 2013 年的 1.5 万亿美元，其中 2007 年达到峰值。1990 年 M2 占 GDP 的比重为 34.1%；2013 年，M2 占 GDP 的比重为 134.5%。

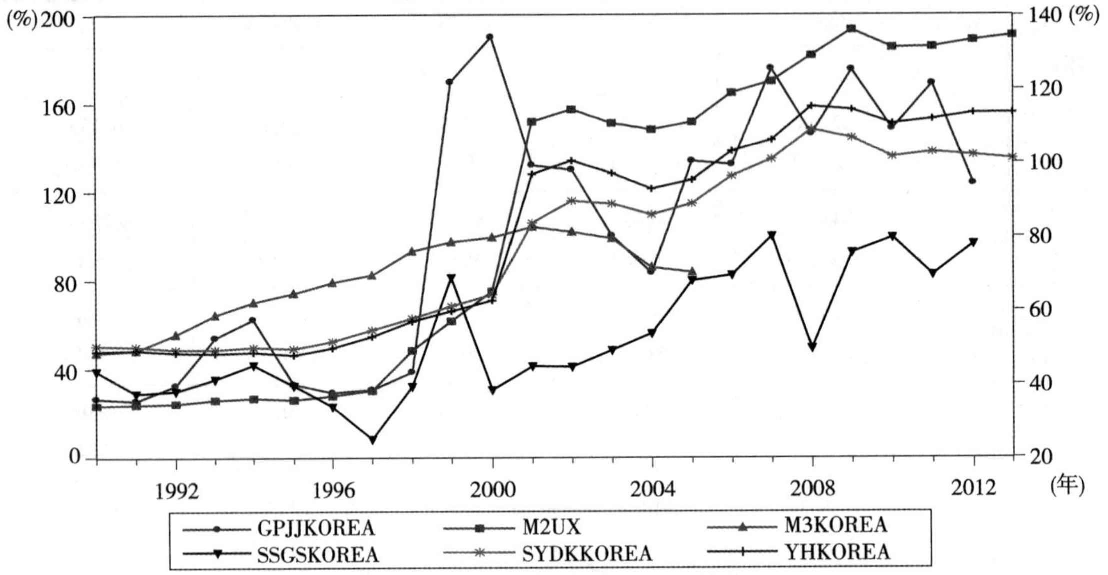

图 3-214　1990—2013 年韩国各项主要金融指标

注：YHKOREA、SYDKKOREA、SSGSKOREA、GPJJKOREA、M3KOREA 和 M2UX 分别代表由银行提供的国内信贷占 GDP 的比例(%)、私营部门国内贷款额占 GDP 的比例(%)、上市公司市值占 GDP 的比例(%)、股票交易总额占 GDP 的比例(%)、流动负债(M3)占 GDP 的比例(%)、货币和准货币(M2)占 GDP 的比例(%)。M3KOREA 和 M2UX 对应右轴，其余指标对应左轴。

数据来源：World Bank。

1980—1995 年间，韩国金融机构发展的典型特征是非银行金融机构的快速发展(见表 3-25)分为存款和债券发行，非银行金融机构的占比在 1995 年分别达到 66.5%和 92.5%。但是非银行金融机构在总贷款中的比重从 1990 年的 2.1%降至 1995 年的 0.9%。

表 3-25　　**1980—1995 年金融机构的存款和股票发行**

项目＼年份	1980	1985	1990	1993	1994	1995[a]
存款(%)	100.0	100.0	100.0	100.0	100.0	100.0
(十亿韩元)	(16523)	(53327)	(181347)	(333222)	(407572)	(491661)
银行现金存款	64.2	49.4	37.6	34.2	34.5	33.5
非银行金融机构	35.8	50.6	62.4	65.8	65.5	66.5
保险和补助金	10.3	18.0	19.1	17.3	15.8	15.8
发展银行[b]	0.9	0.5	0.7	0.5	0.4	0.4
存款机构	15.8	20.8	34.3	40.6	41.9	43.6

续表

项目 \ 年份	1980	1985	1990	1993	1994	1995[a]
投资机构[c]	6.4	6.9	5.2	3.5	3.8	3.2
证券机构	0.1	0.2	2.0	2.5	2.3	2.2
官方债权	2.4	5.2	2.5	1.5	1.4	1.3
债券发行	100.0	100.0	100.0	100.0	100.0	100.0
(十亿韩元)	(2572)	(10131)	(35558)	(82707)	(98668)	(115677)
银行现金存款	16.0	3.4	4.8	5.3	5.4	7.5
非银行金融机构	84.0	96.6	95.2	94.7	94.6	92.5
保险和补助金	0	0	0	0	0	0
发展银行[b]	15.3	15.3	17.1	25.0	25.7	26.5
存款机构	0	0	0	0	0	0
投资机构[c]	26.8	57.0	67.1	60.3	59.7	57.0
证券机构	0	0.6	0.1	0	0	0
官方债权	41.9	23.8	10.9	9.4	9.2	9.0

注：a. 初步数据。b. 包括韩国发展银行、韩国进出口银行和韩国长期信贷银行。c. 商业银行、金融投资公司和信托公司。

数据来源：韩国政府。

美国、日本和中国香港是韩国设立银行的主要地区，而美国、日本和法国是在韩国的主要外资银行(见表 3-26)。1995 年，韩国国内的外资银行数目为 96 家，而韩国设立的海外银行达 209 家。

表 3-26 **1995 年韩国在国外设立的银行以及外国和地区在韩国设立的银行**

	韩国在国外设立的银行				外国在韩国设立的银行		
	子公司	分公司	常驻机构	小计	分公司	常驻机构	小计
美国	7	26	14	47	25	3	28
日本	0	21	7	28	15	9	24
英国	5	7	7	19	3	1	4
法国	0	1	2	3	9	1	10
德国	6	2	2	10	1	3	4
新加坡	3	6	1	10	4	0	4
中国香港	12	6	10	28	2	0	2

续表

	韩国在国外设立的银行				外国在韩国设立的银行		
	子公司	分公司	常驻机构	小计	分公司	常驻机构	小计
加拿大	3	0	1	4	4	0	4
澳大利亚	2	0	2	4	2	0	2
荷兰	0	1	0	1	2	0	2
其他国家和地区	14	13	28	55	4	8	12
总计	52	83	74	209	71	25	96

数据来源：《韩国商业观察》1996 年 5 月。

就海外直接投资净流入占 GDP 的比重而言，1993—1995 年韩国国外直接投资净流入占 GDP 的比重一直维持在较低水平，在 0. 16%～0. 55%波动，不过总体呈上升趋势，这说明韩国经济对外开放程度在不断扩大。

（八）健康

就人口增长率、婴儿死亡率、出生时期望寿命而言，1993—1997 年间，除 1994 年人口增长率超过 1%，达到 1. 43%之外，其他年份人口增长率都在 1%以下，这一水平与 OECD 成员的平均水平相当。1995 年韩国婴儿死亡率仅为 0. 69%，这一水平与高收入的 OECD 成员的平均水平相当。而韩国的人均预期寿命也接近 77 岁，略低于 OECD 成员的平均水平。总体说来，韩国的人口健康素质在世界上属于先进水平。

就公共健康支出占 GDP 的比重而言，1993—1997 年间，韩国公共健康支出占 GDP 的比重维持在 2. 5%左右，在亚洲处于领先水平，但是远低于美国的 6. 5%和巴西的 3. 6%。就每千人拥有的医院床位数而言，1993—1997 年间，韩国每千人拥有的医院床位数从 3. 7 个增加到 4. 8 个，韩国居民获得医疗设施的能力得到了一定的提升。

1990—2013 年，韩国各项重要的健康指标都存在一定的改善趋势，其中每 10 万人发生结核病的比例下降趋势最为明显（见图 3-215）。

在韩国，1990 年成年女性的死亡率是 11. 66%，而男性的数据为 23. 9%。2013 年两者的数据分别为 2. 9%和 8. 9%。

（九）能源

二氧化碳排放的治理费用占 GNI 的比例与能源消耗占 GNI 的比例出现了反向发展的趋势：前者持续走低时，后者逐渐提升；而前者走高时，后者逐步降低（见图 3-216），这说明了能源消耗的使用成本在逐渐提升。

1990—2013 年韩国人均工业 CO_2 排放量增加了 100%，而每一美元 GDP 所产生的工业 CO_2 排放量则降低了 50%（见图 3-217）。

（十）价格指数

20 世纪 80 年代初，韩国经历了较为严重的通货膨胀。这可能是由于前期执行的较为宽松的货币政策所导致的。1993—1997 年间，韩国存在较为严重的通货膨胀，1993—1995 年的通货膨胀率都超过 6%，1994 年还达到 7. 84%，之后才回落到 5%以下，不过仍

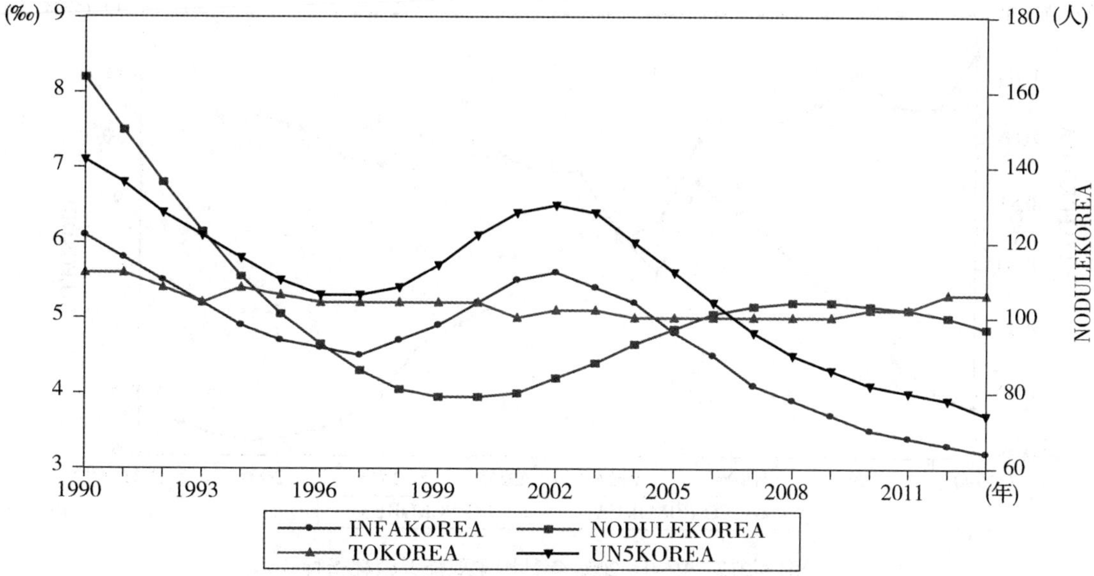

图 3-215　1990—2013 年韩国各项主要健康指标

注：INFAKOREA、UN5KOREA、TOKOREA 和 NODULEKOREA 分别代表婴儿死亡率(‰)、5 岁以下儿童死亡率(‰)、总死亡率(‰)和每 10 万人发生结核病的人数(人)。

数据来源：World Bank。

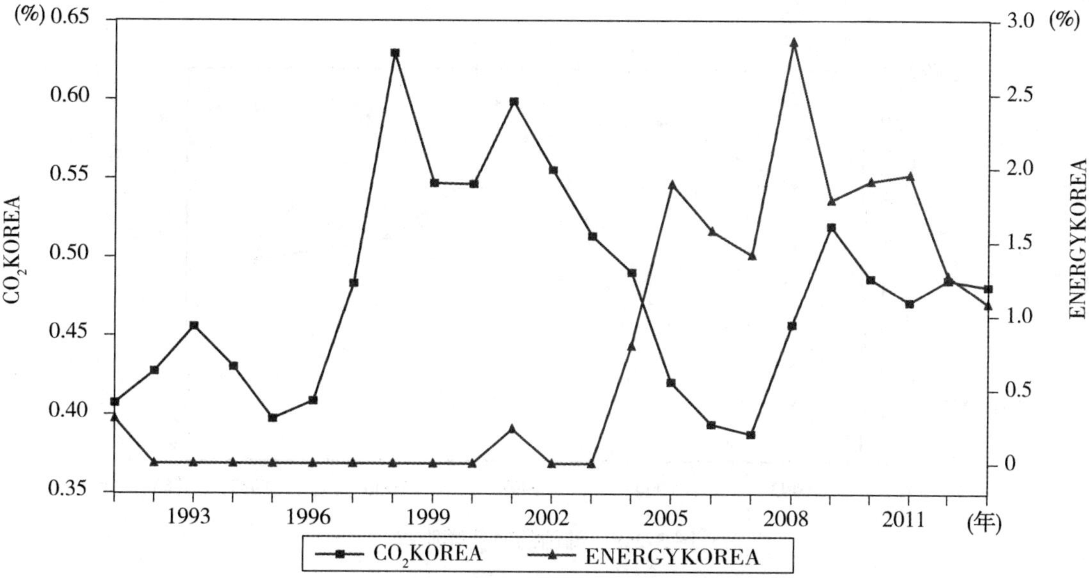

图 3-216　1990—2013 年韩国主要能源消耗指标

注：CO_2KOREA 和 ENERGYKOREA 分别代表二氧化碳排放的治理费用占 GNI 的比例(%)和能源消耗占 GNI 的比例(%)。前者对应左轴，后者对应右轴。

数据来源：World Bank。

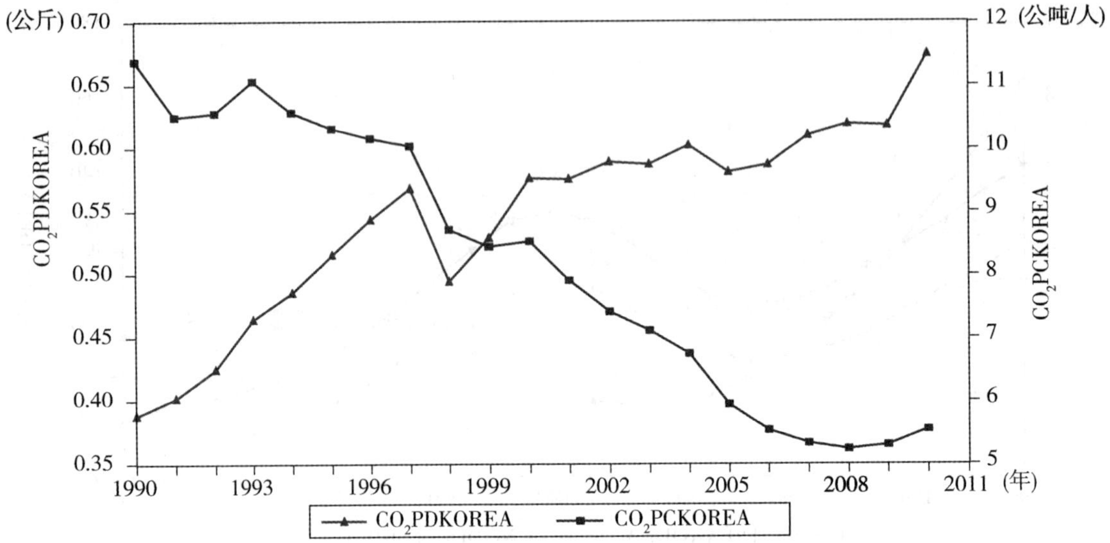

图 3-217 1990—2008 年韩国主要能源消耗指标

注：CO_2PDKOREA 和 CO_2PCKOREA 分别代表每一美元 GDP 所产生的工业 CO_2 排放量(PPP 方法，公斤)和人均工业 CO_2 排放量(公吨/人)。前者对应左轴，后者对应右轴。

数据来源：World Bank。

然达到 4.62%(如图 3-218 所示)。

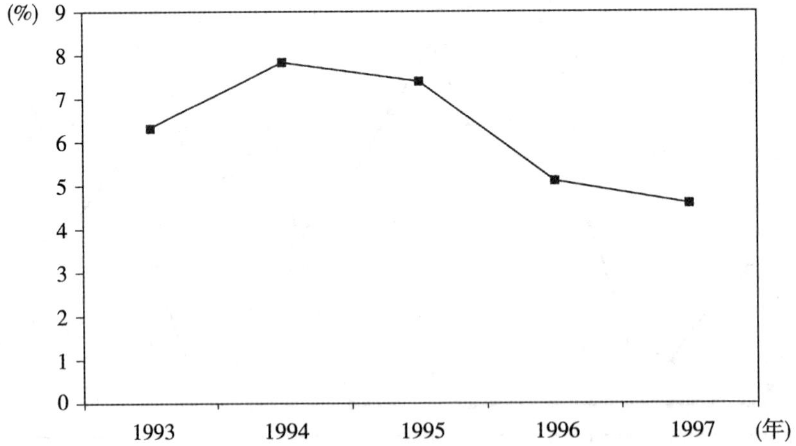

图 3-218 韩国的通货膨胀率

2000 年以来，CPI 进一步控制在 5%以内。1990—1991 年间，在此期间出现短暂的负利率时期。同一时期韩国的存款利率也出现了一定的波动，浮动范围在 7.5%~10.8%之间，均值为 8.84%。值得指出的是，即便通货膨胀较为严重，韩国的利率政策一直未出现较大的波动，基本控制在 10%以内。2000 年以来，利率波动水平更小，保持在 4%左右的水平(见图 3-219)。

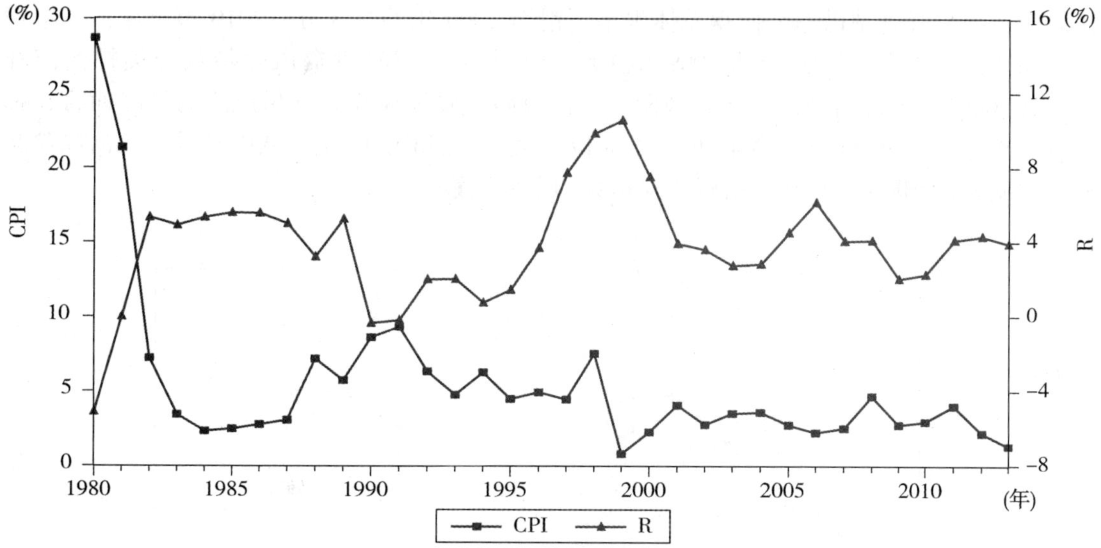

图 3-219　1980—2008 年韩国 CPI 和利率

数据来源：World Bank。

1991—1997 年，韩国逐渐放松了对利率的管制(见表 3-27)，1997 年后利率定价机制基本实现市场化。

表 3-27　**1991—1997 年利率放松管制进程表**

步骤 \ 项目	贷　款	存　款	债　券
第一步(1991 年 11 月)	透支贷款；商业票据；除韩国银行再贴现外的贴现；企业短期商业票据和汇票	银行存单；金融企业短期大规模的商业票据和汇票；大规模再回购；3 年以上长期存款	2 年以上的企业债券
第二步(1993 年 11 月)	除了政府贷款和韩国银行的再贴现外的全部银行和非银行金融机构	超过 2 年以上的长期存款(存款账户分期付款 3 年)	2 年以内的公司债券；货币稳定债券；全部政府和公共债券
第三步(1994—1996 年)	韩国银行再贴现贷款	6 个月以内的存款(存款账户分期付款 1 年以内，需求存款除外)；短期市场产品	
第四步(1997—？年)		保留短期存款和需求存款	

资料来源：韩国政府。

（十一）经济自由度

20 世纪 80 年代以来，韩国的经济自由度显著提升，2007 年已经超过 7.7 分的水平，达到当年发达国家的平均值(见图 3-220)。此后，由于金融危机的冲击，政府对经济采取了临时性的加强管制措施，使得总体水平下滑至 2009 年的 7.3 分。2010 年至今，基本稳定在 7.4 分的水平。根据全球 2009 年 100 个国家国际贸易投资风险指数分类排名统计(ITIRI 2009)，就综合风险、政治风险、经济风险、政策风险和支付风险的排名而言，韩国的位次分别在第 10 位、第 47 位、第 4 位、第 52 位和第 25 位。从中易看出政治风险和政策风险是影响韩国 2009 年投资风险指数的重要因素。

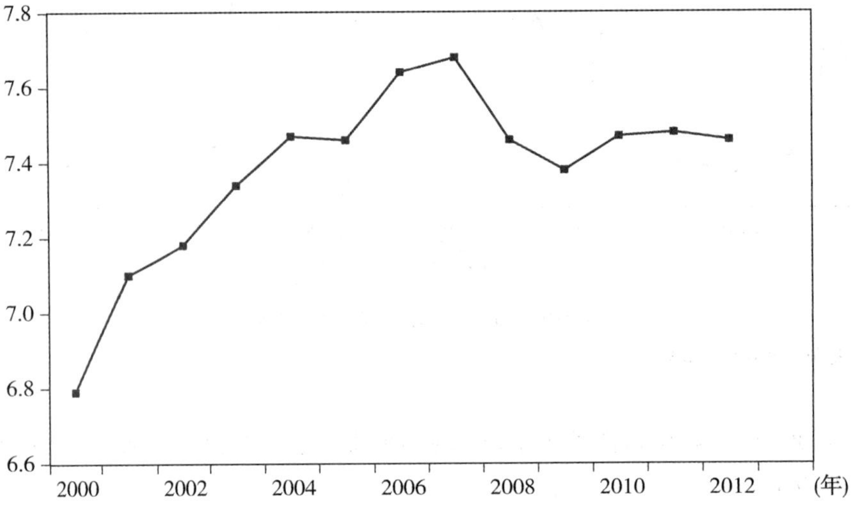

图 3-220 韩国经济自由度指数

数据来源：历年 Index of Economic Freedom。

（十二）对外贸易

就贸易占 GDP 的比重而言，1991—1997 年，韩国的对外贸易占 GDP 的比重从 55.3%稳步增加到 1997 年的 65.4%，甚至在 1998 年这一数据还攀升到 79.5%，韩国的对外贸易表现十分抢眼，但是韩国也存在经济对出口依存度过大的问题。

就官方汇率而言，总体说来，1993—1997 年间韩元对美元存在一定程度的贬值，韩国对美国的汇率从 1 美元兑 803 韩元贬值到 1 美元兑 951 韩元，这与当局应对金融危机的货币政策有关。

就经常性收支差额占 GDP 的比重而言，1993—1997 年，韩国的经常性收支差额由正转负，占 GDP 的比值由 0.23%曾一度下降到-4.4%之后才有回升，可以说这一时期韩国的国际收支存在一定程度的恶化。

（十三）劳动力

就农业、工业劳动力占总劳动力的比例而言，1993—1997 年韩国的工农业劳动力结构较为稳定，农业劳动力占总劳动力的比重从 14.7%缓慢下降到 11.3%，而工业劳动力占总劳动力的比重也从33.5%缓慢下降到31.2%，与之对应的是从事服务业的劳动力比重不断上升。从这一阶段，我们可以看出韩国产业结构的不断优化(如图3-221所示)。

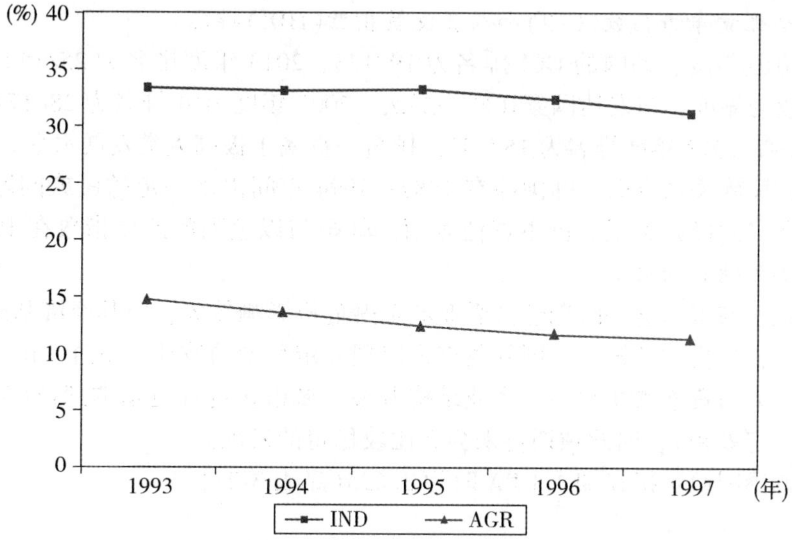

图3-221　韩国工农业劳动力占总劳动力的比重

注：AGR、IND分别代表农业劳动力占总劳动力的比重和工业劳动力占总劳动力的比重。

就总劳动参与率、长期失业率而言，1993—1997年韩国的总劳动参与率稳中有升，从60.5%提高到62.5%，而长期失业率却呈现先上升后下降的趋势，在2.6%~5.4%之间波动(如图3-222所示)。

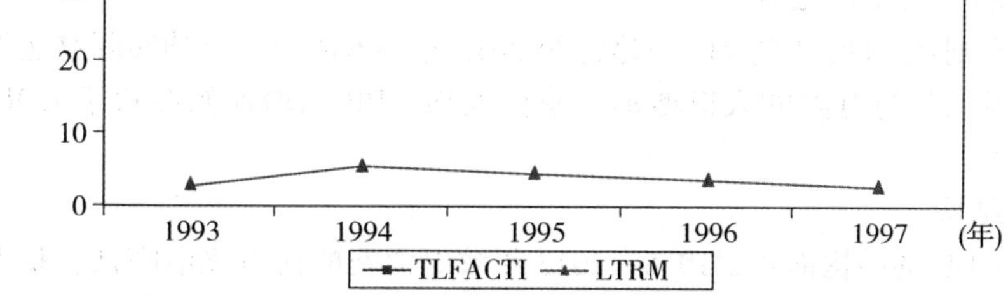

图3-222　韩国总劳动参与率、长期失业率变动

注：TLFACTI、LTRM分别代表总劳动参与率(劳动人口占15岁以上人口的比率)、长期失业率(占失业总人口的比率)。

(十四)城市化程度

1993—1997年，韩国的农村人口基本维持稳定，农村人口占总人口的比重从23.6%下降到21.2%，此时韩国的城市化推进运动已取得明显的成效。

(十五)全球竞争力指数(GCI)和人类发展指数(HDI)排名

2009—2010年度，韩国的GCI排名为19/133，2013年度排名为25/152，有所下降，但排名依旧较为靠前，与发达国家在同一层次。2005年度HDI排名为28/177，2010年度排名为12/169，2013年度排名为15/187，排名一直属于极高人类发展水平。

此外，在民族关系方面，韩国除在1987—1994年间出现一定的民族问题外，其他时间段均保持良好的民族关系。民主责任方面，韩国与以色列的此项指数在1997—2012年间也基本保持在满分的水平。

总体来说，韩国的这一时期经济受亚洲金融危机影响较大，但其经济基础较好，经济结构较为稳定，物价波动较大，国际收支也出现一定程度的波动。不过，由于韩国公共健康状况良好，人力资本素质较高，产业结构调整、城市化进程也基本到位(当然与发达国家相比还有一定差距)，因此预期将来会有比较稳定的发展。

此外，韩国财政负担在加入GPA时为3.625(见表3-28)。

表3-28 韩国财政负担

年 份	1995	1996	1997	1998	1999	2000	2001	2002	2003	2004	2005	2006
财政负担指数	4.125	3.875	3.625	3.5	3.75	3.5	4	3.375	3.5	3.4	3.9	3.3

数据来源：历年Index of Economic Freedom。

七、约旦经济社会发展程度

2000年4月11日约旦成为WTO成员方，2000年3月8日成为GPA观察员国。

(一)经济总量

1. GDP和人均GDP

约旦的GDP总量从1980年的35.088亿美元增加至2008年的336.79亿美元，年均实际增速为4.84%(见图3-223)。

人口总量则从1980年的218万增加至2013年的646万，年均实际增速为3.31%。快速的经济总量增加与有限的人口增加，使得人均GDP的增速始终快于GDP总量的增速(见图3-224)。

2. 经济结构

就人均GDP的结构而言，1975—2013年政府消费的比重逐渐降低，私人投资比重在20%~40%范围内波动，而私人消费的比重则稳定于80%左右(见图3-225)。

多数年份，私人消费的增速维持不低于政府消费的增速的发展模式。此外，政府消费增速对私人消费具有约1年的滞后期(见图3-226)。

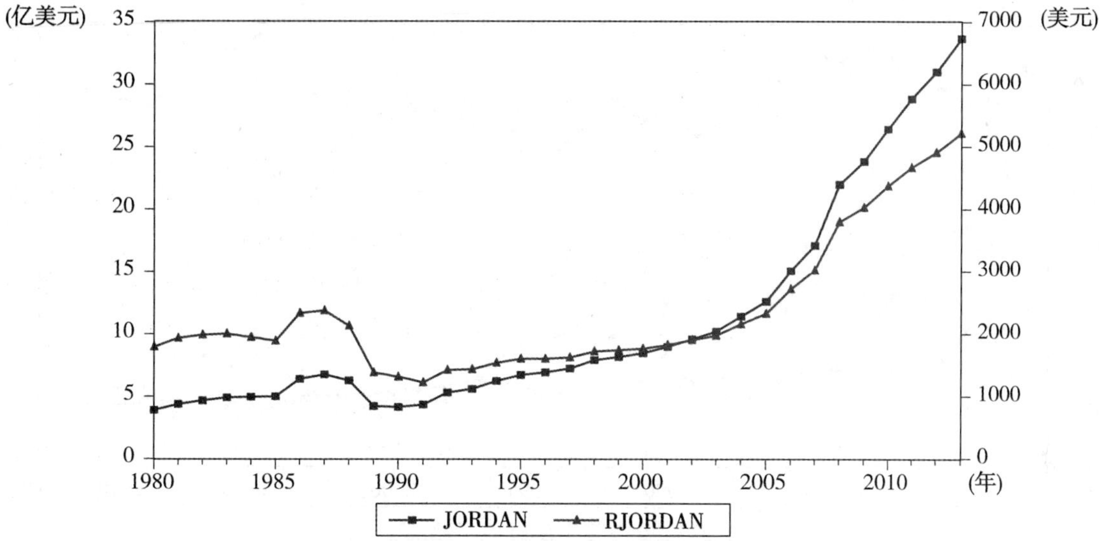

图 3-223　1980—2013 年约旦 GDP 及人均 GDP 趋势

注：JORDAN、RJORDAN 分别代表约旦 GDP 总量和人均 GDP。GDP 总量对应左轴，人均 GDP 对应右轴。

数据来源：World Bank。

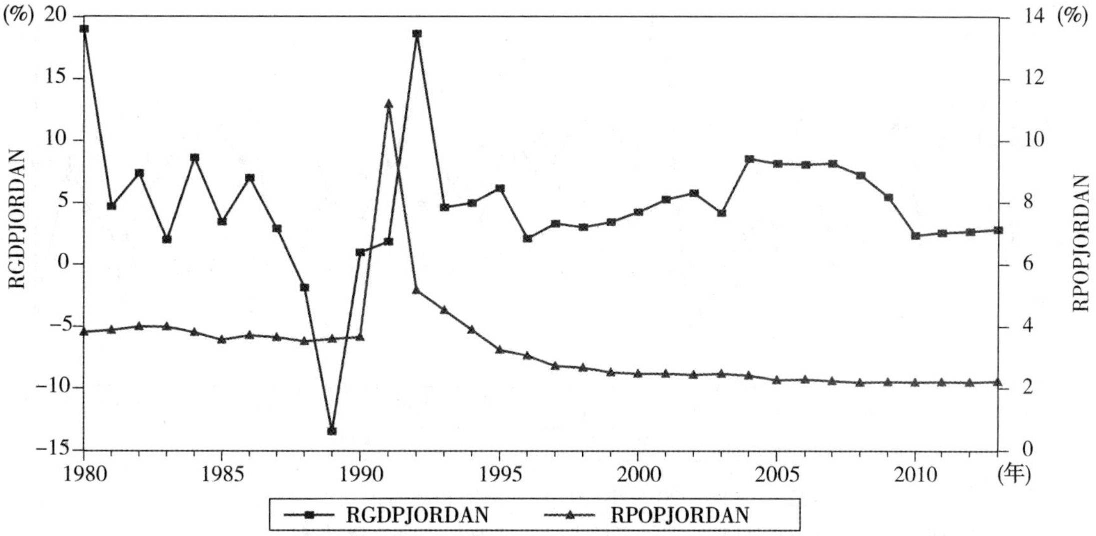

图 3-224　1980—2008 年约旦 GDP 总量增速及人口增速

注：RGDPJORDAN、RPOPJORDAN 分别代表约旦 GDP 总量增速和人口增速。GDP 总量增速对应左轴，人口增速对应右轴。

数据来源：World Bank。

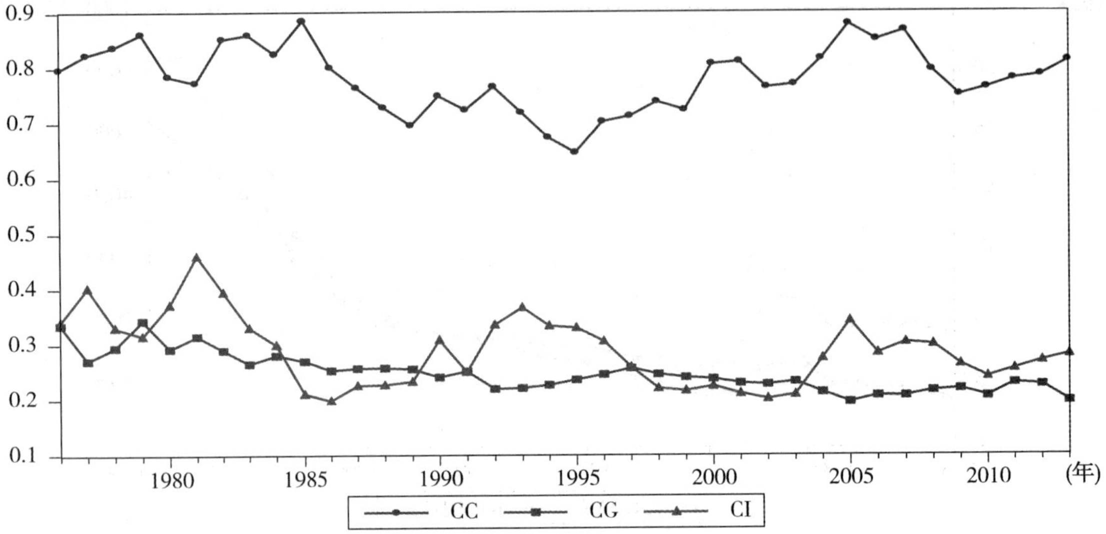

图 3-225 约旦人均 GDP 结构

注：CC、CG 和 CI 分别代表按当年价计实际人均 GDP 的消费比重、政府支出比重和投资比重。

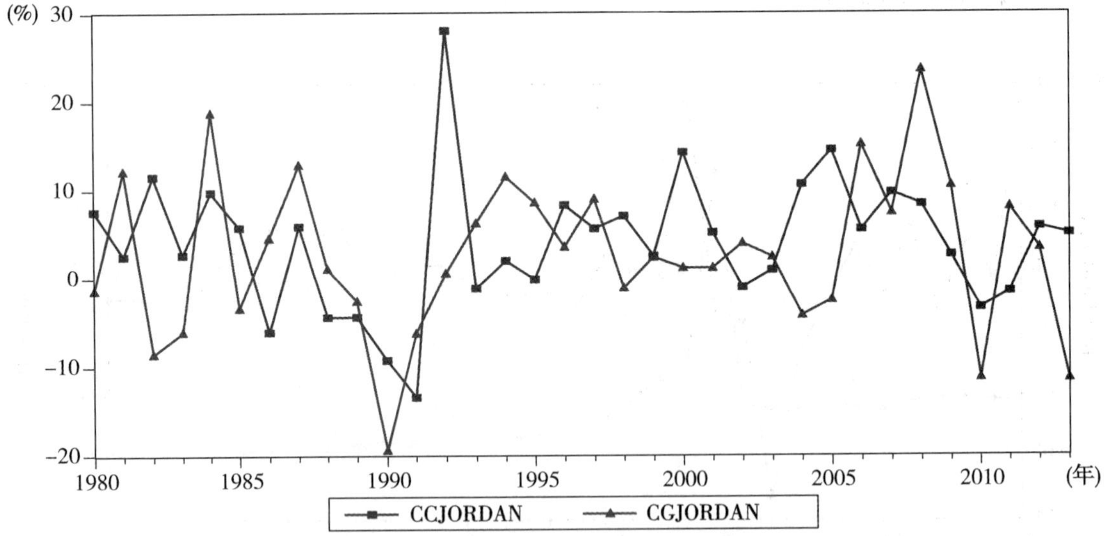

图 3-226 1980—2013 年约旦私人消费和政府消费增速趋势

注：CCJORDAN 和 CGJORDAN 分别代表私人消费增速与政府消费增速。

数据来源：World Bank。

(二)基础设施

1980 年，约旦的客、货运量分别为中国的 0.433 倍和 0.663 倍。1990 年，约旦的客、货运量分别为中国的 0.25 倍和 0.06 倍，2013 年的数据为 0.01 倍和 0.012 倍(见图

3-227)。总体而言，过去 33 年约旦的客货运总量平均实际增速分别为 6.42%和 4.08%。

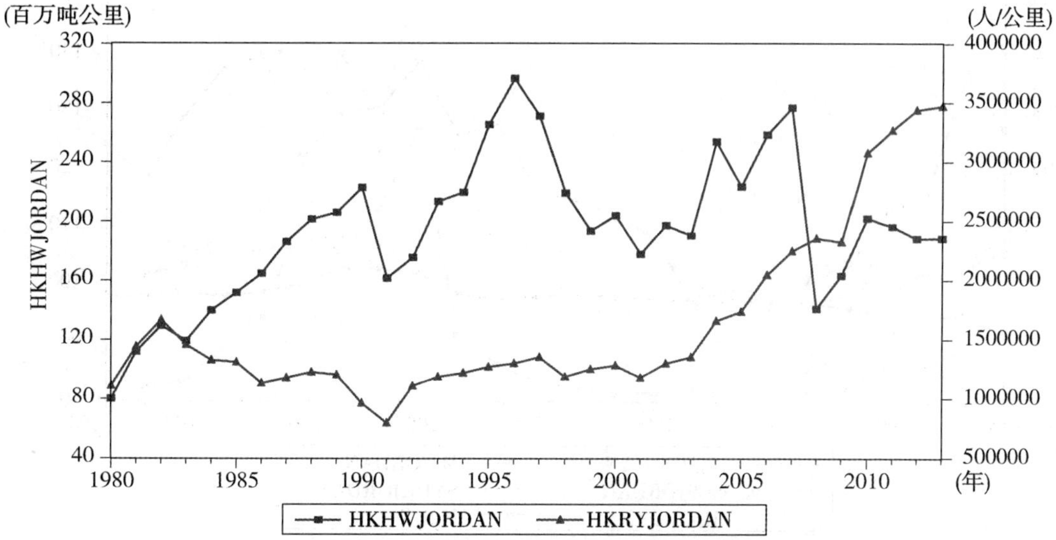

图 3-227　1980—2013 年约旦航空客货运量

注：HKHWJORDAN、HKRYJORDAN 分别代表约旦航空的货物运输量和客运量。货运量指标对应左轴，客运量指标对应右轴。

数据来源：World Bank。

(三)高科技研发与出口

就高科技产品出口占约旦当年的 GDP 而言，1990—2012 年均保持了 3.25%的比例。

(四)金融

就贷款而言，银行提供的国内信贷占 GDP 的比例与私营部门国内贷款额占 GDP 的比例基本相当(见图 3-228)。上市公司的市值占 GDP 的比重在 1999 年和 2007 年分别达到峰值，2013 年跌至 87.05%。

股票交易总额从 1990 年的 10.12 亿美元上升至 2008 年的 131.88 亿美元、2013 年的 278.8 亿美元，其中 2000 年和 2007 年达到峰值。

(五)健康

1990—2013 年，约旦各项重要的健康指标都存在一定的改善趋势，其中每 10 万人发生结核病的比例下降趋势最为明显(见图 3-229)。

1990 年成年女性的死亡率为 15.92%，而男性的数据为 20.48%，2008 年两者的数据分别为 1.15%和 16.23%，2013 年两者的数据分别为 9.5%和 12.9%。

(六)能源

随着能源使用量的上升，能源的使用效率在不断改善(见图 3-230)。换言之，能源的使用强度在逐步提升。

(七)价格指数

20 世纪 80—90 年代，约旦均发生了较为严重的通货膨胀(见图 3-231)。2008 年

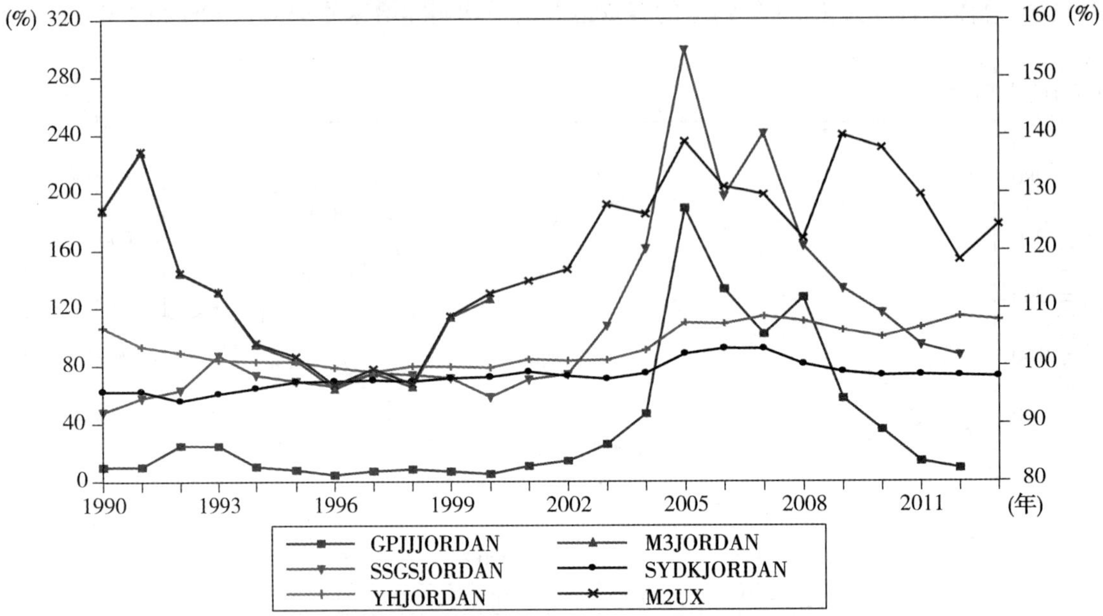

图 3-228 1990—2013 年约旦各项主要金融指标

注：YHJORDAN、SYDKJORDAN、SSGSJORDAN、GPJJJORDAN、M3JORDAN 和 M2UX 分别代表由银行提供的国内信贷占 GDP 的比例(%)、私营部门国内贷款额占 GDP 的比例(%)、上市公司市值占 GDP 的比例(%)、股票交易总额占 GDP 的比例(%)、流动负债(M3)占 GDP 的比例(%)、货币和准货币(M2)占 GDP 的比例(%)。M3JORDAN 和 M2UX 对应右轴，其余指标对应左轴。

数据来源：World Bank。

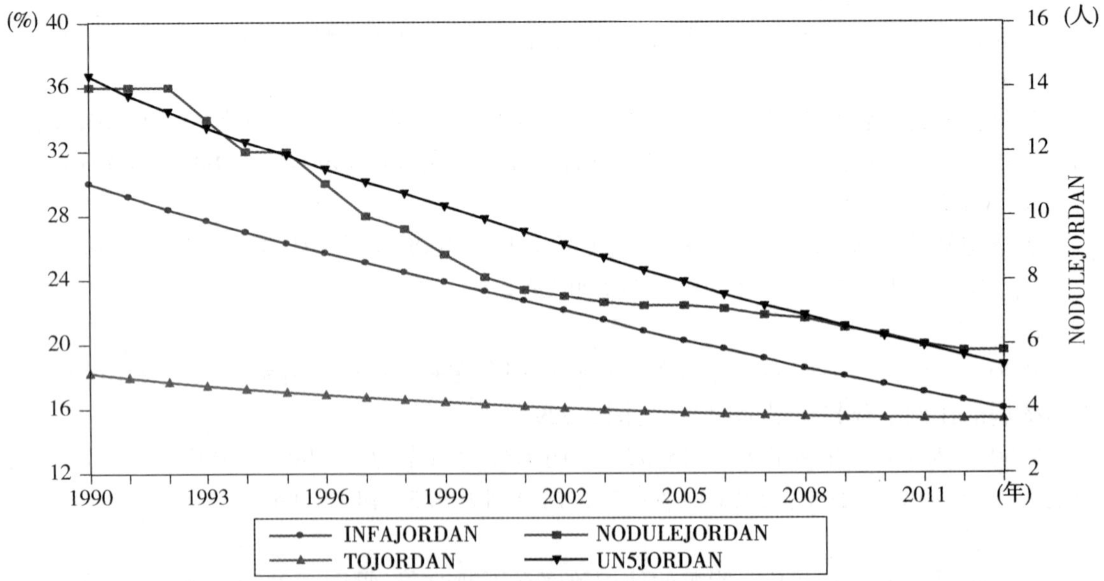

图 3-229 1990—2013 年约旦各项主要健康指标

注：INFAJORDAN、UN5JORDAN、TOJORDAN 和 NODULEJORDAN 分别代表婴儿死亡率(%)、5 岁以下儿童死亡率(%)、总死亡率(%)和每 10 万人发生结核病的人数(人)。

数据来源：World Bank。

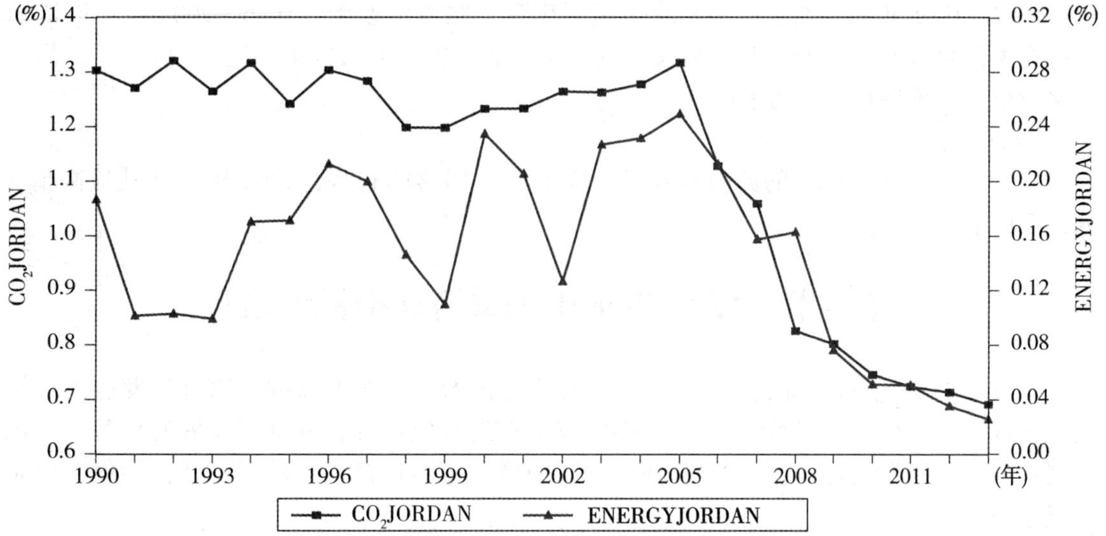

图 3-230　1990—2013 年约旦主要能源消耗指标

注：CO_2JORDAN 和 ENERGYJORDAN 分别代表二氧化碳排放的治理费用占 GNI 的比例(%)和能源消耗占 GNI 的比例(%)。前者对应左轴，后者对应右轴。

数据来源：World Bank。

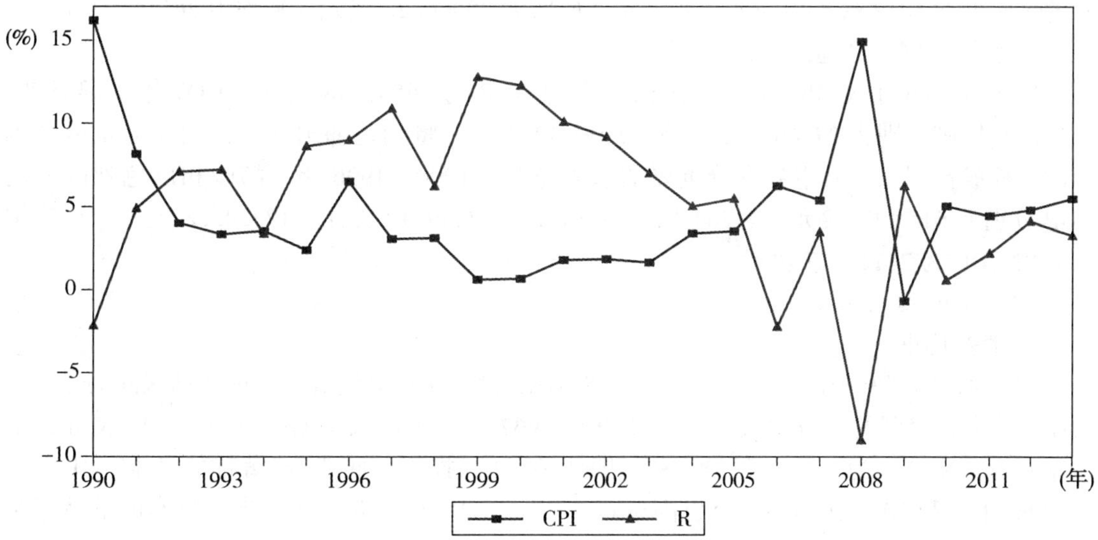

图 3-231　1990—2013 年 CPI 和利率

数据来源：World Bank。

CPI 再次上涨。1990—2005 年间，实际利率持续在 5%以上的水平，但 2005 年起，实际利率发生波动，2008 年到达低谷，2009 年有所反弹，至今维持在 4%左右的水平。

(八)军事政策

1987—1995 年间，约旦的军事政策指标出现了缓慢的改善。1996—2003 年，该指标保持在 3 分的水平上，2003 年之后又出现了小幅的改善，但从 2005 年起至 2012 年，都基本保持稳定，维持在 4 分的水平。

(九)民主责任

1997—2012 年，约旦的此项指数呈现先上升后回落的趋势，2004 年达到其最高值 4 分，后回落至 3 分。

第五节 GPA 发展中国家潜在指标体系①

本节以 1996 年前后所截取的经济社会发展程度数据为主要依据，通过与发达国家相关指数进行对比分析，归纳 GPA 发展中国家潜在的界定标准，并基于发展的视角，比较发展中国家最新发展趋势，从而使 GPA 发展中国家标准保持相对动态发展，避免滞后而缺乏适用性。

一、GDP 指数

(一)人均 GDP

1. 发达国家和地区的标准

1996 年主要发达国家(美国、日本、加拿大、英国、意大利、德国、法国)加入 GPA 时的名义人均 GDP 最高为 36860.8 美元，最低为 20966.22 美元，平均为 26519.73 美元。

2. 发展中国家和地区的标准

1996 年挪威加入 GPA 时，其国内的人均 GDP 为 36557.48 美元。1997 年中国香港、冰岛的数据则分别为 27169.7 美元和 27290.42 美元。特别是韩国和以色列作为发展中国家的主要成员国家，其指数有着重要的参考意义。1990—1996 年，韩国和以色列的人均 GDP 分别从 6153.09 美元、11264.02 美元增加至 12249.17 美元、17324.58 美元。这些国家人均 GDP 为 24118.27 美元。

(二)GDP 结构指标

1. 消费比重

(1)发达国家和地区的标准。主要发达国家人均 GDP 中消费的比重浮动区间为 47%~72%。其中，美国的消费率最高。即使早在 1962 年，美国人均 GDP 也达 3140 美元，消费率和投资率分别为 80.6%和 18.7%。即使是以“高投资，低消费”著称的日本，其在 20 世纪 60 年代和 70 年代的消费率也高达 60%以上。20 世纪 80 年代以来，日本的消费率基本处于 67%~70%。

(2)发展中国家和地区的标准。1996 年，除新加坡以外，最终消费占各自 GDP 比重的均值为 74.64%。中国香港、新加坡、冰岛和挪威加入 GPA 前一年的数据分别为 69.87%、49.45%、84.04%和 70.02%。这些国家和地区的最终消费率比值维持在 50%~

① 该部分相关数据来自前文分析部分，没有注明来源的数据出自世界银行数据库。

85%之间。就韩国人均GDP的结构而言，1952—2008年，政府消费的比重逐渐降低，私人投资比重上升至30%，而消费的比重则稳定于70%左右。消费在该国人均GDP结构中具有决定性的地位。

2. 政府消费支出比重

(1)发达国家和地区的标准。日本、英国、美国和加拿大的政府支出占比不断减少，这些国家基本上政府支出占比保持在20%以下。如，2007年美国的占比仅为8%左右，其余6国也仅维持在11%~16%。7个发达国家中，美国的政府消费支出占比稍低，如2013年为15.19%，其余6国的政府消费支出占比处于19%~25%。

(2)发展中国家和地区的标准。1960—2007年，新加坡、冰岛和中国香港的政府消费支出占比均值分别为6.38%、13.87%和4.2%。2013年，这三国政府消费支出占比分别为10.19%、24.33%和9.32%。

3. 投资比重

(1)发达国家和地区的标准。2007年，主要发达国家的人均GDP结构中投资占比集中在25%~35%，也即接近总量的1/4~1/3。

(2)发展中国家和地区的标准。1994—2008年中国香港、新加坡、冰岛和挪威的均值分别为25.22%、29.72%、22.43%和19.93%。这些国家和地区正式加入GPA前一年的比重分别为30.78%、38.33%、22.87%和19.79%，在加入GPA后基本上投资比重在30%以下。1994—2013年，这些国家和地区的均值分别为25.6%、28.63%、24.50%和22.48%。

二、财政负担

1. 发达国家和地区的标准

总体上，主要发达国家和地区的财政负担水平有所下降，财政状况良好。其中，加拿大的财政负担指数显著下降，其财政状况得到了最大改善。2006年，该国的财政负担指数仅为2.4，是所研究的7个发达国家中比重最低的。其他国家基本集中于3~4之间。

2. 发展中国家和地区的标准

这些发展中国家的财政负担水平基本上维持在1.8~4.6之间。其中，挪威的财政负担一直处于高位，1996年以来均保持在4.0以上。1997年以来，冰岛、中国香港和新加坡的财政负担水平呈下降趋势。韩国加入GPA前后的财政负担指数基本上维持在3.3~4.2之间。

三、经济自由度

1. 发达国家和地区的标准

这些主要发达国家已经建立了相当完善的市场经济体制，整体的经济自由度在经历了早期轻微的下降之后，一直维持在6%~8%之间。但是各国情况不一。2000年以来，法国和意大利的经济自由度总分为7.00分和6.86分，而加拿大、德国、日本、英国和美国得分分别为7.91分、7.52分、7.23分、8.04分、8.00分。

2. 发展中国家和地区的标准

经济社会较发达的发展中国家和地区，由于市场经济主体地位的确立，建立了相对比较完善的市场经济制度，市场资源的配置相对较为优化，因此这些国家和地区的经济自由度较高，基本上维持在 7~9 分的水平。其中，中国香港和新加坡的经济自由度在 9 分左右；而冰岛、挪威和列支敦士登的经济自由度在 8 分左右。其中，冰岛的经济自由度上升较快，从 6.45 上升至 7.7 左右；挪威自 1995 年以来，经济自由度保持了均值为 7.8 左右的水平，近年来稍有下降；列支敦士登的经济自由度维持在 7 分左右。但是 1970—2007 年间，韩国和以色列的平均自由度分别为 6.55 和 6.04。2000—2012 年间，韩国的经济自由度在 6.8~7.8 之间，以色列的经济自由度在 6.7~7.3 之间。20 世纪 90 年代以来，这类发展中国家的经济自由度维持在 4.8~7.3 之间。

四、失业率

1. 发达国家和地区的标准

20 世纪 90 年代初，加拿大、英国和美国的失业率数据基本上超过了 6%的水平。2000 年，所研究的主要发达国家和地区的总失业率较高的是意大利和法国，分别为 10.8%和 10.2%，而美国和日本的失业率较低，分别为 4%和 4.8%。2005 年，这些国家和地区的失业率也基本维持在 4.4%~11.1%。2008 年，由于受到金融危机的冲击，加拿大、英国和美国的失业率再次上升，逼近 10%的水平。2010 年后半期，失业率的总体水平开始下降。2013 年，加拿大、英国和美国的失业率分别为 7.10%、7.5%和 7.4%。除美国和加拿大以外，其他国家 1990—2012 年的长期失业率均值保持在 25%以上。美国 1990—2012 年长期失业率的均值为 12.3%，加拿大的均值为 11.2%。美国女性和男性的失业率 2013 年分别为 7.1%和 7.7%。2013 年其他 6 个国家女性和男性的失业率的平均值为 7.62%和 7.88%。

2. 发展中国家和地区的标准

加入 GPA 时，较为发达的发展中国家和地区的失业率维持在 2.3~4.9 之间，加入 GPA 后这类国家和地区的失业率徘徊在 2.2~6.2 之间。

其他发展中国家女性失业率从 1996 年的 7.8%下降至 7.0%。期间的 2005 年，女性失业率曾经达到 11.4%。总失业率的变动趋势和女性失业率的变化基本一致，从 1996 年的 6.7%下降至 6.2%。1997 年，以色列 34%的 15 岁以上的劳动者(约 590 万人)经过大学教育或者其他类型的高等教育，其中 1/4 以上的劳动者从事技术和研究工作，5%左右是管理层。就教育程度和性别的失业率指标而言，1990—2013 年间，韩国的总体失业率和长期失业率的变动趋势基本一致，浮动区间在 0~8%之间。

五、劳动生产率①

1. 发达国家和地区的标准

发达国家的劳动生产率呈不断上升的趋势。20 世纪 70 年代，这些国家的劳动生产率

---

① 这里的指数是按照 2000＝100 计算的。数据来源：OECD。

水平仅维持在 38~62，经过 40 年的科技创新，2009 年各国的劳动生产率取得了飞跃性的提高，保持在 100~120 的水平之间，其中日本的劳动生产率提升速度最快。1996 年，7 国劳动生产率的平均水平为 91.6。

2. 发展中国家和地区的标准

囿于数据的局限性，无法获得所研究国家的劳动生产率水平，这里用每劳动者创造的 GDP 来近似测度各国劳动生产的水平。

这些较为发达的国家和地区的每位就业者在 1994—1997 年间平均创造的 GDP 为 34639.00 美元。其中，中国香港、新加坡、冰岛、挪威和约旦的这一数据分别为 44066.25 美元、36576.75 美元、34240 美元、45086 美元和 13226 美元；即除约旦和韩国外，其余发展中国家和地区的每就业者 GDP 均在 30000 美元以上。

六、教育

1. 发达国家和地区的标准

从政府教育投入占 GDP 的比重来看，发达国家和地区的这一数值基本上保持在 5%左右。其中，在 1998—2011 年间，法国政府教育投入占 GDP 的比重平均为 5.73%，英国平均为 5.22%，意大利平均为 4.56%。

从师生比例的情况来看，小学师生比例方面，德国、法国和英国 1999—2012 年间的这一比率的平均值分别为 13.86%、18.53%和 17.82%；中学师生比例方面，德国和法国 1999—2012 年间的这一比率的平均值分别为 13.76%和 12.03%。

从入学率的情况来看，发达国家的入学率很高。1999—2012 年，法国的学前儿童入学率处于 109%~116%之间；在中学入学率方面，法国 1999—2012 年的数据为 105%~110%；高中生的入学率方面，法国 1999—2012 年的数据为 53%~58%。1999—2012 年，德国的学前儿童入学率由 94%上升为 112.52%；在中学入学率方面，1999—2012 年，德国则从 95.6%上升为 101.27%；高中生的入学率方面，德国 2012 年该比率为 61.65%。1999—2012 年，英国的学前儿童入学率由 77.25%上升为 84.25%；在中学入学率方面，英国 1999—2012 年的数据为 95%~106%；高中生的入学率方面，英国 1999—2012 年的数据为 58%~62%。1999—2012 年，意大利的学前儿童入学率处于 96%~105%之间；在中学入学率方面，1999—2012 年，意大利则从 92.23%上升为 99.19%；高中生的入学率方面，意大利则由 1999 年的 47.57%上升为 2012 年的 62.47%。

2. 发展中国家和地区的标准

从政府教育投入占 GDP 的比例情况来看，1990 年，冰岛的政府教育投入占 GDP 的比例为 5.32%左右。1998 年进一步上升至 6.96%。2002—2011 年，该比重维持在 7%左右。2011 年，冰岛的政府教育投入占 GDP 的比例为 7.36%。2001 年以来，中国香港的政府教育投入占 GDP 的比例为 4%左右。2013 年，中国香港的政府教育投入占 GDP 的比例为 3.76%。1990—2011 年间，韩国的这一数值处于 3%~5%之间，其中 2011 年为 4.86%。

从师生比例情况来看，小学师生比例方面，冰岛 1999—2013 年这一比率的平均值为 17.79%；中国香港 2012 年这一比率为 9.93%。韩国 1999—2012 年这一比率的平均值为 26.51%。

从入学率的情况来看，学前儿童入学率方面，冰岛由 1999 年的 86.47%上升为 2012 年的 97.03%，中国香港由 2002 年的 85.54%上升为 2008 年的 101.26%，冰岛和中国香港的学前儿童入学率高于中国大陆。在中学入学率方面，1999—2012 年冰岛的该比率处于 107%~112%之间。中国香港由 2001 年的 76.42%上升为 2013 年的 99.3%，2012 年达到最高值为 105.62%。冰岛和中国香港的中学入学率稍高于中国大陆，三个国家和地区差距不大。在高中入学率方面，冰岛从 1999 年的 40.02%上升为 2012 年的 81.36%。中国香港由 2003 年的 31.17%上升为 2013 年的 66.84%。

七、健康支出

1. 发达国家和地区的标准

从公共医疗卫生支出占医疗总支出的比重来看，2013 年主要的发达国家和地区的这一比重基本上保持在 70%以上，其中法国、德国、意大利的比重在 76%以上，美国的比重为 47.09%，为 7 国中比重最低。但是，如果将美国的经济总量考虑在内，绝对数额将远高于其他 6 国。从总的人均寿命来看，1980—2013 年，7 国的人口平均寿命提高了 4 岁以上，其中，日本人口的平均寿命在 2013 年达到 83.3 岁。除美国外，其他 7 国的人口人均寿命已经达到了 80 岁。从男女预期寿命来看，2013 年，美国男性和女性的预期寿命分别为 76 岁和 81 岁，高出世界平均水平 10 岁和 11 岁。

2. 发展中国家和地区的标准

从传染病发病率指标来看，1990—2013 年，新加坡、冰岛、挪威各项重要的健康指标都存在一定的改善趋势，其中每 10 万人发生结核病的比例下降趋势最为明显。从人口死亡率指标来看，新加坡成年女性和男性的死亡率分别从 1990 年的 8.29%和 13.19%，下降到 2013 年的 4.06%和 7.25%。冰岛成年女性和男性的死亡率分别从 1990 年的 7.8%、11.66%下降到 2010 年的 3.63%、7.05%。挪威成年女性和男性的死亡率分别从 1990 年的 6.84%、13.23%下降到 2009 年的 4.99%、8.24%。

从公共医疗卫生支出占 GDP 的比重来看，2013 年以色列这一比例为 4.28%。2012 年，每千人拥有的内科医生人数也达到 3.34 人。从人口死亡率指标来看，以色列的婴儿死亡率，特别是 5 岁以下儿童死亡率在 1975—2013 年间有了显著的改善，分别从 22.4‰下降至 3.2‰，从 26.2‰下降至 4‰。在韩国，1990 年成年女性的死亡率是 9.57%，而男性的数据为 23.04%。2013 年，两者的数据分别为 2.92%和 8.93%。

八、基础设施

1. 发达国家和地区的标准

就航空客、货运量的绝对额而言，2005 年 7 国的航空平均货运量为 9760.26 百万吨公里，平均客运量为 163005897.43 人/公里。2013 年 7 国的航空平均货运量为 9305.13 百万吨公里，平均客运量为 176545543 人/公里(世界银行，2013)。2007 年 7 国公路部门的燃料消耗占总消耗量的比例为 18.05%，运输部门汽油燃料的人均消耗量为 0.48 升。值得指出的是，美国在这两项数据上的数值相对较高，分别为 22.99%和 1.22 升。就集装箱港内运输量而言，2005 年 7 国平均为 13631795. 43 标准集装箱，其中美国高达 38497839. 00 标准集装箱。就每千人拥有汽车的数量而言，2007 年的平均值为 634. 2 台。就铁路线总长而言，2007 年 7 国的均值为 57151. 29 千米，2012 年的均值为 56766 千米(世界银行，2014)。

就公路密度而言，2007 年，除加拿大的 6 国平均为 157. 17 公里/每平方公里土地，其中日本高达 316 公里/每平方公里土地(世界银行，2008)。

2. 发展中国家和地区的标准

就航空客、货运量的绝对额而言，2005 年中国香港、新加坡和冰岛的航空客、货运量平均为 13167486. 00 人/公里、5152. 23 百万吨公里。2013 年，中国香港、新加坡和冰岛的航空客、货运量平均为 22455120. 6 人/公里、5352. 10 百万吨公里。从公路部门的燃料消耗占总消耗量的比例来看，2005 年中国香港、挪威、新加坡、冰岛这四个国家和地区的这一数值分别为 13. 04%、11. 75%、7. 75%和 6. 15%，平均为 9. 67%。另外，这四个国家和地区运输部门汽油燃料的人均消耗量平均为 0. 26 升。就集装箱港内运输量而言，中国香港和新加坡在 2005 年内分别完成 22601630. 00 标准集装箱、23192200. 00 标准集装箱。就每千人拥有汽车数量而言，新加坡、冰岛和挪威三国的平均值为 469 辆，其中冰岛高达 724 辆。就公路密度而言，2005 年这四个国家和地区的这一数据在 13~46 公里/每平方公里土地之间，平均为 171 公里/每平方公里土地(世界银行，2006)。

2005 年，韩国航空客、货运量分别达 33888328. 00 人/公里、7432. 57 百万吨公里，2013 年分别达 41082568 人/公里、11785. 26 百万吨公里。2013 年新加坡的客、货运量分别为 30554914. 1 人/公里、6512. 52 百万吨公里。

就交通运输部门的燃料消耗情况而言，2005 年韩国公路部门的消耗占总消耗量的 14. 60%，运输部门汽油燃料的人均消耗量为 0. 14 升，每千人拥有汽车数量高达 319 台，公路密度数据为 103. 00 公里/每平方公里土地。

九、能源

1. 发达国家和地区的标准

按照等量的消费吨计算，2009 年美国为 1902 万吨，核能消费比重 2009 年为 8. 72%。从碳排放的治理费用占 GNI 的比重来看，2008 年意大利的这一数据为 0. 16%，2008 年能源消耗占 GNI 的比例为 0. 22%；2011 年 7 国人均耗电量的平均值达 8989. 61 千瓦时。就人均能源使用量而言，2012 年 7 个国家人均能源使用量的平均值为 4420. 52 千克石油当量，其中，美国、加拿大人均能源使用量分别为 6793. 96 千克石油当量、7270. 10 千克石油当量。

2. 发展中国家和地区的标准

就人均耗电量而言，1965—2011 年冰岛的人均耗电量由 2974. 74 千瓦时上升为 52373. 88 千瓦时。1971—2011 年新加坡人均耗电量由 1154. 81 千瓦时上升为 8404. 23 千瓦时。2011 年冰岛和新加坡的人均耗电量的平均值为 30389. 06 千瓦时，人均能源使用量值为 12613. 65 千克石油当量。1971—2011 年，韩国人均耗电量由 295. 60 千瓦时上升为

10161.95 千瓦时，2012 年韩国人均能源使用量为 5259.58 千克石油当量。

十、价格指数①

1. 发达国家和地区的标准

1992—1998 年，主要发达国家的通胀率维持在 0%~6%之间；1998 年之后，除日本外，其余 6 国通胀率逐步平衡，基本上围绕 2%上下波动。2008 年，全球金融危机爆发使不同发达国家和地区出现了通货紧缩现象，通胀率一度下降至-1%以下。随着各国经济的逐步恢复，2014 年这些主要发达国家和地区的通胀率收敛于 0%~3%。

2. 发展中国家和地区的标准

加入 GPA 时，中国香港、新加坡、冰岛和挪威的通胀率分别为 5.76%、1.34%、3.64%和 3.04%。2006 年以后，中国香港的通胀率开始处于可控的区间内。冰岛在 1991 年以后的通胀率和利率平均水平分别超过了 5.2%和 9.77%，2014 年通胀率为 2.03%。新加坡在 2003 年以后 CPI 仍存在 4%上下的反复波动。挪威在 1985—1993 年间实际利率水平保持在 8%以上。2000 年、2004 年以及 2005 年，实际利率又为负值。韩国 1982—2008 年 CPI 控制在 10%以下。2000 年以来，CPI 进一步控制在 5%以内。在 1990—1991 年间出现短暂的负利率时期，2014 年为 1.27%。

十一、ICRG 指数

1. 发达国家和地区的标准

从总体上来看，上述 7 国的 ICRG 指数在 60 以上，这些国家和地区的经济环境总体稳定，贸易环境较好，国内外政治环境相对比较宽松，包括：①政府稳定指数：2000 年以后平均水平达到了 9 分左右，美国在 2000 年保持了 10 分的高位。②社会经济条件：2004 年基本上维持在 7~9 分之间，2012 年，也全部维持在 7~9 分之间，2012 年美国达到了 8.5 分。③投资环境指数：2004 年基本达到了 12 分的满分，2012 年基本维持在 8~12 分之间，其中美国为 12 分。④国内冲突。1997 年之前，大部分国家的评分基本上保持在 11~12 分的区间内。2004 年各国的总体水平均出现了较为显著的降幅，平均分数为 10.51 分。2012 年都维持在 8.4~11 分之间，其中加拿大达到了 11 分。⑤国外冲突：2004 年的均分为 9.61 分，2012 年全部维持在 9~11 分之间，其中日本为 9 分，意大利和加拿大都为 11 分。⑥腐败指数：1984—1995 年间，除意大利以外的上述国家，腐败指数均在 5 分及以上，2004 年德国、意大利、英国和美国的均值为 4.5 分，2012 年 7 国的均值为 3.64 分，其中加拿大和德国均为 5 分。⑦军事政策：2004 年，除美国、法国和美国外，其余发达国家的军事政策评分均较高，基本上维持在 5~6 分。⑧宗教政策：1984—2000 年间，它们的分数主要集中于 5~6 分之间。2012 年，美国为 4 分，日本为 5 分，法国为 5.5 分，英国为 6 分。⑨法治指数：2003 年除意大利外，其他国家仍保持在 5~6 分的区

① 此处考虑的指标是“按消费者价格指数衡量的年通货膨胀率”。

间内；2012 年，意大利为 4 分，日本和美国为 5 分，加拿大为 5. 5 分。⑩民族关系：1996 年以来，法国、德国、意大利、英国和美国的此项指标分数均在 4 分以上。2006—2012 年间，各国的民族关系得分保持不变，法国为 2. 5 分，加拿大为 3. 5 分，德国和英国为 4 分，意大利为 4. 5 分，美国为 5 分，日本为 5. 5 分。⑪民主责任：1996 年各国的分数均在 4. 8 分以上，2012 年，维持在 5~6 分之间。⑫官僚制：除意大利外，这些发达国家(加拿大、德国、英国和美国)基本上保持了 4 分的水平。

2. 发展中国家和地区的标准

发展中国家和地区标准包括：①政府稳定指数：2004 年除约旦外，这些发展中国家和地区的平均得分为 9. 14 分，2012 年，6 个次发达国家和地区维持在 6~9 分之间，挪威为 6 分，新加坡为 9 分。②社会经济条件：1996 年和 1997 年间主要国家的得分在 6~10 分之间。2004 年除约旦外这些国家和地区的平均得分为 9. 14 分。2012 年除约旦外上述国家和地区的平均得分为 9. 27 分。③投资指数：2012 年，中国香港、挪威和新加坡的分数已经在 11 分以上，中国香港和新加坡更是达到了 12 分的满分，代表了当地优越的投资环境。这个评分也接近发达国家的得分情况。但是，中国大陆此方面的改善不甚显著，2012 年的分数仅为 7. 08 分。而约旦的分数也比中国大陆高约 1. 8 分。④国内冲突：约旦的波动则更为明显，1996 年已经达到满分，2004 年的得分为 10. 38 分。2004—2012 年，各国均在不同程度上出现国内动荡，导致分数均有不同幅度的下降，但基本还是维持在 10 分左右。⑤国外冲突：2004 年，主要次发达国家和地区的波动区间在 10~12 分内。2012 年维持在 9~12 分之间。⑥腐败指数：1993—1995 年，中国香港、冰岛、挪威和新加坡的得分均在 4 分以上，其中前三者的得分高达 6 分，1996 年均分基本在 5 分左右。2012 年中国大陆的腐败得分为 2 分，低于上述国家，说明存在较为严重的腐败现象。⑦军事政策：1984—2004 年，冰岛、挪威和新加坡的打分基本上保持了 6 分的状态，约旦则在 1996 年之后基本保持在 5 分的状态。⑧宗教政策：1984—1997 年间，除约旦外，这些国家和地区的评分基本保持在满分 6 分，2004 年这一分数集中于 4. 5~5. 5 分之间。2012 年除约旦外的上述国家和地区，分数维持在 4. 5~5. 5 分之间。⑨法治指数：1995—1996 年，中国香港、冰岛、挪威和新加坡的得分均为满分 6 分，反映了较为有序和高效的法制体制。⑩民族关系：1996 年这类国家和地区的分数集中于 5~6 分之间。2012 年，除中国大陆以及约旦外，其他国家和地区的得分基本维持在 4. 5~6 分。⑪民主责任：1984—2004 年，冰岛的该项指标均为满分。1995 年之后，中国香港的该项指标出现了一定的下降，直到 1999 年才开始出现小幅度的上升，2004 年的评分接近 3 分。2006 年略有回升，但是 2012 年此项分数仅为 1. 5 分。⑫官僚制：1984—2004 年间新加坡、挪威和冰岛的评分保持了 3. 6~4 分的水平。

基于上述分析，通过表 3-29 归纳了 GPA 发达国家的标准，从而可以通过排除法来定义 GPA 发展中国家的标准。由于 GPA 发展中缔约方中，有些国家和地区经济社会发展程度较高，可以称为次发达国家和地区，有些指数接近或达到发达国家水平，但大部分指标尚远落后于发达国家。为了便于比较分析，依据发展中国家和地区经济社会发展程度进一步细化，归纳出次发达国家和一般发展中国家间的相对标准。

表 3-29 GPA 发展中国家潜在标准的归纳

指标		发达国家和地区	次发达国家和地区①	一般发展中国家和地区②
人均 GDP 及 GDP 结构	人均 GDP	20966.22~36860.8	27290.42~72465.61	12249.17~17324.58
	消费比重	47%~72%	50%~85%	70%左右
	政府消费支出比重	8%~16%	4.2%~13.87%	
	投资比重	25%~35%	19.79%~30.78%	
财政收支		3~4	1.8~4.6	3.3~4.2
经济自由度		6.86~8.0	7~9	4.8~7.3
失业率		4.4%~11.1%	2.2~6.2	0%~8%
劳动生产率			13226~45086 美元	30000 美元
教育	财政教育支出	4.64%~11%	5.32%~7.59%	3~5
	师生比例	12.03~18.53	10~21	26.51
	学前儿童入学率	57.26%~112.89%	76.56%~96.07%	
	初中入学率	94.92%~113.26%	93.1%~102.08%	
	高中入学率	52.59%~54.66%	45.46%~72.91%	
健康	公共医疗保健开支占 GDP 的比重	3.8%~6.9%	4.47%	
	人均寿命	76~82.7 岁		
	死亡率	4.15%~8%		
	5 岁以下儿童死亡率	6.6‰~2.8‰	4.7‰~24.8‰	
基础设施	航空客运量	16300.59 万人/公里	1316.7 万人/公里	3388.8 万人/公里
	航空货运量	9760.26 百万吨公里	5152.23 百万吨公里	7432.57 百万吨公里
	铁路线总长度	5.72~22 万千米		
	公路密度	157.17 公里/平方公里土地	171 公里/平方公里土地	103.00 公里/平方公里
	公路部门燃料消耗比例	18.05%	9.67%	14.60%
	运输部门汽油人均消耗量	0.48 升	0.26 升	0.14 升

① 包括中国香港、挪威、新加坡和冰岛。

② 包括韩国和以色列。

续表

指　　标		发达国家和地区	次发达国家和地区	一般发展中国家和地区
能源消费	人均耗电量	8989.61 千瓦时	30389.06 千瓦时	10161.95 千瓦时
	人均能源使用量	4420.52 千克石油当量	12613.65 千克石油当量	5259.58 千克石油当量
价格指数	(CPI)	1%~9%	1.34%~5.76%	5%~10%
ICRG 指数	政府稳定指数	9~10	9.14	
	社会经济条件	7~11	6~10	
	投资环境指数	12	11~12	
	国内冲突	11~12	8~10.38	
	国外冲突	5.5~9.61	10~12	
	腐败指数	高于 5	4~6	
	军事政策	5~6	6	
	宗教政策	5~6	4.5~5.5	
	法治指数	高于 4	6	
	民族关系	3~4	5~6	
	民主责任	高于 4.8	3	
	官僚制	4	3.6~4	

第四章

WTO 实证 GPA 发展中国家潜在标准①

发展中国家逐渐成为 WTO 的重要力量。目前，WTO 中发展中成员占到总数 2/3 以上，然而 WTO 中的一个诸边协议 GPA 更像一个富人俱乐部，现有成员基本是发达国家，不过 GPA 也越来越引起包括中国在内的发展中国家的兴趣，越来越多的发展中国家业已成为 GPA 的观察员。由于 GPA 参加方都是 WTO 成员，因此研究 GPA 成员作为发展中缔约方加入 WTO 时的经济社会发展，能够有力地论证所研究的 GPA 发展中国家标准是否符合 GPA 及其欧美主要成员国潜在的要求。

第一节　WTO 对发展中国家的认定

一、GATT 关于发展中缔约方的界定

考虑到发展中国家是一个较为宽泛的概念，GATT 并没有在其条款中规定什么是发展中国家，也没有具体判别一缔约方是发展中国家的标准，事实上，这也是较困难的。因为经济活动本身是动态的，每个国家的经济活动总是处于变化之中，一国在一定阶段可能是最不发达国家，在另一阶段则可能成为发展中国家；而处于发展中国家地位的国家，经过一定的发展阶段后，则可能进入发达国家的行列。WTO 对发展中国家缔约方的界定经过了以下几个阶段的变化。

1965 年以前，在 GATT 中没有“发展中国家缔约方”这一概念。1948 年 1 月 1 日临时生效的 GATT 只有第 34 条、第 35 条。关于“互不使用”的规定是在 1948 年 3 月修改第 33 条关于“加入”的条款后增补的。在当时 GATT 的条款中均没有使用“发展中国家”或“发展中缔约方”的概念。随着参加 GATT 国家的增多，许多国家并未实现工业

① 除另外说明，以下数据均来自 World Bank。

化，1955 年在关贸总协定缔约方全体大会上，修改了第 18 条“政府对经济发展的援助”，明确了对“低收入国家或只能维护低生活水平国家可享受优惠待遇”。由于按此条规定采取有关政策措施保护国内工业的国家基本上是发展中国家和地区，因此，此条常被认为是关于发展中国家的规定，其实该条也没有明确提出“发展中国家”这一概念。

GATT 第 18 条规定了两类缔约方可以实施进口数量限制或提高关税保护国内工业。其中第一类是“只能维护低生活水平、经济处于发展初期阶段的缔约方”；另一类则是“经济处于发展过程，但又不属于第一类型缔约方”。这种类型的缔约方都应被视为是发展中国家。通常关贸总协定采取解决性说明的方式认定某缔约方是否处于经济发展初期阶段或只能维护低生活水平。在解释性说明中认为，在判断某缔约方是否“只能维持低生活水平”时，缔约方全体应考虑这一缔约方经济的正常状态，而不应该以该缔约方的某项或某几项主要出口产品暂时存在特别有利条件的特殊情况作为判断的基础，即不能以缔约方的某一项或某几项产品在世界市场中占据较大的市场份额为依据，认定该国不是发展中国家或地区。“处在经济发展初期阶段”这一概念，不仅适用于经济刚开始发展的缔约各方，也适用于经济正在经历工业化的过程，以改变过分依靠初级产品出口的缔约各方。因此，从这种解释性说明中可以看出，只要一国并未实现工业化，仍然在工业化进程的初期阶段，则该国也应被视为是处于“经济发展的初期阶段”。

在援引该条的锡兰(现斯里兰卡)一案中①，WTO 专家小组判定斯里兰卡符合以上两个标准。一方面，其经济仅能维持低生活水平。因为 1955 年斯里兰卡的人均国民生产总值约为 1015(1990 年国际元)，虽然该数字高于当时印度 676(1990 年国际元)、缅甸 467(1990 年国际元)的人均国民生产总值，却低于古巴 3249(1990 年国际元)及多米尼加共和国 1206(1990 年国际元)的相应数值，也远远低于西欧工业化国家的人均国民生产总值 6292(1990 年国际元)，在当时属于低收入国家。另一方面，斯里兰卡处在经济发展的早期阶段。专家小组列举了制造业、采矿业、建筑业占国民生产总值的比例，包括属于初级产品工业的采掘业在内，该三个行业在国民生产总值中的比例大约为 10%，该数据远远低于工业化国家。因而，最终判断斯里兰卡满足这个标准，允许其在 1955—1957 年进行进口数量限制以保护国内工业。值是指出的是，GATT 第 18 条中对“处于经济发展过程”中缔约方作出规定可以保护国内工业，但援引此规定实施保护的案例很少，关键在于界定什么样的国家“处于经济发展过程”之中。GATT 解释为，那些国内生活标准已经较高，但仍主要依赖出口初级产品、初加工工业品的缔约方，如 20 世纪 70 年代的澳大利亚、新西兰等。它们不属于仅能“维护低生活标准和处于经济发展的早期阶段，却又不属已经实现工业化的国家”。1969—1973 年间，澳大利亚、新西兰按现价美元计算的人均 GDP 约为 3000~4000 美元，澳大利亚 1973 年人均 GDP 达到 4675 美元，这一数据低于美国的 6464 美元。因此，仅从人均收入这个指标来看，澳大利亚和新西兰已经进入高收入行列，不属于维护低生活标准和处于经济发展的早期阶段。根据钱纳里模型，澳大利亚和新西兰处于经济发

① 本案例数据来自安格斯·麦迪森：《世界经济千年史》，北京大学出版社 2003 年版。

展的第四阶段，属于工业化后期，在向发达国家靠近。同一时期，澳大利亚、新西兰的农业增加值占 GDP 的比重高达 8%和 13%，但美国和英国的同期数据仅为 4%和 3%左右，而制造业比重则缺乏数据支持。

1965 年，GATT 提出“发展中国家缔约方”概念。“在不平等的国家之间的平等就是不平等的。”在 1966 年 GATT 新增加的第 36 条中，第一次正式使用“发展中国家缔约方”的概念，但也没对“发展中国家缔约方”的判断标准作出规定。仍然采用由某一缔约方自己声明是“发展中国家”，然后由 GATT 按照某一条款关于发展中国家缔约方可以采取的措施，进一步认定该国的经济发展的现状及某一产业是否需要采取保护或给予优惠待遇。从 1982 年泰国、1983 年韩国、1997 年蒙古等以“发展中国家缔约方”的名义，对国内产业的发展提供保护的案例中可以看出，GATT 是采取较为务实的态度，以“个案”的形式认定某一缔约方在某一具体条款或情况下的“发展中国家缔约方”资格，并不统一规定符合什么条件的国家才是发展中国家。

比如，1982 年泰国加入 GATT，其加权平均进口税率为 9.7%，并承诺只对很少量的进口商品进行配额。加入 GATT 后，泰国逐步放开对进口的限制，但由于 20 世纪 80 年代中期以来，世界经济不景气及泰国经济过热，使泰国贸易赤字激增。1981—1985 年，泰国的经常性收支差额占 GDP 的比重曾一度高达-7.38%，随后才减少至 1985 年-3.95%的水平。而同一时期，美国的这一指标控制在-3%左右，日本基本维持收支盈余，经常性收支差额占 GDP 的比重从 0.41%增加到 3.8%，如此巨大的贸易赤字使得泰国经济受到严重冲击。与此同时，泰国外债占 GNI 的比重也高达 35%~46%，这让泰国国家信用体系存在极高风险。于是，泰国提高了进口关税，1986 年其进口加权平均关税上升至 13%，20 世纪 90 年代初，其进口限制措施又有新的增加。此时，泰国的平均税率高于 1982 年加入时的水平，但是泰国并未因为没有完全履行加入时的承诺而遭受 GATT 的制裁。

又如，1983 年韩国以发展中国家的名义，以国际收支不平衡为由实施数量限制保护国内工业。1982 年，韩国国内生产总值为 723.8 亿美元，人均国内生产总值为 1840 美元；第一、二、三产业就业占总就业的比重分别为 32%、27.6%、40.4%；第一、二、三产业产值占国内生产总值的比重分别为 25%、40%、45%。如果仅从国内生产总值的构成及就业组成来看，它不应该被认定为“经济发展处于初级阶段，只能维持低生活水平的国家”。它的人均收入水平在当时也不算低。1981 年，韩国人均 GDP 超过 3000 美元(现价)，约为美国的 1/4；韩国货物和服务贸易额占 GDP 的比重超过 35%，约为美国的 3 倍。对外贸易在韩国经济中占有重要的作用。但是，韩国的巨额国际收支逆差使 GATT 认定它可以以发展中国家名义实际数量限制保护国内工业。1978—1980 年，韩国经常性收支差额占 GDP 比重从-2.12%增加到-8.32%，1981 年减少至-6.45%，贸易逆差十分巨大。而同一时期，美国、日本的贸易基本维持收支平衡，甚至略有盈余。东京回合达成的《关于为国际收支的平衡采取的贸易措施的宣言》使越来越多的发展中国家可以借助 GATT 规定维护自身利益。WTO 关于发展中国家成员的界定与 GATT 不同，在 WTO 的许多协议中都有“发展中国家成员”的提法，并且有的条款是专门为“发展中国家成员”制定的。

再如，1997 年蒙古加入 WTO 时承诺对进口商品实行零关税，但是由于财政收入急剧减少，1998 年蒙古又开始加征进口关税。1993—1997 年蒙古税收收入占 GDP 的比重从 1993 年的 20.5%下降至 1996 年的 11%，之后比重略有回升；其中，报关和其他进口税占税收总收入的比重从 1993 年的 16.5%小幅波动至 1996 年的 18.2%；1997 年蒙古加入 WTO 后，这一比值迅速下降至 7.3%。由此可见，削减关税对蒙古税收收入影响十分巨大。而加入 WTO 之后，蒙古的人均 GDP 从 1996 年的 516 美元下降至 1997 年的 457 美元，蒙古人民生活水平出现了一定倒退。WTO 成员也认为蒙古实行零关税不符合其经贸发展的客观事实，于是便默认其提高进口关税的事实，并未对蒙古施加任何压力或进行惩罚。

二、WTO 发展中国家属性分类原则

第一个原则：WTO 对发展中国家的认定或划分，大多是出于处理国际事务和便利贸易往来需要的技术性规定，而没有在理论上给出明确的概念界定。但是，一国身份的认证主要有“自我声明”和“其他成员认证”两个阶段。具体说来就是，成员在申报阶段“自称”为发展中国家，但是其他成员国不一定认同，因此与其他成员国进行谈判时要讨论并明确申报国家的身份。如果有分歧，则需要一直谈判，直至达成共识。但对于谈判结果，则不仅要看加入方的国情以及国际贸易准则、国际经验等，也要看谈判双方的力量对比和话语权。比如，中国入世时，美国曾就中国的市场经济地位提出质疑，经过长期谈判，最终以中国放弃其市场经济地位而告终。

第二个原则：WTO 并不统一规定符合什么样条件的国家才是发展中国家，而是以“个案”的形式认定某一缔约方在某一具体条款或情况下的“发展中国家缔约方”资格。这是一种务实但存在争议的方法，如 1983 年韩国以发展中国家名义，以国际收支不平衡为由实施数量限制，保护国内工业。

三、WTO 对发展中国家的确认

(一) WTO 对原 GATT 缔约方国家属性的认定

从 WTO 的年度报告可以看出，截至 1998 年，WTO 依然把包括新加坡、韩国、中国香港、以色列在内的国家和地区列为发展中国家，当然这种划分是在多数情况下适用的，而在具体贸易争端中认定结果可能存在不同。其实在当年，这些国家和地区都进入了世界银行的高收入组，人类发展水平也较高；但是除了以色列外，联合国和经合组织都把新加坡、韩国和中国香港列为发展中国家和地区①；但世界银行在其 1997 年《世界发展报告》中将以色列列为发展中国家。对比可以看出，世贸组织、联合国和经合组织对新加坡、韩国和中国香港的认定结果相同，而差异则在于以色列。不过很大程度上，WTO 对于发展中国家和地区的认定参考了其他国际组织，特别是联合国、世界银行和国际货币基金组织的参考标准。

联合国主要使用了两个评价指标。一个是联合国贸发组织用以确定最不发达国家

---

① 参见联合国《人类发展报告　2005》和 OECD《世界经济展望　2010》。

时所使用的三个指标，包括收入、人力资本、经济脆弱性等。另一个就是联合国开发计划署所使用的人类发展指数，人类发展指数是由一系列指标合成的，关注方向有收入差距、妇女地位、人类安全、可持续性与脆弱性、人口发展趋势、公民和社区福祉、教育、健康、经济发展、基础设施、科技研发等。总体说来，这是两个较为综合的指标，对经济因素的赋权不是很大。而经合组织对发展中国家的划分也主要参考联合国、世界银行的标准，数据来源也与联合国一致，因此评价结果的相似度很高。但是，WTO作为一个经贸组织，会更多地关心一国经济状况，特别是贸易、国际收支的情况，因此对国家的划分与其他国际组织有一定出入。

1993—1997年，虽然按照收入标准，以色列已进入高收入国家的行列；人均GDP达到17324现价美元，属于高收入国家。但这一时期以色列存在10%~20%的通货膨胀，物价处于飞涨状况，并且资本市场股票市值也大幅缩水。1993—1996年，以色列上市公司市值从510亿美元下降至360亿美元，上市公司市值占GDP比重从77%下降至34.1%。更严重的是，受海湾战争和中东局势的不利影响，以色列对外贸易遭到严重打击。同一时期，以色列经常性收支差额占GDP的比重接近-5%。这一时期，以色列国际收支状况严重恶化，因此，WTO将其作为发展中国家对待也是意料之中。类似地，考虑到国际收支差额，WTO把韩国、新加坡当做发展中国家看待。而WTO把沙特当做发展中国家对待则更多是基于对沙特现代化道路外源性的考虑。

另外，根据WTO“谅解”第21条第3款的规定，专家小组或上诉机构的报告一旦被采用，有关争端方应通知DSB(WTO争端解决实体，Dispute Settlement Body)关于其执行该机构建议和裁决的意向。如，立即遵守建议和裁决不可行，有关成员应给予一合理执行期限。其中一种方式是请求仲裁人在通过建议和裁决之日起90天内确定这一合理期限。在WTO运行以来争端解决所做的报告中，有不少报告曾经过仲裁人确定一合理期限，其中有几个报告涉及发展中国家成员的利益。例如，1998年欧共体、日本和美国与印度尼西亚关于汽车工业措施的纠纷。在本案中，专家小组认为，印度尼西亚的某些措施与WTO协议不符，建议要求印度尼西亚修改措施，使其符合WTO协议规定的义务。印度尼西亚代表提出，由于印度尼西亚的汽车工业需要结构调整，要求给予9个月的期限执行专家组的建议。仲裁人认为，印度尼西亚是发展中国家，它的经济正处于“濒临毁掉”的边缘。根据WTO“谅解”第21条第2款关于要特别注意发展中国家成员利益的规定，同意给予印度尼西亚6个月或更长的期限，让其执行DSB的建议和裁决。1998年，印度尼西亚人均GDP出现14%以上的负增长，这一数据大于包括泰国、马来西亚在内的多数亚洲国家。同一时期，印度尼西亚连续数年出现8%以上的高通胀，1998年以GDP紧缩反映的通胀率高达75%，而美国、日本同期机会不存在通胀情况，泰国、马来西亚的通胀率也在可控范围内。与此同时，印度尼西亚本国货币对美元官方汇率也从1997年的2910跌至1998年的10000左右。

再比如新加坡，按其加入时发达国家的标准来衡量，新加坡的人均收入是较高的，它的经济结构转向高收入服务业和高级制成品的生产，其本国人民的福利水平比许多充分发达国家还要高，特别是当采用分门别类的指标而不是诸如人力开发指数等综合指数时，情况更是如此。只有根据西方的观点采用诸如新闻传播自由和公民与政治权利等非经济标准来衡量时，新加坡的国际排名才是较低的。但是，它又具有缺乏自然资源，严重依赖外国人来创造国内产值以及作为一个小型而人口密集的岛屿城市国家所具有的经济和社会政治特性。因此，新加坡的经济，特别是外贸具有一定的非稳定性。而高储蓄、高投资等因素也成为新加坡声称自己仍是“发展中国家”的理由。事实上，国际社会也就这样认定了。首先，由于新加坡是一个人口密集的小岛国，1991—2003 年，新加坡人均可耕地面积几乎为零，这使得新加坡农作物自给率较低。这给新加坡人民带来了极大的生存风险。其次，由于新加坡经济的外向型特征十分明显，因此新加坡经济对国际需求的变动十分敏感。1991—2003 年间，新加坡经济增长总体较快，但缺乏稳定性：GDP 增长率从 1991 年的 6.8%增加到 1993 年的 12.3%；1995 年增长率迅速回落至 8%；1998 年亚洲金融危机期间，GDP 增长率迅速降至负值，之后迅速回升至 9%的水平；但在 2001 年又出现 2%以上的负增长。另外，同一时期，新加坡国内总储蓄占 GDP 的比重多数年份在 45%以上，不少年份超过 50%，1998 年更达到 53%，这一数据比中国还高出 10~15 个百分点，为世界罕见。与此同时，高投资也同样困扰着新加坡经济。1995—2003 年间，新加坡外国直接投资占 GDP 比重多数年份都超过 25%，2001 年甚至高达 37.8%，其他年份也都接近 20%。而同期，日本的这一指标不足 1%，韩国多数年份在 3%左右。

(二) WTO 对新加入国家属性的认定

由于 GATT 与 WTO 对待发展中国家的政策存在一定差异，因此，本书从 WTO 新加入国家入手，探寻 WTO 新加入国家身份的认定。中国、沙特、乌克兰、越南分别于 2001 年 11 月、2005 年 12 月、2008 年 3 月和 2007 年 1 月加入 WTO，是 WTO 的成员。这几个国家都是以发展中国家身份加入 WTO 的。这些国家除沙特属于世界银行的高收入组外，其他几国的收入水平都处于中等及以下收入，收入水平普遍较低。并且，从经济结构、经济效益等方面来考察，都存在不同程度的缺陷，甚至致命“短板”，如沙特的产业结构过于单一，越南的工业化程度较低等。此外，一直以来，由于联合国、经合组织都把上述几国作为发展中国家对待，因此 WTO 谈判中即使有不同声音，但最终还是以参加方的“自我声明”获胜而告终。综上，在加入谈判时，申请加入国要特别注意谈判技巧，以维护自身利益。

以沙特为例。沙特外源性特点主要表现在工业化之路依靠发达国家资本得以启动。虽然后期逐步收归国有，但工业技术与设备缺乏独立研发的能力；资源供给模式单一，到目前依然是以石油、天然气能源占有量和开采量为先，石油和石化工业是沙特的经济命脉，沙特石油收入占国家财政收入的 70%以上，石油出口占出口总额的 93%，而由于其他资源相对匮乏，不得不需要从国外大量进口以满足国内所需，进口产品以机械设备、食品、纺织等消费品和化工产品为主；农业发展较为滞后，许多农产品和食品依赖大量进口；沙特劳动力短缺现象一直是其经济发展的突出现象，每年都需要补充大量外籍劳工才能满足国内经济发展；市场经济体制发展不健全，受国际金融机构的操控，缺乏自主性。沙特所处的地理位置也使其国际环境较为恶劣，这也给沙特经济带来了更多的不确定性。基于上述原因，WTO 将沙特认定为发展中国家。

乌克兰在世界银行《2009 年发展报告》中被列为中低收入国家，同时也以发展中国家身份加入了 WTO。乌克兰是典型的转轨国家，市场经济体制刚刚建立，因此也存在宏观经济波动较大，产业结构失衡等问题。1991—1999 年，乌克兰经济出现了严重倒退，每年 GDP 增长率都为负值，1992—1995 年间乌克兰经济倒退均在 10%以上，1993 年甚至高达 23%，直至 1999 年，乌克兰经济才开始慢慢恢复，但增长率依然出现很大的波动，1999—2008 年乌克兰 GDP 增长率在 2%~12.1%之间跳跃。而同一时期，乌克兰外债占 GNI 比重从 1992 年的 6%迅速上升至 2001 年的 55%，之后也维持在 40%~50%的高位。过高的外债比重给乌克兰经济带来了很大的风险。更为严重的是，转轨以来，乌克兰价格体系近乎崩溃。1991—1994 年，乌克兰以 GDP 紧缩反映的通胀率超过 1000%，1993 年甚至高达 3345%，之后通胀率才慢慢恢复至 12%~20%。而同一时期，乌克兰工业增加值占 GDP 比重曾一度高达 50%以上，农业增加值占 GDP 比重也达到 20%，之后这两个比重才分别缓慢下降至 38%和 10%左右。1995—2003 年间，农业增加值占 GDP 比重还高达 15%。总体说来，乌克兰经济高度工业，特别是以重工业为主的格局依然没有完全改变。基于以上原因，WTO 将乌克兰认定为发展中国家。

从上述分析可以总结得出，WTO 对发展中国家的认定只作原则规定，不作强制认定，因此谈判阶段中国家身份的确定主要受到“自我声明”的影响，即申请方对自我的认定；而加入之后，则会根据具体的贸易冲突来具体分析，因此这个时候一个国家某一方面或者几个方面的发展情况会影响到最终的裁决，即在这个案件中，被诉方是何身份，需要承担怎样的责任。但是无论在谈判中还是裁决过程中，国际社会的认定将对认定结果产生重要的参考作用。

而对于个体案件，WTO 会特别关注以下几个方面：

1. 是否实现了工业化

GATT 第 18 条规定了两类缔约方可以实施进口数量限制或提高关税保护国内工业。一般说来，具有这种资质的缔约方就属于发展中国家了。接下来，GATT 对这两类缔约方作出了解释：第一类是“只能维护低生活水平，经济处于发展初期阶段的缔约方”；另一类则是“经济处于发展过程，但又不属于第一类型缔约方”。“处在经济发展初期阶段”这一概念，不仅适用于经济刚开始发展的缔约各方，也适用于经济正在经历工业化的过程，以改变过分依靠初级产品出口的缔约各方。因此，从这种解释性说明中可以看出，只要一国并未实现工业化，则该国也应被视为是处于“经济发展的初期阶段”，也应被认定为发展中国家。这是 WTO 判定国家发展属性的一个重要依据。那么如何判定一国是否实现了工业化呢？

苏特格里弗(Sutcliffe)于 1971 年提出衡量工业化的三个标准：①工业部门至少占 GDP 的 25%；②制造业至少占工业产值的 60%；③总人口中至少 10%就业于工业部门。霍夫曼(Hoffimann)于 1958 年提出霍夫曼系数，用来测算不同国家和地区工业化发展的阶段。霍夫曼系数是将消费资料净产值和生产资料净产值进行比较，如果两者之比大于 5，为前工业化阶段，主要以资源密集型产业为主；如果该系数在 1~2.5 之间，为工业化发展阶段；在这一阶段，资本密集型产业逐渐取代劳动密集型产业而成为主导产业；如该系数小于 1，即为工业化成熟阶段，主导产业为技术密集型产业。

经济学界广泛认同的用于衡量工业化发展的指标，主要有人均国民收入水平、制造业在国内生产总值中的比重、劳动力就业在各产业间的分布、制造业内部结构、对外贸易商品结构等。

(1)人均国民收入水平

大量研究表明，国民收入水平的提高与国民经济中制造业份额的提高存在很强的正相关关系，即国民收入水平的提高总是伴随着制造业份额的上升。这是因为国民收入水平的提高势必导致需求结构的变动，在恩格尔定律的作用下，食品以外的消费需求膨胀，导致制造业的持续发展、技术进步、专业化分工，后者又反过来带动国民收入水平的进一步提升。

霍利斯·钱纳里(Chenery)于 1986 年建立的工业化标准模型将经济结构转型过程的国民收入水平变化划分为 6 个阶段，涵盖了从欠发展阶段到成熟经济阶段的全过程，工业化进程越是发展，人均国民收入水平越高，如表 4-1 所示。

表 4-1　**工业化阶段与人均国民收入分布表**　(单位：美元)

时期	阶　段		人均 GDP(1970 年美元)
1	第一阶段	初级产品生产	140~280
2	第二阶段	工业化初期	280~560
3		工业化中期	560~1120
4		工业化后期	1120~2100
5	第三阶段	发达经济初级	2100~3360
6		发达经济高级	3360~5040

资料来源：钱纳里等：《工业化和经济增长的比较研究》，三联书店 1989 年版。

(2)国民生产总值中制造业的份额

在工业化早期阶段，国内生产总值中制造业份额的迅速攀升是一项十分典型的变化。英国、法国、德国、美国、日本，在工业化成熟前，制造业都经历了迅速的攀升之后，随着人均 GDP 的进一步增长，制造业比例再经历下降的过程。然而，在早期工业化国家与战后发展中国家工业化进程中，尽管同时表现为 GDP 中制造业份额迅速提升，但其变化轨迹却呈现出不同的特征。战后发展中国家制造业产出的增长速度，大大高于 19 世纪和 20 世纪初英国、美国、法国等国家当年的增长速度，如表 4-2 所示。

表 4-2　**不同类型国家制造业产出年均增长率**　(单位:%)

年份	发展中国家	发达国家	计划经济国家
1963—1973	8.0	5.5	9.8
1973—1983	4.9	1.4	5.2

资料来源：黄晓玲：《发展中国家外贸、外资与工业化》，对外经贸大学，2001 年。

(3)劳动力就业结构

霍利斯·钱纳里(Chenery)于 1986 年的研究表明，在工业化结构转换过程中，农业劳动力的外溢以及农业劳动生产率的提高都相对缓慢，而制造业就业的增长慢于农业就业的下降，两者之差流入服务业。服务业就业比例的增长，集中反映了工业化进程中专业化分工的细化以及城市化进程的加速。

尽管制造业就业占总就业份额的增长是各国工业化进程的共同特征，但就其份额的增长量而言，却存在显著的差异。与 19 世纪早期工业化国家相比，在战后发展中国家工业化过程中，制造业就业在 19 世纪 60 年代和 70 年代的年均增长率达到 4%之多，几乎是早期工业化国家 19 世纪下半叶制造业就业增长率的两倍。战后发展中国家就业增长率之所以较高，主要源于战后这些国家制造业生产规模的扩张速度相对要快于 18 世纪早期工业化国家同阶段制造业生产规模的扩张速度。然而，就工业产出的就业弹性(工业就业增长率/工业产出增长率)而言，战后发展中国家与早期工业化国家并无明显差别，前者为 0.46，后者为 0.51。换言之，不同时期工业化进程中工业创造的新增就业增长率相对于工业新增产出的增长率的比值是十分接近的。

(4)制造业内部结构

表 4-3 可说明处于工业化进程中的发展中国家的制造业产出情况，从总体上看，轻工业产品的比例趋于下降，由 1963 年的 56.9%降为 1980 年的 42.9%；重工业产品相应地从 43.1%上升为 57.1%，中间工业品、资本品和耐用消费品的比例也呈现下降。而已完成工业化的发达国家，其制造业内部比例结构则保持了基本稳定。

表 4-3 **不同类型国家制造业产出分布比较** (单位:%)

		发展中国家		发达市场经济国家	
		1963 年	1980 年	1963 年	1980 年
按要素密集程度划分	轻工业	56.9	42.9	37.9	32.3
	重工业	43.1	57.1	62.1	67.7
		1963 年	1979 年	1963 年	1979 年
按用途划分	非耐用消费品	51.9	37.6	37.0	30.8
	中间工业品	27.3	31.2	19.4	23.7
	资本品和耐用消费品	20.8	31.2	43.6	45.5

资料来源：黄晓玲：《发展中国家外贸、外资与工业化》，对外经贸大学，2001 年。

纵观早期工业化国家制造业内部结构的演变，我们可以寻得具有普遍意义的一般规律，即这些国家的工业化首先都发生在纺织业，然后向钢铁、机械制造、化工、电器、微电子等产业扩展，至少到电器产品阶段，战前工业化国家几乎都循着这一发展序列。但是工业化进程中制造业内部结构的变化并无一定之规，因历史条件、国际环境、资源禀赋、市场规模而有差异。因此，在考察制造业内部结构变化以判断工业化进程时，应充分考虑所处的具体条件，早期工业化国家的经验验证往往不完全适用于当代发展中国家工业化的实践。

(5)对外贸易商品结构

钱纳里的研究表明，当人均国民收入从 140 美元上升至 2100 美元的过程中，初级产品净贸易额从顺差 13%下降到逆差-2%，差值达 15%，工业制成品净贸易额从逆差的-14%演变为进出平衡的 0%，差值达-14%。伴随工业化的推进，发展中国家出口结构中初级产品地位的下降与工业制成品比例的上升，从需求拉动的角度说明了贸易结构转换是工业化演进的推动力之一。同时，上述贸易结构的演变也说明，发展中国家工业化进程在改变其需求结构、产业结构的同时，也改变了发展中国家的比较优势结构，使其在工业制成品生产上的国际竞争力提高，对初级产品出口的依赖程度下降，反映了发展中国家对工业化的进展。

WTO 对斯里兰卡、澳大利亚等国的裁定就充分体现了工业化标准的运用。具体来说，WTO 会特别关注第一、第二、第三产业的产值比和就业比，初级产品占制造品出口的比重等指标。

2. 是否存在过大的贸易逆差

在 WTO 众多贸易争端的申辩中，很多国家都以“存在巨大国际收支逆差”为由为自己辩护，并最终获得认可。1981—1985 年，泰国的经常性收支差额占 GDP 的比重曾一度高达-7.38%，随后才减少至 1985 年-3.95%的水平。而同一时期，美国的这一指标控制在-3%左右，日本基本维持收支盈余，经常性收支差额占 GDP 的比重从 0.41%增加到 3.8%。同一时期，韩国的经常性收支差额占 GDP 的比重在 6%~8%之间。与美国、日本等发达国家的 3%左右的贸易逆差以及日本 3%的贸易盈余相比，韩国和泰国的 6%~8%之间的贸易逆差就显得十分巨大了。当然，判定贸易逆差是否巨大并没有一个绝对的标准，而是需要相对的比较，并且还需要结合其他因素才能综合判定一国是否为发展中国家。但是，经验表明发展中国家往往存在较大的贸易逆差。

3. 储蓄率和投资率是否过高

从新加坡的案例可以看出，高储蓄和高投资也可以被认为是认定一国为发展中国家的判定标准。因为历史地来看，一国的发展过程总伴随着投资率和储蓄率的下降和消费率的上升，而目前传统发达国家的投资率和储蓄率维持在较低水平。20 世纪 90 年代，新加坡国内总储蓄占 GDP 的比重多数年份在 45%以上，不少年份超过 50%，1998 年更达到 53%。这一数据比中国还高出 10~15 个百分点，为世界所罕见，而美国、加拿大、澳大利亚、欧盟国家都在 20%左右(欧洲的数据略高于北美)。而 1995—2003 年间，新加坡外国直接投资占 GDP 比重多数年份超过 25%，2001 年甚至高达 37.8%，其他年份也都接近 20%。与此同时，日本的这一指标不足 1%，韩国多数年份在 3%左右，美国多数年份在 1%~2%之间。

4. 宏观经济是否稳定

一般来说，如果一国出现内乱或者受周边国家动荡局势的影响，经济发展都会收到严重干扰。比如，中东地区长期以来局势紧张，战争不断，因此中东国家宏观经济十分不稳定。而且，中东国家的产业结构较为单一，经济高度依赖对外贸易，这又使得其经济发展十分脆弱。因此，虽然一些中东国家较为富有，但仍然被认定为发展中国家。

另外，经济转轨国家在该国市场经济发育成熟之前通常也被认为是发展中国家，比如俄罗斯、乌克兰、保加利亚等东欧国家。这是因为，在经济体制乃至政治体制转型过程中，一国经济总伴随着物价的快速上涨，甚至货币体系的崩溃，同时还可能出现高失业、经济倒退等现象。这也是宏观经济不稳定的表现。因此，也会被认为是发展中国家的判定依据。

第二节 WTO 发展中缔约方经济社会发展程度

由于韩国、中国香港、新加坡、以色列等 WTO 发展中缔约方以发展中国家和地区身份加入 GPA，所以这些国家经济社会发展程度已在前章节分析，在后面共性和标准章节将会直接援引前面的研究成果，所以此部分内容不再重复论证。

一、波兰经济社会发展程度

波兰是一个中欧国家，西面与德国接壤，南部与捷克和斯洛伐克为邻，人口接近 4000 万。1997 年 4 月，波兰国民大会通过新宪法。新宪法确立了三权分立的政治制度和以社会市场经济为主的经济体制。波兰工业发达，采矿业以煤和褐煤最为重要，煤炭储量居欧洲前列。1990 年 12 月，波兰实现了政权的更迭和政治制度的改变，并开始向西方靠拢。在经济上，波兰的转轨带来了阵痛。但波兰依然成为欧洲前社会主义国家中经济转轨最成功的几个国家之一，实现了经济的飞速增长。波兰是原 GATT 缔约方和 GPA 正式成员。

（一）经济总量

1. GDP 和人均 GDP

1993—1997 年间，波兰人均 GDP 由 2232 美元增加到 4066 美元，年均增长率高达 5.7%，而 GDP 年均增长率也有 5.9%，如图 4-1 所示。总体来说，波兰的经济增长情况要好于同期的东欧转轨国家，保加利亚的经济增长就不足 1%，捷克的经济增长也只有 4%左右。

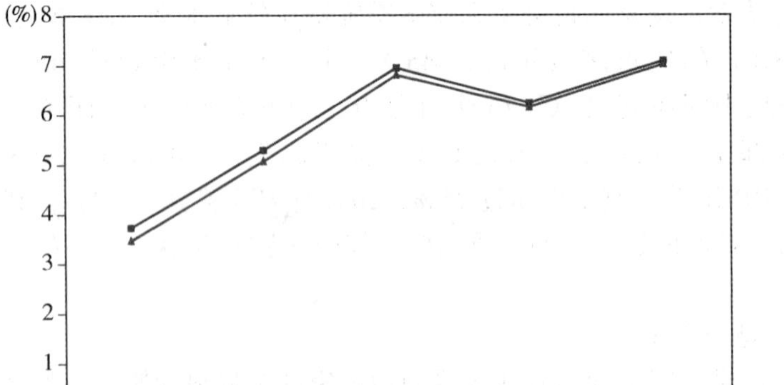

图 4-1 波兰 GDP 和人均 GDP 增长率

注：MKTPZG、PCAPZG 分别代表 GDP 年增长率和人均 GDP 年增长率。

2. 经济结构

同一时期，波兰最终消费支出占 GDP 比重维持在 80%左右，上下波动不到 4 个百分点，这一数值和世界许多国家相比都属于较高水平，这说明波兰经济主要依靠消费拉动。其中，政府消费仅在 20%左右，这表明波兰的居民消费需求较为旺盛。与此同时，波兰的固定资本形成总额占 GDP 比重从 15. 9%小幅上升至 22. 4%，也处在一个较为理想的水平。波兰最终消费支出和固定资本形成总额比例变动如图 4-2 所示。

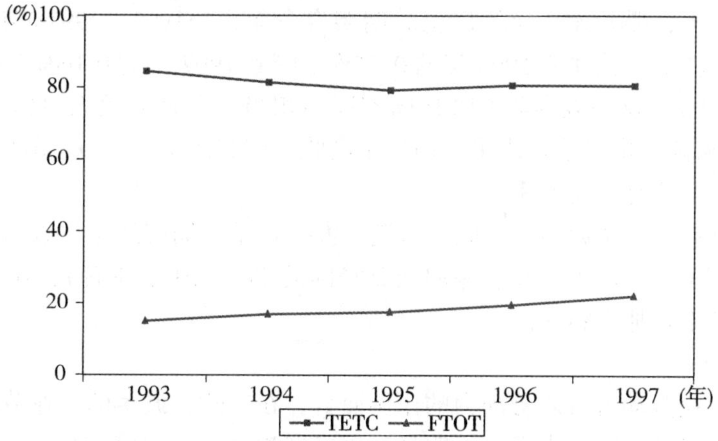

图 4-2 波兰最终消费支出和固定资本形成总额比例变动

注：TETC、FTOT 分别代表最终消费支出占 GDP 的比重和固定资本形成总额占 GDP 比重。

（二）对外贸易

就贸易占 GDP 的比重而言，1991—1997 年间，波兰的对外贸易占 GDP 的比重由 48. 9%下降到 1993 年的 44. 9%，之后迅速反弹至 1997 年的 51. 8%，总体来说稳中有升，但是和东欧其他国家相比，贸易占 GDP 比重则处于较低水平，捷克、匈牙利同期数值都在 100%左右，这说明此时波兰还不是“外向型”经济国家。

就经常性收支差额占 GDP 的比重而言，1991—1997 年间，波兰经常性收支差额占 GDP 的比重波动较大，除 1994 年、1995 年有少量贸易盈余外，其他年份都有较多贸易赤字。贸易赤字一般在 3%左右，1993 年曾高达 6. 74%。总体来说，波兰在转型初期国际收支并不稳定，且经常出现较多贸易赤字，这也是所有东欧国家的共同点。

（三）价格指数

1993—1997 年间，波兰发生了较为严重的通货膨胀，以 1995 年为基期，1993 年消费价格指数为 58. 6%，1997 年则高达 137. 9%。而 1985—1995 年，以 GDP 紧缩反映的年通货膨胀率高达 91. 8%。物价飞涨成为威胁波兰经济健康发展的关键因素。

（四）财政收支

波兰财政收支状况方面未取得相关数据。

（五）市场成熟度

就上市公司市值占 GDP 的比重而言，1993—1997 年，波兰资本市场稳健发展，上市公司市值占 GDP 比重从 1993 年的 3.16%上升至 1997 年的 7.9%，这一比值比匈牙利、捷克等国要低，更低于同期的美国、西欧国家，所以波兰的资本市场仍处于起步阶段。

就海外直接投资净流入占 GDP 的比重而言，同一时期，波兰海外直接投资净流入占 GDP 的比重呈上升态势，从 1993 年的 2%上升至 1997 年的 3.19%，这一比值甚至低于匈牙利(4%左右)和沙特(5%左右)。这一方面说明波兰的国内市场还不够开放，另一方面也表达了人们对于波兰市场经济改革的疑虑。

(六)人口和健康

就人口增长率、婴儿死亡率、出生时期望寿命而言，1993—1997 年间，波兰的人口增长率维持在较低水平，并从 1993 年的 0.25%下降到 1997 年的 0.08%，而婴儿死亡率也从 1.6%下降到 1%。这一数据与 OECD 国家同期相当。但是波兰人口的出生时预期寿命为 70 岁，仅仅略高于世界平均水平，而低于高收入国家的 77 岁。说明波兰的人口健康状况离世界先进水平还有一定差距。

就每千人拥有的床位数而言，同一时期，波兰每千人拥有的床位数约为 5.5 个，高于新加坡等亚洲国家，但低于捷克、保加利亚等国的水平(10 个左右)，这说明在波兰，医疗资源的获得还不是那么容易。

(七)劳动力

就农业、工业劳动力占总劳动力的比例而言，在东欧，波兰的农业劳动力占总劳动力的比例和保加利亚处在同一水平，但明显高于经济相对发达的捷克(不足 8%)，甚至比智利的 15.7%都高。1993—1997 年，波兰农业劳动力占总劳动力的比例维持在 22%左右，稳中有降。而同一时期，波兰工业劳动力占总劳动力的比例则维持在 32%左右。由此可见，波兰第三产业占用劳动力不足 50%，这说明波兰的服务业还不够发达，如图 4-3 所示。

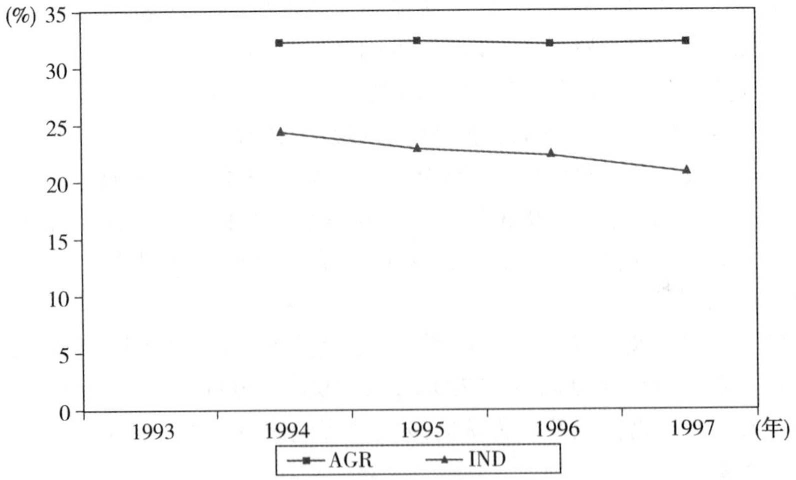

图 4-3 波兰农业、工业劳动力占总劳动力的比例

注：AGR、IND 分别代表农业占总劳动力的比重和工业占总劳动力的比重。

就总劳动参与率而言，同一时期，波兰总劳动参与率从 1993 年的 60.9%下降到 56.9%，低于新加坡、韩国等亚洲国家，但和乌克兰、捷克等东欧国家相当。而波兰的长期失业率则高达 40%，这么高的失业率不得不说是波兰经济转型的阵痛。

(八)高科技研发支出和出口

就每百人互联网用户数而言，1993—1997 年，波兰的互联网正处于引进阶段，因此互联网用户数较少，每百人中互联网用户数仅从 0.13 个增加到 2.07 个，低于捷克、匈牙利等国的水平。

就研究与开发支出占 GDP 的比重、每百万人口中从事研究与开发的技术人员数而言，同一时期，波兰研究与开发支出占 GDP 的比重仅为 0.65%，低于捷克的 1%，更低于美国的 2.6%，这说明波兰的研发投入离世界先进水平还有相当大的差距。而波兰每百万人口中从事研究与开发的技术人员数仅有 1400 人左右，低于新加坡的 2000 人的水平。

就高科技产品出口占制造品出口的比重而言，同一时期，波兰高科技产品出口占制造品出口的比重仅为 2.7%左右，甚至低于阿根廷和智利的水平。这说明波兰的科技实力还不够发达，中低端产品构成了波兰商品出口的主体。

(九)教育

就政府教育投入占 GDP 的比例而言，1995 年，波兰政府教育投入占 GDP 的比例为 4.43%，超过联合国 4%的标准，但低于蒙古的 5.2%，与美国的 6.6%，以色列的 7%更是有差距。

就成人文盲率而言，波兰的基础教育较好，成人文盲率不足 1%，达到 OECD 国家的水平。

就高等教育毛入学率而言，同一时期，波兰的高等教育毛入学率约为 67%，接近 OECD 国家的标准，这说明波兰的人力资本素质较高。

(十)城市化程度

1993—1997 年间，波兰农村人口比重维持在 38%左右，这一比重高于捷克、保加利亚(32%左右)更高于阿根廷(11%左右)、智利等国。这说明波兰的城市化程度相对较低。

(十一)全球竞争力指数(GCI)和人类发展指数(HDI)排名

2009—2010 年度，波兰的 GCI 排名为 46/133，2013 年排名为 42/152，排名较稳定，竞争力有所提高；2005 年度波兰 HDI 排名为 36/177，2010 年度 HDI 排名为 41/169，2013 年排名为 35/187，属于极高人类发展水平。无论是 GCI 排名，还是 HDI 排名，波兰都处于中上等水平。

总体说来，20 世纪 90 年代中期，波兰经济发展较为稳定、均衡，社会发展水平也属于世界中上水平，人力资本较有竞争力，突出问题表现在物价上涨过快，通货膨胀严重，城市化程度不高，第一产业比重过大，基础设施发展滞后，科技实力欠缺，资本市场不够发达，经济全球化参与度不够。

二、保加利亚经济社会发展程度

保加利亚是欧洲东南部巴尔干半岛上的一个国家。它与罗马尼亚、塞尔维亚、马其顿、希腊和土耳其接壤，人口 797.4 万。1990 年摆脱奥斯曼帝国统治，随后改国名为保加利亚共和国。2005 年 5 月，保加利亚议会投票表决批准了保加利亚加入欧盟的条约。1991 年 7 月通过的宪法规定，保加利亚为议会制国家。1989 年，保加利亚与苏联的经济联系失落后，保加利亚的经济受到巨大打击，人民生活水平下降 40%。联合国对南斯拉夫和伊拉克的经济制裁给保加利亚也带来了冲击。1994 年经济开始得到恢复，但由于不充足的经济改革和不稳定的银行系统，1996 年经济再次垮台。从 1997 年起经济又得到恢复。保加利亚资源丰富，是一个传统农业国，玫瑰、酸奶和葡萄酒历来在国际市场上享有盛名。目前，以食品加工业和纺织业为主，近年来旅游业也有所发展。保加利亚于 1996 年 12 月加入 WTO，目前是 GPA 正式成员。

（一）经济总量

1. GDP 和人均 GDP

1993—1997 年，保加利亚人均 GDP 呈现先增后减的态势，1997 年 GDP 又恢复到 1993 年的水平。1997 年人均 GDP 为 1247 美元，1995 年最高曾达到 1560 美元，属于中低收入国家。这是因为 1996 年、1997 年保加利亚经济出现严重倒退。保加利亚 GDP 和人均 GDP 增长率如图 4-4 所示。

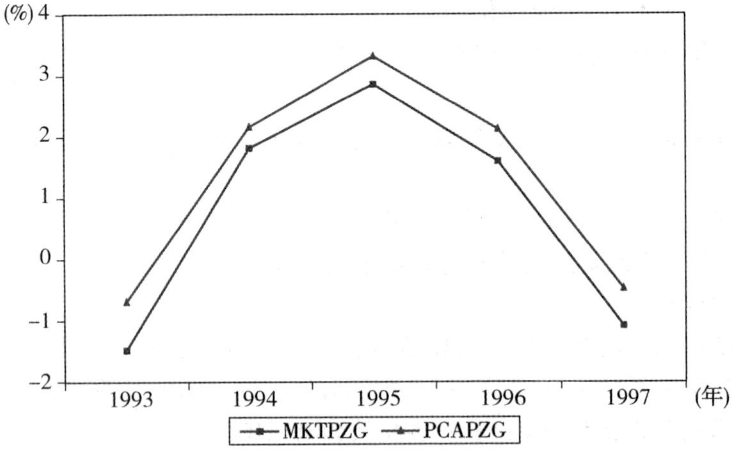

图 4-4 保加利亚 GDP 和人均 GDP 增长率

注：MKTPZG、PCAPZG 分别代表 GDP 年增长率和人均 GDP 年增长率。

2. 经济结构

同一时期，保加利亚最终消费支出占 GDP 比重从 1933 年的 92.4%下降到 85.5%，但总体处于较高水平，其中政府消费支出大约有 6 个百分点的下滑，从 18.7%下降到 18.8%，这说明保加利亚的居民消费支出依然保持稳定。与此同时，保加利亚固定资本形成总额占 GDP 比重则从 13%下降至 11%，在低位保持稳定。这一比例低于包括蒙古、智利、斯里兰卡在内的诸多国家，这说明在这一时期保加利亚经济发展乏力，如图 4-5 所示。

（二）对外贸易

就贸易占 GDP 的比重而言，对外贸易在保加利亚经济中占有重要地位，1991—1997

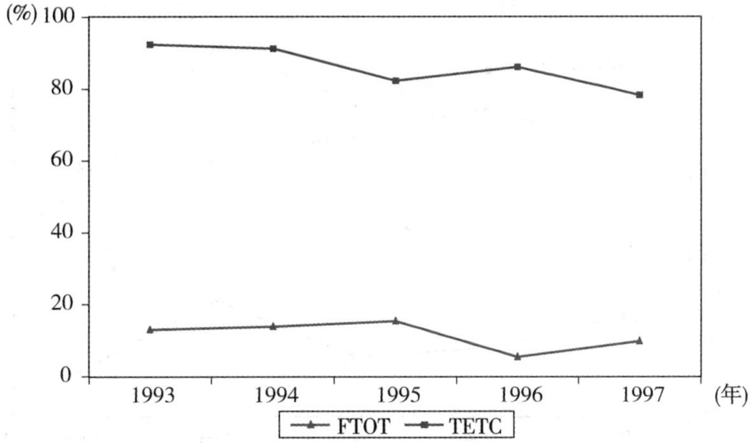

图 4-5 保加利亚最终消费支出和固定资本形成总额比例变动

注：TETC、FTOT 分别代表最终消费支出占 GDP 的比重和固定资本形成总额占 GDP 比重。

年保加利亚对外贸易占 GDP 的比重从 82.7%增加到 112%，总体呈高位震荡趋势。

就经常性收支差额占 GDP 的比重而言，1991—1997 年间，保加利亚经常性收支差额呈现由恶化到好转的态势。1991 年，保加利亚经常性收支差额占 GDP 的比重为-0.7%，基本保持收支平衡，1993 年这一数值跌破-10%，之后在 1996 年恢复到收支平衡状态，1997 年完成经常性收支差额占 GDP 的比重为 4.12%的漂亮答卷。

（三）价格指数

在 20 世纪 90 年代中前期，保加利亚同样经历了恶性通货膨胀，以 1995 年为基期，1993 年保加利亚消费价格指数为 31.5%，1997 年消费价格指数则膨胀到 256.7%，物价上涨数倍。而这一期间，以 GDP 紧缩反映的年通货膨胀率也高达 45.9%。疯长的物价让经济增长的成果荡然无存。

（四）财政收支

就政府总支出占 GDP 的比重而言，1993—1997 年间，保加利亚政府总支出占 GDP 的比重波动较大，1993 年为 43.7%，1995 年降低到 39.4%，1996 年攀升至 46.5%，1997 年又跌至 31%。这一数值明显高于美国、新加坡等国，这说明这一时期政府对经济干预较多。这也符合在经济恶化情况下，保加利亚寄希望于政府调控经济的心理。

就政府收入占 GDP 的比重而言，同一时期，保加利亚政府收入（不含捐赠）占 GDP 的比重呈现先增后减的态势，1993 年政府收入占 GDP 的比重为 33.3%，1994 年增加到 39%，之后逐步下滑至 31.4%。这说明在经济困难时期，保加利亚政府收入难以保持稳定的增长。

就政府债务占 GDP 的比重而言，同一时期，保加利亚政府债务也超过国际警戒值，1993 年超过 12.8%，1996 年高达 14.65%，而其他年份也都超过 5.5%。这似乎说明保加利亚试图通过发行债券来维持政府的经济调控政策以维持经济增长。

保加利亚政府收支变动如图 4-6 所示：

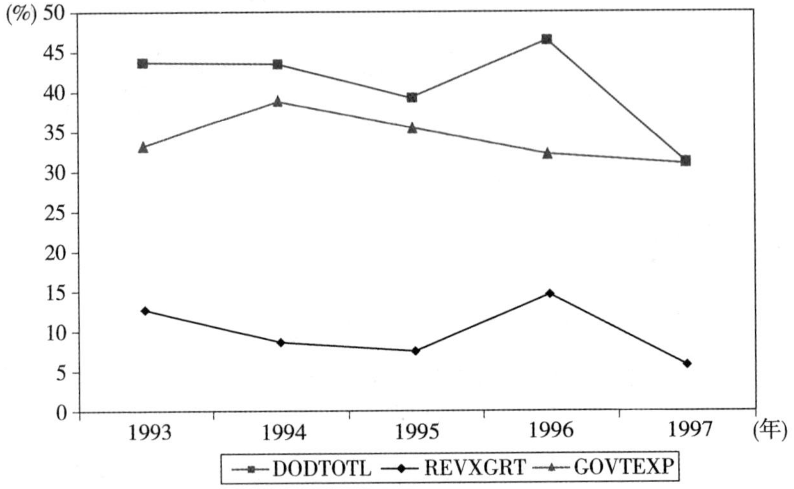

图 4-6　保加利亚政府收支变动

注：DODTOTL、REVXGRT、GOVTEXP 分别代表政府国内形成债务净额占 GDP 的比重、总支出占 GDP 的比重、收入(不包括捐赠)占 GDP 的比重。

(五)市场成熟度

就上市公司市值占 GDP 的比重而言，1993—1997 年间，证券市场在保加利亚属于起步阶段，因此上市公司市值占 GDP 的比重极低，1995 年这一比值不足 0.5%，之后还因国内经济倒退而跌至 0.02%。

就海外直接投资净流入占 GDP 的比重而言，同一时期，保加利亚海外直接投资净流入占 GDP 的比重也处在较低水平，但总体呈上升趋势。1993 年这一比值仅为 0.37%，1994 年上升至 1.08%，1997 年上升至 4.87%。

(六)人口和健康

就人口增长率、婴儿死亡率、出生时期望寿命而言，1993—1997 年间，保加利亚人口出现较大程度负增长，人口负增长率从 1993 年的 0.8%降到 1995 年的 0.42%，之后又上升至 0.53%。同一时期，保加利亚婴儿死亡率从 1993 年的 1.55%上升至 1997 年的 1.75%，高于 OECD 国家的平均水平，低于世界平均水平。1995 年，保加利亚出生时期望寿命为 71 岁，也是高于世界平均水平而低于 OECD 国家平均水平。总体来说，保加利亚人口健康状况属于世界中上等水平。

就每千人拥有的床位数而言，同一时期，保加利亚每千人拥有的床位数稳定在 10 个左右，高于捷克、波兰、新加坡等国，属于较高水平。

(七)劳动力

就农业、工业劳动力占总劳动力的比例而言，1993—1997 年间，保加利亚农业人口劳动力占总劳动力的比例略有上升，从 22.1%上升至 25.3%；而工业劳动力占总劳动力的比例则从 36.6%下降至 32%，两者之和保持稳定，如图 4-7 所示。这表明，劳动力从工业部门流向农业部门，而服务业劳动力比重保持稳定。但同时，保加利亚也存在第三产业比重过低的问题。

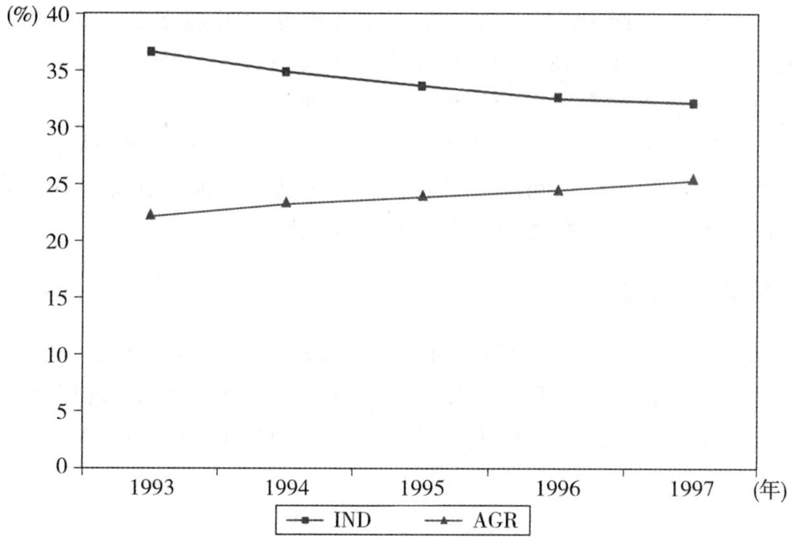

图 4-7 保加利亚农业、工业劳动力占总劳动力的比例

注：AGR、IND 分别代表农业占总劳动力的比重和工业占总劳动力的比重。

就总劳动参与率、长期失业率而言，同一时期，保加利亚总劳动参与率不足 60%，从 1993 年的 56.8%下降到 54.2%，而长期失业率则超过 58%，最高达 64%，保加利亚的失业状况十分严重。

(八)高科技研发支出和出口

就每百人互联网用户数而言，1993—1995 年间，保加利亚的互联网处于起步阶段，互联网每百人用户数仅为 0.01 人左右。

就研究与开发支出占 GDP 的比重、每百万人口中从事研究与开发的技术人数而言，同一时期，保加利亚研发支出占 GDP 的比重也处在较低水平，仅为 0.5%，甚至不及波兰；而每百万人口中从事研究与开发的技术人员数略高于波兰，由 1996 年的 1783 人下降到 1997 年的 1461 人。

就高科技产品出口占制造品出口的比重而言，同一时期，保加利亚高科技产品出口占制造品出口的比重从 1993 年的 0%上升至 1997 年的 1.2%，表明保加利亚的高科技产品开始走出国门。

(九)教育

就政府教育投入占 GDP 的比例而言，1995 年，保加利亚政府教育投入占 GDP 的比例约为 3.8%，基本达到联合国 4%的标准，但低于美国、以色列、新加坡等国的水平。

就高等教育毛入学率而言，同一时期，保加利亚高等教育毛入学率约为 49%，低于 OECD 国家的平均水平，但高于世界平均水平，总体上属于世界中上水平。

(十)城市化程度

与发达国家相比，保加利亚城市化程度较低，1993—1997 年间，保加利亚农村人口占总人口比重高达32%。

(十一)全球竞争力指数排名(GCI)和人类发展指数(HDI)排名

2005 年度保加利亚 HDI 排名为 55/177，2010 年度 HDI 排名为 58/169，2013 年保加利亚 GCI 排名为 57/152，属于高人类发展水平，人类发展水平排名基本稳定。无论是 GCI 排名，还是 HDI 排名，保加利亚都处于世界中等水平。

总体来看，1993—1997 年间，保加利亚经济出现了较为严重的倒退，高通胀和高失业成为该国最严重的经济和社会问题。另外，在经济转轨时期，保加利亚还存在城市化程度较低，产业结构不合理，资本市场不发达等共性问题。

三、土耳其经济社会发展程度

土耳其共和国是一个横跨欧亚两洲的国家，2006 年人口为 7200 万。政体是议会民主制。土耳其属发展中国家，私有和公有经济成分并存，主要以农业和制造业为基础。虽然国民生产总值增长快于人口增长，但人均国民生产总值仍低于欧洲国家。土耳其是 GATT 原缔约方和 GPA 观察员。

(一)经济总量

1. GDP 和人均 GDP

1993—1997 年间，除了 1994 年 GDP 和人均 GDP 出现倒退外，其余年份均实现了较大程度增长，GDP 增速约为 7.5%，人均 GDP 增速约为 5.8%，属于中低收入国家，如图 4-8 所示。

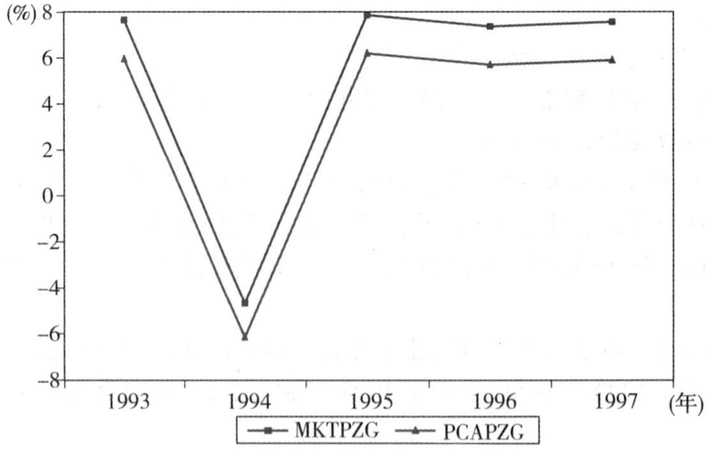

图 4-8 土耳其 GDP 和人均 GDP 增长

注：MKTPZG、PCAPZG 分别代表 GDP 年增长率和人均 GDP 年增长率。

2. 经济结构

1993—2002 年间，土耳其最终消费占 GDP 比重在 80%左右波动，其中政府消费占比在 10%~13%之间浮动。2003—2013 年，土耳其最终消费占 GDP 比重缓慢上升，现已稳定在 85%左右；而固定资本形成总额占 GDP 比重 1993—1997 年间维持在 23.8%~26.4%

之间，进入 21 世纪后则稳定在 20%左右。总体来说，经济结构较为稳定和合理，如图 4-9 所示。

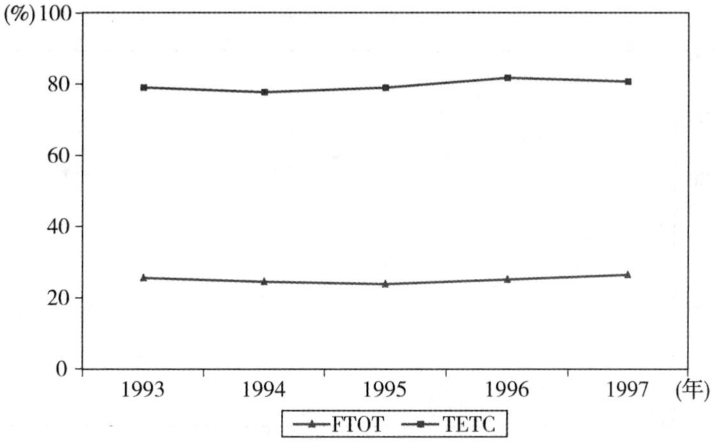

图 4-9　土耳其经济结构

注：TETC、FTOT 分别代表最终消费支出占 GDP 的比重和固定资本形成总额占 GDP 比重。

(二) 对外贸易

就官方汇率而言，1993—1997 年间，土耳其本国货币对美元明显贬值，汇率由 0. 01 上升至 0. 15，如图 4-10 所示。

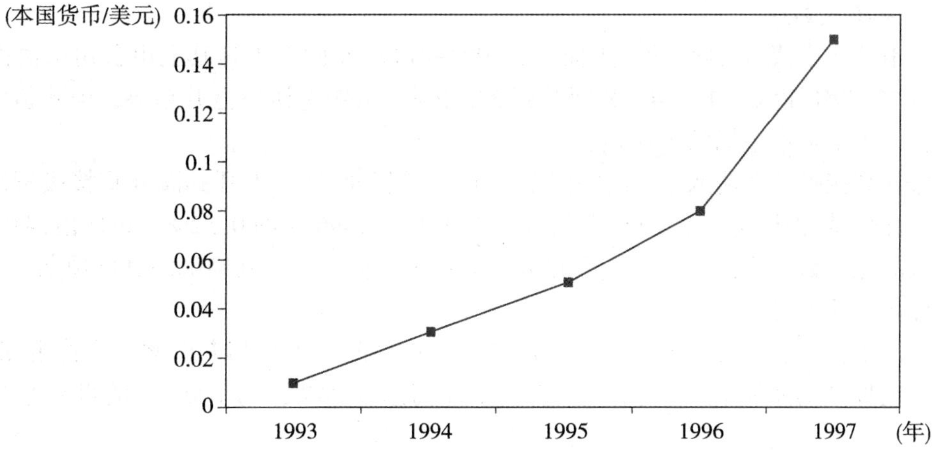

图 4-10　土耳其汇率波动

就经常性收支差额占 GDP 的比重而言，1993—1997 年土耳其经常性收支经历了一个好转到恶化的过程。1993 年土耳其经常性收支差额占 GDP 的比重为-3. 58%，存在贸易逆差，1994 年经常性收支差额占 GDP 的比重为 2. 03%，实现了贸易顺差，但之后，经常性收支差额占 GDP 的比重又迅速回落至-1. 38%附近。

(三)价格指数

就通货膨胀年率而言，1993—1997 年间，土耳其通货膨胀率平均高达 80%，1994 年更超过 100%，如图 4-11 所示。

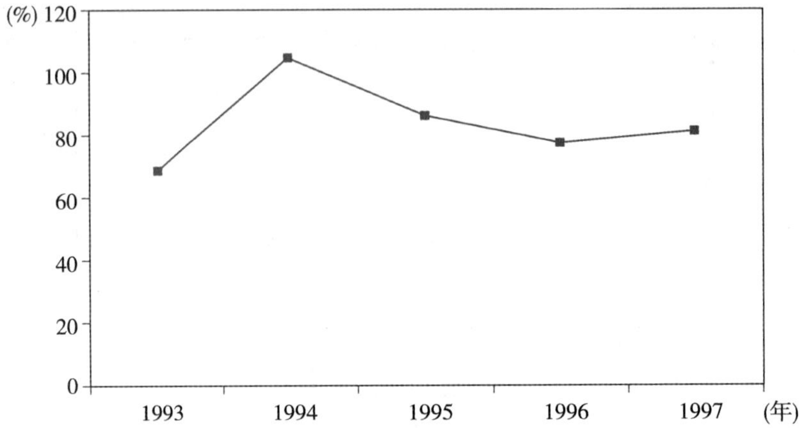

图 4-11 土耳其通货膨胀率

就存款利率而言，同一时期，土耳其存款利率也在高位震荡，1993 年利率为 64. 6%，1994 年攀升至 87. 8%，之后又降低到 80%以下。

(四)财政收支

由于数据严重缺失，此处不作研究。

(五)市场成熟度

就上市公司市值占 GDP 的比重而言，1993—1997 年间，土耳其上市公司市值占 GDP 的比重由 20. 89%缩水至 12. 24%又回升到 32. 22%。虽然整体呈上升趋势，但比值波动幅度较大，显示了资本市场的不成熟性。

就海外直接投资净流入占 GDP 的比重而言，同一时期，土耳其海外直接投资净流入占 GDP 的比重较为稳定，从 1993 年的 0. 35%上升至 1995 年的 0. 52%，再回落到 0. 42%，虽然比重的绝对数额不大，但是上升趋势却显示了人们对土耳其经济的良好预期。

(六)人口和健康

就人口增长率、婴儿死亡率而言，1993—1997 年间，土耳其人口增长率稳定在 1. 7%左右，与世界平均水平相当。而婴儿死亡率却高达 5. 24%，与 2003 年的世界平均水平持平。

就每千人拥有的医院床位数而言，同一时期，土耳其每千人拥有的医院床位数稳定在 2. 5 个，属于世界中等水平。

(七)劳动力

就农业、工业劳动力占总劳动力的比例而言，和韩国、巴西、墨西哥、马来西亚等国相比，土耳其农业劳动力占总劳动力的比例明显偏高，而工业劳动力占总劳动力的比例则大体相当，这说明土耳其的第三产业不够发达，产业结构调整亟待加强，如图 4-12 所示。

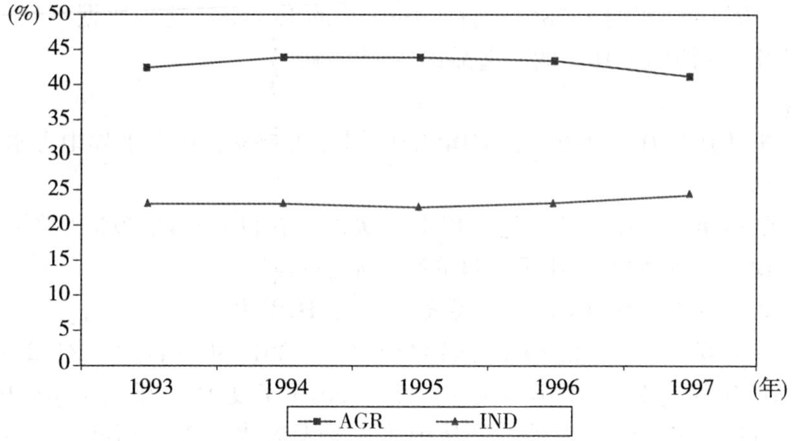

图 4-12 土耳其农业、工业劳动人口占总劳动人口比重

注：AGR、IND 分别代表农业占总劳动力的比重和工业占总劳动力的比重。

就总劳动参与率、长期失业率而言，1993—1997 年间，土耳其总劳动参与率在 52%~55%之间波动，而长期失业率在高值 45%附近波动，如图 4-13 所示。这表明土耳其的就业环境较为恶劣。

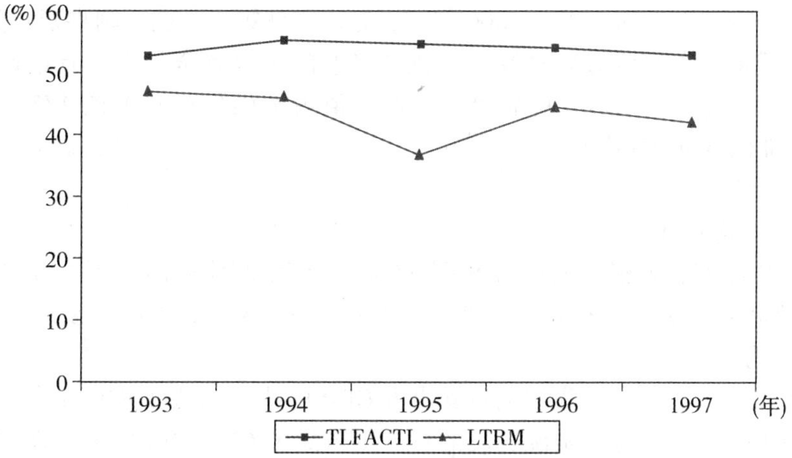

图 4-13 土耳其总劳动参与率、长期失业率

注：TLFACTI、LTRM 分别代表总劳动参与率、长期失业率。

(八)高科技研发支出和出口

就每百人互联网用户数而言，1993—1997 年间，土耳其互联网事业并没有发生实质变化，互联网每百人用户数从 0.01 增加到 0.47，互联网依然没有得到普及。

就研究与开发支出占 GDP 的比重而言，同一时期，土耳其用于研发的支出占 GDP 的比重在 0.33%附近波动，和发达国家相比有相当大的差距。

就高科技产品出口占制造品出口的比例而言，同一时期，土耳其高科技产品出口占制造品出口的比例从 1993 年的 1. 38%增加到 1997 年的 1. 68%，这一数据不到美国的 1/10，与斯里兰卡相当。这说明土耳其的制造品出口较低端。

（九）教育

1995 年，土耳其政府教育投入占 GDP 的比例为 2. 25%，属于世界中等水平。

（十）城市化程度

1993—1997 年间，土耳其城市化进程十分缓慢，农村人口从 39%下降到 36. 8%，降幅不足 3%，但城市、农村人口比重与世界平均水平相当。

（十一）全球竞争力指数（GCI）和人类发展指数（HDI）排名

2009—2010 年度，土耳其的 GCI 排名为 61/133，2013 年排名为 44/152，竞争力提升速度较快。2005 年度智利 HDI 排名为 94/177，2010 年度 HDI 排名为 83/169，2013 年 HID 排名为 69/187，上升势头强劲，已从中等人类发展水平提升到高人类发展水平。土耳其的 GCI 排名和 HDI 排名都属于中等水平。

总体来说，土耳其发展的突出问题是市场经济发育不成熟和经济社会发展不协调。从经济方面来看，正是由于市场经济的不完善，物价才会出现较大的波动，产业结构不尽合理，服务业比重过低，国际收支才会出现较大的波动；另外，政府对教育、科技和公共健康投入不足，因此土耳其在教育、科技、人口素质等软实力上不具有竞争力。

四、阿根廷经济社会发展程度

阿根廷位于南美洲大陆，人口 4000 多万，是南美洲第二大国。阿根廷自然资源丰富，农牧业发达，是世界著名的农牧产品出口国；工业门类较齐全，主要有钢铁、电力、汽车、石油、化工、纺织、机械、食品等。工业产值占国内生产总值的 1/3。阿根廷是原 GATT 缔约方和 GPA 观察员。

（一）经济总量

1. GDP 和人均 GDP

1993—1997 年间，阿根廷人均 GDP 从 6990 美元增加到 8210 美元，年均增长率超过 3%，属于中高收入国家，而 GDP 年均增长率也高达 4. 5%，如图 4-14 所示。

2. 经济结构

1993—1997 年间，阿根廷最终消费支出占 GDP 的比重维持在 83%左右，其中政府消费支出稳定在 13%附近，也就是说居民消费支出占到了 GDP 70%以上，而与此同时，固定资本形成总额占 GDP 比重则在 18%~19%附近波动，总体结构十分稳定，也较为合理，如图 4-15 所示。

（二）对外贸易

就贸易占 GDP 的比重而言，1991—1997 年间，阿根廷对外贸易占 GDP 的比重从 13. 8%增加到 23. 3%。这一比例虽低于同期的美国、加拿大、墨西哥和智利，但显示了良好的增长态势。

就经常性收支差额占 GDP 的比重而言，同一时期，阿根廷存在一定程度的贸易逆差，经常性收支差额占 GDP 的比重在 0. 34%~4. 33%之间波动，均值约为-3%。

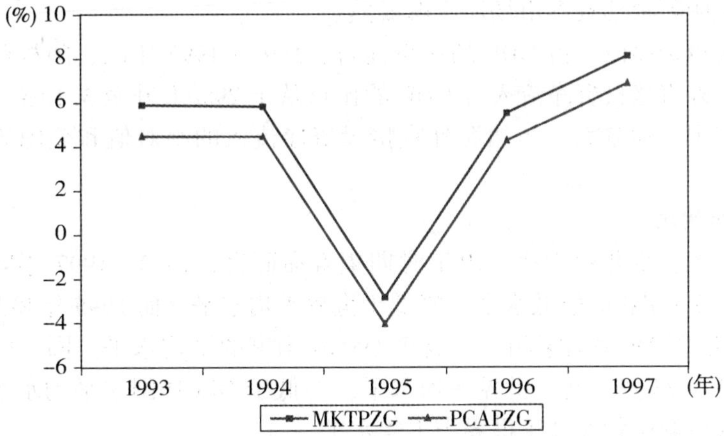

图 4-14 阿根廷 GDP 和人均 GDP 增长率

注：MKTPZG、PCAPZG 分别代表 GDP 年增长率和人均 GDP 年增长率。

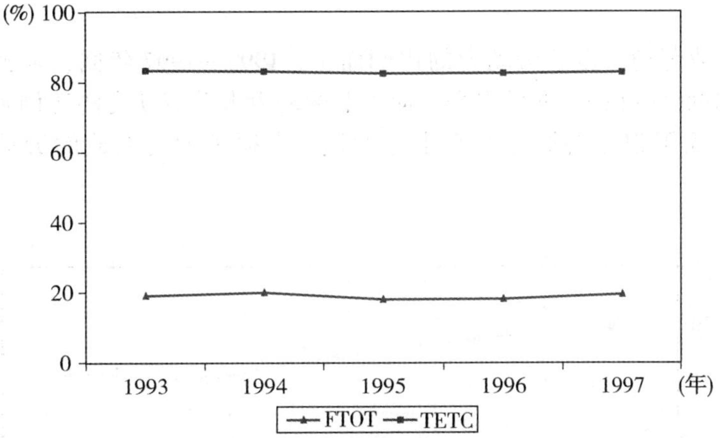

图 4-15 阿根廷最终消费支出和固定资本形成总额比例变动

注：TETC、FTOT 分别代表最终消费支出占 GDP 的比重和固定资本形成总额占 GDP 比重。

(三) 价格指数

与东欧国家一样，阿根廷在 20 世纪 90 年代中期也经历了十分严重的通货膨胀。1995 年，以 GDP 紧缩反映的通货膨胀率高达 255%，但是以消费价格指数反映的通货膨胀情况则不是那么剧烈，属于温和通货膨胀范畴。

(四) 财政收支

阿根廷财政收支情况不详。

(五) 市场成熟度

就上市公司市值占 GDP 的比重而言，1991—1997 年，阿根廷资本市场稳步发展，上市公司市值占 GDP 的比重由 1991 年的 9.75%上升至 1993 年的 18.6%，之后比重小幅下降，到 1997 年又恢复到 20. 2%的水平。这一比重略低于巴西，远低于墨西哥、智利、美国等国家。这说明阿根廷资本市场还不够成熟。

就海外直接投资净流入占 GDP 的比重而言，1991—1997 年间，阿根廷越来越受到国外资本欢迎，海外直接投资净流入占 GDP 的比重从 1. 29%上升至 3. 13%，这一情况要好于巴西甚至是美国、加拿大，当然海外直接投资净流入的绝对值和美国等国有相当大的差距。

(六)人口和健康

就人口增长率、婴儿死亡率、出生时期望寿命而言，1993—1997 年间，阿根廷人口增长率维持在 1. 3%左右的较低水平，略低于世界平均水平。而 1995 年婴儿死亡率则达到 2. 2%，与高人类发展水平国家相当，高于 OECD 国家的平均水平。同一时期，阿根廷出生时预期寿命则为 73 岁，高于世界平均水平，但低于 OECD 国家平均水平。因此，总体说来，阿根廷人口健康状况处于世界中上等水平。

就每千人拥有的床位数而言，1993—1997 年间，阿根廷每千人拥有的床位数从 1993 年的 4. 6 个下降到 1995 年的 3. 3 个，医疗资源获得情况出现一定程度的恶化。这一水平与亚洲国家相当，但低于欧美国家水平。

(七)劳动力

就农业、工业劳动力占总劳动力的比例而言，1993—1997 年间，阿根廷农业劳动力占总劳动力的比例维持在 1%的低水平，而工业劳动力占总劳动力的比例则从 30%左右下降到 25%左右，而阿根廷的服务业则十分发达，占据了大约七成的劳动力，如图 4-16 所示。

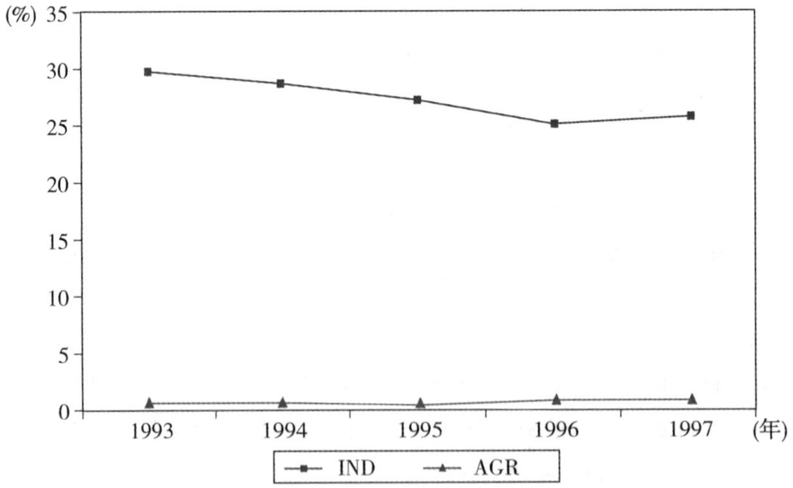

图 4-16 阿根廷农业、工业劳动力占总劳动力的比例

注：AGR、IND 分别代表农业占总劳动力的比重和工业占总劳动力的比重。

就总劳动参与率而言，同一时期，阿根廷总劳动参与率不足 60%，在 57. 8%~59. 1%之间浮动，这一比例与拉美、东欧很多国家相似，总体来说，阿根廷的总劳动参与率较低，失业率较高。

(八)高科技研发支出和出口

就每百人互联网用户数而言，1993—1997年间，互联网在阿根廷处于起步阶段，每百人互联网用户数虽有所增加，但仍然不足0.5人。

就研究与开发支出占GDP的比重、每百万人口中从事研究与开发的技术人员数而言，同一时期，阿根廷研究与开发支出占GDP的比重仅为0.42%，这一比例低于南美的巴西、智利，低于东欧转型国家，更低于OECD国家。与此同时，阿根廷每百万人口中从事研究与开发的技术人员数仅为650人左右，不足700人，不及波兰、保加利亚的一半，也属于十分低的水平。总体说来，阿根廷的研发投入和研发实力属于世界中下等水平。

就高科技产品出口占制造品出口的比重而言，同一时期，阿根廷高科技产品出口占制造品出口的比重仅为5%左右，其中1995年仅为3.5%，这一水平在南美属于中上等水平，但远不及美国同期的30%左右和新加坡的50%以上。

(九)教育

就政府教育投入占GDP的比例而言，1995年，阿根廷政府教育投入占GDP的比例不足4%，仅为3.57%，在拉美地区属于较高水平，但低于美国、以色列的6%左右的水平。

就高等教育毛入学率而言，同一时期，阿根廷高等教育毛入学率约为68%，接近OECD国家平均水平，这说明阿根廷人力资本素质较好。

(十)城市化程度

阿根廷城市化程度较高，农村人口占总人口比重仅占10%左右，但是阿根廷和许多拉美国家一样，存在较为严重的城市贫困问题。

(十一)全球竞争力指数(GCI)和人类发展指数(HDI)排名

2009—2010年度，阿根廷的GCI排名为85/133，2013年排名为104/152，排名下降幅度较大；2005年度HDI排名为34/177，2010年度排名为46/169，2013年度排名为49/187，属于高人类发展水平，排名有下降趋势。总体来说，阿根廷GCI排名较为靠后，而HDI排名较为靠前。

总体来说，和许多拉美国家一样，在20世纪90年代中期，阿根廷逐渐走出“拉美陷阱”。这一时期，阿根廷经济增长较为稳定，但仍然存在高通胀、高失业的问题，贫富差距过大也成为制约阿根廷经济进一步发展的瓶颈。阿根廷产业结构较为合理，对外贸易也十分活跃，但缺乏稳定性，同时资本市场也不够发达；基础设施，特别是科技研发处在世界中等，甚至偏下水平，好在阿根廷的基础教育和高等教育发展良好，使得其人力资本具有一定的竞争力。

五、智利经济社会发展程度

智利位于南美洲西南部，安第斯山脉西麓，是世界上地形最狭长的国家，人口1500多万。智利实行半总统半议会制，政府首脑为内政部长。智利属于中等发展水平国家，预计在2019年前成为南美洲第一个发达国家。矿业、林业、渔业和农业资源丰富，是国民经济四大支柱。矿藏、森林和水产资源丰富，以盛产铜闻名于世，素称“铜矿之国”，工矿业是智利国民经济的命脉。智利是以经济开放著称于世的贸易国家。2003年出口额首次突破 200 亿美元大关，达到 210 亿美元。智利是 GATT 原缔约方和 GPA 观察员。

(一)经济总量

1. GDP 和人均 GDP

1993—1997 年间，智利人均 GDP 从 3424 美元增加到 5580 美元，增长率总体呈现先增后减态势，年均增长率高达 5.7%，属于中上等收入国家，与此同时，GDP 增长率也高达 7.5%，经济保持较快增长，如图 4-17 所示。

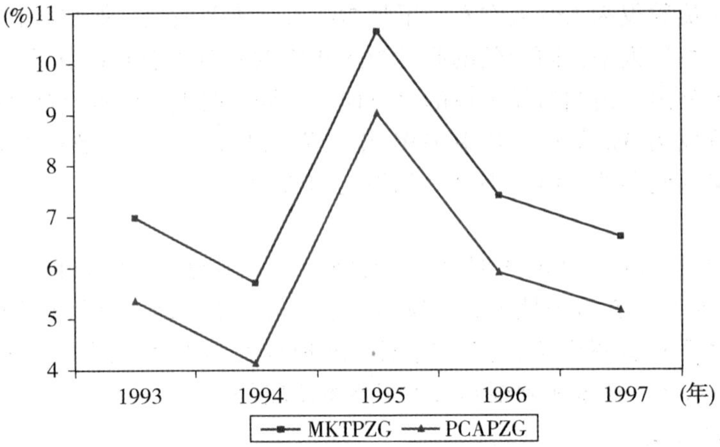

图 4-17 智利 GDP 和人均 GDP 增长率

注：MKTPZG、PCAPZG 分别代表 GDP 年增长率和人均 GDP 年增长率。

2. 经济结构

1993—1997 年间，智利最终消费支出占 GDP 比重呈现先减后增态势，总体在 71.6%~75%之间波动，其中政府消费比重稳定在 11%左右；与此同时，智利固定资本形成总额占 GDP 比重稳定在 24%~27%之间，如图 4-18 所示。与阿根廷相比，智利经济更具有外向型特征，但总体来说这个构成在世界上较为常见。

(二)对外贸易

就对外贸易占 GDP 的比重而言，1991—1997 年间，智利对外贸易占 GDP 一半以上，甚至高达 60%，这一比例高于巴西、阿根廷、墨西哥等国，甚至高于美国和新西兰，呈现出较为明显的外向型经济特征。

就经常性收支差额占 GDP 的比重而言，同一时期，智利的贸易逆差也维持在较高水平。1991 年，智利基本维持经常性收支平衡，1992 年贸易逆差扩大到-2.3%，1993 年经常性收支差额占 GDP 的比重进一步扩大，达到-5.8%，之后经常性收支差额占 GDP 的比重呈收敛趋势，1997 年这一比值降到-3.8%。较大的贸易逆差成为这一时期拉美国家的共同特征。

(三)价格指数

1993—1997 年间，智利也存在较严重的通货膨胀，以 GDP 紧缩反映的通货膨胀率高达 45%。而智利消费价格指数变动稍小，以 1995 年为基期，1993 年消费价格指数约为

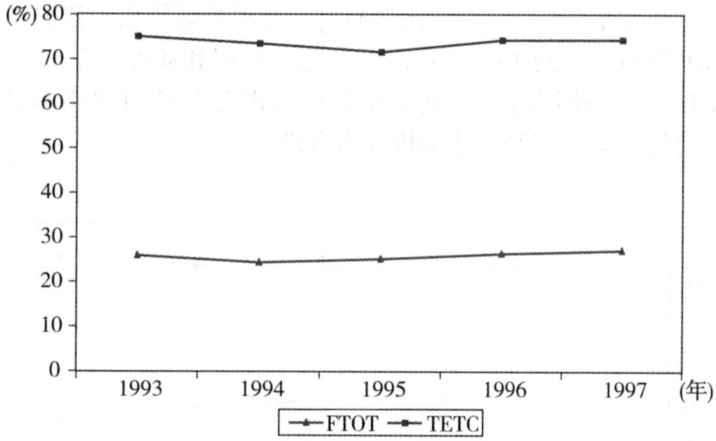

图 4-18 智利最终消费支出和固定资本形成总额比例变动

注：TETC、FTOT 分别代表最终消费支出占 GDP 的比重和固定资本形成总额占 GDP 比重。

83%，1997 年上升到 114%。

(四)财政收支

智利财政收支情况不详。

(五)市场成熟度

就上市公司市值占 GDP 的比重而言，1993—1997 年间，智利资本市场显得较为不景气。1993 年上市公司市值占 GDP 的比重约为 100%，1994 年增长到 134%，之后便越走越低，到 1997 年，这一比值降为 87%。虽然比值的绝对值在拉美地区处于较高水平，但是资本市场的不稳定性较为突出。

就海外直接投资净流入占 GDP 的比重而言，同一时期，智利海外直接投资净流入占 GDP 的比重总体呈上升趋势：1993 年智利海外直接投资净流入占 GDP 的比重约为 2.3%，1996 年上升至 7%，1997 年回落至 6.4%。总体说来，这一比值高于南美地区其他国家，甚至远高于美国、加拿大等国。这也说明智利是一个资本流入国，较大的资本流入也显示了智利的发展中国家属性。

(六)健康

就人口增长率、婴儿死亡率、出生时期望寿命而言，1993—1997 年间，智利人口增长呈下降趋势，从 1.81%下降到 1.42%，人口出生率与世界平均水平相当。同一时期，智利婴儿死亡率约为 1.33%，低于世界平均水平，但略高于 OECD 国家平均水平。而智利的出生时期望寿命为 72 岁，也是介于世界平均水平和 OECD 国家平均水平之间。总体说来，智利人口健康状况属于世界中等水平。

就每千人拥有的床位数而言，同一时期，智利每千人拥有的床位数从 1993 年的 3.1 个下降到 1996 年的 2.7 个，医疗资源可获得性呈现恶化趋势，并且从绝对值来看，智利每千人拥有的床位数也处在较低水平。

(七)劳动力

就农业、工业劳动力占总劳动力的比例而言，与阿根廷相比，智利农业劳动力占总劳动力的比例要高出很多，达到16%左右，但是这一数值和亚洲、东欧甚至OECD国家相比，处于较低水平，而与此同时，智利工业劳动力占总劳动力的比例稳定在27%左右，如图4-19所示。总体说来，智利产业结构较为合理。

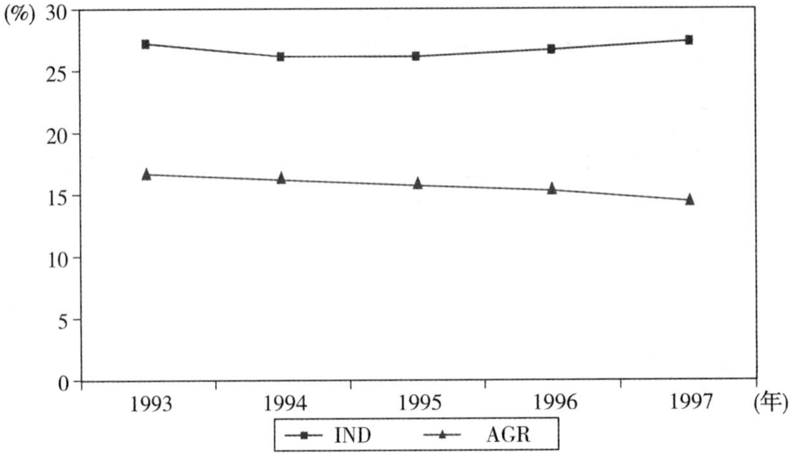

图4-19 智利农业、工业劳动力占总劳动力的比例

注：AGR、IND分别代表农业占总劳动力的比重和工业占总劳动力的比重。

就总劳动参与率、长期失业率而言，同一时期，智利劳动参与率稳定在56%附近，与其他拉美国家较为一致；与此同时，智利长期失业率高达50%，1995年甚至高达60%，失业现象十分严重。

(八)高科技研发支出和出口

就每百人互联网用户数而言，1993—1997年间，智利互联网取得了一定的发展，互联网每百人用户数从0.07人增加到1.06人，这在拉美地区属于较好水平，但是与OECD国家有较大差距。

就研究与开发支出占GDP的比重、每百万人口中从事研究与开发的技术人员数而言，同一时期，智利研究与开发支出占GDP的比重仅为0.5%左右，与东欧转型国家相当，远不及OECD国家；与此同时，智利每百万人口中从事研究与开发的技术人员数不足400人，这一数据甚至仅占阿根廷的一半。这说明智利的研发能力较为落后。

就高科技产品出口占制造品出口的比重而言，同一时期，智利高科技产品出口占制造品出口的比重从1994年的2.4%小幅上升至1996年的3.72%，之后又有所回落。整体来说，智利高科技产品出口仍然不具规模。

(九)教育

就政府教育投入占GDP的比例而言，1995年，智利政府教育投入占GDP的比例仅为2.71%，远低于4%，也低于巴西、阿根廷等国。

就高等教育毛入学率而言，1993—1997年间，智利高等教育毛入学率约为52%，低于阿根廷的68%，也低于 OECD 国家平均水平。

(十)城市化程度

智利城市化程度较高。1993—1997 年间，智利农村人口占总人口比重仅在 15%~16%之间，处在较低水平。但智利的城市贫困问题较为严重。

(十一)全球竞争力指数(GCI)和人类发展指数(HDI)排名

2009—2010 年度，智利的 GCI 排名为 30/133，2013 年排名为 34/152，竞争力有所下降。2005 年度智利 HDI 排名为 37/177，2010 年度排名为 45/169，2013 年排名为 41/187，属于高人类发展水平。

总体来看，智利经济发展略落后于巴西、阿根廷等南美大国，也存在同样的“拉美病”，但是智利经济具有明显的外向型经济特征。智利的优势在于城市化程度较高，人力资本素质也相对较高，产业结构较为合理；但是智利经济缺乏稳定性，基础设施落后，科技医疗卫生投入较为缺乏，因此智利的经济发展缺乏可持续性。

六、中国经济社会发展程度

中国是世界上经济增长最快的国家，2010 年上半年中国 GDP 已超过日本，在 2014 年全球最大经济体排名中中国位居第二。但是现今中国经济处于转轨期，GDP 增长速度放缓，1979—2009 年中国年均 GDP 增长率高达 9.8%，2012—2014 年 GDP 增长率放缓至 7.5%左右，中国经济面临强大的经济下行压力；而且由于中国人口众多，因此人均指标在世界排名靠后，另外，目前中国资源短缺，劳动力成本上升，贫富差距较大成为制约中国进一步发展的瓶颈。经过 15 年的艰苦谈判，中国于 2001 年 11 月加入 WTO；同时还是 GPA 的观察员，目前正积极准备 GPA 谈判。

(一)经济总量

1. GDP 和人均 GDP

1999—2003 年间，中国经济保持高速增长，人均 GDP 从 1999 年的 865 美元增长到 1274 美元，年均增长 7.9%，属于低收入国家。GDP 的年均增速达到 8.7%，增长水平基本同步，如图 4-20 所示。

2. 经济结构

同一时期，中国经济结构变动较大，突出表现为消费占经济比重不断下降，而投资占经济比重不断上升。1999—2003 年，中国最终消费支出占 GDP 比重从 62%下降到 56%，其中政府消费比重基本不变，保持在 16%左右；与此同时，固定资本形成总额占 GDP 比重则从 34%增加到近 40%，如图 4-21 所示。这说明中国经济越来越依靠投资拉动，甚至开始过度依赖投资，而居民消费的比重下降明显，居民消费需求不断萎缩，这对于经济增长十分不利。

(二)对外贸易

就贸易占 GDP 的比重而言，1999—2003 年间，对外贸易占 GDP 的比重上升明显，从 36.4%增长到 56.9%，经济增长的外贸依存度大幅上升。这个比例和韩国、马来西亚类似。但是这种高度依赖外贸的发展方式使得经济脆弱性增强。这一点在 2008 年全球金融危机中得到了体现。

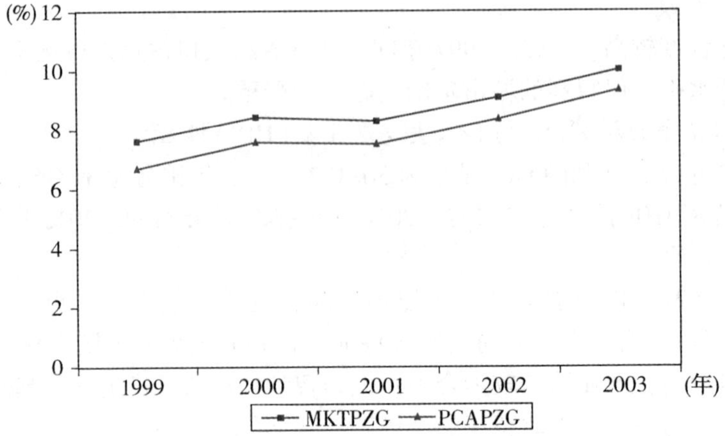

图 4-20 中国 GDP 与人均 GDP 增长

注：MKTPZG、PCAPZG 分别代表 GDP 年增长率和人均 GDP 年增长率。

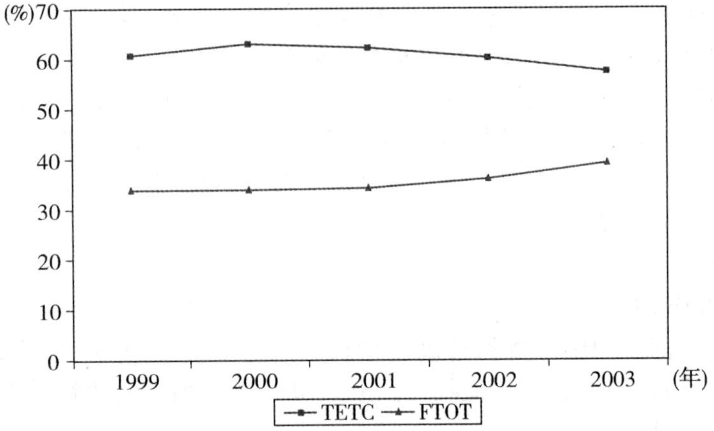

图 4-21 中国经济结构变动

注：TETC、FTOT 分别代表最终消费支出占 GDP 的比重和固定资本形成总额占 GDP 比重。

就官方汇率而言，同一时期，人民币对美元的汇率保持稳定，约为 8.28，这与中国保持汇率稳定的货币政策密不可分。

就经常性收支差额占 GDP 的比重而言，同一时期，中国的经常性收支差额占 GDP 的比重稳步上升，由 1.95%上升至 2.8%，国际贸易顺差不断加大。这与日本、韩国等亚洲国家的贸易收支状况一致。但是，过多的贸易顺差可能导致他国针对中国采取贸易保护措施。

(三)价格指数

就通货膨胀年率而言，1999—2003 年间，中国经历了由通货紧缩到通货膨胀的过程，通货膨胀率由-1.25%上升至 2%左右，如图 4-22 所示。总体来说，这一时期中国的物价比较稳定，并且这种温和的通胀比较有利于经济的增长。

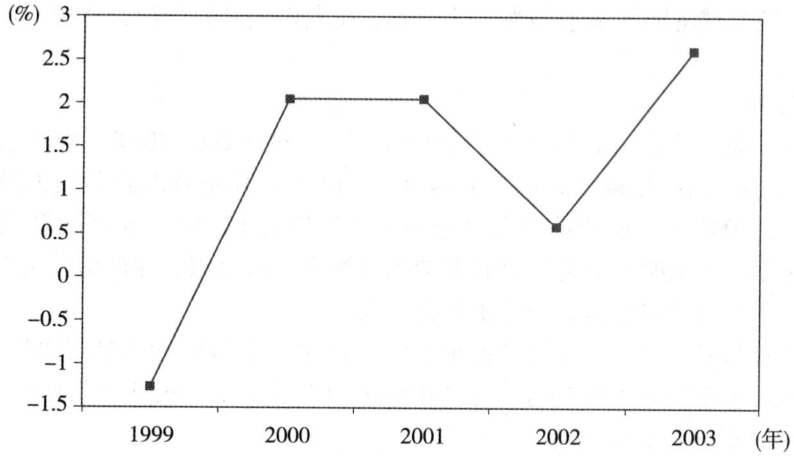

图 4-22　中国通货膨胀率

就短期存款利率而言，同一时期，中国的利率维持在较低水平，由 2. 25%下降到 1. 98%，这说明这一时期中国的货币政策较为宽松。

(四)财政收支

就政府总支出占 GDP 的比重而言，2002—2003 年，中国的政府总支出占 GDP 的比重维持在 10. 5%左右。

就财政收入占 GDP 的比重而言，1999—2003 年，中国的政府收入(不含捐赠)占 GDP 的比重由 6. 6%上升至 8. 76%，政府财力明显增强。

就政府债务占 GDP 的比重而言，同一时期，国内形成债务占 GDP 比重也维持在 2%~5%的可控水平内，总体来说，中国政府收支状况良好，基本不存在财政风险。

(五)市场成熟度

就上市公司市值占 GDP 的比重而言，1999—2003 年间，中国资本市场稳步发展，上市公司市值占 GDP 的比重从 30. 5%上升至峰值 48. 5%之后，回落到 31. 9%，最后又恢复至 41. 5%的水平，总体呈上升趋势，波动不大。

就海外直接投资净流入占 GDP 的比重而言，同一时期，中国海外直接投资净流入占 GDP 的比重整体保持稳定，比重基本在 3%以上，最高达到 3. 6%，显示了中国良好的经济前景，但是 2003 年这一比重下降至 2. 87%，这可能与当时的“非典”在中国流行有关。

(六)人口和健康

就人口增长率、婴儿死亡率、出生时预期寿命而言，1999—2003 年间，中国人口年均增长率为 0. 75%，低于世界平均水平，并呈逐渐下降趋势。这与中国长期以来实行的计划生育政策密不可分。2003 年，中国婴儿死亡率约为 3%，低于世界平均水平，与高人类发展国家水平相当。2001—2005 年，出生时平均预期寿命为 71. 5 岁，高于世界平均水平，与中等收入国家水平相当。

就公共医疗支出占 GDP 的比例而言，2002 年中国公共医疗支出占 GDP 的比例为 2%，与马来西亚相当，低于沙特、韩国、墨西哥同期水平。

就每千人拥有的医院床位数而言，1999—2003 年间，中国每千人拥有的医院床位数约为 2.5 个，这与越南同期水平相当。这说明，在人口稠密的中国，医疗资源还是比较紧张的。

(七)劳动力

就农业、工业劳动力占总劳动力的比例而言，1999—2002 年间，中国农业、工业劳动力占总劳动力的比例从 64.9%下降到 44.1%，而工业劳动力占总劳动力的比例基本稳定，略有上升，2002 年工业劳动力占总劳动力的比例为 17.7%，两者之和高达 60%。这说明，这一时期，中国的劳动力仍以农业劳动力为主，从事服务业的劳动力较少，而工业劳动力占比稳中有升说明中国正处于工业化阶段。

就总劳动参与率而言，和世界其他很多国家相比，中国总劳动参与率处于较高水平，高达 77%以上，但有一定下降趋势，这与中国大力发展劳动密集型产业有关。

(八)高科技研发支出和出口

就每百人互联网用户数而言，1999—2003 年，互联网在中国处于起步阶段，每百人互联网用户数从 0.71 人增加到 6.17 人，这一数据仅为 2003 年世界平均水平的一半。

就研究与开发支出占 GDP 的比重而言，1997—2002 年，中国研究与开发支出占 GDP 的比重仅为 1.2%，与俄罗斯相当，仅为美国、韩国的一半。

就高科技产品出口占制造品出口的比例而言，同一时期，中国高科技产品出口占制造品出口的比例从 1999 年的 16.8%增加到 2003 年的 27.1%，这一数据低于新加坡、美国和日本，与韩国相当。与同为制造品出口大国的美国、韩国、新加坡、日本相比较，中国的高端产品在世界范围还不具有竞争力。

(九)教育

就政府教育投入占 GDP 的比例而言，1999—2003 年间，中国政府教育投入占 GDP 的比例从 2.55%增加到 2.9%左右，与土耳其同期水平相当，低于印度和墨西哥的水平，也没有达到 4%的标准。

就成人文盲率而言，2000 年，中国成人文盲率约为 9%，在发展中国家中属较低水平。

就高等教育毛入学率而言，2001—2009 年，中国高等教育毛入学率约为 22%，低于马来西亚的 29.7%和土耳其的 37%，不及以色列的 60.4%和韩国的 96%，这说明中国的人力资本素质还不够高。

(十)城市化程度

1999—2003 年间，中国农村人口占总人口比重由 65%下降至 61.4%，中国城市化程度依然不高。

(十一)全球竞争力指数(GCI)和人类发展指数(HDI)排名

2009—2010 年度，中国的 GCI 排名为 29/133，2013 年 GCI 排名依旧为 29/152，排名稳定。2005 年中国 HDI 排名为 85/177，2010 年度 HDI 排名为 89/169，2013 年度 HDI 排名为 91/187，处于高人类发展水平。中国的 GCI 排名较为靠前，但 HDI 排名仅处于世界中等水平。

最近几十年，中国经济实现了快速发展，因此经济、社会等各项指标都取得了较大进步。稳定的宏观环境为经济发展创造了良好的条件，但是中国经济依然存在很多问题，比如经济结构、产业结构不尽合理，经济发展效益较低，代价较大，经济秩序也不够规范。这些问题也引发了中国收入差距过大的社会问题。与此同时，中国的人力资本竞争力、科技实力、基础设施建设都与发达国家有相当大的差距，甚至包括脆弱的生态环境和日益短缺的自然资源，这些因素都严重制约了中国经济的发展。

七、蒙古经济社会发展程度

蒙古是亚洲东北部一个高原地区的泛称，是位于亚洲中部的内陆国，南、东、西与中国接壤，北与俄罗斯相邻。蒙古实行议会共和制，人口不足 300 万。蒙古自然资源丰富，交通以公路和铁路为主。蒙古经济以畜牧业为主，曾长期实行计划经济。1991 年开始向市场经济过渡，实行国有资产私有化。蒙古于 1997 年 1 月加入 WTO，目前是 GPA 观察员。

（一）经济总量

1. GDP 和人均 GDP

1993—1997 年间，蒙古人均 GDP 从 291 美元增加到 540 美元，后又减少到 457 美元，属于低收入国家。人均 GDP 年均增长率仅为 1.9%左右，GDP 增长率则为 2.4%左右，如图 4-23 所示。

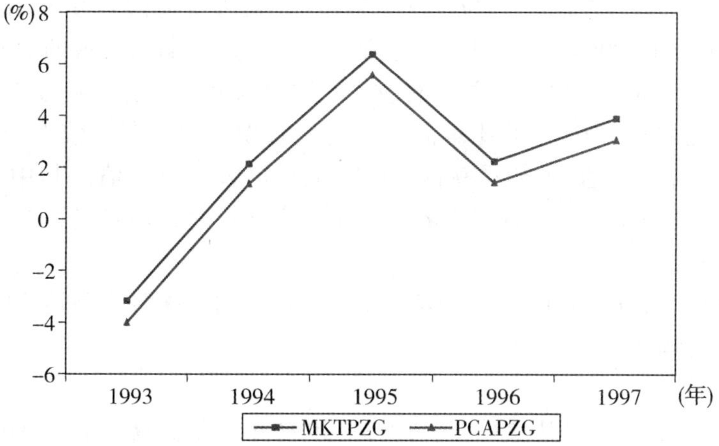

图 4-23 蒙古 GDP 和人均 GDP 增长率

注：MKTPZG、PCAPZG 分别代表 GDP 年增长率和人均 GDP 年增长率。

2. 经济结构

同一时期，蒙古最终消费占 GDP 比重出现了较大的波动。1993 年，蒙古最终消费占 GDP 比重为 88.3%，1994 年这一数值略有增加，1995 年这一数值减少至 69.5%，之后恢复到 78%，而到 1997 年最终消费占 GDP 比重又只有 66%；政府消费支出占比同样也经历了剧烈的波动，波动范围为 13%～29.6%；与此同时，居民消费则由 60%下降到 50%左右。而同一时期，蒙古的固定资本形成总额占 GDP 比重则在 21%~27%之间波动，相对较为稳定，如图 4-24 所示。总体说来，这一时期蒙古经济结构十分不稳定，这与当时蒙古周边动荡的政治经济环境有很大关系。

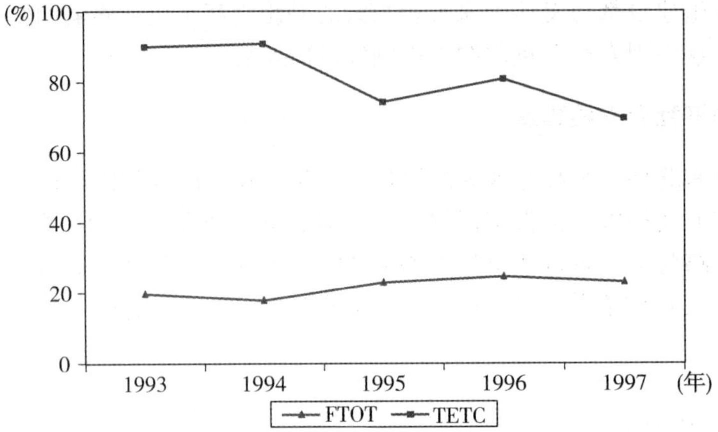

图 4-24　蒙古最终消费支出和固定资本形成比例变动

注：TETC、FTOT 分别代表最终消费支出占 GDP 的比重和固定资本形成总额占 GDP 比重。

(二) 对外贸易

就贸易占 GDP 的比重而言，1993—1997 年间，蒙古贸易占 GDP 的比重从 1993 年的 152%下降到 1996 年的 89%之后又迅速恢复到 112%，这一期间蒙古的对外贸易发生了很大的波动，但蒙古外向型经济特征并没有改变。这也为蒙古经济的剧烈波动埋下了隐患。

就经常性收支差额占 GDP 的比重而言，同一时期，蒙古存在较大额度的贸易顺差。除 1996 年外，蒙古经常性收支差额占 GDP 的比重基本为正值，其中 1995 年最低为 3.2%，1997 年最高为 9.76%。这对世界各国来说实属不易，但是过大的贸易顺差也给蒙古经济带来了潜在的威胁。

就价格指数而言，1995 年蒙古以 GDP 紧缩反映的通货膨胀率高达 50%，飞涨的物价使得蒙古经济十分脆弱。

(三) 财政收支

就政府总支出占 GDP 的比重而言，1993—1997 年，蒙古政府总支出占 GDP 的比重从 17%下降到 13.8%后又恢复到 18.3%的水平，总体来说，蒙古政府总支出占 GDP 的比重处在一个十分低的水平，世界上多数国家保持在 20%~40%的水平，这说明蒙古宏观经济调控能力不强。

就政府收入占 GDP 的比重而言，同一时期，蒙古政府收入(不含捐赠支出)占 GDP 的比重从 1993 年的 23.3%下降到 19.4%，与国际经验水平相比也处在较低水平，这说明蒙古政府财力十分有限。

就政府债务占 GDP 的比重而言，1995—1996 年，蒙古国内形成净债务占 GDP 的比重仅在 2%左右，处在相对安全的区间，这说明蒙古实行了稳健的财政政策。

1993—1997 年间，蒙古政府收支状况如图 4-25 所示：

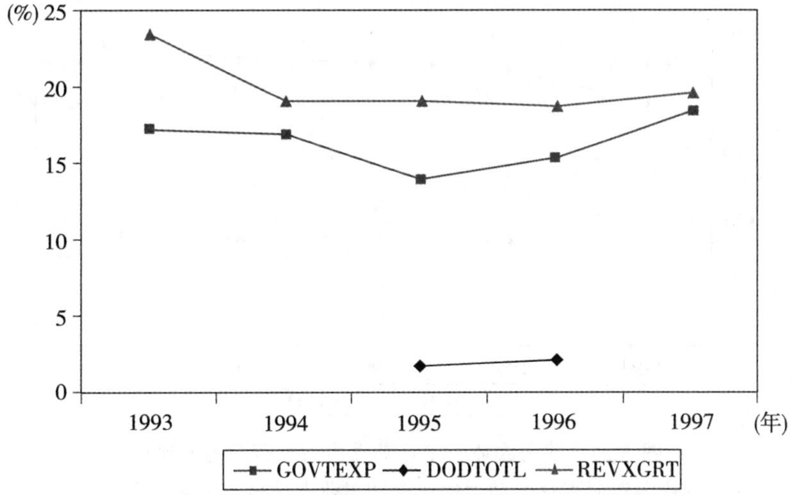

图 4-25　蒙古政府收支变动

注：DODTOTL、GOVTEXP、REVXGRT 分别代表政府国内形成债务净额占 GDP 的比重、总支出占 GDP 的比重、收入(不包括捐赠)占 GDP 的比重。

(四)市场成熟度

就上市公司市值占 GDP 的比重而言，1993—1997 年间，蒙古资本市场处于孕育阶段，上市公司市值占 GDP 的比重极低。

就海外直接投资净流入占 GDP 的比重而言，同一时期，蒙古海外直接投资净流入占 GDP 的比重从 1993 年的 1.17%下降至 1995 年的 0.8%，到 1997 年又增长至 2.37%，这一水平低于东欧国家的平均水平，这说明蒙古的经济开放程度还不够。

(五)健康

1993—1997 年间，蒙古人口增长率维持在极低水平，但呈上升趋势。1993 年，蒙古人口增长率为 0.15%，1995 年增长至 0.36%，1997 年攀升至 0.91%。而蒙古的婴儿死亡率则处于较高水平，1996 年婴儿死亡率高达 6.1%，高于世界平均水平，接近发展中国家平均水平。与此同时，蒙古出生时期望寿命仅为 65 岁，低于世界平均水平。总体说来，蒙古的人口健康状况处在世界中等水平。

(六)劳动力

就农业、工业劳动力占总劳动力的比例而言，1993—1997 年间，蒙古农业劳动力占总劳动力的比例出现大幅上升，农业劳动力占总劳动力的比例从 39.5%上升至 48.9%，上升了约 10 个百分点，与此同时，蒙古工业劳动力占总劳动力的比例则从 20.5%下降到 16.7%，如图 4-26 所示。由此可以计算出，蒙古第三产业占用劳动力比重由 40%下降至 34%。这说明蒙古的产业结构出现一定程度的退化，劳动力从第二、三产业流向第一产业。

就总劳动参与率而言，1993—1997 年间，蒙古总劳动参与率达到 72%以上，高于欧

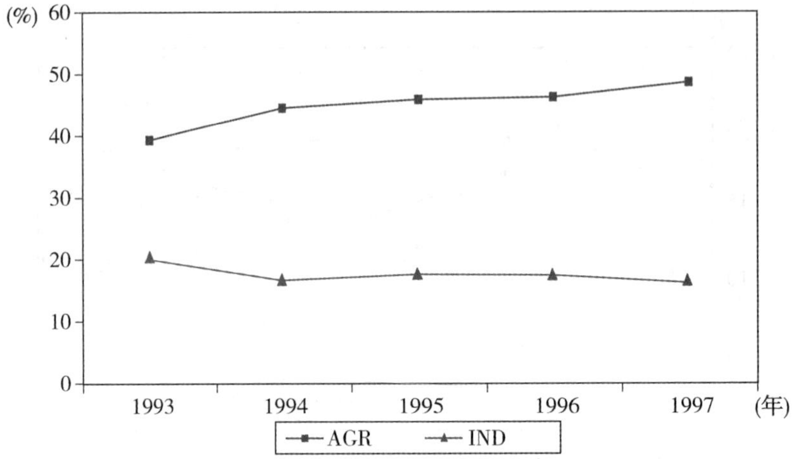

图 4-26 蒙古农业、工业劳动力占总劳动力的比例

注：AGR、IND 分别代表农业占总劳动力的比重和工业占总劳动力的比重。

洲、拉美，甚至亚洲的新加坡、韩国等很多国家，在世界都属于较高水平。蒙古的劳动参与率高，但是第二、三产业却不发达，说明蒙古的劳动力集中在农业部门，但是蒙古的人均 GDP 却在世界上排倒数，属于低收入国家，说明蒙古的劳动生产率十分低下。

(七)高科技研发支出和出口

就每百人互联网用户数而言，1995 年前后，互联网才开始走入蒙古，1995 年蒙古每百人互联网用户数仅为 0.01，到 1997 年增长至 0.11 人，处于较为落后的水平。

就研究与开发支出占 GDP 的比重而言，同一时期，蒙古研究与开发支出占 GDP 的比重不足 0.2%，与斯里兰卡处在同一水平，与美国、新加坡等国完全不具可比性。

就高科技产品出口占制造品出口的比重而言，1996 年、1997 年蒙古高科技产品出口占制造品出口的比重分别为 1.12%和 3.65%，和喀麦隆的水平相当，远低于同期的美国、德国，甚至不及阿根廷、智利、土耳其，处于较为落后的水平。

(八)教育

就政府教育投入占 GDP 的比例而言，1996 年蒙古政府教育投入占 GDP 的比例达到 5.21%，超过了 4%的标准，与葡萄牙等国水平相当。

就高等教育毛入学率而言，同一时期蒙古高等教育毛入学率约为 49%，与保加利亚相当，高于世界平均水平 25%，但仍低于 OECD 国家平均水平 71%。

(九)城市化程度

蒙古的城市化程度较低。1993—1997 年间，农村人口占总人口比重在 40%以上，达到 43%，这一数值低于世界平均水平，与发展中国家的平均水平相当。

(十)全球竞争力指数(GCI)和人类发展指数(HDI)排名

蒙古 2013 年 GCI 排名为 107/152，排名较低，竞争力弱；2005 年度蒙古 HDI 排名为 114/177，2010 年度蒙古 HDI 排名为 100/169，2013 年度 HDI 排名为 103/187，属于中等

人类发展水平。两个排名均较为靠后。

总体来看，蒙古的经济较为落后，提高低下的生产力水平成为经济发展的迫切任务。此外，经济结构不合理，市场化城市化程度低，基础设施落后成为制约蒙古经济发展的瓶颈。但是，蒙古十分重视对教育的投入，高等教育毛入学率也相对较高，这些因素可以转化为蒙古经济发展的潜力。

八、斯里兰卡经济社会发展程度

斯里兰卡是印度洋上的岛国，人口约 2000 万。在斯里兰卡，总统为国家元首、政府首脑和武装部队总司令，享有任命总理和内阁其他成员的权力。斯里兰卡工业基础薄弱，以农产品和服装加工业为主。在南亚国家中，斯里兰卡、率先实行经济自由化政策。经过 10 多年的经济改革，斯里兰卡国有化经济管理模式已打破，市场经济格局基本形成。近年来，斯里兰卡经济保持中速增长。斯里兰卡是原 GATT 缔约方和 GPA 的观察员。

(一)经济总量

1. GDP 和人均 GDP

1993—1997 年间，斯里兰卡人均 GDP 从 583 美元增加到 821 美元，年均增长率为 4.65%，属于低收入国家，而同期 GDP 增长率则达到 5.64%，增长较快，如图 4-27 所示。

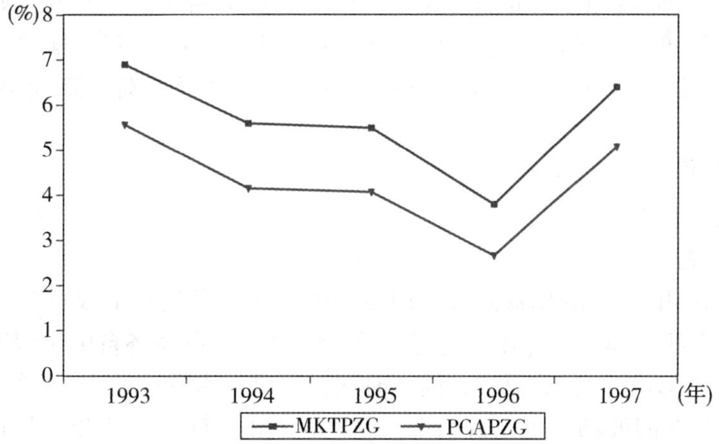

图 4-27　斯里兰卡 GDP 和人均 GDP 增长率

注：MKTPZG、PCAPZG 分别代表 GDP 年增长率和人均 GDP 年增长率。

2. 经济结构

1993—1997 年间，斯里兰卡最终消费支出占 GDP 比重从 85.2%下降到 82.6%，基本维持稳定，其中政府消费支出维持在 10%左右，居民消费需求较为旺盛。与此同时，斯里兰卡固定资本形成总额占 GDP 比重约在 24%～27%之间(如图 4-28 所示)。总体说来，斯里兰卡经济结构较为合理和稳定。

(二)对外贸易

就贸易占 GDP 的比重而言，对外贸易在斯里兰卡经济中占有非常重要的地位。

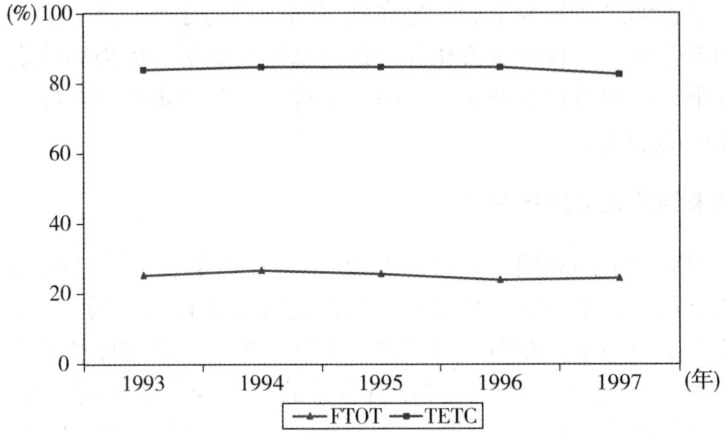

图 4-28 斯里兰卡最终消费支出和固定资本形成总额比例变动

注：TETC、FTOT 分别代表最终消费支出占 GDP 的比重和固定资本形成总额占 GDP 比重。

1993—1997 年间，斯里兰卡贸易占 GDP 的比重从 77. 2%小幅上升至 80. 1%，其外向型经济特征十分明显。

就经常性收支差额占 GDP 的比重而言，同一时期，斯里兰卡经常性收支呈现由恶化到好转的趋势，但是经常账户的贸易赤字始终未能改变。1993 年，斯里兰卡经常性收支差额占 GDP 的比重为-3. 7%，1994 年增长至-6. 5%，之后逐渐下降到 1997 年-2. 6%的水平。

(三) 价格指数

斯里兰卡价格情况不详。

(四) 财政收支

就政府总支出占 GDP 的比重而言，1993—1997 年，斯里兰卡政府总支出占 GDP 的比重在 22%～26%之间波动，总体比较稳定，这一数据与多数经济自由化国家大体一致。

就政府收入占 GDP 的比重而言，同一时期，斯里兰卡政府收入(不含捐赠)占 GDP 的比重在 19%～20%之间波动，也比较稳定。政府收入占比略小于支出占比说明斯里兰卡实行积极的财政政策刺激经济发展。

就政府债务占 GDP 的比重而言，1993—1997 年间，斯里兰卡政府债务总体处于可控状态，政府债务占 GDP 的比重 1994 年最高为 7. 2%，其他年份都在 7%以下。

斯里兰卡政府收支状况如图 4-29 所示。

(五) 市场成熟度

1993—1997 年，斯里兰卡是资本净流入国家，但是似乎这一时期的斯里兰卡对外资吸引力仍不足，国外直接投资净流入占 GDP 的比重从 1. 88%下降至 0. 43%后又迅速回升至 2. 85%，但是这一比例对于经济开放的国家来说仍然偏低。

(六) 人口和健康

1993—1997 年间，斯里兰卡人口增长率在 1%左右，呈现下降趋势，从 1. 12%下降至

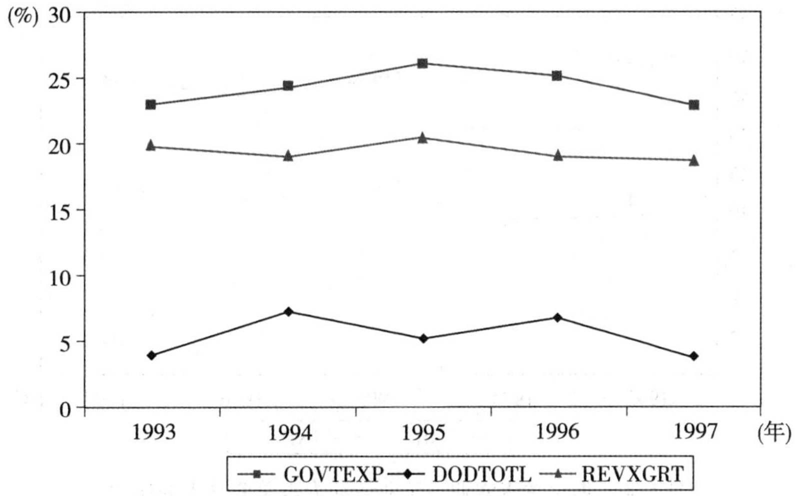

图4-29 斯里兰卡政府收支变动

注：DODTOTL、GOVTEXP、REVXGRT分别代表政府国内形成债务净额占GDP的比重、总支出占GDP的比重、收入(不包括捐赠)占GDP的比重。

0.76%，人口增长率低于世界平均水平。而斯里兰卡婴儿死亡率则高达2.1%，与阿根廷相当，高于保加利亚、波兰等国，但好于世界平均水平。同时，斯里兰卡出生时期望寿命达到72岁，介于世界平均水平和高收入国家平均水平之间。总体来说，这一时期，斯里兰卡人口健康状况属于世界中上等水平。

(七)劳动力

就农业、工业劳动力占总劳动力的比例而言，1993—1997年间，斯里兰卡农业劳动力占总劳动力的比例在35%~42.6%之间波动，是典型的农业国家。与此同时，斯里兰卡工业劳动力占总劳动力的比例仅在20%左右，由20.1%小幅上升至23.5%，如图4-30所示。总体说来，斯里兰卡农业比重过大，制造业、服务业不够发达。

就总劳动参与率而言，1993—1997年，斯里兰卡总劳动参与率不足60%，从57.6%小幅下降至55.9%，劳动参与率偏低。

(八)高科技研发支出和出口

就每百人互联网用户数而言，互联网在斯里兰卡直至1995年才被商业化，1995年每百人互联网用户数仅为0.01人，1997年这一数据增加到0.16人。

就研究与开发支出占GDP的比重、每百万人口中从事研究与开发的技术人员数而言，1996年，斯里兰卡研究与开发支出占GDP的比重仅为0.18%，在世界排名较为靠后；而每百万人口中从事研究与开发的技术人员数也不到200人，约为保加利亚的1/10。斯里兰卡研发投入和科研能力较为落后。

就高科技产品出口占制造品出口的比重而言，同一时期，斯里兰卡高科技产品出口占制造品出口的比重约为1%，也处在十分低的水平。

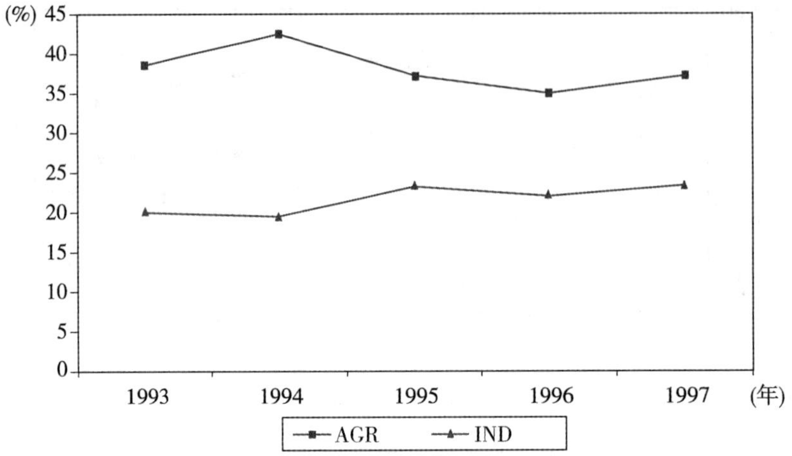

图 4-30　斯里兰卡农业、工业劳动力占总劳动力的比例

注：AGR、IND 分别代表农业占总劳动力的比重和工业占总劳动力的比重。

（九）教育

就政府教育投入占 GDP 的比例而言，1995 年，斯里兰卡政府教育投入占 GDP 的比例约为 3%，没有达到联合国 4%的标准，属于世界中下等水平。

就成人文盲率而言，同一时期，斯里兰卡成人文盲率高达 10%，比高收入国家高出 1 倍以上。

（十）城市化程度

斯里兰卡城市化程度很低，1993—1997 年间，农村人口占总人口的比重高达 83.5%，甚至还有上升趋势，这一比重比发展中国家的平均水平还要高。

（十一）全球竞争力指数（GCI）和人类发展指数（HDI）排名

2009—2010 年度斯里兰卡的 GCI 排名为 79/133，2013 年斯里兰卡 GCI 排名为 65/152，竞争力水平有所提高；2010 年度斯里兰卡 HDI 排名为 91/169，2005 年度 HDI 排名为 93/177，2013 年度排名为 73/187，属于高人类发展水平。这两项排名斯里兰卡均处于中等水平。

总体来说，斯里兰卡经济保持中速增长，经济结构也较为合理，对外贸易在国民经济中占有重要地位，但是威胁经济进一步发展的因素较多，突出表现在：产业结构不够合理，农业比重过高，第二、第三产业比重过低；基础设施落后；人力资本素质较低；宏观经济缺乏稳定性。

九、约旦经济社会发展程度

约旦位于亚洲西部，阿拉伯半岛的西北，与巴勒斯坦、以色列、叙利亚、伊拉克等国接壤，基本上是个内陆国家。约旦人口超过 600 万人，实行君主立宪制。约旦属于发展中国家，经济基础薄弱，资源较贫乏，可耕地少，依赖进口。国民经济主要支柱为侨汇、外援和旅游。阿卜杜拉二世国王执政后，把发展经济和提高人民生活水平作为其施政重点，不断深化经济改革，约旦经济状况有所好转。2006 年，约旦继续推进私有化、贸易自由化政策，大力改善投资环境，积极寻求外援和减免债务。约旦农业并不发达，粮食和肉类主要依靠进口；工业以轻工业为主。约旦于 2000 年 4 月加入 WTO，目前是 GPA 观察员。

(一)经济总量

1. GDP 和人均 GDP

1998—2002 年，约旦人均 GDP 从 1721 美元增加到 1902 美元，年均增长率为 2.03%，属于中低收入国家，而 GDP 年均增长率则为 4.34%，如图 4-31 所示。

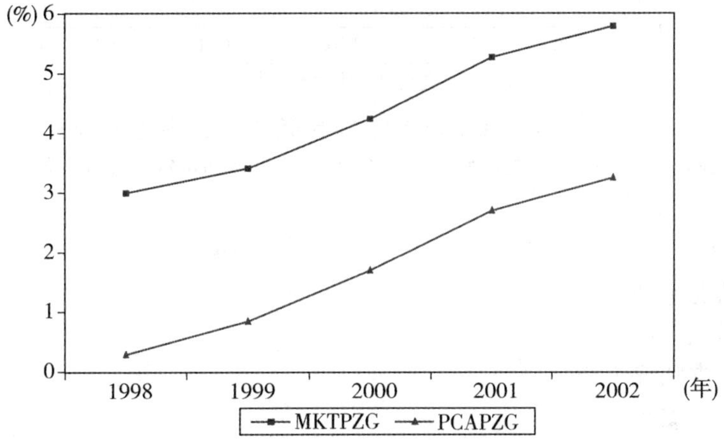

图 4-31 约旦 GDP 和人均 GDP 增长率

注：MKTPZG、PCAPZG 分别代表 GDP 年增长率和人均 GDP 年增长率。

2. 经济结构

同一时期，约旦最终消费支出占 GDP 比重在 96%~104%之间波动，但总体处于较高水平且较为稳定，其中政府消费支出稳定在 22.7%~24.4%之间，这说明约旦的居民消费支出比重较高。与此同时，约旦固定资本形成总额占 GDP 比重则稳定在 19%~23.4%之间，同时有下降趋势，如图 4-32 所示。值得注意的是，约旦的最终消费支出占 GDP 比重有两个年份超过 100%，这可能与约旦积极争取国际援助有关。

(二)对外贸易

就贸易占 GDP 的比重而言，约旦的经济外向型特征十分明显，对外贸易在约旦经济中占有重要地位。1998—2002 年间，约旦贸易占 GDP 比重均超过了 100%，在 104%~114%之间波动。这与约旦国内资源贫乏有很大关系，粮食和肉类主要依靠进口获得。

就经常性收支差额占 GDP 的比重而言，同一时期，约旦经常性收支差额占 GDP 的比重出现剧烈波动，但约旦经常性收支差额都为正值，说明约旦的经常账户实现了收支盈余，这一点相当难得。1999 年、2002 年约旦经常性收支差额占 GDP 的比重分别高达 4.97%和 5.68%，其他年份均不足 1%，其中 2001 年仅为 0.05%。

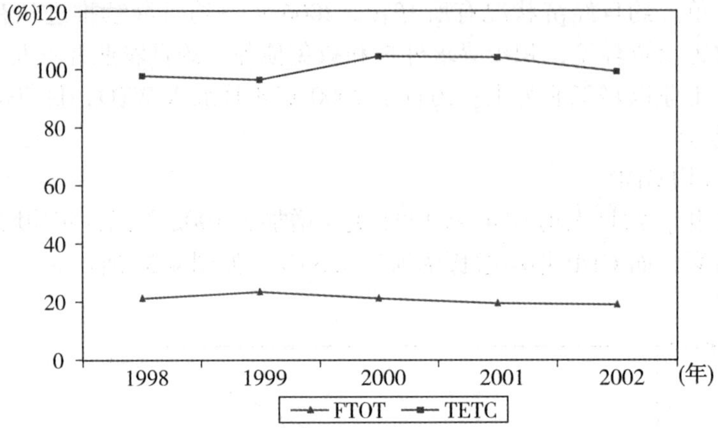

图 4-32 约旦最终消费支出和固定资本形成总额比例变动

注：TETC、FTOT 分别代表最终消费支出占 GDP 的比重和固定资本形成总额占 GDP 比重。

(三)价格指数

约旦价格情况不详。

(四)财政收支

约旦政府收支状况不详。

(五)市场成熟度

1998—2002 年间，约旦海外直接投资净流入占 GDP 的比重波动较大，最高达到 9.63%，最低只有 1.27%，如图 4-33 所示。

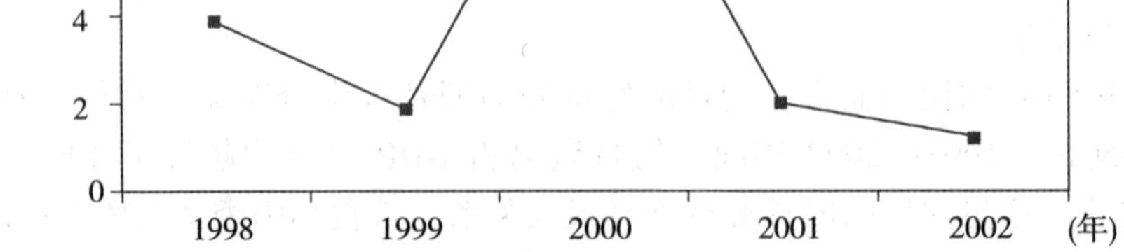

图 4-33 约旦海外直接投资净流入占 GDP 的比重

(六)人口和健康

1998—2002 年间，约旦人口增长率从 3.05%下降到 1.79%后又回升至 2.47%的水平，这一数据高于世界平均水平一倍以上。这也稀释了约旦经济增长的成果，使得约旦人均

GDP 增长率比 GDP 增长率低 2 个百分点以上。2000 年，约旦婴儿死亡率约为 2.3%，远低于世界平均水平，略好于中等收入国家平均水平。总体来说，约旦人口增长率虽高，但人口健康状况较好。同一时期，约旦出生时期望寿命约为 71.2 岁，介于世界平均水平和高收入国家之间。2002 年，约旦公共医疗支出占 GDP 比重达到 4.3%，这一比例虽不及美国等发达国家，但是超过了新加坡、韩国等经济较为发达的东南亚国家，在中东地区这个数据更是首屈一指。

（七）劳动力

就农业、工业劳动力占总劳动力的比例而言，1998—2002 年间，约旦农业劳动力占总劳动力的比例维持在 5%以下的极低水平，2002 年这一比重更降至 3.9%。这与约旦资源匮乏，自然环境恶劣有很大的关系。同一时期，约旦的工业劳动力占总劳动力的比例维持在 21.8%左右，约旦的农业、工业劳动力占总劳动力的比例也不是很高，这是因为约旦的工业以轻工业为主。相比之下，约旦的第三产业则吸纳了高达 3/4 的劳动力，这一比例甚至比很多产业成熟的发达国家还要高。

就总劳动参与率、长期失业率而言，同一时期，约旦总劳动参与率不足 50%，在 49%~50%之间浮动，这一水平与中东国家相当，但低于亚洲、欧洲和美洲很多国家。

（八）高科技研发支出和出口

就每百人互联网用户数而言，1998—2002 年间，约旦的互联网发展明显加快，互联网每百人用户数从 1.93 人增加到 6.1 人。当然这与其他国家 1993—1997 年的数据不具可比性，因为全球许多国家都在普及互联网。

就研究与开发支出占 GDP 的比重、每百万人口中从事研究与开发人员数而言，2002 年，约旦研发支出占 GDP 的比重也处在较低水平，仅为 0.34%；而每百万人口中从事研究与开发的技术人员也只有 1952 人。

就高科技产品出口占制造品出口的比重而言，同一时期，约旦高科技产品出口占制造品出口的比重从 1998 年的 1.93%上升至 2000 年的 8%，之后又回落到 2002 年的 6.1%。这一数据虽然与发达国家相比相对较低，但是与亚洲、东欧、拉美同等规模的国家相比，约旦处于中等水平，这说明约旦还是具备一定的科技实力。

（九）教育

就政府教育投入占 GDP 的比例而言，1995 年，约旦政府教育投入占 GDP 的比例约为 4.94%，超过联合国 4%的标准，低于美国、以色列等国的水平，但是高于韩国、新加坡等东南亚国家。总体说来，虽然政府财力有限，但政府还是比较注重人口素质的培养，这为约旦未来的发展奠定了基础。

就高等教育毛入学率而言，同一时期，约旦高等教育毛入学率约为 37.7%，低于 OECD 国家的平均水平 71.4%，但高于世界平均水平 25.7%，总体上看属于世界中上水平。

（十）城市化程度

与发达国家相比，约旦城市化程度较高，1998—2002 年间，约旦农村人口占总人口比重仅为 21.7%左右，这一数据要明显好于世界平均水平。

(十一)全球竞争力指数(GCI)和人类发展指数(HDI)排名

2009—2010年度，约旦GCI排名为50/133，2013年GCI排名为68/152，下降幅度较大。2005年度约旦HDI排名为90/177，2010年度HDI排名为82/169，2013年度HDI排名为77/187，从中等人类发展水平上升至高人类发展水平。

总体来看，1998—2002年间，约旦也在进行市场经济体制改革，经济自由度大大增强，资本市场也得到了长足发展。但约旦经济发展的致命问题在于过度依赖对外贸易，经济增长依靠出口拉动，同时连粮食都需要进口，这使得约旦经济危机四伏，当然这与约旦自然资源匮乏密不可分。同样也因为资源限制，约旦的产业结构不尽合理。但是，约旦的人口健康状况、人力资本状况以及基础设施建设方面相对较好，甚至好于世界平均水平。并且，约旦十分注重在医疗和教育等方面的投入，这使得约旦未来的发展较具潜力。

十、喀麦隆经济社会发展程度

喀麦隆是位于非洲中西部的单一制共和国。自比亚总统执政以来，对内实行“民族复兴”纲领，主张民主化和民族融合，经济上实行有领导的“自由主义”政策；对外奉行独立、不结盟和广泛国际合作政策。喀麦隆2010年人口接近2000万人，是一个多民族国家。目前，农业仍然是该国的支柱产业，对外贸易也构成国民经济的重要部分。喀麦隆是GATT原缔约方和GPA观察员。

(一)经济总量

1. GDP和人均GDP

1993—1997年间，喀麦隆人均GDP从1015美元下降到666美元，人均GDP出现较大程度的负增长。但同一时期，喀麦隆GDP年均增长率却为正值，约为1.54%。由此可以看出，喀麦隆人口的迅速增长吞噬了经济增长的成果，如图4-34所示。

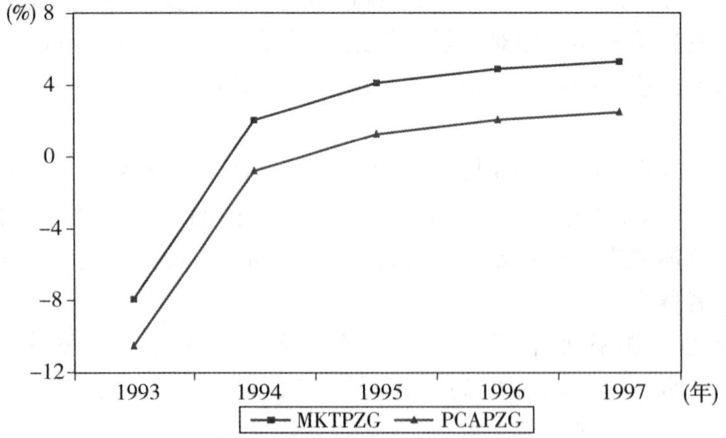

图4-34 喀麦隆GDP和人均GDP增长率

注：MKTPZG、PCAPZG分别代表GDP年增长率和人均GDP年增长率。

2. 经济结构

同一时期，喀麦隆最终消费支出占 GDP 比重从 85.7%小幅下降至 81.8%，其中政府消费从 12.4%下降至 9.1%；与此同时，喀麦隆固定资本形成总额占 GDP 比重维持在 14%左右。这说明喀麦隆经济增长主要依靠消费，特别是居民消费来拉动，经济结构较为合理，如图 4-35 所示。

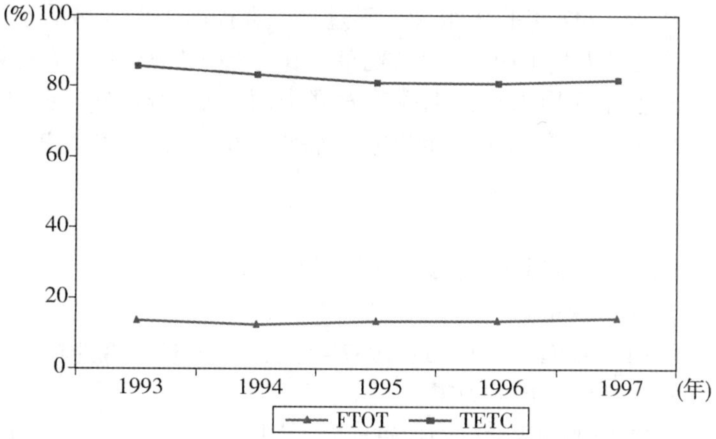

图 4-35 喀麦隆最终消费支出和固定资本形成总额比例变动

注：TETC、FTOT 分别代表最终消费支出占 GDP 的比重和固定资本形成总额占 GDP 比重。

(二) 对外贸易

就贸易占 GDP 的比重而言，对外贸易在喀麦隆经济中占有较重要的地位，这与该国自由经济政策密不可分。1993—1997 年间，喀麦隆贸易占 GDP 的比重由 31.7%上升至 41.8%后小幅回落至 39.8%。这一比重与波兰、智利等国相当。

就经常性收支差额占 GDP 的比重而言，同一时期，喀麦隆经常性收支差额占 GDP 的比重出现一定程度的波动，除 1995 年取得经常账户贸易盈余外，其他年份都有不同程度的贸易赤字，1994 年，经常性收支差额占 GDP 的比重为-0.62%，1997 年，这一数据恶化到-5.9%。

(三) 价格指数

1995 年，喀麦隆以 GDP 紧缩反映的通货膨胀年率约为 2%，属于较理想的温和通胀水平。

(四) 财政收支

就政府总支出占 GDP 的比重而言，1993—1995 年，喀麦隆政府总支出占 GDP 的比重从 12.6%下降到 10.6%，这一数据在世界处于较低水平。

就政府收入占 GDP 的比重而言，同一时期，喀麦隆政府收入(不含捐赠)占 GDP 的比重从 12.5%下降到 9.6%后又反弹至 11.9%，政府收支大体保持平衡。

就政府债务占 GDP 的比重而言，与此同时，喀麦隆国内形成债务净额占 GDP 的比重约为-0.3%，这是因为喀麦隆在国际上获得了很多经济援助。

(五)市场成熟度

除 1994 年外，喀麦隆海外直接投资净流入占 GDP 的比重都为正值，从 0.04%增长到 1%，后出现小幅回落，回落至 0.8%。考虑到喀麦隆 GDP 基数较小，喀麦隆几乎不能获得国外资本的投资。

(六)人口和健康

1993—1997 年间，喀麦隆人口增长率较高，达到 2.5%以上，但呈现降低的趋势，从 1993 年的 2.79%降低至 1997 年的 2.46%，不过这一数据高于世界平均水平一倍左右。过高的人口增长使得喀麦隆人均 GDP 长期呈现负增长态势。1995 年，喀麦隆婴儿死亡率高达 9.25%，远远高于世界平均水平，也高于发展中国家平均水平。同一时期，喀麦隆出生时期望寿命也仅有 57 岁，远远低于世界平均水平的 67 岁。总体来说，喀麦隆人民生存状况堪忧。

(七)劳动力

1993—1997 年间，喀麦隆总劳动参与率约为 66%。

(八)高科技研发支出和出口

就每百人互联网用户数而言，1993—1997 年间，互联网在喀麦隆还没有商业化，因此喀麦隆每百人互联网用户数几乎为零。

就高科技产品出口占制造品出口的比重而言，同一时期，喀麦隆高科技产品出口占制造品出口的比重从 1995 年的 2.63%下降到 1997 年的 1.02%，总体来说处于较低水平。

(九)教育

1993—1997 年间，喀麦隆高等教育毛入学率不足 8%。

(十)城市化程度

与非洲平均水平甚至世界平均水平相比，喀麦隆城市化程度占有一定优势，但是喀麦隆农村人口占总人口比重仍然较高，并呈上升趋势，从 43.5%上升至 47.1%，城市化出现一定程度的倒退。

(十一)全球竞争力指数(GCI)和人类发展指数(HDI)排名

2009—2010 年度，喀麦隆的 GCI 排名为 111/133，2013 年其 GCI 排名为 115/152，竞争力弱；2005 年度 HDI 排名为 148/177，2010 年度 HDI 排名为 131/169，2013 年度 HDI 排名为 152/187，属于低人类发展水平。喀麦隆两项排名均处于低水平。

总体来说，喀麦隆经济发展十分脆弱。经济过度依赖进出口使得国家难以掌控国民经济发展的主动权，过高的人口增长率又吞噬了经济增长的成果，使得人民生活水平开始下降。面对国民生存的压力，经济增长、社会发展似乎让政府有心无力。

第三节 WTO 发展中国家潜在标准印证 GPA

一、发展中缔约方经济社会发展的共性

由于前章节所述国家加入 WTO 的时间都较为接近，因此统计指标所采用的数据都是该国加入 WTO 当年的数据，另作说明的除外(见表 4-4)。

表 4-4　　　　经济社会发展标准归纳①

指标体系		统计描述		
		最小值	最大值	备注
经济总量	人均 GDP	516	23916	单位为现价美元
	GDP 增长率	1.54%	8.7%	多数国家在 5%~8%之间
	人均 GDP 增长率	负值	7.9%	多数国家在 3%~6%之间
	最终消费支出占 GDP 比重	62%	104%	多数国家在 80%以上
	固定资本形成总额占 GDP 比重	17%	36%	多数国家在 20%~30%之间
对外贸易	贸易占 GDP 比重	20%	330%	多数国家在 40%~60%之间
	经常性收支差额占 GDP 比重	-6.5%	14%	多数国家为负值
价格指数	通货膨胀率	2%	255%	多数国家存在严重通胀
	存款利率	2%	80%	
财政收支	政府总支出占 GDP 比重	10.5%	39%	
	政府收入占 GDP 比重	8%	35%	
	政府债务占 GDP 比重	-0.3%	10.3%	多数国家为正值
市场成熟度	上市公司市值占 GDP 比重	0.5%	200%	比重取的为有效值
	海外直接投资净流入占比	0.04%	10%	
人口与健康	人口增长率	0.1%	3.2%	多数国家在 1%左右
	婴儿死亡率	0.4%	6.1%	
	出生时预期寿命	57 岁	80 岁	多数国家在 71 岁以上
	公共医疗支出占 GDP 比重	1.3%	4.3%	数据较少，不具可比性
	每千人拥有的床位数	133 个	10 个	
劳动力	农业劳动力占总劳动力比重	0.2%	47%	中国香港除外
	工业劳动力占总劳动力比重	17%	33%	
	总劳动参与率	49.5%	77%	
	长期失业率	5%	45%	数据较少，不具可比性
高科技研发支出与出口	每百人互联网用户数	0.01 人	13.2 人	中国大陆 1999 年为 2.65 人
	研究与开发支出占 GDP 比重	0.18%	2.8%	多数国家不足 1%
	每百万人口中从事研发人员数	200 人	2000 人	仅统计有效数据
	高科技产品占制造品出口比重	0.6%	54%	多数国家在 5%以下

① 表中数据与前文的误差来自数位保留的误差(后同)。

续表

指标体系		统计描述		
		最小值	最大值	备　注
教育	政府教育投入占 GDP 比重	2.25%	7.44%	多数国家在 4%以下
	成人文盲率	<1%	10%	数据较少，不具可比性
	高等教育毛入学率	<8%	96%	
城市化	农村人口比重	9%	83%	新加坡、中国香港除外
国际排名	全球竞争力指数排名(2009 年)	111/133	3/133	
	人类发展指数排名(2010 年)	131/169	12/169	

二、次发达国家和其他发展中国家共性比较

由于这些发展中国家和地区经济发展并不平衡，有些国家发展指标接近发达国家，所以将它们进一步细化。在此归纳次发达国家和其他发展中国家的发展情况(如表 4-5 所示)。

表 4-5　　次发达国家和其他发展中国家发展程度比较

指标体系		次发达国家	其他发展中国家	中国
经济总量	人均 GDP	11468~23916	516~7727	1042
	GDP 增长率	4.8%~8%	1.5%~8.7%	8.7%
	人均 GDP 增长率	0~5%	0~7.9%	7.9%
	最终消费支出占 GDP 比重	64%~90%	62%~100%	62%
	固定资本形成总额占 GDP 比重	23%~36%	17%~35%	35%
对外贸易	贸易占 GDP 比重	50%~330%	20%~110%	43%
	经常性收支差额占 GDP 比重	-4.4%~17%	-6.5%~5%	1.3%
价格指数	通货膨胀率	2.3%~20%	2.1%~255%	2.1%
	存款利率	4%~13%	2%~80%	2%
财政收支	政府总支出占 GDP 比重	14%左右	10.5%~39%	10.7%
	政府收入占 GDP 比重	18%~28%	7.9%~20%	7.9%
	政府债务占 GDP 比重	0~10.3%	-0.3%~7.2%	4.2%
市场成熟度	上市公司市值占 GDP 比重	34%~200%	0~100%	39.6%
	海外直接投资净流入占比	0.4%~10%	0.04%~7%	3.34%

续表

指标体系		次发达国家	其他发展中国家	中国
人口与健康	人口增长率	2.4%~3.2%	0.1%~3.5%	0.73%
	婴儿死亡率	0.4%~0.72%	1.3%~6.1%	3%
	出生时预期寿命	77~80 岁	57~73 岁	71.5 岁
	公共医疗支出占 GDP 比重	1.3%~2.5%	2%~4.3%	2%
	每千人拥有的床位数	4~6 个	2.5~10 个	2.5 个
劳动力	农业劳动力占总劳动力比重	0~13%	1%~47%	45.2%
	工业劳动力占总劳动力比重	27%~33%	17%~33%	17.3%
	总劳动参与率	54%~65%	49.5%~77%	77%
	长期失业率	—	—	—
高科技研发支出与出口	每百人互联网用户数	2~13.2 人	0.01~2.65 人	2.65 人
	研究与开发支出占 GDP 比重	0.6%~2.8%	0.18%~0.95%	0.95%
	每百万人口中从事研发人员数	2000 人左右	200~1952 人	582 人
	高科技产品占制造品出口比重	16%~54%	0.6%~20.6%	20.6%
教育	政府教育投入占 GDP 比重	3.5%~7.4%	2.25%~5.2%	2.7%
	成人文盲率	2%~3.5%	1%~10%	9%
	高等教育毛入学率	34.3%~90%	7.8%~68%	22%
城市化	农村人口比重	0~22%	10%~83%	63%
国际排名	全球竞争力指数排名(2009 年)	3/133~27/133	29/133~111/133	29/133
	人类发展指数排名(2010 年)	12/169~27/169	41/169~131/169	89/169

注：本表截取加入 WTO 时的指标数据，其中政府收支、公共健康支出、失业率相关指标的数据缺失较多。

通过表 4-4、表 4-5 与表 3-29 的比较分析，可以发现 WTO 发展中国家的潜在标准体系与 GPA 发展中国家潜在的指标体系有很大程度上的一致性，尽管存在一定的差异，但是这并不妨碍 WTO 发展中国家界定标准是对 GPA 发展中国家潜在标准的有利和有力的实证，从另外的角度进一步论证了 GPA 发展中国家潜在标准体系的合理性和实用性。

第五章

国际评价中国的发展中国家身份

第一节　否定中国发展中国家身份

自20世纪80年代开始，随着中国在经济、政治、文化、军事等领域影响力的逐步扩大，国外的专家学者开始关注中国在国际经济与政治秩序中的作用，但是中国在国际关系中地位的崛起，并没有在西方引起足够的重视，人们普遍认为中国是发展中国家，不会对西方主导下的秩序构成严重挑战。但近年来，西方社会对中国的认知出现了深刻变化，认为"崛起的中国将对现行国际秩序构成严重挑战"。虽然，他们明知中国在很长时间仍面临诸多发展挑战，与发达国家尚有很大差距，但仍认为中国已不是传统意义上的发展中国家，他们尝试从不同的角度定义中国的国际身份，如新兴大国、新兴超级力量、不可或缺的力量、全球变化的驱动性力量、重要力量、崛起的挑战者、挑战世界的新兴工业力量等。基于上述身份的认定，他们不再认为中国是发展中国家，至少是一只脚已经迈入了发达国家。

一、经济成就说

中国改革开放以来所取得的巨大经济成就，是西方以及其他发展中国家质疑中国发展中国家身份的主要依据。改革开放30多年以来，中国实现了GDP的快速增长，目前中国的经济总量已经超过了日本，成为世界上第二大经济体。① 而早在2008年，中国的汽车制造总量已经超越了德国和美国，成为全球最大的汽车制造国②；2.5亿

① 数据来源：发改委专家：《"中国GDP超日本"是历史性进步》，中国新闻网，2010年8月26日。

② 数据来源：德国汽车制造商协会。

人摆脱了贫困，国内出现了覆盖面广泛的中产阶层。在国际贸易和投资领域，中国出口量居世界第一，是最大的资本输出国之一，是世界第三大贸易国，也是外国直接投资的主要目的地。盖洛普 2011—2014 年连续 4 次调查显示，50%以上的美国人将中国视为最大经济体。除此之外，中国拥有巨额外汇储备，中国的资源和能源企业纷纷在海外投资、开发和收购等。所以，国外不少政府官员和学者认为，中国的经济实力已经与其发展中国家地位不相符，认为中国已经不再是发展中国家，而是新兴国家，甚至已经是发达国家。英国国际关系专家马丁·雅克认为，“中国的天下”即将到来。“金砖四国”概念提出者、高盛资产管理公司前董事长吉姆·奥尼尔在近期接受采访时说：“12 年内中国必将成世界最大经济体，不会因中国经济放缓而悲观。过去 10 年来，中国以惊人的发展速度震惊了全世界，而今后会让人更加惊讶。亚投行和丝绸之路经济带都是非常明智的想法。”他预测，10 年后中国的 GDP 将达到 13 万亿美元，到 2050 年中国将赶超美国，成为世界最大的经济大国。

现在，国际机构用以确定发展中国家身份的人均国民生产总值指标，在国家分类的认知中正逐渐淡化。国际社会更关注增长活力、市场潜力、规模效应、经济影响力等指标，这也解释了为什么“新兴国家”在国际话语中的地位日益显著和增强。正是在此背景下，中国被描述为“依然贫困(poverty)，但并不贫穷(poor)”的国家。如英国前政府部长休·贝利针对英国政府停止对中国援助，指出“中国不再是穷国，其外汇储备是英国的 38 倍，中国政府的财政盈余 2008 年是 820 亿美元，因此不能再说中国需要援助”。德国取消对华援助的理由同样也是中国经济增长迅速，已经不再是发展中国家。基于中国的经济成就和发展活力以及在世界经济中的影响力，新兴国家、经济超级大国等逐渐取代发展中国家，成为中国新的国际身份，从而模糊了中国发展中国家的身份。日本前首相小泉纯一郎曾对记者公开表示：“中国快到从 ODA(政府开发援助)毕业的时候了，因为中国经济发展顺利。”之前，日本前外相町村信孝在参议院回答质询时说：“由于中国经济的发展，今后对华政府开发援助将减少，日本认为在不久的将来中国从 ODA 毕业是适当的。”曾经的欧盟驻华使团参赞曼特先生在发言中说：“许多欧洲人都认为中国经济发展得那么好，不需要国际援助了。要说服大家相信中国还是发展中国家，是一件很困难的事情。”美国“新闻周刊”网站援引经济展望集团前执行董事伯纳德·鲍莫尔的话称，中国不能再被称为新兴经济体，而是必须承担更大的“国际责任”。

二、高新技术创新说

中国高端技术产品竞争力的增强以及在一些尖端技术领域内的突破，被认为是中国突破发展中国家门槛的另一依据。据世界知识产权组织公布的 2013 年的数据，中国国际专利申请数量已经超过德国，跃居世界第三。2015 年 3 月 19 日，世界知识产权组织在日内瓦表示，中国国际专利申请数量 2014 年持续增长，增幅达 18.7%，系全球唯一一个出现两位数增长的国家。中国国际专利申请数量的大幅上升，表明中国经济正在沿着创新的道路前进。美国总统奥巴马在 2011 年发表的国情咨文中，四次提及“中国”，强调了中国在太阳能、超级计算机、高铁等领域的科技创新成果。美国的首席科学家、白宫科学和技术政策主任约翰·霍尔德伦表示，美国面临和半世纪前类似的科技挑战，当时苏联发射了世界首颗人造地球卫星，令美国人大吃一惊。他警告说，美国如今面临另一个"卫星时刻"，这次的对手是中国。该国正大力投资科技研发，中国的学生在科学和数学方面的成绩现在比美国学生出色得多，"若不能增加博弈筹码……中国将吃掉我们的午餐。尽管中国还没达到我们的水平，但上升的速度极快"。就科学和创新而言，中国正在做的事是"惊人的"。德国自由民主党副主席布吕德勒曾说，"中国已是一个卓有成效的高科技国家，不再是发展中国家"。某些媒体甚至以"中国是科技超级大国"来描写中国在科技领域内的突破与发展。自 2003 年以来，中国三次载人航天飞行被国际社会解读为中国迈向强国的重要标志。欧洲学者与官员针对此指出，"中国实现了欧洲尚未能实现的目标，世界如何理解中国仍是发展中国家"。此外，更让西方质疑中国发展中国家地位的是中国对科研领域的投资、信息和通信技术的发展以及高新技术产品在出口中比例的提升。随着中国一些电子产品企业，例如联想集团、TCL 集团等发展成跨国企业，随着民营企业华为逐步发展成跨国公司，中国成为全球第二大通信设备商。① 随着中国开始参与通信器材等高端技术企业的全球竞争，尤其是在非洲等地区竞争优势的凸显，国际社会，尤其是非洲国家，对中国"高新技术大国"的认知同样会加强，这些进一步弱化了中国发展中国家身份。最后，中国在清洁能源领域内的投资被认为是超前和领先的。外国报道中国上年在清洁能源领域的投资额上升至 895 亿美元，75% 主要流向风能和太阳能领域，总投资额占全球投资总额的 29%，继续保持其全球领导者的地位，并已取代美国成为世界上最大的可再生能源投资者。美国风能协会表示，美国在开发风能方面已落后于中国。中国现在已向美国出口风能技术，肖恩·赖恩也因此称中国为"地位确立的超级大国，而不是崛起中的大国"。基于上述，近年来，西方主要国家认为中国产品正从价值链低端走向高端，出口产品中高技术产品的比重快速上升，对其构成竞争和挑战，"竞争者"与"挑战者"的身份也与西方对发展中国家的预期不符。欧盟早在 2006 年在对华贸易和投资文件中已经明确中国的竞争者地位。欧洲学者甚至撰文明确指出，"中国已不再是发展中国家，欧盟需要改变长期以来的政策"。经济展望集团前执行董事鲍莫尔就说："中国不能再被称为新兴经济体，它必须承担更大的国际责任。"

三、援助说

国际社会普遍认为，中国正经历从"受援国"向"援助国"转换，也从另一角度表明了对中国发展中国家地位的质疑。中国上述的身份转换包含两方面内容。一是世界各主要对华援助国家纷纷取消传统意义上的双边援助项目，结束中国的"受援国"身份。继日本之后，德国、英国都明确表示结束或将结束对华援助，欧盟发展官员也表示在 2014 年欧盟新的财政预算框架下，欧盟将取消全部对华发展合作基金。德国自民党议员科尼希豪斯认为，"中国也给其他发展中国家提供援助，中国已是一个世界大国"。总之，援助说主要从发展援助的关系模式出发，认为中国已逐渐结束作为发

---

① 数据来源：彭博新能源财经咨询公司。

展中国家的受援国身份。据《环球时报》报道，德国政府多年来每年给予中国 7000 万欧元左右的发展援助。不过，自 2009 年年底德国经济合作与发展部长尼贝尔上任后，对中国的发展援助也被全部取消。尼贝尔声称："中国在许多方面已不再是发展中国家"，德国纳税人的钱不应用来支持中国这一"经济竞争对手"，并且其又对中国向发展中国家提供的巨额投资表示质疑。由于国际发展援助通常指发达国家及其所属机构、有关国际组织帮助发展中国家发展经济和提高社会福利的具体活动，因此，西方主要发达国家取消对中国援助，转向致力于平等"伙伴关系"的技术和发展合作本身意味着他们对中国发展中国家定位的调整。二是，随着中国在非洲影响力的增加，中国作为"新兴援助国"的身份，在西方，尤其是欧洲引起了热议。西方认为，中国已成为非洲穷国和其他发展中国家的主要援助国，中国"对非贷款"规模已超过世界银行所提供的贷款。对此，英国外交官指出，"一个对非援助额已与英国相当的国家，无法让人相信其是发展中国家"。位于日内瓦的联合国防治艾滋病、肺结核与疟疾国际基金的助理总干事美籍华裔周启康博士表示："中国现在成为了全球第二大经济体，我认为这是个重要的里程碑，中国不再是撒哈拉以南非洲国家那样的发展中国家。国际基金向中国提供捐助资金，的确剥夺了援助最贫穷国家人民的权利。"

四、国际影响说

该观点的基本逻辑是，中国作为"重要的、崛起的新兴力量，在国际社会发挥着不可或缺的作用"，其影响力、身份和作用是其他发展中国家所不可企及的，具体表现为实质上的影响力和形式上的突出性。就中国的实质影响力而言，中国甚至被贴上了"超级大国"的标签。从金融危机到气候变化，从多边贸易谈判到核不扩散机制，任何国际热点问题的解决都离不开中国，这已成为普遍共识。英国外交大臣曾指出，"在世界经济、气候变化以及世界贸易等问题上，中国有决定性话语权"。形式上的突出性，指中国在正式和非正式国际合作机制中日益凸显的表现。2014 年，中国时隔 13 年再次举办了 APEC(亚太经济合作组织)会议，也是中国成为世界第二大经济体之后首次举行 APEC 峰会。美国彭博社就评论说，APEC 东道主中国已经从恳请者变为了实力玩家。无论是 G8+5①，还是 G20②，中国都被认为是最重要的新兴国家和发展中大国，与其他发展中国家相区别。金融危机爆发和哥本哈根气候谈判在一定程度上强化了人们对"G2"③的认知，虽然人们普遍质疑 G2 的有效性，但这一提法本身反映了人们对中国"超级大国"或"潜在超级大国"的身份认同，至少人们很难相信，一个能与美国相提并论的国家是发展中国家。对此，有观点指出，"中美发表的联合声明标志着一个转折中国和美国开始以平等的超级大国身份，商讨一切世界问题。从生态问题到金融危机，从捍卫人权到核能开发"。英国《金融时报》2010 年 12 月 1 日指出：中国拥有充沛的金融流动性，也正在利用这些资金，投资于越来越多发达国家的基础

① G8+5：就是 G8 与 G5。

② G20 即 20 国集团。

③ G2 指中、美两国组成的一个集团。

设施与工业领域。而且，中国的一些企业能以较低价格提供机械设备与其他产品，从而使一些投资项目具备财务上的可行性。例如，中国目前正向阿根廷、土耳其、伊朗和乌克兰的铁路项目提供融资与设备。中国与全球发展中国家的关系日益密切，并不断减少对西方发达国家的经济依赖。因此，西方认为从影响力角度而言，中国已是超级大国。

第二节 质疑中国发展中国家地位的根源

上述各种质疑中国发展中国家地位的观点，既反映了国际社会对发展中国家分化的认知现状，在某种程度上也是对中国发展成就、国际责任和国际影响力的认同。但究其实质仍是利益考虑，发展中国家的概念已超越“发展”，成为政治化概念，涉及利益分配和责任承担。

一、发展中国家发展分化的客观结果

发展中国家的概念由于其宽泛性，已不能有效反映发展中国家发展分化的现状，目前一些重要的国际组织，如世界银行和IMF都开始使用更精确的分类方法对国家分类进行细化，弃用简单的发展中国家和发达国家的分类方法。学术界和各国政府也根据各发展中国家不同的现状和作用，对其重新定义和分类，并相应地调整政策。有观点甚至认为，“发展中国家和发达国家之间存在一条神奇分界线的看法从来都是虚幻的，是一种地缘政治戏法，如今就中国和其他几个新兴经济整体而言，这看法已变得很不准确”。上述背景，加上新兴国家在国际政治地位中作用的凸显，人们已习惯将新兴国家与发展中国家相剥离，用以形容中国、印度、巴西和墨西哥等主要发展中大国。自此，新兴国家有日益取代发展中国家成为国际政治中的主导性话语的趋势，这也成了中国在国际社会中新的身份。虽然新兴国家与发展中国家身份之间并不存在根本矛盾，但在观念层面上二者之间具有一定的排斥性，因为并非所有的发展中国家都是新兴国家。目前已开始出现一种趋势，发展中国家的概念正在逐渐缩小，专指撒哈拉南部非洲地区国家，例如，IMF对国家的分类中，新兴国家与发展中国家之间就是并列关系。德国发展合作部也指出，其将针对工业化国家、新兴国家以及发展中国家形成有区别的发展合作政策。甚至有观点认为，发展中国家已出现了三种类型，次发达国家、新兴国家和典型意义上的发展中国家，这在一定程度上将发展中国家等同于贫困国家。

二、利益考量的决定性作用

对中国坚持发展中国家的定位，目前西方国家的解读是中国拒绝在国际社会上承担责任。西方学者指出，“发展中国家概念已经在很大程度上与贫困无关，而是一个在全球治理讨论中非常关键的政治概念，决定谁支付，谁获取以及获取多少的问题”。目前，无论是WTO谈判，还是气候变化谈判，发展中国家与发达国家之间都存在着激烈的权利、义务之争。因此，西方试图给中国贴上发达国家的标签，意在让中国在

国际上承担更多的责任。如针对中国在 WTO 谈判中发展中国家的地位，时任欧盟委员会贸易委员曼德尔森就中国参与多哈谈判作出如下评价，“中国的发展已经到了一定阶段，因此让中国承担责任完全合理”。法国学者则表示，“当中国成为第二大经济体时，即使中国仍有上亿的贫困人口，世界贸易体系不可能再认为中国是发展中国家，否则将全部改写贸易体系，即发达国家承担全球增长的成本，而发展中国家通过例外原则获利。21 世纪的贸易规则不可能使中国同时拥有人口、自然资源等比较优势的同时，还拥有优惠规则以及重商主义的政府”。2009 年气候变化谈判，更集中反映了身份定位背后的利益动机。美国气候谈判代表直接指出中国不是发展中国家，无权获得发达国家的资金援助。事实上，早在日本停止对华援助前，日本媒体就认为中国不愿意承认已超越发展中国家阶段是出于战略考虑，担心国际社会减少对其的援助并承担发展所带来的国际压力。

三、中国国际地位的日益凸显

全球化增加了国际社会的相互依赖，提升了中国在国际社会上的地位。一方面，在应对金融危机、气候变化、能源安全以及核不扩散等高度关联的全球性挑战面前，传统大国力量日益显得力不从心，对以中国为代表的新兴力量借重显著增加，提升了新兴力量的地位。另一方面，中国拥有与其他发展中国家不同的特征，如联合国安理会常任理事国、最大的发展中国家、主要的温室气体排放国等，因此，与其他发展中国家相比，中国在国际事务中的关联性和影响性方面有更明显的表现，成为国际社会最重要的牵动性力量之一。可以说，国际体系的上述转型，虽然没有根本动摇西方在国际事务中的主导权和话语权，但西方对新兴力量的借重则显著加强。在此背景下，西方国家难以适应这种转型，很容易对中国的国际影响进行过度解读，出现对中国国际地位的认知偏差，进而影响对中国发展中国家的定位。

四、标志性事件的放大效应

西方主导下的世界，对中国的认知从来都是非常有限的，因此，标志性事件往往成为世界认知中国的主要窗口。过去十几年内，中国成功实现三次载人航天飞行，德国媒体评论说，中国已经成为名副其实的太空强国；中非论坛峰会、成功举办奥运会、新中国周年庆典以及时隔 13 年再次举办 APEC 峰会等标志性事件较大程度地改变了人们对中国实力的认知；建设“新丝绸之路经济带”以及筹建亚投行(亚洲基础设施投资银行)在很大程度上凸显了中国经济对世界经济的引领地位。中国在国际社会上已经被贴上实力玩家的标签。英国影子发展大臣曾直指，中国花费 200 亿英镑举办奥运会，制订了雄心勃勃的太空计划，外汇储备 2 万亿美元，英国应停止对中国的援助。在国际会议上，欧美学者也经常使用上述标志性事件，反驳中国发展中国家定位。

五、中国“威胁论”的效应

“中国威胁论”的始作俑者是日本防卫大学副教授村井龙秀，他在 1990 年日本《诸君》杂志上发表了题为《论中国这个潜在的“威胁”》一文，从国力角度把中国视为一个潜在的敌人。“中国威胁论”在西方的第一次大规模泛滥始自1992年。1992年9月17日，美国《政策研究》杂志刊登了费城对外政策研究所亚洲计划协调员罗斯·芒罗的《正在觉醒的巨龙：亚洲真正的威胁来自中国》一文。该文说：中国的崛起将对美国的安全利益和经济利益造成的影响都是前所未有的。

日本共同社2002年7月7日报道，日本九州经济产业局5日公布的《中国经济对企业的影响》调查报告称，对日本九州地区100家企业进行调查的结果显示，96家企业认为中国具有“威胁”。“中国经济崛起后还将争夺日本的海外市场，使日本产业空洞化。”

著名学者约瑟夫·奈认为，海外对中国的炒作“不正常”。他指出，美国正经历一种“衰落主义”，担心中国崛起威胁西方。“现在美国人又开始悲观了”。

综上可见，除了西方的利益考量之外，发展中国家整体的经济崛起、中国自身的发展成就和国际影响力以及西方对发展中国家与新兴国家关系、国际影响力与发展中国家之间关系、援助国与发展中国家之间关系的误读是西方质疑中国发展中国家地位的主要因素。

第三节 认同中国发展中国家地位

面对中国改革开放以来的经济实力、政治实力、文化实力、军事实力等的不断提升，国外的专家学者、政府官员及有关国际组织在认同中国取得重大进步的同时，也看到中国由于历史与现实的原因导致其仍然具有显著的发展中国家的特性。具体的观点及理由如下：

一、人均GDP说

经济增长的数量或速度一般用GDP来衡量，而人均GDP是衡量一国经济发展的重要指标之一。虽然中国近几年经济实现了快速增长，国民经济总量位居世界第二，成为国际上第二大经济实体，但是人均GDP却远远落后于先进发达国家。不管国际上如何关注中国GDP总量，但是和国内全体人民增加收入、改善生活更直接相关的，还是人均国民收入的多少。布鲁塞尔当代中国研究所研究部主任乔纳森·荷尔斯拉格认为，西方应理性看待中国的经济发展，充分认识到中国的优势和存在的问题，而避免在“看中国”时从一个极端走向另一个极端。虽然，中国经济在过去几十年取得了巨大进步，但这种飞跃更多是“量的飞跃”，接下来需要实现的是“质的飞跃”，这个任务对中国来说非常艰巨。从中国经济发展的模式来看，中国主要走的是利用廉价劳动力，依赖对外出口的发展模式，并没有实现向提高科技创新能力，拓展新经济增长点的方向转型。另外，在中国经济高速增长的同时，如何让中国普通民众从中获益更多，实现社会和谐发展也是中国需要解决的问题。中国也并不具备一个发达国家的主要特征。根据2015年4月IMF的最新统计，中国人均GDP有7589.00美元，虽然已经超过南非，但是仍低于新兴市场国家巴西，而美国人均GDP有54596.65美元。从人均 GDP 来看，中国经济远远落后于美国，仅是美国人均 GDP 的 13.9%。美国战略与国际研究中心中国研究部主任查尔斯·弗里曼认为，无论是在经济实力还是军力上，中国仍远远落后于美国。未来情况可能会有所变化，但在整个新世纪，美国仍将是世界唯一的超级大国。“和美国相比，中国还处在幼儿园阶段。”美国奥克兰大学政治学习部门的 Gerald Chan 教授认为，中国还是发展中国家中的一部分，但是在全球经济管理中的地位不断上升，而且其发展速度非常快，已经成为世界工业经济中非常有影响力的一部分，其应当承担其应有的责任。《华尔街日报》曾基于人均 GDP 认为，中国远远落后于日本，更不用说是美国，因此，中国仍然是一个发展中国家。俄罗斯科学院远东研究所副所长谢尔盖·卢贾宁说，中国经济总量超越日本对中国来说值得骄傲，它表明中国经济取得了了不起的成就。不过，经济总量只是衡量经济实力的一项指标，考虑到中国有 10 多亿人口，中国人均 GDP 世界排名与日、美等发达国家相比差距很大。尽管如今中国经济已经超越日本，成为世界上第二大经济体，但是中国还有许多问题尚未得到妥善解决，因此，中国与发达国家相比，需要更进一步提高人均生活水平。

二、经济增长质量说

仅用 GDP 来衡量一国经济实力还存在许多缺陷，因为其并不能反映经济活动的投入与产出之比，不能反映一国的产业结构，不能反映科技进步，不能反映真实的生活水平，不能反映收入分配状况，不能反映经济增长的资源环境成本。经济增长的最终目的是增进国民福利，经济增长本身并不是最终目的或者说是手段，为了增长而增长的代价可能是得不偿失。只追求经济增长的数量而忽视经济增长的其他方面，会导致国民经济陷入高投入、高消耗、低效率、低福利的困境。因此，经济增长质量高低更能说明一国经济的真实实力。

布鲁塞尔当代中国研究所资深研究员克罗西克指出，中国非均衡的经济发展方式严重影响到该国经济实力的提升，因此虽然中国经济总量不断增加，但从均衡发展的角度来看，中国仍然是一个发展中的大国。BICCS(Brussels Institute of Contemporary China Studies，布鲁塞尔当代中国研究所)的主要负责人 Gustaaf Geeraerts 认为，中国的经济增长主要走的是粗放型经济道路，经济增长质量并不高。虽然经济总量位居世界第二，但经济增长的质量远远落后美国、日本等发达国家。在中国，经济在某些方面表现得相当脆弱：远远落后于世界发达国家的人均 GDP、强烈依赖国内未开发市场的出口经济、国内许多问题尚未解决(收入不平等现象严重、环境恶化)。因此，Geeraerts 认为尽管中国经济发展迅速，但是就其现有的经济发展阶段而言，中国必须解决很多本国内部问题，才能全方位承担国际责任。因为按购买力平价计算，2013 年中国人均 GDP 为 9828 美元，名列 92 位，墨西哥、南非、巴西和印度分别列为 67 位、82 位、79 位和 134 位。这些国家除了要面对气候改变的挑战，还要面对减贫和人们的基本生存需要。另外，据联合国开发计划署 2014 年的数据，在人类发展指数上，中国位列 91 位，墨西哥、巴西、南非和印度分列 71 位、79 位、118 位、135 位。俄罗斯经济分析人士科兹洛夫认为，在经济发展的稳定性和经济结构的平衡性方面，中国仍然和巴西、俄罗斯及印度属于同一行列。David Dollar 认为，与美国相比，日本、德国和中国三国消费总和低于美国，因此这三国不能成为世界最主要的消费主体，中国也并不能成为世界经济增长的引擎。中国经济应更多地依赖本国消费的良性增长，并通过改善公共教育、医疗卫生和安全状况；通过加快城市化进程，以提高生产水平和人们的收入水平，从而提高居民的消费水平；通过加快金融部门发展，解决资金流动安全问题，为本国经济发展创造良好的金融环境。美国学者 Lyman Miller 提醒西方要全面理解中国的“新兴经济体”身份，通过改革开放，中国确实已经取得了很大的进步，但是由于中国国民经济在很大程度上依赖出口，因此其不可避免地受到国际经济形势的影响，尤其容易受到美国居民消费的影响。并且，中国的银行系统并不完备，对能源的巨大需求制约了其经济的长期增长，中国庞大的人口造成经济增长的负担，再加上中国现在的工业化进程存在“复制”美国、日本、韩国模式的特点。同时，中国还不断面临其他国家兴起的竞争，如印度。这些都会影响到中国经济实力的提升。

历史学家保罗·肯尼迪在他的名著《大国的兴衰》和 1993 年完成的《为 21 世纪做准备》两本书中认为，中国与西方国家经济水平上的巨大差别本身就决定了中国不可能赶上发达国家。中国要想把人均生活水平提高到韩国的水平是难以想象的。首先，从人口资源来看，他们认为，中国人口增长过快、人口结构不平衡、趋于老龄化及过低的人口质量终将导致经济成果会不断被抵消，从而不利于中国的继续发展。其次，中国的工业化将使本来有限的耕地进一步减少，而大量进口粮食，将会消耗大量的外汇储备；如果对农业进行大规模的投资，将占用工业现代化的资金，减少其他部门的发展投入，影响中国经济的增长。此外，中国的能源和其他的资源也严重不足。

《日本经济新闻》“新闻解读”栏目曾指出，中国部分沿海地区经济发展迅速，但许多农村地区却是需要援助的，因此，从经济的均衡发展角度来看，中国在整体上仍是发展中国家。文章说，面对地区差距较大的中国，日本不应以自己平衡发展的感觉判断和调整对华贷款。多数日本人认为，中国在 21 世纪的增长速度会高于日本，但是要赶上日本可能需要半个世纪的时间。不管是欧美人，还是日本人，对中国人均收入增长的估计并不像总体经济增长那么乐观。拉迪甚至认为，中国人均收入需 200 年才能赶上美国。

三、技术创新说

中国在技术创新领域取得的巨大进步，赢得了世界的瞩目，但与美国、欧洲和日本相比，仍有很多问题亟待解决。根据中国科技信息研究所发布的数据显示，2013 年我国的 SCI 论文数量已达 23.14 万篇，位居世界第二。但在显示论文影响力的指标——被引用次数上，中国排位第四。统计还显示，世界科技论文平均被引用次数是 11.05 次，而中国发表的国际科技论文的平均被引用次数为 7.57 次，尚不及世界平均水平。如果借用经济学的名词来说，中国科技论文的“性价比”还不够高，真正的好论文还是凤毛麟角。日本的一些专家学者认为，虽然现在中国已经成为世界第二大经济体，但是也没有必要恐慌，因为中国经济在技术创新方面与美国、日本还存在很大的差距，创新主体能力弱、基础研究投入低、科研与市场需求相脱节，而技术创新需要几代人的文化沉淀，并不能一蹴而就。根据世界银行(简称世行)2013年的资料显示，中国人均GDP为6807美元，排名72位，而日本大约38492美元，是中国的5倍多。中国试图获取先进的技术和知识，但是并不容易。对于中国而言，要成为世界新经济中心还需要很多条件，但是现在远远不够。俄罗斯科学院远东研究所副所长谢尔盖·卢贾宁认为，从科技、创新和自主品牌等方面看，中国经济同其他发展中国家一样，还有很长的路要走。

四、国家“软实力”说

悉尼国际事务研究所的高级研究人员 Andrew Shearer 认为，经济指标不足以判断一国地位，应更加注重一国的软实力。而中国在这一方面存在诸多限制条件。亚洲社会科学的 Chen Ou 认为，中国是最大的发展中国家。其意为：虽然中国有更多的话语权，但是中国的国家实力并不能总是能够影响整个世界；中国还处在从地区影响到全局影响的过程当中。世行认为，从教育角度来看，中国具有发展中国家的特征。因为过低的教育投入和较高的文盲率是中国技术创新的重要障碍，是制约中国进一步发展的瓶颈；不仅如此，中国现有的体制使原本就缺乏的知识分子不能学有所用，从而成为中国现代化过程中难以克服的困难。美国学者 Lyman Miller 认为，中国的“软实力”不足，中国并没有成为名副其实的超级大国，而只是区域性大国。

五、对外贸易结构不合理说

西方的一些学者认为，中国进出口商品结构较之前确实有了改善，总体上基本完成了从资源密集、劳动密集型到资本密集型，从初级产品到工业制成品的转变。但与发达国家相比，中国出口商品结构层次仍偏低，效益低下，竞争力较弱。据2014年数据显示，中国大陆外贸总额当前居世界第二，但是在中国出口产品中，相当部分是“设计和利润留在欧美日，GDP和能耗留在中国”。虽然工业制成品出口的比重逐年增加，但高新技术产品所占比重依然很低。据有关资料统计，2004年高新技术产品在中国出口的工业制成品中的比例仅为27.9%；2006年，这一比重上升到29%；2008年总额达到4156.1亿美元，这一比重上升到34%；2013年这一比重上升到45%，表面上看高新技术产品出口增长很快，但其实是中国技术产品出口的一个假象。据2013年数据统计，我国外资企业的出口额占比全国将近半数，约为47.24%，国内自主创新的高技术产品出口比例为29.9%，与发达国家相比相去甚远。① 同时，这些所谓的高新技术产品中绝大部分还使用国外的核心零部件或关键性技术，并且以计算机和通信技术类商品为主。从进口方面来看，Branstetter，Lardy(2006)，Gangnes，Van Assche(2008)和 Van Assche，Gangnes(2008)认为，中国出口的产品严重依赖于进口的原材料，中国虽然在工业品进口方面保持稳定，但初级产品中原料品的进口却在逐年上升。法国经济部的亚洲经济专家 Diana Hochraich 认为，中国经济的模式仍然基于再出口的分包，提供劳动密集型产品。出口的产品来源于近70%的进口，且许多外国公

---

① 数据来源：基于中国统计年鉴计算得出。

司向中国出口高技术含量的产品。无论在高附加值的进口产品还是在销售产品方面，中国经济依赖于工业化国家。前欧盟贸易委员会理事 Pascal Lamy 在一次于北京举办的财经论坛上认为，中国虽然已经是世界上很大的一个经济实体，但其并不是一个发达国家，因为中国具有发展中国家的特征之一：依赖国际贸易来驱动本国经济发展，并且出口的技术含量不高。

六、中国贫困说

贫困是发展中国家的特征之一。美国乔治·华盛顿大学的 David Shambaugh 教授和中国问题专家及企业家 Alexander Conrad 认为，虽然上海、广州等沿海城市经济发达，但并不能代表整个中国的经济，中国农村和城市还存在大量的贫困人口，从这一点看，中国很明显仍然是一个发展中国家。英国一些专家学者呼吁本国政府要客观看待中国，他们认为虽然中国近几年的经济取得飞速发展，数百万居民摆脱了贫困，基础设施建设进一步加强，但是还有数百万居民仍然生活在贫困线以下，也需要他们在这个发展中国家中投入更多。布鲁塞尔当代中国研究所资深研究员克罗西克指出，中国处于贫困线下的居民数量相当庞大。2011 年日本经济财政相与谢野馨认为，一国经济发展的体现是贫困人口的大量减少、居民生活水平的提高，其更看重幸福指数，而不单单是该国在 GDP 上的排名。

第四节 认同中国发展中国家的依据

一、WEF 全球竞争力报告

从 1979 年开始，世界经济论坛(WEF)对每个国家的竞争力进行评判，是目前国际上从事竞争力评价最著名的机构之一，它通过对一个国家进行综合因素考评，推出一年一度的《全球竞争力报告》(The Global Competitiveness Report，GCR)。该报告的竞争力排行榜以全球竞争力指数为基础，该指数又以 12 个主要竞争力因素为基础，全面反映了处于不同发展阶段的世界各国的竞争力状况，这些因素包括机构、基础设施、宏观经济环境、健康与初等教育、高等教育和培训、商品市场效率等。《2013—2014 年全球竞争力报告》指出，2013 年中国实际 GDP 增长率为 7.7%，人均国内生产总值为 6752 美元。中国继 2012 年之后，全球竞争力再次排名第 29 位，领先于其他“金砖国家”。《2014—2015 年全球竞争力报告》显示，2014 年中国实际 GDP 增长率为 7.4%，创历年最低，但是中国的全球竞争力排名上升一位至第 28 位，而瑞士连续 6 年排名第一。中国竞争力的进一步上升主要得益于其巨大的市场和突出的经济表现。另外，中国的商业环境在不断改善，创新能力日益提高，中国还有令人羡慕的财政状况，这些有利因素构成了中国竞争力提升的基础，但是中国在商业立法、管理方法、健康和环境等方面相对落后，另外，收入分配秩序尚待进一步完善。瑞士和北欧国家排名持续靠前主要是因为这些国家创新能力强，有非常成熟的企业文化，而且监管机构透明度高，政府一直保持着健康的预算盈余和低债务。

卢佩斯·克拉柔博士认为，中国目前需要在技术和公共机构方面提升竞争力。提高技术指数意味着中国科技不能单纯模仿而要重在创新。增强公共机构竞争力，主要是提高公务员的教育程度和待遇，使他们愿意为社会服务。世界经济论坛亚洲主任弗兰克·理查德表示，中国的竞争力排名因西部地区发展缓慢而有所影响。尽管北京、上海、广州等城市的竞争力已位居世界前列，但很大一部分经济欠发达地区影响了中国的竞争力排名。

二、IMD 世界竞争力年鉴

在《2013 年世界竞争力年鉴》报告中，瑞士洛桑国际管理学院(IMD)通过对全球 60 个国家进行经济、金融和社会领域的统计，IMD 将分析结果分为四大类：经济表现、政府效率、企业效率和基础设施，然后按照研发质量、资本市场流动性、高速宽带互联网的国内渗透等维度进行国家排名。在 IMD2013 年国际竞争力报告中，中国大陆总体竞争力有所提升，由 2012 年第 23 位上升至第 21 位，但是仍处于 20 位之后。“经济表现”要素维持在第 3 位，相对比较平稳，仅次于美国和瑞士。“政府效率”要素从第 34 位跌至第 41 位，虽然政府主导地位增强但是效能发挥明显不足。“企业效率”要素近 5 年来，总体呈现上升趋势，从第 32 位上升到第 25 位。“基础设施”要素从第 29 位上升至第 25 位，设施建设发展迅速。在 IMD2014 年国际竞争力报告中，中国大陆、中国香港和中国台湾排名纷纷下跌。中国香港首次跌出三甲，位居第 4 位；中国大陆 2014 年排第 23 位，较 2013 年下跌两位；中国台湾排名连续三年倒退，跌至第 13 位。中国的竞争力虽然较之于 2013 年有所下降，但是仍然超越韩国，并且直逼日本，进步有目共睹。由于经济增长变缓，外国投资放缓以及基础设施仍有所不足，大多数大型新兴经济体 2014 年的竞争力下滑，这也正是中国竞争力排名下滑的原因。报告称，中国大陆从 2013 年的第 21 位下滑到第 23 位，在一定程度上是由于对其商业环境的担忧。

三、持“发展中国家”概念政治化观点

国际上“误读”中国已不是发展中国家，在很大程度上是“发展中国家”概念政治化的结果。

中国的新兴国家地位与发展中国家地位其实并不矛盾。从概念上解析，虽然国际社会对二者都没有明确界定，但对于各自的侧重则有共识。新兴国家概念侧重一国的发展活力与市场潜力，而发展中国家在强调一国发展的态势之外，更强调整体的经济、社会发展水平，具有更加综合的描述性特征。事实上，中国同时具有新兴国家和发展中国家的特征，一方面表现出稳定的经济增长速度与巨大的市场潜力，另一方面并没有根本改变中国经济、社会发展水平整体低下的状态。

具影响力的大国与发展中国家身份并不矛盾。一国的国际影响力主要取决于两方面因素，一是综合国力，二是外部环境。中国国际影响力的增加，固然一方面反映了中国综合国力的显著提升，但更重要的是相互依赖的国际体系所决定。综合国力与经济社会发展水平并不完全一致。中国的影响力，例如，世界第一大出口国、第二大世

界经济体等都表现出的是一种“规模效应”，虽然中国经济总量位居世界第二，经济增长迅速，但仍然是一个最大的发展中国家，并没有从根本上改变中国发展中国家的根本特征。另一方面，更为重要的是，中国影响力的凸显更多来自于外部环境。国际社会日益增加的相互依赖，无论是金融危机还是气候变化，发达国家都难以独自应对，对发展中国家借重显著增强，凸显了发展中国家地位的提升。在此背景下，西方质疑中国发展中国家地位，把中国在国际社会中的关联性、影响性作用误读为决定性作用，夸大了中国的国际影响力。

援助国身份也不能改变中国的发展中国家地位。虽然援助通常指发达国家对发展中国家的发展合作，但历史上一直存在另外一种发展合作模式，即发展中国家与发展中国家之间的发展合作。中国与其他发展中国家的发展合作历史已有 60 年，中国并非西方所谓的“新兴援助国”。当前，中国在南南合作框架下的对非援助与西方主导的援助也有很大不同，因此，不能用西方援助理论中的发达国家—发展中国家的身份定位中国与其他发展中国家的发展合作。杜伊斯堡-埃森大学学者赫伯在《法兰克福汇报》谈了“中国仍需要我们的援助”的理由：中国仍是发展中国家；建立中德互信的工具；潜在冲突能得以缓和。对于中国对非洲的无偿援助，世行前行长佐利克指出：“有时候，人们单一地认为世界上只存在发达国家和非常贫穷的国家。但那完全违背了世界经济变化的理论，特别是当新兴国家支持他国需求，主动承担环境责任，帮助那些贫穷国家的时候。”

中国的对外政策也鲜明地体现了中国的发展中国家属性。中国和亚非拉广大发展中国家在维护国家主权和安全方面有着共同关切，在实现国家发展、改善民生方面有着共同利益，在推动建立公正合理的国际政治经济新秩序方面有着共同追求。中国始终同广大发展中国家站在一起，促进发展中国家整体地位的提高，推动世界多极化趋势的发展。事实已经并将继续证明，中国和广大发展中国家间的共识远远大于分歧，把中国同发展中国家割裂开来或对立起来的企图是不会成功的。

此外，中国坚守发展中国家的身份并不意味着逃避国际责任。相反，中国承担了与权益不相匹配的“过度责任”，从顺差责任到汇率责任，再到碳排放责任。随着近 20 年来经济全球化的逐步展开，全球分工中“低收入国家生产、高收入国家消费”的格局也自然造就了发展中国家要为全球低端制造环节中的“高污染、高消耗、高排放”埋单。发达国家凭借技术、标准和软件的垄断，占据价值链的制高点，而将高排放量的产业或是产业的低端制造环节转移到中国，使得中国成为了世界碳转移的最大阵地。中国每年仅这种产业转移造成的碳转移就高达 12 亿吨，占中国目前碳排放总量的近 20%，这是部分学者依据 2007 年及以前的数据进行实证得出的结果。随着国际经济贸易的发展，这个占比甚至更大。

第六章

中国以发展中国家身份加入 GPA

中国在加入 WTO 时就承诺尽快加入 GPA，开放国内政府采购市场。至 2014 年 11 月，中国已提交第 6 份出价，加入 GPA 的谈判已进入实质性阶段。虽然中国经济社会各方面迅速发展，但是存在地域差别，整体发展程度不高，依旧属于发展中国家地位。所以，依据 GPA 潜在标准论证中国经济社会发展程度，研究中国以发展中国家身份加入 GPA 可行性，从而在谈判中争取发展中国家权利和相应的发展中国家待遇和优惠，充分利用 GPA 有利条款促进本国政府采购市场发展，推进政府采购制度建设以及充分发挥政府采购功能。

第一节　国际评价标准下的发展中国家身份

经过 30 多年的改革开放，中国的经济实力显著增强，国际地位空前提高，这是一个客观事实。但如果据此否认中国的发展中国家属性，认为中国已经是发达国家了，显然是一种误判。中国是拥有 13 亿多人口的世界人口大国，判断中国是否进入发达国家行列，显然不能单凭总量指标去衡量。根据有关国际组织和国外政府官员及专家学者对国家属性的判别标准，本书从人均、结构、效益等方面对中国“发展中国家”的身份进行评估。

一、人均 GDP 与人均 GNP

人均 GDP 或人均 GNP 已经成为识别一国经济发展程度的重要指标之一。根据世界银行的最新分类，即 2013 年的最新收入分组标准，人均国民总收入高于 12746 美元的国家被认为是发达国家，反之是发展中国家。2013 年世界主要国家和地区的国民经济核算主要指标如表 6-1 所示。

表 6-1　　按购买力平价法计算的国民经济核算主要指标

国家和地区	国内生产总值（亿国际元）	人均国内生产总值(国际元)	国民总收入（亿国际元）	人均国民总收入(国际元)
世界	1026184	14402. 39	1021850	14341. 6
低收入国家	16412	1933. 929	16625	1959. 028
中低等收入国家	153751	6003. 32	152805	5966. 373
中低收入国家	496614	8534. 801	491349	8444. 301
中等收入国家	480480	9667. 55	475042	9558. 125
中高等收入国家	327272	13585. 8	322928	13405. 45
高收入国家	531019	40647. 7	532734	40778. 91
高收入经合组织国家	440834	41797. 14	444421	42137. 13
中国	161616	11906. 51	160845	11850
日本	46126	36223. 34	47821	37550
韩国	16603	33062. 44	16752	33360
加拿大	15029	42752. 66	14807	42120
墨西哥	20025	16369. 69	19600	16020
美国	167681	53041. 98	169924	53750
法国	24748	37532. 39	25178	38180
德国	35393	43883. 91	36305	45010
意大利	21250	35280. 74	21214	35220
英国	24526	38259. 17	24338	37970
澳大利亚	9992	43202. 37	9740	42110

资料来源：世界银行 WDI 数据库，2013 年。

通过表 6-1 可以看出，2013 年中国国内生产总值达 161616 亿国际元，仅次于美国的 167681 亿国际元，成为全球第二大经济体，但人均 GDP 仅为 11906. 51 国际元，分别是美国的 1/5、日本、英国、法国等国家的 1/3。同期，世界高收入国家、中高等收入国家的人均 GDP 分别为 40647. 7 国际元和 13585. 8 国际元。因此，根据人均 GDP 指标或是人均 GNP 指标，中国应该属于中等收入国家之列。

二、信息化发展指数位次

国际电信联盟开发信息化发展指数(ICT Development Index，IDI)主要是用来度量和跟踪世界各国的信息通信技术进程和发展；对世界各个国家和地区信息化水平进行测算和比较；衡量发达国家与发展中国家之间发展的数字鸿沟，即反映不同信息化发展水平国家间的差距；衡量一国信息化发展潜力，反映一个国家能在多大程度上根据现有能力和技能来使用信息通信技术以促进经济增长和社会发展。具体的国际电信联盟开发信息化发展指数(IDI)如表 6-2 所示。

表 6-2　　**信息化发展指数(IDI)指标体系**

总指数	分类指数	指　　标
信息化发展总指数	一、基础设施指数	电视机拥有率(台/百人)
		固定电话拥有率(部/百人)
		移动电话拥有率(部/百人)
		计算机拥有率(台/百人)
	二、使用指数	每百人互联网用户数(户/百人)
	三、知识指数	教育指数(国外：成人识字率×2/3+综合入学率×1/3
		国内：成人识字率×2/3+平均受教育年限×1/3)
	四、环境与效果指数	信息产业增加值占国内生产总值(GDP)比重(%)
		信息产业研究与开发经费占国内生产总值(GDP)比重(%)
		人均国内生产总值(GDP)(美元/人)
	五、信息消费指数	信息消费系数(%)

2011 年中国与世界主要国家信息化发展指数(IDI)的比较如表 6-3 所示。根据国际电信联盟(International Telecommunication Union，ITU)的 IDI 指数进行测算的结果比较，2011 年排名前十位的国家分别是瑞典、英国、挪威、丹麦、荷兰、美国、日本、瑞士、奥地利和德国。从 2000 年以来，瑞典的信息化发展指数(IDI)一直稳居在世界 57 个国家和地区的首位。2011 年瑞典信息化发展指数达到 1. 275，继续排在世界第 1 位；英国信息化发展指数为 1. 223，居第 2 位；挪威为 1. 201，居第 3 位，丹麦和荷兰分别居第 4 位和第 5 位。2011 年中国信息化发展指数为 0. 732，居世界第 38 位。

表 6-3　　**2011 年世界信息化发展指数(IDI)前十位国家与中国**

年份 / 国家	2000	2001	2002	2003	2004	2005	2006	2007	2008	2011	排名
瑞典	0. 896	0. 949	0. 966	0. 988	1. 001	1. 016	1. 025	1. 036	1. 048	1. 275	1
英国	0. 832	0. 853	0. 871	0. 888	0. 916	0. 943	0. 962	1. 008	1. 009	1. 223	2
挪威	0. 828	0. 856	0. 894	0. 924	0. 931	0. 937	0. 946	0. 955	0. 96	1. 201	3
丹麦	0. 877	0. 902	0. 91	0. 928	0. 941	0. 946	0. 952	0. 94	0. 96	1. 193	4
荷兰	0. 851	0. 853	0. 855	0. 87	0. 902	0. 925	0. 941	0. 96	0. 967	1. 185	5

续表

国家 \ 年份	2000	2001	2002	2003	2004	2005	2006	2007	2008	2011	排名
美国	0.893	0.907	0.905	0.913	0.923	0.931	0.934	0.935	0.942	1.176	6
日本		0.985	1.005	1.029	1.043	1.073	1.087	1.096	1.110	1.145	7
瑞士	0.873	0.894	0.895	0.907	0.918	0.924	0.924	0.934	0.942	1.135	8
奥地利	0.822	0.847	0.838	0.855	0.872	0.888	0.9	0.91	0.921	1.120	9
德国	0.822	0.842	0.85	0.865	0.881	0.894	0.903	0.917	0.925	1.036	10
中国	0.478	0.501	0.534	0.56	0.576	0.591	0.612	0.63	0.645	0.732	38

国际电信联盟采用其构建的信息化发展指数(IDI)进行分析的结果表明，2012 年韩国及紧随其后的瑞典在 ICT(Information Communication Technology，信息通信技术)发展方面继续领先于世界其他各国和地区，冰岛、丹麦、芬兰和挪威等其他北欧国家与前两个国家不相上下。荷兰、英国、卢森堡和中国香港特区也排在前 10 位。与 2011 年的排名相比，ICT 发展水平最高的国家排名变化不大。在 IDI 排名前 30 位的国家和地区中，近 2/3 为欧洲经济体，他们拥有协调一致的监管框架以及清晰明了的优先领域、目标和指标，这些因素都对其成为先进信息经济体发挥了重要作用。此外，在排名前 30 位的经济体中，也包括来自亚洲和太平洋的高收入经济体(澳大利亚、中国澳门、新加坡和新西兰)以及美洲的美国、加拿大和巴巴多斯。

如果将中国与主要国家和地区的信息化 5 个分类指数进行比较，2011 年中国的基础设施指数值为 0.450，由 2010 年的第 42 位上升到第 38 位。2011 年中国的产业技术指数值为 0.980，由 2010 年的第 30 位上升到第 25 位。2011 年中国的应用消费指数值为 0.677，和 2010 年相比位次不变，仍居第 39 位。2011 年，中国的知识支撑指数值为 0.831，和 2010 年相比位次不变，仍居第 45 位。2011 年中国的发展效果指数值为 0.723，由 2010 年的第 36 位上升到第 34 位。

通过比较分析可以看出，中国 5 个分类指数排在前 25～45 位之间，位次较低，也可以看出中国信息化的 5 个分类指数与最高水平国家和地区比较仍存在较大差距。从各分类指数位次上看，产业技术指数位次相对高于基础设施指数、应用消费指数、知识支撑指数和发展效果指数，表明中国信息化发展的基础设施建设力度还亟待加强，应用消费水平仍存在比较大的改善空间，对信息化发展的智力支持强度也有待进一步增大。

三、国家城市化水平比较

从表 6-4 可以看出，2000—2013 年间，中国的城镇化率始终远低于 7 个主要的发达国家。2013 年 7 个发达国家城镇化率的平均值为 79.66%，中国的城镇化率为 53.17%，低于主要发达国家城镇化率平均值 26 个百分点，这说明现阶段中国的城市化水平相对经济发展水平而言存在比较严重的滞后。

表 6-4　　**2013 年中国与发达国家城市化率的比较**　　（单位:%）

国家＼年份	2000	2001	2002	2003	2004	2005	2006	2007	2008	2009	2010	2011	2012	2013
德国	73.07	73.11	73.17	73.23	73.29	73.36	73.49	73.70	73.90	74.09	74.29	74.49	74.69	74.89
西班牙	76.26	76.34	76.53	76.78	77.02	77.26	77.50	77.74	77.98	78.21	78.44	78.67	78.90	79.13
法国	75.87	76.13	76.38	76.63	76.88	77.13	77.38	77.62	77.86	78.11	78.35	78.58	78.82	79.06
英国	78.65	78.75	79.05	79.34	79.63	79.92	80.20	80.48	80.76	81.03	81.30	81.57	81.83	82.09
意大利	67.22	67.28	67.38	67.50	67.62	67.74	67.86	67.97	68.09	68.21	68.33	68.44	68.56	68.69
美国	79.06	79.23	79.41	79.58	79.76	79.93	80.10	80.27	80.44	80.61	80.77	80.94	81.11	81.28
日本	78.65	79.99	81.65	83.20	84.64	85.98	87.06	88.01	88.91	89.74	90.52	91.25	91.90	92.49
中国	35.88	37.09	38.43	39.78	41.14	42.52	43.87	45.20	46.54	47.88	49.23	50.57	51.89	53.17

数据来源：世界银行。

四、国际竞争力比较

（一）国际竞争力及子要素排名

从表 6-5 可以看出，中国的国际竞争力综合排名从 1994 年的第 34 位上升到 2014 年的第 28 位，表现为波浪上升的发展趋势并且出现阶段性特征。1994—1998 年和 2002—2008 年表现为波动上升，在这两个时期，中国国际竞争力综合排名有了较大幅度的提升：1999—2001 年表现为持续下降，在这个时期，中国国际竞争力综合排名大幅回落了 9 位；2011—2014 年中国的综合排名相对稳定，处于第 26～29 位之间。总体而言，在参与评比的国家和地区中（2001 年前平均有 47 个国家和地区，2001 年以后平均有 50 多个国家和地区），中国国际竞争力综合排名稳步提升，从原来的中等偏下逐渐上升到了中等偏上的位次。从竞争力子要素来看，中国经济绩效竞争力一直处于世界前列，政府效率竞争力排位不断提升，而企业效益竞争力和基础设施竞争力排名比较靠后这是提升综合竞争力需要重点解决的方面。

表 6-5　　**中国国际竞争力及子要素排名**

年份	综合排名	经济绩效竞争力	政府效率竞争力	企业效益竞争力	基础设施竞争力
1994	34				
1995	31				
1996	26				
1997	27	4	24	34	41
1998	24	3	19	32	30

续表

年份	综合排名	经济绩效竞争力	政府效率竞争力	企业效益竞争力	基础设施竞争力
1999	29	4	31	34	35
2000	31	5	32	37	34
2001	33	7	35	40	39
2002	31	3	30	43	35
2003	29	3	22	46	41
2004	24	2	21	30	31
2005	29	3	20	41	28
2006	18	3	17	27	33
2007	15	2	8	26	36
2008	17	2	12	33	35
2009					
2010					
2011	26				
2012	29				
2013	29				
2014	28				46

资料来源：IMD，World Competitiveness Yearbook.

（二）服务贸易竞争力比较

中国服务贸易整体竞争力的比较分析。一个国家服务贸易国际竞争力，即整体竞争力的强弱直接表现为一国服务出口在世界市场上占有的位置和份额。

贸易竞争指数测度的国际竞争力比较。对服务贸易竞争力的测度，可采用贸易竞争指数，即 TC（Trade Competitiveness）指数来进行比较分析。TC 指数亦称比较优势指数，是分析一国服务贸易总体及行业的国际竞争力经常使用的测试指标之一，是指一国进出口贸易的差额占进出口贸易总额的比重。

TC 指数取值范围为（-1，1），当其值接近 0 时说明比较优势接近平均水平；大于 0 时，说明比较优势大，并且越接近 1 越大，竞争力也越大，竞争力也越强；反之，则说明比较优势小，竞争力也小。如表 6-6 所示，TC 指数反映在中国服务贸易行业竞争力方面有如下特点：

TC 指数的国际排名总体上落后。中国服务贸易行业 TC 指数的国际排名落后于发达国家的水平。2013 年中国运输业的 TC 指数为-0.430，低于美、英等发达国家；旅游业的 TC 指数为-0.427，远低于发达国家。包括诸如金融服务、保险服务、计算机和信息服务等行业在内其他服务贸易行业的 TC 指数方面，中国为 0. 041，说明中国在这些方面也比较落后。

表 6-6 **中国与发达国家主要服务贸易行业 TC 指数比较**

		中国	美国	英国	法国	德国	意大利	西班牙
运输	TC 指数	-0. 430	-0. 020	0. 367	-0. 023	-0. 118	-0. 254	0. 306
	排序	7	3	1	4	5	6	2
旅游	TC 指数	-0. 427	0. 246	-0. 125	0. 138	-0. 378	0. 239	0. 574
	排序	7	2	5	4	6	3	1
其他服务业	TC 指数	0. 041	0. 246	0. 388	0. 029	0. 015	-0. 0311	0. 069
	排序	6	2	1	4	5	7	3

数据来源：世贸组织网站，2013 年。

另外，从贸易竞争力指数来分析，中国总体服务贸易竞争力指数大部分呈现出负数状态，2013 年仍小于零，具体为-0. 02，这表明中国服务贸易整体上处于比较劣势，服务贸易的国际竞争力较弱。从各行业的贸易竞争力指数来分析，6 年来 TC 指数都大于零的只有旅游和其他商业服务。近年来，一向被认为属于劳动密集型的运输服务的 TC 指数都呈负值状态，建筑服务的 TC 指数近两年才有所改善。当前，运输和建筑这两项服务越来越偏于向资本、技术密集型服务方式转变，而中国在这两方面基础一向较为薄弱，比较劣势也日渐凸显；通信服务、计算机服务和信息服务大多数时间里呈现出正数状态，其优势的获得主要是靠国家垄断和服务外包的发展；在剩下的其他项目中，TC 指数多为负数，显示中国服务贸易的国际竞争力水平仍相当低下，除了商业服务有较强的国际竞争力外，其他服务贸易项目并不具有国际竞争力，特别是在保险、金融、专有权利使用费和特许费附加值等新型服务贸易领域明显处于劣势。

（三）教育竞争力

目前，国际上尚无对教育竞争力公认的定义。教育竞争力是国家综合竞争力的重要组成部分，是一个国家的教育产出和别国比较所具有的相对优势和能力。教育竞争力体现在各级各类教育活动的全部过程和指标要素中，包括教育的投入、规模、效益、产出等硬指标与教育的理念、制度、政策、方法等软指标，还包括教育发展及演变的各个环节及过程。由于教育是培养人的活动，因此教育竞争力最终反映的是一个国家的教育系统所培养出来的人的综合素质与竞争能力，以及通过教育所形成的人力资源对经济、社会发展的贡献程度。

与发达国家相比，中国教育的公共投入不足，中高层次人才缺乏，人力资源整体水平与发达国家和新兴工业化国家相比存在较大差距；高中文化程度人口比重偏低，成为中国人力资源素质提高的瓶颈。世界教育投入的平均水平为国内生产总值的 4. 9%，一般国家都不低于 4%。中国长期以来把 4%作为教育投入的目标，根据国家统计局的数字，中国公共教育占国内生产总值于 2012 年首次超过 4%。

国际管理发展学院(IMD)和世界经济论坛(WEF)有关国家竞争力评价明确提出，当教育适应和满足经济发展的需要时，就会促进经济的发展；反之，就会阻碍或延缓经济的发展。教育系统还是知识创新的重要基地，尤其是实施高等教育的大学，不仅是培养高层次创新人才的重要基地，也是“基础研究和高技术领域原始创新的主力军之一，是解决国民经济重大科技问题、实现技术转移、成果转化的生力军”。

2009 年，中国教育竞争力综合排名居中等水平。教育竞争力综合排名在前 5 位的国家分别为新加坡、美国、芬兰、丹麦、澳大利亚，在最后 5 位的国家分别是南非、委内瑞拉、土耳其、墨西哥、秘鲁。中国教育竞争力综合排名居于第 29 位，属中等水平。在教育竞争力评价指标体系中，关于教育对人力资源和知识创新的贡献，如果教育竞争力指标按照绝对值计算，则中国排名在第 16 位；如果按照相对值计算，则中国排名在第 47 位。由此可见，中国目前的教育竞争力在所培养的人的绝对数量方面居于中上水平，而在人口的整体教育水平方面与发达国家还有很大差距。

中国教育竞争力发展指标不均衡。中国的初等教育毛入学率、科学家和工程师人数、主要劳动人口受过高等教育人数、在校大学生人数、专利数量、科技论文数量等指标与其他 52 个国家和地区相比具有一定的优势，大部分指标都处于中等或中下等水平，排名低的指标主要体现在中等教育毛入学率、高等教育毛入学率、每百万居民中在校大学生人数、新增劳动力平均受教育年限等方面。

就中国教育竞争力与世界经合组织成员国的比较而言，世界经合组织成员国的教育竞争力各项指标发展比较均衡。在绝对指标方面，中国与世界经合组织成员国均值相比优势明显，尤其是全职研发人员数、在校大学生人数和主要劳动年龄人口中受过高等教育的人数，在科技论文和专利数量上也有一定优势。如果除去人口的因素，采用每百万人的相对指标时，中国在很多指标方面远远落后于世界经合组织成员国的均值，特别是中等教育毛入学率、高等教育毛入学率和新增劳动力平均受教育年限方面。后 3 项指标与中国未来的人力资源水平密切相关，大幅提高教育发展的水平将是中国教育竞争力面临的巨大挑战。

中国教育竞争力与金砖四国均值的比较而言，中国在识字率、员工培训投入强度、数学和科学教育质量以及教育是否满足竞争经济的需要方面略优于金砖四国的均值。从绝对值指标来看，中国在全职研发人员数、在校大学生人数、主要劳动年龄人口中受过高等教育的人数、科技论文数量和专利数量上均略优于金砖四国的均值。从相对值来看，中国在很多指标方面则落后于金砖四国的均值，特别是中等教育毛入学率、高等教育毛入学率和新增劳动力平均受教育年限方面，中国的指标与金砖四国均值的差距比较大。

五、产业结构和就业结构

中国产业结构层次低，协调性差，经济增长方式粗放，经济结构矛盾突出，这些成为影响经济增长和经济效益提高的主要因素。

中国产业结构的重工业化趋势明显，资本投入大，能源和原材料消耗大，三次产业结构不合理，产业内部结构也不合理，特别是工业重复建设多，结构升级内在动力不足，严重阻碍了中国经济整体竞争力的提高。出现这些结构性问题的根本原因在于产业之间和产业内部的技术水平差异，三次产业间的比较劳动生产率差距呈扩大趋势(比较劳动生产，

Comparative Labor Productivity，即国民收入相对比重和劳动力相对比重之比，比较劳动生产率越高，表明本部门的产值与劳动力比值越大）。其中，第一产业比较劳动生产率由1978年的0.4下降到2006年的0.28；第二产业由2.77减少为1.94；第二产业则由1.96减少为1.22。

按照发达国家的经验，随着经济的发展，农业比较劳动生产率下降是必然趋势，第二产业的比较劳动生产率也应该相应下降，而第三产业的比较劳动生产率会不断上升。而这样一个变动趋势在中国表现得不够明显，中国第二产业的比较劳动生产率一直高于另外两个产业部门，这就导致了三次产业结构的不合理。即使是在第二产业内部，也存在提高工业产品国际竞争力，改善国际分工地位和促进工业结构升级的矛盾，高技术产业规模较小。

三次产业结构和就业结构不够合理。近几年来，中国工业保持高速发展的势头，成为国民经济增长的主要支撑力量。2013年，第一、第二和第三产业增加值占国内生产总值的比重分别为10%、43.9%和46.1%。从中国三次产业的构成来看，第三产业比重过低，工业“偏热”与服务业“偏冷”并存。自2000年以来，第二产业占GDP的比重明显提高，目前已经接近45%，第三产业的比重却一直在45%左右徘徊不前，这与发达国家第三产业将近70%的比重差距太大，中国的产业结构水平只大约相当于发达国家20世纪70年代的平均水平。如表6-7所示，与世界中低收入水平国家相比，中国的产业结构不够优化，第二产业占比过重，而高附加值的第三产业占比太少。因此，从产业结构来看，中国具有显著的发展中国家的特点。显然，中国目前仍处于“二三一”的工业化中期橄榄型模式，且第一产业比重较高，大致处于日本20世纪60年代的水平（1960年，日本的三次产业的产值结构为13∶45∶42）。中国的产业结构落后于日本50多年。中国与发达国家的差距主要表现在三个方面。一是对第一产业依赖程度过高。发达国家国内生产总值中第一产业所占比重一般不超过5%，而中国至2013年第一产业占国内生产总值比重仍高达10%。二是严重依赖制造业。发达国家第二产业一般不超过国内生产总值的30%，且以高端制造业为主；而当前中国的制造业比重高达45%，且在相当程度上处于产业价值链的低端。三是服务业相对落后。发达国家第三产业所占国内生产总值比重平均为65%。2009年，美国以现代服务业为主的第三产业占国内生产总值的比例达76.9%，当前欧盟服务业比重平均值也在70%左右；而中国目前服务业只占46%，仅相当于美国1820—1870年间的水平，并且知识密集型服务业比重很低。

表6-7　**中国与世界主要国家和地区的产业结构比较**　（单位：%）

国家和地区	第一产业		第二产业		第三产业	
	2000年	2013年	2000年	2013年	2000年	2013年
世界	3.6	3	29.2	27	67.2	70
低收入国家	32	26	24.1	23	44	51
最不发达地区	32.7		23.7		43.6	

续表

国家和地区	第一产业		第二产业		第三产业	
	2000 年	2013 年	2000 年	2013 年	2000 年	2013 年
中等收入国家	11	10	35.4	36	53.6	54
中等偏下收入国家	16.8	17	39.4	32	43.8	51
中等偏上收入国家	6	8	32	37	62	56
中低收入国家	11.9	10	34.9	35	53.2	54
东亚和太平洋	14.6	11	44.4	43	41	46
欧洲和中亚	9.5	8	34.1	30	56.4	62
中东和北非国家	12.6	—	43.3	—	44.1	—
南亚	23.9	19	25.8	29	50.3	52
高收入国家	1.8	1	28	25	70.2	74
经合组织成员国	1.8		27.7		70.5	
非经合组织成员国	2.2		35.4		62.5	
中国	15.1	10	45.9	44	39	46
日本	1.8	1	32.4	26	65.8	73
韩国	4.6	2	38.1	39	57.3	59
新加坡	0.1	0	35.6	25	64.3	75
加拿大	2.3	—	33.2	—	64.5	—
美国	1.2	1	24.2	21	74.6	78
法国	2.8	2	22.9	20	74.3	78
德国	1.3	1	30.3	31	68.5	68
意大利	2.8	2	28.4	23	68.8	74
英国	1	1	28	20	70.9	79

资料来源：世界银行 WDI 数据库。

与此相应，中国的就业结构与发达国家相距甚远。世界银行报告显示，2010 年中国农业人口的劳动力比例占总就业人口的 37%，而同期美国的农业就业人口仅占总就业人口比例的 2%。中国第二产业就业人数比例仅对应于美国 1870—1910 年间的水平。发达国家第三产业就业者一般占总劳动力的 60%～80%，中国第三产业就业者占总劳动力的 33.2%，同样仅仅对应于美国工业化初期的水平。

产业间内在关联机制存在缺陷。产业关联度是指产业与产业之间通过产品供需而形成的互相关联、互为存在前提条件的内在联系。目前，中国工业内部能源和基础原材料等上游行业紧缺，与消费品等下游行业相对过剩并存。自 2001 年以来，投资拉动重化工业的快速增长，形成了对能源和原材料行业的巨大需求，使得原材料、石油、电力等能源出现供不应求的紧张局面。与上游行业供应紧缺相反，消费品等下游行业却表现出相对过剩的特征。

中国产业结构的一个重要特征是以原材料为重点的重化工业化趋势明显，重工业生产增长快于轻工业生产，形成了以钢铁、有色金属、建材、石油化工等为龙头的一批重化工业以及住宅业高增长产业群。自 2000 年以来，重工业所占比重几乎一直高于 60%，2006 年重化工业增加值占整个工业的比重已上升到 68%，比 2002 年的 62.6%提高了 5.4 个百分点。新增利润情况也显示工业利润向重化工业领域集中的迹象非常明显。中国重化工业的快速增长主要依靠资金等生产要素的大量投入实现的。以固定资产投资为例，按照与国际可比的支出法计算，中国资本形成占 GDP 的比重，2000—2002 年分别为 36.4%、38%、39.4%，2012 年和 2013 年分别为 48.66%和 49.29%，呈不断攀升的趋势，这说明产业增长越来越依赖资本投入的拉动。另外，重工业化带来的是高消耗，2006 年中国 GDP 总量占世界比重约为 5.5%，但为此消耗的重要能源资源占世界的比重却高得多。消耗标准煤 24.6 亿吨，占世界的 15%左右；消耗钢材 3.88 亿吨，占 30%；消耗水泥 12 亿吨，占 54%。唯一的亮点是 2006 年万元国内生产总值能源消耗 1.21 吨标准煤，比上年下降了 1.23%。

从现价来看，中国万元 GDP 能耗水平从 1978 年的 15.68 吨标准煤下降到 2012 年的 0.76 吨标准煤，34 年间下降了 14.92 吨标准煤，年均下降 9.3%。但是 1998 年以后，中国万元 GDP 能耗水平下降速度明显放缓，1998—2012 年年均下降速度只有 3.7%，在 2003 年还出现了反弹。从不变价来看，能耗水平反弹更加明显。以 1952 年不变价计算，万元 GDP 能耗水平从 1978 年的 17.85 吨标准煤下降到 2012 年的 3.8 吨标准煤，34 年间年均下降速度只有 4.6%，接近“十一五”规划提出的下降速度。1998 年以后，下降速度大幅放缓，1998—2012 年年均下降速度只有 1.1%，远低于“十一五”规划提出的目标值。进入 2002 年以后，还连续 4 年出现了上升。在中国重化工业的背景下，产业增长表现出对投资和资源的高度依赖特征。过高的依赖程度，已经超出资源和环境的承受能力，产业结构演进的外部保障条件急剧恶化。

在与世界其他国家万美元国内生产总值能耗的比较中可以看出，中国工业化在很大程度上是以过度消耗资源和牺牲自然环境为代价的。根据国际能源署的统计，2011 年中国单位 GDP 能耗为 4.95 吨标准油/万美元，相当于日本 1.03 吨标准油/万美元的 8 倍多，相当于世界平均水平 3.03 吨标准油/万美元的 2.9 倍。如表 6-8 所示，中国单位 GDP 能耗远远高于发达国家，发达国家的单位 GDP 能耗一般维持在 1~3 吨标准油/万美元之间，平均能耗 1.91 吨标准油/万美元。中等收入国家和低收入国家的单位 GDP 能耗分别为 6.85 吨标准油/万美元、11.61 吨标准油/万美元。因此，中国单位 GDP 能耗水平处于中等收入国家与低收入国家之间，这反映出我国经济增长走的是粗放型道路，具有典型的发展中国家的特点。

表 6-8 世界主要国家和地区万美元国内生产总值能耗

国家和地区＼年份	2007	2008	2009	2010	2011
世界	7.09	7.19	7.20	7.17	7.33
高收入国家	7.56	7.67	7.72	7.64	7.91
中等收入国家	6.57	6.68	6.68	6.73	6.80
低收入国家					
中国	4.57	4.83	4.89	4.91	4.95
日本	8.74	9.00	8.92	8.83	9.50
韩国	6.14	6.18	6.16	6.02	5.99
加拿大	5.01	5.20	5.33	5.52	5.64
美国	6.58	6.73	6.88	6.89	7.08
法国	9.14	9.12	9.24	9.15	9.65
德国	10.12	10.11	10.19	10.08	11.04
意大利	12.41	12.53	12.64	12.45	12.73
英国	11.09	11.20	11.36	11.27	12.29

数据来源：国际能源署，2012 年。

随着经济全球化步伐的加快，从 20 世纪 90 年代以来，国外发达国家制造业快速向中国转移，使中国制造业得到长足发展。但我国制造业“代工化”现象严重，大多采取 OEM (Original Equipment Manufacturer，化工生产) 的制造方式，外贸企业出口值中超过一半是通过加工贸易方式实现的，甚至出口的新技术产品的生产方式也是以加工组装为主要形式，对加工贸易的依赖程度越来越深。由于中国承接的只是发达国家转移的低附加值产业和生产环节，“中国制造”还停留在低技术水平层次的组装业务上，一方面造成低水平的生产能力过剩，大量中低档产品市场严重供过于求；而另一方面，技术含量高、附加值高、档次高的产品严重短缺，又必须从国外大量进口，产业发展的结构失衡问题突出。中国在积极承接国外产业转移的同时，比较重视引进外国先进技术和装备，但如何对引进技术的再创新却一直是薄弱环节，忽视技术专利和专有技术的引进和消化吸收，缺乏对引进技术的系统集成、综合创新，结果陷入“落后—引进—再落后—再引进”的恶性循环，加大了对国外技术的依赖程度。

服务业内部结构水平不高。目前服务业结构水平不高，主要表现是以生活服务业为主，高层次的生产服务业包括金融、保险、咨询、技术服务等行业的比重过低。这是因为国有企业“大而全”、“小而全”的体制特征，抑制了专业化生产服务业的独立形成和发展，也抑制了后勤服务等消费型服务业的社会化发展，这是造成中国服务业发展长期滞后的一个重要原因。

六、人类发展指数

人类发展指数(HDI)是由反映人类生活质量的三大要素指标，即出生时预期寿命、受教育程度、实际人均GDP合成的一个复合指数，通常作为衡量人类发展的综合尺度。联合国开发计划署(UNDP)近日公布的《2014年人类发展报告》依据人类发展指数值的高低，将纳入统计的187个国家和地区的人类发展水平划分为4类：低人类发展指数(0~0.549)；中等人类发展指数(0.550~0.699)；高人类发展指数(0.700~0.799)；极高人类发展指数(0.800~1.000)。根据这一新的划分标准，分别有43个、42个、53个和49个国家和地区的HDI水平属于低、中等、高和极高阶段。2013年HDI的世界平均水平为0.702，中国为0.719，排名91位，属于高人类发展水平。

2013年，世界各国家和地区的人类发展指数呈现的特点为：一是不同类别的国家发展水平差距明显。如纳入统计的2013年世界187个国家和地区中，人类发展指数最高的是挪威，为0.944，最低的是尼日尔，仅为0.337，前者是后者的2.8倍，差距明显。二是不同类别国家各项指标普遍存在差距。《2014年人类发展报告》显示4个不同类别的国家在各项指标上，都存在较大的差距。2013年世界各国平均预期寿命为70.8岁，其中，极高人类发展国家、高人类发展国家、中等人类发展国家、低人类发展国家平均预期寿命分别为80.2岁、74.5岁、67.9岁、59.4岁。2013年，世界各国平均受教育年限是7.7年，其中，极高人类发展国家、高人类发展国家、中等人类发展国家、低人类发展国家平均教育年限分别为11.7年、8.1年、5.5年和4.2年，极高人类发展国家是低人类发展国家的2.78倍。2013年人均国民总收入按2011年购买力平价方法计算，世界平均水平为13723美元，其中，极高人类发展国家、高人类发展国家、中等人类发展国家、低人类发展国家人均国民总收入分别为40046美元、13231美元、5960美元、2904美元，极高人类发展国家是低人类发展国家的13.78倍。

改革开放30多年以来，中国人类发展指数发展较快，无论是增长速度，还是国际排名都有了显著的进步，但和世界领先国家相比还存在一定的差距(见表6-9)。

表6-9 **2013年人类发展指数情况表**

人类发展指数排名	国家和地区	人类发展指数	出生时预期寿命(岁)	平均受教育年限(年)	预期受教育年限(年)	人均国民总收入(2011年美元购买力评价美元)
	世界	0.702	70.8	7.7	12.2	13723
	极高人类发展国家	0.890	80.2	11.7	16.3	40046
	高人类发展国家	0.735	74.5	8.1	13.4	13231
	中等人类发展国家	0.614	67.9	5.5	11.7	5960
	低人类发展国家	0.493	59.4	4.2	9.0	2904
1	挪威	0.944	81.5	12.6	17.6	63909

续表

人类发展指数排名	国家和地区	人类发展指数	出生时预期寿命(岁)	平均受教育年限(年)	预期受教育年限(年)	人均国民总收入(2011 年美元购买力评价美元)
2	澳大利亚	0.933	82.5	12.8	19.9	41524
3	瑞士	0.917	82.6	12.2	15.7	53762
5	美国	0.914	78.9	12.9	16.5	52308
6	德国	0.911	80.7	12.9	16.3	43049
8	加拿大	0.902	81.5	12.3	15.9	41887
12	瑞典	0.898	81.8	11.7	15.8	43201
15	韩国	0.891	81.5	11.8	17.0	30345
17	日本	0.890	83.6	11.5	15.3	36747
20	法国	0.884	81.8	11.1	16.0	36629
26	意大利	0.872	82.4	10.1	16.3	32669
91	中国	0.719	75.3	7.5	12.9	11477

资料来源：《人类发展报告》，2014 年。

七、创新能力

中国科学技术发展战略研究院《国家创新指数报告》(2013 年)显示，中国国家创新指数综合得分为 65.2 分，排世界第二梯队。国家创新指数排名在全球 40 个主要国家中升至第 19 位，比上年提高 1 位，中国创新能力稳步上升，创新能力继续领跑金砖国家，同时在亚洲位列第 4。知识创造分指数排名由上年的第 24 位跃升至第 18 位。创新环境分指数排名由上年的第 19 位提升到第 14 位，其中政府规章对企业负担影响、政府采购对技术创新影响分别从上年的第 6 位和第 8 位提升到 2012 年的第 3 位，企业创新项目获得风险资本支持的难易程度排名则从上年的第 12 位提升到第 8 位。

创新资源分指数排在第 30 位；信息化发展水平排名比较靠前；研发与发展经费投入强度排名上升趋势明显；研发人力投入强度与科技人力资源培养水平排名相对落后。从企业研发经费投入强度、研发人员、专利等方面对企业创新进行评价，企业创新分指数排在第 15 位。创新绩效分指数位居第 14 位。其二级指标中，劳动生产率和单位能源消耗的经济产出两项指标排名相对靠后，仅排在世界第 39 位和第 36 位。

八、收入分配及消费水平

近年来，中国经济的高速发展使中国经济总量有了很大的提高，但贫富差距也开始拉大。根据世界银行的数据，2012 年中国的基尼系数为 0.37，高于法国(0.327)、瑞士(0.337)等发达国家，也高于罗马尼亚(0.315)、印度(0.368)等发展中国家，这从一个侧面表明中国社会的收入差距已经过大。并且根据世界银行 WDI 数据库整理的资料(表 6-10),可以看出中国在居民收入分配方面,与世界发达国家和一部分发展中国家还存在一定的差距。2005 年中国的基尼系数为 0.42,按收入情况分为五组,其中最低的 20% 人群收入仅占 5.73%,而最高的 20% 人群收入却占到 47.81%,2010 年中国的基尼系数为 0.421。虽然中国人民生活总体达到小康水平,但根据世界银行报告,就贫困人口数量而言,排在前 5 位的国家是印度(占世界贫困人口的 33%)、中国(13%)、尼日利亚(7%)、孟加拉国(6%)和刚果民主共和国(5%),这 5 个国家加在一起在世界贫困人口中占了近 7.60 亿人。中国贫困人口比例排名第二,远高于发达国家的比例。

表 6-10　　世界主要国家和地区居民收入分配情况表

国家和地区	年份	基尼系数	各组占全部收入或消费的比重(%)				
			最低组 20%	第二组 20%	第三组 20%	第四组 20%	最高组 20%
中国	2010	0.421	4.7	9.7	15.3	23.2	47.1
印度	2005	0.37	8.08	11.27	14.94	20.37	45.34
日本	1993	0.25	10.58	14.21	17.58	21.98	35.65
韩国	1998	0.32	7.91	13.56	17.95	23.13	37.45
加拿大	2000	0.33	7.20	12.73	17.18	22.95	39.94
美国	2000	0.41	5.44	10.68	15.66	22.41	45.82
法国	1995	0.33	7.18	12.62	17.19	22.80	40.21
德国	2000	0.28	8.52	13.72	17.79	23.09	36.88
意大利	2000	0.36	6.50	11.98	16.75	22.75	42.02
英国	1999	0.36	6.14	11.41	15.96	22.47	44.02
澳大利亚	1994	0.35	5.90	12.01	17.20	23.57	41.32

资料来源:世界银行 WDI 数据库。

2013 年,全国居民收入基尼系数为 0.473。全年农民工总量 26894 万人,比上年增加 633 万人,增长 2.4%。其中,本地农民工 10284 万人,增长 3.6%。外出农民工 16610 万人,增长 1.7%。外出农民工月均收入 2609 元,比上年增长 13.9%。近几年,虽然差距拉大的幅度在缩小,却仍然处于继续拉大之中。居民之间的收入差距也在拉大。基尼系数从 1982 年的 0.249 拉大到 2013 年的 0.47,属于居民间分配不公问题较为严重的国家之列。

中国居民的消费水平与发达国家存在较大差距。从居民消费率来看,中国居民消费率由 1990 年的 46.98%下降到 2013 年的 34.09%,居民消费下降幅度大。1990—2013 年间,中国居民的消费率不仅低于发达国家,也低于若干发展中国家。2013 年中国居民消费率为 34.09%,美国为 68.05%,印度为 59.18%(见表 6-11)。

表 6-11 世界主要国家的居民消费率 （单位:%）

国家 \ 年份	1990	2000	2005	2006	2007	2008	2009	2010	2011	2012	2013
澳大利亚	55.86	58.06	57.85	56.81	56.54	56.33	54.37	55.38	53.94	53.72	54.99
加拿大	55.81	54.58	54.12	54.10	54.36	54.14	57.22	56.53	55.70	55.66	55.72
德国	56.50	57.14	57.77	57.00	55.12	55.27	57.33	56.12	55.83	55.98	55.94
法国	55.55	54.44	55.17	55.08	54.91	55.25	56.19	56.14	55.74	55.45	55.35
英国	60.90	64.62	64.19	63.55	63.58	64.10	64.66	64.44	64.23	64.79	64.61
印度	64.61	64.22	57.59	56.96	55.69	58.61	57.18	56.40	56.36	59.45	59.18
意大利	57.85	60.57	59.45	59.53	59.25	59.60	60.66	61.04	61.54	61.14	60.50
日本	53.31	56.52	57.78	57.91	57.34	58.27	60.05	59.26	60.31	60.66	61.14
韩国	55.30	53.65	52.12	52.70	52.37	52.35	51.68	50.32	50.96	51.37	51.02
墨西哥	69.58	66.82	68.48	67.31	67.65	66.99	66.61	67.52	67.42	66.27	67.18
美国	63.73	65.51	66.71	66.67	67.11	68.25	69.32	67.77	68.61	68.17	68.05
中国	46.98	46.69	38.10	35.21	35.94	34.94	33.94	34.73	35.90	34.78	34.09

资料来源：世界银行 WDI 数据库。

九、综合竞争实力

《世界竞争力年鉴》认为，中国在国内经济、国际贸易、就业、公共金融、劳动力市场、科学基础设施等领域表现良好，但在国际投资、商业立法、管理方式、健康与环境等方面竞争力欠佳。而世界经济论坛发布的《2014—2015 年全球竞争力报告》中，中国的综合排名第 28 位，在商业效率和基础设施方面仍有较大的优化空间。根据中国科学院发布的《中国现代化报告 2015》，中国工业质量指标却位于世界中下游，出口的工业产品多是低端产品，中国工业生产率和制造业生产率分别排在世界第 61 位和第 47 位。该报告完成了世界 131 个国家和地区 1970—2010 年的工业现代化定量评价。该报告显示 2010 年中国工业水平比德国、英国落后 100 多年，比日本落后 60 多年。

综上所述，从经济总量来看，我国已经是一个经济大国，但是从经济增长的质量、效益等方面来看，中国仍然是一个发展中国家。

第二节 WTO 视角下评估发展中国家地位①

虽然，目前中国是全球第二大经济体，综合国力也十分靠前，但众多的人口导致了人均资源的有限性。判断中国是否进入发达国家行列，显然不能单凭总量指标去衡量，而应

① 本节没有标注的数据来源于本书第四章或世界银行数据库。

更多地从人均、结构、效益等方面进行评估。结合前述的分析，在这里分别从WTO相关条款析出的潜在标准、其发展中国家共性指标分布区间以及其他指标的国际排名三个方面对WTO框架下中国发展中国家身份认定情况进行分析。

一、人均收入

根据世界银行《世界发展报告2014》，2013年中国人均GNI为4031美元，而当年世界平均水平是1.06万美元，最高人均GNI达6.55万美元，中国居民的人均收入世界排名100多位，处在世界中下等水平。按照此标准，中国显然不能被判定为发达国家。

二、经济结构

2001—2013年间，最终消费率从61.4%下降到49.8%，下降了11.6%；而资本形成率(投资率)则从36.5%上升到47.8%，上升了11.3%。这说明中国经济越来越靠投资拉动，而消费需求，特别是居民消费需求却呈萎缩态势，这对中国经济的长期发展十分不利。根据钱纳里的多国模型，处在工业化中期发展阶段的国家，投资率对GDP的占比应在20%左右，而居民消费的比重则在60%以上。显然，这个比例在中国已经倒置了。并且样本国家的经验也表明，多数国家最终消费支出占GDP的比重在80%左右，中国的这一数据是明显偏低的。而从不同产业的劳动力比重，也可以看出我国目前的经济结构不够合理。2001—2013年，中国农业劳动力人口占总劳动力的比重超过45%，而工业劳动力占比则约为20%，剩下第三产业的劳动力占比则不足1/4，这远低于美国、韩国等发达国家，甚至低于世界平均水平。中国产业结构的最大问题就在于第三产业不够发达。而从世界发展经验来看，第三产业往往是经济增长的引擎。

三、收入分配

2000—2011年间，中国的基尼系数平均为0.41，属于收入差距较大的范畴，虽经调控，但不断扩大的趋势仍未扭转。稍有不慎，则会陷入“拉美陷阱”，引发社会动荡。同一时期，高人类发展水平国家的基尼系数一般在0.25~0.35之间，市场自由化程度较高的美国也只有0.4。中国的基尼系数在中高人类发展水平国家中处在较高水平。

2011年，中国仍有6.26%的人口处在经购买力平价调整的每天1.25美元的贫困线以下。这个水平与处在低人类发展指数的肯尼亚、也门相当，而OECD国家的这个比例几乎为零，转轨国家捷克的这一比例也不足2%。WTO发展中国家加入时，很多国家的这一指标就已经控制在5%以下了，而中国目前仍高达6.26%。所以，即使单从收入方面来认定一国的发展中国家属性，中国也完全有理由被认定为发展中国家。

四、城市化程度

2001—2013年，中国城市化运动在不断推进，农村人口比重从62.34%下降到46.27%，高于世界平均水平。因此，城市化进程落后于世界平均水平。而通过考察工农业劳动力占总劳动力的比重，也可以发现中国城市化水平不高的事实。2001—2013年，中国农业劳动力占总劳动力的比重竟高达45%，这一数据，除了最不发达国家外，为世界少有。在样本国家中，中国农村人口比重是除了喀麦隆外最高的国家了。

五、价格水平

2000—2013 年间，中国居民消费价格指数总体较为稳定，维持在 99~106 之间。这个数值是比较理想的，表明这个阶段中国物价较为稳定，宏观经济也处于稳定发展时期。同一时期，中国利率也维持在 2.25%~1.98%之间，表明中国实行较为稳定的宽松货币政策。与样本国家相比，中国的价格水平十分稳定。14 个样本国家中，至少有 9 个出现了严重通货膨胀现象。

六、金融

2001—2012 年间，中国资本市场处在不断发展阶段。总体来说，上市公司市值占 GDP 比重呈不断上升态势。2001 年上市公司市值占 GDP 比重不到 40%，2006 年上升至 91%，2007 年中国股市出现大牛市，这一比重井喷到 184%，之后受国内外经济环境的不利影响，股票市值大幅缩水，上市公司市值占 GDP 比重下降到 64.6%。虽然市值波动为股票常态，但 2008 年的股市大跌而实体经济保持稳定则说明，中国资本市场还不够成熟，存在一定投机成分。2011 年和 2012 年上市公司市值占 GDP 比重相对稳定，分别为 46.29%和 44.93%。而前文样本国家的上市公司市值占 GDP 比重最高达 200%。

七、劳动力

2001—2013 年间，中国总劳动参与率从 77%略微降至 71%，劳动参与率较高。这与中国近年来大力发展劳动密集型产业有关。与样本国家相比，中国的总劳动参与率是最高的，但是中国的人力资本素质在世界范围内缺乏竞争力。2001—2012 年，中国高等教育毛入学率平均仅为 19.04%，这还是在高校大幅扩招背景下的数据。而同期韩国的毛入学率高达 96%，乌克兰达到 79%，土耳其达 37%，马来西亚也接近 30%。高素质人才的缺乏严重制约了一国创新能力的发展和转化，这对于处在知识经济时代的中国是一个很大的挑战。

八、教育投入

一直以来，中国政府对于教育的投入也处于较低水平。中国政府教育投入占 GDP 比重终于在 2012 年首次超过 4%的标准，达到 4.28%，远低于同期以色列的 6.5%（均值）。而前文样本国家中，政府教育投入占 GDP 比重最高的高达 7.4%。

九、健康

2000—2013 年，中国出生时预期寿命由 72 岁上升为 75 岁，高于世界平均水平，与中等收入国家相当。而前文样本国家出生时预期寿命则在 65~77 岁之间，多数国家超过 71 岁。2013 年婴儿死亡率约为 1.1%，低于世界平均水平，与中等收入国家相当；而前文样本国家的婴儿死亡率则在 0.4%~6.1%之间。但 2010 年，中国营养不良发生率（按年龄身高计算）高达 9.4%，这一比例明显高于高人类发展国家，也略高于中等人类发展指数国家。总体说来，中国人口的健康状况一直处于世界中等水平。

2001—2011 年间，中国公共医疗保健开支占 GDP 比重不足 3%，最低只有 1.76%，2012 年刚达到 3%，2013 年为 3.1%，远低于美国的 6.9%，土耳其的 3.8%。与此同时，中国医疗资源的获得相对较为困难。2000—2011 年间，中国每千人可获得病床位数为 3 个，相当于世界平均水平。

十、高科技研发支出与出口

2000—2012 年，中国研发支出占 GDP 比重均值仅为 1.4%，远低于美国、瑞典、新加坡等国的比重，略高于世界平均水平，前文样本国家的这个比重在 0.18%~2.8%之间。而对于高科技产品占制造品出口比重这个指标，前文样本国家在 0.6%~54%之间，中国 2001 年的水平为 20.6%，2013 年为 27%。这说明中国科技创新能力与研发能力还比较落后。

十一、人类发展指数

根据联合国《人类发展报告》，2013 年人类发展指数的世界平均水平为 0.702，中国为 0.719，排名 91 位，属于高等发展程度国家。挪威排名最高，为 1，约旦排名最低，为 77。

十二、竞争力和创新竞争力

根据世界经济论坛的“全球竞争力排名”，2014—2015 年度中国排名为 28 位。前文样本国家中，新加坡排名最高，为第 2 位。

依据《世界创新竞争力发展报告(2001—2012 年)》，2010 年美国、日本、挪威位列世界创新竞争力排名的前三名；中国在世界创新竞争力排名第 14 位，是唯一进入世界创新竞争力排行榜前 20 名的发展中国家。该报告根据世界各国科技发展的实际，按照世界创新竞争力评价指标体系(由 1 个一级指标、5 个二级指标、32 个三级指标组成)和数学模型，对 21 世纪前 10 年世界各国的国家创新竞争力进行评价分析，可为世界各国制定科技发展战略目标，提升国家创新能力提供重要的参考依据。该报告从创投基金投资情况、科学研究、研发经费及教育发展来评估全球 40 个国家和地区的创新和竞争力。这个排名既是对中国创新能力进步的肯定，也暴露出中国创新力的不足。

此外，通过 WTO 个案确认发展中国家标准评估中国地位。一是依据工业化进程标准评估。《中国工业化进程报告 2014 年》指出，中国经济走向新常态的过程也是中国步入工业化后期的阶段，国际经验表明，该阶段往往是曲折和极富挑战性的，中国当前必须高度重视产能过剩、产业结构转型升级和新工业革命三大挑战。工业化初中期，中国从一个农业大国转变为工业大国的产业升级主要通过“要素驱动战略”来实现，而在工业化后期，中国要实现从工业大国转变为工业强国和服务业大国的产业结构升级，更需要“创新驱动战略”。“要素驱动战略”强调的是通过投资、劳动力、资源、环境等要素的低成本的大量投入来驱动经济增长，而“创新驱动战略”则强调的是通过技术创新和制度创新来实现经济的可持续发展。从世界范围来看，中国的工业化后期与发达国家的“再工业化”叠加了，这使得中国工业化进程又增加了一些“变数”。以重振制造业和大力发展实体经济为核心的“再工业化”战略，并不是简单地提高制造业产值比例，而是通过现代信息技术与制造业融合、制造与服务的融合来提升复杂产品的制造能力以及制造业快速满足消费者个性化需求能力，这构成了所谓“第三次工业革命”的主要内容。如果将整个工业化进程按照工业化初期、中期和后期三个阶段划分，并将每个时期划分为前半阶段和后半阶段，那么中国的工业化进程地区已经过半。根据钱纳里模型，这一阶段还不属于发达经济状态。

二是依据是否存在过大的贸易逆差评估。20 世纪 90 年代中期至今，中国在国际贸易中一直保持贸易顺差的地位。1995—2004 年，中国货物服务对外贸易差额占 GDP 比重在 1%~4%之间波动，2005—2009 年处于 4%~9%之间，2007 年高达 8.8%，2010—2014 年回落到 2%~4%之间。其中，2014 年中国为 2.6%，2014 年美国为-3.0%。可见同一时期，包括美国在内的很多发达国家、发展中国家都存在不同程度的贸易赤字。目前中国不存在贸易赤字的问题，但是贸易顺差过大同样会给经济带来威胁。

三是是否存在高储蓄和高投资评估。前文提到，中国是典型的高储蓄和高投资国家。20 世纪 90 年代至 2014 年，中国的国内总储蓄占 GDP 的比重在 35%~55%之间，其中 2014 年为 51%；20 世纪 90 年代至 2014 年，固定资本形成总额占 GDP 的比重在 25%~50%之间，其中 2014 年为 47%，都处在相当高的水平，与新加坡情况十分相似。

四是依据宏观经济是否稳定评估。近 20 年中国市场经济改革稳步推进。20 世纪 90 年代至今，中国经济一直保持高速增长，年均增长率在 8%左右，并成功抵御了金融危机的侵袭，这一现象为世界瞩目，2014 年的增长率为 7.7%。中国的物价基本稳定，通胀在可控范围内，这也为中国经济的增长创造了有利条件。中国的汇率也较为稳定，近年来人民币对美元的汇率有一定程度的升值。总体说来，中国宏观经济较为稳定。

第三节 适用 GPA 发展中国家潜在标准①

一、GDP 标准

(一)人均 GDP

从人均 GDP 情况来看，中国与发达国家、次发达国家，甚至某些发展中国家的差距明显。

从中国整体与发达国家的比较情况来看，2008 年中国的人均 GDP(按照现行价格和现行汇率计算)仅为 3266.51 美元，2013 年中国的人均 GDP(按照现行价格和现行汇率计算)仅为 6807.4 美元，不及日本和美国 20 世纪 80 年代水平的 2/3 和 1/2，仅为 1996 年上述发达国家各国人均 GDP 均值的 1/4。随着世界各国经济的发展，中国与发达国家还存在较大差距，2013 年中国人均 GDP 仅为这些国家 2005 年均值的 1/5。

与次发达国家和地区相比，2008 年中国人均 GDP 分别为主要次发达国家和地区加入 GPA 时(列支敦士登、挪威、冰岛、中国香港)的 4.5%、8.9%、11.97% 和 12.02%。

① 本节没有标注的数据来自本书第三章或者源于世界银行数据库。

2013 年中国人均 GDP 分别为主要次发达国家和地区加入 GPA 时(列支敦士登、挪威、冰岛、中国香港)的 6.4%、10.34%、12.29%和 25.88%。2005 年上述次发达国家的人均 GDP 分别为 105372.61 美元、65324.03 美元、54937.56 美元和 26092.25 美元，远远超过中国的经济发展水平。

与韩国、以色列为参考的发展中国家相比，2008 年中国人均 GDP 也远远落后于它们的发展水平，分别是这两个国家加入 GPA 协议时的 26.67%和 18.85%。2013 年中国人均 GDP 也远远落后于它们的发展水平，分别是这两个国家加入 GPA 协议时的 38.47%和 27.19%。2005 年韩国人均 GDP 高达 17550.85 美元，以色列人均 GDP 高达 24831.89 美元。

从各省人均 GDP 情况来看，2007—2009 年间，上海、北京和天津的平均人均 GDP 在全国排名前三，分别为 10271 美元、9012 美元和 7736 美元。其次，浙江、江苏和广东的平均人均 GDP 在 5000~6000 美元之间。河北、吉林、福建、辽宁、山东、内蒙古的平均人均 GDP 在 3000~4000 美元之间。其余各省在 1000~2000 美元。2011—2013 年间，天津、北京和上海的平均人均 GDP 在全国排名前三，分别为 14928 美元、14088 美元和 13856 美元。其次，江苏、浙江和内蒙古的平均人均 GDP 在 10000~11000 美元之间。辽宁、广东、福建、山东的平均人均 GDP 在 8000~9000 美元之间。其余各省在 3000~7000 美元。可以看出，即使是经济较为发达的天津，在人均 GDP 方面也远远落后韩国、以色列这类发展中国家。中国多数省份处于欠发达，甚至是落后的经济发展状态。另外，在人民币升值的情况下，各省人均 GDP 虽然都出现明显上涨的情况，但是仍然远远低于上述国家。

需要指出的是，上述数据全部按照当年价计算。若剔除通货因素，中国人均 GDP 的实际数值可能更低。

(二)经济结构

1. 消费比重

1996 年以来，中国的消费率一直处于下降的趋势，2006 年以后降至 50%以下。2013 年中国最终消费率为 49.8%。

中国 2000 年居民消费占 GDP 的比重为 46.36%，到 2013 年下滑至 36.17%；政府消费则由 2000 年的 15.86%下降到 2013 年的 13.63%，发展较为平稳。世界银行公布的数据显示，全球 2000 年居民消费占 GDP 的比重平均为 62%，其中低收入国家为 69%，中等收入国家和高收入国家均为 62%；2000 年世界平均的政府消费率为 15%，其中低收入国家平均为 11%，中等收入国家在 12%~13%左右，高收入国家平均为 16%。从这些数据可以看出，中国居民消费占 GDP 的比重不仅远远低于低收入国家，而且远远低于世界平均水平；而中国政府消费占 GDP 的比重是适中的，位于合理区间内。

而中国消费率一直呈下降趋势，2009 年仅为 48.0%，其中，居民消费率从 52.47%下降到 35.11%，远低于发达国家居民消费率正常水平。在中国，消费尚未成为拉动经济的强劲动力。

从中国各省的最终消费率情况来看，2013 年西藏的最终消费率最高为 64.2%，云南和北京的最终消费率在 60%以上，甘肃、上海、贵州、黑龙江、新疆、宁夏、广东、广西、海南、四川的最终消费率在 50%以上。基本上，经济发展水平较落后的地方，政府消费占总消费的比重偏高。如 2013 年西藏的政府消费占总消费 62.2%，青海和新疆的这一比重也高达 34%以上。

2. 政府消费支出比重

1996—2007 年，中国政府支出占比平均为 21.8%，高于这些发达国家。而其中经济性支出的大幅度增加使中国政府对市场经济的影响力度加强，很大程度上影响了中国市场经济。1996—2013 年，中国政府消费支出占 GDP 的比重基本保持不变，均值为 14.10%。2013 年，中国政府消费支出占比为 14.06%。

从中国各省的情况来看，2013 年，除西藏外，新疆、北京、内蒙古、黑龙江、海南、宁夏、青海、天津、甘肃和吉林的政府消费支出占地区 GDP 的比重在 30%~45%之间；其余各省市均在 20%~30%之间。

3. 投资比重

中国投资率总体上呈现不断上涨的趋势，2009 年高达 47.7%，成为拉动中国经济增长的最重要的引擎。中国经历了一个消费率不断下降和投资率不断上升的过程。在与其他国家的比较中可以看出，中国的固定资本形成总额占 GDP 几乎是最高的，至 2013 年这一指标则逐步稳定在 46%左右，水平远远高于新加坡。中国投资占 GDP 的比重仍然较高，1994—2013 年的均值为 41.5%。根据市场经济发展的经验，在经历过工业化发展的初期之后，投资应慢慢蜕变成经济增长的第二大动力，消费应成为其主力。因此，中国的投资率并未处于现阶段经济发展的合理水平。

二、财政状况①

1995—2006 年，中国的财政负担水平均值为 4.0 分。2004 年达到峰值，为 4.4 分。

三、经济自由度②

2000—2009 年，中国的经济自由度分数均值为 5.9 分，2009 年为 5.32 分。2009 年经济自由度分数的下降，既有国际经济环境方面的影响所致，又有市场化进程中政府角色转换的进程影响。2010 年中国的此项数据仅为 5.1 分。

2014 年全球经济自由度数据显示，在全球 178 个经济体中，中国经济自由度得分为 52.5 分，排名第 137 位，较 2013 年下降 1 位，仍然属于“基本不自由经济体”。2014 年经济自由度分数的下降，既有国际经济环境方面的影响所致，又有市场化进程中政府角色转换的进程影响。

四、失业率

中国的总失业率在 1990—2003 年间呈上升趋势，2000 年中国总失业率为 3.1%，到

---

① 数据来源于历年 Index of Economic Freedom，该项指标是具有国际间可比性的量化指标，具有较强的客观性。

② 数据来自历年 Index of Economic Freedom。

2003 年上升至 4.3%；2003—2013 年，中国的失业率基本稳定，维持在 4.1%左右。2013 年中国的失业率为 4.1%，也高于次发达国家和地区。

2009—2013 年间，北京的平均失业率最低，为 1.3%；海南、广东、甘肃、浙江、江苏、江西、西藏、河南、山东、新疆、山西、广西、贵州平均失业率维持在 2.5%～3.5%，其余各省的平均失业率在 3.6%～4.3%。

五、劳动生产率

截至 2008 年，中国大陆每就业者 GDP 仅为 10378 美元，仅接近于中国香港、新加坡、冰岛、挪威和约旦四个国家和地区均值的 1/4。而中国大陆虽然与其他四个国家和地区差距较大，但是近年来每就业者 GDP 快速增长，说明中国大陆的劳动生产水平正在快速提高。2015 年 2 月 26 日，国家统计局发布的《2014 年国民经济和社会发展统计公报》显示，2014 年中国劳动生产率为 72313 元/人，换算成美元约为 11642 美元，仅接近于上述四个国家和地区均值的 1/4。

六、教育投入

从入学率的情况来看，1991—2007年，中国的数据由 36.21%提升至 41.88%。在小学入学率方面，中国和韩国的差距较小。在小学入学率方面，中国 1998—2012年的数据浮动区间为 103%～128%，韩国同期数据为 100%～103%，中国与韩国大体持平。但在中学的入学率方面，中国 1999—2012 年的数据浮动区间为 58.03%～88.98%，而韩国同期的数据则为 96.19%～99.49%。在高中生的入学率方面，中国从 1999 年的 6.61%提升至 2012 年的 26.70%，而韩国同期则从 74.21%提升至 98.38%。

从学生与老师的比率情况来看，1999—2008年，中国的这一比例为 20%左右，1999—2012 年中国的这一比例也为 20%左右，可以看出中国的教育普及仅在小学入学率方面的与上述国家和地区差距较小，而学前教育以及中学以上的教育普及程度仍处于相对较低的水平。特别是高中及以上的教育入学率，差距更为明显。2012 年韩国和日本的高中生入学率也分别达到 97.20%和 101.80%，而约旦也达到了 87.83%。

从中国各省的情况来看，2007—2008 年间，各省政府教育投入占 GDP 的比例最高的省份是西藏地区，高达 9.07%，海南、贵州、云南、甘肃、宁夏和新疆的这一数值维持在 3.51%～-4.70%之间，其余各省保持在 1.45%～2.88%。2013 年中国各省的学生与老师比例也基本上维持在 10%～19%左右。

七、健康

从公共医疗保健开支占 GDP 的比重来看，中国公共医疗保健开支占 GDP 的比重不足 2%，最低只有 1.76%，远低于美国的 6.9%，土耳其的 3.8%。从中国各省的情况来看，2007 年西藏卫生经费占地区生产总值的比例最高，达 5.02%，青海、贵州、云南、甘肃、新疆、宁夏、北京与江西的这一比例维持在 2.49%～1.06%，其余各省不足 1%。与此同时，中国医疗资源的获得，相对来说，也是较为困难的。2000—2009 年间，中国每千人可获得病床位数为 3 个，相当于世界平均水平。2007—2009 年，北京和上海的每千人可获得病床位数在 7 个左右；天津、辽宁和新疆的这一数据在 5 个左右；其余各省份的这一数据在 3 个左右。

从人口预期寿命来看，2008 年中国男性和女性的预期寿命为 72 岁和 76 岁，2013 年中国男性和女性的预期寿命为 74 岁和 77 岁。

从人口死亡率来看，2008 年中国女性和男性两项数据分别为 8. 95%和 14. 92%，2013 年中国女性和男性两项数据分别为 7. 5%和 10. 15%。

八、基础设施

2005—2011 年间，中国客、货运总量平均实际增速分别为 3. 94%和 3. 66%，而韩国的同期增速为 2. 03%和 1. 34%，冰岛的同期增速为 3. 69%和 1. 9%，新加坡的同期增速为 2. 53%和 1. 64%。就航空客、货运量而言，1990 年韩国的客、货运量分别为中国的 3 倍和 0. 9 倍。2005 年，中国的航空客、货运量绝对额分别为 136721623. 00 人/公里、7579. 40 百万吨公里，新加坡的客、货运量分别为中国的 2 倍和 4 倍，2008 年的数据为 1 倍和 1. 6 倍，2008 年的这类数据为中国的 0. 72 倍和 0. 19 倍。2013 年，中国的航空客、货运量绝对额分别为 352795296 人/公里、16053. 73 百万吨公里，而 2013 年韩国的航空客、货运量绝对额分别达 41082568 人/公里、11785. 26 百万吨公里，远远超出中国。就铁路线总长而言，中国 2007 年的数据为 6. 36 万千米。中国 2012 年的数据则为 66298 千米。2005 年韩国公路部门的消耗占总消耗量的 14. 60%，约比中国高出 3 倍；另外，运输部门汽油燃料的人均消耗量为 0. 14 升，是中国的 3 倍之多。

2013 年，中国公路部门的燃料消耗占总消耗量的比例仅为 4. 48%，远远低于发达国家、次发达国家和某些发展中国家；运输部门汽油燃料的人均消耗量也仅为 0. 04 升；集装箱港内运输量为 67245263. 00 标准集装箱；公路密度也仅为 34. 85 公里/每平方公里土地。而韩国的这一数据为 103. 00 公里/每平方公里土地，大约是中国的 3 倍。

在与发达国家、次发达国家和某些发展中国家的比较分析中，除了上述存在的一些差距外，其他方面也存在巨大差距。

九、高科技研发支出与出口

2007 年，中国研究与开发支出占 GDP 比例均值仅为 1. 49%。就居民专利申请项数而言，2007 年中国的均值仅为 15. 31 万个。因此，从总体上看，发达缔约国的科学技术实力远远超过中国，前者是典型的科技创新型国家。

就每百万人口中研究与开发项目中的研究人员指标而言，中国大陆与中国香港之间还存在明显差距，中国香港每百万人口中的研究人员大约为中国大陆的 3 倍。研发之间的发展差距已经从 1996 年的 3 倍缩小至 2012 年的 1. 8 倍。

十、能源消费

1990—2008 年，中国能源消耗占 GNI 的比例在 1999 年达到了谷值，但 2000 年之后持续上升，2008 年达到 6. 74%。

就人均耗电量而言，1971—2011 年中国的人均耗电量由 151. 20 千瓦时上升为 3297. 97 千瓦时。尽管上升幅度不错，但人均耗电量还是远低于韩国等发展中国家和地区。

就人均能源使用量而言，中国 2011 年人均能源使用量为 2029.36 千克石油当量，不及韩国的 1/2。

十一、价格指数

1998 年以来，中国的通胀率基本上控制在 7%以下。但是 2007 年和 2008 年中国的通胀率基本上高达 7%以上，2010 年和 2011 年仍然在 7%左右，而 2012 年、2013 年(见表 3-10)、2014 年下降到 2.0%左右，基本上接近冰岛、挪威等国的平均值，处于可接受的水平。

十二、ICRG 指数

(一)政府稳定指数

2004—2012 年，中国的政府稳定指数评分略高于 8 分，相对于发达国家 6~9 分的分数段，中国虽然已经达到但是并非像发达国家一样处于上升的区间，而是处于下降的区间内。

(二)社会经济条件

中国大陆和中国香港的指数自 1990 年以来出现了上升的趋势，但 1998 年之后又开始下降，2000 年降至 4 分左右，之后缓慢提升，2004 年的指数也仅为 6.96 分，2012 年中国得分约为 7 分。2012 年维持在 8 分左右，基本保持稳定。这反映出中国大陆在社会经济快速发展的过程中，涉及民生福利的改善相对较弱。特别是贫困问题，虽然有了显著的改善，但是绝对数量仍然较大，需要尽更多的努力消除由发展带来的贫困问题。2012 年，除约旦和中国大陆外，上述发展中国家和地区的平均得分为 9.27 分。

(三)投资指数

1994 年以来中国此方面的改善不甚显著；2004 年的分数仅为 7.42 分，约旦的分数也比中国高约 2.08 分。2001 年之后，这种情形有了小幅的改善，2002—2012 年该项分数基本在 7 分左右，2012 年的分数仅为 7.08 分。而约旦的分数也比中国高约 1.8 分。

(四)国外冲突

中国国外冲突指数评分从 1984 年的 7 分提升至 1993 年的 12 分，这说明该时期经济发展的环境不断改善。1993—2012 年，虽有下降的过程，但基本上保持在 9~12 分的波动区间内，这在一定程度上反映，这种外部环境改善的趋势成为一种常态化的事实。

(五)腐败指数

2004 年中国的腐败指数评分仍较低，仅为 2 分左右。2004 年，主要发达国家的此项指标均值在 4.5 分左右。这反映出中国 1995 年之后金融反腐工作的艰巨性。除中国外，其余国家和地区的评分都在 3 分以上。2012 年中国的腐败指数得分为 2 分，说明存在较为严重的腐败现象。

(六)军事政策

1988—1990 年，中国的该项指数出现了显著的下降，仅为 2 分左右。接下来的十年间，基本保持了这种低位。2001 年以来，开始出现了小幅的改善，2004 年的评分仅为 3

分，2012 年评分为 3 分(见图 3-137)。这种评分，在一定程度上与中国实际上的政策演变存在一定的背离，不过给出了国际上对于中国该项政策的评价，也在一定程度上为客观审视中国的该方面演化过程提供了一个相对客观的视角。

(七)宗教政策

1997 年之后，中国大陆的宗教政策指数评分下降趋势最为显著，2000 年仅为 3 分。从图 3-138 中可以看出，1997 年之后，挪威、中国大陆、新加坡、中国香港和冰岛依次出现了下降的趋势，其中，中国大陆的下降趋势最为显著，2000 年仅为 3 分。2012 年除约旦外的上述国家和地区，分数集中于 4.5~5.5 分之间，2012 年中国的宗教政策得分上升到 5 分。

(八)法治指数

中国在 1984—2004 年间的法治指数最高分数仅为 5 分，并在 1999 年之后出现了一定的下降，2004 年的数值仅为 4.5 分。2012 年，中国法治指数得分为 3.5 分，说明中国的社会治理以及法律制度亟待改善(见图 3-139)。

(九)民族关系

1996 年之后，中国的民族关系指数评分出现了一定的下降，1997—2002 年基本保持在 4 分左右，2002—2004 年该项指标重新恢复到 5 分。2012 年除中国以及约旦外，其他国家和地区的得分基本维持在 4.5~6 分，而中国仅有 3.5 分(见图 3-140)。

(十)民主责任

中国自 1989 年以来的民主责任指数评分就出现了显著的下降，2004 年的分数仅为 1 分。2006 年略有回升，但是 2012 年此项分数仅为 1.5 分(见图 3-141)。

(十一)官僚制

2004 年中国的官僚制指数评分仅为 2 分，2012 年中国的分数仅为 2 分。

综上所述，依据归纳的 GPA 发展中国家潜在的标准，中国部分 GDP 指标、健康指标和基础设施指标等处于发展中国家范围，财政指标处于次发达国家和地区范围。尽管中国在 GDP 指标方面发展较快，但是总体指标仍然显示中国处于发展中国家序列；而且中国地域发展极不平衡，在各类关乎民生的指标中，如健康和教育等，呈现出区域差异，但是主要指标反映出是发展中国家的更不发达地区(见表 6-12)。

表 6-12 **中国适用 GPA 发展中国家潜在标准**

指标		发达国家	次发达国家	一般发展中国家	中国
人均 GDP 及 GDP 结构	人均 GDP	20966.22~36860.8	27290.42~72465.61	12249.17~17324.58	6807.4
	消费比重	47%~72%	50%~85%	70%左右	49.8%
	政府消费支出比重	8%~16%	4.2%~13.87%		14.6%
	投资比重	25%~35%	19.79%~30.78%		41.5%左右
财政收支		3~4	1.8~4.6	3.3~4.2	4.0 左右
经济自由度		6.86~8.0	7~9	4.8~7.3	5.1~5.9

续表

指　标		发达国家	次发达国家	一般发展中国家	中国
失业率		4.4%~11.1%	2.2~6.2	0~8%	4.1%
劳动生产率			13226~45086 美元	30000 美元	10378 美元
教育	财政教育支出	4.64%~11%	5.32%~7.59%	3~5	首次超 4%
	师生比例	12.03%~18.53%	10%~21%	26.51%	20%左右
	学前儿童入学率	57.26%~112.89%	76.56%~96.07%		36.14%~69.91%
	初中入学率	94.92%~113.26%	93.1%~102.08%		58.03%~88.98%
	高中入学率	52.59%~54.66%	45.46%~72.91%		6.61%~26.70%
健康	公共医疗保健开支占 GDP 的比重	3.8%~6.9%	4.47%		1.7%~2%
	人均寿命	76~82.7 岁			74 岁(男) 77 岁(女)
	死亡率	4.15%~8%			10.15%(男) 7.5%(女)
	5 岁以下儿童死亡率	6.6‰~2.8‰	4.7‰~24.8‰		
基础设施	航空客运量	16300.59 万人/公里	1316.7 万人/公里	3388.8 万人/公里	352795296 人/公里
	航空货运量	9760.26 百万吨公里	5152.23 百万吨公里	7432.57 百万吨公里	16053.73 百万吨公里
	铁路线总长度	5.72~22 万千米			6.63 万千米
	公路密度	157.17 公里/平方公里土地	171 公里/平方公里土地	103.00 公里/平方公里	
	公路部门燃料消耗比例	18.05%	9.67%	14.60%	
	运输部门汽油人均消耗量	0.48 升	0.26 升	0.14 升	
能源消费	人均耗电量	8989.61 千瓦时	30389.06 千瓦时	10161.95 千瓦时	3297.97 千瓦时
	人均能源使用量	4420.52 千克石油当量	12613.65 千克石油当量	5259.58 千克石油当量	2029.36 千克石油当量
价格指数	CPI	1%~9%	1.34%~5.76%	5%~10%	2%~7%

续表

指　标		发达国家	次发达国家	一般发展中国家	中国
ICRG 指数	政府稳定指数	9~10	9.14		8
	社会经济条件	7~11	6~10		6.96
	投资环境指数	12	11~12		7.42
	国内冲突	11~12	8~10.38		11.38
	国外冲突	5.5~9.61	10~12		9~12
	腐败指数	高于 5	4~6		2
	军事政策	5~6	6		2
	宗教政策	5~6	4.5~5.5		3
	法治指数	高于 4	6		4.5
	民族关系	3~4	5~6		4~5
	民主责任	高于 4.8	3		1~1.6
	官僚制	4	3.6~4		2

参 考 文 献

专著

[1][日]内阁府经济社会综合研究所．经济要览[M]．国立印刷局，2004.

[2]安格斯·麦迪森．世界经济千年史[M]．伍晓鹰，许宪春，叶燕斐，等，译．北京大学出版社，2003.

[3]钱纳里，等．工业化和经济增长的比较研究[M]．上海三联书店，1989.

期刊、学位论文

[1]黄晓玲．发展中国家外贸、外资与工业化[D]．对外经济贸易大学，2001.

[2]盛杰民，吴韬．多边化趋势——WTO《政府采购协议》与我国政府采购立法[J]．国际贸易，2001，4：46-49.

[3]安心．WTO《政府采购协定》的几个问题[J]．中国法学，2001，2：4-13.

[4]卞宁宁．WTO《政府采购协定》修订文本研究[D]．大连海事大学，2008.

[5]蔡放波，陈立军，杜治洲．WTO《政府采购协议》与我国政府采购制度[J]．财会研究，2001，4：6-9.

[6]曹富国．中国加入WTO政府采购协定谈判中的中小企业问题[J]．国家行政学院学报，2014，1：46-50.

[7]陈彩珍．建立与《政府采购协议》相适应的我国政府采购制度[J]．行政与法，2002，10：35-37.

[8]陈佳颖．WTO《政府采购协议》与我国相关法律整合研究[J]．法制与社会，2009，5：334-335.

[9]陈金池．论WTO诸边协定中之政府采购协定[D]．中国政法大学，2005.

[10]陈时勇．《政府采购协定》权利救济制度研究[D]．西南政法大学，2009.

[11]崔起凡. 政府采购的透明度研究——以WTO《政府采购协定》为视角[J]. 财政监督，2010，13：70-72.
[12]戴芷华. WTO《政府采购协议》与中国“入世”后的应对策略[J]. 国际商务研究，2003，6：29-33.
[13]邓利华. 加入GPA后开放湖北政府采购市场的利弊及对策[J]. 湖北社会科学，2010，9：68-71.
[14]丁芳. GPA框架下完善我国政府采购制度的建议[J]. 财政研究，2012，11：43-45.
[15]东岗，郑辉. WTO框架下的我国政府采购市场开放[J]. 财经界，2009，12：114-117.
[16]干冀春. WTO《政府采购协议》与中国政府采购[J]. 河北科技大学学报(社会科学版)，2006，1：23-25+5.
[17]国家统计年鉴[R]. 中华人民共和国统计局，2014.
[18]海闻，李晋，戴觅. 中国加入《政府采购协定》国有企业出价策略研究[J]. 国际贸易问题，2012，9：3-15.
[19]何红锋，焦洪宝.《政府采购协议》发展进程及应对策略[J]. 国际经济合作，2003，11：27-28.
[20]何红锋，焦洪宝. WTO《政府采购协议》的合同估价制度[J]. 中国政府采购，2003，1：74-76.
[21]何红锋. 对政府采购协议供货的思考[J]. 经济，2008，1：102-103.
[22]何渊. GPA协议与中国的政府采购法[J]. 地方政府管理，2001，9：22-23.
[23]黄卫平. 审慎推进中国《加入政府采购协议》步伐[J]. 时代经贸，2009，6：28-30.
[24]姜爱华. 我国加入GPA的开放与保护策略选择——借鉴典型国家和地区的经验[J]. 地方财政研究，2012，12：4-10.
[25]姜晖. WTO《政府采购协议》与我国《政府采购法》比较研究[J]. 当代法学，2003，7：138-141.
[26]姜晓川，陈向明，廖进球. 应对加入GPA谈判工作完善我国政府采购立法[J]. 求实，2012，9：69-71.
[27]金玲，苏晓晖. 西方对中国发展中国家地位的认知[J]. 国际问题研究，2010，3：15-21.
[28]景玉琴，宋梅秋，尹栾玉. 中国加入“政府采购协议”的趋势及对策[J]. 经济纵横，2011，11：50-53.
[29]赖纳·科特尔，韦科·兰博，贾根良，等. 发展中国家为什么不要加入WTO政府采购协议?[J]. 国外理论动态，2012，2：49-59.
[30]雷蒙. WTO《政府采购协定》与中国[J]. WTO经济导刊，2009，2：94.
[31]李成钢. 加入GPA的决胜之道[J]. 中国经济和信息化，2010，12：68.
[32]李成钢. 我国加入GPA谈判的策略分析[J]. 中国财政，2009，18：52-53.

[33]李成钢：中国加入政府采购协定仍需时日[J]．中国政府采购，2010，9：6-7.
[34]李佳薇．WTO《政府采购协定》救济制度解析[J]．沈阳工业大学学报(社会科学版)，2010，4：322-325.
[35]李建洲．论中国政府采购制度与 WTO《政府采购协议》的差距及立法建议[J]．社科纵横，2011，2：94-96.
[36]李青，涂冰．中国《政府采购法》与 WTO《政府采购协定》之比较[J]．社科纵横，2006，3：38-39.
[37]梁银华．WTO《政府采购协议》与我国政府采购制度的完善[D]．对外经济贸易大学，2005.
[38]廖涛．加入《政府采购协议》及其对北京市的影响[J]．时代经贸，2008，4：56-59.
[39]林晶．政府采购市场开放性的国际比较与政策建议[J]．经济社会体制比较，2008，4：99-103.
[40]刘慧．WTO 的《政府采购协议》规则及我国的对策[J]．中国政府采购，2001，1：49-52.
[41]刘慧．世界贸易组织《政府采购协议》概要[J]．中国政府采购，2003，12：12-18.
[42]刘慧．中国加入世界贸易组织《政府采购协议》的对策[J]．国际经济评论，2003，1：37-41.
[43]刘志勇，张睦．WTO《政府采购协议》对我国政府采购制度的影响[J]．哈尔滨商业大学学报(社会科学版)，2004，4：13-15.
[44]孟冬．WTO《政府采购协定》与我国相关法律的六大不同[J]．WTO 经济导刊，2010，7：84-86.
[45]孟晔．WTO《政府采购协议》新发展[J]．WTO 经济导刊，2008，3：13-15.
[46]孟晔．从 GPA 视角透视我国政府采购法律改革[J]．上海对外经贸大学学报，2015，2：20-28.
[47]孟晔．论 WTO《政府采购协议》的修改及其对中国的影响[J]．世界贸易组织动态与研究，2007，7：6-10.
[48]孟晔．中国加入《WTO 政府采购协议》谈判分析[J]．世界贸易组织动态与研究，2013，5：38-47+55.
[49]全球竞争力报告[R]．世界经济论坛，2014.
[50]全球竞争力报告[R]．世界经济论坛，2015.
[51]人类发展报告[R]．联合国开发计划署，2015.
[52]任际．《政府采购协议》的非歧视原则及其适用例外[J]．法学研究，2005，6：136-144.
[53]沈木珠．《政府采购协定》与我国地方政府优先采购本国高新技术产品立法探析[J]．对外经济贸易大学学报，2006，2：92-96.
[54]沈晓悦，李丽平．“阳光交易”下的机遇与挑战——中国与 WTO《政府采购协议》[J]．环境保护，2007，15：66-67.

[55]石静霞，杨幸幸．中国加入 WTO《政府采购协定》的若干问题研究——基于对 GPA2007 文本的分析[J]．政治与法律，2013，9：25-37.
[56]时光．WTO 非歧视原则在《政府采购协议》中的适用[J]．国际关系学院学报，2001，3：33-37.
[57]世界竞争力年鉴[R]．瑞士洛桑国际管理学院(IMD)，2014.
[58]世界竞争力年鉴[R]．瑞士洛桑国际管理学院(IMD)，2015.
[59]世界知识产权报告[R]．世界知识产权组织，2014.
[60]世界知识产权指数[R]．世界知识产权组织，2014.
[61]苏晓燕．WTO《政府采购协议》与中国入世后的应对策略[D]．中国政法大学，2006.
[62]陶雪，张静静．WTO《政府采购协议》对我国政府采购制度的影响[J]．网络财富，2007，7：21.
[63]田晓萍．《政府采购协议》框架下我国政府采购立法之考量[J]．深圳大学学报(人文社会科学版)，2008，4：98-101.
[64]屠新泉，郝刚．政府采购市场自由化的新趋势与我国加入 GPA 谈判[J]．国家行政学院学报，2012，5：82-86.
[65]屠新泉．日本参与《政府采购协议》的经验与启示[J]．国际经济合作，2009，10：67-71.
[66]屠新泉．台湾加入 WTO《政府采购协议》的背景、动机与影响[J]．台湾研究集刊，2011，5：59-66.
[67]汪迪．台湾加入 WTO《政府采购协定》述评[J]．国际关系学院学报，2010，3：84-87.
[68]汪路．加入 WTO《政府采购协定》与我国政府采购制度之研究[D]．中国政法大学，2010.
[69]王爱君．中国政府采购市场开放策略研究[J]．财政研究，2011，11：28-32.
[70]王家林．再谈如何看待 WTO《政府采购协议》[J]．中国政府采购，2008，6：58-59.
[71]王家林．正确认识 WTO 政府采购协议[J]．中国财政，2008，1：71.
[72]王士如．中国政府采购立法与 WTO 政府采购协议的整合[J]．上海财经大学学报，2005，5：44-50+75.
[73]王燕梅，庞世辉．北京加入政府采购协议(GPA)的对策研究[J]．北京社会科学，2012，2：23-27.
[74]王耀中，王梓安．WTO《政府采购协议》与我国政府采购制度研究[J]．国外财经，2001，4：1-4.
[75]王勇．WTO《政府采购协议》与我国《政府采购法》之比较[J]．政治与法律，2002，6：75-80.
[76]翁燕珍，牛楠，刘晨光．GPA 参加方国有企业出价对中国的借鉴[J]．国际经济合作，2014，3：52-57.

[77]武锋．加入《政府采购协议》中国企业如何应对[J]．中国招标，2007，19：12-14+1.
[78]肖北庚．《政府采购协定》成员国次级中央实体出价规律与我国对策[J]．政治与法律，2011，1：108-113.
[79]肖北庚．GPA协定救济机制之模式选择与实践品格[J]．时代法学，2005，4：26-34.
[80]肖北庚．缔约国于《WTO政府采购协定》之义务及我国因应[J]．环球法律评论，2008，4：62-69.
[81]肖北庚．论《政府采购协定》在缔约国适用的基础与我国加入时谈判对策[J]．河北法学，2008，5：61-66.
[82]肖北庚．论WTO《政府采购协定》实施机制的个性特征[J]．衡阳师范学院学报，2004，8：38-42.
[83]肖北庚．质疑程序：GPA协定独特的实施机制设计[J]．湖南城市学院学报，2004，4：19-22.
[84]肖北庚．中国加入WTO《政府采购协定》进程与承诺对策分析[J]．中国政府采购，2007，10：64-66.
[85]肖渭明．论《政府采购协议》与我国政府采购市场的逐步开放[J]．法学，2003，1：67-71.
[86]谢玮．"金砖之父"吉姆·奥尼尔：12年内中国必将成世界最大经济体我不会因中国经济放缓就变得悲观[J]．中国经济周刊，2015，13：80-81.
[87]徐深义，蒋慧文．政府采购协议供货制度探讨[J]．中国政府采购，2008，11：62-63.
[88]许博．加入WTO《政府采购协议》后我国政府采购的应对措施[D]．东北师范大学，2006.
[89]杨德兴，蒋春明．WTO《政府采购协议》与我国《政府采购法》的完善[J]．重庆工商大学学报(社会科学版)，2005，5：115-117.
[90]杨玫．WTO《政府采购协议》与我国《政府采购法》比较研究[D]．西南财经大学，2006.
[91]杨前．《政府采购协定》救济制度研究[D]．湖南师范大学，2010.
[92]姚艳霞．世贸组织《政府采购协议》的完善及其对我国政府采购制度的影响[J]．国际贸易问题，2002，2：12-17.
[93]于安．加入《政府采购协定》对我国国内制度的影响[J]．法学，2005，6：29-35.
[94]袁杜娟．国有企业纳入WTO《政府采购协定》问题研究[J]．上海大学学报(社会科学版)，2008，5：34-41.
[95]袁杜娟．加入《政府采购协定》谈判中政府采购实体问题研究[J]．中国政府采购，2008，1：28-33.
[96]袁欣．中国对外贸易结构与产业结构："镜像"与"原像"的背离[J]．经济学家，2010，6：67-73.
[97]张传，金震华．我国加入《政府采购协定》的若干法律问题及其对策[J]．华东政法大学学报，2007，6：150-154.

[98]张小瑜．加入 WTO《政府采购协定》——中国政府采购市场的对外开放[J]．国际贸易，2007，6：44-47.
[99]张泽平．WTO《政府采购协议》的采购范围研究[D]．华东政法学院，2003.
[100]赵谦．我国加入《政府采购协议》的利弊及对策[J]．财政研究，2010，1：52-54.
[101]郑后建．中国对外贸易结构存在的问题及其影响[J]．对外经贸实务，2008，2：26-28.
[102]郑榕，马海涛．我国加入《政府采购协议》的基本对策[J]．中国政府采购，2004，5：23-27.
[103]中国科技论文统计结果[R]．北京中国科学技术研究所，2014.
[104]钟筱红．WTO《政府采购协议》对我国政府采购制度的影响[J]．北京社会科学，2001，4：36-41.
[105]舟丹．中国成全球最大清洁能源投资国[J]．中外能源，2015，3：8.
[106]周洪钧，代中现．WTO《政府采购协议》与我国政府采购法[J]．华东政法学院学报，2003，5：39-43+49.
[107]周盟农，黄芳．《政府采购协议》与我国政府采购制度的完善[J]．武汉理工大学学报(信息与管理工程版)，2007，8：68-70.
[108]周庄．关于我国加入 GPA 后政府采购开放性风险预警的基本设想[J]．财贸经济，2011，11：39-43.
[109]朱建元．《政府采购协议》与我国的政府采购工作思路[J]．宏观经济管理，1998，5：31-33.
[110]朱建元．《政府采购协议》与我国政府的采购政策[J]．上海综合经济，1998，5：15-16.
[111]邹彧．论 WTO 的《政府采购协定》[D]．湖南大学，2003.

英文文献

[1] Anirudh Shingal. Services procurement under the WTO's Agreement on Government Procurement：whither market access? [J]. World Trade Review, Volume 10, Issue 04, October 2011：527-549.
[2] Arie Reich. The new text of the Agreement on Government Procurement：an analysis and assessment[J]. Journal of International Economies Law, Volume 12, Number 4, 2009：989-1022.
[3] Gerard de Graaf and Matthew King. Towards a More Global Government Procurement Market：The Expansion of the GATT Government Procurement Agreement in the Context of the Uruguay Round[J]. The International Lawyer, Volume 29, Number 2, Summer 1995：435-452.
[4] Gerry Stobo. Canada-United States agreement on government procurement：a Canadian perspective[J]. The Procurement Lawyer, Volume 45, Summer 2010：23.
[5] Hejing Chen and John Whalley. The WTO government procurement agreement and its

impacts on trade[D]. the Nber, August 2011: 3-33.
[6] Jean Heilman Grier. Recent Developments in international trade agreements covering government procurement[J]. Public Contract Law Journal, Volume 35, Number3, Spring 2006: 385-407.
[7] Kozo Toyama, Eiichiro Nakatani, Ivan E Mattei. Government Procurement Procedures of Japan[J]. The George Washington Journal of International Law and Economics, Volume 21, Number1, 1987: 91-103.
[8] Michael Kantor. International Procurement and the Commercial effects of the multilateral Government Procurement Agreement[M]. Washington: U. S. Government Pressing Office, 1995: 1-142.
[9] Pascal Frantz and Norvald Instefjord. Corporate Governance and the Cost of Borrowing [J]. Journal of Business Finance &Accounting, Volume 40, Number 7, September 2013: 918-948.
[10] S. S. Joson. The GATT Agreement on government procurement: Canda and Australia [J]. University of Sydney, 1985: 76-94.
[11] Sangeeta Khorana and Sujitha Subramanian. Potential accession to the WTO Government Procurement Agreement: a case-study on India[J]. Journal of International Economies Law, Volume 15, Number 1, February 2012: 287-309.
[12] Skye Mathieson. Accessing China's public procurement market: which state-influenced enterprises should the WTO'S Government Procurement Agreement cover? [J]. Public Contract Law Journal, Volume 40, Fall 2010: 234-265.
[13] Steven E. Heldreth. Effect of the International Agreement on Government Procurement and the Government Procurement Chapter of the North American Free Trade Agreement on Public Contracting Opportunities[D]. United States: United States Navy B. A. , University of Virginia, June 1994.
[14] Timothy Keeler. Revisions To WTO Agreement On Government Procurement Enter Into Force[J]. Mondaq Business Briefing, Apr. 10, 2014.
[15] William H. Cooper. Government Procurement and U. S. Trade Policy[R]. CRS Report for Congress. March 10, 1995.

网站

[1]世界经济论坛网站，http://www.weforum.org.
[2]世界银行数据库，http://data.worldbank.org.cn.
[3]中华人民共和国国家统计局，http://www.stats.gov.cn.

